普通高等院校机械工程学科"卓越工程师教育培养计划"

车辆工程导论

主编 单 鹏 刘树伟

北京理工大学出版社
BEIJING INSTITUTE OF TECHNOLOGY PRESS

版权专有 侵权必究

图书在版编目（CIP）数据

车辆工程导论/单鹏，刘树伟主编．—北京：北京理工大学出版社，2015.9
（2015.10 重印）

ISBN 978-7-5640-9134-7

Ⅰ．①车… Ⅱ．①单…②刘… Ⅲ．①车辆工程-基本知识 Ⅳ．①U27

中国版本图书馆 CIP 数据核字（2014）第 081651 号

出版发行 / 北京理工大学出版社有限责任公司
社　　址 / 北京市海淀区中关村南大街 5 号
邮　　编 / 100081
电　　话 /（010）68914775（总编室）
　　　　　 82562903（教材售后服务热线）
　　　　　 68948351（其他图书服务热线）
网　　址 / http：//www.bitpress.com.cn
经　　销 / 全国各地新华书店
印　　刷 / 三河市天利华印刷装订有限公司
开　　本 / 787 毫米×1092 毫米　1/16
印　　张 / 24.5　　　　　　　　　　　　　　　　责任编辑 / 张慧峰
字　　数 / 562 千字　　　　　　　　　　　　　　文案编辑 / 张慧峰
版　　次 / 2015 年 9 月第 1 版　2015 年 10 月第 2 次印刷　责任校对 / 周瑞红
定　　价 / 49.80 元　　　　　　　　　　　　　　责任印制 / 马振武

图书出现印装质量问题，请拨打售后服务热线，本社负责调换

编委会名单

主 任 委 员：毛　君　何卫东　苏东海

副主任委员：于晓光　单　鹏　曾　红　黄树涛　舒启林
　　　　　　回　丽　王学俊　付广艳　刘　峰　张　珂

委　　　员：肖　阳　刘树伟　魏永合　董浩存　赵立杰
　　　　　　张　强

秘 书 长：毛　君

副 秘 书 长：回　丽　舒启林　张　强

机械设计与制造专业方向分委会主任：毛　君

机械电子工程专业方向分委会主任：于晓光

车辆工程专业方向分委会主任：单　鹏

编写说明

根据教育部教高［2011］5号《关于"十二五"普通高等教育本科教材建设的若干意见》文件和"卓越工程师教育培养计划"的精神要求。为全面推进高等教育理工科院校"质量工程"的实施，将教学改革的成果和教学实践的积累体现到教材建设和教学资源统合的实际工作中去，以满足不断深化的教学改革的需要，更好地为学校教学改革、人才培养与课程建设服务，确保高质量教材进课堂。为此，由辽宁工程技术大学机械工程学院、沈阳工业大学机械工程学院、大连交通大学机械工程学院、大连工业大学机械工程与自动化学院、辽宁科技大学机械工程与自动化学院、辽宁工业大学机械工程与自动化学院、辽宁工业大学汽车与交通工程学院、辽宁石油化工大学机械工程学院、沈阳航空航天大学机电工程学院、沈阳化工大学机械工程学院、沈阳理工大学机械工程学院、沈阳理工大学汽车与交通学院、沈阳建筑大学交通与机械工程学院等辽宁省11所理工科院校机械工程学科教学单位组建的专委会和编委会组织主导，经北京理工大学出版社、辽宁省11所理工科院校机械工程学科专委会各位专家近两年的精心组织、工作准备和调研沟通，以创新、合作、融合、共赢、整合跨院校优质资源的工作方式，结合辽宁省11所理工科院校对机械工程学科和课程教学理念、学科建设和体系搭建等研究建设成果，按照当今最新的教材理念和立体化教材开发技术，本着"整体规划、制作精品、分步实施、落实到位"的原则确定编写机械设计与制造、机械电子工程及车辆工程等机械工程学科课程体系教材。

本套丛书力求结构严谨、逻辑清晰、叙述详细、通俗易懂．全书有较多的例题，便于自学，同时注意尽量多给出一些应用实例。

本书可供高等院校理工科类各专业的学生使用，也可供广大教师、工程技术人员参考。

辽宁省11所理工科院校机械工程学科建设及教材编写专委会和编委会

前言

车辆产业是国民经济的支柱产业，是涉及国家安全的战略产业。车辆的研发、生产、制造、销售、营运与国家的许多行业、部门息息相关，对国民经济的发展起着重要作用。目前，在汽车市场方面，中国产销已双双成为全球第一，进入了稳步增长的阶段。

由于车辆工业的快速发展，不但从事车辆研发设计、生产制造和维修服务的专业人员、学生要学习研究车辆的有关专业知识，而且由于车辆在中国普通家庭的逐渐普及，车辆使用者、爱好者等非车辆专业人员也需了解汽车结构、工作原理、性能及其他相关知识。本书全面介绍了有关车辆的基本知识，可作为车辆专业或相近专业的学生、工程技术人员及车辆使用者、车辆爱好者全面了解车辆基本知识的教材或参考书。

全书共分7章，主要阐述了车辆的基本概念、车辆的构造和原理、主要性能、车用材料和车辆新技术等。本书内容深入浅出，图文并茂，各章节之间既相互联系又相互独立，论述条理清晰，内容全面，力求理论联系实际，详略得当，少而精，知识性与趣味性相结合。

本书由辽宁工业大学单鹏、刘树伟主编并统稿，参加编写工作的有：沈阳理工大学王靖岳，辽宁工业大学的郝亮、张忠洋等人。

本书的编写过程中，曾得到许多专家与同行的热情支持，并参考和借鉴了许多国内外的著作、文献以及一些车辆企业提供的相关资料，在此一并致谢。

由于编者水平有限，书中难免存在疏漏或不妥之处，恳请广大读者批评指正，以利再版时修订。

编 者

目 录

第1章 总论 ... 001

1.1 汽车发展史概述 ... 001
- 1.1.1 车轮与车的发明 ... 001
- 1.1.2 自走车辆的幻想与探索 ... 003
- 1.1.3 蒸汽汽车 ... 004
- 1.1.4 电动汽车 ... 005
- 1.1.5 内燃机的发明 ... 006
- 1.1.6 内燃机汽车的发明 ... 007
- 1.1.7 柴油机的发明及柴油机汽车的诞生 ... 009

1.2 国外汽车工业史概述 ... 009
- 1.2.1 从手工作坊到工业生产 ... 009
- 1.2.2 欧美汽车工业的领先地位 ... 010
- 1.2.3 亚洲汽车工业的崛起 ... 012

1.3 中国汽车工业史概述 ... 013
- 1.3.1 旧中国的汽车梦 ... 013
- 1.3.2 新中国的汽车工业之路 ... 014

1.4 车辆类型与国产汽车产品型号及编制规则 ... 021
- 1.4.1 我国车辆分类 ... 021
- 1.4.2 国外汽车分类 ... 026
- 1.4.3 国产汽车产品型号及编制规则 ... 027
- 1.4.4 拖拉机产品型号及编制规则 ... 029
- 1.4.5 摩托车产品型号及编制规则 ... 030

1.5 车辆识别代号及编码规则 ... 032
- 1.5.1 车辆识别代号 ... 032
- 1.5.2 车辆识别代号（VIN）组成 ... 033
- 1.5.3 车辆识别代号（VIN）的安装位置 ... 036

1.6 汽车总体构造 ... 036
思考题 ... 038

目 录

第 2 章　车用发动机 039

2.1　发动机概述 039
- 2.1.1　车用发动机分类 039
- 2.1.2　车用发动机主要性能指标 040
- 2.1.3　车用发动机构造与工作原理 041

2.2　机体与曲柄连杆机构 044
- 2.2.1　发动机机体组件 044
- 2.2.2　发动机曲柄连杆机构 050

2.3　配气机构与进排气系统 064
- 2.3.1　配气机构 064
- 2.3.2　进排气系统 074

2.4　燃料供给系 082
- 2.4.1　电控汽油机燃料供给系 082
- 2.4.2　燃油共轨式电喷柴油机燃料供给系 088

2.5　点火系与启动系 093
- 2.5.1　汽油机点火系 093
- 2.5.2　启动系 099

2.6　冷却系与润滑系 102
- 2.6.1　冷却系 102
- 2.6.2　润滑系 108

思考题 114

第 3 章　汽车底盘与车身 116

3.1　汽车传动系 116
- 3.1.1　汽车传动系概述 116
- 3.1.2　汽车离合器 120
- 3.1.3　汽车变速器与分动器 124
- 3.1.4　汽车万向传动装置 140

目录

  3.1.5 汽车驱动桥 ············ 145
  3.1.6 坦克车辆用电传动系统 ············ 150
 3.2 汽车行驶系 ············ 152
  3.2.1 汽车行驶系概述 ············ 152
  3.2.2 车架 ············ 152
  3.2.3 车桥和车轮 ············ 155
  3.2.4 悬架 ············ 160
  3.2.5 履带式拖拉机行驶系 ············ 165
 3.3 汽车转向系 ············ 167
  3.3.1 汽车转向系概述 ············ 167
  3.3.2 偏转车轮式转向系 ············ 168
  3.3.3 液压助力转向系 ············ 174
  3.3.4 履带式军用车辆转向机构 ············ 175
 3.4 汽车制动系 ············ 178
  3.4.1 汽车制动系概述 ············ 178
  3.4.2 制动器 ············ 180
  3.4.3 制动传动机构 ············ 187
  3.4.4 汽车防滑控制系统 ABS 与 ASR ············ 193
 3.5 汽车车身 ············ 198
  3.5.1 车身概述 ············ 198
  3.5.2 典型的汽车车身 ············ 199
  3.5.3 安全防护装置 ············ 207
  3.5.4 车身附属装置 ············ 210
 思考题 ············ 213

第4章 汽车基本性能 ············ 214

 4.1 汽车动力性 ············ 214
  4.1.1 汽车的动力性指标 ············ 214
  4.1.2 汽车的受力及行驶条件 ············ 215

目 录

  4.1.3 汽车的动力性分析 ·········· 222
  4.1.4 影响汽车动力性的因素 ······ 224
 4.2 汽车燃油经济性 ·················· 227
  4.2.1 汽车燃油经济性定义 ········ 227
  4.2.2 汽车燃油经济性的评价指标 ··· 227
  4.2.3 影响汽车燃油经济性的主要因素 ··· 228
 4.3 汽车制动性 ······················ 232
  4.3.1 制动时车轮受力分析 ········ 233
  4.3.2 汽车的制动效能及其恒定性 ··· 236
  4.3.3 汽车制动时的方向稳定性 ···· 239
  4.3.4 制动力分配 ················ 240
  4.3.5 影响制动性能主要因素 ······ 242
 4.4 汽车操纵稳定性 ·················· 244
  4.4.1 汽车操纵稳定性的评价指标 ··· 245
  4.4.2 轮胎的侧偏特性 ············ 246
  4.4.3 汽车的稳态响应 ············ 248
  4.4.4 汽车的瞬态响应 ············ 251
  4.4.5 汽车行驶中的不稳定现象 ···· 252
 4.5 汽车行驶平顺性 ·················· 254
  4.5.1 评价汽车平顺性的指标 ······ 255
  4.5.2 影响汽车行驶平顺性的因素 ··· 256
 4.6 汽车的通过性 ···················· 257
  4.6.1 汽车牵引支撑通过性评价指标 ··· 257
  4.6.2 汽车通过性几何参数 ········ 258
  4.6.3 汽车倾覆失效 ·············· 260
  4.6.4 影响汽车通过性的主要因素 ··· 260
思考题 ································ 262

目 录

第5章 汽车设计制造与实验 263

5.1 汽车设计 263
- 5.1.1 汽车设计的特点及要求 263
- 5.1.2 汽车设计方法 264
- 5.1.3 现代汽车开发流程 266
- 5.1.4 汽车设计过程 266

5.2 汽车制造 270
- 5.2.1 汽车制造材料 270
- 5.2.2 汽车制造方法 272
- 5.2.3 现代汽车制造技术 276

5.3 汽车试验 280
- 5.3.1 汽车试验分类 280
- 5.3.2 汽车整车性能试验 281
- 5.3.3 汽车总成零部件试验 286

思考题 288

第6章 车辆运行材料 289

6.1 车用燃料 289
- 6.1.1 车用汽油 289
- 6.1.2 车用轻柴油 291
- 6.1.3 车用替代燃料 292
- 6.1.4 军用柴油 301

6.2 车用润滑材料及工作液 301
- 6.2.1 发动机润滑油 302
- 6.2.2 车用润滑脂 304
- 6.2.3 车用齿轮油 306
- 6.2.4 车用液力传动油 307
- 6.2.5 车用液压油 308

目 录

  6.2.6 车用制动液 ………………………………………………… 310
  6.2.7 车辆特种工作液 …………………………………………… 311
 6.3 汽车轮胎 ………………………………………………………………… 316
  6.3.1 轮胎的作用与构造 ………………………………………… 316
  6.3.2 轮胎规格与表示方法 ……………………………………… 317
  6.3.3 轮胎的分类 ………………………………………………… 322
  6.3.4 轮胎系列 …………………………………………………… 323
  6.3.5 轮胎的选择、使用与维护 ………………………………… 324
思考题 ……………………………………………………………………………… 327

第7章 车辆新技术 …………………………………………………………… 328

 7.1 汽车新技术概况 ………………………………………………………… 328
  7.1.1 汽车技术发展概况 ………………………………………… 328
  7.1.2 汽车新技术的发展趋势 …………………………………… 329
 7.2 新能源汽车技术 ………………………………………………………… 331
  7.2.1 电动汽车 …………………………………………………… 331
  7.2.2 替代燃料汽车 ……………………………………………… 332
  7.2.3 太阳能汽车 ………………………………………………… 335
 7.3 车用发动机新技术 ……………………………………………………… 336
  7.3.1 汽油机新技术 ……………………………………………… 336
  7.3.2 柴油机新技术 ……………………………………………… 342
  7.3.3 发动机增压技术 …………………………………………… 346
  7.3.4 发动机控制新技术 ………………………………………… 348
  7.3.5 新型发动机 ………………………………………………… 352
 7.4 车辆底盘新技术 ………………………………………………………… 354
  7.4.1 四轮驱动技术 ……………………………………………… 354
  7.4.2 无级变速器 ………………………………………………… 355
  7.4.3 悬架系统新技术 …………………………………………… 356
  7.4.4 转向系统新技术 …………………………………………… 358

目录

  7.4.5 横摆稳定性控制系统 ………………………………………………… 360
7.5 车辆安全与智能化新技术 …………………………………………………… 361
  7.5.1 主动安全技术 …………………………………………………………… 361
  7.5.2 被动安全技术 …………………………………………………………… 366
  7.5.3 智能驾驶系统 …………………………………………………………… 369
  7.5.4 车载信息娱乐系统 ……………………………………………………… 369
  7.5.5 车载网络系统 …………………………………………………………… 371
思考题 …………………………………………………………………………………… 371
参考文献 ………………………………………………………………………………… 373

第1章 总 论

  1986年，国际汽车产业界推举德国戴姆勒—奔驰汽车公司主办汽车百年庆贺的盛典，明确第一辆汽车是由德国人卡尔·本茨发明的，并把1886年1月29日作为汽车的诞生日。然而，汽车的发明不是偶然的，更不是一个人或个别人的功劳，从发明轮子到最终成功地制造出靠自身动力前进的车，其间经历了数千年。汽车的发明和发展是人类在长期的生产实践、科学研究、技术创新活动中不断探索、不断总结、不断提高的结果，是集体的智慧和劳动的结晶。

1.1 汽车发展史概述

1.1.1 车轮与车的发明

  车轮是车上最重要的部件，轮转工具的出现和使用是车问世的先决条件。
  在原始社会，人类通过生产实践发现，将圆木置于重物的下面，然后拖着走，重物即可由一个地方移到另外一个地方，这就是早期的木轮运输。后来人们发现用直径大的木轮运输速度较快，于是，木轮的直径越来越大，逐渐演变为带轴的轮子，这便形成了最早的车轮雏形（图1-1）。关于车轮的发明，有两种主流的说法：第一种认为车轮是我们中华民族的祖先首先发明的，认为中国汉字中的"车"字就是车轮的象形；第二种认为在大约公元前3500年，最早的车轮出现在美索不达米亚（Mesopotamia，今叙利亚东部和伊拉克境内），没有人知道制造早期车轮的工匠姓名，也许是从陶工那里得到了启发，因为那时陶工们用旋转的轮子制造陶器。早期的轮子用实木制成，是用木钉把木板固定在一起，然后把它安装在车轴上。这种实心车轮装在运泥炭的马车或原始的双轮马拉战车上，十分笨重，拖动起来也十分吃力。美索不达米亚的工匠们挖掉了一些木料，造出了带有两个大洞的车轮，这就是最早的带辐条车轮。车轮的发明节省了人的体力，开创了人类使用交通工具的新纪元。

图1-1 早期车轮

  到了罗马帝国时代（公元前27—公元476年），西欧的塞尔特（Celt）人制造出了第一辆前轴可以旋转的车。后来，罗马的制车匠对塞尔特人的四轮车进行了改进，用旋转式前轴转动方向，用整片的轮辋与轮箍增加强度，用包有金属边的轮毂减少摩擦，使四轮马车的性

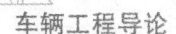

能大为提高。此后的1000多年时间里，这种用作长途运输的四轮马车（图1-2）成为世界各国主要的运输车辆。这些马车不仅能拉货，同时也能载人远行。马车是至今人类历史上使用时间最长、最有影响力的陆地交通运输工具。因此，马车的出现，结束了人们无论是狩猎、耕种，还是搬运物品，只能靠手拉肩扛、众人搬抬的局面，马车为人类立下了不朽的功勋。

图1-2 早期的四轮马车

中华民族是最早使用车辆的民族之一。我国早在约公元前2600年的黄帝时期，就已普遍使用两轮车了，在中国古代神话中，有黄帝造车之说，故黄帝又号称轩辕氏。轩是古代一种有围棚的车，辕是车的基本构件。

最初的车辆，都是由人力来推动的，称为人力车。后来人们开始用牛、马拉车，称为畜力车。据传说，畜力车是商汤的先祖相土和王亥共同发明的。史料记载，公元前1600年的商代，我国的车工技术已达到了相当高的水平，能制造出相当高级的两轮车，采用辐条做车轮，外形结构精致华美，做工也不十分复杂。到西周时期（公元前771年），马车已经很盛行了。春秋战国时期（公元前770—公元前221年），各诸侯国之间由于频繁的战争，马车用来当战车使用，使造车技术进一步提高。秦始皇统一中国后，为了更好地实现全国政治、经济、文化的统一，大力发展国家车马大道（称驿道），形成了以咸阳为中心的陆路交通网，当时的造车水平已达到了相当高的程度，陕西临潼秦始皇帝陵出土的铜车马（图1-3）式样，代表了2000年前车辆的制造水平。

图1-3 秦始皇陵出土的铜车马模型

三国时期，诸葛亮为了北伐曹魏，亲率大军出祁山而北上。为了便于在崎岖的山路上运送粮草，他创造了"木牛流马"。所谓"木牛"，据传就是一种装了闸的人推独轮小车；所谓"流马"，则是装了闸的四轮小车。在中国历史上，这种形式的车子曾经得到过极为广泛的应用。有一位叫马钧的大技师发明了指南车（图1-4）。这种车无论朝何方向行驶，车上站立的小木人的手总是指向南方。

中国是最先发明记录里程仪器的国家，早在公元3世纪时，就发明了记里鼓车（图1-5）。记里鼓车每行驶500 m，车上的小木人就击鼓一次，每行驶5000 m，另一小木人就敲锣一次。

图1-4 指南车

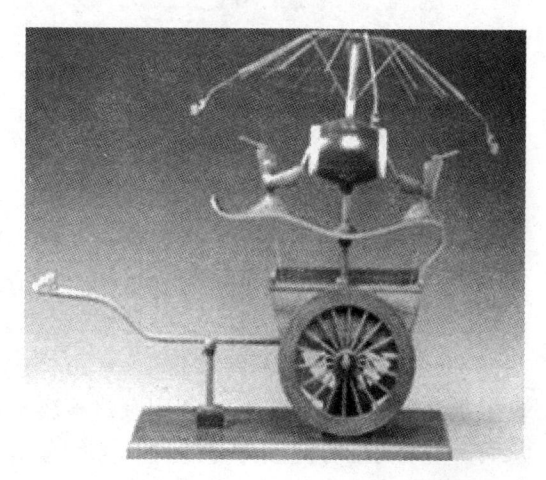

图1-5 记里鼓车

指南车和记里鼓车都是利用齿轮传动原理进行工作的。它们的出现，说明了1700多年前中国车辆制造工程技术已达到的高度和水平，是中国古代技术的卓越成就。900多年前的宋代，有位进士名叫燕肃，是一位机械工匠，宋仁宗天圣五年（公元1027年），燕肃启奏皇帝，详细说明了制造指南车和记里鼓车的方法，经允许，他重新制造了中国古代发明的指南车和记里鼓车。

公元前1600年，古埃及也已经使用两轮马车作为战车。

16世纪的欧洲已经进入了"文艺复兴"的前夜，欧洲的马车制造商风起云涌，马车的制造技术有了相当的提高。中世纪的欧洲，大量地发展了双轴四轮马车，这种马车安置有转向盘。车身方面，出现了活动车门和封闭式结构，并且在车身和车轴之间，实现了弹簧连接，使乘坐之人感觉极为舒适。

1.1.2 自走车辆的幻想与探索

幻想是人类高明于其他生物的重要特征之一，是人类文明发展的原动力。有史以来，人们一直渴望着能制造多拉快跑的"自走车辆"。

1420年，有人制造出了一种滑轮车（见图1-6）。人坐在车内，借用人力使绳子不停地转动滑轮。车虽然走了起来，但由于人力有限，这辆车的速度不能充分地得以发挥，比步行还要慢。

1649 年，德国钟表匠汉斯·郝丘制造了一台发条式的车（见图 1-7）。但是这台发条车的速度不到 1.6 km/h，而且每前进 230 m，就必须把钢制发条卷紧一次，这个工作的强度太大了，所以发条车也没有得到发展。

图 1-6　滑轮车

图 1-7　发条车

到了 17 世纪后期，利用火药爆发力、蒸汽压力、活塞运动机构等技术的发明纷纷出现，终于导致 1705 年纽可门（Thomas Newcomen）的活塞往复运动压板式蒸汽机作为扬水泵而付诸实用。接着，在 1759—1769 年间，瓦特（James Watt）进一步改良了蒸汽机（图 1-8），将利用蒸汽冷凝产生真空从而产生动力的方式改为直接利用蒸汽压力的方式，制成了以曲轴变往复运动为回转运动的人类最初的通用动力机械，使蒸汽机进入了实用阶段，同时也加速了依靠自身的动力驱动车轮回转的车辆诞生前的胎动。

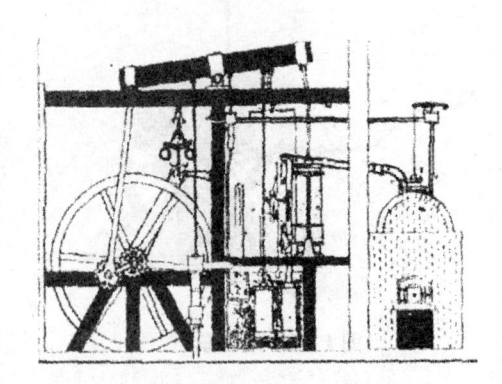

图 1-8　瓦特发明的蒸汽机

蒸汽汽车是在 18 世纪后半期开始进入实用阶段的，从而开启了自走车辆的新纪元。到了 19 世纪末期已有了制作得非常精巧的自走车辆——汽车问世，可以说这些技术是产生今天以内燃机为动力的现代汽车的母体。从这个意义上讲，不断发展并一直延续至今的汽车的历史是与蒸汽汽车的历史密切相连的。

1.1.3　蒸汽汽车

毫无疑问，世界上最初可载人的自备动力的车辆就是蒸汽汽车了。最早的一辆是法国人居纽（Nicolas Joseph Cugnot）在 1769 年制造的。这是一辆用来拉炮的蒸汽三轮车（图 1-9），一个硕大的铜制锅炉被放置在前轮的前方，蒸汽用燃烧柴火来产生，它进入两个气缸，使两个活塞交替运动。由于没有曲轴，故活塞的作用力通过车爪传给前轮。由于锅炉、气缸等机件的重量都加在前轮上，使得操纵方向十分困难。

这辆车试车时速度仅 3.6 km/h；只行驶了 1 km 左右就发生锅炉爆炸，汽车失去了控制，结果车仰人翻，还撞坏了路边房屋的墙壁，车子本身也受到严重损坏。尽管如此，这毕竟使汽车朝实用化方向迈出了第一步，开创了轮式车辆用自备动力装置进行驱动的新纪元。第二年，亦即 1770 年，这辆车经过修整作为世界上的第一辆汽车，至今珍藏在巴黎的国家技术及机械产品博物馆内。

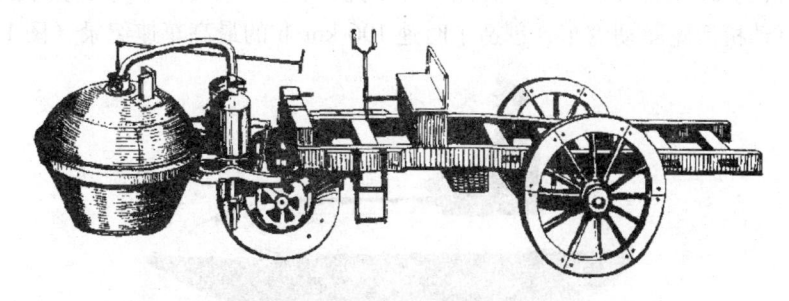

图 1-9　世界上第一辆蒸汽汽车

此后，各国机械师开发设计蒸汽汽车的热情持续高涨。进入 19 世纪，在实验的基础上，设计与制作都有了进步，逐渐开始有实用的蒸汽汽车问世。1825 年英国公爵古涅（Golds Worthy Gurney）制成了第一辆蒸汽公共汽车（见图 1-10）。

图 1-10　第一辆蒸汽公共汽车

1.1.4　电动汽车

就在蒸汽汽车产生的初期，已有许多人投入到对电动汽车的研制中。电磁现象的发现，电动机和发电机的发明以及蓄电池的诞生为电动汽车的问世创造了全部条件。早在 19 世纪后半叶的 1873 年，英国人罗伯特·戴维森（Robelt Davidsson）就制造了世界上最初的可供实用的电动汽车，其长 4.8 m，宽 1.8 m，使用铁、锌、汞合金与硫酸进行反应的一次电池。这辆车也被认为是最早的电动汽车，比德国人戈特利布·戴姆勒（Gottlieb Daimler）和卡尔·本茨（Karl Benz）发明的汽油发动机汽车早了 10 年以上。

1881 年 8—11 月，在巴黎国际电器博览会上，法国人古斯塔夫·特鲁夫（Gustave Troue）展出了一辆电动三轮车，它可以在操纵下行驶。在车上用两个木盘装载 6 节电池，两台电动机装在驱动轮之间，用小齿轮驱动大齿轮使车辆行驶。

19 世纪 90 年代，电动汽车得到了较快的发展，1891 年法国人德格拉菲尼设计的电动轮车，采用 18 个单格电池，电池组的总质量为 20 kg，电动机的功率为 245 W，通过链条带动车轮行驶，为了减少摩擦力，车轮用滚动轴承支撑。在车上乘坐两个乘客，时速可达 16～

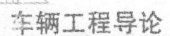

18 km，总质量为 52 kg。1899 年，法国的杰纳茨（Camille Jenatzy）驾驶着一辆功率为 44 kW 的双电动机后轮驱动汽车，创造了时速 106 km/h 的最高车速纪录（图 1-11）。

图 1-11　杰纳茨驾驶的电动汽车

在以后的 20 年间，电动汽车与蒸汽汽车展开了激烈的竞争。但无论是电动汽车还是蒸汽汽车，最后都在竞争中让位于后起之秀——装有内燃机的汽车。其主要原因是电动汽车一次充电的续驶里程太短，而且蓄电池的质量和体积都很大（这一直是制约电动汽车发展的"瓶颈"问题），在车上为安放电池使室内空间过于狭小。对蒸汽汽车来说，则存在给水繁琐，启动时为达到必要的蒸汽压力所需时间太长以及存在安全性和公害方面的缺陷等。

1.1.5　内燃机的发明

17 世纪末有人开始提出制造内燃机的想法。但是经过多次研究的失败，直到 19 世纪中叶，内燃机的发明始终未能成功。

1860 年，法国的勒诺巴赫（1822—1900 年）制成了煤气内燃机（图 1-12），主要问题是功率小，消耗的煤气太多。

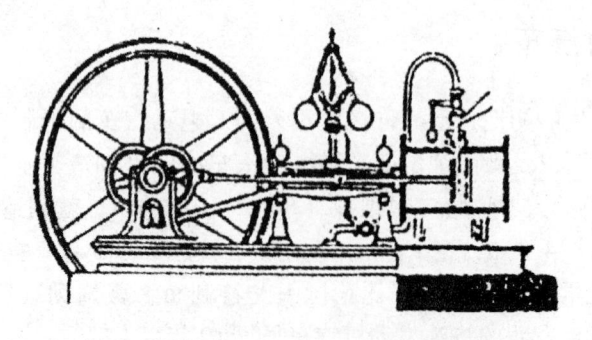

图 1-12　勒诺巴赫和他制成的煤气内燃机

1861 年，法国的铁路工程师罗夏发表了进气、压缩、膨胀、排气的四冲程内燃机理论。

1866 年，德国工程师尼古拉斯·奥托（1832—1891 年）成功地试制出立式四冲程煤气内燃机（图 1-13）。1876 年，奥托又试制成一台卧式四冲程煤气内燃机（图 1-14），这台闻名于世的内燃机被称作奥托内燃机。奥托于 1877 年 8 月 4 日取得四冲程内燃机的专利。后来，人们一直将四冲程循环称为奥托循环，奥托作为内燃机奠基人被载入史册。

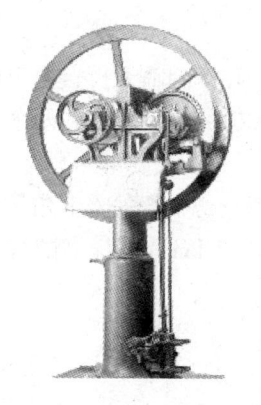

图1-13 立式四冲程煤气内燃机

图1-14 奥托制成的卧式四冲程煤气内燃机

1.1.6 内燃机汽车的发明

1. 卡尔·本茨的第一辆三轮汽车

1885年9月，卡尔·本茨在曼海姆制成了一台四冲程小型汽油机，并将其装在一辆三轮汽车上，如图1-15所示。1886年1月29日，本茨用这辆车向德国皇家专利局申报发明汽车的专利，因此这一天被认为是世界汽车诞生日，1886年则被认为是世界汽车诞生年。1886年11月2日，专利局正式批准发布，专利证书号为37435（图1-16），专利名称为"气态发动机汽车"，即被公认的世界上第一辆三轮汽车——"奔驰1号"。

图1-15 卡尔·本茨的第一辆三轮汽车

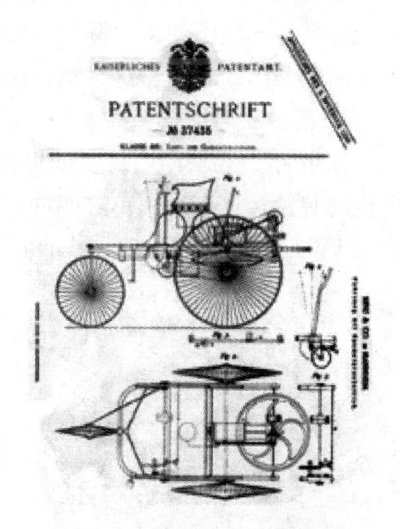

图1-16 世界第一张汽车专利证书

卡尔·本茨的第一辆三轮汽车是单缸四冲程汽油机，自身质量为254 kg，排量为0.785 L，功率为0.654 kW，最高车速为18 km/h。装有三个实心橡胶轮胎的车轮，具备了现代汽车的基本特点，如火花点火、水冷循环、前轮转向、钢管车架、后轮驱动、带制动手柄，是世界上最早装备差动齿轮装置的汽车。

仔细观察世界第一辆汽车的构造，会发现它的外形与当时的马车差不多，比较车速和装载质量，也不比马车优越。但是，它的贡献不在于其本身所达到的性能，而在于观念的变化,就是自动化的实现和内燃机的采用。

卡尔·本茨最初制造的汽车经常熄火抛锚,遭到众人的耻笑,几度濒临夭折,由于他的妻子贝尔塔的鼓励和支持,终于使卡尔·本茨名贯全球,最值得称道的是贝尔塔和两个儿子的试车壮举。

1888年8月,贝尔塔和两个儿子,即15岁的欧根和13岁的理查德,驾驶着卡尔·本茨的第一辆三轮汽车,从曼海姆到福茨海姆(贝尔塔的娘家)往返144 km,进行了试车(图1-17)。

图1-17 卡尔·本茨的妻子(贝尔塔)在试车

这次试车坚定了卡尔·本茨坚持试制汽车的信心。当时汽车被视为恶魔,贝尔塔有勇气征服恶魔,不能不使人敬佩她这种敢闯的开拓精神和为汽车事业的奉献精神。百年瞬间,汽车不断推陈出新,正是这种精神的结果。

2. 戴姆勒的第一辆汽车

1886年,在坎斯塔特,戴姆勒将0.82 kW的汽油机装在一辆四轮马车上,并增加了转向传动装置。该车采用单缸四冲程水冷发动机,排量为0.46 L,转速为650 r/min,功率为0.82 kW,最高车速为14.4 km/h,这是世界上第一辆装有汽油机的四轮汽车(图1-18)。

图1-18 戴姆勒的第一辆四轮汽车

卡尔·本茨和戈特利布·戴姆勒是世界公认的以内燃机为动力的现代汽车的发明者,有人将他们誉为"现代汽车之父"。

其实,在本茨和戴姆勒研制汽车前后,还有一些人也在研制汽车发动机和汽车。法国报刊早在1863年就报道过:定居在巴黎的里诺发明了一种用液体燃料并有原始化油器的二冲程内燃机,而且于1863年安装在一辆简陋的马车上,车速不到7 km/h。1884年,法国人戴波梯维尔用内燃机作动力源,制造了一辆装有单缸内燃机的三轮汽车和装有两缸内燃机的四轮汽车。

里诺和戴波梯维尔没有继续在汽车方面的研究,放弃了进一步的试验。而本茨和戴姆勒在研制汽车时屡遭挫折而毫不动摇,成功地制造出内燃机汽车。

客观地说,汽车不是哪个人发明的,它是科技进步到一定阶段的必然结果。

1.1.7 柴油机的发明及柴油机汽车的诞生

1897年,德国人·狄塞尔(Diesel)经过多年的潜心研究,成功地制造出世界上第一台柴油机(图1-19),并获得了发明专利。

狄塞尔于1858年3月18日出生于巴黎,由于父母是德国移民而遭到法国当局的驱逐,家中生活窘迫。他在慕尼黑高等技术学校毕业后当了一名冷藏工程师。

1892年,狄塞尔提出了压燃式柴油机的理论。一次用氨气试验时发生爆炸,狄塞尔险些丧命。他冒着机毁人亡的危险,在一片指责、嘲笑声中试制了三台柴油机的样机,第三台样机于1897年试验成功,这一年狄塞尔柴油机被正式承认并公布。柴油机是动力工程方面又一项伟大的发明。

狄塞尔以其改变了整个世界的发明——压燃式发动机而青史留名,人们为了纪念他将柴油机称为狄塞尔。

图1-19 狄塞尔发明的第一台柴油机

1936年,由奥格斯堡机器制造厂生产的柴油机被戴姆勒·奔驰汽车公司所认可,并安装在梅塞德斯·奔驰牌260D型轿车(图1-20)上,这是世界上第一辆柴油机轿车。随着设计、工艺、材料水平的不断提高,柴油机结构性能有了重大的改进,废气涡轮增压和中冷等技术被广泛采用。汽车动力正朝着"柴油化"方向发展,大多数载货汽车都采用了柴油机,一部分轿车也采用了柴油机。

图1-20 1936年梅塞德斯·奔驰牌柴油机轿车

1.2 国外汽车工业史概述

1.2.1 从手工作坊到工业生产

汽车自诞生至今的一百多年里,汽车工业从无到有,以惊人的速度向前发展。汽车所具有的普遍性和灵活性是其他交通工具所无法比拟的，但汽车工业最初的发展却经历了从手工作坊到工业生产的曲折过程。

汽车发明初期基本上是手工制造，成本高，只是少数富人的玩物。汽车诞生在德国，而早期世界汽车工业中心却在法国巴黎，这与巴黎社会的奢靡风气十分相投。19 世纪后期，汽车开始走向社会。1889 年，法国人罗杰尔买下本茨制作的第三辆汽车，并成为"奔驰"在法国的代理商，汽车开始成为商品。1888 年，法国标致汽车公司开始生产汽车，成为世界上第一家真正的汽车制造商；1890 年，第一辆汽油机动力的标致汽车标致Ⅱ型（图 1-21）问世，这是德国以外出现的第一辆汽车；1891 年，更成熟的标致Ⅲ型车问世，并且批量生产、公开销售，标致公司也成为世界上第一家真正的汽车制造商，法国逐渐成为当时的汽车生产大国，德国、美国、英国和意大利也都开始进行汽车的生产。不过，当时的生产是手工作坊式的，产量很低。但是，这种手工单件生产的汽车，做工十分精致，售价也相当昂贵。

在汽车刚诞生的时期，轿车都是以马车为蓝本设计的，外形也和马车相近，车身高大，发动机后置。这种结构当然也是不合理的，所以标致在 1901 年推出的"型号 36"轿车（图 1-22）具有创新的意义。它采用了前置发动机，有了今天轿车结构的影子。1903 年，标致顶级轿车的产品由原先的两缸发动机升级到四缸发动机，性能也有很大进步。

图 1-21　法国标致Ⅱ型汽车　　　　　图 1-22　法国标致"型号 36"汽车

1895 年，奔驰公司销售了 125 辆汽车。其中 1/3 在国内销售，1/3 出口到法国，1/3 出口到其他国家。

1901 年，美国投产了"奥兹莫比尔"汽车，采用了大众化的设计，售价只有 650 美元，符合当时美国中等收入家庭的消费水平。第二年销售了 750 辆，这在当时开创了汽车批量生产的新时代。

1.2.2　欧美汽车工业的领先地位

汽车由小批量生产到汽车工业的形成，美国汽车大王亨利·福特做了突出的贡献。亨利·福特——福特汽车公司的建立者，他也是世界上第一位使用流水线大批量生产汽车的人。这种新的生产方式使汽车成为一种大众产品，它不但革命了工业生产方式，而且对现代社会和文化起了巨大的影响，因此有一些社会理论学家将这一段经济和社会历史称为"福特主义"。1896 年，他制造了他的第一辆汽车，将它命名为"四轮车"（Quadricycle）。1903 年，福特与 11 位其他投资者以 2.8 万美元的资金于 1903 年建立了福特汽车公司，他提出"让汽车成为广大群众的需要"，并积极研制结构简单、实用、性能完善而售价低廉的普及型轿车。1908 年 10 月推出了 T 型汽车（图 1-23），该车发动机排量 2.89 L、功率 18 kW（25 马力）、四缸、四冲程。1913 年福特汽车公司创建世界上第一条汽车装配生产流水线，并实行了工业大生产管理方式，实现了产品系列化和零部件标准化，并在生产中实现了标准化和大规模流水生产，使车价从 850 美元一直降到 290 美元，当时的农民和普通的工人都有能力购买这种汽车。1914 年福特汽车公司年产量达到 30 万辆，1926 年达到 200 万辆，到 1929 年 T 型车停产时，总共生产了 1500 万辆。福特 T 型车使汽车在美国得到了普及，让汽车进入了美国的普通家庭，让全世界汽车行业重新定位，并将美国变成了"车轮上的国家"。福特生产 T 型车的经验不仅为美国，而且为世界汽车工业的发展奠定了基础，因此福特汽车公司被誉为"汽车现代化的先驱"。

图 1-23　福特和他的 T 型车

从 20 世纪 20 年代中期开始，美国人民生活水平有了普遍的提高，通用汽车公司抓住了消费者对汽车单一的外形和色彩感到厌倦的心理，及时开发了功能齐全、色彩鲜艳的"雪佛兰"轿车，成功地从福特手中夺取了市场，成为美国最大的汽车生产厂家。

1929 年美国汽车保有量已达 2670 万辆，平均不到 5 人就有一辆汽车，汽车工业成为美国国民经济的支柱产业。从 1915 年到 20 世纪 50 年代，美国一直是世界上的汽车生产大国。

欧洲本来是汽车的发源地，但是一直停留在手工作坊的单件生产的层面，加之第一次世界大战对生产的破坏，欧洲的汽车生产被远远地甩在美国之后。直到 1918 年第一次世界大战结束，法国雪铁龙公司才把福特的大批量的生产方式引进欧洲。1929 年，北美（美国和加拿大）的汽车生产量达到 479 万辆，而西欧各国共计只有 55 万辆。

从 1924 年开始，苏联逐步建立了自主的汽车工业体系，但是它着重于发展载货汽车而不重视轿车的生产。

20 世纪 30 年代，欧洲汽车的生产方式逐步跟上了美国的流水线生产，汽车保有量成倍地增长，汽车开始在欧洲各国普及。

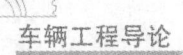

1939 年，第二次世界大战爆发，欧洲各国的汽车工业几乎全部转为军火工业。美国生产了大量的军用卡车、吉普车、坦克、轰炸机以及各种军火，支援了反法西斯战争。德国、意大利、日本的汽车工业也投入了军火生产，为法西斯提供了大量的杀人武器。因此，汽车工业在战争中不仅没有被削弱，反而得到了极大的发展。

"二战"结束后，美国的汽车工业立即恢复了民用小汽车的生产，产量直线上升，仍然是世界汽车工业的霸主地位。欧洲各国的汽车工业也逐渐恢复，而且欧洲汽车在技术领域显露出更适合于市场的各种经济型微型车和小型汽车，很快开始打进美国市场，到了 20 世纪 70 年代，欧洲共同体的汽车产量超过了美国，世界汽车工业出现了美、欧两极的局面。

欧洲汽车工业的巨大发展使世界汽车工业的重心逐步由美国移向欧洲。例如，"二战"以前，西欧各国的汽车产量仅为北美（美国和加拿大）的 11.5%；到战后的 1950 年，这一数字提高到 16%；而到 1970 年，北美仅生产 749.1 万辆，而西欧各国却超过北美产量的 38.5%，达到 1037.8 万辆。许多欧洲汽车厂家，如德国大众、奔驰、宝马（BMW），法国雷诺（Renault）、标致（Peugeot）、雪铁龙，意大利菲亚特（Fiat），瑞典沃尔沃（Volvo）等，均已闻名遐迩。欧洲汽车工业的特点，既有美国式大规模生产的特征，又有欧洲式多品种高技术的趋势。

在这一时期，汽车工业保持了大规模生产的特点，世界汽车保有量剧增，汽车工业发展的中心由美国转移到西欧。汽车技术的高科技含量增加，汽车品种进一步增多。在政府的督促和支持下，汽车工业界对于汽车造成的安全问题、污染问题制定了许多对策，并使汽车在结构、性能等方面都得到了大幅度提高。

1.2.3 亚洲汽车工业的崛起

1. 日本的汽车工业

日本起初的汽车工业基础很薄弱，20 世纪 50 年代才形成完整体系，20 世纪 60 年代是其突飞猛进的时期。1950 年，日本汽车年产量仅 3 万辆，汽车大量依靠进口；1956 年，日本开始振兴汽车工业，鼓励开发"国民车"，大大促进了日本汽车工业的发展，汽车产量成倍增长。1958 年不到 19 万辆，1962 年达 99 万辆，超过意大利跃居世界第五位；1965 年，达 188 万辆，超过法国居第四位；1966 年到 1967 年产量连续超过英国和联邦德国，跃居世界第二位；1968 年突破 400 万辆，1980 年超过了 1100 万辆，超过美国坐上了"世界第一"的宝座，并以物美价廉的优势打进美国市场。

日本车精巧美观、线型流畅、经济省油，在 20 世纪 70 年代"石油危机"的期间，深受消费者喜欢，很快便成了美国人的抢手货，美国国内的汽车市场被日本占领了 21%，大大增强了日本汽车的出口能力。1970 年日本出口汽车达 109 万辆，1973 年达 200 万辆，1976 年达 300 万辆，1977 年达 400 万辆，1980 年汽车出口量增到 597 万辆，1981 年出口量为 605 万辆。这样，在 20 世纪 80 年代，世界汽车市场上形成了日、美、欧三足鼎立的局面。

美国和欧洲各国政府为了保护自身的利益，向日本政府施加压力，要求日本减少汽车的出口，为此，以美国为首的世界汽车贸易摩擦开始加剧。从 1981 年起，日本不得不变换战略，限制向美国和其他国家出口轿车，采取在国外建厂或合资办厂等多种形式。自 1982 年起,"本田""日产""马自达""三菱"汽车都以不同的形式在美国或其他国家建厂生产。直到1994年,经过十多年的艰苦努力,美国汽车工业才恢复了元气,夺回了自1980年被日本夺去的"世界第一"的宝座。世界汽车仍然保持着美、日、欧三足鼎立的局面。

2. 韩国的汽车工业

正当美国、日本和欧洲三足鼎立,在市场上争得不可开交的时候,20世纪80年代汽车市场又杀出一支新军——韩国。它的汽车产量飞速增长,仅次于美、日、德、法等国,成为又一个汽车生产大国。它以价格低廉的优势大量向美国出口。目前,韩国汽车的市场已经扩展到全世界,它的汽车工业的成功发展,是举世瞩目的。

1.3 中国汽车工业史概述

中国是伟大的历史文明古国,但在发明汽车的时代,古老的中华民族正惨遭世界列强的瓜分和欺凌。新中国成立后,中国人民奋发图强,依靠自身的力量逐步建立起自己的民族汽车工业。尤其是改革开放以来,我国的汽车工业得到了快速发展,一些民族的汽车品牌不断涌现。

1.3.1 旧中国的汽车梦

1901年,一个叫李恩思的匈牙利人将两辆美国生产的奥兹莫比尔汽车从香港运到上海,从此中国开始出现汽车(图1-24)。

图1-24 1901年传入中国的两辆汽车之一

1902年,袁世凯从香港购买了一辆汽车作为厚礼送给慈禧,这是我国现在保存最早的汽车——现存放在颐和园(图1-25)。该车是德国本茨公司1898年的产品,设有4个座位,发动机在前排底座下方,通过链条驱动后轮。汽车的造型还算气派,但谈不上豪华,采用开式车身,6根垂直的杆子支起一个精美的顶棚,车头还挂着两盏精美的黄铜煤油灯,更为出色的是钢板弹簧悬架和4只充满气体的轮胎大大提高了汽车的平顺性,被人冠以"中国第一车"的美名。

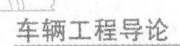

1903年以后，上海已陆续出现了从事汽车或零部件销售、汽车出租的洋行。

孙中山先生1912年在江阴视察江防工作时，曾作了"关于道路与自动车建设"的专题报告，阐明了修筑公路、开办长途客货汽车运输对货物流畅、便利交通、发展经济的重要作用。他在1920年发表的《建国方略》一书中讲到："……最初用小规模，而后用大规模，以供四万万人需要。所造之车当用于各种用途，为农用车、商用车、旅行用车、运输用车等。一切车以大规模制造，实可较今更廉，欲用者皆可得之。"

图1-25　慈禧太后座驾

1928年，张学良在东北易帜后，要化兵为工，在辽宁迫击炮厂成立了民用工业制造处，后改称为辽宁民生工厂，试制汽车。中国人当时还没有生产汽车的经验，于是聘请了美国人为总工程师。1929年3月，民生工厂引进了一辆美国"瑞雷号"汽车进行装配实验，并以该车为样板，于1931年试制成功了一辆命名为"民生牌"的75型汽车，它开辟了中国人试制汽车的先河。可惜第二辆汽车还没制造出来，"九一八"事件爆发，东北三省被日本占领。

继"民生牌"汽车以后，20世纪30年代国产汽车试制工作在国内许多地方进行，但均以失败告终。

旧中国的汽车梦毁于统治者的腐败无能，毁于帝国主义的硝烟战火。新中国成立后，才建立和发展了中国的汽车工业。

1.3.2　新中国的汽车工业之路

新中国的汽车工业，与共和国共命运，经过半个多世纪的努力，发生了天翻地覆的变化。从一个曾经是"只有卡车没有轿车"，"只有公车没有私车"，"只有计划没有市场"的汽车工业，终于形成了一个种类比较齐全、生产能力不断增长、产品水平日益提高的汽车工业体系。回顾新中国汽车工业六十多年来走过的路程，一步一个脚印，处处印证着各个历史时期的时代特色，从无到有、从小到大，经历了创建、成长和全面发展三个历史阶段。

1. 创建阶段（1953—1965年）

新中国成立后，毛泽东主席、周恩来总理等第一代国家领导人亲自筹划建立中国自己的汽车工业。初创阶段的特征是：首先建成了中国第一汽车制造厂，实现了中国汽车工业零的突破；接着建立了南京汽车制造厂、上海汽车制造厂、济南汽车制造厂、北京汽车制造厂，形成了五个汽车生产基地。

（1）中国第一汽车制造厂

1949年，中华人民共和国成立后，就开始了建立我国汽车工业筹划工作，1949年10月，在中央重工业部内设置了汽车工业筹备组。1950年中央政府重工业部成立了以郭力、孟少农、胡云芳等人组成的汽车工业筹备组，在苏联专家组协助下开始了筹建工作。1951年，孟少农和苏联专家一起到长春考察，考察后将中国第一汽车制造厂（简称一汽）的厂址选定在长春西南的孟家屯。1952 年，中央政治局讨论、确定了一汽的建设方针，并任命年仅 40 岁的哈尔滨市市长饶斌为第一任厂长，孟少农为副厂长兼总工程师。1953 年 7 月 15 日，一汽举行了隆重的奠基典礼（图 1-26），一汽的建设从此拉开了序幕，开始了我国汽车工业史上一场规模宏大的建设。

图 1-26 第一汽车制造厂奠基典礼现场

1956 年 7 月 13 日，第一批国产解放牌汽车（图 1-27）下线。一汽的建成投产，实现了中国的汽车愿望。一汽成为中国汽车工业的摇篮，在以后的年代里也为中国汽车工业的发展作出了巨大贡献。中国汽车工业的建立是以长春第一汽车制造厂的建成为标志的。

图 1-27 第一辆解放牌 CA10 型载货汽车下线

1957 年 5 月，一汽开始设计轿车，1958 年 5 月 5 日，第一辆东风 CA71 型轿车（图 1-28）是中国人制造的第一辆轿车，迈出了中国人自制轿车的第一步。

图 1-28　东风 CA71 型轿车

1958 年 7 月，一汽又试制出红旗 CA72 型高级轿车（图 1-29）。发动机为 8 缸，V 形排列，功率为 162 kW，转速为 4000 r/min，装有自动变速器。红旗牌高级轿车是国产高级轿车的先驱。1963 年 8 月，第一汽车制造厂建成小批量生产能力的轿车分厂，逐步形成具有批量生产能力的红旗牌轿车生产基地。经过进一步改进产品性能和质量，一汽又试制出红旗 CA770 型三排座高级轿车。1966 年 4 月，首批 20 辆红旗 CA770 型轿车送到北京，作为国家主要领导人乘坐用车。

图 1-29　红旗 CA72 型高级轿车

（2）南京汽车制造厂

1958 年 3 月，在南京汽车制造厂诞生了第一辆跃进 NJ130 型轻型载货汽车（图 1-30）。跃进是与时代合拍的车名，跃进 NJ130 型汽车投产后成为当时我国轻型载货汽车的主力车型。

图 1-30　跃进 NJ130 型轻型载货汽车

（3）上海汽车制造厂

20 世纪五六十年代，除了少量的红旗轿车供中央领导和省部级领导使用外，迫切需要一种普及型轿车供公务用。新中国成立前，上海汽车制造厂是一家汽车修配厂，1957 年开始生产越野汽车，1958年生产上海SH58-1型三轮车。1958年9月，第一辆国产凤凰牌轿车诞生，开创了上海制造轿车的历史。1964年，凤凰牌轿车更名为上海SH760型轿车（图1-31），该车一直到20世纪80年代上海桑塔纳轿车投产才退出历史舞台。

（4）济南汽车制造厂

济南汽车制造厂的前身是始建于1935年的一家配件厂。1959年，济南汽车制造厂参照捷克生产的斯柯达806RT 8t载货汽车设计我国的重型载货汽车。1960年4月，试制成功了黄河JN150型重型载货汽车（图1-32）。从此黄河牌汽车驰骋于祖国大地。

图1-31　上海SH760型轿车

图1-32　黄河JN150型重型载货汽车

（5）北京汽车制造厂

在我国解放初期，我军战术指挥车除了战争期间缴获的美式吉普车外，一直依靠苏联提供的"嘎斯"69型越野汽车。20世纪60年代初，中苏关系破裂，我国军用指挥车失去了供应来源，于是，中央军委指示一定要尽快开发出部队装备用车。1961年，国防科委批准了关于北京汽车制造厂作为生产轻型越野汽车的基地的决定。1961年，北汽试制出第一辆北京BJ210型轻型越野汽车，经过改进试制，1963年3月定名为北京BJ210C型轻型越野汽车。1964—1966年，试制、鉴定定型北京BJ212型轻型越野汽车（图1-33）。从此北京汽车制造厂成为我国轻型越野汽车的生产基地。

图1-33　北京BJ212越野汽车

在初创阶段的16年间，中国汽车工业共投资11亿元，生产能力近6万辆，9个品种。至1965年，全国民用汽车保有量近29万辆，其中国产汽车17万辆（一汽累计生产15万辆），共有汽车企业522家，职工14.3万人，汽车工业总产值14.8亿元。

至1966年，我国汽车工业已形成第一汽车制造厂、南京汽车制造厂、上海汽车制造厂、济南汽车制造厂和北京汽车制造厂五个汽车生产基地，基本填补了汽车工业的空白。同期，建立了4个专业研究机构，有8所高等学校设有汽车专业。

2. 成长阶段（1966—1980年）

成长阶段的特征是：先后兴建了第二汽车制造厂、四川汽车制造厂和陕西汽车制造厂三个主要生产军用越野汽车的三线汽车制造厂；开发矿用自卸汽车和重型汽车；五个老汽车生产基地为包建、支援二汽、川汽、陕汽作出了巨大贡献，其自身也得到一定发展；地方积极建设汽车制造厂，汽车生产的分散局面已经形成。这个历史阶段共跨越了三个"五年计划"，主要是贯彻中央的精神建设三线汽车厂，以中、重型载货汽车和越野汽车为主，同时发展矿用自卸车。5个老厂扩充实力，地方建汽车制造厂，共投资约51亿元，新增汽车生产能力逾16万辆。

（1）第二汽车制造厂的建立

1964年，第二汽车制造厂（简称二汽）建设被列入第三个"五年计划"。当时由于备战，中央指示二汽要建在三线的群山之中。二汽选厂址历时八年，1966年决定二汽建在湖北十堰的深山沟里。1967年4月1日，二汽举行开工典礼大会。二汽兴建期间正是"文化大革命"时期，后由于各种干扰不得不停工。1969年9月，在国务院的领导下，扭转了二汽停工的局面，步入大规模建设阶段。1975年7月1日，二汽建成第一个基本车型东风EQ240型2.5 t越野汽车生产基地。1978年7月15日，建成了第二个基本车型东风EQ140型5 t载货汽车生产基地。

二汽是国内自行设计、国内提供装备的工厂，采取了"包建"（老厂包建新厂、小厂包建大厂）和"聚宝"（国内的先进成果移植到二汽）的方法，同时在湖北省内外安排新建、扩建26个重点协作配套厂。一个崭新的大型汽车制造厂在湖北省十堰市兴建和投产，当时主要生产中型载货汽车和越野汽车。

（2）川汽和陕汽的建立

与此同时，四川汽车制造厂（简称川汽）、陕西汽车制造厂（简称陕汽）和陕西汽车齿轮厂，分别在重庆市大足县和陕西省宝鸡市（现已迁西安）兴建和投产，主要生产重型载货汽车和越野汽车。

在中国汽车工业总公司的领导下，川汽于1964年全面展开建厂工作，负责生产10 t以上的重型军用越野汽车，当时边研制开发产品，边筹建工厂。产品经过几轮的试制、试验和改进，最后定型为红岩CQ261（图1-34）。按照三线选择厂址的要求，几经周折，川汽才将厂址选定在大足。

图1-34 红岩CQ261重型越野车

陕汽负责生产 5 t 军用越野汽车，定型为延安 SX250 型，后来开发了 7 t 军用越野车的改型产品（图 1-35）。几经考察，陕汽厂址选定在陕西省的岐山县渭河南岸的麦里西沟，是名副其实的"靠山、隐蔽"的小山沟。陕汽从 1965 年选厂址开始，直到 1978 年 3 月 14 日原一机部正式批准验收投产为止，历时 13 年才建成。

（3）开发生产矿用自卸汽车

20 世纪 60 年代中后期，国家提出"大打矿山之仗"的决策，矿用自卸车成为重点装备。1969 年上海 32 t 矿用自卸车试制成功投产之后，天津 15 t、常州 17 t、北京 20 t、一汽 60 t（后转本溪）和甘肃白银 42 t 矿用自卸车也相继试制成功投产，缓解了当时矿山、石化、水电、林业、运输等部门急需重型载货汽车及其维修配件供应紧缺的局面。

为适应国民经济发展对重型载货汽车的需求，济南汽车制造厂扩建黄河牌 8 t 重型载货汽车的生产能力，安徽泗河、河南南阳、辽宁丹东，以及黑龙江和湖南等地方也投入了同类车型生产。邢台长征牌 12 t 重型载货汽车、上海 15 t 重型载货汽车投产问世。20 世纪 80 年代，中国重型汽车工业联营公司引进斯太尔重型汽车制造技术，一汽、二汽分别引进国外重型汽车的总成、部件制造技术，发展重型汽车生产。内蒙古第一机械制造厂引进奔驰重型汽车制造技术，实施工厂技术改造项目进而组建中外合资公司。北京、本溪、上海、内蒙古（二机厂）也通过引进国外技术，生产新一代高性能矿用自卸车（图 1-36）。

图 1-35 陕汽 SX2190

图 1-36 斯太尔自卸车

截至 1980 年，全国有汽车制造厂近 70 家，改装车厂近 200 家，汽车零部件厂 200 多家，全国累计生产各类汽车 163.9 万辆。汽车生产的分散局面已经形成，这也成为以后调整汽车产业结构的难题之一。

3. 全面发展阶段（1981 年至今）

1980 年下半年，我国出现汽车滞销，汽车工业老化、不适应客观需求的落后局面逐步显现。国务院有关部委以国家制定交通运输技术政策为契机，全面分析了汽车工业现状与未来，推行一系列改革开放的重要举措，从而使汽车工业在许多重要方面发生了质变。

（1）产品结构全面调整，老产品换型

在 1987 年与 1988 年间，生产时间最长的 3 个老产品实现换型、转产。以新解放、跃进与黄河为起点，到 20 世纪 90 年代初，老产品全面实现换型，改变了汽车产品 30 年一贯制的落后局面，新产品技术水平大大提高并实现了系列化、多品种。

（2）引进了一大批汽车和关键总成、零部件产品技术、制造技术及关键设备

据不完全统计，汽车行业共引进技术近 600 项，引进的主要产品有 8 种轻型客、货车，

4 种重型车，7 种矿用自卸车，8 种大客车，加上自行开发的新产品和生产能力建设，特别是一汽、东风两集团相继形成较强的轻型、重型商用（除轿车）车生产实力；引进 3 种微型车，形成 5 个骨干生产厂；合资建成 7 个轿车厂、2 个内资厂，主品牌 10 种，轿车生产能力已达年产 80 万辆。

通过上述一系列做法，汽车工业进入了全面发展阶段，主要体现在：汽车老产品（解放、跃进、黄河车型）升级换代，结束 30 年一贯制的历史；调整商用车产品结构，改变"缺重少轻"的生产格局；建设轿车工业，引进技术和资金，生产国产轿车，形成生产规模；行业管理体制和企业经营机制改革，汽车、摩托车车型品种、质量和生产能力大幅增长。

1981—1998 年，全国生产各类汽车累计 1452 万辆，其中：轿车 260 万辆，累计投资（包括引进外资）近 1500 亿元。至 1998 年年底初步统计，有 20 多个国家、地区在中国建立了 600 多家外商投资企业，注册资本 100 多亿美元。

此时期，中国汽车工业公司下属的各汽车工业联营公司内逐步出现产供销、人财物六统一的紧密联营方式。1987 年，国家确定东风、解放、重型 3 个联营公司实行企业集团和国有资产授权试点，进行生产要素优化组合，经国务院批准，1992 年一汽、东风、重型汽车集团成立。1993 年国家批准第一汽车集团公司、东风汽车公司为国有资产授权经营企业。同期，中央非汽车工业部门和地方对汽车工业也由行政管理，改为行政性公司，进而再变为经济实体，继之发展成为企业集团或股份制公司，如交通、建设、兵器、航空、航天等部门的下属集团或公司以及北京、上海、天津、广州等地的汽车工业集团公司等。

中共十四大和人大八届四次会议确定将汽车工业列为国民经济支柱产业，1994 年国家颁布《汽车工业产业政策》，中国汽车工业得以快速发展。

中国汽车工业经过六十多年的发展，特别是改革开放三十多年来的发展，取得了长足进步。"六五""七五"和"八五"这 3 个 5 年计划以平均 17.54% 和 24.5% 的速度大幅增长；1994 年后产品结构调整，每年以 3%～7% 的速度持续增长。

1998 年我国生产汽车 162.8 万辆，汽车工业总产值（1990 年不变价）2 987.6 亿元，汽车工业总产值（现行价）2 787.3 亿元，销售收入 2 742.5 亿元，资产总计 5 044.8 亿元，利润总额 57.9 亿元，利税总额 226 亿元。当年汽车总产量居世界第 10 位，轿车产量 50.7 万辆，居世界第 14 位。

自 21 世纪初中国"鼓励汽车进入家庭"的政策明确后，中国汽车业进入高速发展阶段。至 2004 年，我国汽车年产量超过 500 万辆，已经超过法国，一跃成为世界第四大汽车生产国。2005 年中国汽车业产量超过 570 万辆，成为世界第三大汽车生产国。中国汽车市场由小变大，2010 年成为全球第一大汽车市场，比原先普遍预测的 2015 年提早了 5 年。目前汽车业已成为中国国民经济的支柱产业，产业内就业人数已达 200 万人，相关产业的从业人员达 2000 万人，"十二五"期间，中国汽车年产量将达到 2500 万辆，工业总产值将达到 4.5 万亿元，汽车工业增加值占国内生产总值（GDP）的比例将达到 3%。2012 年上半年全国机动车和驾驶人保持快速增长趋势，截至 6 月底，全国机动车总保有量达 2.33 亿辆，其中汽车 1.14 亿辆，摩托车 1.03 亿辆。全国机动车驾驶人达 2.47 亿人，其中汽车驾驶人 1.86 亿人。中国已正式进入"汽车社会"，每百户家庭私人汽车拥有量超过了 20 辆。2013 年年初，中国社科院发布的《中国汽车社会发展报告 2012—2013》引起了强烈关注，报告预计10年左右每百户中国私人汽车拥有量将达到或接近60辆。

1.4 车辆类型与国产汽车产品型号及编制规则

1.4.1 我国车辆分类

车辆类型的术语和定义是我国标准化领域一项非常重要的基础标准，它为国家汽车产品的设计、生产、销售、使用以及税收、进出口管理等提供了通用的语言，为汽车行业及相关方面标准、法规制定提供了重要的依据，是汽车行业国际化程度的重要表征。

GB/T 3730.1—2001《汽车和挂车类型的术语和定义》是 GB/T 3730.1—1988 标准修订版。GB/T 3730.1—1988 标准侧重于车辆的分类、分级和命名，将汽车划分为货车、越野车、自卸车、牵引汽车、专用汽车、客车、轿车等大类。并按照最大总质量、车辆长度、发动机排量等，将各类车划分为大、中、小、轻型、重型、超重型不等的4至6级，其中的某些术语定义基本是我国特有的。多年以来，GB/T 3730.1—1988 标准满足了特定时期汽车行业生产和管理的需要。但是，由于 GB/T 3730.1—1988 标准的术语和定义与国际标准有很大差异，随着我国汽车工业的发展，逐渐显示出它的不合理、不科学。例如，当时国内的自卸车产量很大，于是将自卸车单分为一类，而实际上自卸汽车就是载货车中的一个种类，与载货车并列显然是不合理的。又如，将越野车分为一类，然而乘用车、客车、货车中都有越野性能的车种。从术语上看，与国际上使用相同术语、而定义却与国际标准不同的主要表现是轿车（Passenger car）的定义，我国定义为"用于载运人员及其随身物品且座位布置在两轴之间的四轮汽车"。旧版且以发动机排量进一步划分，已不适应现实和发展需要。因此由原国家机械工业局提出，经原国家质量技术监督局批准，由中国汽车技术研究中心负责修订的 GB/T 3730.1—2001 发布，并于2002年3月1日实施。

1. 根据 GB/T 3730.1—2001 车辆分类

GB/T 3730.1—2001 根据车辆的设计和技术特性将其分为汽车、挂车和汽车列车。

（1）汽车

汽车分为乘用车和商用车辆两类。

1）乘用车

乘用车是指在设计和技术特性上主要用于载运乘客及其随身行李或临时物品的汽车，包括驾驶员座位在内最多不超过9个座位。它也可以牵引挂车。

乘用车主要包括：普通乘用车、活顶乘用车、高级乘用车、小型乘用车、敞篷车、仓背乘用车、旅行车、多用途乘用车、短头乘用车、越野乘用车、专用乘用车11种。主要类型如图1-37所示。

其中，专用乘用车又可分为旅居车、防弹车、救护车、殡仪车等。

2）商用车辆

商用车辆是指在设计和特性上用于运送人员和货物的汽车，并且可以牵引挂车。商用车按照用途分为客车、半挂牵引车和货车三大类。

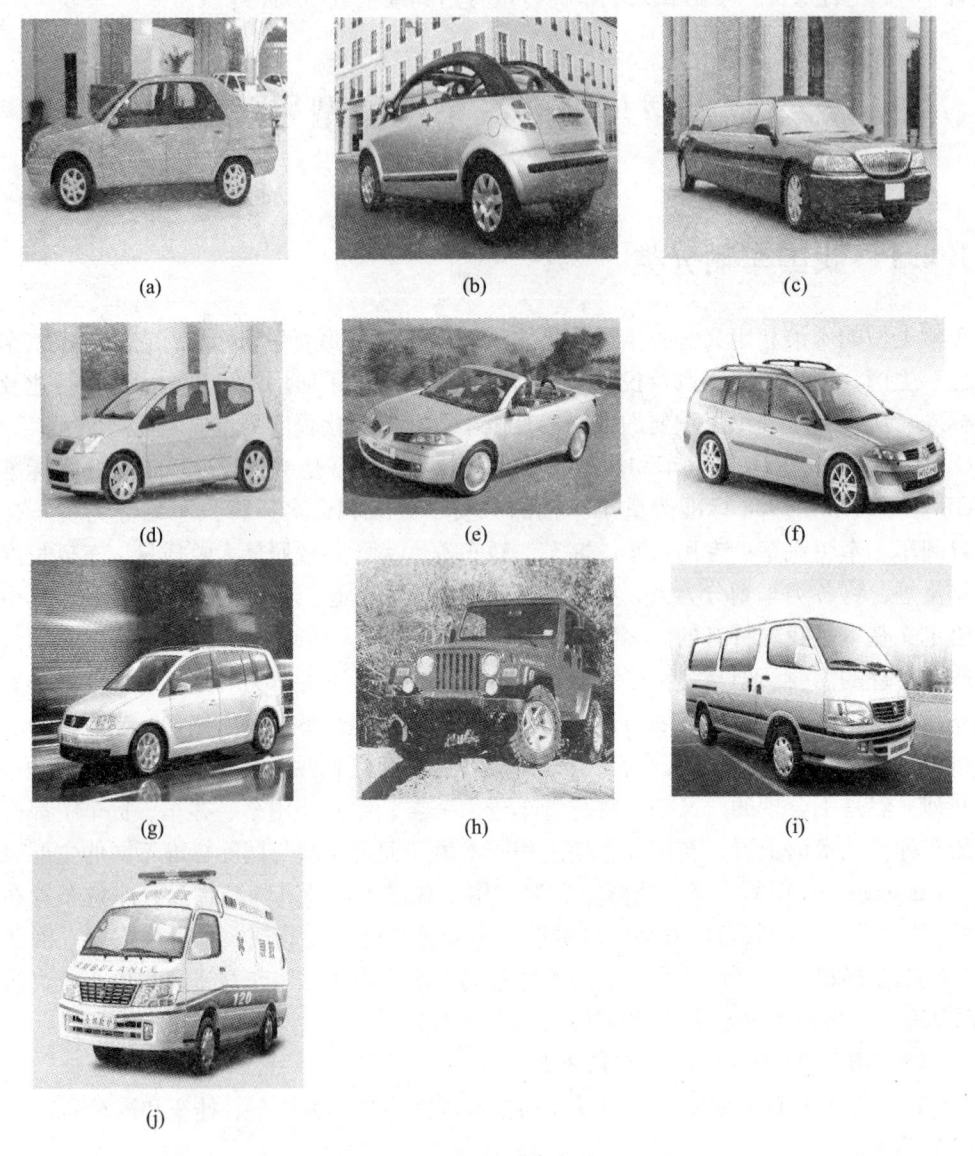

图 1-37　主要乘用车

(a) 普通乘用车；(b) 活顶乘用车；(c) 高级乘用车；(d) 小型乘用车；(e) 敞篷车；
(f) 旅行车；(g) 多用途乘用车；(h) 越野乘用车；(i) 短头乘用车；(j) 救护车

①客车：在设计和技术特性上用于载运乘客及其随身行李的商用车辆，包括驾驶员座位在内座位数超过9个。客车有单层的和双层的，也可牵引一挂车。根据各自设计和技术特性，客车又可分为：小型客车、城市客车、长途客车、旅游客车、铰接客车、无轨电车、越野客车、专用客车。

②半挂牵引车：装备特殊装置用于牵引半挂车的商用车辆。

③货车：主要为载运货物而设计和装备的商用车辆，均可牵引一挂车。根据其技术和结构特点，货车又分为：普通货车、多用途货车、全挂牵引车、越野货车、专用作业车和专用货车。

主要商用车辆如图 1-38 所示。

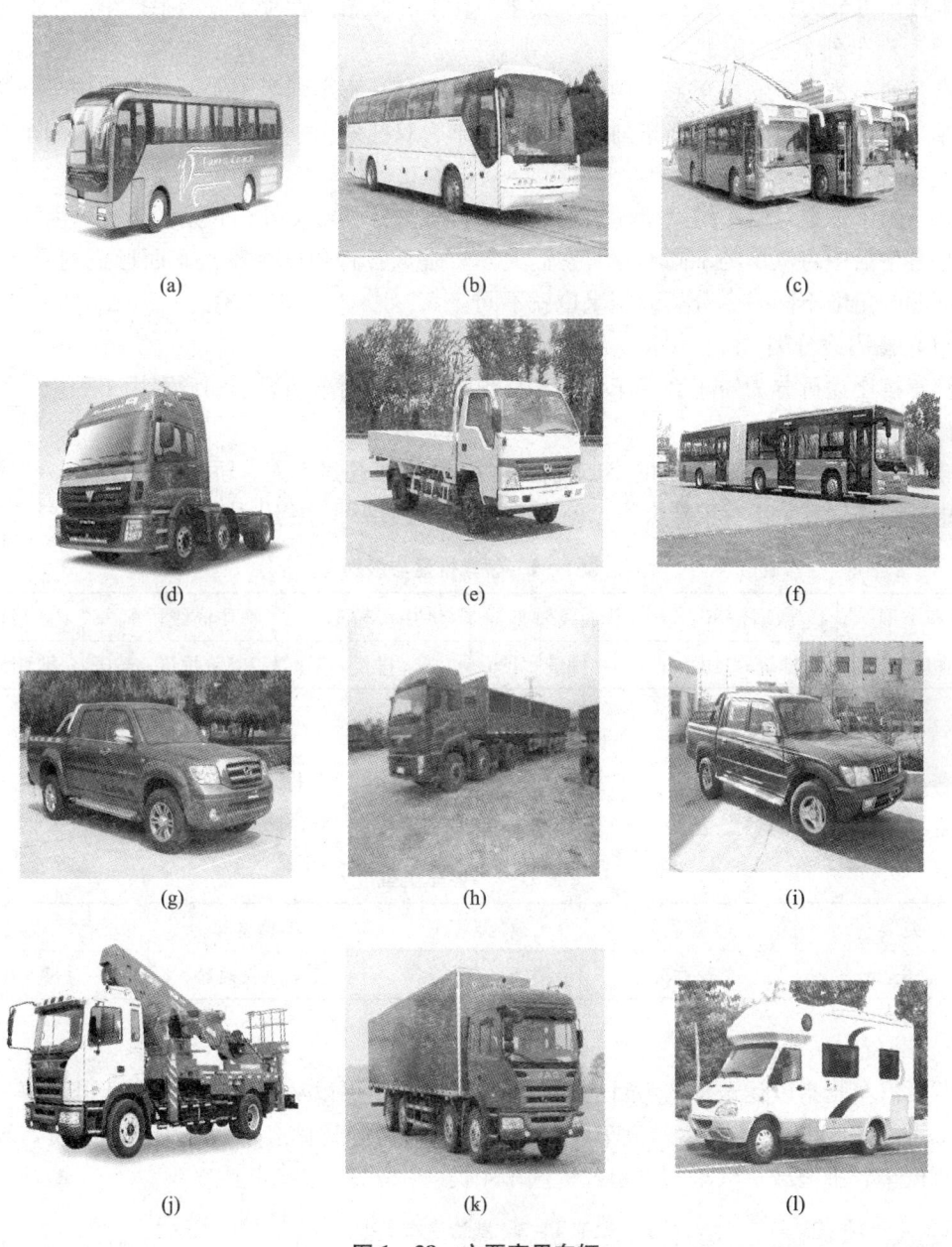

图 1-38 主要商用车辆
(a) 长途客车；(b) 旅游客车；(c) 无轨电车；(d) 半挂牵引车；(e) 普通货车；(f) 铰接客车：(g) 多用途货车；(h) 全挂牵引车；(i) 越野货车；(j) 专用作业车：(k) 专用货车；(l) 中置轴挂车（旅居）

(2) 挂车

挂车是指自身无动力，需要由汽车牵引的一种车辆，用于载运人员或货物，也可用于特殊用途。它包括牵引杆挂车、半挂车、中置轴挂车。

牵引杆挂车是指至少有两根轴的挂车，具有一轴可转向、通过角向移动的牵引杆与牵引车连接、牵引杆可垂直移动并连接到底盘上、不能承受任何垂直力等特性。牵引杆挂车又可分为客车挂车、牵引杆货车挂车、通用牵引杆挂车和专用牵引杆挂车四类。

半挂车可分为：客车半挂车、通用货车半挂车、专用半挂车、旅居半挂车。

（3）汽车列车

汽车列车是指一辆汽车与一辆或多辆挂车的组合。汽车列车主要可分为乘用车列车、客车列车、货车列车、牵引杆挂车列车、铰接列车、双挂列车、双半挂列车和平板列车。

2. 不同方法下的车辆分类

除了国家标准对汽车类型所作出的权威和科学的分类定义外，长期的历史原因还形成了许多日常生活中对汽车的不同称呼，它们大多数是从各种角度观察汽车而形成的习惯叫法，当看问题的角度不同时，分类的结果也就不同。

（1）按用途分类

汽车按用途可分为轿车、客车、货车、越野车、专用车、娱乐和竞赛用车等。

1）轿车

轿车一般是指乘坐2~7人的小型载客车辆，一般不超过5人。轿车可以按表1-1所示的发动机排量（气缸工作容积）大小，分为微型级、普通级、中级、中高级和高级轿车等5类。

表1-1 轿车排量与级别

轿车类型	微型轿车	普通级轿车	中级轿车	中高级轿车	高级轿车
发动机排量/L	排量≤1.0	1.0＜排量≤1.6	1.6＜排量≤2.5	2.5＜排量≤4.0	排量＞4.0

2）客车

客车一般是指载客超过8人的载客车辆，习惯上可以根据表1-2所示的汽车总长将客车划分为微型客车、轻型客车、中型客车和大型客车等4类。

表1-2 客车类型

类型	微型客车	轻型客车	中型客车	大型客车
总长/m	总长≤3.5	3.5＜总长≤7	7＜总长≤10	总长＞10

3）载货汽车

载货汽车是指以运送货物为目的的车辆，其载货量可以从数百千克到数十吨不等，一般习惯上可以按照表1-3所示的汽车最大总质量不同，将载货汽车划分为微型载货汽车、轻型载货汽车、中型载货汽车和重型载货汽车4类。

表1-3 载货汽车类型

类型	微型货车	轻型货车	中型货车	重型货车
总质量 G/kg	G≤1 800	1 800＜G≤6 000	6 000＜G≤14 000	G＞14 000

4）越野汽车

越野汽车简称越野车（图1-39），是主要行驶在坏路或无路地区的特殊汽车，常用于非公路上载运人员和货物或牵引设备，其2轴（4轮）或3轴（6轮）都是驱动轴（轮），称作全轮驱动或全轴驱动汽车。按驱动形式可分为4×4，6×6，8×8三种。越野车的驱动力远大于载货汽车，因而通过性很强，一般作为军用或野外工程用车；但这种车的油耗量也远大于普通民用车。

图1-39 越野车

5）专用汽车

专用汽车是为了承担专门的运输任务或作业、装有专用设备、具备专用功能的车辆。车上装有特殊的设备。专用车已发展成庞大家族，具有众多的成员。如厢式汽车、罐式汽车、起重举升汽车、仓棚式汽车、特种结构式汽车、专用自卸汽车等；按用途可称为救护车、消防车、油罐车（图1-40）、垃圾车、洒水车和冷藏车等。

图1-40 油罐车

(2) 根据汽车的动力装置进行分类

1）内燃机汽车

内燃机汽车是指用内燃机作为动力装置的汽车。通常，内燃机汽车的主要形式有以下几种：

①汽油机汽车：用汽油机作为动力装置的汽车。

②柴油机汽车：用柴油机作为动力装置的汽车。

③气体燃料发动机汽车：发动机用天然气、煤气等气体作为燃料的汽车。

④旋转活塞发动机汽车：用旋转活塞发动机作为动力装置的汽车。

2）电动汽车

电动汽车是指用电动机作为动力装置的汽车。

3）燃气涡轮机汽车

燃气涡轮机汽车是指用燃气涡轮机作为动力装置的汽车。

4）太阳能汽车

太阳能汽车是指用太阳能来驱动的汽车。

（3）按发动机的位置进行分类

1）前置发动机汽车

它是指将发动机安装在车辆前部的汽车。

2）后置发动机汽车

它是指将发动机安装在车辆后部的汽车。

3）中置发动机汽车

它是指将发动机置于前后桥之间的底盘下方的汽车。

（4）按驱动方式进行分类

1）前轮驱动汽车

它是指用前轮作为驱动轮的汽车。

2）后轮驱动汽车

它是指用后轮作为驱动轮的汽车。

3）全轮驱动汽车

它是指前后轮都可作为驱动轮的汽车。

（5）按发动机位置和驱动方式进行分类

1）前置前驱动汽车

它是指发动机前置的前轮驱动汽车。

2）前置后驱动汽车

它是指发动机前置的后轮驱动汽车。

3）后置后驱动汽车

它是指发动机后置的后轮驱动汽车。

4）中置后驱动汽车

它是指发动机中置的后轮驱动汽车。

1.4.2 国外汽车分类

1. 欧系汽车分类

目前，欧系汽车一般以排量或轴距对乘用汽车进行分类，其中德国汽车的分类方法最有代表性。德国传统汽车分类标准如下：A00、A0、A、B、C、D 等级别。其中 A 级（包括 A0、A00）车是指小型轿车；B 级车是中档轿车；C 级车是高档轿车；D 级车指的则是豪华轿车，其等级划分主要依据轴距、排量、重量等参数。依据轴距、排量、重量，字母顺序越靠后，该级别车的轴距越长、排量和重量越大，轿车的档次也不断提高。

A00 级轿车：轴距在 2 m 至 2.2 m 之间，发动机排量小于 1 L。

A0 级轿车：轴距在 2.2 m 至 2.3 m 之间，排量从 1 L 到 1.3 L。

A 级车：轴距在 2.3 m 至 2.45 m 之间，排量从 1.3 L 到 1.6 L。

B 级车：轴距在 2.45 m 至 2.6 m 之间，排量从 1.6 L 到 2.4 L。

C 级轿车：轴距在 2.6 m 至 2.8 m 之间，排量从 2.3 L 到 3.0 L。

D级豪华轿车：大多外形气派，车内空间极为宽敞，发动机动力也非常强劲，其轴距一般均大于2.8 m，排量基本都在3.0 L以上。

当然，随着车型的增加以及价格、款式、配置选择越来越多样化，A级、B级、C级车的边缘交叉也会越来越多。例如，有些车型或许轴距属于A级车范围，而排量与价格却与B级车相差无几。因此，轿车分级不应过于僵化死板，需灵活处理。

2. 美系汽车分类

美系分类标准以通用汽车公司的分类标准最具代表性。通用公司一般将轿车分为6级，它是综合考虑了车型尺寸、排量、装备和售价之后得出的分类。

Mini级：一般指排量在1 L以下的轿车。

Small级：一般是排量在1.0～1.3 L的轿车，对应于我国普通轿车级别的低端。

Low-med级：一般是排量在1.3～1.6 L的轿车。

Inter-med级：和德国的低端B级轿车基本吻合。

Upp-med级：涵盖B级轿车的高端和C级轿车的低端。

Large/Lux级：和国内的高级轿车相对应，涵盖C级车的高端和D级车。

1.4.3　国产汽车产品型号及编制规则

为了在生产、使用、管理、维修中便于识别不同的汽车，国家制定了统一的型号编制规则。1988年颁布了国家标准GB 9417—1988《汽车产品型号编制规则》，规定汽车型号由汉语拼音字母和阿拉伯数字组成。

汽车产品型号由首部、中部和尾部三部分组成。代号的排列顺序如下：

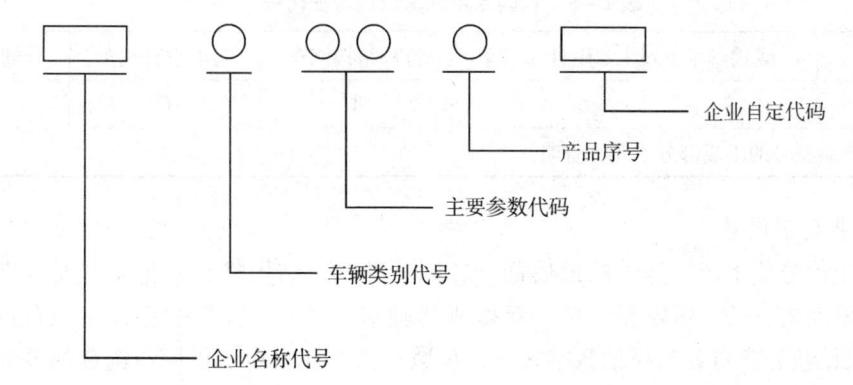

```
□    ○    ○○    ○    □
│    │    │     │    └── 企业自定代码
│    │    │     └─────── 产品序号
│    │    └───────────── 主要参数代码
│    └────────────────── 车辆类别代号
└─────────────────────── 企业名称代号
```

1. 首部

企业名称代号是识别车辆制造企业的代号，位于产品型号的第一部分，用代表企业名称的两个或三个汉语拼音字母表示。

2. 中部

中部由四位阿拉伯数字组成，左起首位数字表示车辆类别代号，中间两位数字表示汽车的主要特征参数，最末位是由企业自定的产品序号，见表1-4。

3. 尾部

尾部分为两部分，前部由汉语拼音字母组成，表示专用汽车分类代号；后部是企业自定代号，可用汉语拼音字母或阿拉伯数字表示。

表1-4 汽车类别代号

首位数字		中间两位数字	末位数字
表示车辆类别		表示汽车的主要特征参数	生产顺序号
1	载货汽车	表示汽车的总质量（t）** 数值	由企业自定
2	越野汽车		
3	自卸汽车		
4	牵引汽车		
5	专用汽车*		
6	客车	表示汽车的总长度（0.1 m）*** 数值	
7	轿车	表示发动机的总工作容积（0.1 L）数值	
8			
9	半挂车及专用半挂车	表示汽车的总质量（t）** 数值	

* 专用汽车是指专用货车和特种作业汽车。
** 当汽车总质量大于100 t时，允许用3位数字表示。
*** 当汽车总长度大于10 m时，单位为m。

（1）专用汽车分类代号

专用汽车分类代号位于产品型号的第五部分，用反映车辆结构和用途特征的三个汉语拼音表示，结构特征代号按表1-5规定。

表1-5 我国专用汽车结构特征代号

厢式汽车	罐式汽车	专用自卸汽车	特种结构汽车	起重举升汽车	仓棚式汽车
X	G	Z	T	Q	C

注：汽车产品型号的组成部分中允许省略。

（2）企业自定代号

企业自定代号位于产品型号的最后部分，同一种汽车结构略有变化而需要区别时（如汽油、柴油发动机，长、短轴距，单、双排座驾驶室，平、凸头驾驶室，左、右置转向盘等），可用汉语拼音字母和阿拉伯数字表示，位数也由企业自定。供用户选装的零部件（如暖风装置、收音机、地毯、绞盘等）不属结构特征变化，应不给予企业自定代号。

型号示例：

CA1092：表示一汽集团生产的总质量为9485 kg的中型普通载货汽车，经过二次改型。

CA7220AE：表示表示一汽集团轿车股份有限公司生产的中级轿车，发动机的排量为2.2 L，第一代产品。

DD6112H6A：表示辽宁黄海汽车（集团）有限责任公司生产的大型高级旅游客车，车身总长为11.2 m，经过二次改型。

EQ2081：表示东风汽车集团公司生产的总质量为8 t的中型越野汽车，经过一次改型。

JG5090 XBW：表示济南汽车改装厂生产的总质量为9 t的第一代厢式保温车。

1.4.4 拖拉机产品型号及编制规则

中华人民共和国机械行业标准 JB/T 9831—1999《农林拖拉机型号编制规则》规定了农林拖拉机型号的组成和编制方法。拖拉机型号一般由系列代号、功率代号、型式代号、功能代号和区别标志组成。

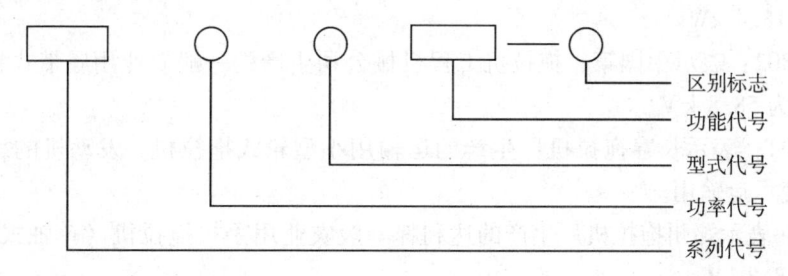

```
□   ○   ○   □ — ○
                  └ 区别标志
              └ 功能代号
          └ 型式代号
      └ 功率代号
  └ 系列代号
```

1. 系列代号

系列代号用不多于两个大写汉语拼音字母表示（后一个字母不得用 I 和 O），用以区别不同系列和不同设计的机型，系列代号可省略。

2. 功率代号

功率代号用发动机标定功率值（单位为 kW）乘以 1.36 系数附近的整数表示。

3. 型式代号

型式代号用阿拉伯数字 0~9 表示，见表 1-6。

表 1-6 拖拉机型式代号

代　号	拖拉机型式	代　号	拖拉机型式
0	后轮驱动四轮式	4	四轮驱动式
1	手扶式（单轴式）	5	自走底盘式
2	履带式拖拉机	9	船式
3	三轮或并置前轮式	6、7、8	空缺

4. 功能代号

功能代号用大写汉语拼音字母表示，见表 1-7。

表 1-7 拖拉机各功能代号

代号	功能	代号	功能	代号	功能
空白	一般农业用	L	营林用	Y	园艺拖拉机
G	果园用	P	坡地用	Z	沼泽地用
H	高地隙中耕用	S	水田用		
J	集材用	T	运输用		

5. 区别标志

区别标志表示结构上有重大改进或变型，用阿拉伯数字表示。

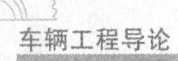

注：拖拉机产品型号的组成部分中，区别标志允许省略；系列代号也常常用汉字表示而不用汉语拼音字母表示。

型号示例：

上海-50：表示上海拖拉机内燃机公司生产的一般农业用轮式拖拉机，发动机的标定功率为 36.8 kW。

TS-254：表示山东拖拉机厂生产的泰山牌一般农业用四轮驱动的轮式拖拉机，发动机的标定功率为 18.4 kW。

东方红-802：表示中国第一拖拉机工程机械公司生产的一般农业用履带式拖拉机，发动机的标定功为 58.8 kW。

长春-180T：表示长春拖拉机厂生产的运输用小型轮式拖拉机，发动机的标定功率为 13.2 kW，T 表示运输用。

达利121：表示郑州拖拉机厂生产的达利牌一般农业用手扶拖拉机（单轴式），发动机的标定功率为 8.8 kW。

1.4.5 摩托车产品型号及编制规则

国家标准 GB/T 5375—1998《摩托车和轻便摩托车型号编制方法》中规定了我国摩托车和轻便摩托车型号由企业（或商标）代号、规格代号、类型代号、设计序号及企业自定代号组成。

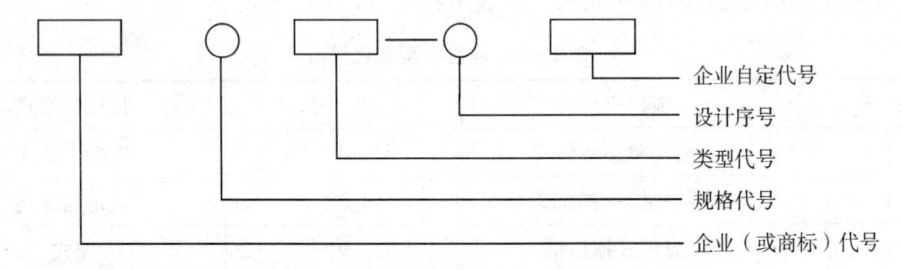

```
┌─────┐  ○  ┌─────┐ ○ ┌─────┐
                                  └── 企业自定代号
                             └────── 设计序号
                      └───────────── 类型代号
               └──────────────────── 规格代号
       └────────────────────────────  企业（或商标）代号
```

1. 企业（或商标）代号

企业（或商标）代号用企业（或商标）名称中两个（或三个）具有代表意义汉字大写拼音字母首位字母表示。

2. 规格代号

规格代号用发动机的名义排量表示，单位为 mL。理论排量在相邻两个名义排量之间时可选其中任意一个，但赛车必须选其中较大的一个名义排量。

3. 类型代号

类型代号由摩托车和轻便摩托车种类代号和车型代号组成。分别用具有代表性汉字的大写汉语拼音首位字母表示，见表 1-8。

4. 设计序号

设计序号用阿拉伯数字 1，2，3，……依次表示产品的设计顺序，当设计序号为"1"时可省略，其前面用"-"与类型代号隔开。

表 1-8 摩托车类型代号

种类 名称	代号	车型 名称	代号	类型代号
两轮摩托车	L（省略）	普通车	P（省略）	（省略）
		踏板车	T	T
		公路越野车	GY	GY
		越野车	Y	Y
		场地赛车	CS	CS
		公路赛车	GS	GS
		越野赛车	YS	YS
		拉力赛车	LS	LS
		特种车	（定义）	—*
边三轮摩托车	B	普通车	P（省略）	B
		特种边三轮	（定义）	B—*
正三轮摩托车	Z	普通正三轮 客车	K	ZK
		普通正三轮 货车	H	ZH
		专用三轮车	（定义）	Z—*
两轮轻便摩托车	Q	普通车	P（省略）	Q
		踏板车	T	QT
		机器脚踏两用车	J	QJ
正三轮轻便摩托车	Q	普通正三轮 客车	K	QZK
		普通正三轮 货车	H	QZH
		专用三轮车	（定义）	QZ—*

* 表示车型代号需自定。

5. 企业自定代号

企业自定代号用大写汉语拼音字母或拉丁字母表示，位数自定。

注：摩托车产品型号的组成部分中，企业自定代号允许省略。

型号示例：

XF250YS-2：表示上海易初摩托车公司生产的幸福牌越野赛车，发动机的名义排量为 250 mL，第二次设计。

CM100-2L：表示长春长铃集团有限公司生产的普通两轮骑式摩托车，发动机的名义排量为 100 mL（实际排量为 98 mL），第二次设计，第十二次改进。

XDZ125T-8A：表示海南新大洲摩托车股份有限公司生产的两轮踏板摩托车，发动机名义排量为 125 mL，（实际排量为 124 mL），第八次设计，第一次改进。

CJ750B：表示南昌飞机制造公司生产的边三轮摩托车，发动机名义排量为 750 mL，第一代产品。

1.5 车辆识别代号及编码规则

1.5.1 车辆识别代号

车辆识别代号（Vehicle Identification Number，VIN）是制造厂为了识别车辆而给其指定的一组字码。国际标准化组织将车辆识别方案推向世界，并制定了完善的车辆识别代号系列标准，使世界各国的车辆识别代号建立在统一的理论基础上。目前，采用这套车辆识别系统的国家已超过30个。我国由原机械部发布的第一个车辆管理规则CMVR A01《车辆识别代号管理规则》（VIN）已于1997年1月1日生效。它在内容上等同保留国际标准，在管理方式上参照了美国机动车安全标准和联邦法规，其适用范围是在中华人民共和国境内生产的汽车、挂车、摩托车和轻便摩托车。1999年1月1日后，适用范围内的所有新生产车必须使用车辆识别代号。

VIN由一组字母和阿拉伯数字组成，共17位，是识别一辆汽车不可缺少的工具。

VIN的每位编码代表着汽车的某些信息参数。按照识别代号编码顺序，从VIN中可以识别出该车的生产国家、制造公司或生产厂家、车辆的类型、品牌名称、车型系列、车身形式、发动机型号、车型年款、安全防护装置型号、检验数字、装配工厂名称和出厂顺序号等。

17位编码经过排列组合，可以使车型生产在30年之内不会发生重号，又称为"汽车身份证"。因为现在生产的汽车车型使用年限在逐渐缩短，一般8~12年就会被淘汰，不再生产，所以17位识别代号编码已足够使用。

各国政府及各汽车公司对本国或本公司生产的汽车的VIN都有具体规定。各国的技术法规一般规定VIN的基本要求，如其应由17位编码组成，字母和数字的尺寸、书写形式、排列位置和安装位置都有相应规定等。有的国家规定没有VIN的汽车不准进口，有的国家的客户在买车时没有VIN就不购买，因此没有VIN的汽车是卖不出去的。

在我国，新版《车辆识别代号管理办法》已于2004年12月1日生效，国内制造、销售的所有汽车、挂车、摩托车都必须拥有VIN。

VIN具有很强的唯一性、通用性、可读性以及最大限度的信息载量和可检索性。VIN一般以标牌的形式，装贴在汽车的不同部位。

VIN有以下用途：

1）车辆管理：登记注册、信息化管理的关键字。
2）车辆检测：年检和排放检测。
3）车辆防盗：识别车辆和零部件，建立盗抢数据库。
4）车辆维修：诊断、计算机匹配、配件订购、客户关系管理。
5）二手车交易：查询车辆历史信息。
6）汽车召回：年代、车型、批次和数量。

7）车辆保险：保险登记、理赔、浮动费率的信息查询。

另外，利用 VIN 还可以鉴别出拼装车、走私车。因为拼装的进口汽车一般是不按 VIN 规定进行组装的。

1.5.2 车辆识别代号（VIN）组成

根据国际标准 ISO 3779—1983（《道路车辆—车辆识别代号—内容与构成》）的规定，VIN 编码的组成由世界制造厂识别代号（World Manufacturer Identifier，WMI）、车辆说明部分（Vehicle Descriptor Section，VDS）、车辆指示部分（Vehicle indicator Section，VIS）组成，共 17 位字码。

VIN 编码的组成如图 1-41 所示。

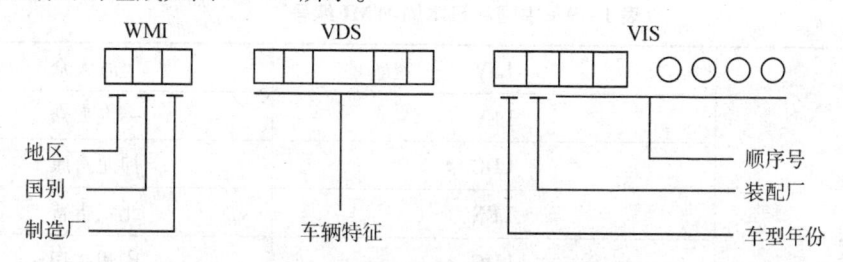

图 1-41　VIN 编码的组成

□—代表字母或数字；○—代表数字，数字 0~9 共 10 个阿拉伯数字，
字母为 A~Z 共 23 个大写英文字母（I、O、Q 不能使用）

VIN 编码的构成如图 1-42 所示。

L	S	V	H	A	1	9	J	0	2	2	2	2	1	7	6	1
1	2	3	4	5	6	7	8	9	10	11	12	13	14	15	16	17
WMI			VDS					X	VIS						

图 1-42　VIN 编码的构成

1. 世界制造厂识别代号码（WMI）

WMI 由第一至第三位三个字码组成，用以标识车辆的制造厂。当此代号被指定给某个车辆制造厂时，它就能作为该厂的识别标志。世界制造厂识别代号在与车辆识别代号的其余部分一起使用时，足以保证 30 年之内在世界范围内制造的所有车辆的识别代号具有唯一性。

车辆制造厂应由其所在国的国家机构分配一个或几个 WMI 代号。国内车辆制造厂的 WMI 代号由国家汽车主管部门进行分配，国家汽车主管部门应将分配的 WMI 代号向 ISO 授权的国际代理机构——美国汽车工程师学会（SAE）进行申报并核对。已经分配给某个车辆制造厂的 WMI 代号，在此代号使用的最后一年后，国家汽车主管部门至少在 30 年之内不得将其再分配给另外一个车辆制造厂。

WMI 代号的第一位字码是由国际代理机构分配的，用以标明一个地理区域的一个字母或数字字码，国际代理机构已经根据预期的需要为某一个地理区域分配了几个字码。例如：1~5 北美、S~Z 欧洲、A~H 非洲、J~R 亚洲、6 和 7 大洋洲、8 和 9 以及 0 南美等。

WMI 代号的第二位字码是由国际代理机构分配的，用以标明一个特定地区内的一个国家的字母或数字字码,国际代理机构已经根据预期的需要为某一个国家分配了几个字码。

WMI 代号的第一位和第二位字码的组合保证了国家识别标志的唯一性。国际代理机构已经为每一个国家分配了第一位及第二位字码的组合。例如：10～19 和 1A～1Z 美国、2A～2W 加拿大、3A～3W 墨西哥、W0～W9 和 WA～WZ 德国、L0～L9 和 LA～LZ 中国等。

WMI 代号的第三位字码是由国家机构指定的,用以标明某个特定的制造厂的一个字母或数字字码。WMI 代号的第一位、第二位、第三位字码的组合保证了制造厂识别标志的唯一性。对于所有实际年产量少于 500 辆的制造厂,WMI 的第三、四、五位字码由国家机构指定,以便识别特定的制造厂。

表 1-9、表 1-10 为国内外常见制造厂家的 WMI 编号。

表 1-9 中国和日本的 WMI 编号

国家	WMI	制造厂
中国 LA～L0	LSV	上海大众
	LFV	一汽大众
	LDC	神龙富康
	LEN	北京吉普
	LHG	广州本田
	LKD	哈飞汽车
	LSY	沈阳金杯
	LSG	上海通用
	LS5	长安汽车
日本	JAA、JAJ、JAL	五十铃
	JA5、JB5、JJ5、JMA、JP5	三菱
	JSA	铃木
	JT1、JT7	丰田
	JT6、JT8	凌志
	JHM、JH4、JHG	本田

表 1-10 德国和美国的 WMI 编号

国家	WMI	制造厂
德国 W（德国） 8（阿根廷） 9（巴西）	WD3、WDB、8A3、8AB、9BM、3MB	戴姆勒—克莱斯勒
	WV1、WV2、WV3、WVM	大众
	WBA、WBS、WB1、4US	宝马
美国 1A～10、4A～40、5A～50 2（加拿大） 3（墨西哥）	1FD、1FT	福特
	1G0、1G9	通用
	1B3、4P3	克莱斯勒

2. 车辆说明部分（VDS）

VDS 由 6 位字码组成（即 VIN 的第四~第九位）。如果制造厂不使用其中的一位或几位字码，则应在该位置填入车辆制造厂选定的字母或数字占位。

VDS 第一至第五位（即 VIN 的第四~第八位）对车型特征进行描述，其代码及顺序由车辆制造厂决定。VDS 一般包括以下信息：

1）车辆类型。

2）车辆结构特征（如车身类型、驾驶室类型、货厢类型、驱动类型、轴数及布置方式等）。

3）车辆装置特征（如约束系统类型、发动机特性、变速器类型、悬架类型、制动形式等）。

4）车辆技术特性参数（如车辆最大总质量、车辆长度、轴距、座位数等）。

VDS 的最后一位——第六位（即 VIN 的第九位字码）为检验位，检验位可以是 0~9 中任一数字或字母"X"。车辆制造厂在确定了 VIN 的其他十六位代码后，用这十六位字码对应的数值乘以其所占位置权数的和除以 11 所得的余数，当余数为 0~9 时，余数就是检验数字；当余数是 10 时，使用字母"X"作为检验数字。检验位可用来检验 VIN 填写的准确性，并能防止假冒产品。

3. 车辆指示部分（VIS）

VIS 为 VIN 码的第 10 至第 17 位，是制造厂为了区别每辆车而指定的一组字符，最后 4 位字符应是数字。

VIS 一般包含以下信息：

1）车型年代（见表 1-11）：第十位，字母或数字（但数字不能为 0，字母不能为 O、Q、I、Z）。

2）装配厂：第十一位，字母或数字。

3）生产顺序号：最后 6 位，一般为数字。

表 1-11　表示年份的字码

年代	字码	年代	字码	年代	字码	年代	字码
1971	1	1981	B	1991	M	2001	1
1972	2	1982	C	1992	N	2002	2
1973	3	1983	D	1993	P	2003	3
1974	4	1984	E	1994	R	2004	4
1975	5	1985	F	1995	S	2005	5
1976	6	1986	G	1996	T	2006	6
1977	7	1987	H	1997	V	2007	7
1978	8	1988	J	1998	W	2008	8
1979	9	1989	K	1999	X	2009	9
1980	A	1990	L	2000	Y	2010	A

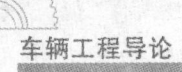

如果制造厂生产的某种类型的车辆产量≥500辆，VIS的第三位至第八位表示生产顺序号；如果制造厂的产量<500辆，则此部分的第3、4、5位与WMI中的3位字码一起来表示一个车辆制造厂。

1.5.3 车辆识别代号（VIN）的安装位置

VIN标牌的安装位置各大汽车厂不完全一样，一般在：
1) 左风挡仪表盘上。
2) 门柱上。
3) 发动机、车架等大部件上。
4) 左侧轮罩内。
5) 转向柱上。
6) 散热器支架上。
7) 发动机前部的加工垫上。
8) 质保和保养手册、车主手册上。

如图1-43所示为安装在发动机舱内流水槽上的一汽大众捷达的车辆识别代号。

图1-43 一汽大众捷达的车辆识别代号

1.6 汽车总体构造

汽车通常由发动机、底盘、车身和电气（电子）设备四部分组成。图1-44为典型轿车的总体构造。

1. 发动机

发动机是汽车的动力装置，它由机体与曲柄连杆机构、配气机构、燃料供给系统、冷却系统、润滑系统、点火系统（汽油发动机用）和启动系统组成。作用是使供入其中的燃料燃烧而发出动力。根据所用燃料的不同，分为汽油机和柴油机，在此基础上，近年还开发了天然气发动机。随着环保和能源问题的日益突出，人们正在研究用燃料电池和动力电池作为汽车的动力源。图1-45为发动机总体结构图。

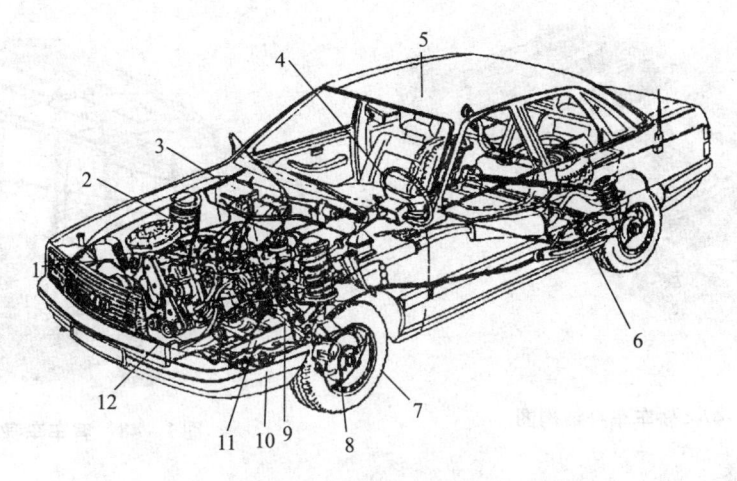

图 1-44 轿车的总体构造

1—发动机；2—悬架；3—空调；4—转向器；5—车身；6—后轴；7—转向驱动轮；
8—制动器；9—传动轴；10—副车架；11—变速器；12—离合器

2. 底盘

底盘是汽车的整体构架，用来支撑汽车的重量，将发动机动力传送至驱动车轮使汽车行驶，使汽车能按驾驶员的意图转向和停车，保证汽车能够安全正常行驶。底盘由传动系、行驶系、转向系和制动系四个系统组成，具体结构参见图 1-46。

图 1-45 发动机总体结构图　　　　图 1-46 汽车底盘结构图

3. 车身

车身是形成驾驶员和乘客乘坐空间的装置，也是存放行李及其他物品的工具。轿车车身有本体、内外装饰和车身附件等组成，参见图 1-47。客车有一整体的车身，一般载重汽车车身由引擎室、驾驶室、车厢三部分组成，参见图 1-48。车身既要为驾驶员提供方便的操作条件，又要为乘客提供舒适的环境；既要保护全体乘员的安全，又要保证货物完好无损，即车身既是保安部件又是承载部件。在现代汽车中，它是技术与艺术有机结合的艺术品。

图1-47 轿车车身结构图

图1-48 客车车身结构图

4. 电气设备

电气设备的功用是：保证发动机正常运行、汽车安全行驶和乘客乘坐舒适。电气设备分布于汽车发动机、底盘和车身。电气设备是汽车的重要组成部分，由电源、发动机点火系统（汽油机）和启动系统、照明和信号装置、空调仪表和报警系统以及辅助电器等组成。对于高级轿车，更多地采用了现代新技术，尤其是电子技术，如微处理机、中央计算机系统及各种人工智能装置等，从而显著地提高了汽车的性能。图1-49为桑塔纳汽车电器布置图。

图1-49 桑塔纳汽车电器布置图

思考题

1. 简述车辆识别代号（VIN）的组成。
2. 简述汽车的总体构造。

第 2 章　车用发动机

2.1　发动机概述

2.1.1　车用发动机分类

发动机是汽车的动力源，是将某种形式的能量转变为机械能的机器。目前除了电动汽车外，应用于现代车辆上的发动机都简称为热机，是将燃料燃烧产生的热能转变为机械能的发动机。

热机包括内燃机和外燃机两种。内燃机是液体或气体燃料和空气混合后直接输入机器内部燃烧而产生热能，然后转变为机械能；外燃机是燃料在机器外部锅炉内燃烧，将锅炉内的水加热，使之变为高温高压的水蒸气，送至机器内部，使所含热能转变为机械能（如蒸汽机）。内燃机与外燃机相比具有很多自身的优势，因此，目前在车辆上普遍应用的是活塞式内燃机。内燃机根据不同特点可以有不同分类（见表 2-1）。

表 2-1　车用发动机的分类

分类方法	类别	含义
按活塞运动方式	往复活塞式	活塞在气缸内作往复直线运动
	旋转活塞式	活塞在气缸内作旋转运动
按发火方式	点燃式	压缩气缸内的可燃混合气，并用外源点火燃烧的内燃机
	压燃式	压缩气缸内的空气或可燃混合气，产生高温，引起燃料着火的内燃机
按所用的燃料种类	液体燃料	燃烧液体燃料（汽油、柴油、醇类等）的内燃机
	气体燃料	燃烧气体燃料（液化石油气、天然气等）的内燃机
	多种燃料	能够使用着火性能差异较大的两种或两种以上燃料的内燃机
按工作循环的冲程数	二冲程	活塞往复二个单程完成一个工作循环的内燃机
	四冲程	活塞往复四个单程完成一个工作循环的内燃机

续表

分类方法	类别	含义
按气缸数及排列方式	单缸	仅有一个气缸的发动机（有立式、卧式两种形式）的内燃机
	多缸	两个以上气缸的发动机（直列式、对置式、V型等多种形式）的内燃机
按冷却方式	水冷式	用水冷却气缸和气缸盖等零部件的内燃机
	风冷式	用空气冷却气缸和气缸盖等零部件的内燃机
按进气状态	非增压式	进入气缸前的空气或可燃混合气未经压缩的内燃机，对于四冲程内燃机亦称自吸式内燃机
	增压式	进入气缸前的空气或可燃混合气先经过压气机压缩，借以增大充气密度的内燃机

目前，应用最广、数量最多的汽车发动机为水冷、四冲程往复活塞式内燃机。

2.1.2 车用发动机主要性能指标

发动机的主要性能指标有动力性指标（有效转矩、有效功率、转速等）和经济性指标（燃油消耗率）。

1. 有效转矩 T_e

有效转矩 T_e 指发动机通过飞轮对外输出的转矩。有效转矩与外界施加于发动机曲轴上的阻力矩相平衡。

2. 有效功率 P_e

有效功率 P_e 指发动机通过飞轮对外输出的功率。有效功率等于有效转矩与曲轴角速度的乘积。

发动机产品铭牌上标明的功率及相应的转速称为标定功率和标定转速。按内燃机台架试验国家标准规定，发动机标定功率分为 15 min 功率、1 h 功率、12 h 功率和持续功率。汽车发动机常用 15 min 功率作为标定功率。

3. 燃油消耗率 b_e

燃油消耗率 b_e 指发动机每发出 1 kW 有效功率，在 1 h 内所消耗的燃油质量（以 g 为单位）。显然，燃油消耗率越低，经济性越好。

4. 发动机转速特性

发动机转速特性指发动机的功率、转矩和燃油消耗率三者随曲轴转速变化的规律。该特性可通过发动机在试验台上（如测功器试验台）进行试验而求得。

5. 发动机工作状况

简称发动机工况，一般用它的功率与曲轴转速来表明，有时也可用负荷和曲轴转速来表明。

2.1.3 车用发动机构造与工作原理

1. 发动机的总体构造与基本术语

（1）四冲程发动机的总体构造

现代汽车发动机是一部由多种机构和装置组成的极为复杂的机器（图 2-1）。可以通过不同机构和装置实现其由热能到机械能的转换，同时也可达到优异的性能指标。这些机构和系统的构造和组成，又随发动机的用途、生产厂家和生产年代的不同而千差万别，但就其总体构造而言，却都包括机体组、曲柄连杆机构、配气机构、进排气系统、燃油系统、冷却系统、润滑系统、启动系统和有害排放控制装置等。汽油机还包括点火系统，而柴油机无点火系统。

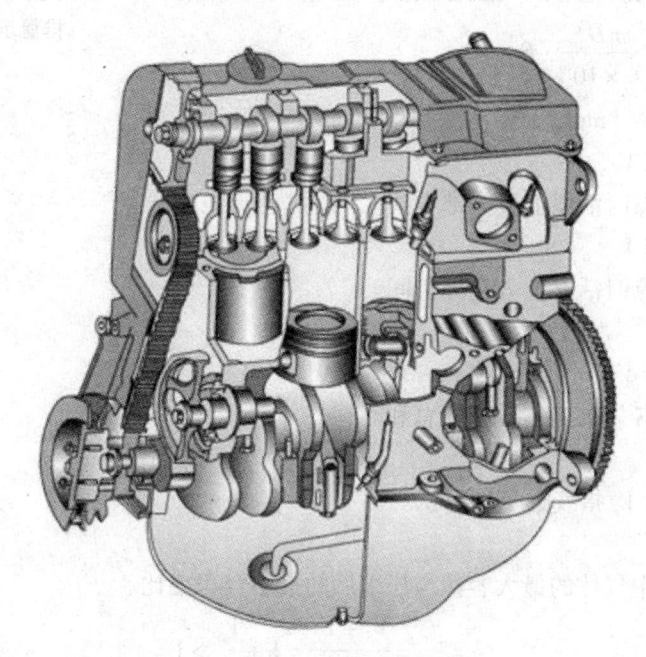

图 2-1　4 缸 8 气门发动机

（2）内燃机的基本名词术语

气缸内装有活塞，活塞通过活塞销和连杆与曲轴相连接，活塞在气缸内作往复运动，通过连杆推动曲轴转动。术语的表述可参见图 2-2 和图 2-3。

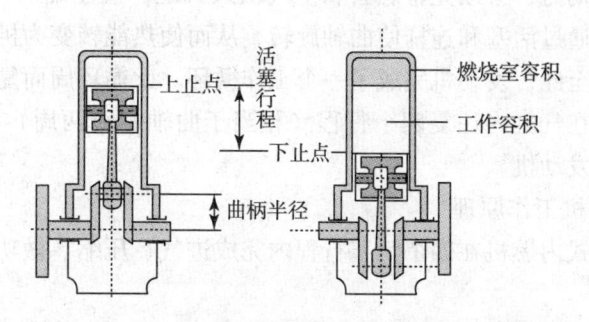

图 2-2　往复活塞式内燃机基本术语的示意图

1) 上止点、下止点

上止点指活塞顶离曲轴中心最远处，即活塞最高位置；下止点指活塞顶离曲轴中心最近处，即活塞最低位置。在上下止点处，活塞的运动速度为零。

2) 活塞行程、曲柄半径

活塞行程指上下止点间的距离 S；曲柄半径指曲轴与连杆下端的连接中心与曲轴中心的距离 R。显然曲轴回转一周，活塞移动两个活塞行程。对于气缸中心线通过曲轴回转中心的内燃机，其 $S=2R$。

3) 气缸工作容积 V_s

指上、下止点间所包容的气缸容积。

$$V_s = \frac{\pi D^2}{4 \times 10^6} \cdot S \text{ (L)}$$

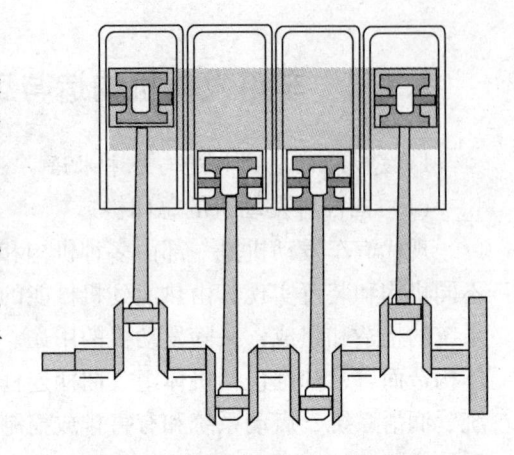

图 2-3 往复活塞式内燃机发动机排量示意图

式中：D 指气缸直径，mm；S 指活塞行程，mm。

4) 燃烧室容积 V_c

指活塞在上止点时活塞上方全部空间。

5) 气缸总容积 V_a

指活塞在下止点时活塞上方全部空间。

$$V_a = V_s + V_c$$

6) 发动机排量 V_L

指多缸发动机各气缸工作容积的总和。

$$V_L = nV_s$$

式中：n 指气缸数；V_s 指气缸工作容积。

7) 压缩比 ε

指压缩前气缸中气体的最大容积与压缩后的最小容积之比。

$$\varepsilon = \frac{V_a}{V_C} = \frac{V_S + V_C}{V_C} = 1 + \frac{V_S}{V_C} > 1$$

压缩比的大小表示活塞由下止点运动到上止点时，气缸内的气体被压缩的程度。压缩比越大，压缩终了时气缸内的气体压力和温度就越高。

2. 四冲程往复活塞式内燃机的工作原理

为使发动机产生动力，必须先将燃料和空气供入气缸，经压缩后使之燃烧而产生热能，以气体为工作介质并通过活塞和连杆使曲轴旋转，从而使热能转变为机械能，最后再将燃烧后的废气排出气缸，至此，发动机完成了一个工作循环。此循环周而复始地进行，发动机便连续产生动力。活塞在气缸内往复四个行程（相当于曲轴旋转两周）完成一个工作循环的发动机，称为四冲程发动机。

(1) 四冲程内燃机工作原理

四冲程往复活塞式内燃机在四个活塞行程内完成进气、压缩、做功和排气行程。

1) 进气行程

活塞从上止点向下止点移动，相当于曲轴转角从 0°~180°，进气门开启，排气门关闭，电控喷油器向进气道喷油，空气与汽油混合气便被吸入气缸，该过程称为进气行程。

2）压缩行程

活塞由下止点向上止点移动，相当于曲轴转角从180°～360°，进排气门均关闭，进入气缸的混合气便被压缩，该过程称为压缩过程。此行程的目的是提高缸内气体的温度与压力，为混合气燃烧创造条件，另外可以有效提高发动机的燃烧热效率，从而使发动机发出较大功率。气体的温度、压力与压缩比有关，压缩比愈大，气缸内温度、压力愈大，燃烧速度愈大，功率愈大，经济性愈好。汽油机压缩比 ε 一般为 7～11（轿车有的达 9～11）。

3）做功行程

进排气门关闭，当活塞接近上止点时，装在气缸盖上的火花塞发出电火花，点燃被压缩的气体，放出大量的热，缸内压力和温度急剧上升，气体体积急剧膨胀，推动活塞从上止点向下止点运动，相当于曲轴转角从360°～540°，通过连杆使曲轴旋转并输出机械能，该过程称为做功行程。

4）排气行程

当做功行程接近终了时，排气门开启，进气门关闭，活塞到达下止点后再向上止点移动，相当于曲轴转角从540°～720°，燃烧后的废气被排出气缸，该过程称为排气行程。

排气结束后，又重新进行进气、压缩、做功和排气过程，循环往复。工作过程见表2-2。

表2-2 四冲程发动机工作过程

行程名称	曲轴转角/(°)	活塞行程	进气门	排气门
进气	0～180	↓	开	关
压缩	180～360	↑	关	关
做功	360～540	↓	关	关
排气	540～720	↑	关	开

在实际进气过程中，进气门早于上止点开启，迟于下止点关闭，在排气过程中，排气门早于下止点开启，迟于上止点关闭，即进、排气过程所占的曲轴转角均超过180°。

进气门早开晚关的目的是为了增加进入气缸内的混合气量和减少进气过程所消耗的功。排气门早开晚关的目的是为了减少气缸内的残余废气量和排气过程消耗的功。减少残余废气量，会相应地增加进气量。

下面是发动机一个缸的具体工作过程，但是现代汽车发动机一般采用多缸发动机（图2-1所示），用得最多的是4、6、8缸发动机。多缸发动机是由多个结构相同的气缸组成，它们一般共用一个机体，一根曲轴。对于多缸机的不同缸的工作不同时刻的工作状态将在后面的曲轴飞轮组当中详细介绍。

(2) 四冲程柴油机的工作原理

四冲程柴油机的工作循环同样包括进气、压缩、做功和排气等四个过程，在各个活塞行程中，进、排气门的开闭和曲柄连杆机构的运动和汽油机完全相同。只是由于柴油机和汽油机的使用性能不同，使柴油机和汽油机在混合气形成方法及点火方式上有着根本的差别。由于柴油机无点火系，导致了进气行程中进入气缸的不是可燃混合气，而是纯空气，并且柴油

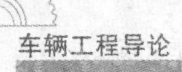

黏度高、不容易挥发、自燃点低、不会产生爆燃，决定了柴油机可采用压燃的点火方式。

为了能达到足够高的压缩气体温度，把柴油机的压缩比设计的比汽油机高很多（压缩比可达到 16~22）。在压缩行程末，喷油器向气缸喷入高压柴油，由于压缩行程末的气体的温度很高，柴油迅速着火燃烧，使气体急剧膨胀，推动活塞做功（图 2-4）。

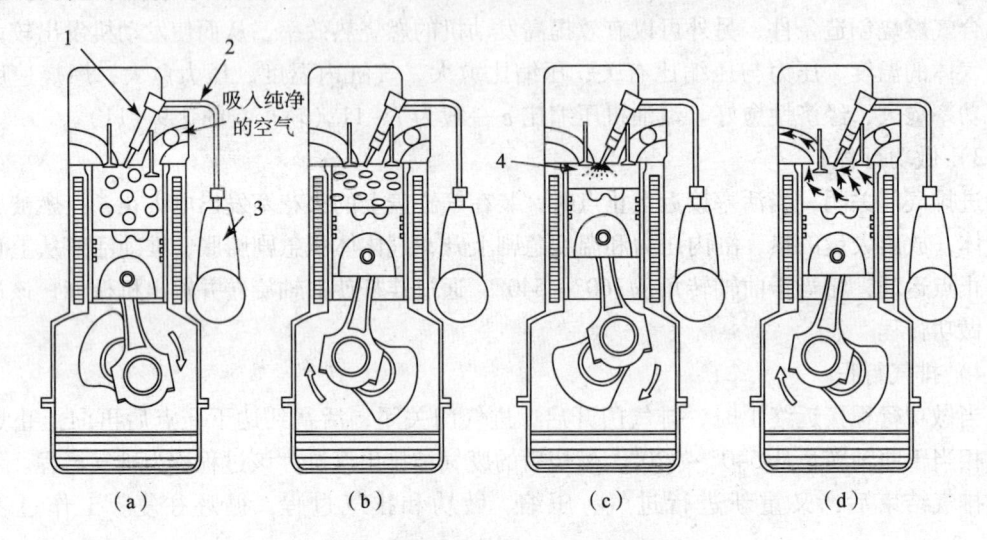

图 2-4 四冲程柴油机的工作原理示意图
(a) 进汽；(b) 压缩；(c) 做功；(d) 排汽
1—喷油器；2—高压油管；3—喷油泵；4—燃烧室

由于柴油机的最高燃烧压力比汽油机高，因此，工作也比汽油机粗暴。但柴油机比汽油机省油，相同排量的柴油汽车比汽油汽车省油近 30%，欧洲接近 50% 的轿车和轻型汽车使用柴油机，我国的新"汽车产业发展政策"也提出推广柴油轿车的方针。

2.2 机体与曲柄连杆机构

2.2.1 发动机机体组件

1. 机体组的功用及组成

（1）机体组的组成

现代汽车发动机机体组主要由机体、气缸盖、气缸盖罩、气缸垫、主轴承盖及油底壳等组成，如图 2-5 所示。

（2）机体组的功用

机体组件是发动机的骨架，是安装发动机曲柄连杆机构、配气机构和发动机各系统主要零部件的装配机体，承受各种交变载荷。气缸盖用来封闭气缸顶部，并与活塞顶和气缸壁一起形成燃烧室。另外，气缸盖和机体内的水套和油道以及油底壳分别是冷却系统和润滑系统的组成部分。

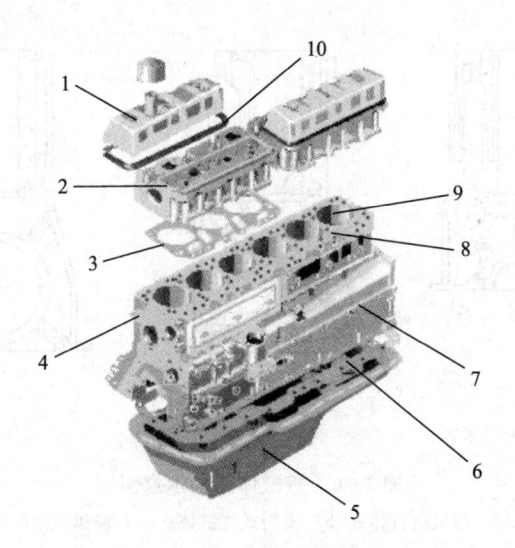

图 2-5 机体组的分解图

1—气缸盖罩；2—气缸盖；3—气缸垫；4—气缸体；5—油底壳；6—油底壳密封垫；
7—曲轴箱；8—油道和水道；9—气缸；10—气缸盖罩密封垫

2. 机体

（1）机体的工作条件

机体是发动机中非常重要的零件，是各机构和系统的装配机体，要求结构紧凑、质量轻，以减小整机的尺寸和质量。机体是发动机中最大的零件，在发动机工作时，机体承受拉、压、弯、扭等不同形式的机械负荷，同时还因为气缸壁面与高温燃气直接接触而承受很大的热负荷。因此，机体应具有足够的强度和刚度，且耐磨损和耐腐蚀，并应对气缸进行适当的冷却，以免机体损坏和变形。鉴于以上的工作条件和要求，发动机的机体一定要用高强度灰铸铁或铝合金铸造。最近，由于铝合金导热性、散热性和质量轻等优点，在轿车发动机上采用铝合金机体的越来越多。

（2）机体构造

机体构造与曲轴箱结构形式、气缸排列形式和气缸结构形式有关。

1）按曲轴箱结构形式的不同可分为三种：一般式气缸体、龙门式气缸体和隧道式气缸体，如图 2-6 所示。

①一般式气缸体，见图 2-6（a），是主轴承座孔中心线位于曲轴箱分开面上的，其特点是机体高度小，质量轻，便于机械加工，但刚度较差，且前后端与油底壳接合处的密封性较差，多用于中小型发动机，如北京 BJ492Q 汽油机及夏利、富康等轿车发动机。

②龙门式气缸体，见图 2-6（b），是主轴承座孔中心线高于气缸体下表面，其特点是结构刚度较好，密封简单可靠，维修方便，但工艺性差，如 CA6102、东风 EQ6100-1 等货车发动机及捷达 EA827 等轿车也采用龙门式机体。

③隧道式气缸体，见图 2-6（c），是主轴承孔座不分开，其特点是结构刚度大，主轴承的同轴度易保证，但拆装不便。多用于主轴承采用滚动轴承的负荷较大的柴油机，如黄河 JN1181C13 型汽车装用的 6135Q 型发动机。

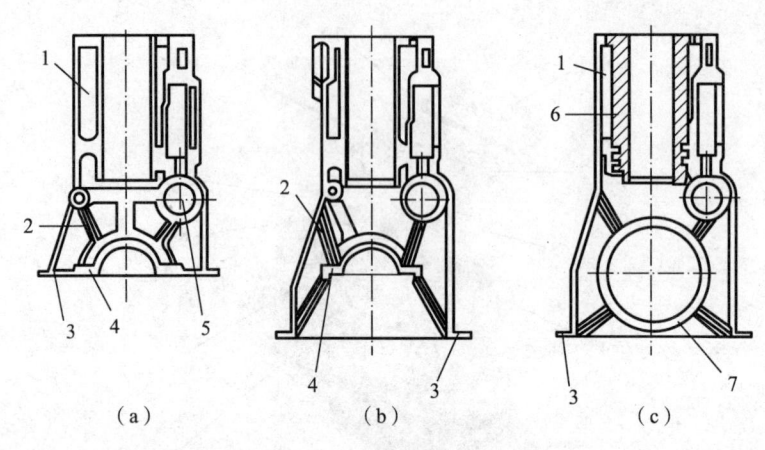

图 2-6 气缸体结构示意图

(a) 一般式气缸体；(b) 龙门式气缸体；(c) 隧道式气缸体

1—水套；2—加强筋；3—安装油底壳的加工面；4—安装主轴承座孔加工面；
5—凸轮轴座孔；6—湿式气缸套；7—主轴承座孔

2) 气缸布置形式有 3 种：直列式、V 形和水平对置式。

①各气缸排成一直列的称为直列式气缸排列，其特点是机体的宽度小，而高度和长度大，一般只用于六缸以下的发动机。通常把采用直列式气缸排列的发动机称为直列式发动机。六缸直列式发动机的平衡性最好，发动机工作时不产生振动。

②两列气缸排列成 V 形的称为 V 形气缸排列。采用这种气缸排列形式的发动机称为 V 形发动机。目前有 V4、V6、V8、V10、V12 和 V16 等机型。V 形发动机机体宽度大，而长度和高度小，形状比较复杂。但机体的刚度大，质量和外形尺寸较小。

③水平对置式气缸排列是指两列气缸水平相对排列，其优点是重心低，而且水平对置式发动机的平衡性好。机体由左、右两个机体螺栓紧固在一起。

为了提高气缸的耐磨性，目前广泛使用的是气缸体内镶入气缸套的结构，气缸套常由片状石墨铸铁并添加微量铬、钼和镍用离心铸造法制成，它具有使用寿命长、耐磨性好、检修方便及费用低等优点。

3) 根据是否与冷却水接触，气缸套可分为干式气缸套和湿式气缸套。

①气缸套的外表面不直接与冷却水接触的称为干式气缸套，见图 2-7 (a)。为保证散热效果和缸套定位，缸套外表面与气缸体的缸套座孔内表面必须精确加工，且一般采用过盈配合，壁厚仅为 1~3 mm 的干式气缸套是被压装到气缸中去的。

②气缸套的外表面直接与冷却水接触的称为湿式气缸套，见图 2-7 (b)。其壁厚达 5~9 mm，以微小的装配间隙放入气缸中。通常以上部凸缘的下

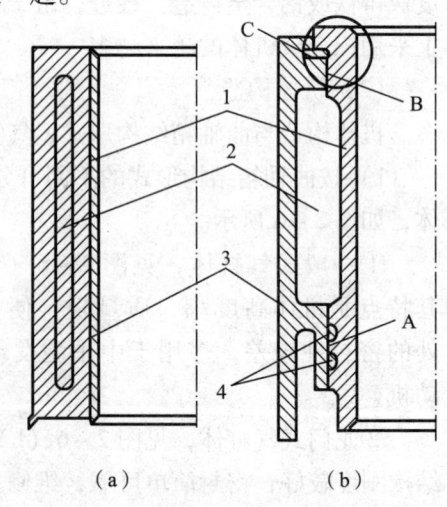

图 2-7 气缸套
(a) 干式；(b) 湿式
1—气缸套；2—水套；3—气缸体；
4—密封圈

平面 C 为轴向定位、以外圆表面 B 和 A 为径向定位。为防止漏水，缸套下部 A 处设 1～2 个耐油、耐热橡胶密封圈。大多数湿式气缸套装入后，其顶面一般高出气缸体 0.05～0.15 mm，这样在紧固气缸盖螺栓时，可将气缸垫压得更紧，以保证气缸的密封性，防止漏水、漏气。相对而言，湿式气缸套具有散热性好、缸体铸造方便、易拆卸等优点。

3. 气缸盖和气缸垫

(1) 气缸盖

1) 工作条件和材料

气缸盖用来封闭气缸的上部，与高温燃气接触而承受很高的热负荷。气缸盖承受气体力和紧固气缸盖螺栓所造成的机械负荷。为了保证气缸的良好密封，气缸盖既不能损坏，也不能变形，为此气缸盖应具有足够的强度和刚度。气缸盖的材料与机体材料一般用高强度灰铸铁或铝合金铸造，现代轿车发动机上广泛应用铝合金。为了使气缸盖的温度分布尽可能均匀，应对气缸盖进行良好的冷却。

2) 气缸盖构造及冷却方式

①气缸盖构造。气缸盖是结构复杂的箱形零件，气缸盖的构造受许多结构因素的影响，如每缸气门数、凸轮轴的位置、冷却方式及进排气道、燃烧室形状等。

气缸盖上加工有进、排气门座孔，气门导管孔，火花塞安装孔或喷油器安装孔。气缸盖内还铸有水套、进排气道和燃烧室或燃烧室的一部分。若凸轮轴安装在气缸盖上，则气缸盖上还加工有凸轮轴承孔或凸轮轴承座及其润滑油道。此外，为制造和维修方便，减小变形对密封的影响，功率较大的柴油机多采用分体式气缸盖，即一缸、二缸或三缸一盖。而汽油机因缸径较小、缸盖负荷较轻，多采用整体式气缸盖。

②气缸盖的冷却。汽油机气缸盖进、排气门座之间的"鼻梁区"和挤气面，以及柴油机气缸盖的进、排气门座和喷油器安装孔之间的"三角区"冷却是十分重要的，这些部位如果冷却不良会导致汽油机发生不正常燃烧，柴油机喷油器过热，气缸盖开裂，进排气门座变形、漏气烧损气门。

图 2-8 所示为气缸盖冷却实例。在汽油机气缸盖内铸出导流板，将来自机体的冷却液导向鼻梁区，见图 2-8 (a)。柴油机气缸盖多采用分水管或分水孔将冷却液直接喷向三角区，见图 2-8 (b)、图 2-8 (c)。

3) 燃烧室

①燃烧室的要求。在改善燃料燃烧和提高发动机性能方面，燃烧室形状起着十分重要的作用。不论是汽油机还是柴油机的燃烧室都应满足下列基本要求：一是结构要紧凑，以减少热损失，提高发动机的热效率；二是能增大进气门直径或进气通过面积，以增加进气量，进而提高发动机的转矩和功率；三是能在压缩行程终点产生挤气涡流，以提高混合气燃烧速度，保证混合气得到及时和充分燃烧。此外，汽油机燃烧室还应保证火焰传播距离最短，以防止发生不正常燃烧。柴油机燃烧室形状还应与燃油喷射、空气涡流运动进行良好的配合。

②燃烧室的形式。在汽油机气缸盖底面通常铸有形状各异的凹坑，当活塞位于上止点时，由活塞顶部及气缸盖上相应的凹坑组成的空间，主要包括浴盆形、楔形、半球形、多球形和蓬形燃烧室（图 2-9）。另外，柴油机是一种分隔式燃烧室，其主燃烧室在气缸内，而

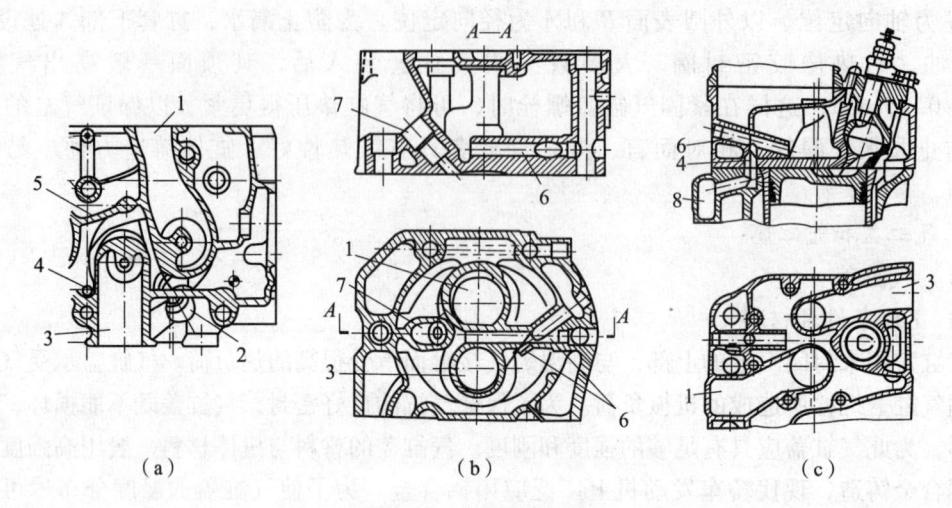

图 2-8　气缸盖的冷却
(a) 汽油机气缸盖；(b) 直喷式燃烧室柴油机气缸盖；(c) 分隔式燃烧室柴油机气缸盖
1—进气道；2—火花塞安装孔；3—排气道；4—进水孔；5—导流板；6—分水孔；
7—喷油器安装孔；8—分水室

副燃烧室则铸在气缸盖中，主要有涡流室和预燃室两种类型（图 2-10）。

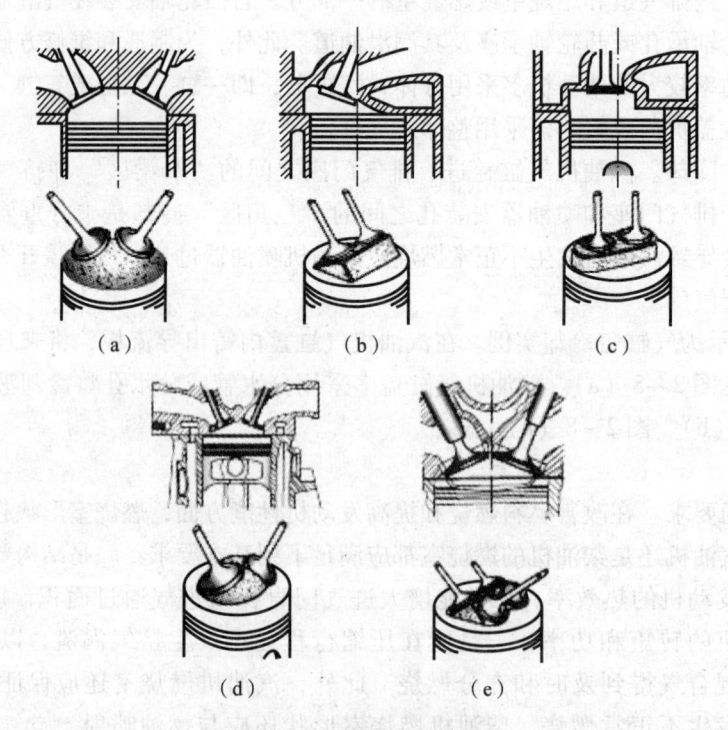

图 2-9　汽油机燃烧室
(a) 半球形燃烧室；(b) 楔形燃烧室；(c) 浴盆形燃烧室；
(d) 多球形燃烧室；(e) 蓬形燃烧室

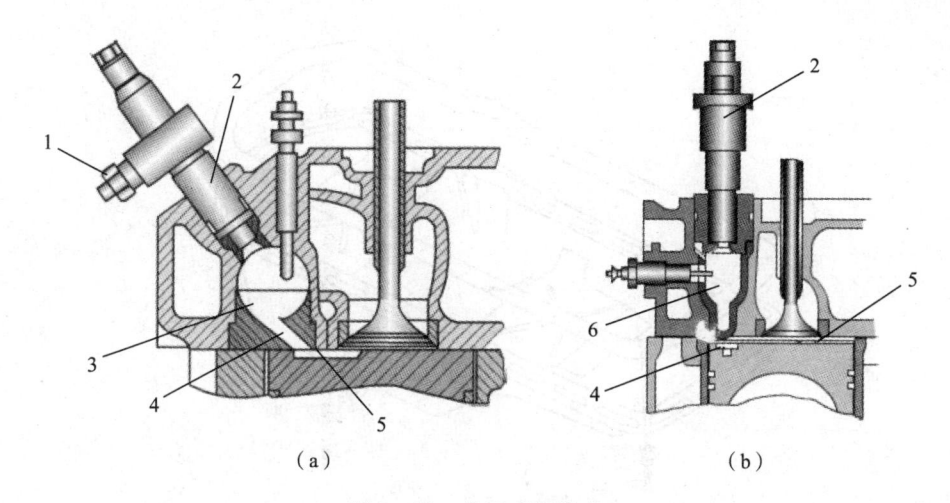

图 2-10 分开式燃烧室
(a) 涡流室燃烧室；(b) 预燃室燃烧室
1—电热塞；2—喷油器；3—涡流室；4—通道；5—主燃烧室；6—预燃室

（2）气缸垫

1）气缸垫的功用、工作条件及要求

气缸垫是机体顶面与气缸盖底面之间的密封件，其作用是保持气缸密封不漏气，保持由机体流向气缸盖的冷却液和机油不泄漏。气缸垫承受拧紧气缸盖螺栓时造成的压力，并受到气缸内燃烧气体高温、高压的作用以及机油和冷却液的腐蚀，因此气缸垫应该具有足够的强度，并且要耐压、耐热和耐腐蚀。另外，还需要有一定的弹性，以补偿机体顶面和气缸盖底面的粗糙度和不平度以及发动机工作时反复出现的变形。

2）气缸垫的分类及结构

按所用材料的不同，气缸垫可分为金属—石棉衬垫、金属—复合材料衬垫和全金属衬垫等多种。

4. 油底壳

（1）主要功用

它的主要功用是储存机油和封闭机体或曲轴箱。

（2）油底壳结构

油底壳又称机油盘，因其受力很小，故油底壳用薄钢板冲压或用铝铸制而成。油底壳内设有挡板，用以减轻汽车颠簸时油面的震荡。此外，为了保证汽车倾斜时机油泵能正常吸油，通常将油底壳局部做得较深。油底壳底部设放油螺塞，有的放油螺塞带磁性，可以吸引机油中的铁屑，减小发动机磨损，结构如图 2-11 所示。

5. 发动机的支撑

发动机一般通过机体和飞轮壳或变速器壳上的支撑支撑在车架上。发动机的支撑方法一般有三点支撑和四点支撑两种。三点支撑可布置成前一后二或前二后一；采用四点支撑法时，前后各有两个支撑点。

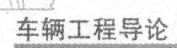

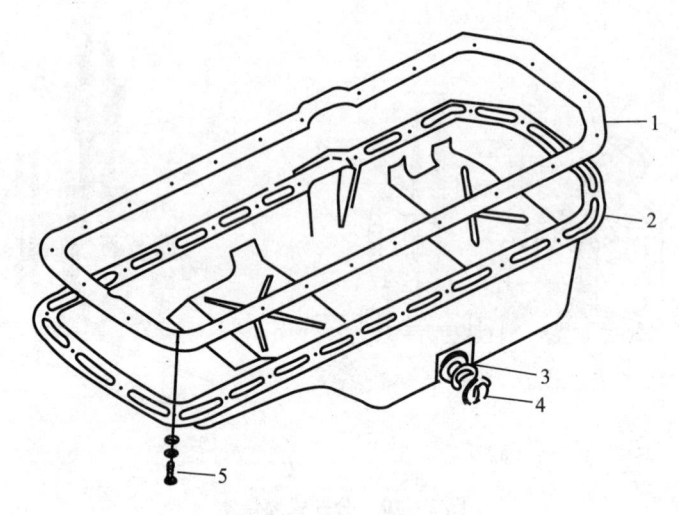

图 2-11 油底壳

1—密封垫；2—油底壳；3—密封圈；4—磁性放油螺塞；5—油底壳连接螺栓

2.2.2 发动机曲柄连杆机构

1. 概述

（1）曲柄连杆机构功用

曲柄连杆机构是往复活塞式内燃机将热能转变为机械能的主要机构，其功用是把燃气作用在活塞顶面上的压力转变为曲轴的转矩，从而使能量经过传动系传到汽车行驶系（汽车得到机械能可以运动）。

（2）工作条件分析

发动机工作时，气缸内温度很高、压力很大，并且在气缸内作往复运动的活塞线速度非常快。此外，如气缸、气缸盖、活塞组等部件与可燃混合气和燃烧产生废气接触，还将受到化学腐蚀。可见，曲柄连杆机构是在高温、高压和高速条件下工作。因此，它在工作中主要受气体作用力、往复惯性力、离心力、摩擦力及外界阻力等作用力。由于这些力的存在，使零件受到拉伸、压缩和扭转等不同形式的交变载荷影响而产生复杂变形。若变形量超过允许范围，则会影响正常工作。鉴于上述的分析，为保证发动机工作可靠和减少磨损，要求曲柄连杆机构的零件有足够的强度和刚度，质量要轻，以减小各种力的作用。因此，必须从结构设计、材料选择及热处理、加工工艺等方面采取有效措施。

（3）基本组成

曲柄连杆机构是由活塞组、连杆组和曲轴飞轮组的零部件组成，如图 2-12 所示。

2. 活塞组

（1）活塞的功用、工作条件及结构

1）活塞的主要功用

活塞是承受燃烧气体压力，并将此力通过活塞销传给连杆以推动曲轴旋转。此外活塞顶部与气缸盖、气缸壁共同组成燃烧室。

2）活塞的工作条件

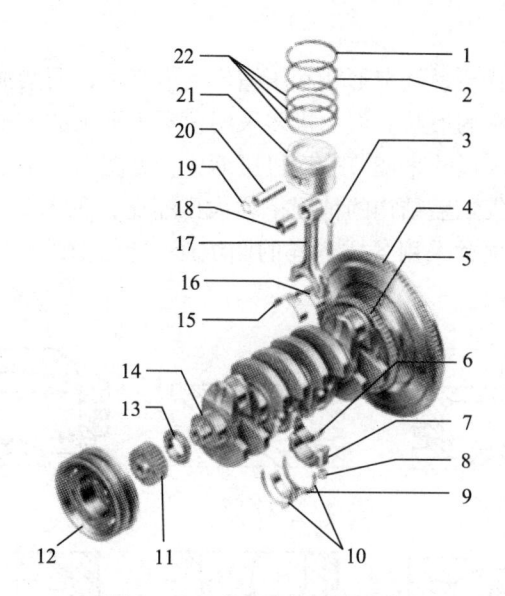

图 2 - 12　曲柄连杆机构组成

1—第一道气环；2—第二道气环；3—连杆螺栓；4—飞轮；5—转速传感器脉冲轮；6—连杆大头下轴瓦；7—连杆盖；8—连杆螺母；9—主轴承下轴瓦；10—止推片；11—曲轴正时齿带轮；12—曲轴带轮；13—曲轴链轮；14—曲轴；15—主轴承上轴瓦；16—连杆大头上轴瓦；17—连杆；18—连杆小头轴瓦；19—卡环；20—活塞销；21—活塞；22—油环

活塞是发动机中工作条件最严酷的零件。作用在活塞上的力有气体力和往复惯性力。活塞顶与高温燃气直接接触，使活塞顶的温度很高。活塞在侧压力的作用下沿气缸壁面高速滑动，由于润滑条件差，因此摩擦损失大，磨损严重。因此，为保证其可靠工作，要求活塞质量轻、热膨胀量小、导热性好、耐磨、耐腐蚀且与缸壁要有合适的间隙。目前，活塞的广泛应用材料是铝合金，以便满足它的工作条件要求。

3）活塞结构

活塞的基本构造如图 2 - 13 所示，分为顶部、头部和裙部三部分。

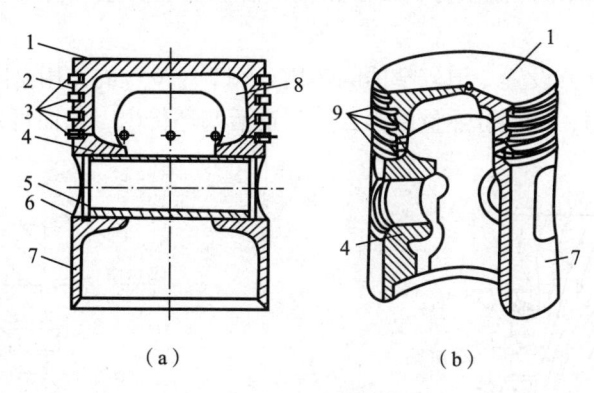

图 2 - 13　活塞各部分名称

（a）全剖；（b）部分剖

1—活塞顶；2—活塞头；3—活塞环；4—活塞销座；5—活塞销；6—活塞销锁环；7—活塞裙；8—加强筋；9—环槽

①活塞顶。

汽油机活塞顶部的形状与燃烧室形状和压缩比大小有关,而柴油机活塞顶部的形状取决于混合气形成方式和燃烧室的形状。汽油机多采用顶部为平顶的形式,见图2-14 (a),但有时可以通过调节活塞凹坑尺寸来调节发动机压缩比,见图2-14 (b),此外,有时采用秃顶活塞多数是为了不改动气缸盖结构的情况下增大压缩比,见图2-14 (c),如保时捷911系列发动机。柴油机活塞顶常采用各式各样的凹坑形式,见图2-14 (d)、图2-14 (e)、图2-14 (f)。

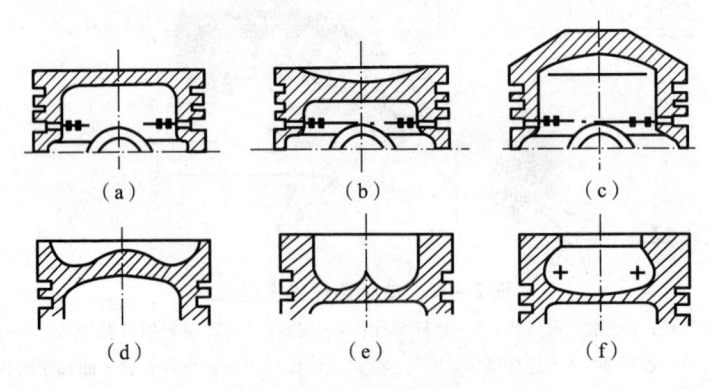

图 2-14 活塞顶部的形状

(a) 平顶；(b) 凹顶；(c) 凸顶；(d),(e),(f) 凹坑

②活塞头部。

由活塞顶至油环槽下端面之间的部分称为活塞头部。

现代汽车发动机活塞通常采用三环短活塞,因此,在活塞头部加工气环的气环槽和油环的油环槽。在油环槽底部还加工有回油孔或横向切槽,油环从气缸壁上刮下来的多余机油,经回油孔或横向切槽流回油底壳。

活塞头部应该足够厚,从活塞顶到环槽区的断面变化要尽可能圆滑,过渡圆角 R （图2-15）应足够大,以减小热流阻力,便于热量从活塞顶经活塞环传给气缸壁,使活塞顶部的温度不致过高。

在第一道气环槽上方设置一道较窄的隔热槽（图2-16）的作用是隔断由活塞顶传向第一道活塞环的热流通路,使部分热量由第二、三道活塞环传出,从而可以减轻第一道活塞环

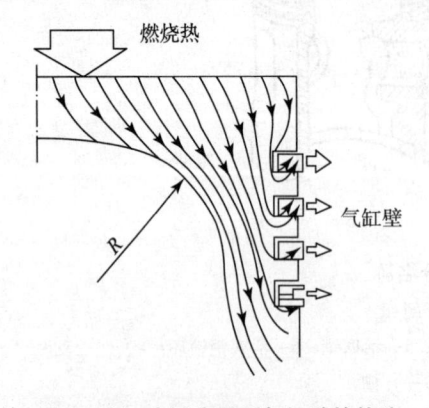

图 2-15 由活塞顶到气缸壁的热流

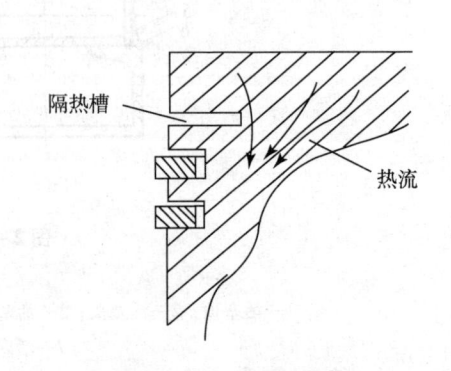

图 2-16 活塞隔热槽

的热负荷，改善其工作条件，防止活塞环黏结。此外，为了防止第一道环槽温度较高，造成严重磨损，通常在第一环槽或第一、二环槽处镶嵌耐热护圈，增加环槽耐磨性和保证活塞的使用寿命。

③活塞裙部。

活塞头部以下的部分为活塞裙部。

裙部的形状应该保证活塞在气缸内得到良好的导向，气缸与活塞之间在任何工况下都应保持均匀的、适宜的间隙。间隙过大，活塞敲缸；间隙过小，活塞可能被气缸卡住。

发动机工作时，因气缸内气体的压力作用，活塞会产生弯曲变形，见图2-17（a）。裙部应有足够的实际承压面积，以承受侧向力，侧向力会引起挤压变形，见图2-17（b），另外，活塞受热膨胀，由于销座孔的金属含量比其他地方要多，发生变形要大。上述侧向力、气体压力和活塞受热膨胀综合变形结果会使活塞裙部在活塞销孔轴线方向的尺寸增大。

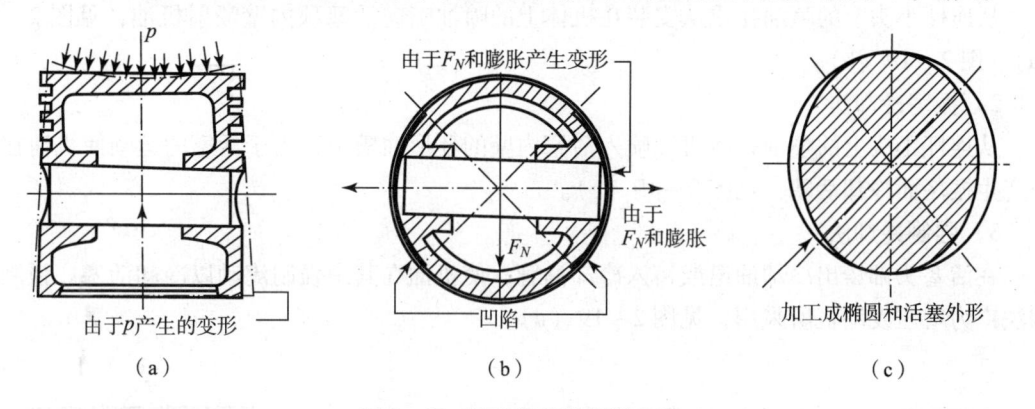

图2-17 活塞裙部的椭圆变形

（a）由于气体压力 p 引起的变形；（b）由于侧向力 F_N 和受热膨胀引起变形；（c）加工出来形状

沿活塞轴线方向活塞的温度是上高下低，活塞的热膨胀量自然是上大下小。

为使活塞在各种工况下均能与气缸壁间保持均匀的间隙，活塞裙部通常采用以下结构措施：

a. 为使活塞工作时裙部接近正圆形与气缸相适应，在制造时应将活塞裙部的横断面加工成椭圆形，见图2-17（c），并使其长轴与活塞销孔轴线垂直。现代汽车发动机的活塞均为椭圆裙部。

b. 为使活塞工作时裙部接近圆柱形，需把活塞制成上小下大的圆锥形或桶形。

c. 为了减少铝活塞裙部的热膨胀量，有的汽油机活塞在活塞销座孔中镶铸有热膨胀系数低的"恒范钢片"，其热膨胀系数约为铸铝合金的1/10，以牵制裙部的热膨胀（图2-18）。此外，有些是利用普通碳素钢片铸在销座处的铝合金层内侧形成双金属壁，从而限制了裙部的热膨胀量，通常这种活塞叫做自动热补偿活塞。

在现代汽车发动机上广泛采用半拖鞋式裙部或拖鞋式裙部的活塞。

(2) 活塞的冷却方式

高强化发动机尤其是活塞顶上有燃烧室凹坑的柴油机，为了减轻活塞顶部和头部的热负荷而采用油冷活塞（图2-19）。

用机油冷却活塞的方法有：

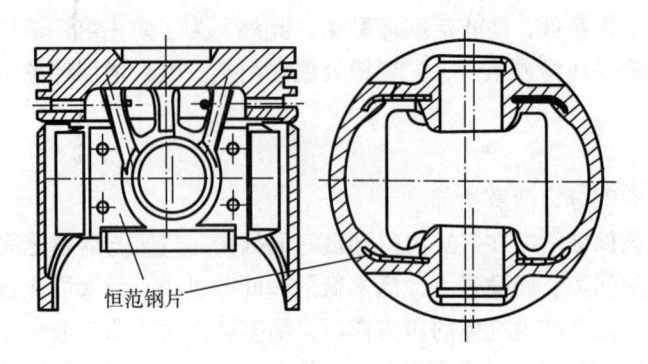

图 2-18 裙部铸有恒范钢片的活塞

1）自由喷射冷却法

从连杆小头上的喷油孔或从安装在机体上的喷油嘴向活塞顶内壁喷射机油，见图 2-19（a）、图 2-19（b）。

2）振荡冷却法

从连杆小头上的喷油孔将机油喷入活塞内壁的环形油槽中，由于活塞的运动使机油在槽中产生振荡而冷却活塞，见图 2-19（c）。

3）强制冷却法

在活塞头部铸出冷却油道或铸入冷却油管，使机油在其中强制流动以冷却活塞。强制冷却法广为增压发动机所采用，见图 2-19（d）。

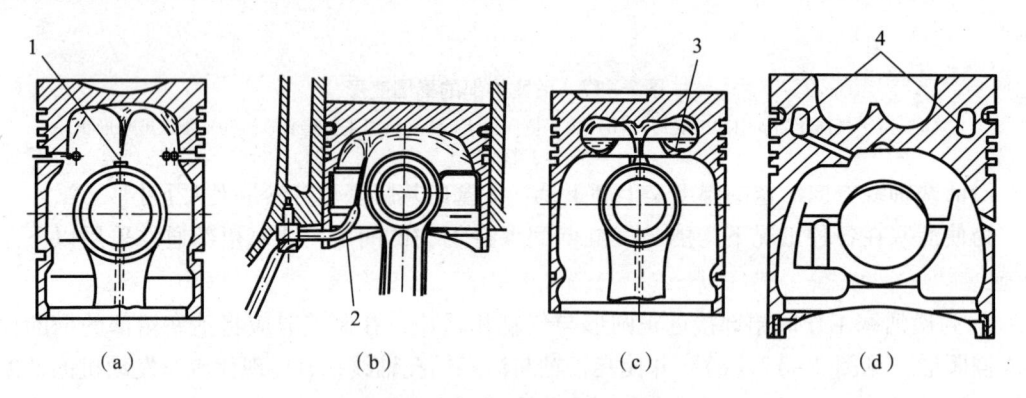

图 2-19 油冷活塞示意图

(a),(b) 自由喷射冷却法；(c) 振荡冷却法；(d) 强制冷却法
1—喷油孔；2—喷油嘴；3—环形油槽；4—冷却油道

(3) 活塞环与活塞销

1）活塞环

①活塞环的分类。

活塞环分气环和油环两种。

②活塞环的主要功用。

气环的主要功用是保证活塞与气缸壁间的密封，防止气缸内的可燃混合气和高温燃气漏入曲轴箱，并将活塞顶部接受的大部分热量传给气缸壁，再由冷却水或空气带走，避免活塞过热。

油环的主要功用是刮除飞溅到气缸壁上的多余的机油,并在气缸壁上涂布一层均匀的油膜,另外油环也起到了辅助封气的作用。

③活塞环的工作条件。

活塞环工作时受到气缸中高温、高压燃气的作用,并在润滑不良的条件下在气缸内高速滑动。由于气缸壁面的形状误差,使活塞环在上下滑动的同时还在环槽内产生径向移动。综上所述,气缸内的活塞环在高温、高压、高速、润滑困难和加工精度等因素影响下,要求制造活塞环的材料应是具有良好的耐磨性、导热性、耐热性、冲击韧性、弹性和足够机械强度的合金铸铁或球墨铸铁等材质。

④气环的密封原理。

活塞环存在着侧隙、背隙和端隙Δ(如图2-20),气体的密封或者润滑刮油都是通过三隙来实现的,且端隙Δ存在不同形式。

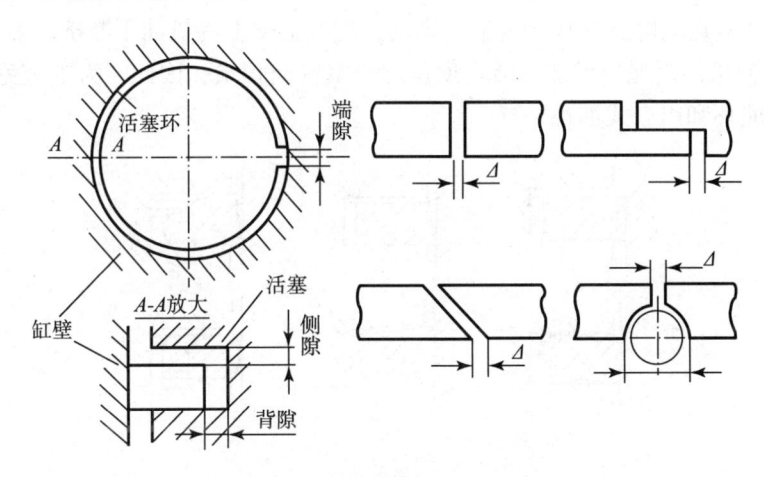

图2-20 活塞环三隙示意图

活塞环在自由状态下不是正圆形,其外廓尺寸比气缸直径大。当活塞环装入气缸后,在其自身的弹力作用下环的外圆面与气缸壁贴紧形成第一密封面,气缸内的高压气体不可能通过第一密封面泄漏。高压气体可能通过活塞顶与气缸壁之间的间隙进入活塞环的侧隙和径向间隙中。进入侧隙中的高压气体使环的下侧面与环槽的下侧面贴紧形成第二密封面,高压气体也不可能通过第二密封面泄漏(图2-21)。进入径向间隙中的高压气体只能使环的外圆面与气缸壁更加贴紧。这时漏气的唯一通道就是活塞环的开口端隙。如果几道活塞环的开口相互错开,那么就形成了迷宫式漏气通道。由于侧隙、径向间隙和端隙都很小,气体在通道内的流动阻力很大,致使气体压力P逐级迅速下降(图2-22),最后漏入曲轴箱内的气体就很少了,一般仅为进气量的0.2%~1.0%。

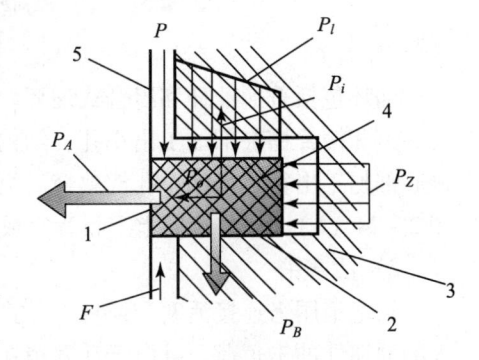

图2-21 活塞在高压气体
压力下形成的密封面
1—第一密封面;2—第二密封面;
3—活塞;4—活塞环;5—气缸壁

使用的气环的断面形状多种多样(图2-23)。矩形断面环是最常用的,见图2-23

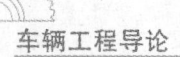

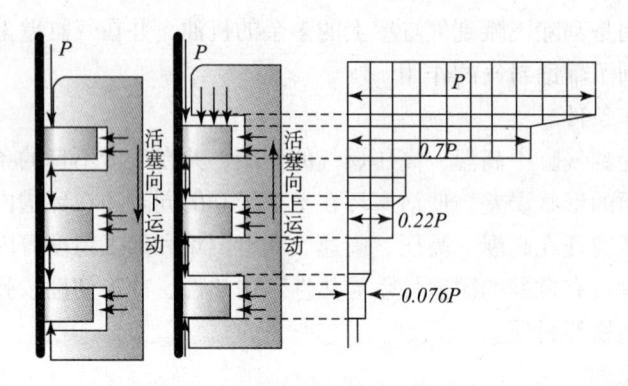

图 2-22 各环间隙处的气体压力递减

(a)，形状简单，加工方便，与气缸壁接触面积大，有利于活塞散热。但磨合性差，而且在与活塞一起作往复运动时，在环槽内上下窜动，把气缸壁上的机油不断挤入燃烧室中，产生"泵油作用"，使机油消耗量增加，活塞顶及燃烧室壁面积炭，因此，为了避免泵油的危害，经常要采用扭曲环和组合式油环。

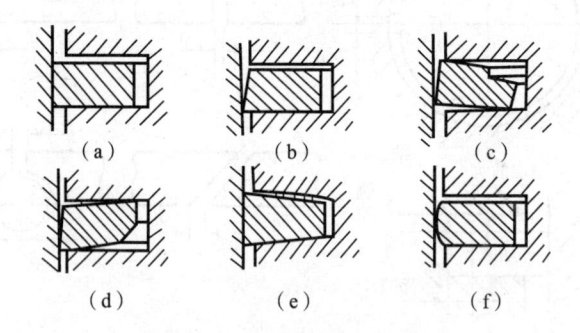

图 2-23 气环的断面形状

(a) 矩形环；(b) 锥面环；(c) 正扭曲内切环；(d) 反扭曲锥面环；
(e) 梯形环；(f) 桶面环

油环包括普通油环和组合式油环。普通油环一般是用合金铸铁制造的，外圆面的中间切有一道凹槽，槽底部加工出小孔，结构见图 2-24（a）。其外圆面中间切有一道凹槽，在凹槽底部加工出很多排油小孔或狭缝。组合油环是指由三个刮油钢片和两个弹簧衬环组成，见图 2-24（b）。通过活塞上下行程完成避免刮油作用（图 2-25）。

2）活塞销

活塞销用来连接活塞和连杆，并将活塞承受的力传给连杆。活塞销在高温条件下承受很大的周期性冲击负荷，且由于活塞销在销孔内摆动角度不大，难以形成润滑油膜，因此润滑条件较差。为此活塞销必须有足够的刚度、强度和耐磨性，质量尽可能小，销与销孔应该有适当的配合间隙和良好的表面质量。在一般情况下，活塞销的刚度尤为重要，如果活塞销发生弯曲变形，可能使活塞销座损坏。因此，为了满足上述工作条件，活塞销的材料一般为低碳钢或低碳合金钢，如 20、20Mn、15Cr、20Cr 或 20MnV 等。外表面渗碳淬硬，再经精磨和抛光等精加工，这样既提高了表面硬度和耐磨性，又保证有较高的强度和冲击韧性。

活塞销通常做成空心圆柱体，具体结构如图 2-26 所示。活塞销与活塞销座孔以及连杆小头衬套孔的连接配合方式有两种，即全浮式和半浮式。全浮式活塞销能在连杆小头衬套孔

（a） （b）

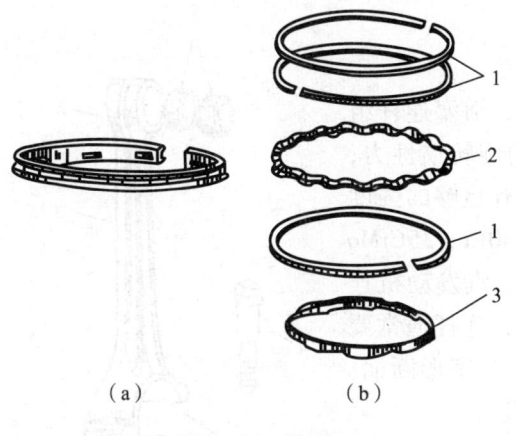

图 2-24 油环

(a) 普通油环；(b) 组合油环

1—刮油钢片；2—轴向衬环；3—径向衬环

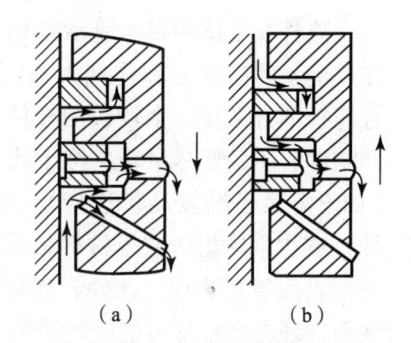

（a） （b）

图 2-25 油环刮油作用

(a) 活塞下行；(b) 活塞上行

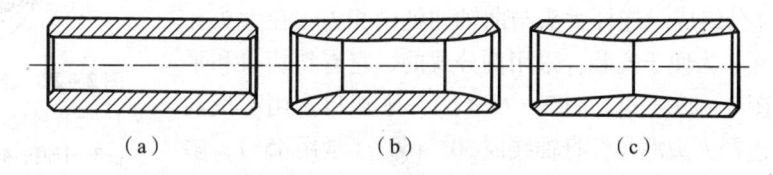

（a） （b） （c）

图 2-26 活塞销的内孔形状

(a) 圆柱形；(b) 组合形；(c) 两段截锥形

和活塞销座孔内作自由转动，可以保证活塞销沿圆周磨损均匀，且能减少磨损。为防止活塞销轴向窜动而损坏气缸壁，在活塞销座两端用弹性卡环来限位，如图 2-27（a）所示。

半浮式活塞销是用螺栓将活塞销夹紧在连杆小头孔内，这使活塞销只能在活塞销座孔内转动，在小头孔内不转动。小头孔不装衬套，活塞销孔中也不装活塞销挡圈如图 2-27（b）所示。

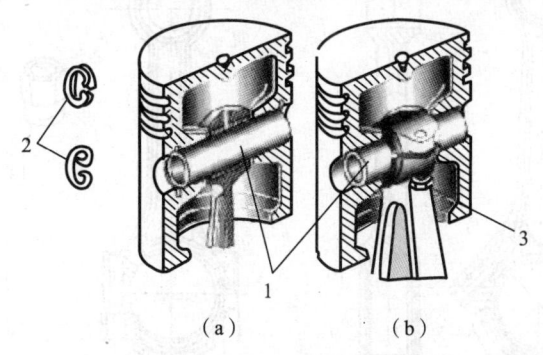

（a） （b）

图 2-27 全浮式活塞销的连接方式

(a) 全浮式活塞销结构；(b) 半浮式活塞销结构

1—活塞销；2—卡环；3—连杆紧固螺栓

3. 连杆组

（1）连杆的功用及工作要求

1）连杆的功用

连杆是连接活塞与曲轴，并把活塞承受的气体压力传给曲轴，使活塞的往复运动变成曲轴的旋转运动。

2）连杆的要求

连杆在工作中要承受活塞销传来的气体压力、活塞连杆组往复运动的惯性力和连杆大头绕曲轴旋转产生的旋转惯性力，且连杆本身又是一个较长的杆件，因此要求连杆有足够的强度和刚度，质量要尽量轻。鉴于此，连杆一般采用40Cr、35CrMo（如上海桑塔纳发动机连杆）、中碳合金钢（如二汽发动机连杆）或少量球墨铸铁等材料制成，为了提高强度，连杆通常要进行表面喷丸处理。此外，连杆杆身多采用"工"字形断面，从而保证在质量尽可能轻的情况下提高其抗弯刚度。

(2) 连杆的结构

1）连杆组成

连杆（图2-28）由连杆小头2、杆身3和连杆大头5（包括连杆盖7）三部分组成。连杆大头与曲轴曲柄销相连，在大头孔中装有连杆轴瓦，为便于安装，采用剖分式的，它有斜切口和平切口两种，见图2-29（a）、图2-29（b）。平切口多用于汽油机；斜切口是连杆大头沿与杆身轴线成30°~60°（常用45°），多用于柴油机。连杆小头与活塞销相连，工作时小头与销之间有相对转动，因此，小头孔中一般压入减摩的青铜衬套。为了润滑活塞销与衬套，在小头和衬套上钻出集油孔12或铣出集油槽13（图2-29），用来收集发动机运转时被激溅上来的机油，以便润

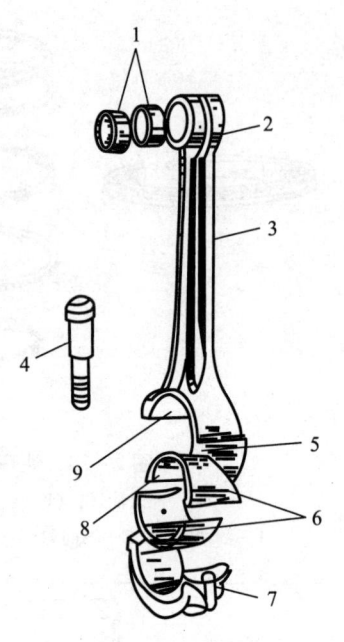

图2-28 连杆组件分解图
1—连杆衬套；2—连杆小头；
3—杆身；4—连杆螺栓；
5—连杆大头；6—轴瓦；
7—连杆盖；8—轴瓦上
的凸键；9—凹槽

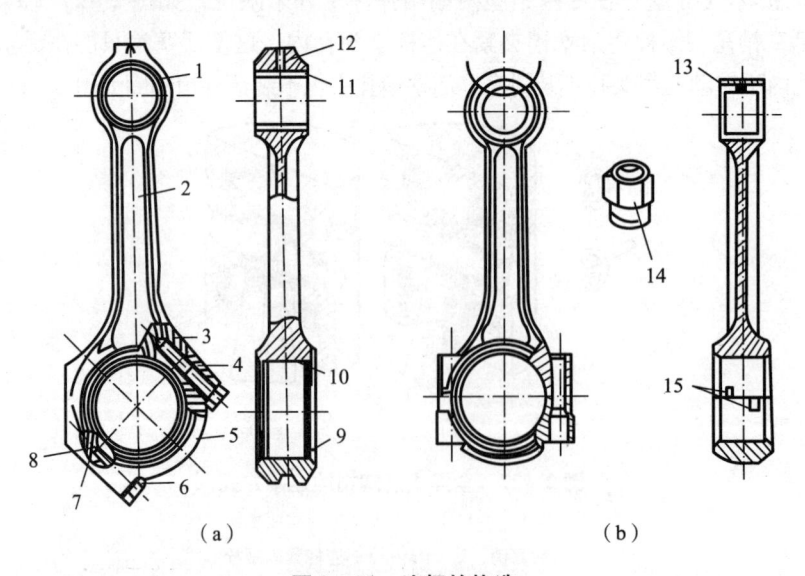

图2-29 连杆的构造
(a) 斜切口；(b) 平切口
1—连杆小头；2—连杆杆身；3—连杆大头；4—连杆螺栓；5—连杆盖；6—铁丝；7—锯齿；8—定位销；9—连杆下轴瓦；10—连杆上轴瓦；11—连杆衬套；12—集油孔；13—集油槽；14—自锁螺母；15—轴瓦定位槽

滑。有的发动机连杆小头采用压力润滑,在连杆杆身内钻有纵向的压力油通道。

2) 定位方式

平切口定位利用连杆螺栓上一段精密加工的圆柱面与精密加工的螺栓孔来实现连杆盖的定位,见图2-29(b);斜切口连杆的定位方式包括止口定位、套筒定位和锯齿定位三种形式(图2-30)。常用的为套筒定位、锯齿定位。

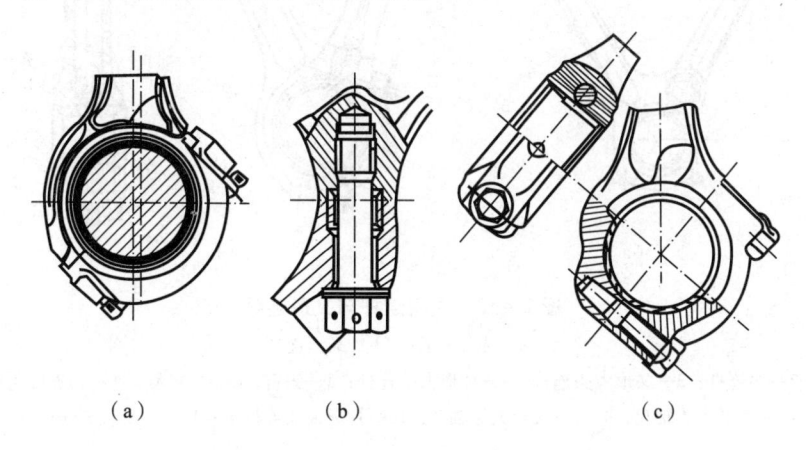

图2-30 斜切口连杆大头的定位方式
(a) 止口定位;(b) 套筒定位;(c) 锯齿定位

3) 连杆轴瓦

连杆轴瓦(图2-31)装在连杆大头孔内,用以保护连杆轴颈(曲柄销)及连杆大头孔。现代汽车发动机用的连杆轴瓦是由钢背和减磨层组成的分成两半的薄壁轴承。钢背由厚1~3 mm的低碳钢制成,既有足够的强度以承受近乎冲击性的载荷,又有一定的刚度以便与轴承孔良好地贴合。减磨层由厚0.3~0.7 mm的薄层减磨合金制成,减磨合金具有保持油膜、减少摩擦阻力和易于磨合的作用。目前汽车发动机的轴承减磨合金主要有巴氏合金、铜铅合金和高锡铝合金等。

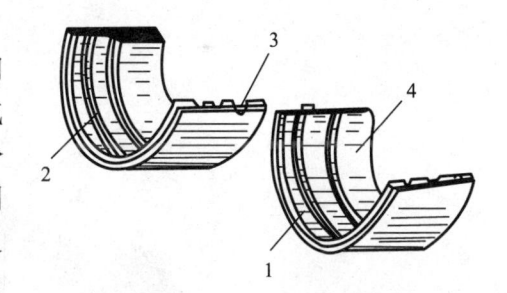

图2-31 连杆轴瓦结构图
1—钢背;2—油槽;3—定位凸键;
4—减磨合金层

4) V形发动机连杆的布置形式

V形发动机左右两个气缸的连杆安装在同一个曲柄销上,其结构随安装形式的不同而不同。主要包括三种形式:并列连杆式;主副连杆式,如图2-32(a);叉形连杆式,如图2-32(b)。

4. 曲轴飞轮组

曲轴飞轮组主要由曲轴和飞轮以及其他不同功用的零件和附件组成。其零件和附件的种类和数量取决于发动机的结构和性能要求,其结构如图2-33所示。

(1) 曲轴的功用及组成

1) 曲轴的功用

曲轴的功用是承受连杆传来的力,并由此造成绕其本身轴线的力矩。在发动机工作中,

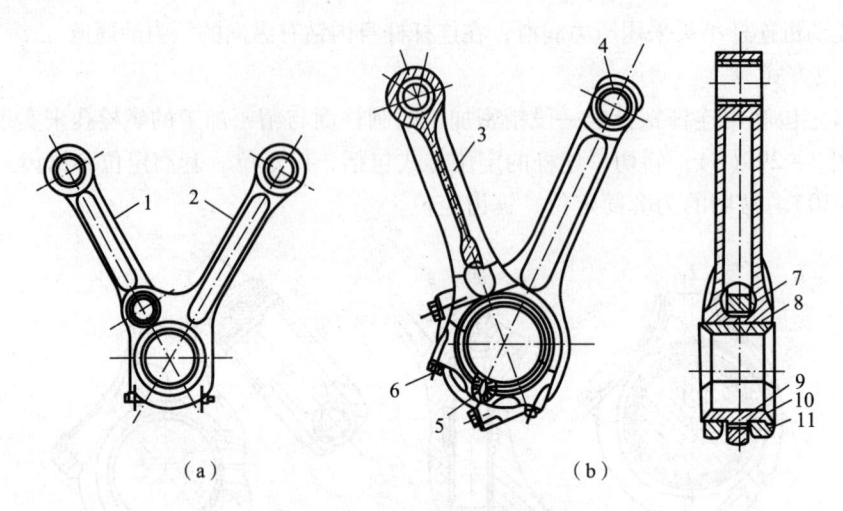

图 2-32 主副连杆与叉形连杆
(a) 主副连杆；(b) 叉形连杆
1—副连杆；2—主连杆；3—叉形大头连杆；4—片形大头连杆；5—销钉；6—叉形大头连杆与连杆盖的紧固螺栓；7—片形大头轴瓦；8，9—叉形大头轴瓦；10—片形大头连杆盖；11—叉形大头连杆盖

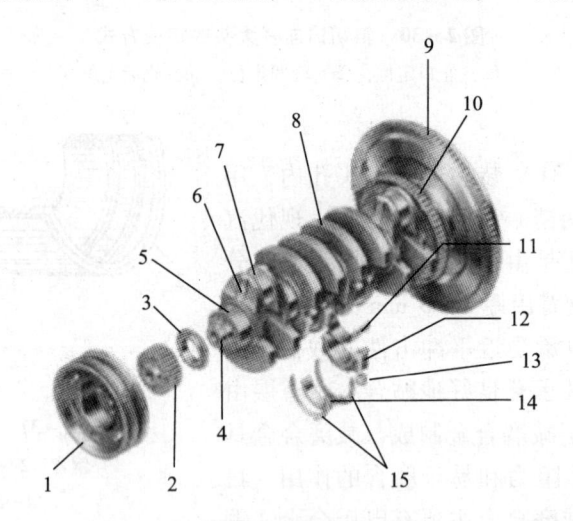

图 2-33 曲柄飞轮组件
1—曲轴带轮；2—曲轴正时齿带轮；3—曲轴链轮；4—曲轴前端；5—主轴承轴颈；6—曲柄臂；7—曲柄销（连杆轴颈）；8—平衡重块；9—飞轮；10—转速传感器脉冲轮；11—主轴承轴瓦；12—主轴承盖；13—螺母；14—主轴瓦

曲轴受到旋转质量的离心力、周期性变化的气体压力和往复惯性力的共同作用，使曲轴承受弯曲与扭转载荷。因此，为了保证工作可靠，要求曲轴具有足够的刚度、强度，各工作表面耐磨而且润滑良好，并且需要很好的平衡，为了满足以上工作条件，曲轴多采用优质的中碳钢或铬镍钢（18CrNi5）、铬铝钢（34CrA116）模锻而成，轴颈经表面淬火或渗氮处理，最后进行精加工，达到良好的耐磨性。另外，稀土球墨铸铁曲轴在国内车上应用也较多。

(2) 曲轴的构造

曲轴主要由三部分组成：曲轴前端、曲轴的曲拐（一个连杆轴颈和它两端的曲柄及相邻两个主轴颈构成一个曲拐）和曲拐后端（功率输出端），结构如图 2-34 所示。

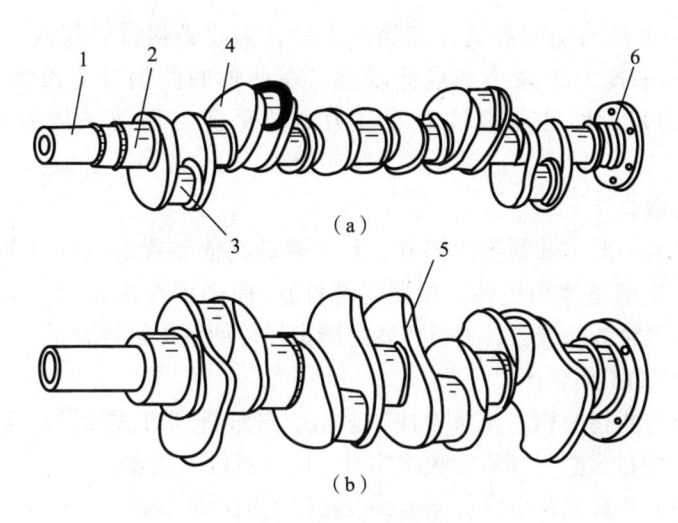

图 2-34 曲轴

(a) 解放 CA 6102 发动机曲轴；(b) 北京 8J 492 型发动机曲轴
1—前端轴；2—主轴颈；3—连杆轴颈（曲柄销）；4—曲柄；5—平衡重；6—后端凸缘

(3) 曲拐布置与多缸发动机的工作顺序

1) 曲拐布置

①不同类型发动机曲拐数和曲轴分类。

曲拐的数目取决于发动机的气缸数目及其排列方式。直列发动机的曲拐数等于气缸数，而 V 形和对置式发动机的曲拐数为气缸数的一半。

按曲轴主轴颈数目的多少，分为全支撑和非全支撑曲轴。在相邻两曲拐间都设置一个主轴颈的曲轴，称为全支撑曲轴；否则称为非全支撑曲轴。全支撑曲轴刚度较好且主轴颈的负荷相对较小，多用于柴油机和负荷较大的汽油机，如上海桑塔纳型车用发动机曲轴。非全支撑曲轴结构制造工艺简单，多用于中小负荷的汽油机。

②平衡机构。

为减轻质量和离心力，有时将曲轴销和主轴颈做成空心的。在主轴颈、曲柄销和轴承上都钻有径向油孔，通过斜向油道相连，以使润滑油进入主轴颈和曲柄销的工作表面。曲轴平衡重用来平衡旋转惯性力和力矩，以使发动机运转平稳，并可减少曲轴主轴承的负荷。对四、六缸等直列发动机，由于曲柄对称布置，往复惯性力及产生的力矩，从整体上看都能相互平衡，但曲轴的局部却受到弯曲作用。从图 2-35（a）中可以看到，第一和第四曲柄销的离心力 F_1 和 F_4 与第二和第三曲柄销的离心力 F_2 和 F_3，因大小相等、方向相反而互相平衡；F_1 和 F_2 形成的力偶矩 M_{1-2} 和 F_4 形成的力偶矩 M_{3-4} 也能互相平衡，但两个力偶矩都给曲轴造成了弯曲载荷。曲轴若刚度不够就会产生弯曲变形，引起主轴颈和轴承偏磨。为了减轻主轴承负荷，改善其工作条件，一般都在曲柄的相反方向设置平衡重，如图 2-35（b）所示。

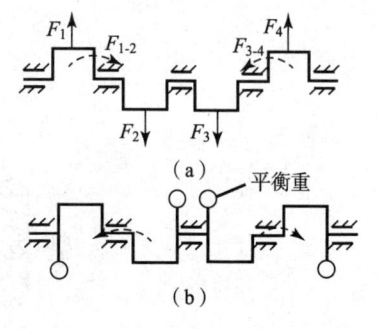

图 2-35 曲轴平衡重作用示意图

(a) 受力平衡；(b) 设置平衡重

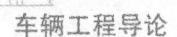

现代轿车特别重视乘坐的舒适性和噪声水平，为此必须将引起汽车振动和噪声的发动机不平衡力及不平衡力矩减小到最低限度，在曲轴的曲柄臂上设置平衡重只能平衡旋转惯性力及其力矩，而往复惯性力及其力矩的平衡则需要采用专门的平衡轴及平衡重。

③曲轴的前后端。

曲轴的前端是第一道主轴颈前的部分，装有驱动其他装置的机件（如正时齿轮、曲轴带轮和曲轴链轮、止推垫片和扭转减振器等部件）。曲轴后端是最后一道主轴颈之后的部分，在其后端安装飞轮的凸缘盘，通过飞轮将能量经传动系传给行驶系。

2）多缸发动机的工作顺序

曲拐的形状及各曲拐的相对位置取决于缸数。气缸排列方式和发火次序（各缸做功行程的交替次序）在安排多缸发动机发火次序时，应注意以下三点：

①使连续做功的两缸相距应尽可能远，以减轻主轴承的载荷。

②避免可能发生的进气重叠现象（即相邻两缸进气门同时开启），以免影响充气。

③做功间隔应力求均匀，就是说在发动机完成一个工作循环的曲轴转角内，每个气缸都应发火做功一次，且各缸发火间隔角（以曲轴转角表示，称发火间隔角）应力求均匀。对缸数为 i 的四行程发动机而言，发火间隔角为 $720°/i$。

发火次序以"尽可能远"原则选取：即在选定某缸为第一缸着火，则第二次着火就不应在同向曲拐所对应的那个缸，而应在除第一缸外，远离第一次着火缸的那一缸。根据曲轴的旋转方向，曲轴的曲拐布置，即可确定发火次序。

四冲程直列 4 缸发动机发火间隔角为 $720°/4 = 180°$，4 个曲拐布置在同一平面内，其曲拐布置如图 2-36 所示，发火次序有两种可能，如表 2-3 所示。

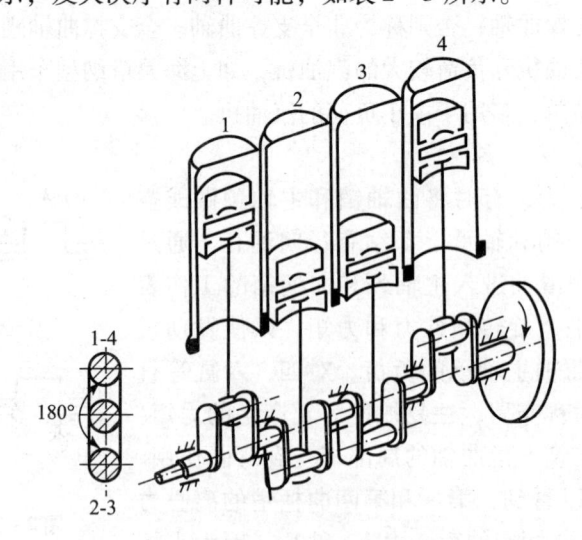

图 2-36　直列四缸发动机的曲拐布置

四冲程直列 6 缸发动机发火间隔角为 $720°/6 = 120°$，6 个曲拐互成 $120°$，如图 2-37 所示。发动机的工作顺序如表 2-4 所示。

这里只是介绍直列 4、6 缸发动机的发火次序，对于其他不同类型发动机，比如说四冲程 V6 和 V8 发动机等，发火次序均可按照上面所说的加以确定，过程都是一样的。

表 2-3 四缸机工作循环

发火次序：1—2—4—3					发火次序：1—3—4—2				
曲轴转角/°	第一缸	第二缸	第三缸	第四缸	曲轴转角/°	第一缸	第二缸	第三缸	第四缸
0~180	做功	压缩	排气	进气	0~180	做功	排气	压缩	进气
180~360	排气	做功	进气	压缩	180~360	排气	进气	做功	压缩
360~540	进气	排气	压缩	做功	360~540	进气	压缩	排气	做功
540~720	压缩	进气	做功	排气	540~720	压缩	做功	进气	排气

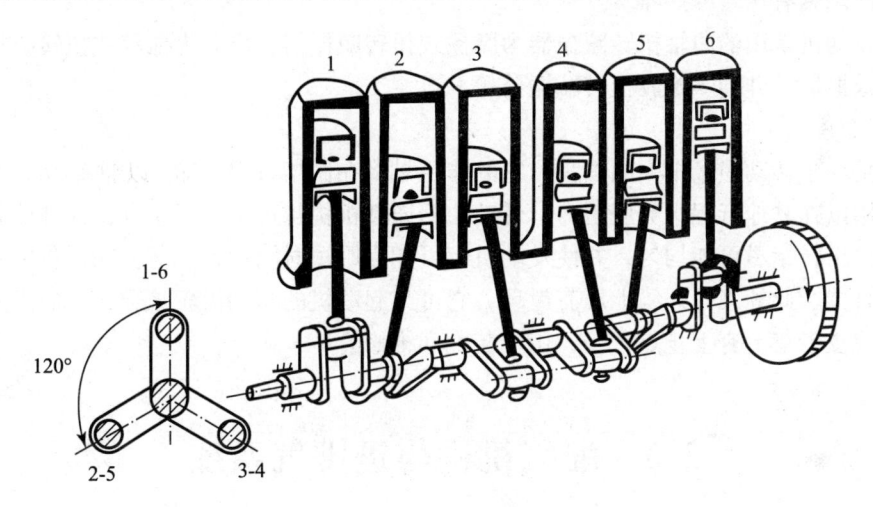

图 2-37 直列六缸发动机的曲拐布置

表 2-4 六缸机工作循环

发火次序：1—8—4—3—6—5—7—2						
曲轴转角/°		第一缸	第二缸	第三缸	第四缸	第五缸	第六缸
0~180	60	做功	排气	进气	做功	压缩	进气
	120					
	180			压缩	排气		
180~360	240	排气	进气			做功	压缩
	300					
	360			做功	进气		
360~540	420	进气	压缩			排气	做功
	480					
	540			排气	压缩		
540~720	600	压缩	做功			进气	排气
	660					
	720			进气	做功		

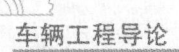

(4) 曲轴扭转减振器

曲轴是一种扭转弹性系统，本身具有一定的自振频率。在发动机工作过程中，经连杆传给曲柄销的作用力的大小和方向都是周期性变化的，这种周期性变化的激力作用在曲轴上，引起曲拐回转的瞬时角速度也呈周期性变化。由于固装在曲轴上的飞轮转动惯量大，其瞬时角速度基本上可看作是均匀的。这样，曲拐便会忽而比飞轮转得快，忽而又比飞轮转得慢，形成相对于飞轮的扭转振动，也就是曲轴的扭转振动，当激力频率与曲轴自振频率成整数倍时，曲轴扭转振动便因共振而加剧。这将使发动机功率受到损失，定时齿轮或链条磨损增加，严重时甚至将曲轴扭断，产生冲击噪声大等后果。为了消减曲轴的扭转振动，有的发动机在曲轴前端装有扭转减振器。

汽车发动机常用的曲轴扭转减振器为摩擦式扭转减振器，可分为橡胶式扭转减振器、硅油式扭转减振器、硅油—橡胶式扭转减振器等。

(5) 飞轮

飞轮是一个转动惯量很大的圆盘。它的作用是将在做功行程中输入于曲轴功的一部分贮存起来，用以在其他行程中克服阻力，带动曲柄连杆机构越过上、下止点，保证曲轴的旋转角速度和输出转矩尽可能均匀，并使发动机有可能克服短时间的超载荷，同时将发动机的动力传给离合器。此外飞轮外缘上压有齿环，它可与起动机的驱动齿轮啮合，供启动发动机作用。飞轮或皮带盘上有上止点记号，用于装配和维修。

2.3 配气机构与进排气系统

2.3.1 配气机构

1. 功用

配气机构的功用是按照发动机的工作顺序和工作循环要求，定时开启和关闭各缸的进、排气门，使新鲜混合气（汽油机）或空气（柴油机）及时冲入气缸，燃烧后的废气及时从气缸排出。

新鲜混合气或空气冲入气缸的程度，用充气效率来表示。充气效率是指在进气过程中，实际进入气缸的新鲜气体质量与在进气系统进气状态下充满气缸工作容积的新鲜气体质量之比，一般为 $0.8 \sim 0.9$。充气效率越高，表明进入气缸内的新鲜空气或可燃混合气越多，可燃混合气燃烧时所释放出的热量越大，所以发动机发出的功率越大。

2. 配气机构的组成

现代车上用的配气机构都是气门配气机构，一般它由气门组和气门传动组两部分组成，每组零件组成则与气门位置、凸轮轴的位置和气门驱动形式等有关。

现代汽车发动机均采用顶置气门，即进、排气门置于气缸盖内，倒挂在气缸盖上。凸轮轴的位置有下置、中置和上置 3 种（如图 2-38）。由图 2-38（a）可知，凸轮轴下置是凸轮轴位于曲轴箱中，通过推杆直接驱动摇臂使气门打开，解放 CA 6102、东风 EQ6100-1、BJ492Q 等发动机均采用这种形式；由图 2-38（b）可知，凸轮轴中置是凸轮轴位置移到气缸体的中部，由凸轮轴经过挺柱直接驱动摇臂，而省去推杆，YC6105Q、6110A、依维柯8210 等发动机应用这种结构。在发动机转速较高时，这种布置可减小气门传动机构的往复运动质量。这两种配气机构大多采用圆柱形正时齿轮传动，当曲轴和凸轮轴距离较远时，在中间加一中间轮。由图 2-38（c）可知，凸轮轴上置是凸轮轴布置在气缸盖上，凸轮轴直接通过摇臂来驱动气门，没有挺柱、推杆，使往复运动质量大大减小，它适用于高速发动机。这种配气机构使正时传动机构复杂，拆装气缸盖比较困难。上置凸轮轴的另一种型式是凸轮轴直接驱动气门。这种配气机构采用链条与链轮传动。近年来，国外广泛地采用齿形皮带来代替传动链。

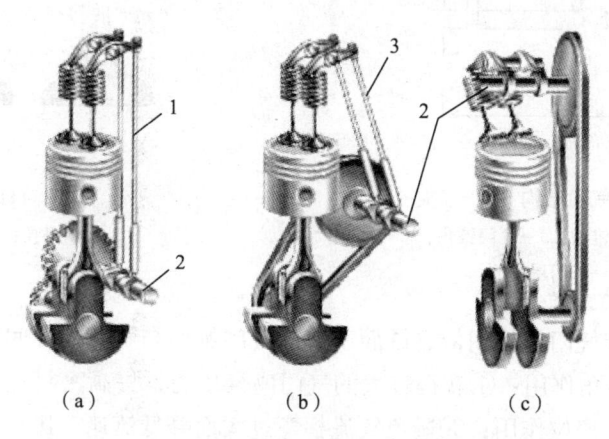

图 2-38 凸轮轴的布置示意图
(a) 凸轮轴下置；(b) 凸轮轴中置；(c) 凸轮轴上置
1—推杆；2—凸轮轴；3—挺柱

3. 配气机构的主要部件

气门组包括由气门、气门座、气门导管、气门弹簧、弹簧座及锁片等部件，如图 2-39 所示。它的基本作用是进气时，新鲜气体能顺利、充足进入气缸，气门关闭时要保证密封。

(1) 气门

1) 气门组成及作用

气门由头部和杆部两部分组成（如图 2-40）。气门头部用来封闭气缸的进、排气通道，杆部主要为气门的运动做导向。

气门是燃烧室的组成部分，它与气门座配合，对气缸进行密封，并按工作循环的要求定时开启和关闭，使新鲜混合气进入气缸，气门头部不仅要承受高温和高压气体的作用，还要承受气门弹簧和传动组惯性力的作用，而气门杆的润滑和冷却条件又差，故要求气门除了应具有大的强度和刚度，还要耐热、耐腐蚀、耐磨，为此，进气门一般采用合金钢制成，排气门一般采用耐热合金钢制作。另外，为了改善气门导热性能，可在气门内部充注金属钠。

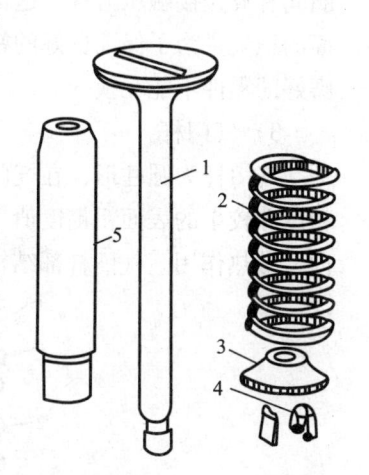

图 2-39 气门组件分解图
1—气门；2—气门弹簧；
3—气门弹簧座；4—锁片；
5—气门导管

2) 气门头部

气门头部顶面有平顶、凹顶和球面顶（图2-41）。因为平顶的结构简单，制造方便，受热面积小，进、排气门都可采用，所以目前应用最多的是平顶气门，见图2-41（a）；凹顶气门如图2-41（b）所示，进气阻力小，具有较大弹性，用于进气门；而凸顶气门头部刚度大，排气阻力小，废气清除效果好，多用于排气门，见图2-41（c）。

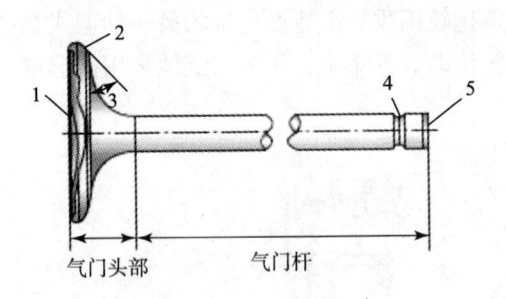

图2-40 气门结构
1—气门顶面；2—气门锥面；3—气门锥角；
4—其门锁槽；5—气门尾端面

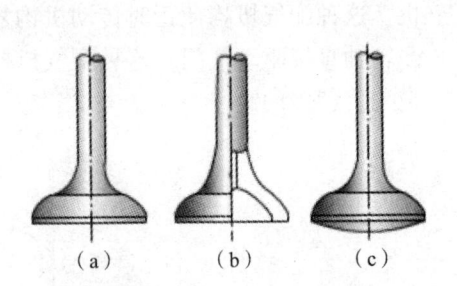

图2-41 气门顶面形状
(a) 平顶；(b) 凹顶；(c) 凸顶

气门与气门座或气门座圈间依靠锥面密封。气门锥面与气门顶面间的夹角称为气门锥角（参见图2-41）。锥角作用：①获得较大的气门座合压力，提高密封性和导热性；②气门落座时有较好的对中、定位作用；③避免气流拐弯过大而降低流速。进、排气门的气门锥角为45°，只有少数发动机的进气门锥角为30°，且锥角越小进气阻力越小，可增加进气量。但气门锥角过小头部边缘较薄，刚度变差，容易变形，导致气门与气门座圈间的密封性变差。因此，在设计过程中通常采用较大气门锥角，以提高刚度，且气门落座对中性好，与气门座圈间有较大接触压力等，这都有利于气门与气门座圈间的密封和传热，并有利于挤掉密封锥面的积炭。为了保证良好的密合，装配前应将气门头与气门座两者的密封锥面互相研磨，研磨好的零件不能互换。

3) 气门杆

气门杆为圆柱形，在气门导管中不断进行上、下往复运动。气门杆部应具有较高的加工精度和较小的表面粗糙度值，与气门导管保持正确的配合间隙，以减小磨损和起到良好的导向、散热作用。气门杆部结构取决于气门弹簧座的固定方式（图2-42）。图2-42（a）采

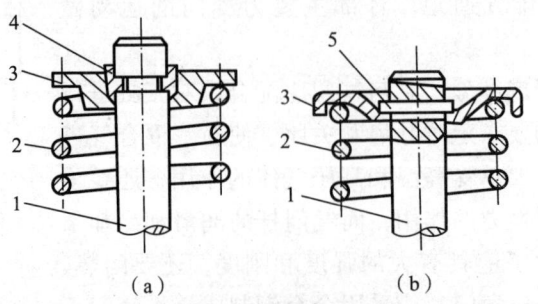

图2-42 弹簧座的固定方式
(a) BJ 2023 汽车用；(b) CA 1091 汽车用
1—气门杆；2—气门弹簧；3—弹簧座；4—锁片；5—锁销

用的结构是用剖分或两半的锥形锁片4来固定气门弹簧座,这使气门杆1的尾部可切出环形槽来安装锁片,也可以采用图2-42(b)的结构形式,用锁销5来固定气门弹簧座,对应的气门杆尾部应有一个用来安装锁销的径向孔。

4) 气门座和气门导管

气缸盖或气缸体的进、排气道与气门锥面相结合的部位称为气门座。气门座的作用是靠其内锥面与气门锥面的紧密贴合来保证对气缸的密封并接受气门头部传来的热量。因为气门座是在高温条件下工作,容易磨损,故有不少发动机的气门座使用耐热钢或合金铸铁单独加工出气门座圈,然后再以一定的过盈压入气缸盖上的座孔中,如图2-43所示,图注4就是气门座。

气门导管的功用是给气门的运动导向,并为气门杆散热,其结构如图2-43所示。为便于调换或修理,气门导管内、外圆柱面经加工后以一定过盈将气门导管压入气缸盖上的气门导管座孔中,再精铰气门导管孔,以保证气门导管与气门杆的正确配合间隙。

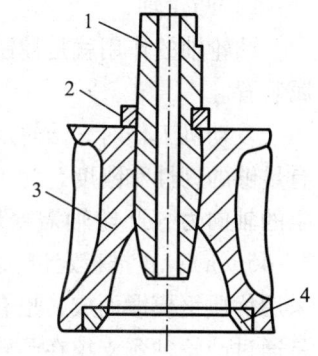

图2-43 气门导管和气门座

1—气门导管;2—卡环;3—气缸盖;4—气门座

5) 气门弹簧

气门弹簧的作用是借其张力克服气门关闭过程中气门及传动件因惯性力而产生的间隙,保证气门及时落座并紧密贴合,同时也可防止气门在发动机振动时因跳动而影响密封。气门弹簧多为等螺距的圆柱形螺旋弹簧,见图2-44(a),其材料为高锰碳钢、铬钒钢等冷拔钢丝,加工后要进行热处理。为防止共振发生,可采用可变螺距的圆柱弹簧,见图2-44(b)。高速发动机多数是一个气门有同心安装的内外两根气门弹簧,见图2-44(c),这样能提高气门弹簧的工作可靠性,不但可以防止振动,而且当一根弹簧折断时,另一根还可持续工作,此外,还能使气门弹簧的高度减小。当采用两根气门弹簧时,弹簧圈的螺旋方向应相反,这样可以防止折断的弹簧圈卡入另外一个弹簧圈内。此外,也可采用锥形气门弹簧和气门弹簧振动阻尼器消除共振。

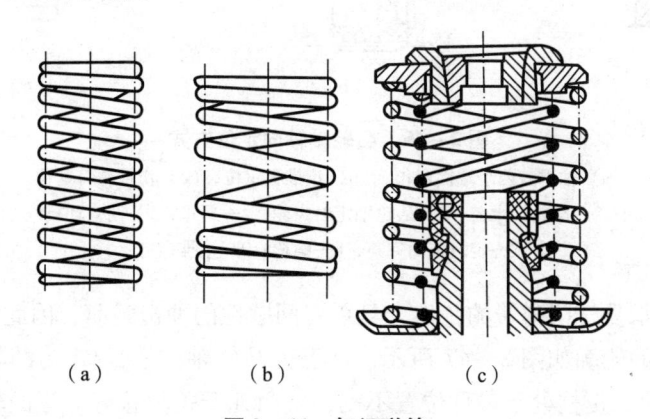

(a)　　　(b)　　　(c)

图2-44 气门弹簧

(a) 圆柱螺旋弹簧;(b) 可变螺距圆柱弹簧;(c) 双气门弹簧

(2) 气门传动组

气门传动组的作用是使气门按发动机配气相位规定的时刻及时开、闭,并保证规定的开启时间和开启高度。由于气门驱动形式和凸轮轴位置不同,气门传动组的零件组成差别很大。

1) 凸轮轴

凸轮轴的作用就是控制气门按一定规律及时开启和关闭,同时还用来驱动发动机一些附属装置。

发动机工作时,凸轮承受气门间歇性开启的周期性冲击载荷,故要求凸轮表面应耐磨且有足够的韧性和刚度,为了限制凸轮轴在工作中产生的轴向移动或承受螺旋齿轮在传动时产生的轴向力,凸轮轴需要轴向定位,定位方式分别是:凸轮轴承盖两个端面定位,如图2-45(a);止推板定位,如图2-45(b);止推螺钉定位,如图2-45(c)。凸轮轴一般采用优质钢模锻而成,也有采用合金铸铁或球墨铸铁铸造的,其结构如图2-46所示。凸轮是通过凸轮轴轴颈支撑在凸轮轴轴承孔内的,因此凸轮轴轴颈数目多少是影响凸轮轴支撑刚度的重要因素,如果刚度不足将发生弯曲变形,影响配气定时,因此下置式凸轮每隔1~2个气缸设置一个凸轮轴轴颈,上置式凸轮轴基本上是每隔一个气缸设置一个轴颈。

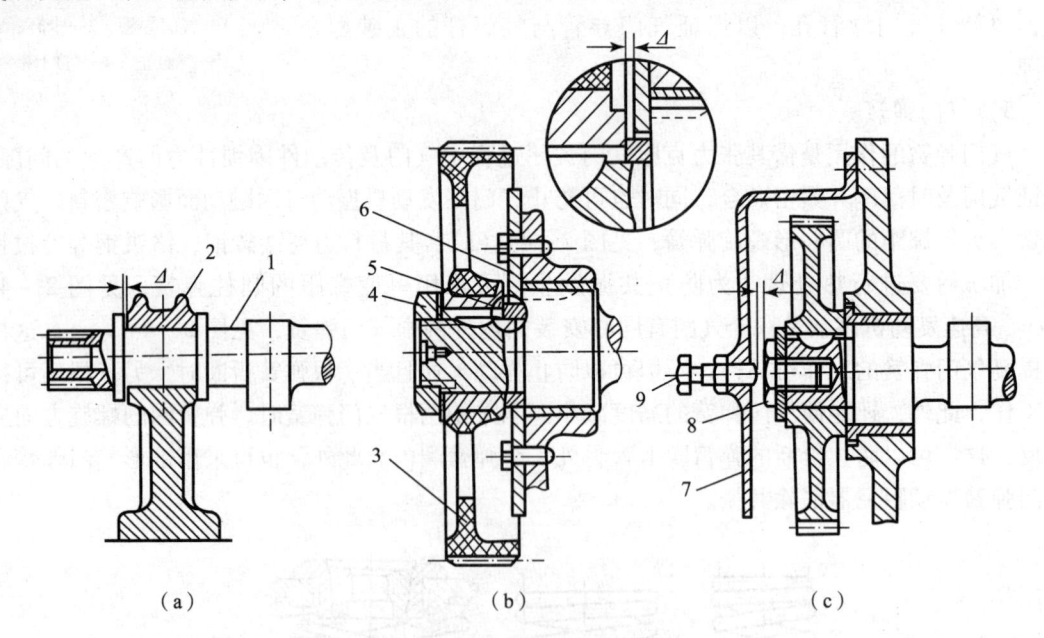

图 2-45 凸轮轴轴向定位方式

(a) 轴承盖两个端面定位;(b) 止推板定位;(c) 止推螺钉定位

1—凸轮轴;2—凸轮轴承盖;3—凸轮轴定时齿轮;4—螺母;5—调整环;6—止推板;
7—定时传动室盖;8—螺栓;9—止推螺钉

凸轮轴上凸轮承受气门弹簧的张力,且承受间歇性的冲击载荷,因此它要具有足够的刚度和耐磨性。凸轮的轮廓如图2-47所示。O点为凸轮轴轴心,EA为凸轮的基圆。当凸轮按图示转过EA弧段,挺柱处于最低位置不动,气门处于关闭状态。当凸轮转过A点后,挺柱开始上移,至B点,气门间隙消除,气门开始开启。凸轮转到C点,气门开度达到最大,而后逐渐关小,至D点,气门闭合终了。此后,挺柱继续下落,出现气门间隙,至E点挺柱又处于最低位置,ϕ对应着气门开启持续角。凸轮轮廓BCD弧段为凸轮的工作段,其形状决定了气门的升程及其升降过程的运动规律。

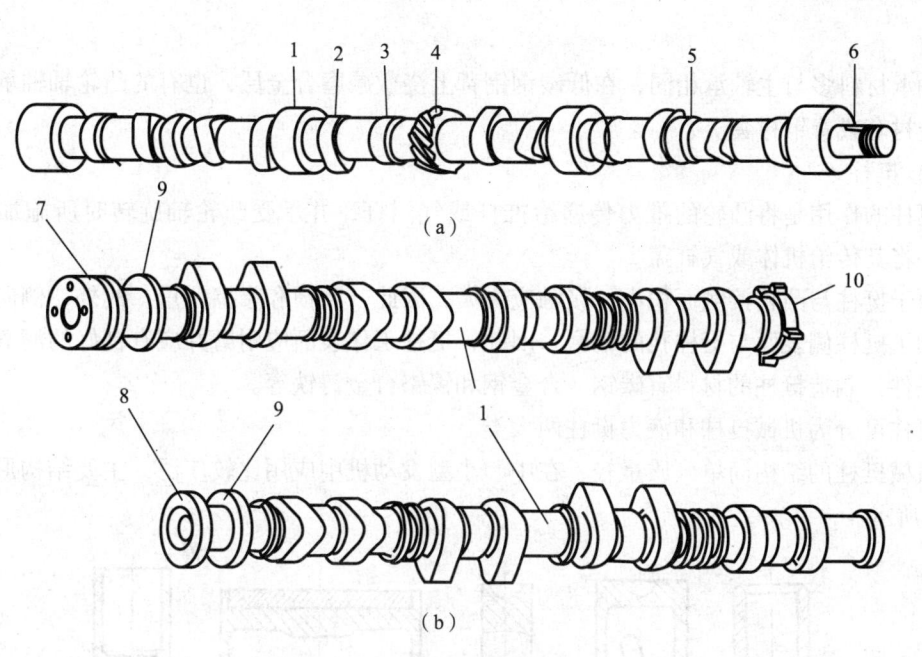

图 2-46 凸轮轴构造

(a) 直列六缸发动机凸轮轴；(b) 四气门直列四缸发动机双上置式凸轮轴

1—凸轮轴轴颈；2—进气凸轮；3—排气凸轮；4—分电器驱动齿轮；5—偏心轮；6—键槽；
7—进气凸轮轴；8—排气凸轮轴；9—轴向定位凸肩；10—凸轮轴位置传感器传感元件

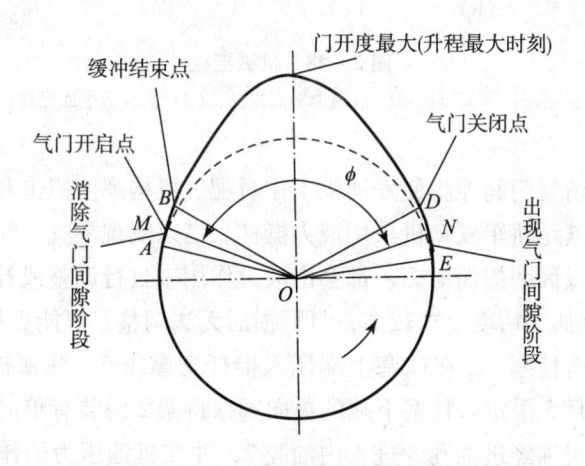

图 2-47 凸轮轮廓和运动规律

凸轮轴上各同名凸轮（各进气凸轮或各排气凸轮）的相对角位置与凸轮轴旋转方向、发动机工作顺序及气缸数或做功间隔角有关。另外，同一气缸的进、排气凸轮的相对角位置（异名凸轮相对角位置），取决于配气定时及凸轮轴旋转方向。工作顺序为 1—3—4—2 的四缸发动机的同名凸轮的夹角为 90°。对于工作顺序为 1—5—3—6—2—4 的六缸机，其同名凸轮相对夹角位置为 60°。

2) 凸轮轴轴承

中置式和下置式凸轮轴轴承一般制成衬套压入整体式轴承座孔内，再加工轴承内孔，使其与凸轮轴轴颈相配合。上置式凸轮轴的轴承多由上下两片轴瓦合而成，装入剖分式轴承座孔内。

轴承材料多与主轴承相同，在低碳钢钢背上浇敷减磨合金层，也有的凸轮轴轴承采用粉末冶金衬套或青铜衬套。

3）挺柱

挺柱的作用是将凸轮的推力传递给推杆或气门杆，并承受凸轮轴旋转时所施加的侧向力，并将其传给机体或气缸盖。

由于挺柱与凸轮接触面积小，接触应力大，因此，磨损和摩擦严重。此外，侧向力存在还增加了挺柱侧表面与挺柱孔的偏磨。因此，挺柱工作表面应耐磨并应有良好的润滑。鉴于工作条件，制造挺柱的材料有碳钢、合金钢和镍铬合金铸铁等。

挺柱可分为机械挺柱和液力挺柱两大类。

机械挺柱的结构简单，质量轻，在中、小型发动机中应用比较广泛，主要结构形式如图 2-48 所示。

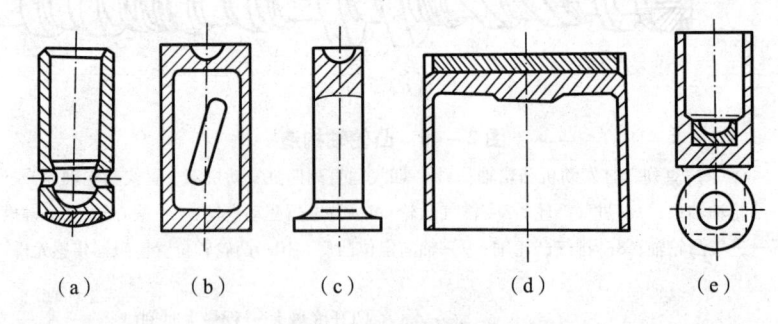

图 2-48 机械挺柱

(a) 杯形；(b) 听子形平面挺柱；(c) 菌形平面挺柱；(d) 吊杯形平面挺柱；(e) 滚子挺柱

在配气机构中预留气门间隙将使发动机工作时配气机构产生撞击和噪声。为了消除这一弊端，有些发动机尤其是轿车发动机采用液力挺柱，借以实现零气门间隙。气门及其传动件因温度升高而膨胀，或因磨损而缩短，都会由液力作用来自行调整或补偿，但液力挺柱结构复杂（如图 2-49），加工精度要求较高，且磨损后无法调整，只能更换。

在挺柱体 1 中装有柱塞 4，在柱塞上端压入推杆支撑座 6，柱塞被柱塞弹簧 10 向上推压，其极限位置由卡环 5 限定。柱塞下端的单向阀保持架 2 内装有单向阀弹簧 8 和单向阀 9。发动机润滑系统中的机油经进油孔 3 进入内油腔 7，并在机油压力的作用下推开单向阀 9 充满高压腔 11。液力挺柱内始终充满着机油。

当气门关闭时，在柱塞弹簧作用下，柱塞与推杆支座一起上移，使气门及其传动件相互接触而无间隙。在凸轮顶起挺柱时，挺柱体上移，高压腔内的机油压力骤然升高，使单向阀关闭，机油被封闭在高压腔内。由于机油不能压缩，因此液力挺柱如机械挺柱一样向上移动，使气门开启。

在工作中会有少量的机油从高压腔经挺柱体与柱塞间的间隙泄露出去，在气门关闭时将有相应数量的机油从内油腔经单向阀进入高压腔予以补充。

一汽大众奥迪、捷达、高尔夫、红旗 CA7220 及上海桑塔纳轿车发动机均采用液力挺柱。

4）推杆和摇臂

推杆存在于凸轮轴下置式的配气机构中，推杆处于挺柱和摇臂间，其功用是将挺柱传来的运动和作用力传给摇臂，它是配气机构中最易弯曲的细长杆件。为了减轻质量并保证有足够的刚度，推杆通常采用冷拔无缝钢管制成，对于缸体和缸盖都是铝合金制造的发动机，其推杆最好用硬铝制造。推杆可以是实心的，也可以是空心的，它的结构如图 2 - 50 所示。

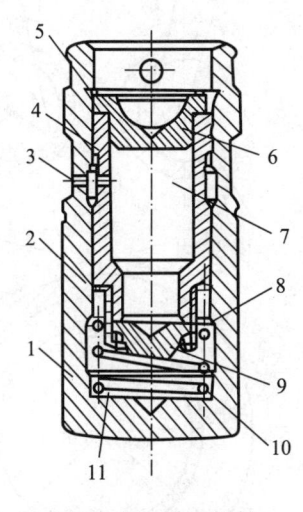

图 2 - 49　液力挺柱
1—挺柱体；2—单向阀保持架；3—进油孔；4—柱塞；
5—卡环；6—推杆支撑座；7—内油腔；8—单向阀弹簧；
9—单向阀；10—柱塞弹簧；11—高压腔

图 2 - 50　推杆

摇臂的功用是将推杆和凸轮传来的运动和作用力，改变方向传给气门使其开启。摇臂是一个双臂杠杆，以摇臂轴为支点，两臂不等长，如图 2 - 51（a）。短臂端加工有螺纹孔，用来拧入气门间隙调整螺钉，长臂端加工成圆弧面，是推动气门的工作面。摇臂在摆动过程中承受很大的弯矩，因此应有足够的强度和刚度以及较小的质量。摇臂由锻钢、可锻铸铁、球

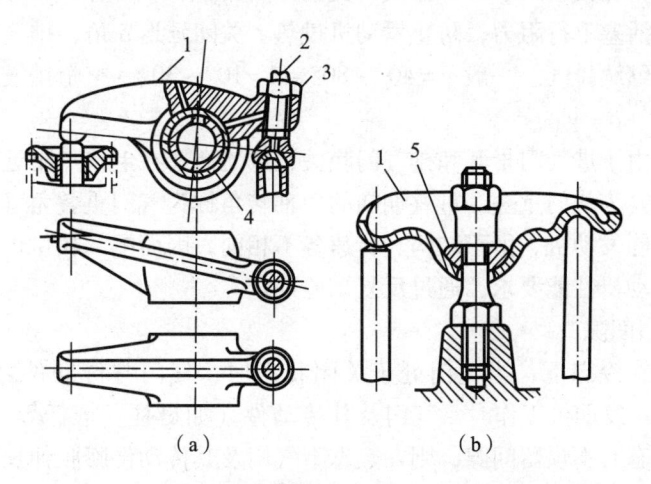

（a）　　　　　　　　　　（b）

图 2 - 51　摇臂
（a）双臂杠杆摇臂；（b）薄板冲压摇臂与液力挺柱
1—摇臂；2—气门间隙调整螺钉；3—锁紧螺母；4—摇臂衬套；5—摇臂支点球座

墨铸铁或铝合金制造。图2-51（b）为薄板冲压而成的摇臂，它与液力挺柱联用，所以摇臂上不安装气门间隙调整螺钉。

(3) 配气相位及气门间隙

1) 配气相位

进入气缸内的新鲜气量越多发动机动力性越好。其中进、排气门开启和关闭时刻是影响进气量的重要因素之一。通常用曲轴上的曲拐相对于上、下止点的转角表示进、排气门开、闭时刻和开启持续时间。表示配气相位的环形图称配气相位图，如图2-52所示。

在发动机实际工作过程中，由于发动机转速很高，活塞每一行程历时极短，在这样短的时间内换气，要让气门实际开、闭时刻不是在上、下止点，而是要早开、迟闭。

在排气行程接近终了时，活塞到达上止点前，即曲轴转到离曲拐的上止点位置还差一个角度 α 时，进气门开启。进气门早开的目的是保证在进气行程开始时进气门已开大，使新鲜气体能顺利进入气缸，直到活塞过了下止点重又上行，即曲轴转到超过曲拐下止点位置后的一个 β 角度，进气门才关闭。进气门迟闭目的是利用缸内压力低于大气压从而形成的压差和形成的气流惯性继续进气，这样整个进气行程持续时间相当于曲轴转角为 $180°+\alpha+\beta$，一般 $\alpha=10°\sim30°$，$\beta=40°\sim80°$。

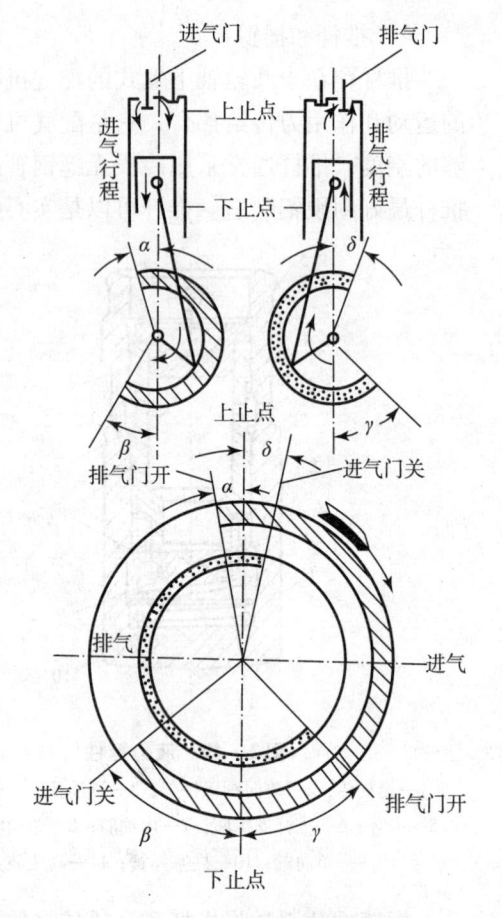

图2-52 配气相位图

在做功行程接近终了时，排气门提前开启角 γ。排气门早开的目的是将大部分废气迅速排除，减少活塞上行阻力，防止发动机过热。关闭延迟 δ 角，排气门迟闭的目的是利用气流惯性和压差继续排气。一般 $\gamma=40°\sim80°$，$\delta=10°\sim30°$，整个排气过程的持续时间相当于曲轴转角 $180°+\delta+\gamma$。

此外，由于进气门早开和排气门晚关，致使活塞在上止点附近出现进、排气门同时开启的现象，称其为气门重叠。重叠期间的曲轴转角称为气门重叠角（$\alpha+\gamma$）。

对于不同发动机，由于结构、转速各不相同，因而配气相位也各不相同。合理的配气相位应根据发动机性能要求，通过反复试验确定。

2) 气门间隙

发动机在冷态下，当气门处于关闭状态时，气门与传动件之间的间隙称为气门间隙（图2-53）。发动机工作时，气门及其传动件（如挺柱、推杆等）都将因为受热膨胀而伸长。如果冷态时不预留间隙，则在热态下气门及其传动件膨胀伸长而顶开气门，破坏气门与气门座之间的密封，造成气缸漏气，从而使发动机功率下降，启动困难，甚至不能正常工作。最适当的气门间隙由发动机制造厂根据试验确定。

(4) 可变配气定时机构

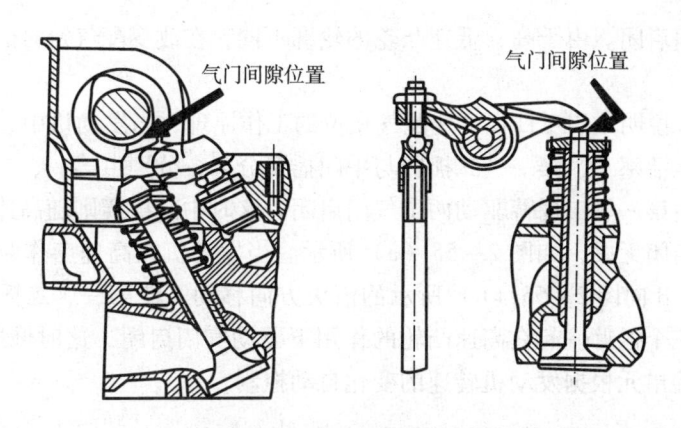

图 2-53 气门间隙示意图

由于发动机转速不同,在低速运转时,气流惯性小,若此时配气定时保持不变,则部分进气将被活塞推出气缸,使进气量减少,气缸内残余废气将会增多,当发动机在高速运转时,气流惯性大,若此时增大进气迟后角和气门重叠角,则会增加进气量和减少残余废气量。为使发动机的换气过程臻于完善,采用可变配气相位机构电控装置(VTEC)满足发动机对于不同工作条件要求。

以本田 VTEC 可变配气相位机构为例说明可变配气机构的组成(图 2-54)。在该机构中,进、排气凸轮轴上均设置高速凸轮 3 和低速凸轮 2、4 两种凸轮。两个低速凸轮分别驱动第一摇臂 5 和第二摇臂 7,高速凸轮则驱动中间摇臂 6,在摇臂上装有可移动的液压活塞 11、12 和一个限位活塞。VTEC 可变配气定时机构能根据发动机转速的高低,自动转换不同

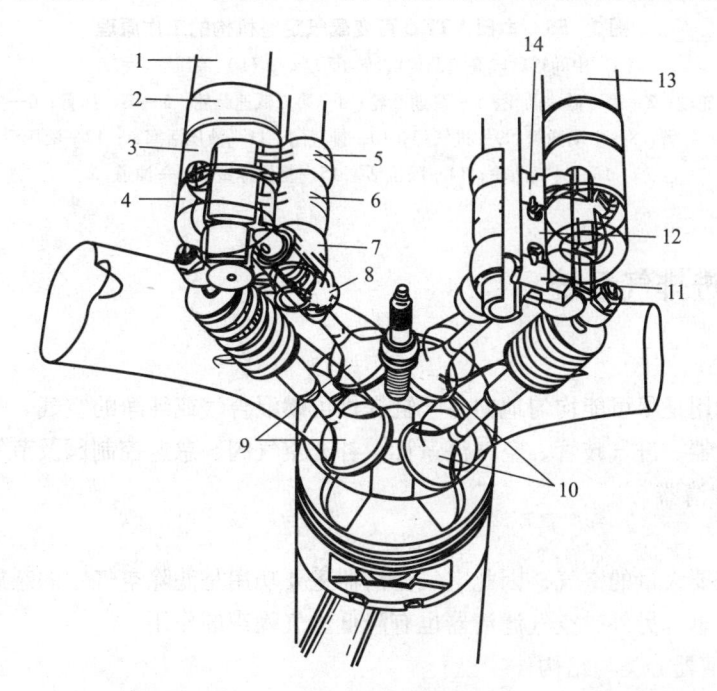

图 2-54 本田 VTEC 可变配气相位机构组成

1—进气凸轮轴;2—第一低速凸轮;3—高速凸轮;4—第二低速凸轮;5—第一摇臂;6—中间摇臂;7—第二摇臂;8—空动弹簧;9—进气门;10—排气门;11—液压活塞 A;12—液压活塞 B;13—排气凸轮;14—限位活塞

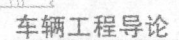

的凸轮来驱动气门启闭。由于高、低速凸轮的轮廓不同，在改变配气定时的同时，也就改变了气门升程。

由图2-55来说明本田VTEC可变配气相位的工作原理，当发动机中、低速工作时，没有油压作用于液压活塞上，第一、二摇臂与中间摇臂分离，分别由第一、二低速凸轮驱动第一、二摇臂，再由第一、二摇臂驱动两个气门启闭。这时中间摇臂则随高速凸轮的转动而摆动，但与气门的启闭无关，如图2-55（a）所示。当发动机在高速工作时，在油压的作用下，液压活塞A、B向图2-55（b）所示的箭头方向移动，使第一、二摇臂与中间摇臂结合成一个摇臂。三个摇臂一起在高速凸轮的作用下驱动气门启闭，这时低速凸轮不起作用。油压作用是由电控单元根据发动机转速的变化自动控制。

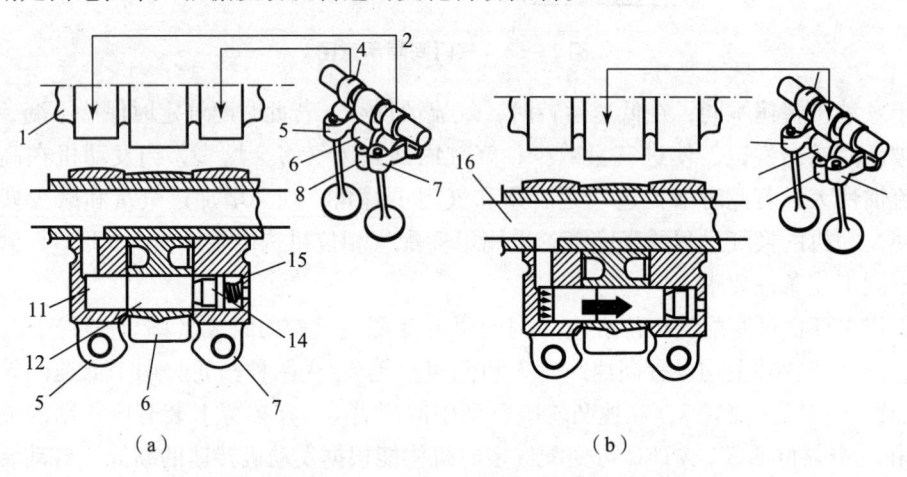

图2-55 本田VTEC可变配气定时机构的工作原理
(a) 中间摇臂随高速凸轮的转动而摆动；(b) 液压活塞移动
1—进气凸轮轴；2—第一低速凸轮；3—高速凸轮；4—第二低速凸轮；5—第一摇臂；6—中间摇臂；
7—第二摇臂；8—空动弹簧；9—进气门；10—排气门；11—液压活塞A；12—液压活塞B；
13—排气凸轮；14—限位活塞15—复位弹簧；16—油道

2.3.2 进排气系统

1. 进气系统

进气系统功用是尽可能均匀地向各气缸提供可燃混合气或纯净的空气。一般进气系统主要包括空气滤清器、进气歧管、空气流量计、补充空气阀、急速控制阀及节气门等。

（1）空气滤清器

1）功用

燃油燃烧需要大量的空气，因此空气滤清器主要功用是滤除空气中的杂质或灰尘，让洁净的空气进入气缸。另外，空气滤清器也有降低进气噪声的作用。

2）空气滤清器分类与结构

空气滤清器一般由进气导流管、空气滤清器盖、空气滤清器外壳和滤芯等组成。现在广泛用于汽车发动机上的空气滤清器仍有多种结构形式，主要在车上应用的是油浴式（如越野车）、离心式（多用于大型载货汽车）及复合式空气滤清器（在自卸车或矿山用汽车）和

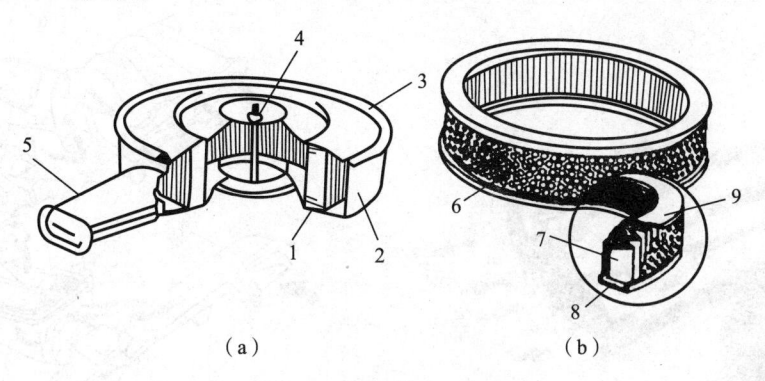

纸滤芯空气滤清器。由于纸滤芯空气滤清器有质量轻、成本低和滤清效果好等优点，因此，纸滤芯空气滤清器被广泛应用于各类汽车发动机上。纸滤芯空气滤清器包括干式和湿式两种，结构如图2-56所示。

图2-56 干式纸滤芯空气滤清器
(a) 滤清器总成；(b) 纸滤芯
1—滤芯；2—滤清器外壳；3—滤清器盖；4—碟形螺母；5—进气导流管；
6—金属网；7—打褶滤纸；8—滤芯下密封面；9—滤芯上密封面

3）空气滤清器进气导流管

在现代轿车上，为了增强发动机的谐振进气效果，空气滤清器进气导流管需要有较大的容积。但导流管不能太粗，以保证空气在导流管内有一定的流速，因此，进气导流管只能做得很长（图2-57）。较长的进气导流管有利于实现从车外吸气，因为车外空气温度一般比发动机罩下的温度低30℃左右，所以从车外吸入的空气密度可增大近100%，燃油消耗率可降低3%。

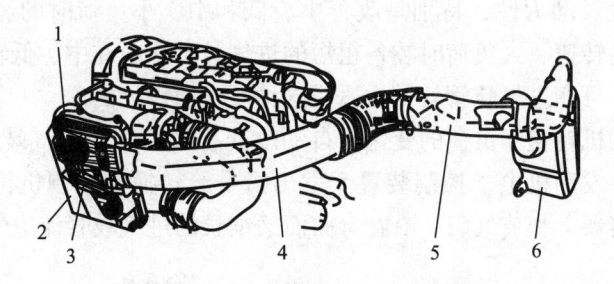

图2-57 空气滤清器进气导流管
1—空气滤清器外壳；2—空气滤清器盖；3—滤芯；4—后进气导流管；5—前进气导流管；6—谐振室

（2）进气歧管

进气歧管（如图2-58）是节气门体之后到气缸盖进气道前的进气管路。它的作用是必须将空气和燃油混合气或洁净空气尽可能均匀地分配到各气缸，为此进气管内气体流道的长度应尽可能相等，为了减小气体流动阻力，提高进气能力，进气歧管内壁应光滑。

进气效率控制方式主要包括可变气门技术（前面可变配气相位已述及）、谐波增压、可变进气歧管和废气涡轮增压技术方式。

1）谐波增压

一些中高档汽车发动机通常采用谐波增压系统。谐波增压是利用一定长度和直径的进气歧管与一定容积的谐振室组成谐振进气系统（图2-59），并使其固有频率与气门的进气周期调谐，那么在特定的转速下，在进气门关闭前，在进气歧管内产生大幅度的压力波，压力波在进气系统内传播和反射，从而增高进气歧管的压力，进而增加进气量。

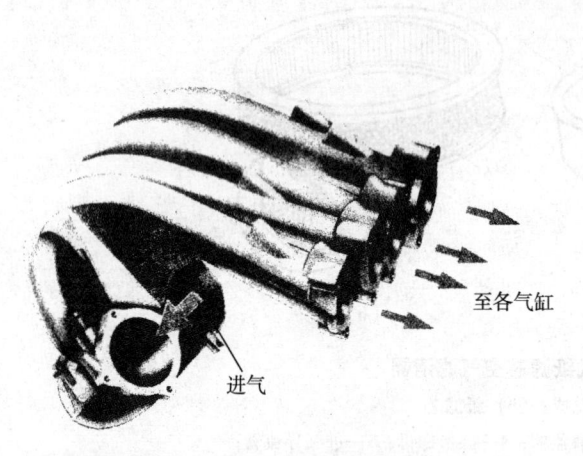

图2-58 气道燃油喷射式发动机进气歧管

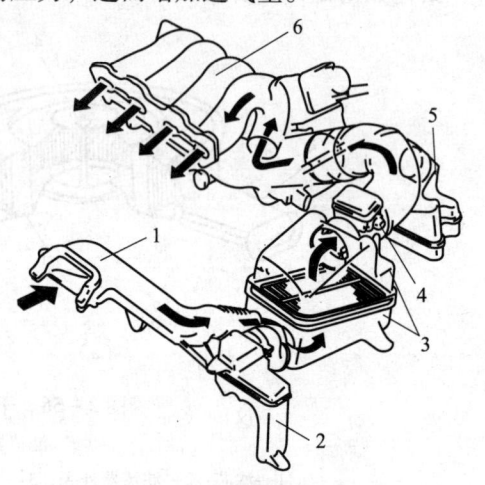

图2-59 谐振进气系统
1—进气导流管；2—副谐振室；3—空气滤清器；
4—空气流量计；5—主谐振室；6—进气歧管

谐振进气系统优点是没有运动件，工作可靠，成本低，但只能增加特定转速下的进气量和发动机转矩。

2) 可变进气歧管

为了充分利用进气波动效应和尽量缩小发动机在高、低速运转时进气速度差别，从而达到改善发动机经济性及动力性，特别是改善中、低和中、小负荷时的经济性和动力性的目的，要求发动机在高转速、大负荷时装备粗短的进气歧管，而在中、低转速和中、小负荷配用细长的进气歧管，可变进气歧管就是为适应这种要求而设计的。

一种能根据发动机转速和负荷的变化而自动改变有效长度的进气歧管如图2-60所示。发动机低速运转时，发动机电子控制装置5发出指令给转换阀控制机构4，关闭转换阀3，这时空气经空气滤清器1和节气门2沿着弯曲而又细长的进气歧管流进气缸。细长的进气歧

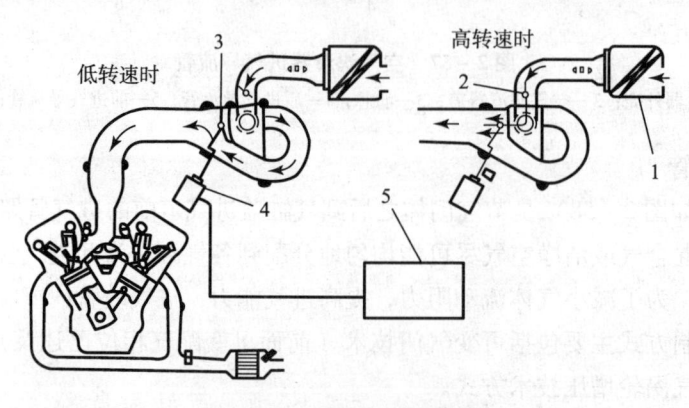

图2-60 可变长度进气支管
1—空气滤清器；2—节气门；3—转换阀；4—转换阀控制机构；5—发动机电子控制装置

管提高了进气速度,增强了气流的惯性,使进气量增多。当发动机高速运转时,转换阀开启,空气经空气滤清器和节气门直接进入粗短的进气歧管。粗短的进气歧管进气阻力小,也使进气量增多。可变长度进气歧管不仅可以提高发动机的动力性,还由于它提高了发动机在中、低速运转时的进气速度而增强了气缸内的气流强度,从而改善了燃烧过程,使发动机中低速的燃油经济性有所提高。

另一种可变进气歧管如图 2-61 所示。其每个歧管都有两个进气通道,一长一短。根据发动机转速高低,由旋转阀控制空气经哪一个通道流进气缸。当发动机在中、低速运转时,旋转阀将短进气道短路,将长进气道也变为短进气通道。这时空气同时经两个短进气通道进入气缸。

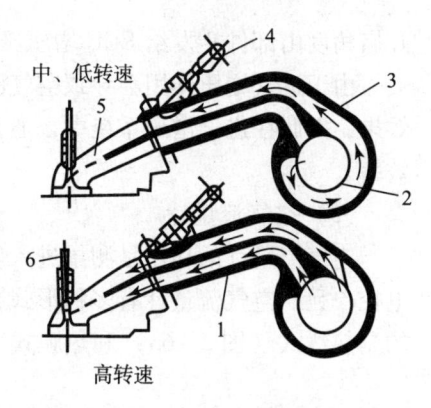

图 2-61 双通道可变进气歧管
1—短进气通道;2—旋转阀;3—长进气通道;4—喷油器;5—进气道;6—进气门

可变进气歧管在所有转速下都可以使发动机转矩平均提高 8%。

3) 废气涡轮增压

废气增压是提高发动机动力性、经济性的有效措施之一,废气增压已成为发动机技术发展的方向。目前柴油机已基本实现增压化,汽油机增压技术也日益成熟。国产乘用车中采用涡轮增压技术的有宝来、奥迪和帕萨特等,结构如图 2-62 所示。

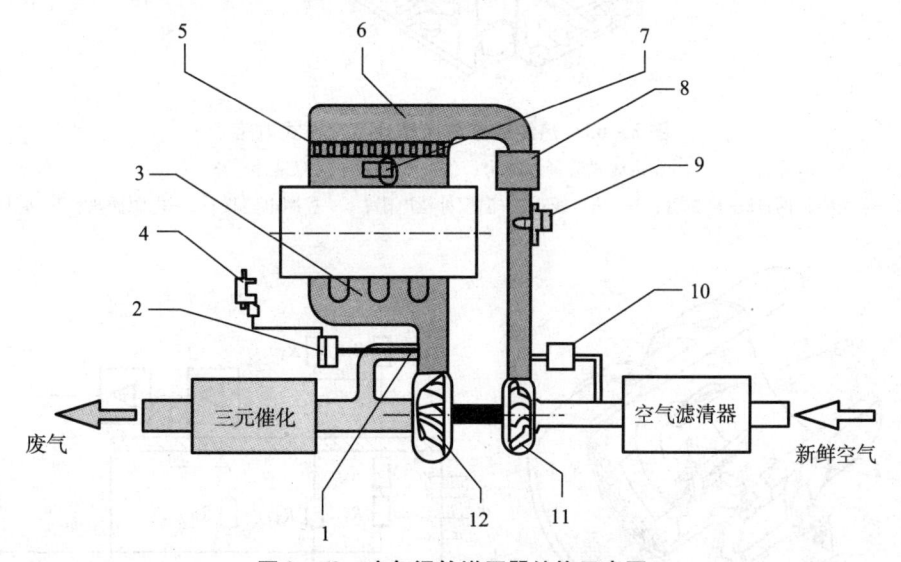

图 2-62 废气涡轮增压器结构示意图
1—旁通阀;2—压力单元;3—增压压力限制阀;4—排气歧管;5—冷却器;6—进气歧管;7—进气压力和温度传感器;8—节流阀体;9—增压压力传感器和进气温度传感器;10—增压空气循环阀;11—压气机叶轮;12—涡轮

废气涡轮增压系统工作原理是部件 8 中进气压力传感器检测到进气压力低于 0.1 MPa,电控单元(ECU)传递给部件 2、3 信号控制信息,进而来控制部件 1 关闭,此时废气全部流经部件 12,从而带动部件 11 高速旋转,实现进气增压。当发动机处于高转速、大负荷时,ECU 由部件 8 检测到进气压力如果大于 0.1 MPa,从而通过部件 2、3 控制部件 1 开启,开启角度由部件 9 发给 ECU 增压压力信号来确定，目的是为了防止增压过高。

由于进气增压作用会导致空气温度升高而体积变大，反而使实际进气量减少，影响进气效果，因此在进气增压系统中，通常都装有部件 5，可对增压的空气进行冷却，以提高充气效率。

(3) 空气流量计

空气流量计的功用是测量进入发动机的空气流量，并将测量的结果转换为电信号传输给电控单元。空气流量计有多种形式，如翼片式、热线式、热膜式和涡流式等。车上用得较多的是热线式（图 2-63）和热膜式（图 2-64）的空气流量计。

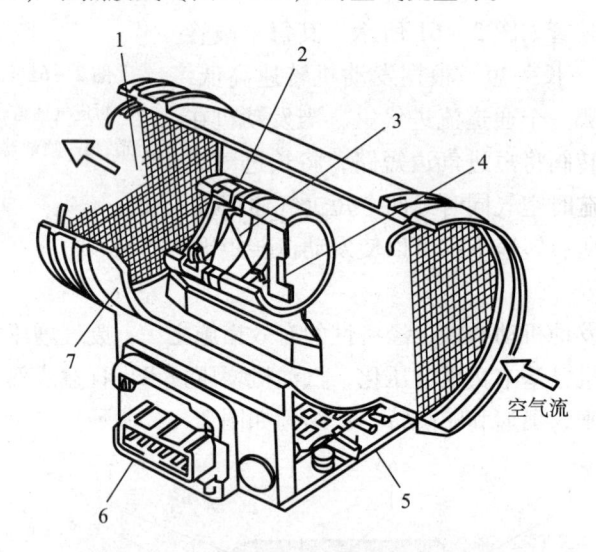

图 2-63 热线式空气流量计及其桥式电路
(a) 热线式流量计结构；(b) 热线式空气流量计电路
1—金属防护网；2—测试管；3—铂热线；4—温度补偿电阻；5—控制电路板；6—电源插座；7—壳体

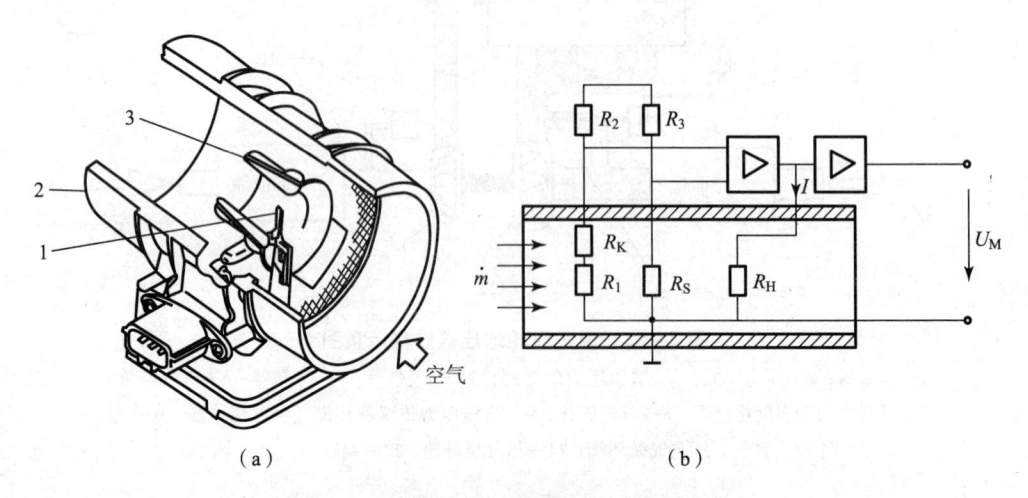

图 2-64 热膜式空气流量计及其桥式电路
(a) 热膜式空气流量计；(b) 电路图
1—热膜；2—空气流量计壳体；3—测量管；R_H—热膜电阻；R_K—温度补偿电阻；R_1，R_2，R_3—高阻值电阻；R_S—精密电阻；U_M—电压输出信号；I—加热电流；$\dot{m}$—空气流量

1) 热线式空气流量计

图2-63中测试管2置于空气流道的中央，空气流道装有金属防护网1，并用卡环固定在壳体7上。在测试管内的支撑环上固定一根直径为70 μm的铂金属丝3，在工作中薄金属丝被电流加热至100 ℃以上，故称之为铂热线。在支撑环前端装有铂薄膜温度补偿电阻4，支撑环后端黏结有精密电阻，而在控制电路板上则装有高阻值电阻。铂热线、温度补偿电阻、精密电阻和高阻值电阻构成惠斯登电桥电路中的4个臂。

当空气流过热线式空气流量计时，铂热线向空气散热，温度降低，铂热线的电阻减小，从而使电桥失去平衡。这时混合电路将自动增加供给铂热线的电流，以使其恢复原来的温度和电阻值，直至电桥恢复平衡。流过铂热线的空气流量越大，混合电路供给铂热线的加热电流越大，即加热电流是空气流量的单位函数。加热电流通过精密电阻产生的电压降作为电压输出信号传输给电控单元，电压降的大小即是对空气流量的度量。

温度补偿电阻的阻值也随进气温度变化而变化，起到一个参照标准的作用，用来消除进气温度的变化对空气流量测量结果的影响。一般将铂热线通电加热到高于温度补偿电阻温度100 ℃。

热线式空气流量计具有进气阻力小、反应快、测量精度高的优点。但在使用中，铂热线表面受空气中灰尘的污染而影响测量精度。为此，在电控单元中装有自洁电路，在发动机熄火后，自动将铂热线加热至1 000 ℃并维持1 s，烧掉沾附在铂热线上的灰尘。

2) 热膜式空气流量计

热膜式空气流量计的工作原理与热线式空气流量计相同，它是利用热膜与空气间的热传递现象来测量空气流量的。热膜由铂金属片固定在树脂膜上而构成的。用热膜代替热线提高了空气流量计的可靠性和耐用性，并且热膜不会被空气中的灰尘黏附。热膜式空气流量计及其桥式电路如图2-64所示。

(4) 进气管压力传感器

有的汽油喷射系统不设空气流量计，而是利用进气管压力传感器测量节气门后进气管内的绝对压力，并以此作为电控单元计算喷油量的主要参数。在发动机工作时，节气门开大，进气量增多，进气管压力相应增加，因此，进气管压力大小反映了进气量的多少。常见的进气管压力传感器有膜盒式和应变仪式两种，由于应变仪式进气管压力传感器具有能在较大温度范围内正常工作、温度改变后各电阻值变化相同、可靠和耐用等优点，因此应用非常广泛，在本节主要是介绍应变仪式压力传感器。

应变仪式进气管压力传感器主要是根据应变片受力变形、电阻值发生改变的原理设计的。组成如图2-65所示。传感器的主要元件是一个很薄的硅片1，四周较厚，中间较薄，硅片上下两面各有一层二氧化硅薄膜2。沿硅片四周有4个传感电阻5，在硅片的四角各有一个金属块6，通过导线与传感器电阻相连。硅片底部粘接硼硅酸玻璃片3，在硅片中部形成真空室4。硅片装在密闭的容器

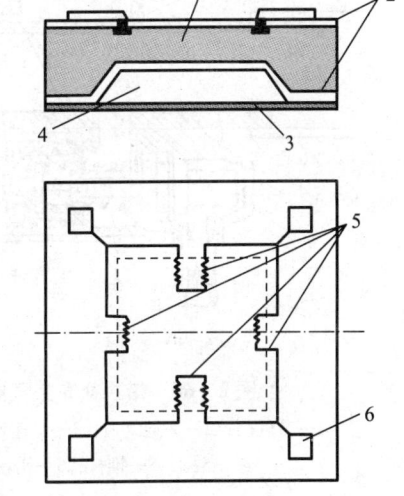

图2-65 应变仪式进气管内压力传感器

1—硅片；2—二氧化硅膜；3—硼硅酸玻璃片；4—真空室；5—传感电阻；6—金属块

内，容器顶部与进气管相通，使进气管压力作用在硅片上。硅片上的4个传感电阻接成桥式电路，在硅片无变形时，电桥调到平衡状态。当进气管压力增加时，硅片弯曲，引起电阻值的变化，电桥失去平衡，在A、B端产生电位差，经差动放大器放大后，输出正比于进气管压力的电压信号，电控单元根据此信号计算进气压力。

（5）补充空气阀

补充空气阀是实现发动机快怠速的装置。当发动机冷启动时，部分空气经补充空气阀进入发动机，使发动机的进气量增加。由于这部分空气是经过空气流量计计量过的，因此喷油量将相应地有所增加，从而提高了怠速转速，缩短了暖车时间。

现代汽油喷射系统多采用蜡式补充空气阀（图2-66）。发动机循环冷却液经软管通入补充空气阀的水套中，流经蜡盒6周围。发动机冷启动时，冷却液的温度低，蜡盒内的石蜡凝固收缩，锥阀4在弹簧的作用下开启，打开旁通空气道。随着发动机逐渐热起来，冷却液的温度升高，蜡盒内的石蜡受热熔化膨胀，使推杆伸出，推动锥阀将旁通空气道关闭。

怠速调整螺钉用来改变旁通气道的通过断面，控制怠速时的进气量，以调节怠速转速和提高怠速运转的稳定性。

（6）怠速控制阀

在节气门体汽油喷射系统中，节气门体上装有步进电机式怠速控制阀（图2-67）。怠速控制阀的功用是自动调节发动机的怠速转速，使发动机在设定的怠速转速下稳定运转。在使用空调器或转向助力器的汽车上，电控单元通过怠速控制阀自动提高怠速转速，以防止发动机因负荷加大而熄火。

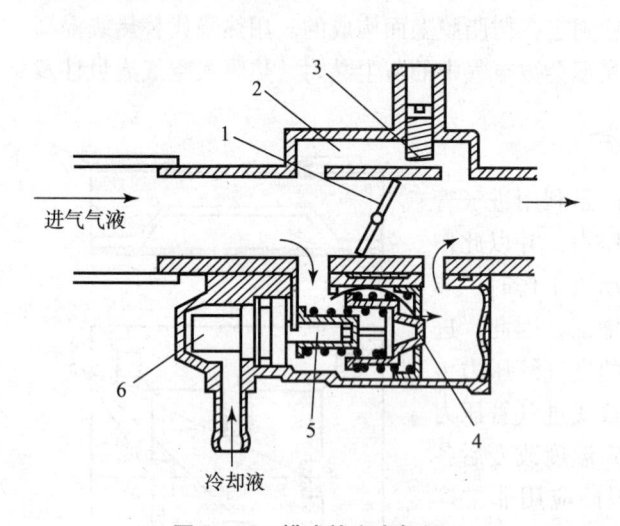

图2-66 蜡式补充空气阀
1—节气门；2—旁通气道；3—怠速调整螺钉；
4—锥阀；5—推杆；6—蜡盒

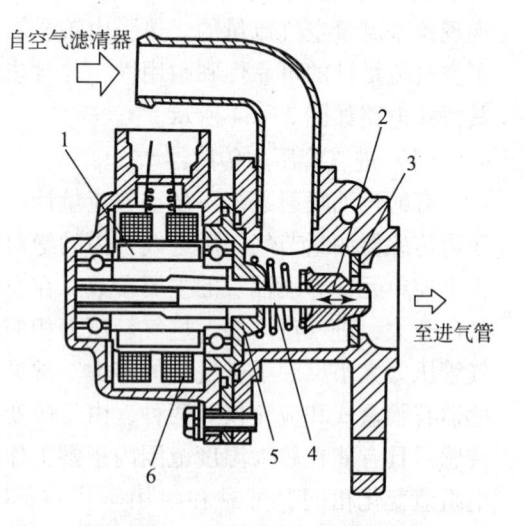

图2-67 步进电机式怠速控制阀
1—步进电机转子；2—锥面控制阀；3—阀座；
4—螺杆；5—挡板；6—励磁线圈

步进电机式怠速控制阀由步进电机、螺旋机构和锥面控制阀等组成。螺旋机构中的螺母和步进电机的转子制成一体，而螺杆和锥面控制阀制成一体。步进电机中有几组励磁线圈，改变励磁线圈的通电顺序，可以改变电机的旋转方向。步进电机由电控单元控制。电控单元从发动机转速传感器获得发动机实际转速信息，并将实际转速与预编程序中设定的转速相比，根据两者偏差的大小向励磁线圈输出不同的控制脉冲电流。这时步进电机或正转或反转一定的角度，并驱动螺杆和锥面控制阀或向前或向后移动一定的距离，使旁通空气道的通过断面或减小或增大，从而改变了进气量，达到控制怠速转速的目的。

采用图 2-67 所示的怠速控制阀的汽油喷射系统通常不再设置补充空气阀，而由怠速控制阀来实现冷车快怠速及热车后正常怠速的自动控制。

2. 排气系统

排气系统的功用是以尽可能小的排气阻力，将气缸内的废气排到大气中，同时减小排气噪声，降低排气温度。排气系统主要包括排气歧管、排气管和消声器，系统组成如图 2-68 所示。

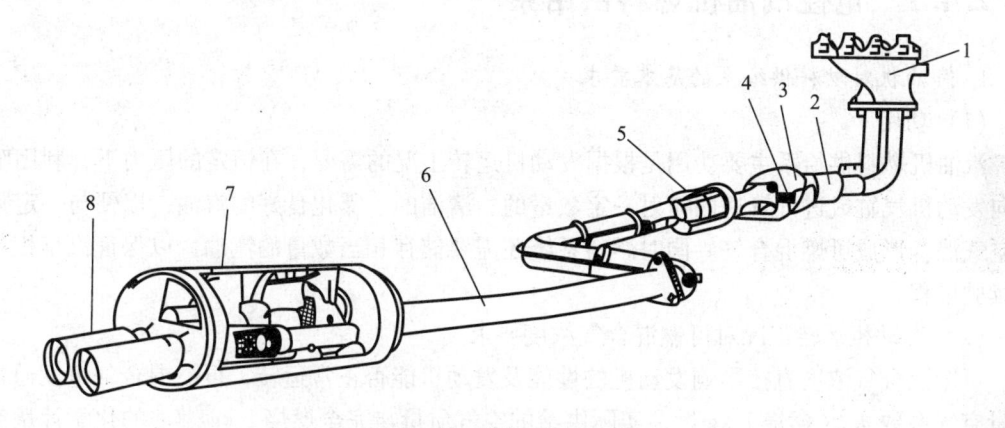

图 2-68 排气系统的组成
1—排气歧管；2—前排气管；3—催化转换器；4—排气温度传感器；5—副消声器；
6—后排气管；7—主消声器；8—排气尾管

（1）排气歧管

一般排气歧管由铸铁或球墨铸铁制造，近些年来采用不锈钢排气歧管的汽车越来越多，因为不锈钢排气歧管质量轻，耐久性好，同时内壁光滑，排气阻力小。

排气歧管形状非常重要。为了不使各缸排气相互不干扰及不出现排气倒流现象，并尽可能利用惯性排气，应该将排气歧管做得尽可能长，而且各缸歧管应该互相独立，长度相等。图 2-69 所示不锈钢排气歧管结构能较好满足上述要求，相互独立的各个歧管都很长，而且 1、4 缸排气支管会合在一起，2、3 缸会合在一起，可以完全消除排气干扰现象。

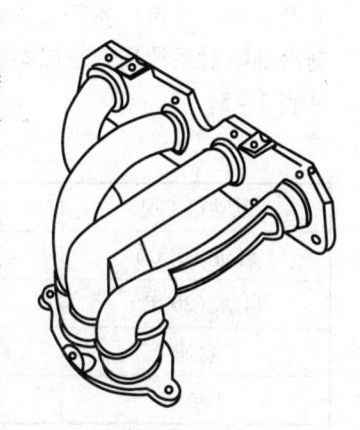

图 2-69 不锈钢排气歧管

（2）排气消声器

排气消声器真正功用是降低排气噪声。消声器通过逐渐降低排气压力和衰减排气压力的脉动，使排气能量耗散殆尽。

消声器主要有吸收式、干涉式、扩张式和共振式四种形式。一般较好的汽车有三个消声器：前面的为全金属，结构简单耐高温，耐腐蚀，使用寿命长；中间是吸收式和共振式的组合，内部有两个多管孔和两个隔板形成两个共振室，其中装填多孔性吸声材料（岩棉）；后消声器是吸收式、扩张式与共振式的多种组合，排气在后消声器内循环流动，既能降低噪声，又可降低排气温度。

随着发动机排放净化要求的提高，进、排气管系还增加了一些排气净化装置，如废气再循环装置和催化转化器等。

2.4 燃料供给系

2.4.1 电控汽油机燃料供给系

1. 汽油机对燃料供给系的基本要求

（1）功用

汽油机燃料供给系主要功用是根据发动机运转工况的需要，在恒定的压力下，利用喷油器向发动机气缸或进气管道内喷射一定数量的、清洁的、雾化良好的汽油，以便与一定数量的空气混合形成可燃混合气。同时燃料系统还需要储存相当数量的汽油，以保证汽车相当远的续驶里程。

（2）发动机运转工况对可燃混合气浓度要求

可燃混合气浓度直接影响发动机的性能及发动机能否正常运转，可燃混合气浓度通常用过量空气系数 ϕ_a（燃烧 1 kg 燃油实际供给的空气质量与完全燃烧 1 kg 燃油的化学计量空气之比）和空燃比 α（可燃混合气空气质量与燃油质量之比）两个指标进行评价。

由于化油器对空燃比控制精度低，各缸混合气浓度不均，造成汽油机的功率下降，油耗上升、排污严重，我国于 2000 年已经停止生产，改用电子控制汽油喷射系统，对于电子控制汽油喷射系统通常是以空燃比 α 来评价可燃混合气浓度。汽油机各工况对混合气浓度要求见表 2-5。

表 2-5 汽油机各工况对混合气浓度要求

发动机工况	空燃比（A/F）	发动机工况	空燃比（A/F）
启动（0 ℃）	约 2	中等负荷（经济车速）	15~18
启动（20 ℃）	约 5	大负荷	12~13
怠速	约 11	加速	8
小负荷	12~13		

2. 汽油喷射系统的分类

（1）按喷射部位分

按喷射部位的不同可分为缸内喷射和缸外喷射两种。

（2）按电控汽油喷射系统分

电控汽油喷射系统都采用间歇喷射方式。间歇喷射还可按各缸喷射时间分为同时喷射、分组喷射和按序喷射等三种形式。

（3）按空气流量测量方式分

按空气流量测量方式可分为速度—密度方式、节流—速度方式和质量流量计三种方式。

（4）按喷油器数目分

按喷油器数目可分为单点喷射和多点喷射两种形式。

（5）按控制模式分

按电子控制系统控制模式可分为开环和闭环控制两种类型。

3. 电控汽油喷射发动机燃料供给系

（1）燃料供给系基本组成

尽管电子控制汽油喷射系统多种多样，但就其组成和工作原理而言大同小异。本节以博世公司的Mono-叶博朗尼克节气门体燃料供给系为例说明燃料供给系的基本组成（图2-70）及其主要部件的结构与工作原理。电控汽油喷射系统的燃油供给系由汽油箱、电动汽油泵、汽油滤清器、燃油分配管、油压调节器、喷油器、冷启动喷嘴和输油管等组成，有的还设有油压脉动缓冲器。

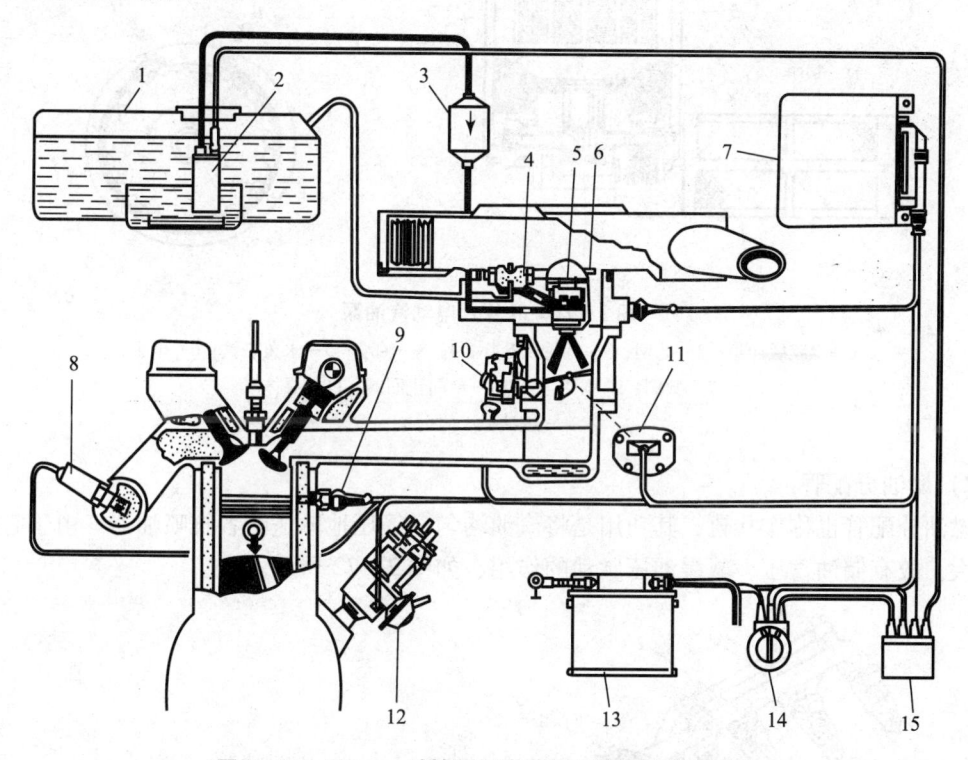

图2-70 Mono-叶博朗尼克节气门体汽油喷射系统

1—汽油箱；2—电动汽油泵；3—汽油滤清器；4—油压调节器；5—喷油器；6—进气温度传感器；7—电控单元；8—氧传感器；9—发动机温度传感器；10—怠速控制阀；11—节气门及节气门位置传感器；12—分电器及曲轴位置传感器；13—蓄电池；14—点火开关；15—继电器

（2）燃料供给系主要部件的构造与工作原理

1）电动汽油泵

在电控汽油喷射系统中应用的电动汽油泵通常有两种类型，即滚柱式电动汽油泵和叶片式电动汽油泵。

滚柱式电动汽油泵运转时噪声大，油压脉动也大，而且泵体内表面和转子容易磨损，然而叶片式电动汽油泵具有运转噪声小，油压脉动小，泵油压力高，叶片磨损小，使用寿命长等优点。因此，近年来越来越多的发动机采用叶片式汽油泵，其结构如图2-71所示。叶轮3是一个圆形平板，在平板的圆周上加工有小槽，开成泵油叶片。叶轮旋转时，小槽内的汽油随同叶轮一同高速旋转，由于离心力的作用，使出口处油压增高，而在进口处产生真空，从而使汽油从进口吸入，从出口排出。

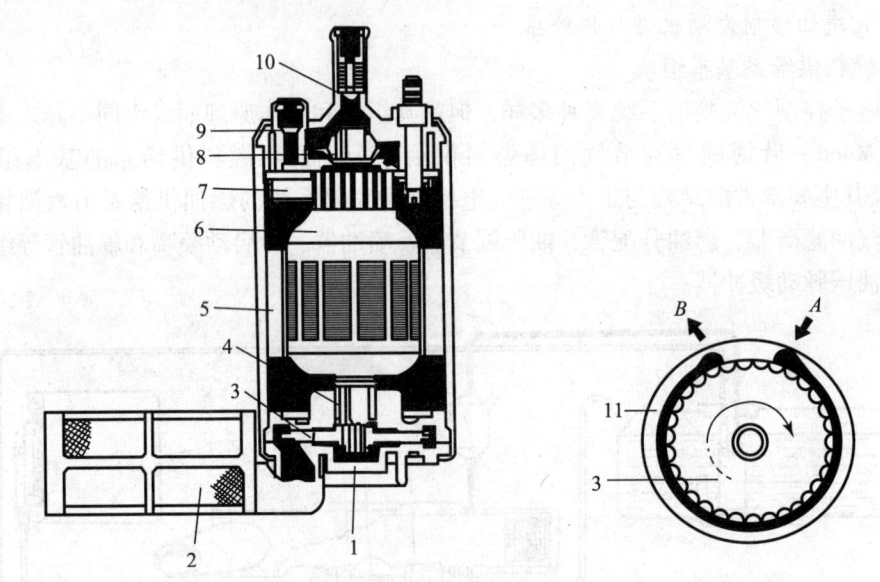

图2-71 叶片式电动汽油泵

1—橡胶缓冲垫；2—滤网；3—叶轮及叶片；4、8—轴承；5—永久磁铁；6—电枢；
7—碳刷；9—限压阀；10—单向止回阀；11—泵体
A—进油；B—回油

2）燃油分配管

燃油分配管也称作共轨，其功用是将汽油均匀、等压地输送给各缸喷油器。由于它的容积较大，故有储油蓄压、减缓油压脉动的作用，如图2-72所示。

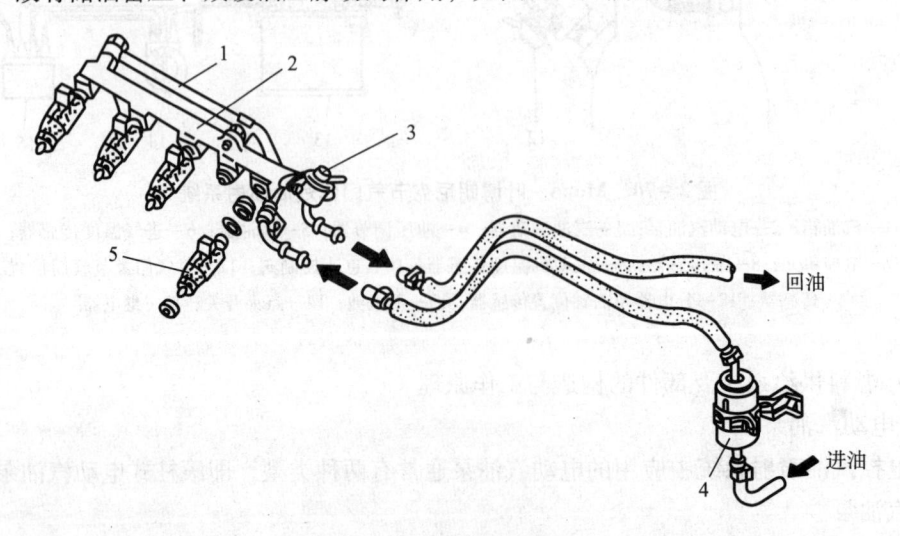

图2-72 燃油分配管

1—进油管；2—燃油分配管；3—油压调节器；4—汽油滤清器；5—喷油器

3）喷油器

喷油器的功用是按照电控单元的指令将一定数量的汽油适时地喷入进气道或进气管内，并与其中的空气混合形成可燃混合气。

喷油器的构造如图2-73所示。不论是上端供油式，如图2-73（a）所示，还是侧面供油式，如图2-73（b）所示，喷油器都是电磁线圈、衔铁、针阀、复位弹簧及喷油器体等主要零件构成。侧面供油式喷油器多用于节气门体汽油喷射系统。喷油器相当于电磁阀，通电时电磁线圈3产生电磁力，将衔铁5及针阀6吸起，喷油器开启，汽油经喷孔喷入进气道或进气管。断电时电磁力消失，衔铁及针阀在复位弹簧4的作用下将喷孔关闭，喷油器停止喷油。喷油器可以有1、2或3个喷孔，分别用于双气门和五气门发动机。

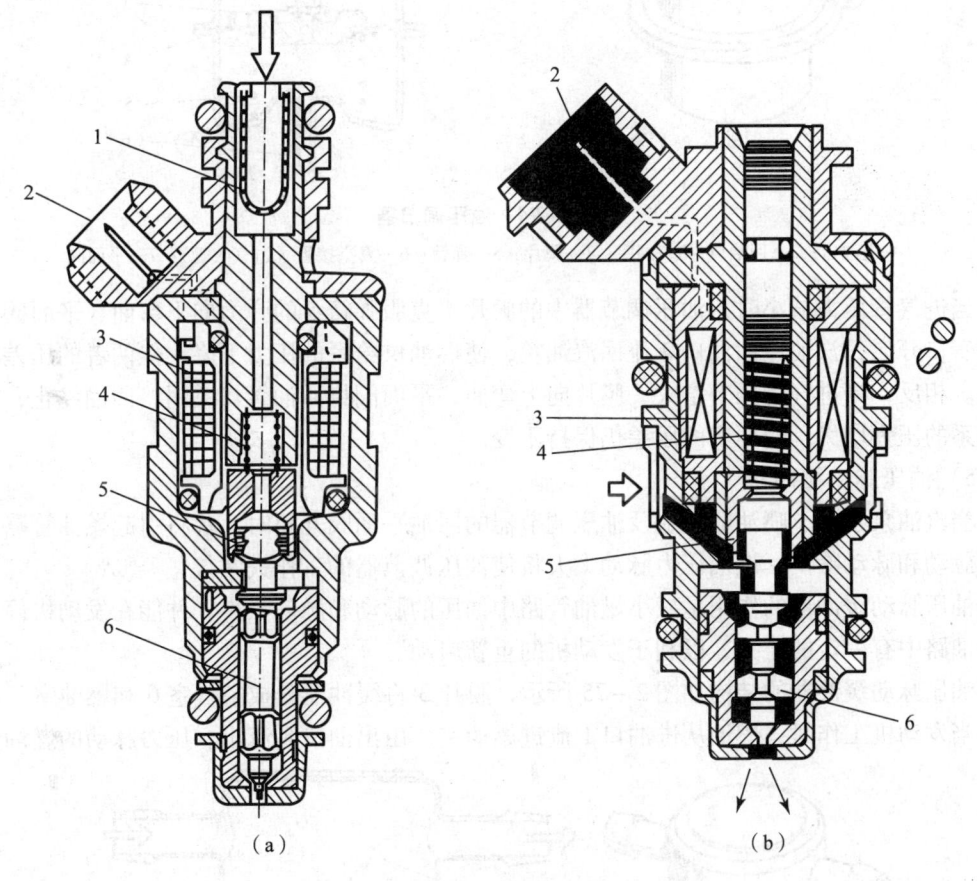

图2-73 喷油器构造

（a）上端供油式；（b）侧面供油式

1—滤网；2—电接头；3—电磁线圈；4—复位弹簧；5—衔铁；6—针阀

4）油压调节器

油压调节器的功用是使燃油供给系的压力与进气管压力之差即喷油压力保持恒定。因为喷油器的喷油量除取决于喷油持续时间外，还与喷油压力有关。在相同的喷油持续时间内，喷油压力越大，喷油量越多，反之亦然。所以只有保持喷油压力恒定不变，才能使喷油量在各种负荷下都只唯一地取决于喷油持续时间或电脉冲宽度，以实现电控单元对喷油量的精确控制。

油压调节器的构造如图 2-74 所示。膜片将油压调节器分隔成上下两个腔。上腔有进油口 1 连接燃油分配管，回油口 2 与汽油箱连通。下腔通过真空接管 6 与节气门后的进气管相连。

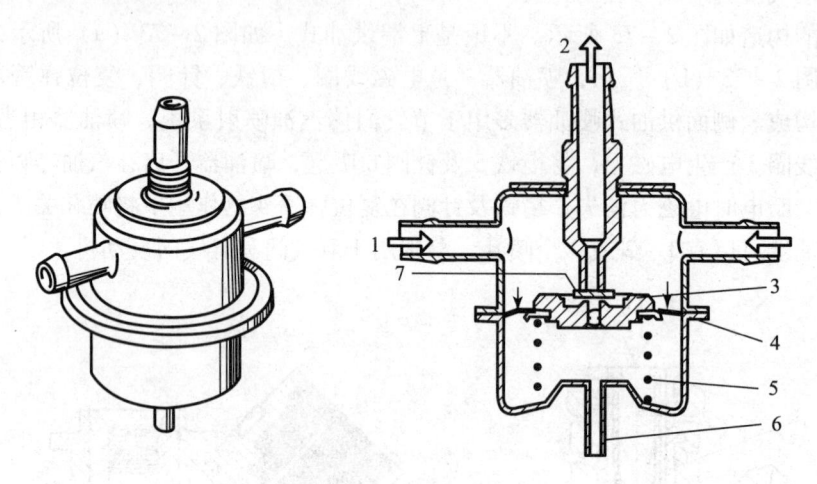

图 2-74 油压调节器

1—进油口；2—回油口；3—阀座；4—膜片；5—弹簧；6—真空接管（进气气管）；7—平面阀

当进气管压力减小时，油压调节器中的膜片 4 克服弹簧 5 的弹力向下弯曲，平面阀 7 将回油管口开启，汽油经回油口 2 流回汽油箱，使燃油供给系的压力下降，但两者的压差保持不变。相反，当进气管压力增大，膜片向上弯曲，平面阀将回油管口关闭，回油终止，燃油供给系的压力增大，使两者的压差仍保持不变。

5）油压脉动缓冲器

当汽油泵泵油、喷油器喷射及油压调节器的回油平面阀开闭时，都将引起燃油管路中油压的脉动和脉动噪声，燃油压力脉动太大将使油压调节器的工作失常。

油压脉动缓冲器的作用是减小燃油管路中油压的脉动和脉动噪声，并能在发动机停机后保持油路中有一定的压力，以利于发动机的重新启动。

油压脉动缓冲器的结构如图 2-75 所示，膜片 3 将缓冲器分成空气室 6 和燃油室 7 两部分。当发动机工作时，燃油从进油口 1 流进燃油室，由出油口 8 流出。压力脉动的燃油使膜

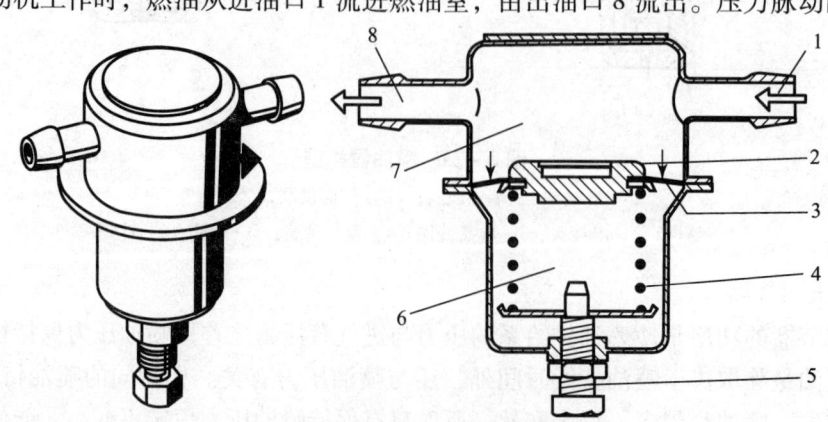

图 2-75 油压脉动缓冲器

1—进油口；2—膜片座；3—膜片；4—膜片弹簧；5—调节螺钉；6—空气室；7—燃油室；8—出油口

片弹簧 4 或张或弛，燃油室的容积则或增或减，从而削减了油压的脉动。发动机停机后，膜片弹簧推动膜片向上，将燃油挤出燃油室，以保持管路中有一定的油压。

6）冷启动喷嘴及热时间开关

冷启动喷嘴的功用是当发动机低温启动时，向进气管喷入一定数量附加的汽油，以加浓混合气。冷启动喷嘴也是一个电磁阀，故又称冷启动阀。

冷启动喷嘴的开启和持续喷油的时间取决于发动机的温度，并由热时间开关控制，如图 2-76 所示。冷启动喷嘴安装在进气管上，热时间开关装在机体上并与冷却液接触。

当点火开关置于启动位置，且当发动机循环冷却液的温度低于 14 ℃ 时，热时间开关中的白金触点 8 闭合，冷启动喷嘴中的电磁线圈 4 有电流流过并产生磁场，可动铁芯 1 连同平面阀 3 一起被吸下。汽油经进油口 2 和涡流式喷嘴 6 喷入进气管，如图 2-76（a）所示。

当冷却液温度超过 25 ℃ 时，热时间开关中的双金属片 7 发生弯曲，白金触点断开，电磁线圈断电，磁场消失，可动铁芯连同平面阀一起被弹簧 5 推到上面将进油口堵住，冷启动喷嘴停止喷油，如图 2-76（b）所示。

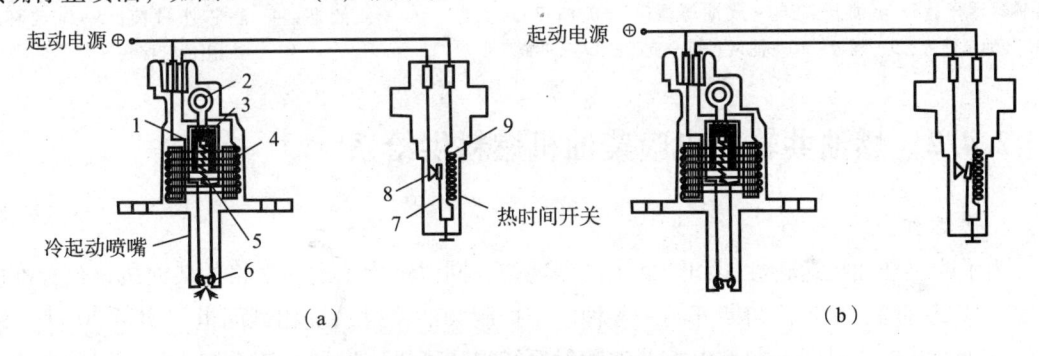

图 2-76 冷启动喷嘴和热时间开关及其工作原理
（a）冷启动喷嘴喷油；（b）冷启动喷嘴停油
1—可动铁芯；2—进油口；3—平面阀；4—电磁线圈；5—弹簧；6—涡流式喷嘴；
7—双金属片；8—白金触点；9—电热丝

综上所述，冷启动喷嘴仅在发动机冷启动时起作用，而在热启动或其他情况下均不喷油。

7）汽油箱和汽油滤清器

汽油箱的作用是储存汽油，在一般车辆中汽油箱一般做成简单的方形或圆柱形，但轿车汽油箱为了适应整车外观造型及车架的需要往往做成比较复杂的形状。油箱体一般采用薄钢板冲压焊接而成，为了提高其强度，其表面往往冲压成加强筋形式。油箱上设有加油口和加油管，管内装有用金属网制成的滤网（带有空气阀和蒸汽阀）。为了防止汽车振动带来的燃油振荡，箱内装有隔板。油箱顶面装有输油管及油面传感器，结构如图 2-77 所示。

汽油滤清器的作用是汽油进入汽油泵前，先经过汽油滤清器除去其中的杂质和水分，以减少汽油泵等部件的故障。纸质的滤芯滤清效果好，结构简单，使用方便。现代轿车发动机多采用一次性使用、不可拆式纸质滤芯汽油滤清器（图 2-78），一般每行驶 30 000 km 整体更换一次。由图 2-78 可看出，油液经过进油管接头 2 进入沉淀杯 5，水及较重的杂质沉淀于杯底，较轻的杂质悬浮在汽油中并通过纸质滤芯 3 时被阻隔在滤芯外。汽油则通过滤芯内衬筒 1 微孔进入到滤芯内腔，再经出油管接头 6 流出。

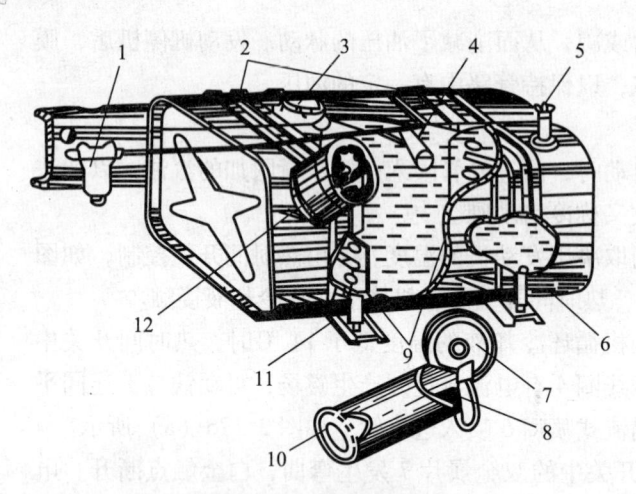

图 2-77　汽油箱结构图

1—汽油滤清器；2—固定箍带；3—油面指示表传感器；4—传感器浮子；5—出油开关；6—放油螺塞；7—加油口盖；8—加油延伸管；9—隔板；10—滤网；11—支架；12—加油口

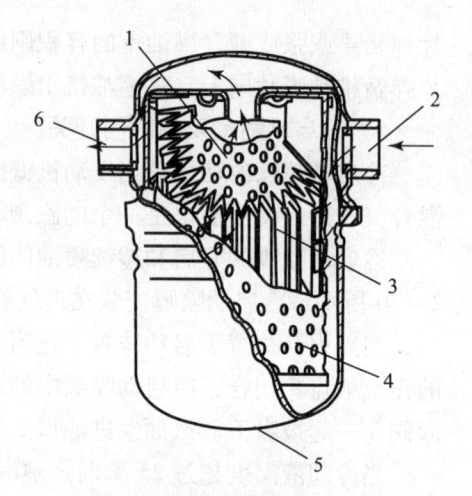

图 2-78　不可拆式纸滤芯汽油滤清器

1—滤芯内衬筒；2—进油管接头；3—纸质滤芯；4—滤芯外衬筒；5—沉淀杯；6—出油管接头

2.4.2　燃油共轨式电喷柴油机燃料供给系

1. 基本组成

为了改善柴油机运转性能和降低燃油消耗率，同时也为了适应严格的柴油机排放标准的需要，从20世纪80年代初期开始，各种电子控制柴油喷射系统相继问世，到了20世纪90年代，燃油共轨式时间控制型电控柴油喷射系统得到了迅速发展。该系统不仅可以更准确地控制喷油量和定时喷油，还能实现对喷油规律和喷油压力的独立控制。燃油共轨电控柴油喷射系的燃料供给系统部件主要包括喷油器、供油泵、燃油分配管、流量限制器、限压阀、柴油滤清器和柴油箱等，如图2-79所示。

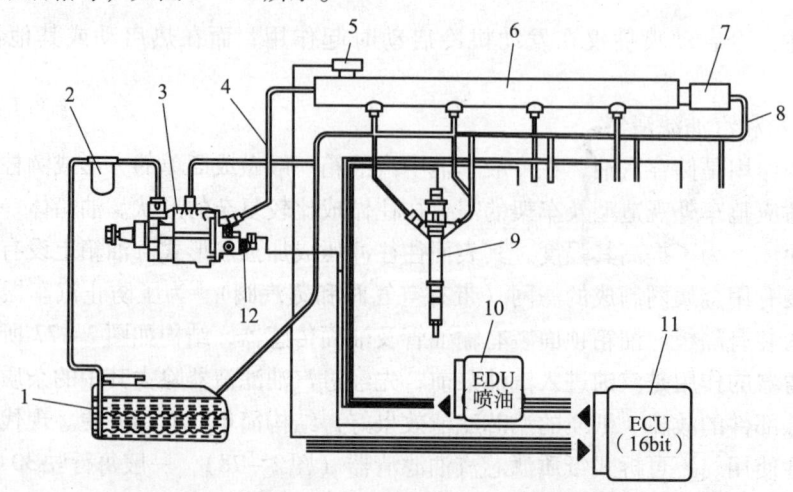

图 2-79　ECD-U2（P）型电控柴油机喷射系统

1—柴油箱；2—柴油滤清器；3—供油泵；4—高压油管；5—燃油压力传感器；6—燃油分配管；7—限压阀；8—回油管；9—喷油器；10—EDU；11—ECU；12—供油量控制阀

2. 主要部件的结构与工作原理

（1）喷油器

其功用就是按照电控单元的指令在既定时刻以一定的规律将一定数量的燃油喷入气缸。二通阀式喷油器结构如图2-80所示。

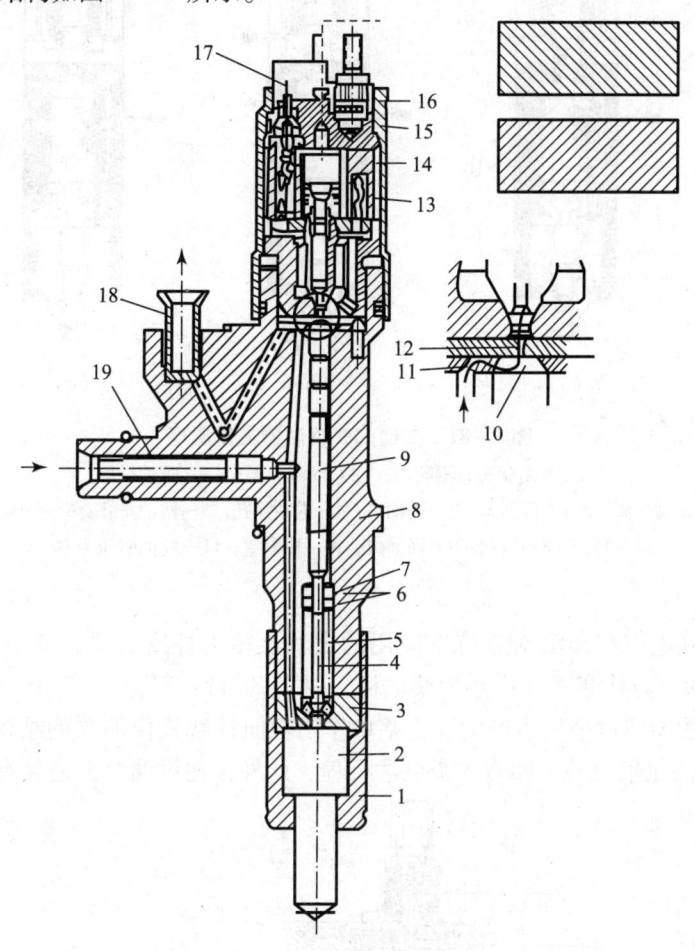

图2-80 二通阀喷油器结构

1—拧紧螺母；2—喷油嘴；3—垫块；4—顶杆；5—调压弹簧；6—调压垫片；7—导向套；8—喷油器下体；9—油压活塞；10—控制室；11—进油量孔；12—回油量孔；13—电磁线圈；14—二通阀；15—O形圈；16—喷油器上体；17—电气接头；18—回油管接头；19—喷油器滤芯

二通阀式喷油器工作原理如图2-81所示。二通阀由内阀8和外阀7组成，内阀不动，外阀可动。外阀在电控单元（ECU）未向喷油器通电时被弹簧力和燃油压力压紧在外阀座面6上，回油口9被封闭。来自燃油分配管的高压燃油从进油口3向上经进油量孔4进入控制室10，向下进入喷油嘴压力室11，控制室内的燃油压力经油压活塞2作用到喷油嘴的针阀1上，这时针阀处于关闭状态，如图2-81（a）所示。当ECU对喷油器通电时，外阀被电磁力吸引向上提起，回油口被打开。控制室内的高压燃油经回油量孔5和回油口流回柴油箱，控制室内的燃油压力下降，这时喷油嘴压力室仍为高压，于是在高压燃油的作用下针阀开启并向气缸内喷油，如图2-81（b）所示。当ECU对喷油器断电时，电磁力消失，外阀在弹簧力的作用下重新压在外阀座面上，回油口被封闭，控制室内的燃油压力升高，使针阀回落，喷油结束如图 2-81（c）所示。

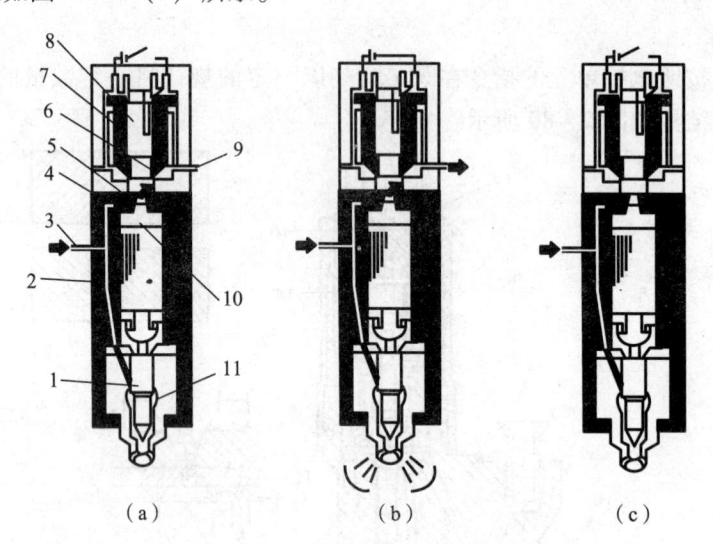

图 2-81　二通阀式喷油器工作原理
（a）关闭状态，不喷油；（b）喷油状态；（c）喷油结束
1—喷油嘴针阀；2—油压活塞；3—进油口；4—进油量孔；5—回油量孔；6—外阀座面；
7—外阀；8—内阀；9—回油口；10—控制室；11—喷油嘴压力室

（2）供油泵

在燃油共轨式电控柴油喷射系统中应用的供油泵多为柱塞式泵，其中包括直列柱塞式（大型柴油机）和径向柱塞式（中小型柴油机），柱塞数量一般为 2~3 个。

图 2-82 为德国博世公司生产的三柱塞单作用径向柱塞式供油泵的结构简图。3 个柱塞互成 120°夹角，凸轮轴每转一圈有 3 个供油行程。此外，在供油泵上还装有断油阀 3 和调压

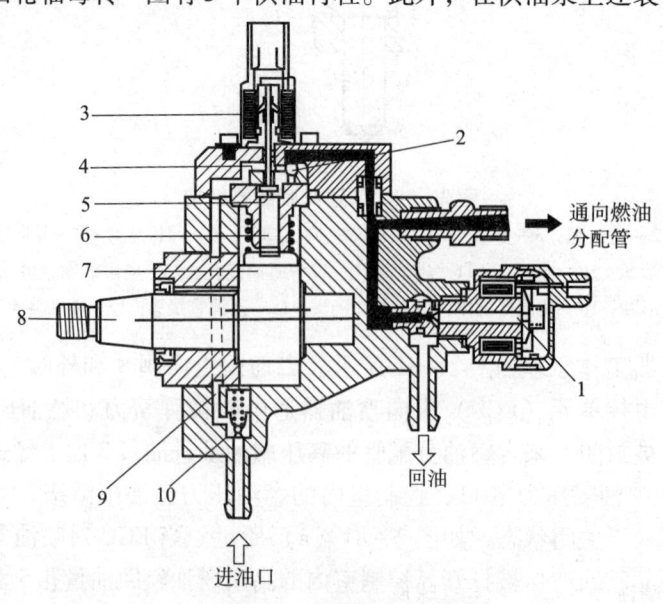

图 2-82　博世供油泵结构简图
1—调压阀；2—出油阀；3—断油阀；4—进油阀；5—柱塞腔；6—柱塞；7—凸轮；
8—驱动轴；9—低压油道；10—单向阀

阀 1。

由于供油泵是按最大供油量设计的，因此在怠速或小负荷工作时，将有部分燃油经调压阀流回柴油箱，以保持燃油分配管的燃油压力不变。但这部分燃油由于被柱塞压缩而消耗了部分压缩功，为了消除这部分能力损失，装置了电磁式断油阀。当柴油机在怠速或小负荷工作时，ECU 对断油阀通电，断油阀中的可动铁芯被电磁力吸引向下顶开进油阀 4，使柱塞腔内的燃油在柱塞压油行程中经进油阀返回低压油道 9 而不受压缩，从而减少了功率损失。

（3）燃油分配管（共轨）

电控柴油喷射系统中的燃油分配管，其工作压力较高，一般为 120～140 MPa，并在其上安装有燃油压力传感器、流量限制器和限压阀（图 2-83）。

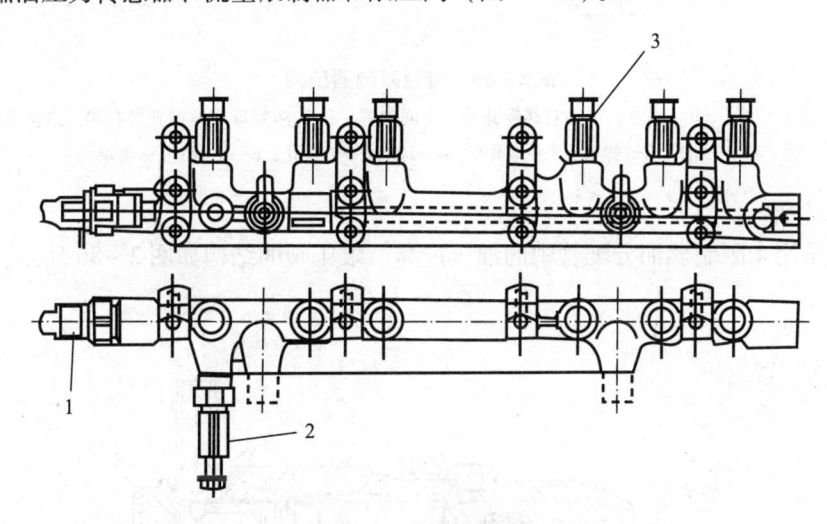

图 2-83 燃油分配管
1—燃油压力传感器；2—限压阀；3—流量限制器

（4）燃油压力传感器

燃油压力传感器实时测量燃油分配管中的压力，并将测量结果传输给 ECU 作为燃油分配管内油压的反馈控制信号。燃油压力传感器由膜片 2、求值电路板 4、电器接头 5 和外壳 3 等构成（图 2-84）。燃油分配管内的燃油压力经燃油压力传递孔 1 作用于由半导体压电敏感元件制成的膜片 2 上，膜片因受压而变形，从而使膜片表面涂层的电阻值发生改变，并在电阻电桥中转换为电压信号，此电压信号经求值电路放大后传输给 ECU。

（5）流量限制器

其功用是防止喷油器可能出现的超长喷油现象。流量限制器一端连接燃油分配管，另一端连接喷油器，其结构如图 2-85（a）所示。

在正常流量的情况下，活塞 6 和球阀 4 在燃油压力的推动下向右移动，并停驻在流量限制器内的某一中间位置上，如图 2-85（b）所示。若由于某种原因流量突然增大时，活塞和球阀被燃油推

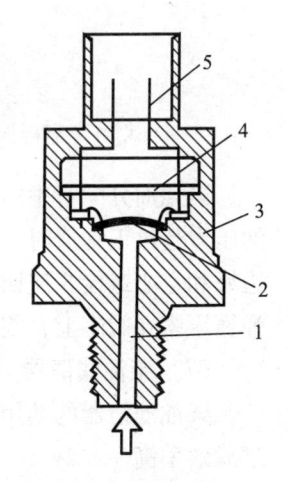

图 2-84 燃油压力传感器示意图
1—燃油压力传递孔；
2—膜片；3—外壳；
4—电路板；5—电器接头

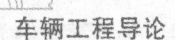

到最右端，球阀压在阀座上，将出油孔封闭，终止向喷油器供油，如图2-85（c）所示。

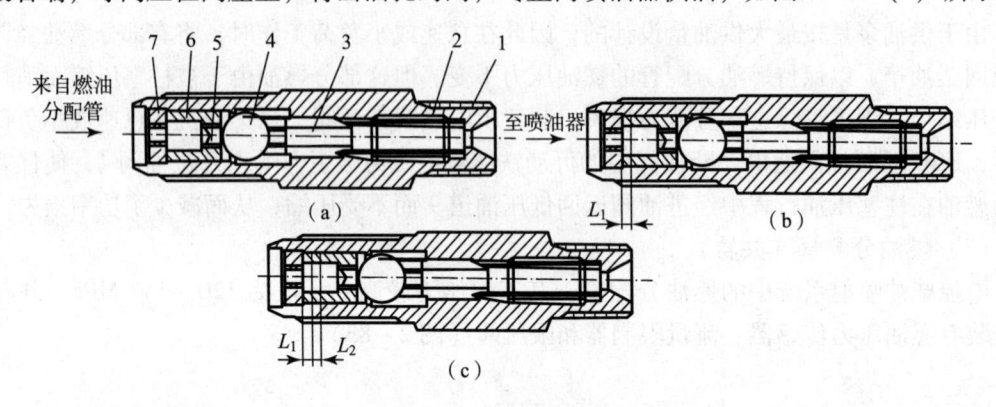

图2-85 流量限制器结构

（a）静止位置；（b）活塞、球阀右移停驻某一中间位置；（c）活塞球阀被推到最右端，终止供油
1—壳体；2—弹簧；3—弹簧座；4—球阀；5—量孔；6—活塞；7—垫块

（6）限压阀

其功用是用来限制燃油分配管中的油压过高。限压阀的结构如图2-86所示。

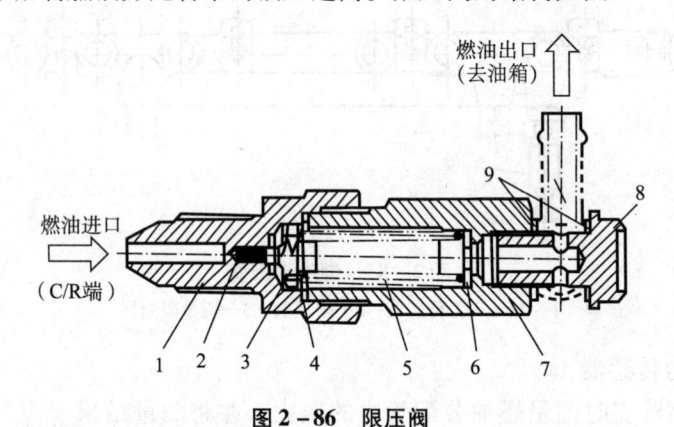

图2-86 限压阀

1—接头；2—球阀；3—弹簧座；4—密封圈；5—弹簧；6—垫片；7—壳体；8—空心螺栓；9—衬垫

当燃油分配管中的油压为正常值时，弹簧5通过弹簧座3将球阀2压紧在阀座上。当燃油压力超过正常值时，燃油克服弹簧力将球阀顶开，部分燃油分配管经球阀2、弹簧座3的边缘和空心螺栓8流回柴油箱，使燃油分配管中的油压下降。当油压恢复正常后，球阀又被弹簧压紧在阀座上，终止回油。

（7）柴油滤清器

柴油滤清器的功用是滤除柴油中的任何杂质。对滤清器的基本要求是阻力小，寿命长，过滤效率高。

纸质滤芯具有质量轻、体积小、成本低、滤清效果好等优点，被广泛用于轻型汽车上，而在重型汽车柴油机上，通常装有粗、精两级滤清器。

在轿车柴油机上多使用一次性纸质滤芯柴油滤清器。纸质滤芯柴油滤清器结构如图2-87所示。来自供油泵的柴油从进油口5进入滤清器壳体6与纸质滤芯7间的空隙，然后经过滤芯过滤后，由中心杆8经出油口3流出。在滤清器盖上设限压阀2，当油压超过

0.1~0.15 MPa 时，限压阀开启，多余的柴油自进油口经限压阀直接返回柴油箱。

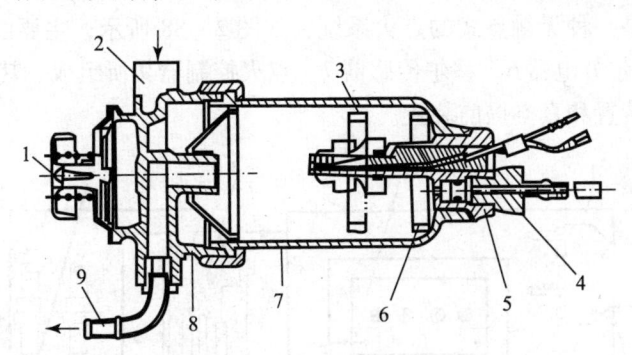

图 2-87 纸滤芯柴油滤清器
1—旁通孔；2—限压阀；3—出油口；4—滤清器盖；5—进油口；6—滤清器壳体；
7—纸质滤芯；8—中心杆；9—放油塞

2.5 点火系与启动系

2.5.1 汽油机点火系

1. 概述

（1）功用

汽油机点火系的功用是按照发动机各缸点火次序在一定的时刻供给火花塞能量足够的高压电，使火花塞两极间产生足够强的电火花，点燃被压缩的混合气，从而使发动机做功。

（2）电子点火系

电子点火系具有点火可靠、使用方便等优点，是目前国内外汽车上广泛采用的点火系统，本节主要以电子点火系为例讲解。

电子点火系的基本概念：

1）击穿电压

击穿电压指火花塞间电压增高到一定值时，火花塞两极间的间隙被电压击穿而产生电火花。

2）火花塞间隙

火花塞间隙指火花塞电极间的距离。

3）单线制

单线制即电源的一个电极用导线与各用电设备相连，而电源的另一个电极通过发动机机体、车架和车身等金属构件与各用电设备相连，称为搭铁。搭铁的电极可以是正极也可以是负极，目前大多数汽车都采用负极接地。

2. 基本组成与工作原理

现代车上采用霍尔效应式点火信号发生器越来越广泛，本节主要也是针对霍尔效应式电子点火系统介绍其组成和工作原理。

（1）组成

电子点火系统是一种无触点式的点火系统，如图 2-88 所示，主要由蓄电池 2、点火线圈 3、火花塞 5、霍尔分电器 6、霍尔传感器 7、点火控制器 9 所组成。其中分电器主要包括配电器、离心提前装置和真空提前装置。

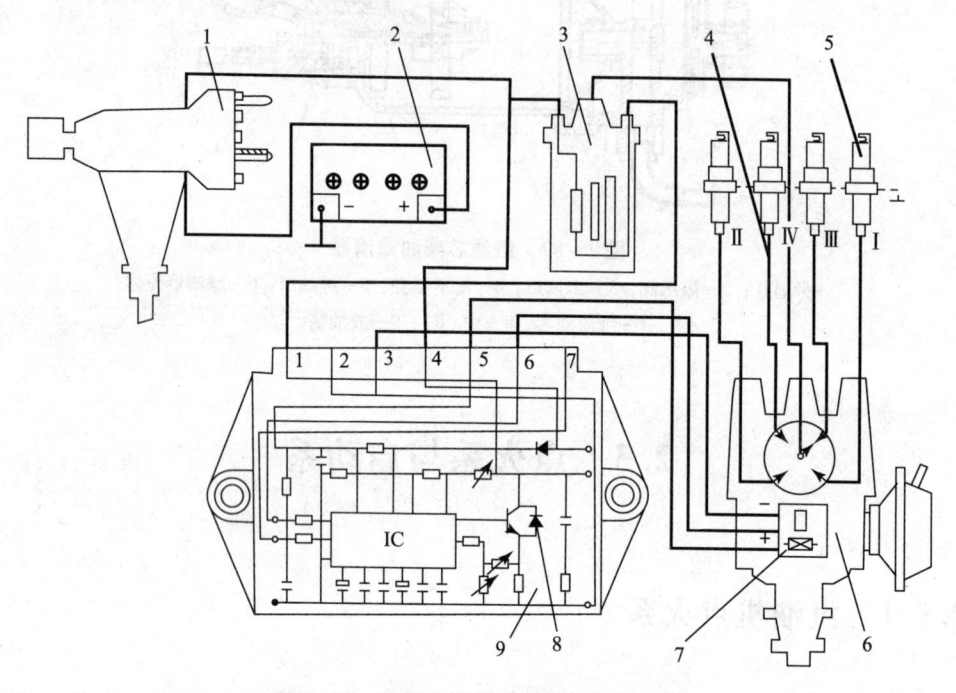

图 2-88　无触点式电子点火系统的组成
1—点火开关；2—蓄电池；3—点火线圈；4—高压阻尼线；5—火花塞；6—霍尔分电器；
7—霍尔传感器；8—达林顿管；9—点火控制器

（2）工作原理

图 2-89 为一汽大众捷达轿车的无触点点火系统原理图。接通点火开关 2，当点火信号发生器（霍尔效应传感器）发出点火信号，输出具有一定幅值的正脉冲时，触发点火控制

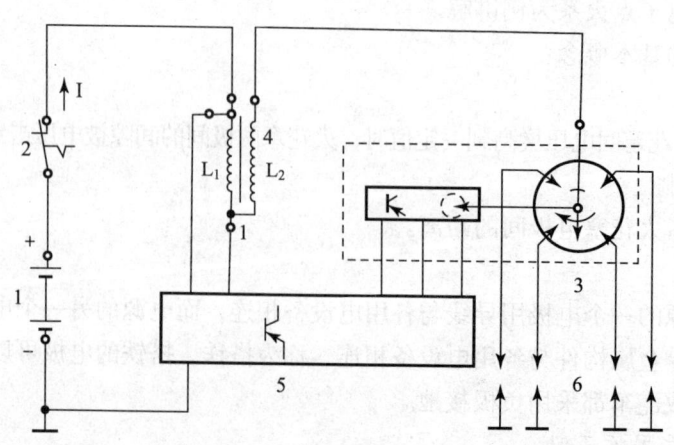

图 2-89　一汽大众捷达轿车的无触点电子点火系统原理图
1—电源；2—点火开关；3—带点火信号发生器的分电器；4—点火线圈；5—点火控制器；6—火花塞

器 5，使其中的功率三极管导通，于是点火线圈的初级电路接通。初级电流由电源 1 的"＋"极→点火开关 2→点火线圈的"＋"接线柱→点火线圈的初级绕组 L_1→点火线圈的"－"接线柱→点火控制器 5→搭铁→电源的"－"极。由于点火线圈初级绕组中有电流通过，于是点火线圈中便形成磁场，将电能转变为磁场能储存起来。

随着发动机的不断转动，当点火信号发生器产生的信号由正脉冲变为负脉冲，使点火控制器 5 触发功率三极管截止时，点火线圈的初级电路断路，初级绕组 L_1 中的电流迅速降为零，点火线圈周围和铁芯中的磁场也迅速减小以至于消失，于是在匝数较多的次级绕组 L_2 中便感应出很高的电动势（可达 25 kV），该高压电经分电器 3，根据发动机的点火次序分送到各缸火花塞 6，将火花塞的电极间隙击穿，产生电火花，点燃可燃混合气。

3. 电子点火系主要元件的结构

（1）点火线圈

点火线圈是电源的低压电转变成点火所需的高压电的基本元件。常用的点火线圈分为开磁路和闭磁路两种。汽车电子点火系统是采用能量转换效率较高的闭磁路点火线圈，如图 2-90（a）所示。与传统的点火线圈相比，其铁芯为一带有小气隙的"口"或"日"字形状，其磁路如图 2-90（b）、图 2-90（c）所示。初级绕组在铁芯中产生的磁通通过铁芯形成闭合，减少了漏磁损失，所以转换效率较高（可达 75%），次级电压可达 30 kV。另外，闭磁路点火线圈还具有体积小、质量轻、对无线电干扰小等优点。

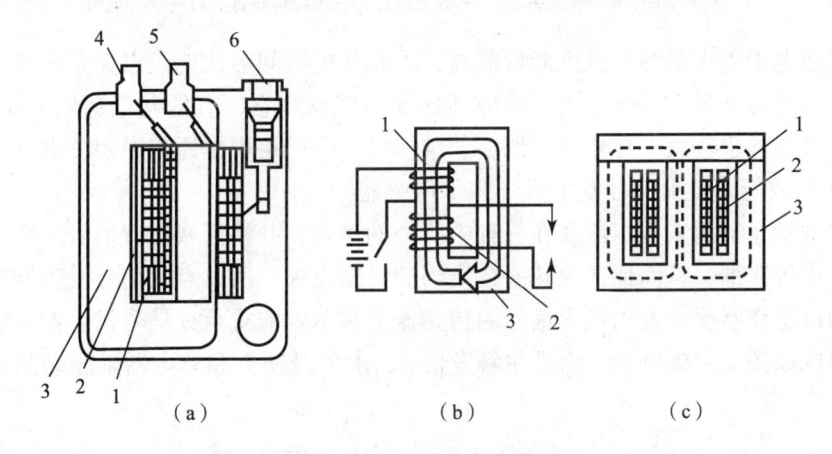

图 2-90　闭磁路点火线圈

(a) 闭磁路点火线圈；(b) 口字形铁芯；(c) 日字型铁芯

1——次绕组；2—二次绕组；3—铁芯；4—"＋"接线柱；5—"－"接线柱；6—高压线插孔

（2）火花塞

火花塞的功用是将点火线圈产生的脉冲高压电引入燃烧室，并在其两个电极间产生电火花，以点燃可燃混合气。

火花塞的构造如图 2-91 所示。弯曲的侧电极 9 焊接在金属的火花塞壳体 5 的底端，借此直接搭铁。陶瓷绝缘体 2（氧化铝的质量分数为 90% 以上）固定在壳体内并加以密封，绝缘体下部与壳体间装有紫铜密封垫圈。中心电极 11 装入绝缘体的中心孔内，其间用密封剂 6 密封。高压导线接头套接在接线螺母 1 的上端。电极材料一般采用镍锰合金或镍锰硅合金。火花塞绝缘体紫铜垫圈 8 以下的锥形部分 10，称为火花塞的绝缘体裙部。火花塞的热

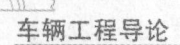

特性主要取决于绝缘体裙部的长度。绝缘体的裙部在发动机工作时直接与燃烧的气体接触，从而吸收大量的热。吸入的热量经紫铜垫圈、壳体传递到气缸盖并散入大气。

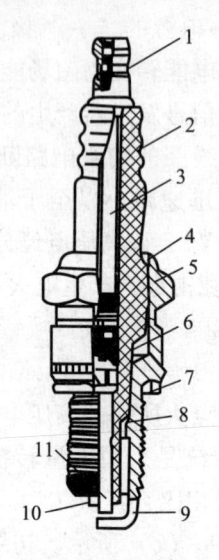

图 2-91 火花塞
1—接线螺母；2—绝缘体；3—接线螺杆；4—垫圈；5—火花塞壳体；6—密封剂；
7—密封垫圈；8—紫铜垫圈；9—侧电极；10—绝缘体裙部；11—中心电极

由于普通电子点火系统的点火能量提高，火花塞电极间隙比传统点火系统的火花塞电极间隙增大，一般为 0.8~1 mm，为了适应稀薄混合气燃烧室，有的甚至达到 1.0~1.2 mm，并且各种车型差异也较大，在检查、调整、维修时，应严格根据原车说明书进行。

（3）霍尔效应式点火信号发生器（霍尔传感器）

点火信号发生器用来判定活塞在气缸中所处的位置，并将活塞位置信号转变为脉冲电信号输送到点火控制器，从而保证火花塞在恰当的时刻点火。所以点火信号发生器实际就是一种感知发动机工作状况，发出点火信号的传感器。霍尔效应式点火信号发生器安装在分电器内，基本组成如图 2-92 所示，由霍尔触发器 3、永久磁铁 1 和分电器轴驱动的带缺口的转子 2 组成。

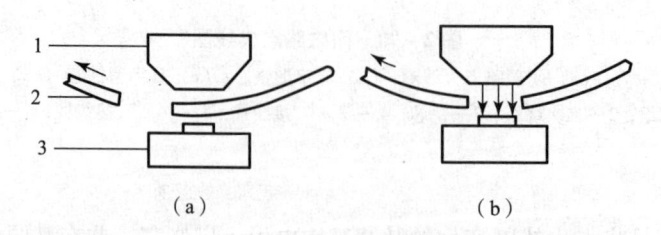

图 2-92 霍尔效应式点火信号发生器工作示意图
（a）转子叶片处于永久磁铁和霍尔触发器之间；（b）转子缺口处于永久磁铁和霍尔触发器之间
1—永久磁铁；2—带缺口的转子；3—霍尔触发器

霍尔触发器是一个带集成电路的半导体基片。当直流电压作用于触发器两端时，便有电流在其中通过，如果在垂直于电流的方向还有外加磁场的作用，则在垂直电流和磁场的方向上产生电压，该电压称为霍尔电压，这种现象称为霍尔效应。霍尔效应式点火信号发生器利用霍尔元件的霍尔效应工作，在发动机工作时产生点火信号。

霍尔发生器的工作原理如图2-92所示，当转子叶片进入永久磁铁与霍尔触发器之间时，永久磁铁的磁力线被转子叶片旁路，不能作用到霍尔触发器上，通过霍尔元件的磁感应强度近似为零，霍尔元件不产生电压；随着信号转子的转动，当转子的缺口部分进入永久磁铁与霍尔触发器之间时，磁力线穿过缺口作用于霍尔触发器上，通过霍尔元件的磁感应强度增高，在外加电压和磁场共同作用下，霍尔元件的输出端便有霍尔电压输出。发动机工作时，转子不断旋转，转子的缺口交替地在永久磁铁与霍尔触发器间通过，使霍尔触发器中产生变化的电压信号，并经内部的集成电路整形为规则的方波信号，输入点火控制电路，控制点火系统工作。

（4）高压线

为了减轻无线电干扰，电子点火系统采用的高压线为有一定电阻的高压阻尼线，阻值一般在几千欧至几十千欧不等，火花塞插头和分火头也都有一定的电阻，一般为几千欧。

（5）分电器

电子点火系统的分电器是由配电器、霍尔信号发生器（带转子和霍尔传感器）、真空和离心点火提前调节装置等组成的部件。图2-93为霍尔分电器的结构图。

1）配电器

配电器用来将点火线圈中产生的高压电，按发动机的工作次序轮流分配到各气缸的火花塞。它主要由胶木制成的分电器盖1、抗干扰屏蔽罩2和分火头3（图2-93）组成。

分电器盖上有一个深凹的中央高压线插孔15，以及数目与发动机气缸数相等的若干个深凹的分高压线插孔16，各高压线插孔内都嵌有铜套。分火头套装轴套顶端，但其侧面铣切出一个平面，分火头内孔形状与之符合，借此保证分火头与轴套同步旋转，并使分火头与分电器盖上的旁电极保持正确的相对位置。

从点火线圈高压线插孔中引出的高压导线，插入分电器盖的中央插孔中。中央插孔的下部装有用炭精制成的中心电极14，并借助弹簧力与分火头上的铜片压紧接触。各旁电极引出高压线，按分火头的旋转方向和发动机的工作次序，分别接其他各缸的火花塞。

2）点火提前调节装置

为了实现点火提前，必须在压缩行程接近终了、活塞到达上止点前便使磁力线被转子叶片旁路。从旁路时刻到活塞到达上止点这段时间越长，曲轴转过的角度越大，即点火提前角越大。因此，调节磁力线叶片旁路时刻，即改变分火头套筒与分电器轴之间的相对位置，便可以调节点火提前角。

①离心式点火提前调节装置。

离心式点火提前调节装置是发动机转速变化时，自动地改变轴套与分电器轴之间的相位关系，以改变点火提前角。其结构如图2-94所示。

托板7固定在分电器轴8上，重块4和10分别松套在托板的两个轴销6上，两个重块的小端与托板7之间借弹簧3、9相连。当托板随分电器轴旋转时，重块的离心力能使重块克服弹簧拉力而绕销轴转过一个角度，使重块的小端向外甩开一定距离，由于轴套1松套在分电器轴8上部。轴套的下端固定有带孔拨板2，其两个长方孔分别套在两个重块的销钉5上。重块向外甩开，由销钉5带动带孔的拨板（轴套）和分火头同向转动，从而改变点火提前角。

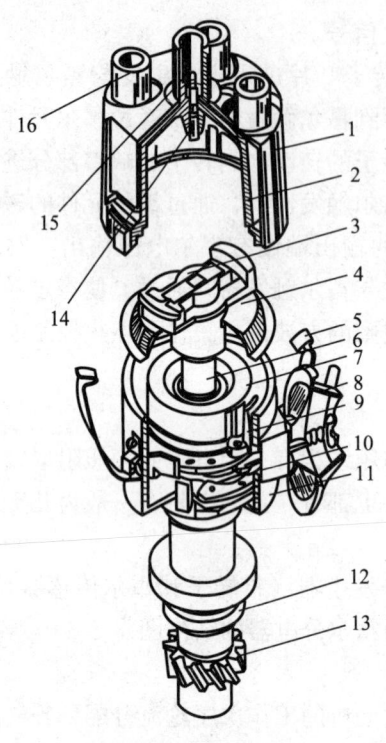

图 2-93　霍尔分电器

1—抗干扰屏蔽罩；2—分电器盖；3—分火头；4—防尘罩；5—分电器盖弹簧夹；6—分电器轴；7—带缺口的转子；8—真空点火提前调节装置；9—霍尔传感器及托架总成；10—离心点火提前调节装置；11—分电器外壳；12—密封圈；13—斜齿轮；14—中心电极；15—中央高压线插孔；16—分高压线插孔

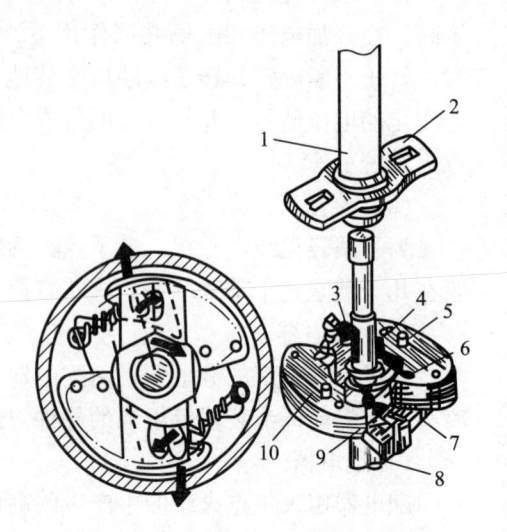

图 2-94　离心点火提前调节装置

1—轴套；2—带孔拨板；3,9—弹簧；4,10—重块；5—销钉；6—销轴；7—托板；8—分电器轴

② 真空点火提前调节装置。

真空点火提前调节装置是随着负荷的变化，自动调节点火提前角，它是利用改变转子（凸轮轴）与霍尔传感器的相对相位关系的方法进行调节的，发动机负荷增大时自动地减小点火提前角。

真空点火提前调节装置安装在分电器外壳 11 的侧面，其内腔被膜片 7 分割成左右两个气室，左气室通大气，右气室为真空室，借真空连接管 5 连接到节气门 6 旁的专用通气孔上。拉杆 8 一端固定在膜片 7 的中央，另一端有孔套在霍尔传感器托架销轴上。

发动机小负荷运行时，节气门开度小，节气门后方的真空度大，并从小孔经真空连接管作用于调节装置的真空室，使膜片右方真空度增大。在大气压力的作用下，膜片克服弹簧张力向右拱曲，并带动拉杆向右移动。与此同时，霍尔传感器支架连同触点，相对于轴套逆着旋转方向转过一个角度，使点火提前角加大，如图 2-95（a）所示。

发动机转速一定时，节气门后方的真空度只取决于节气门的开度。节气门开度越小（负荷越小），节气门后方的真空度越大，点火提前角也越大。

发动机全负荷工作时，节气门全开，上述通气孔处的真空度不大，真空提前调节装置不起作用。弹簧 4 张力的作用使膜片 7 向左拱曲，并通过拉杆顺着凸轮旋转方向转动霍尔传感器支架及触点，使点火提前角很小，如图 2-95（b）所示。

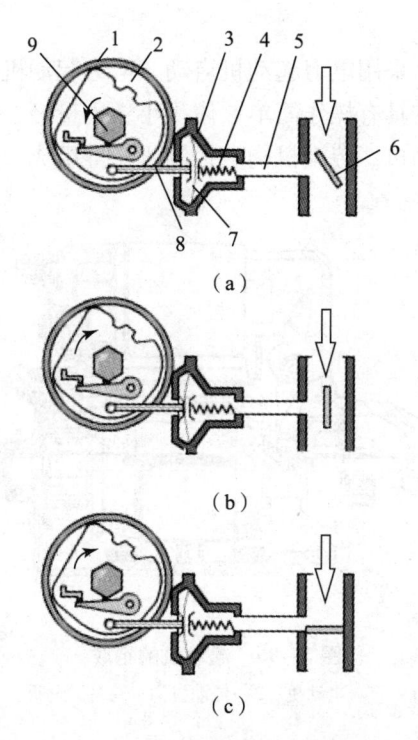

图 2-95　真空点火提前调节装置的工作原理
(a) 节气门部分开启；(b) 节气门全开；(c) 节气门全闭
1—分电器壳；2—霍尔传感器托架；3—真空点火提前调节装置外壳；4—弹簧；5—真空连接管；
6—节气门；7—膜片；8—拉杆；9—轴套

发动机怠速运转时，节气门接近关闭，发动机负荷几乎为零，此时通气孔位于节气门的前方，其真空度几乎为零，弹簧4的张力使膜片7拱曲到最左的位置，并通过拉杆顺着凸轮旋转方向，转动霍尔传感器支架及触点，使真空点火提前调节量最小或为零，如图 2-95 (c) 所示。

2.5.2　启动系

1. 启动系概述

（1）启动系作用

为了使静止的发动机进入工作状态，必须先用外力转动发动机曲轴，使活塞开始上下运动，气缸内吸入可燃混合气，并将其压缩、点燃，体积迅速膨胀产生强大的动力，推动活塞运动并带动曲轴旋转，发动机才能自动地进入工作循环。发动机的曲轴在外力作用下开始转动到发动机自动怠速运转的全过程，称为发动机的启动过程。

（2）启动条件

启动发动机时，必须有足够大的力矩克服气缸内被压缩气体的阻力和发动机本身及其附件内相对运动零件之间的摩擦阻力；此外还要有保证发动机顺利启动所必需的曲轴转速（最低转速）。

2. 起动机

目前大多数运输车辆都已采用电力起动机启动。电力起动机启动方式是由直流电动机通过传动机构将发动机启动，它具有操作简单、体积小、质量轻、安全可靠、启动迅速并可重复启动等优点。它由直流电动机、传动机构、控制机构等组成，如图2-96所示。

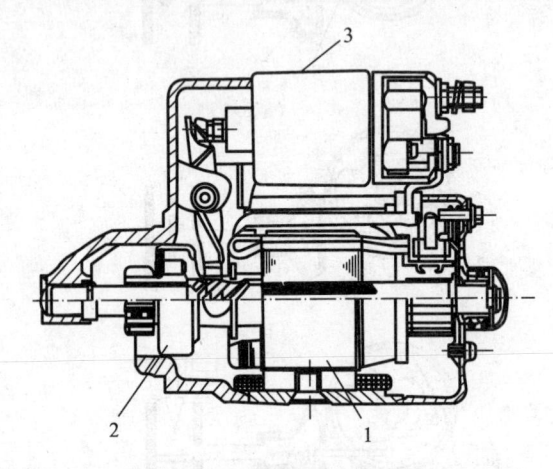

图2-96 起动机的组成
1—直流电动机；2—传动机构；3—控制机构

（1）直流电动机

电动机的作用是将蓄电池输入的电能转换为机械能，产生电磁转矩。直流电动机的结构如图2-97所示，它是由磁极、电枢7、换向器、机壳5、端盖1和8等组成。

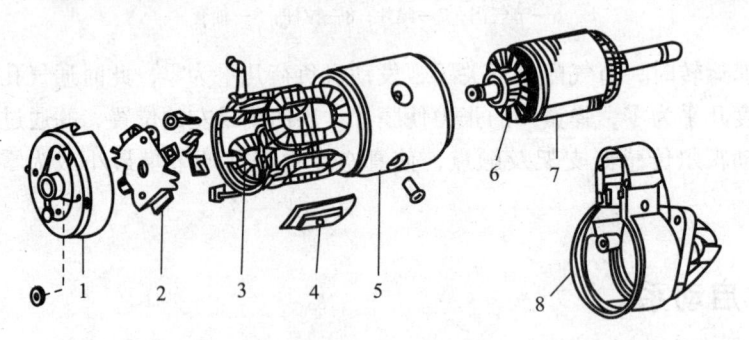

图2-97 直流电动机
1—前端盖；2—电刷和电刷架；3—励磁绕组；4—磁极铁芯；5—机壳；
6—整流子；7—电枢；8—后端盖

电枢是直流电动机的旋转部分，包括电枢轴、换向器、电枢铁芯、电枢绕组。为了获得足够的转矩，通过电枢绕组的电流一般为200~600 A，因此电枢绕组采用较粗的矩形裸铜线绕成绕组。电枢绕组各线圈的端头均焊接在换向器片上，通过换向器和电刷将蓄电池的电流引进来。换向片和云母片叠压成换向器，要避免电刷磨损的粉末落入换向片之间造成短路。

（2）操纵机构

操纵机构的作用是用来接通和断开电动机与蓄电池间的电路，同时还能接入和切断点火线圈的附加电阻。

现代启动系统通常是采用电磁操纵机构。起动机的工作原理如图2-98所示。发动机启动时，将点火开关钥匙旋至启动挡位，启动继电器通电后，蓄电池电流流经牵引线圈和滞留线圈，从而吸引铁芯。铁芯牵引拨杆，使小齿轮和飞轮的转矩齿轮啮合。这时流经牵引线圈的电流经电动机的磁场线圈流入电枢，电动机慢慢旋转起来，并使小齿轮和飞轮的转矩齿轮进行圆滑啮合。一旦两个齿轮啮合完毕，总开关便断开，电动机直接与蓄电池相连，产生强大的转矩驱动发动机。

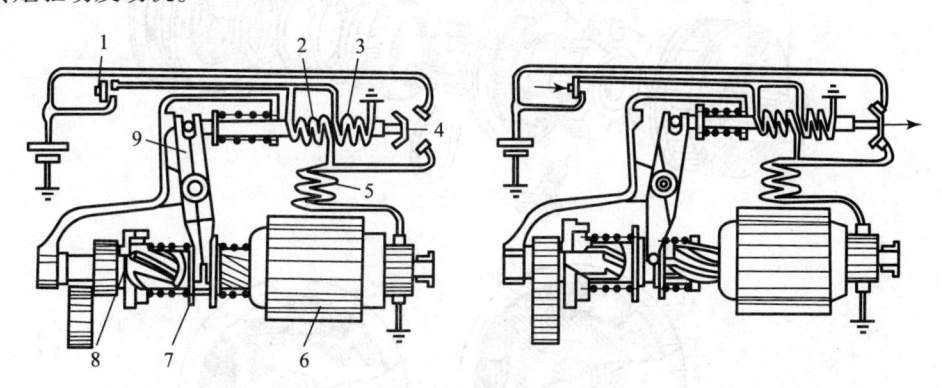

图2-98　电磁滑动小齿轮起动机工作过程
1—启动开关；2—牵引线圈；3—滞留线圈；4—总开关；5—励磁线圈（永久磁铁）；
6—电枢；7—滑阀；9—拨杆

发动机启动后，如果没有松开点火开关钥匙，启动开关仍然接通，则单向离合器工作，以防止从发动机逆向驱动电动机。如果松开点火开关钥匙，启动开关断开，停止向电磁线圈通电，则铁芯返回原位，制动装置工作，电动机停止工作，回到下次再启动前的状态。

（3）传动机构

起动机的传动机构是起动机的主要组成部件，它包括离合器和拨叉两部分。离合器的作用是将电动机的电磁转矩传递给发动机使之启动，同时又能在发动机启动后自动打滑，保护起动机不致损坏。传动机构中的离合器分为滚柱式离合器、摩擦片式离合器和弹簧式离合器。而拨叉的作用是使离合器做轴向移动，使驱动齿轮与飞轮齿圈进入或脱离啮合。

发动机启动时，按下按钮或启动开关，线圈通电产生电磁力将铁芯吸入，于是带动拨叉转动，由拨叉头推出离合器，使驱动齿轮与飞轮齿圈啮合。发动机启动后，只要松开按钮或开关，线圈即断电，电磁力消失，在回位弹簧的作用下，铁芯退出，拨叉返回，拨叉头将打滑工况下的离合器拨回，驱动齿轮脱离飞轮齿圈。

滚柱式离合器是目前国内外汽车起动机中使用最多的一种，这里主要介绍滚柱式离合机构。其构造如图2-99（a）所示，其中，驱动齿轮1与外座圈2连成一体，花键套筒6与内座圈3连成一体，并通过花键套装在起动机电枢的延长轴上，外座圈2内装有滚柱4、柱塞5和弹簧7。

启动时，电枢连同内座圈按照图2-99（b）所示的箭头方向旋转时，滚子借摩擦力及弹簧推力作用而楔紧在内外座圈之间的楔形槽窄端。起动机轴上的转矩便可通过楔紧的滚子传到外座圈。因此，固定在外座圈上的齿轮随电枢轴一同旋转，驱动飞轮齿圈而使曲轴旋转。

发动机开始工作时，曲轴转速升高以后，有飞轮齿圈带动起动机齿轮高速旋转的趋势。虽然齿轮旋转方向不变，但已由主动轮变成了从动轮，而且齿轮和外座圈转速大于内座圈的转速。于是滚子在摩擦力的作用下克服弹簧张力而向楔形槽中较宽的一端滚动,内外座圈脱离联系而可以自由地相对滑动,从而,高速旋转的小齿轮与电枢轴脱开,防止了起动机超速的危险,如图 2-99 (c) 所示。启动完毕,由于拨叉回位弹簧的作用,使离合器退回,驱动齿轮完全脱离飞轮齿圈。

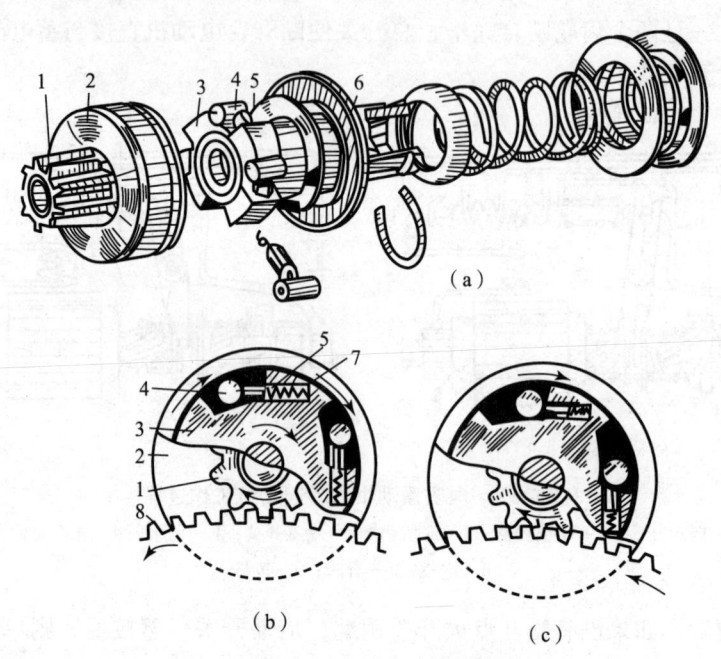

图 2-99 滚柱式单向离合器
(a) 零件分解图;(b) 启动时;(c) 启动后
1—驱动齿轮;2—外座圈;3—内座圈;4—滚柱;5—柱塞;6—花键套筒;7—弹簧;8—飞轮齿圈

(4) 汽、柴油机冷却启动辅助装置

汽车冬季使用时,为保证发动机在低温下能迅速启动,多数柴油机和少数汽油机上设有低温预热装置,以提高进入气缸的空气(或可燃混合气)的温度。

进气预热的类型有集中预热和分缸预热两种。集中预热装置用于汽油机和部分柴油机,分缸预热装置安装在各气缸内或进气歧管上。预热装置通常有电热塞、进气加热器和电火焰预热器等。

2.6　冷却系与润滑系

2.6.1　冷却系

1. 冷却系概述

(1) 冷却系的功用

发动机工作期间,最高燃烧温度可能高达 2 500 ℃,即使在急速或中等转速下,燃烧室的平均温度也在 1 000 ℃ 以上。因此，与高温燃气接触的发动机零件受到强烈的加热。在这种情况下，若不进行适当的冷却，发动机将会过热，工作过程恶化，零件强度降低，机油变质，零件磨损加剧，最终导致发动机动力性、经济性、可靠性及耐久性的全面下降。但是过度冷却或使发动机长时间在低温下工作，均会使散热损失及摩擦损失增加，零件磨损加剧，排放恶化，发动机工作粗暴，发动机功率下降及燃油消耗率增加。

冷却系统的功用是使发动机在所有工况下都保持在适当的温度范围内。冷却系统既要防止发动机过热，也要防止冬季发动机过冷。在发动机冷启动之后，冷却系统还要保证发动机迅速升温，尽快达到正常的工作温度。

（2）常见的冷却方式和基本组成

1) 冷却方式

发动机的冷却系统有风冷及水冷之分，以空气为冷却介质的冷却系统称风冷系统；以冷却液为冷却介质的为水冷系统。汽车发动机，尤其是轿车发动机大都采用水冷系统，只有少数汽车发动机采用风冷系统。

2) 基本组成

汽车发动机的水冷系统均为强制循环水冷系统，即利用水泵提高冷却液的压力，强制冷却液在发动机中循环流动。冷却液在冷却系统中的循环路径和基本组成如图 2 - 100 所示。

如图 2 - 100 所示，冷却液在水泵 5 中增压后，经分水管 10 进入发动机的机体水套 9。冷却液从水套壁周围流过并从水套壁吸热而升温，然后向上流入气缸盖水套 7，从气缸盖水套壁吸热之后经节温器 6 及散热器进水软管流入散热器 2，在散热器中冷却液向流过散热器周围的空气散热而降温，最后冷却液经散热器出水软管返回水泵，如此循环不止。

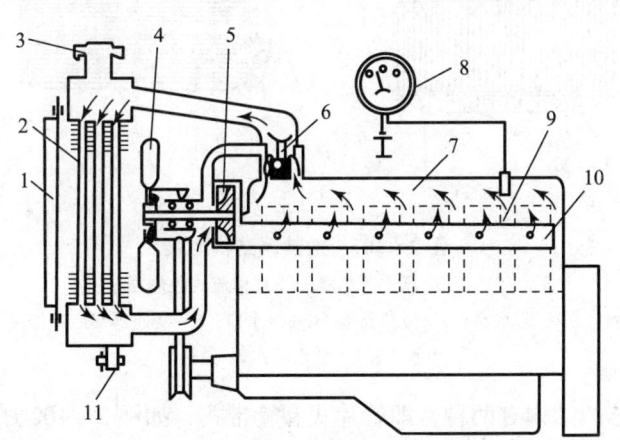

图 2 - 100　强制循环式水冷却系示意图

1—百叶窗；2—散热器；3—散热器盖；4—风扇；5—水泵；6—节温器；7—气缸盖水套；
8—水温表；9—机体水套；10—分水管；11—放水阀

（3）冷却液

冷却液是水与防冻剂的混合物。冷却液用水最好是软水，否则将在发动机水套中产生水垢，使传热受阻，易造成发动机过热。

纯净水在 0 ℃ 时结冰，如果发动机冷却系统中的水结冰，将使冷却水终止循环引起发动机过热。因此，在水中加入防冻剂制成冷却液以防止循环冷却水的冻结。最常用的防冻剂是乙二醇，冷却液中水与乙二醇的比例不同，其冰点也不同。50%的水与50%的乙二醇混合而成的冷却液，其冰点约为-35.5 ℃。此外，在水中加入防冻剂还同时提高了冷却液的沸点，且防冻剂中通常含有防锈剂和泡沫抑制剂。由于在使用过程中，防锈剂和泡沫抑制剂会逐渐消耗殆尽，所以冷却液要定期更换。

2. 水冷系主要部件构造

(1) 散热器

1) 散热器功用

散热器（俗称水箱）的功用是将冷却液从受热零件所吸收的热量传给空气，散到大气中去，以降低冷却液的温度，它是强制冷却循环系统中不可缺少的部件。

2) 散热器芯的形式

按照散热器中冷却液流动的方向可将散热器分为纵流式和横流式两种。

纵流式散热器芯竖直布置，上接进水室，下连出水室，冷却液由进水室自上而下地流过散热器芯进入出水室，如图2-101（a）所示。

横流式散热器芯横向布置，左右两端分别为进、出水室，冷却液自进水室经散热器芯到出水室横向流过散热器，如图2-101（b）所示。大多数新型轿车均采用横流式散热器，这可以使发动机罩的外廓较低，有利于改善车身前端的空气动力性。

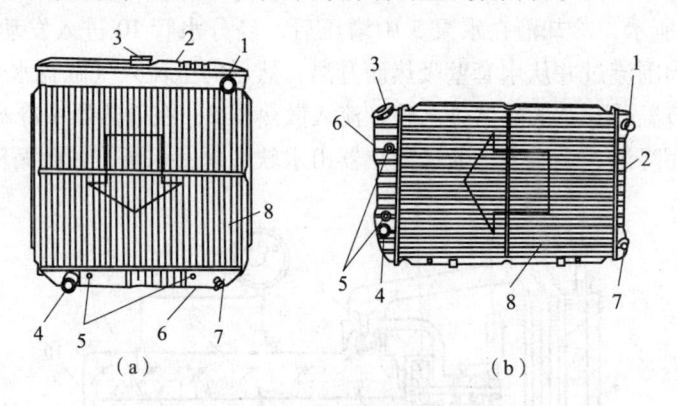

图2-101 散热器结构形式

(a) 纵流式散热器；(b) 横流式散热器

1—进水口；2—进水室；3—散热器盖；4—出水口；5—变速器油冷却器进、出口；
6—出水室；7—放水阀；8—散热器芯

常用的散热器芯的结构有两种，即管片式和管带式，如图2-102所示。

管片式散热器芯由散热管和散热片组成，散热管有扁管也有圆管，见图2-102（a）、图2-102（b），管片式散热器的优点是散热面积大、气流阻力小、结构刚度好及承压能力强等。

管带式散热器芯如图2-102（c），由散热管及波形散热带组成。散热管为扁管并与波形散热带相间地焊在一起，为增强散热能力，在波形散热带上加工有鳍片。

传统的散热器芯由黄铜制造，但近年来更多的是用铝制造，而且有些散热器的进、出水室由复合塑料制造，使散热器质量大为减轻。

3) 散热器盖

散热器盖的作用是密封水冷系并调节系统的工作压力。当把散热器盖盖在散热器加冷却

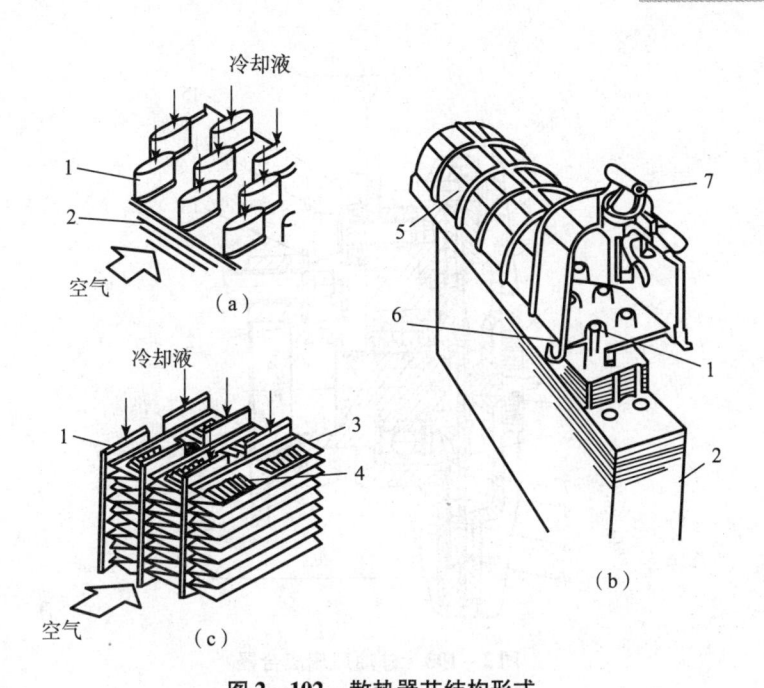

图 2-102 散热器芯结构形式

(a) 管片式（扁管）；(b) 管片式（圆管）；(c) 管带式
1—散热管；2—散热片；3—散热带；4—鳍片；5—环氧树脂密封；6—塑料进水室；7—放气阀

液口上并锁紧时，散热器盖的上密封衬垫在压力阀弹簧的作用下与加冷却液口的上密封面贴紧，散热器盖的下密封衬垫与加冷却液的下密封面贴紧，这时水冷系被封闭，这种冷却系称为闭式水冷系。

当发动机工作时，冷却液的温度逐渐升高。由于冷却液容积膨胀使冷却系统内的压力增高，当压力超过预定值时，压力阀开启，一部分冷却液经溢流管流入补偿水桶，以防止冷却液胀裂散热器。当发动机停机后，冷却液的温度下降，冷却系内的压力也随之降低。当压力降到大气压力以下出现真空时，真空阀开启，补偿水桶内的冷却液部分地流回散热器，可以避免散热器被大气压力压坏。

（2）冷却风扇

1）风扇的功用

风扇的功用是当风扇旋转时吸进空气使其通过散热器，以增强散热器的散热能力，加快冷却液的冷却速度。汽车发动机水冷系多采用低压头、大风量、高效率的轴流式风扇，即风扇旋转时，空气沿着风扇旋转轴的轴线方向流动。翼形风扇效率高、消耗功率低，在轿车上和轻型汽车上得到了广泛应用。

2）硅油风扇离合器

汽车在行驶过程中，由于环境条件和运行工况的变化，发动机的热状况也在改变。因此，必须随时调节发动机的冷却强度。因此，根据发动机的热状况随时对其冷却强度加以调节就显得十分必要。在风扇带轮与冷却风扇之间安装硅油风扇离合器是实现这种调节的方法之一。硅油风扇离合器的结构如图 2-103 所示。

硅油风扇离合器的工作原理是：当发动机温度低时，流过散热器的空气温度也较低，从动板 8 上的进油孔 A 被阀片 6 封闭。这时储油腔内的硅油不能进入工作腔，因此工作腔内没

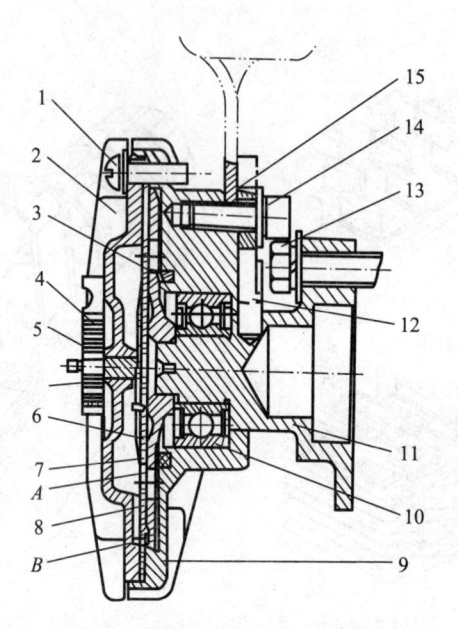

图 2-103 硅油风扇离合器

1—螺钉；2—前盖；3—毛毡密封圈；4—双金属感温器；5—阀片传动销；6—阀片；7—主动板；
8—从动板；9—壳体；10—轴承；11—主动轴；12—锁止板；13—螺栓；14—内六角螺钉；15—风扇
A—进油孔；B—回油孔；C—泄油孔

有硅油。主动板 7 的旋转运动不能传给从动板，风扇离合器处于分离状态。这时风扇不转或在密封圈 3 及轴承 10 的摩擦力作用下转得很慢。当流过散热器的空气温度超过 65 ℃时，热空气吹在感温器 4 上使螺旋形双金属片发生变形，并带动阀片传动销 5 使阀片 6 转过一定的角度，从动板上的进油孔被打开，硅油从储油腔通过进油孔进入工作腔，并流进从动板与主动板以及主动板与壳体之间的间隙内。由于硅油黏度很大，因此主动板可以通过硅油带动从动板及壳体一起高速旋转，这时离合器处于接合状态。进入工作腔的硅油在离心力的作用下被甩向外缘，经回油孔 B 流回储油腔，再经进油孔流回工作腔，如此循环不止。当吹过散热器的空气温度降低到 35 ℃以下时，感温器操纵阀片将进油孔封闭。这时硅油不再流入工作腔，先前流入工作腔的硅油在离心力作用下返回储油腔，直到甩空为止，离合器又处于分离状态。

3）电动风扇

很多轿车发动机的水冷系采用电动风扇，尤其发动机横置前轮驱动的汽车更是如此。电动风扇由风扇电动机驱动并由蓄电池供电，所以风扇转速与发动机转速无关。

当冷却液流出散热器的温度为 92 ℃~97 ℃时，热敏开关接通风扇电动机的 1 挡，风扇转速为 2 300 r/min。当冷却液温度升高到 99 ℃~105 ℃时，热敏开关接通风扇电动机的 2 挡，这时风扇转速为 2 800 r/min。若冷却液温度降到 92 ℃~98 ℃时，风扇电动机恢复 1 挡转速。当冷却液温度降到 84 ℃~91 ℃时，热敏开关切断电源，风扇停转。

在有些电控系统中，电动风扇由电脑控制。冷却液温度传感器向电脑传输与冷却液温度相关的信号，当冷却液温度达到规定值时，电脑使风扇继电器搭铁，继电器触点闭合并向风扇电动机供电，风扇进入工作。

(3) 节温器

1) 节温器的功用

节温器安装在水泵的进水口或气缸盖的出水口。节温器是控制冷却液流动路径的阀门,根据发动机冷却液温度的高低,自动改变冷却液的循环路线及流量,以使发动机始终在最合适的温度下工作。

2) 节温器结构及工作原理

蜡式节温器有单阀型及双阀型之分。单阀蜡式节温器的结构如图2-104所示,推杆1的一端紧固在带状上支架2上,而另一端则插入感温体5内的胶管6中,感温体支撑在带状下支架3及节温器阀8间,感温体外壳与胶管中间充满精制石蜡。

当冷却液温度低于规定值时,节温器感温体内的石蜡呈固态,节温器阀在弹簧的作用下关闭发动机与散热器间的通道,冷却液经水泵返回发动机,进行小循环,如图2-105(a)所示。当冷却液温度达到规定值后,石蜡开始熔化逐渐变成液体,体积随之增大并压迫橡胶管使其收缩。在橡胶管收缩的同时对推杆作用以向上的推力,由于推杆上端固定,因此,推杆对橡胶管和感温体产生向下的反推力使阀门开启,这时冷却液经由散热器和节温器阀,再经水泵流回发动机,进行大循环图2-105(b)所示。

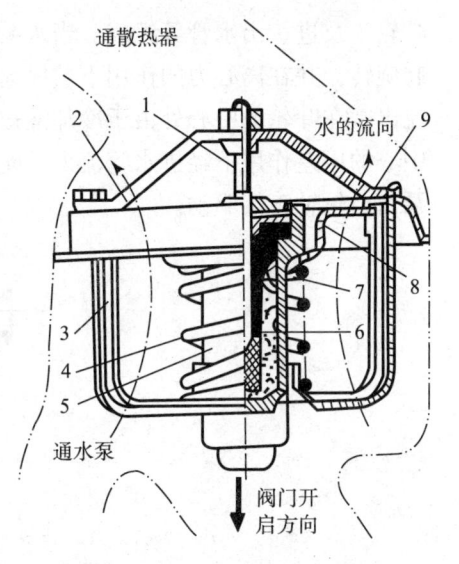

图2-104 单阀蜡式节温器

1—推杆;2—上支架;3—下支架;4—弹簧;5—感温体;6—胶管;7—石蜡;8—节温器阀;9—阀座

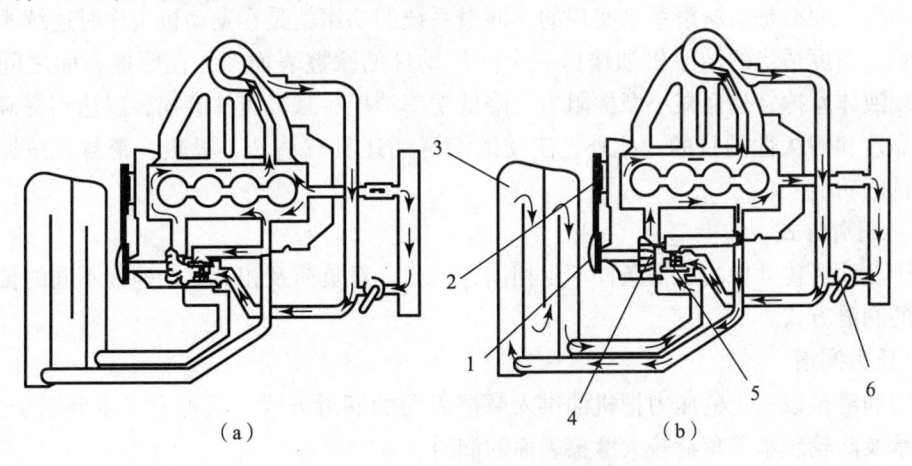

图2-105 冷却液的大、小循环

(a) 小循环工作状态;(b) 大循环工作状态

1—水泵齿形带轮;2—曲轴齿形带轮;3—散热器;4—水泵;5—节温器;6—控制阀

(4) 水泵

1) 水泵的功用

水泵的功用是对冷却液加压,保证其在冷却系统中循环流动。

2) 水泵的基本结构及工作原理

汽车发动机广泛采用离心式水泵(图2-106)。其基本结构由水泵壳体1、水泵轴2、

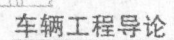

叶轮 3 及进、出水管等组成。当水泵叶轮按图示方向旋转时，水泵中的冷却液被叶轮带动一起旋转，并在离心力的作用下被甩向水泵壳体的边缘，同时产生一定的压力，然后从出水管流出。在叶轮的中心处由于冷却液被甩出而压力下降，散热器中的冷却液在水泵进口与叶轮中心的压差作用下经进水管流入叶轮中心。水泵一般由曲轴通过 V 带驱动，有些发动机的水泵由凸轮轴直接驱动。

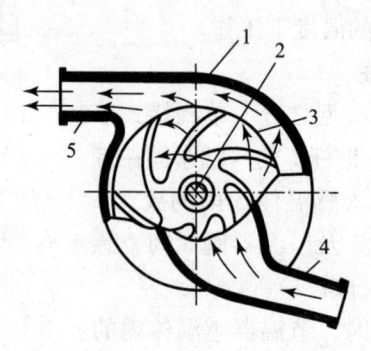

图 2-106 离心式水泵工作原理
1—水泵壳体；2—水泵轴；3—叶轮；4—进水管；5—出水管

2.6.2 润滑系

1. 润滑系概述

（1）润滑系的功用

发动机的润滑是由润滑系来实现的。润滑系统的功用就是在发动机工作时连续不断地把数量足够、温度适当的洁净机油输送到全部传动件的摩擦表面，并在摩擦表面之间形成油膜，实现液体摩擦，从而减小摩擦阻力、降低功率消耗、减轻机件磨损，以达到提高发动机工作可靠性和耐久性的目的。此外，流动的润滑油还具有清洁、吸热、密封、减振、降噪声、防锈的功能。

（2）润滑方式

由于发动机传动件的工作条件不尽相同，因此，对负荷及相对运动速度不同的传动件采用不同的润滑方式。

1）压力润滑

压力润滑是以一定的压力把机油供入摩擦表面的润滑方式。这种方式主要用于主轴承、连杆轴承及凸轮轴承等负荷较大摩擦表面的润滑。

2）飞溅润滑

利用发动机工作时运动件溅泼起来的油滴或油雾润滑摩擦表面的润滑方式，称飞溅润滑。该方式主要用来润滑负荷较轻的气缸壁面和配气机构的凸轮、挺柱、气门杆以及摇臂等零件的工作表面。

3）润滑脂润滑

通过润滑脂嘴定期加注润滑脂来润滑零件的工作表面，如水泵及发电机轴承等。

（3）润滑系的组成及油路

润滑系统由机油泵、机油滤清器、机油冷却器、集滤器等组成。此外，润滑系统还包括机油压力表、温度表和机油管道等。

现代汽车发动机的润滑系油路大致相同。图 2-107 所示为 6135 柴油机润滑油路简图，该润滑系统中细滤器与粗滤器是并联的，机油泵压出的机油绝大部分经粗滤器进入主油道，少量的机油经细滤器流回油底壳。整个曲轴是空心的，其空腔形成润滑油道，机油经此油道分别润滑各个连接轴承。曲轴主轴承是滚动轴承，用飞溅方式润滑，用以润滑气门传动机构的机油，沿着第二个凸轮轴轴承引出的油道，一直通到气缸盖上气门摇臂轴的中心油道，再由此流向各个摇臂的工作面，然后顺推杆表面上流到杯形的挺杆 16 内。由挺杆 16 下部两个油孔流出的机油及飞溅的机油润滑凸轮工作面。

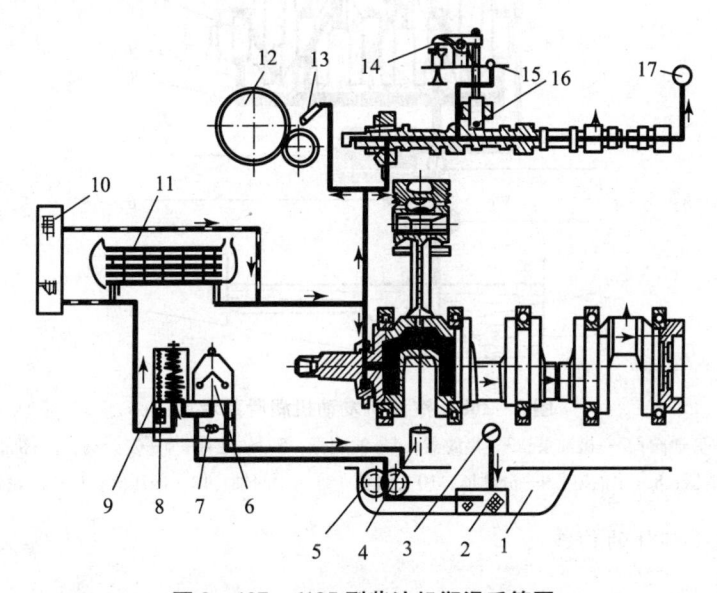

图 2-107 6135 型柴油机润滑系简图
1—油底壳；2—吸油盘滤网；3—油温表；4—加油口；5—机油泵；6—离心式机油滤清器；7—调压阀；
8—旁通阀；9—刮片式机油粗滤器；10—风冷式机油散热器；11—水冷式机油散热器；12—齿轮系；
13—齿轮润滑的喷嘴；14—摇臂；15—气缸盖；16—挺杆；17—机油压力表

连杆大头轴承流出的机油借离心力的作用飞溅至气缸壁上以润滑活塞和气缸套。由活塞油环刮下的机油溅入连杆小头上的两个油孔内以润滑活塞销和连杆小头轴承。

在标定转速下（1 800 r/min），该润滑系压力应保持在 0.3~0.4 MPa。

若机油粗滤器被杂质严重堵塞，将使整个油路不能畅通。因此在机油泵与主油道之间，与粗滤器并联设置一个旁通阀。当粗滤器进油和出油道中的压力差达 0.15~0.18 MPa 时，旁通阀即被推开，使机油不经过粗滤器滤清而直接流入主油道，以保证对内燃机各部分的正常润滑。

如果润滑系中油压过高（如在冷启动时，机油黏度大，就可能出现油压过高现象），将增加发动机功率损失，为此在机油泵端盖内设置柱塞式限压阀。当机油泵出油压力超过 0.6 MPa 时，作用在阀上的机油总压力将超过限压阀弹簧的预紧力，顶开柱塞阀使一部分机油流回机油泵的进油口，在机油泵内进行小循环。弹簧预紧力可用增减垫片数目的办法来调节。

图 2-108 为桑塔纳车 JV 型 1.8 L 发动机润滑系示意图。在此系统中，曲轴的主轴颈、

曲柄销、凸轮轴颈及中间轴（分电器和机油泵的传动轴）颈均采用压力润滑，其余部分则用飞溅润滑或润滑脂润滑。

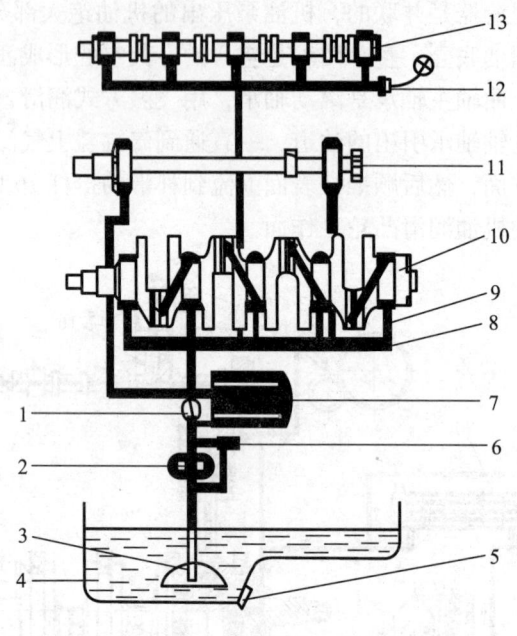

图 2-108　汽油机发动机润滑系示意

1—旁通阀；2—机油泵；3—集滤器；4—油底壳；5—放油塞；6—安全阀；7—机油滤清器；8—主油道；9—分油道；10—曲轴；11—中间轴；12—限压阀；13—凸轮轴

2. 润滑系主要部件的构造

（1）机油泵

机油泵的功用是保证机油在润滑系统内循环流动，并在发动机任何转速下都能以足够高的压力向润滑部位输送足够数量的机油。

机油泵结构形式可分为齿轮式和转子式两类。

1）齿轮式机油泵

齿轮式机油泵的工作原理如图 2-109 所示。

在机油泵体 6 内装有一对外啮合齿轮 2 和 5，齿轮的端面由机油泵盖封闭。泵体、泵盖和齿轮的各个齿槽组成工作腔。当齿轮按图示方向旋转时，进油腔 1 的容积由于轮齿逐渐脱离啮合而增大，腔内产生一定的真空，机油从油底壳经进油口被吸入进油腔，随后又被轮齿带到出油腔。出油腔 3 的容积由于轮齿逐渐进入啮合而减小，使机油压力升高，机油经出油口被压入发动机体上的机油道。在发动机工作时，机油泵齿轮不停地旋转，机油便连续不断地流入机油道，经过滤清之后被送到各润滑部位。

当轮齿进入啮合时，封闭在轮齿径向间隙内的机油，压力急剧升高，使齿轮受到很大的推力，并使机油泵轴衬套的磨损加剧。如能将径向间隙内的机油及时引出，油压自然降低。为

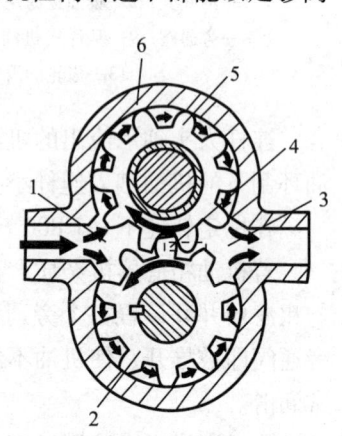

图 2-109　齿轮式机油泵工作原理示意图

1—进油腔；2—机油泵主动齿轮；3—出油腔；4—泄压槽；5—机油泵从动齿轮；6—机油泵体

此，特在泵盖上加工一道卸压槽4，使轮齿径向间隙内被挤压的机油通过卸压槽流入出油腔。

齿轮式机油泵的典型结构如图2-110所示。齿轮式机油泵由曲轴或凸轮轴经中间传动机构驱动。进油口A经进油管与集滤器相连，出油口B经与机体上的油道及机油滤清器相通，管接头10经油管与机油滤清器连接。

在机油泵体4上装有主动齿轮轴1，主动齿轮轴上端通过连轴套2与机油泵传动轴连接，下端则用半圆键6与主动齿轮5装配在一起，从动齿轮16安装在从动齿轮轴15上，从动齿轮轴压入泵体内。

齿轮式机油泵的优点是效率高，功率损失小，工作可靠；缺点是需要中间传动机构，制造成本相应较高。国产桑塔纳、捷达和奥迪等轿车都采用齿轮泵。

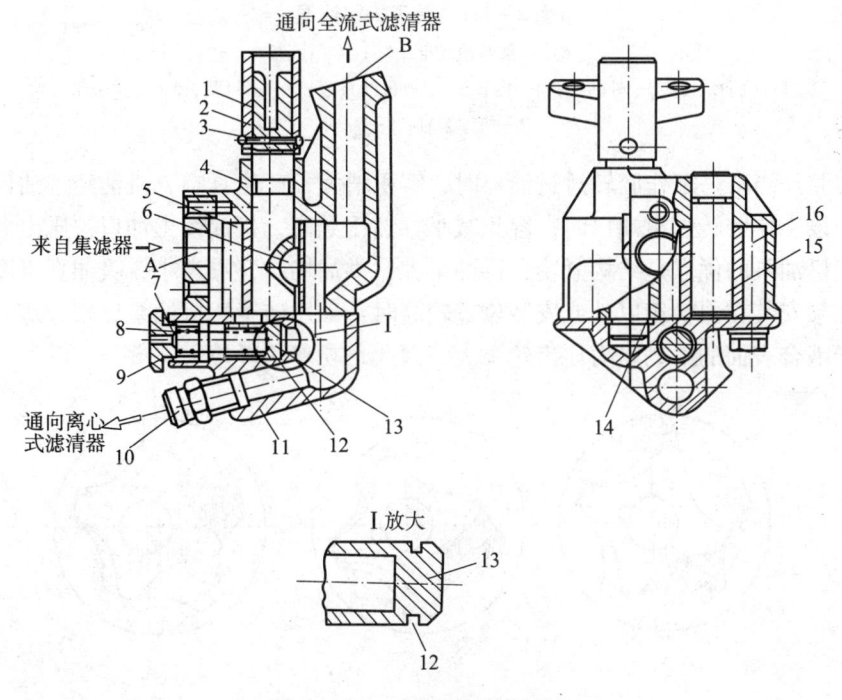

图2-110 齿轮式机油泵结构

1—主动齿轮轴；2—连轴套；3—铆钉；4—机油泵体；5—主动齿轮；6—半圆键；7—垫片；8—限压阀弹簧；9—螺塞；10—管接头；11—机油泵盖；12—集垢槽；13—柱塞式限压阀；14—挡圈；15—从动齿轮轴；16—从动齿轮
A—进油口；B—出油口

2）转子式机油泵

转子式机油泵主要由内、外转子，机油泵体及机油泵盖等零件组成（图2-111）。内转子固定在机油泵传动轴上，外转子自由地安装在泵体内，并与内转子啮合转动。内、外转子之间有一定的偏心距。一般转子式机油泵的内转子有四个或四个以上的凸齿，外转子的凹齿数比内转子的凸齿数多一个。转子的外廓形状曲线为次摆线。

转子式机油泵的工作原理如图2-112所示。当机油泵工作时，主动轴带动内转子旋转，内转子则带动外转子朝同一方向转动。由于内、外转子工作面的轮廓是一对共轭曲线，因此可以保证两个转子相互啮合时既不干涉也不脱离。内、外转子间的接触点将外转子的内腔分

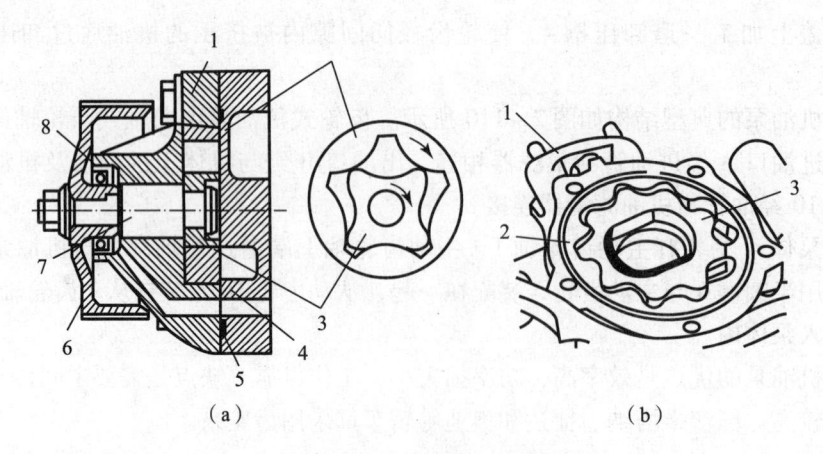

图 2-111 转子式机油泵
(a) 克莱斯勒汽车；(b) 本田汽车
1—机油泵体；2—外转子；3—内转子；4—机油泵盖；5—密封圈；6—传动带轮；
7—机油泵轴；8—油封

成四个工作腔。当某一工作腔转过进油口时，容积增大，产生真空，机油经进油口被吸入工作腔内。当该工作腔转过出油口时，容积减小，油压升高，机油经出油口被压出。

转子式机油泵的优点是结构紧凑，供油量大，供油均匀，噪声小，吸油真空度较高。因此，当机油泵安装在曲轴箱以外或安装位置较高时，采用转子式机油泵比较合适。其缺点是内、外转子啮合表面的滑动阻力比齿轮泵大，因此，功率消耗较大。

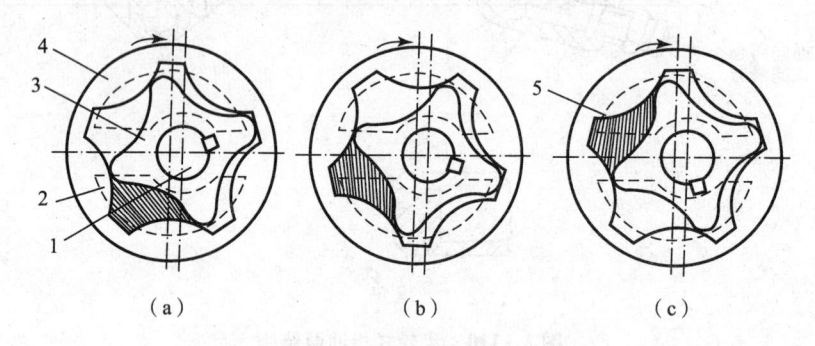

图 2-112 转子式机油泵工作原理
(a) 进油；(b) 压油；(c) 出油
1—机油泵；2—进油口；3—内转子；4—外转子；5—出油口

3）安全阀

机油泵必须在发动机各种转速下都能供给足够数量的机油，以维持足够的机油压力，保证发动机的润滑。机油泵的供油量与其转速有关，而机油泵的转速又与发动机转速成正比。因此，在设计机油泵时，都是使其在低速时有足够大的供油量。但是，在高速时机油泵的供油量明显偏大，机油压力也显著偏高，另外，在发动机冷启动时，机油黏度大，流动性差，机油压力也会大幅度升高。为了防止油压过高，在润滑油路中设置安全阀或限压阀，一般安全阀装在机油泵或机体的主油道上。

(2) 机油滤清器

机油滤清器的功用是滤除机油中的金属磨屑、机械杂质和机油氧化物。如果这些杂质随同机油进入润滑系统，将加剧发动机零件的磨损，还可能堵塞油管或油道。

机油滤清的方式有两种：全流式和分流式。

1）全流式机油滤清器

全流式机油滤清器串联于机油泵和主油道之间，因此全部机油都经过它滤清。现代汽车发动机所采用的全流式滤清器多为过滤式，其构造如图 2-113 所示。纸滤芯 6 装在滤清器外壳 5 内，滤清器出油口 1 是螺纹孔，借此螺纹孔把滤清器拧在机体上的螺纹接头上，螺纹接头与机体主油道在机体安装平面与滤清器之间用密封圈 4 密封。机油流过滤芯时杂质被截留在滤芯上。

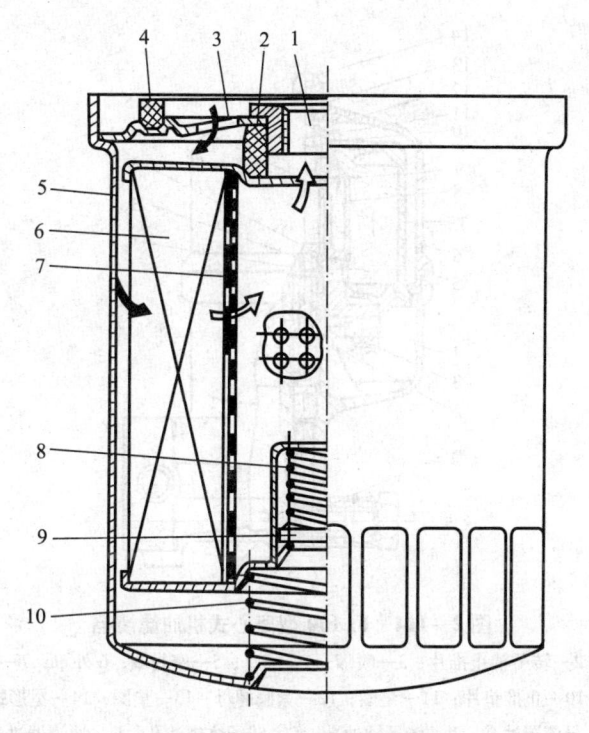

图 2-113 全流式机油滤清器

1—出油口；2，4—密封圈；3—进油口；5—滤清器外壳；6—纸滤芯；7—滤芯衬网；
8—旁通阀弹簧；9—旁通阀片；10—弹簧

如果滤清器使用时间达到了更换周期，就把整个滤清器拆下换上新滤清器。如果滤清器在使用期内滤芯被杂质严重堵塞，机油不能通过滤芯，则滤清器进油口油压升高，当油压达到规定值时，滤清器中的旁通阀片 9 开启，机油不通过滤芯经旁通阀直接进入机体主油道。虽然这些机油未经滤清便输送到各润滑表面，但是这总比发动机断油不能润滑要好得多。

有些发动机的机油滤清器除设置旁通阀之外还加装止回阀。当发动机停机后，止回阀将滤清器的进油口关闭，防止机油从滤清器流回油底壳。在这种情况下，当重新启动发动机时，润滑系能迅速建立起油压，从而可以减轻由于启动时供油不足而引起的零件磨损。

纸滤芯由经过酚醛树脂处理的微孔滤纸制造，这种滤纸具有较高的强度，较好的抗腐蚀性和抗湿性。纸滤芯具有质量轻、体积小、结构简单、滤清效果好、阻力小和成本低等优点，因而得到了广泛的应用。

2）分流式机油滤清器

分流式机油滤清器有过滤式和离心式两种类型。过滤式存在着滤清能力与通过能力的矛盾，而离心式则有滤清能力高，通过能力大，且不受沉淀物影响等优点。因此，车用发动机多以离心式机油滤清器作为分流式机油滤清器。

解放 CA6102 型发动机所采用的 FL100 型离心式机油滤清器的构造如图 2-114 所示。在底座 4 上装有低压限压阀 1 和转子轴 9，后者用转子轴止推片 2 锁止。转子体 15 套在转子轴上，在其上下镶嵌两个衬套，以限定转子体的径向位置。转子体可以绕转子轴自由转动，其下端装有两个径向对称水平安装的喷嘴 3。转子体外罩导流罩 8。紧固螺母 12 将转子罩 7 与转子体紧固在一起，形成一个空腔。用冕形螺母 14 将外罩 6 紧固在底座上。

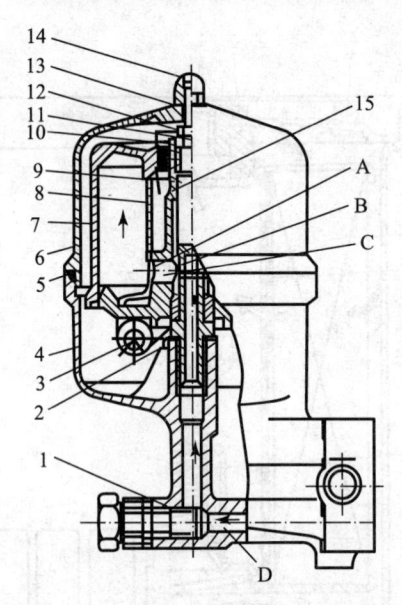

图 2-114 FL100 型离心式机油滤清器

1—进油限压阀；2—转子轴止推片；3—喷嘴；4—底座；5—密封圈；6—外罩；7—转子罩；8—导流罩；9—转子轴；10—止推垫片；11—垫圈；12—紧固螺母；13—垫圈；14—冕形螺母；15—转子体
A—导流罩油孔；B—转子轴油孔；C—转子体进油孔；D—滤清器进油孔

发动机工作时，从机油泵来的机油进入进油孔 D，若油压低于 0.147 MPa，进油限压阀 1 不开启，机油全部进入主油道，保证发动机可靠润滑；若油压超过 0.147 MPa，进油限压阀开启，机油沿转子轴 9 的中心油孔，经转子轴油孔 B、转子体进油孔 C 和导油罩油孔 A 流入转子罩 7 的内腔，再经导流罩 8 的引导从两个喷嘴 3 向着完全相反的方向喷出，转子体在喷射反作用力的推动下高速旋转。当油压为 0.3 MPa 时，转子体的转速可高达 5 000~6 000 r/min。机油中的杂质在离心力的作用下被甩向转子罩的内壁，洁净的机油不断从喷嘴喷出，并经出油口流回油底壳。

思考题

1. 车用发动机有哪些类型？简述四冲程汽油机和柴油机的异同。
2. 曲柄连杆机构的功用如何？由哪些主要零件组成？
3. 为什么要把活塞的横断面制成椭圆形？而将其纵断面制成上小下大的锥形或桶形？
4. 进、排气门为什么要早开晚关？

5. 试述霍尔效应式曲轴位置传感器的结构及其工作原理。
6. 试比较单点和多点喷射系统的优缺点。
7. 电控柴油喷射系统有几种基本类型？
8. 简述进排气系统的作用及排气净化装置的分类。
9. 冷却系的功用是什么？
10. 润滑系统一般由哪些零部件组成？
11. 何谓增压？增压有几种基本类型？各有何优缺点？
12. 点火系统的基本功用和基本要求有哪些？无触点式电子点火系统由哪些部分组成？
13. 为什么必须在起动机中安装离合机构？常用的起动机离合机构有哪几种？

第 3 章　汽车底盘与车身

3.1　汽车传动系

3.1.1　汽车传动系概述

传动系的基本功用是将发动机输出的转矩通过传动系传递给驱动车轮，使汽车行驶。

1. 汽车传动系功能

传动系的首要任务是与发动机协同工作，以保证汽车在不同使用条件下正常行驶，并具有良好的动力性和燃油经济性。为此，任何形式的传动系都必须具有以下的功能：

（1）减速增扭

汽车的起步与驱动，要求作用在驱动轮上的驱动力足以克服各种外界阻力。汽车发动机发出的转矩若直接传给车轮，所得到的驱动力很小，不足以驱动汽车运动；另外，发动机每分钟上千转的转速如果直接传到驱动轮上，汽车将达到几百公里的时速，这样高的车速既不实用，也不可能。因此，要求传动系应具有降速增扭的作用，此功能是由主减速器实现的。

（2）实现汽车倒驶

汽车进入停车场或车库，在窄路上调头时需要倒向行驶。然而，发动机是不能反向旋转的，这就要求与发动机共同工作的传动系必须能使驱动轮反向旋转。一般是在变速器内加设倒挡。

（3）必要时中断传动

发动机只能在无负荷启动，且启动后的转速必须保持在最低稳定转速上，否则可能熄火。所以，起步前，必须将发动机与驱动轮之间的传动路线切断，以便启动发动机。发动机进入正常怠速运转后，再逐渐地恢复传动系的传动能力，亦即从零开始逐渐对发动机曲轴加载，同时加大节气门开度，以保证发动机不致熄灭，且汽车能平稳起步。此外，在行进中换挡以及对汽车进行制动之前，也都有必要暂时中断动力传递。为此，在发动机与变速器之间，可装设一个依靠摩擦来传动，且其主动和从动部分可在驾驶员操纵下彻底分离，随后再柔和接合的机构（离合器）。另外，变速器应设有空挡，所有各挡齿轮都能自动保持在脱离传动位置的挡位，满足汽车在发动机长时间停驻、发动机不停止运转情况、暂时停驻和依靠自身惯性长距离滑行的要求。

（4）差速作用

汽车转弯行驶时，左右车轮在同一时间内滚过的距离不同，如果两侧驱动轮仅用一根刚性轴驱动，则二者角速度必然相同，因而在汽车转弯时必然产生车轮相对于地面滑动的现象，这将使转向困难，汽车的动力消耗增加，传动系内某些零件和轮胎加速磨损。为避免这些情况出现，在驱动桥内装有差速器，使左右两驱动轮可以以不同的角速度旋转。动力由主减速器先传到差速器，再由差速器分配给左右两半轴，最后传到两侧的驱动轮。

（5）变速

汽车的实际装载质量、道路坡度、路面状况、交通情况等条件所允许的车速和牵引力应都在很大范围内不断变化。由本书第2章可知，就活塞式内燃机而言有利转速范围是很窄的。为了使发动机能保持在有利转速范围内工作，而汽车牵引力和速度又在足够大的范围内变化，应当使传动系传动比在最大值（足以克服最大行驶阻力）和最小值（保证良好平直路面克服空气阻力和滚动阻力）之间变化。即传动系应起变速作用，此功能是由变速器实现的。

2. 不同形式的传动系基本组成

（1）发动机前置后轮驱动（FR）传动系

由图3-1所示为这种类型传动系基本组成，主要应用于轻、中型载货汽车上，但是部分轿车和客车上也有采用的。

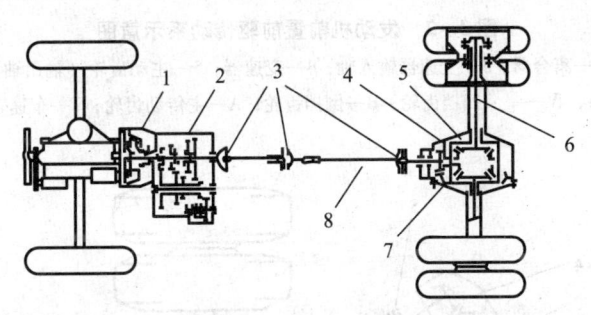

图3-1 发动机前置后驱传动系示意图
1—离合器；2—变速器；3—万向节；4—驱动桥；5—差速器；6—半轴；7—主减速器；8—传动轴

（2）发动机前置前轮驱动（FF）传动系

FF方案是将发动机、变速器、主减速器等都装在汽车的前面，前轮为驱动轮的方案，如图3-2所示为它的基本组成。发动机、离合器与主减速器、差速器装配成十分紧凑的整体，固定在车架或车身底架上，这样在变速器和驱动桥之间就省去了万向节和传动轴。这种发动机和传动系的布置方案目前已在微型和中级轿车上广泛应用，在中、高级轿车上应用的也日渐增多。货车没有采用这种方案是因为上坡时作为驱动轮的前轮附着力太小，不能获得足够的牵引力。

（3）发动机后置后轮驱动（RR）传动系

RR方案是将发动机装于车身的后部，后轮驱动，如图3-3所示。该布置多用于大型客车上。大型客车采用这种布置方案更容易做到汽车总质量在前后车轴之间的合理分配。但是，在此情况下，发动机冷却条件较差，发动机和变速器、离合器的操纵机构都较复杂。

（4）四轮驱动传动系

四轮驱动形式又称4WD，起源于很早以前的军用车。因为军用车经常行驶在坏路或无路地带，要求越野能力强，因此为了充分利用所有车轮与地面之间的附着条件，以获得尽可

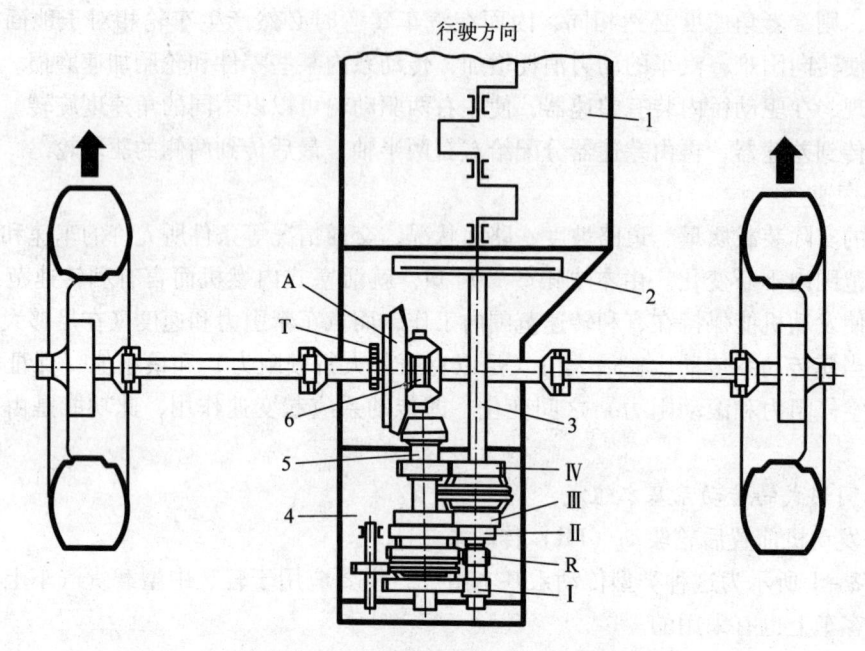

图3-2 发动机前置前驱传动系示意图

1—发动机；2—离合器；3—变速器输入轴；4—变速器；5—主动齿轮（输出轴）；6—差速器
Ⅰ，Ⅱ，Ⅲ，Ⅳ——一~四挡齿轮；R—倒挡齿轮；A—主传动齿轮；T—车速表传动齿轮

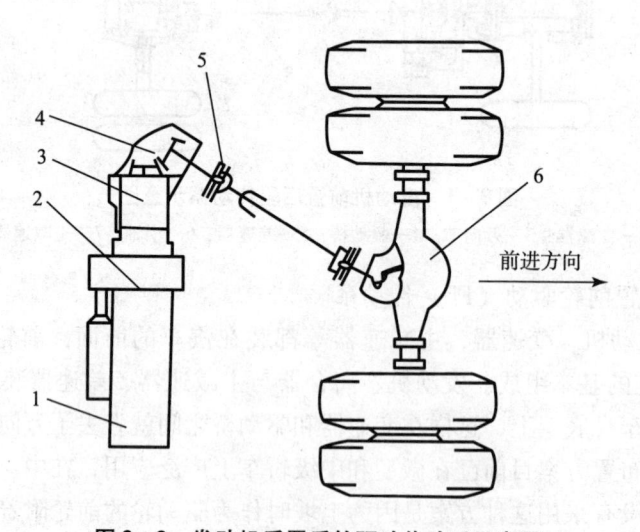

图3-3 发动机后置后轮驱动传动系示意图

1—发动机；2—离合器；3—变速器；4—角传动装置；5—万向传动装置；6—驱动桥

能大的牵引力，总是将全部车轮都作为驱动轮。图3-4为轻型越野汽车传动系示意图，从图中不难看出，前后桥都是驱动桥。为了将变速器输出的动力分配给前后两驱动桥，在变速器与两驱动桥之间设置有分动器4。前驱动桥可根据需要，用换挡拨叉接通或断开。

（5）液力机械式传动系

液力机械式传动系（图3-5）的特点是组合运用液力传动和机械传动。此处，液力传动单指动液传动，即以液体为传动介质，利用液体在主动元件和从动元件之间循环流动所产

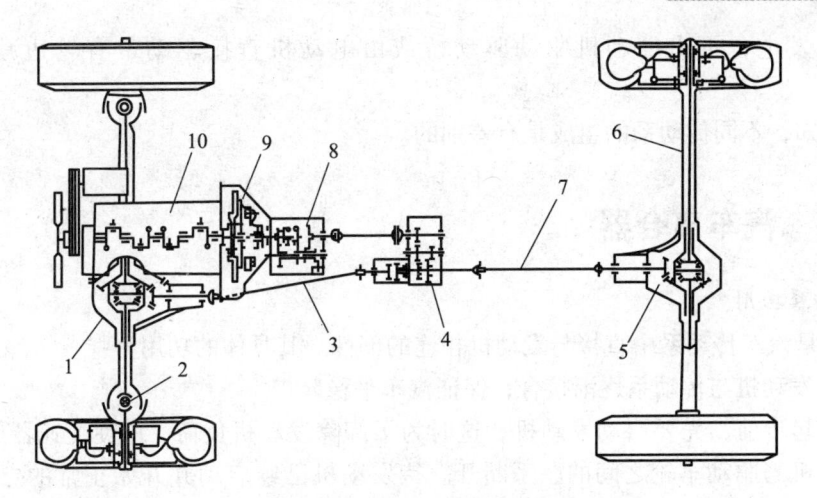

图 3-4　4WD 传动系布置图

1—前驱动桥；2—万向节；3—前传动轴；4—分动器；5—后驱动桥；6—后驱动桥的半轴；
7—后传动轴；8—变速器；9—离合器；10—发动机

生的动能变化来传递动力。动液传动装置是液力变矩器1，但液力变矩器的输出转矩与输入转矩的比值变化范围还不足以满足使用要求，故一般在其后串联一个有级的变速器而组成液力机械变速器以取代机械式传动系中的离合器和变速器。由于其存在结构较复杂、造价较高、机械效率较低等缺点，因此目前除了高级轿车和部分重型汽车外，中级以下的轿车和一般货车采用较少。

（6）静液式传动系

静液式传动系又称为容积式液压传动系（图3-6），是通过液体传动介质的静压力能的变化来传动的。静液式传动系存在着机械效率低、造价高、使用寿命低和可靠性不够理想等缺点，故除了在某些军用车辆上开始采用外，如何克服这些缺点使之能在一般汽车上推广应用，还有待于进一步研究。

（7）电力式传动系

电力传动系是很早采用的一种无级传动装置，其布置如图3-7所示。它是由发动机

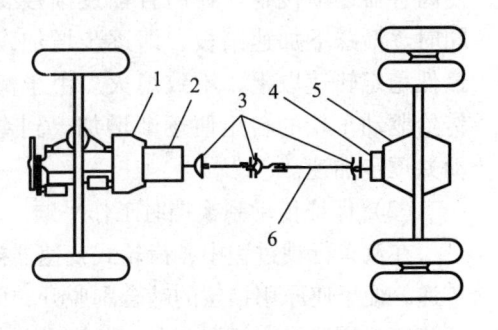

图 3-5　液力机械式传动系布置示意图

1—液力变矩器；2—自动变速器；3—万向传动；4—驱动桥；5—主减速器；6—传动轴

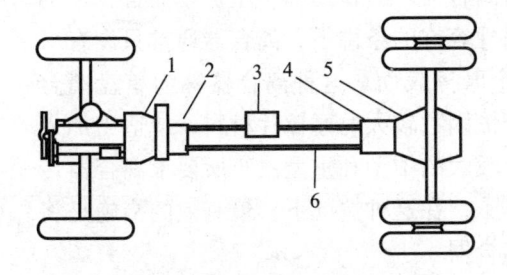

图 3-6　静液式传动系布置示意图

1—离合器；2—油泵；3—控制阀；
4—液压马达；5—驱动桥；6—油管

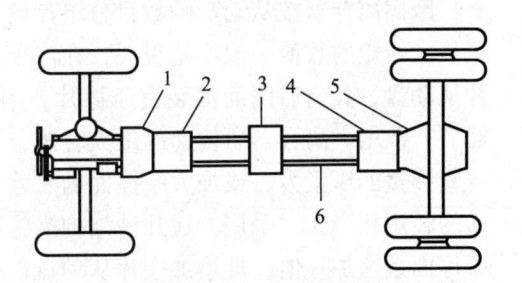

图 3-7　电力传动系布置示意图

1—离合器；2—发电机；3—控制器；
4—电动机；5—驱动桥；6—导线

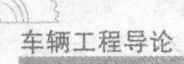

驱动发电机发电，再由电动机驱动驱动桥或由电动机直接驱动带有轮边减速器的驱动轮。

由此可知，不同传动系的组成是有差别的。

3.1.2 汽车离合器

1. 离合器功用

离合器是汽车传动系中直接与发动机相连的部件。其具体的功用为：

（1）使发动机与传动系逐渐接合，保证汽车平稳起步

在汽车起步前，先要启动发动机，这时为了卸除发动机负荷，应使变速器处于空挡位置，将发动机与驱动车轮之间的联系断开。待发动机已经启动并开始正常的怠速运转后，方可将变速器挂上一定挡位，使汽车起步。汽车起步时，驾驶员先踩下离合器踏板，将离合器分离，使发动机与传动系脱开，再将变速器挂上挡，然后逐渐松开离合器踏板，使离合器逐渐接合。在离合器逐渐接合过程中，发动机所受阻力矩也逐渐地增加，故应同时逐渐踩下加速踏板，即逐步增加发动机的燃料供给量，使发动机的转速始终保持在最低稳定转速以上，不致熄火。由于离合器的接合紧密程度逐渐增大，发动机经传动系传给驱动车轮的转矩便逐渐增加。到牵引力足以克服起步阻力时，汽车即从静止开始运动并逐步加速。

（2）保证传动系换挡时工作平顺

在汽车行驶过程中，齿轮式变速器换挡时，在换挡前也必须踩下离合器踏板，中断动力传递，便于使原用挡位的啮合副脱开，同时有可能使新挡位啮合副的啮合部位的速度逐渐趋于相等（同步），这样，进入啮合时的冲击可以大为减轻。

（3）限制所传递转矩，防止传动系过载

当汽车进行紧急制动时，则传动系转速降低，而发动机仍然维持原有转速，由于转速不同，造成了离合器主动部分和从动部分之间产生了相对运动。

2. 摩擦离合器的类型

摩擦离合器，随着所用摩擦面的数目、压紧弹簧的形式及安装位置，以及操纵机构形式不同，其总体构造也有差异。

（1）按从动盘的数目分

摩擦离合器按从动盘的数目分单盘离合器和双盘离合器。对轿车和中型货车而言，发动机最大转矩的数值一般不是很大，在汽车总体布置尺寸容许的条件下，离合器通常只设有一片从动盘，其前后两面都装有摩擦片，因而具有两个摩擦表面。这种离合器称为单盘离合器。若欲增大离合器所传递的最大转矩，可以选用摩擦因数较大的摩擦片材料，或适当加入压紧弹簧的压紧力，或加大摩擦面的尺寸。有些吨位较大的中型和重型汽车所要求离合器传递的转矩相当大，采用上述几种结构措施仍然满足不了，在这种情况下，最有效的措施是将摩擦面数增加一倍，即增加一片从动盘，成为双盘离合器。

（2）按压紧弹簧的结构形式分

摩擦离合器按压紧弹簧的结构形式分为螺旋弹簧离合器和膜片弹簧离合器。采用若干个螺旋弹簧作压紧弹簧并沿摩擦盘圆周分布的离合器，称为周布弹簧离合器；仅具有一个或两

个较强的螺旋弹簧并安置在中央的离合器,称为中央弹簧离合器。

采用膜片弹簧作为压紧弹簧的离合器,称为膜片弹簧离合器。

膜片弹簧与压盘以整个圆周接触,压力分布均匀,与摩擦片的接触良好,磨损均匀,摩擦片的使用寿命长。此外,膜片弹簧离合器还有高速性能好,操作运转时冲击、噪声小等优点。但是它的缺点主要是制造工艺(加工和热处理条件)和尺寸精度(板材厚度和离合器与压盘高度公差)等要求严格。由于膜片弹簧离合器具有上述独特的优点,因此,它在汽车上得到了广泛的应用。近年来,不仅在轿车和微型汽车上采用,而且在轻型、中型货车,甚至在重型货车上也得到了应用,因此,本节主要是介绍膜片弹簧离合器的结构和工作原理。

3. 膜片弹簧离合器的基本构造和工作原理

(1) 基本构造

如图3-8所示为膜片弹簧基本组成。膜片弹簧离合器所用的压紧弹簧,是用薄弹簧钢板制成的带有一定锥度、中心部分开有18个径向切口(形成弹性杠杆)的圆锥形弹簧片。膜片弹簧是碟形弹簧的一种,它可以看成由碟簧部分A和分离指部分B组成,见图3-8(b)。膜片弹簧8两侧有钢丝支撑圈15,借6个膜片弹簧固定铆钉9将其安装在离合器盖14上。

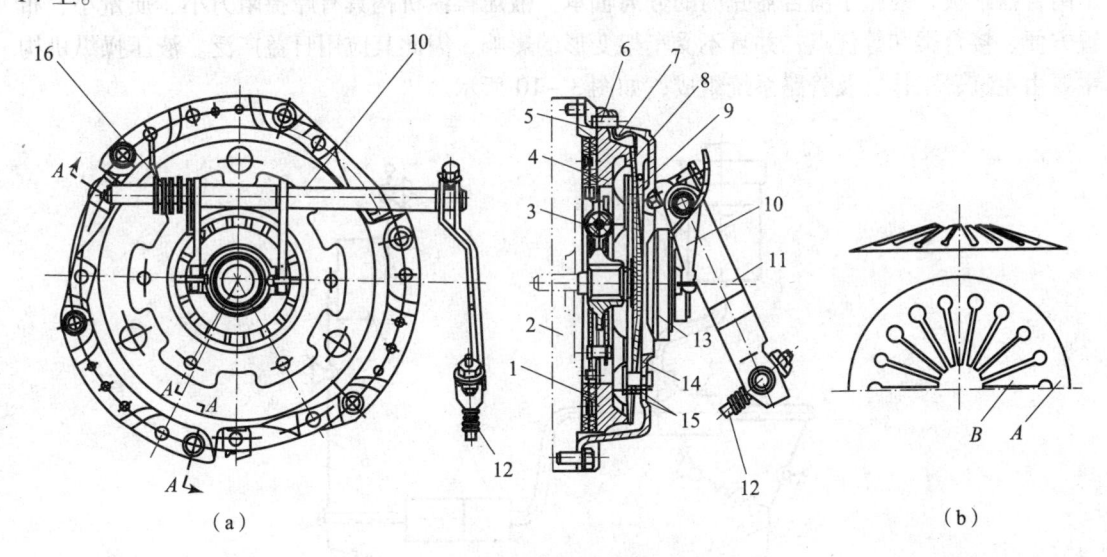

图3-8 汽车膜片弹簧离合器

(a) 膜片弹簧离合器;(b) 膜片弹簧

1—从动盘;2—飞轮;3—扭转减振器;4—压盘;5—压盘传动件;6—固定铆钉;7—分离弹簧钩;8—膜片弹簧;9—膜片弹簧固定铆钉;10—分离叉;11—分离叉臂;12—操纵索组件;13—分离轴承;14—离合器盖;15—膜片弹簧钢丝支撑圈;16—分离叉回位弹簧

(2) 工作原理

在离合器盖未固定到飞轮上时,膜片弹簧不受力,处于自由状态,如图3-9(a)所示,此时离合器盖与飞轮安装面有一距离。当将离合器盖用螺钉固定到飞轮上时,如图3-9(b),由于离合器盖靠向飞轮,钢丝支撑圈压膜片弹簧使之发生弹性变形(锥角变小)。同时,在膜片弹簧外端对压盘产生压紧力,使离合器处于接合状态。当分离离合器时，分离轴承左移，如图3-9（c）所示膜片弹簧被压在钢丝支撑圈上，其径向截面以支撑圈为支点转动（膜片弹簧呈反锥形），于是膜片弹簧外端右移，并通过分离钩拉动压盘使离合器分离。

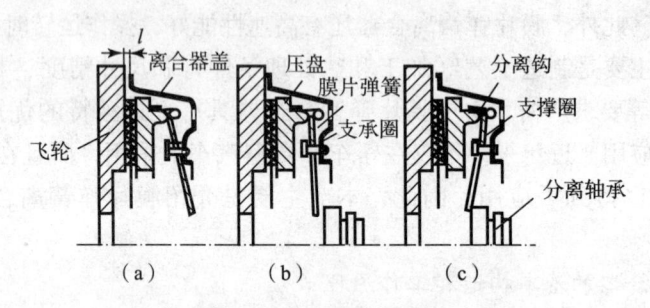

图3-9 膜片弹簧离合器工作原理示意图
(a) 自由状态；(b) 接合状态；(c) 分离状态

（3）离合器的操纵机构、从动盘与扭转减振器

1) 离合器的操纵机构

离合器操纵机构是驾驶员借以使离合器分离，而后又使之柔和接合的一套机构。它起始于离合器踏板，终止于离合器壳内的分离轴承。液压操纵机构具有摩擦阻力小、质量小、布置方便、接合柔和等优点，并且不受车架变形的影响，因此其应用日益广泛。液压操纵机构主要由主缸、工作缸及管路系统组成，如图3-10所示。

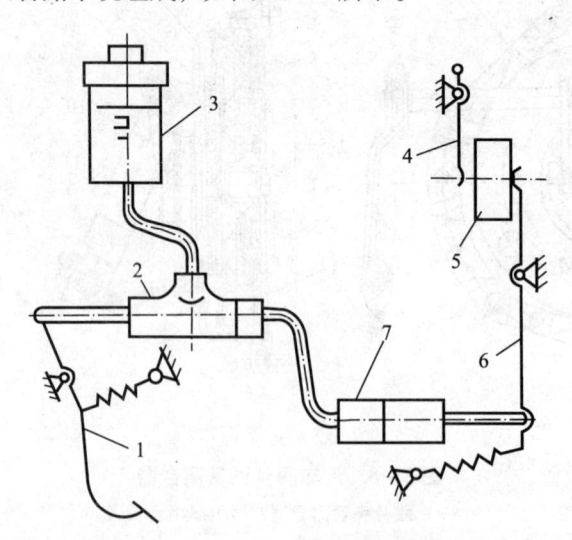

图3-10 离合器液压式操纵机构示意图
1—踏板；2—主缸；3—储液室；4—分离杠杆；5—分离轴承；6—分离叉；7—工作缸

2) 从动盘与扭转减振器

如图3-11（b）所示，从动盘主要是由从动盘本体5、摩擦片4和从动盘毂11三个基本部分组成的，摩擦片铆在从动盘本体的两面。

目前从动盘都是带有扭转减振器的，图3-11（a）为带有减振器的从动盘的零件分解图。在这种结构中，从动片5、从动盘毂11和减振器盘12开有6个矩形窗孔，在每个窗孔中装有一个减振器弹簧6，借以实现从动片与从动盘毂之间在圆周方向上的弹性联系。减振

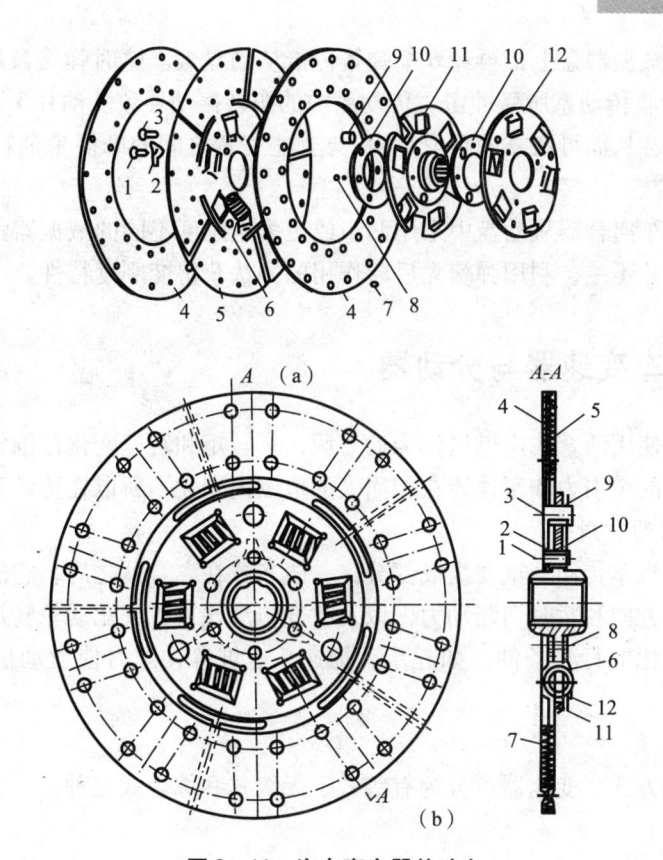

图 3-11 汽车离合器从动盘

(a) 零件分解图；(b) 装配图

1—阻尼弹簧铆钉；2—减振器阻尼弹簧；3—从动盘铆钉；4—摩擦片；5—从动片；6—减振器弹簧；7—摩擦片铆钉；8—阻尼片铆钉；9—从动盘铆钉隔套；10—减振器阻尼片；11—从动盘毂；12—减振器盘

器盘与从动片用铆钉3铆成一个整体，并将从动盘毂及其两侧的阻尼片10夹在中间，从动片及减振器盘上的窗孔有翻边，使六个弹簧6不致脱出。在从动盘毂上开有与铆钉隔套9相对的缺口，在缺口与隔套之间留有间隙，允许从动片与从动盘毂之间相对转动一个角度。这样的从动盘，不工作时如图3-12 (a) 所示。从动盘工作时，两侧摩擦片4所受摩擦力矩

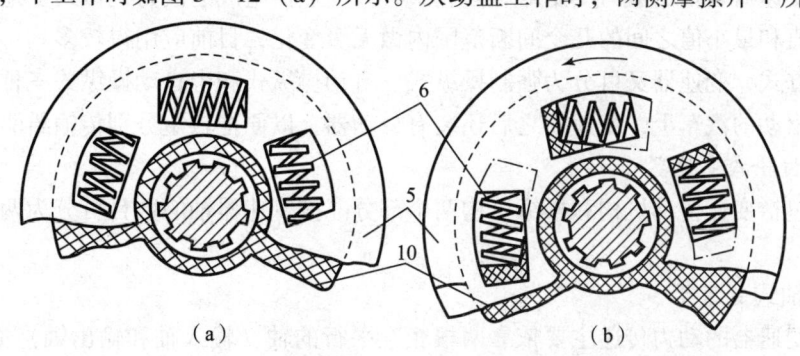

图 3-12 弹簧摩擦式扭转减振器工作示意图

(a) 工作时；(b) 不工作时

1—阻尼弹簧铆钉；2—减振器阻尼弹簧；3—从动盘铆钉；4—摩擦片；5—从动片；6—减振器弹簧；7—摩擦片铆钉；8—阻尼片铆钉；9—从动盘铆钉隔套；10—减振器阻尼片；11—从动盘毂；12—减振器盘

首先传到从动片和减振器盘上，再经 6 个弹簧传给从动盘毂。这时弹簧被压缩，如图 3-12 (b) 所示，借此吸收传动系所受冲击。传动系中的扭转振动导致从动片 5 及盘 12 同毂 11 之间的相对往复摆动，从而可依靠两阻尼片 10 与上述三者之间的摩擦来消耗扭转振动的能量使扭转振动迅速衰减。

近来在有些汽车离合器从动盘中采用两组或更多组刚度不同的减振器弹簧，并将装弹簧的窗口长度做成尺寸不一，利用弹簧先后起作用的办法获得变刚度特性。

3.1.3 汽车变速器与分动器

现代汽车广泛使用活塞式内燃机作为动力源，其转矩和转速变化范围较小，而复杂的使用条件则要求汽车的牵引力和车速能在相当大的范围内变化，所以在传动系中设有变速器。

1. 汽车变速器的功用

汽车变速器是汽车传动系重要组成部分，一般布置在离合器之后，它的功能是传递发动机动力，改变旋转方向和暂时切断动力，以及改变传动比，扩大驱动轮转矩和转速的变化范围，以适应经常变化的行驶条件，如起步、加速、上坡等，同时使发动机在有利的工况下工作。

2. 变速器的分类

按传动比变化方式，变速器可分为有级式、无级式和综合式三种。

（1）有级式

有级式变速器应用广泛，采用齿轮传动，具有若干个定值传动比。所谓变速器挡数，均指前进挡位数。目前，轿车和轻、中型货车变速器的传动比通常有 3~5 个前进挡和一个倒挡；在重型货车用的组合式变速器中，则有更多挡位。

（2）无级式

无级式变速器的传动比在一定的范围内可按无限多级变化，常见的有电力式和液力式。电力式的传动部件为直流串励电动机，液力式的传动部件是液力变矩器。

（3）综合式

综合式变速器是指由液力变矩器和齿轮式有级变速器组成的液力机械式变速器，其传动比可在最大值和最小值之间的几个间断范围内做无级变化，目前应用得较多。

按操纵方式，变速器又可分为强制操纵式、自动操纵式和半自动操纵式三种。

在多轴驱动的汽车上，变速器之后还装有分动器，以便把转矩分别传输给驱动桥。

3. 普通齿轮式变速器

变速器包括变速传动机构和操纵机构两个部分。按变速器轴的数目可分为两轴式和三轴式变速器。

（1）两轴式变速器

两轴式变速器的动力传递主要依靠两根相互平行的轴（输入轴和输出轴）完成。此外，还有一根比较短的倒挡轴以帮助实现汽车倒向行驶。

以捷达轿车的 02KA 型五挡变速器（5 个前进挡、1 个倒挡）为例来说明具体结构和工作原理。图 3-13 为该变速器的结构。

它的壳体分为三段，在变速器壳体 5 的前面有离合器壳体 11，后面有后壳体 28。输入

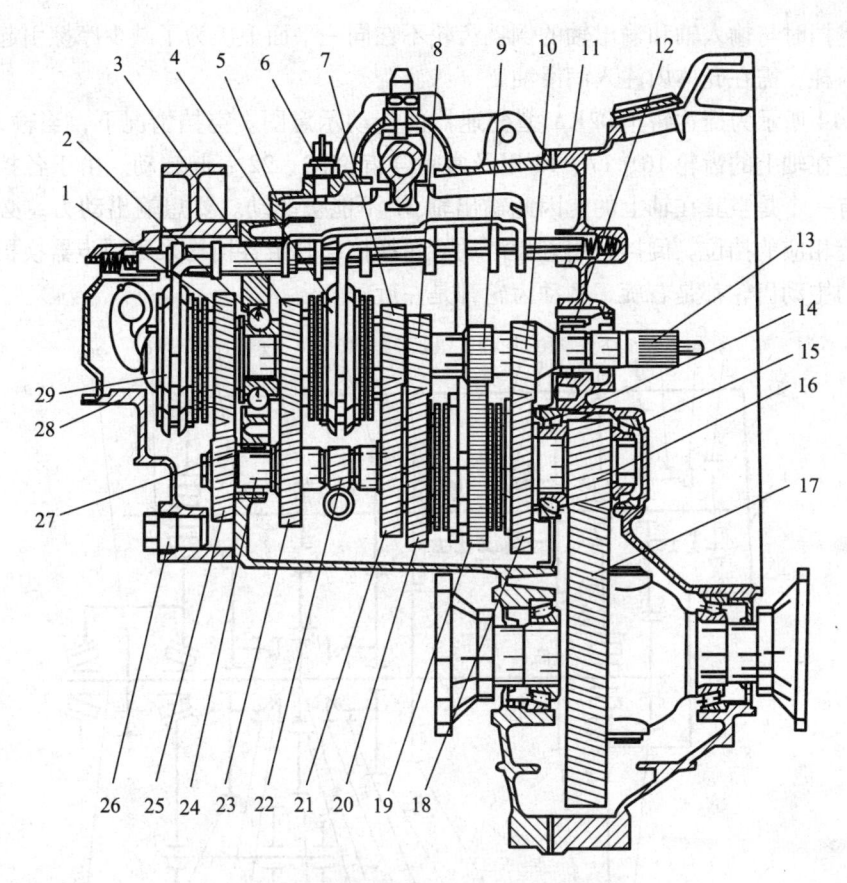

图 3-13 捷达轿车 02 KA 型变速器结构

1—输入轴五挡齿轮;2,12,14,15,27—轴承;3—输入轴四挡齿轮;4,29—接合套;5—变速器壳体;6—通气塞;7—输入轴三挡齿轮;8—输入轴二挡齿轮;9—输入轴倒挡齿轮;10—输入轴一挡齿轮;11—离合器壳体;13—输入轴;16—主减速器主动齿轮;17—主减速器从动齿轮;18—输出轴一挡齿轮;19—输出轴倒挡齿轮;20—输出轴二挡齿轮;21—输出轴三挡齿轮;22—车速里程表传动齿轮;23—输出轴四挡齿轮;24—输出轴;25—输出轴五挡齿轮;26—放油塞;28—后壳体

轴 13 的前后两端分别利用滚针轴承 12 和球轴承 2 支撑在变速器壳体上,在轴上加工出二挡、倒挡和一挡主动齿轮 8、9、10,轴前部加工出花键与离合器的从动盘毂连接。三、四、五挡主动齿轮 7、3、1 上加工出结合齿圈,通过滚针轴承空套在输入轴上。输出轴 24 由 3 个轴承支撑,前端的两个圆锥滚子轴承 14、15 大端向内布置在主减速器主动小齿轮 16 的两侧,分别支撑在变速器壳体的前部和离合器壳体上,承受着轴向力并提高了主动小齿轮的支撑刚度,后端采用圆柱滚子轴承 27 支撑在变速器壳体的后部。一、二挡从动齿轮 18、20 空套在输出轴上,其上加工有接合齿圈,三、四、五挡从动齿轮 21、23 和 25 通过花键和轴用挡圈与输出轴固定在一起,而输出轴上的倒挡从动齿轮 19 与一、二挡的接合套做成一体,节省了轴向空间。接合套 4、29 以及输出轴倒挡齿轮 19 分别套在各自花键毂的外面。花键毂不做轴向移动,其外圆表面上均制有与其相邻齿轮的接合齿圈齿形完全相同的外花键,分别与相应的具有内花键的接合套相接合,接合套可在花键毂上轴向滑动。

倒挡轴的两端支撑在变速器壳体上,在支撑位置处加工有一个径向小孔,从壳体底部拧入一个螺钉使头部卡在小孔上,防止其转动和轴向移动。倒挡中间齿轮空套在该轴上,可轴向滑动，空挡时与输入轴和输出轴的倒挡齿轮不在同一平面上。为了减少摩擦引起零件的磨损及功率损耗，需在壳体内注入润滑油。

图 3-14 所示为捷达轿车 02KA 型变速器的传动示意图。空挡情况下，当输入轴 19 旋转时，固定在轴上的齿轮 16、17、18 以及常啮合齿轮 32、22 一起转动。由于各挡位的传动齿轮中总有一个是空套在轴上的，因此输出轴 21 不能被驱动。要想输出动力，必须利用换挡机构挂上相应的挡位。倒挡采用直齿滑动齿轮换挡，其余各挡均采用同步器换挡，常啮合斜齿轮副的主动齿轮都是右旋，从动齿轮都是左旋。

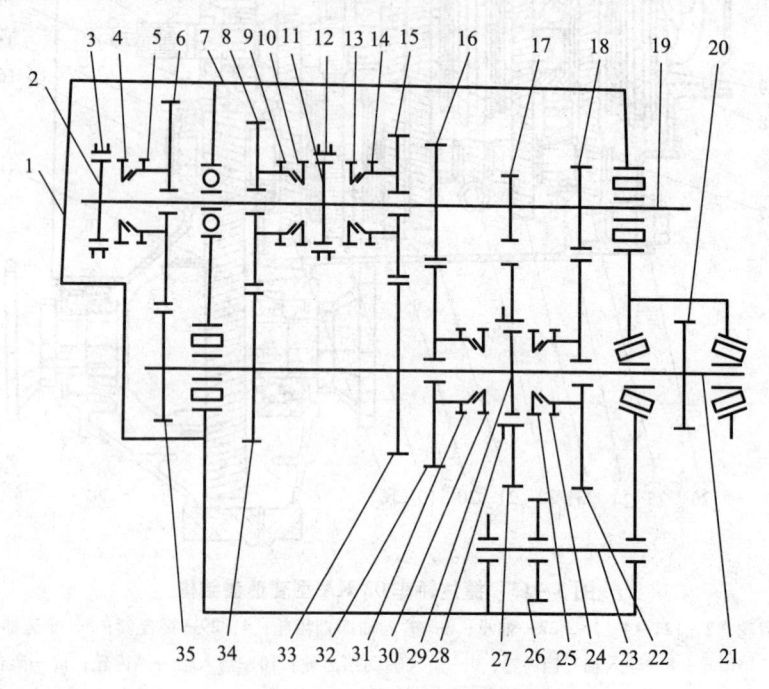

图 3-14 02KA 型变速器传动示意图

1—后壳体；2, 11, 29—花键毂；3, 12, 28—接合套；4—五挡同步器锁环；5—五挡齿轮接合齿圈；6—输入轴五挡齿轮；7—变速器壳体；8—输入轴四挡齿轮；9—四挡齿轮接合齿圈；10—四挡同步器锁环；13—三挡同步器锁环；14—三挡齿轮接合齿圈；15—输入轴三挡齿轮；16—输入轴二挡齿轮；17—输入轴倒挡齿轮；18—输入轴一挡齿轮；19—输入轴；20—主减速器主动齿轮；21—输出轴；22—输出轴一挡齿轮；23—倒挡轴；24—一挡齿轮接合齿圈；25—一挡同步器锁环；26—倒挡中间齿轮；27—输出轴倒挡齿轮；30—二挡同步器锁环；31—二挡齿轮接合齿圈；32—输出轴二挡齿轮；33—输出轴三挡齿轮；34—输出轴四挡齿轮轴；35—输出轴五挡齿轮

欲挂上一挡，可操纵变速杆，通过操作机构使拨叉推动接合套 28 右移，使其内花键的右半部分穿过一挡同步器锁环 25 的花键齿圈与输出轴的一挡齿轮 22 的接合齿圈 24 接合，而其左半部分仍然与花键毂相结合，这样动力便可从输入轴依次经齿轮 18、22，接合齿圈 24、接合套 28 以及花键毂 29，传给输出轴 21 输出。一挡传动比为：

$$i_1 = \frac{z_{22}}{z_{18}} = \frac{38}{11} = 3.45$$

式中，z 表示齿轮齿数，其下标数字表示各齿轮在图中的标号，以下同此。

第一挡指的是传动比最大的前进挡，以下类推。

欲脱开一挡，可通过拨叉使接合套 28 左移，与接合齿圈 24 脱离啮合，则变速器退回空挡位置。

欲挂上二挡，可通过拨叉使接合套28左移，使之穿过二挡同步器锁环30的花键齿圈与输出轴二挡齿轮接合齿圈31接合后，变速器便从一挡换入二挡。此时，动力从输入轴依次经齿轮16、32，接合齿圈31、接合套28及花键毂29，最后传给输出轴。其传动比为：

$$i_2 = \frac{z_{32}}{z_{16}} = \frac{35}{18} = 1.94$$

同理，使接合套12右移到与接合齿圈14接合，则可得到三挡，传动比为：

$$i_3 = \frac{z_{33}}{z_{15}} = \frac{37}{27} = 1.37$$

若使接合套12左移到与接合齿圈9接合，则换入四挡，其传动比为：

$$i_4 = \frac{z_{34}}{z_8} = \frac{32}{31} = 1.03$$

五挡通过齿轮6、35将动力传给输出轴，其传动比为：

$$i_5 = \frac{z_{35}}{z_6} = \frac{34}{40} = 0.85 < 1$$

因为$i_5 < 1$，第五挡为超速挡（输出轴转速高于输入轴）。超速挡主要用于在良好路面上轻载或空载行驶的场合，借此提高汽车的燃油经济性。但如果发动机功率不高，则超速挡使用率很低，节油效果不明显，甚至影响汽车的动力性。超速挡的传动比一般为0.7~0.85。

欲挂倒挡时，通过倒挡拨叉使倒挡中间齿轮26左移，与倒挡齿轮17、27同时啮合，即得到倒挡。动力从输入轴经齿轮17、26、27和花键毂29传到输出轴。由于增加了一级齿轮传动，输出轴的旋转方向与挂前进挡时的旋转方向相反，汽车便倒退行驶。倒挡传动比为：

$$i_R = \frac{z_{27}}{z_{26}} \times \frac{z_{26}}{z_{17}} = \frac{38}{20} \times \frac{20}{12} = 3.17$$

i_R的数值较大，一般与i_1相近。这是考虑到安全，希望倒车时速度尽可能低些。

（2）三轴式变速器

三轴式变速器主要有三根轴：第一轴（输入轴）、中间轴和第二轴（输出轴）。第一轴和第二轴在同一轴线上，并且与中间轴平行，此外还有一根倒挡轴。

图3-15所示为解放CA1091型汽车六挡变速器结构。第一轴1的前端用向心轴承支撑在飞轮的中心孔内，借离合器与发动机曲轴相连，其后端则利用圆柱滚子轴承支撑在变速器壳体39上。第二轴28的前端用滚针轴承支撑在第一轴齿轮2的内圆孔中，后端也是用圆柱滚子轴承支撑在变速器壳体上，并在轴的后端花键上装有凸缘29与万向传动装置相连。中间轴30的两端也采用圆柱滚子轴承作为支撑。倒挡轴47用锁片固定在壳体上，防止其转动和轴向移动。

齿轮2与第一轴制成一体，与齿轮40构成常啮合传动齿轮副。齿轮33、35、36、37、45与中间轴制成一体，齿轮38和40固定在中间轴上，而齿轮8、9、16、17、22和25则空套在第二轴上。倒挡中间齿轮46空套在倒挡轴上，齿宽较长，同时与中间轴和第二轴上的倒挡齿轮啮合。花键毂（13、32、34和41）、接合套（5、12、20和23）以及齿轮接合齿

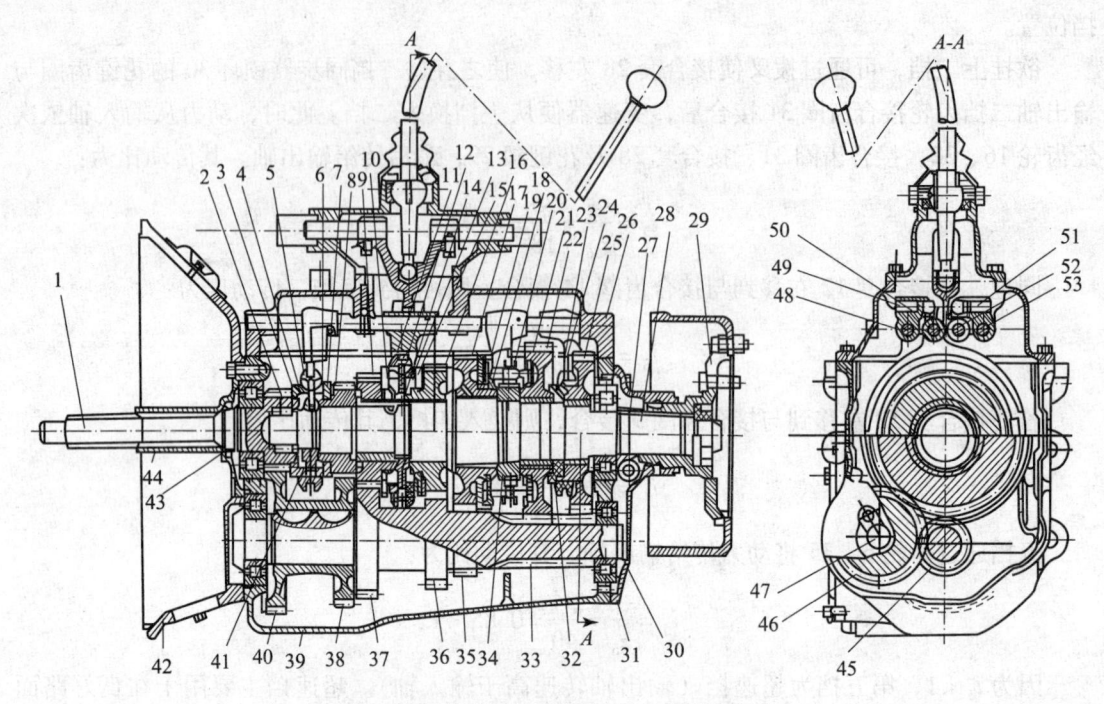

图 3-15 解放 CA1091 型汽车变速器结构

1—第一轴；2—第一轴常啮合传动齿轮；3—第一轴齿轮接合齿圈；4—六挡同步器锁环；5，12，20，23—接合套；6—五挡同步器锁环；7—五挡齿轮接合齿圈；8—第二轴五挡齿轮；9—第二轴四挡齿轮；10—四挡齿轮接合齿圈；11—四挡同步器锁环；13，32，34，41—花键毂；14—三挡同步器锁环；15—三挡齿轮接合齿圈；16—第二轴三挡齿轮；17—第二轴二挡齿轮；18—二挡齿轮接合齿圈；19—二挡同步器锁环；21——挡齿轮接合齿圈；22—第二轴一挡齿轮；24—倒挡齿轮接合齿圈；25—第二轴倒挡齿轮；26—变速器盖；27—车速表驱动蜗杆；28—第二轴；29—第二轴凸缘；30—中间轴；31—变速器后盖；33—中间轴一挡齿轮；35—中间轴二挡齿轮；36—中间轴三挡齿轮；37—中间轴四挡齿轮；38—中间轴五挡齿轮；39—变速器壳体；40—中间轴常啮合传动齿轮；42—飞轮壳；43—第一轴油封；44—第一轴轴承盖；45—中间轴倒挡齿轮；46—倒挡中间齿轮；47—倒挡轴；48—倒挡拨叉轴；49—倒挡锁销；50——、二挡拨叉轴；51—五、六挡锁销；52—三、四挡拨叉轴；53—五、六挡拨叉轴

圈（3、7、10、15、18、21 和 24）的结构、连接方式和工作原理与两轴式变速器的基本相同。在该变速器中，一挡、倒挡采用的是接合套换挡，其余各挡均采用同步器换挡，二挡使用锁销式同步器，三至六挡使用锁环式同步器。与两轴式变速器相同，它的润滑方式采用的也是飞溅润滑。

图 3-16 所示为解放 CA1091 型汽车变速器的传动示意图，图示为空挡位置。当第一轴旋转时，通过齿轮 2 和 38 带动中间轴及其上的各齿轮旋转。由于齿轮 8、9、16、17、22 和 25 是空套在第二轴上的，故第二轴并不转动。

欲挂上一挡，可操纵变速杆，通过拨叉使接合套 20 右移，使之与第二轴一挡齿轮 22 的接合齿圈 21 接合，这样动力从第一轴经过齿轮 2、38，中间轴 30，齿轮 33、22，接合齿圈 21，接合套 20 和花键毂 28，传给第二轴 26 输出。一挡传动比为：

$$i_1 = \frac{z_{38}}{z_2} \times \frac{z_{22}}{z_{33}} = \frac{43}{22} \times \frac{43}{11} = 7.640$$

式中，z 表示齿轮齿数，其下标数字表示各齿轮在图中的标号，以下同此。

第一挡指的是传动比最大的前进挡，以下类推。

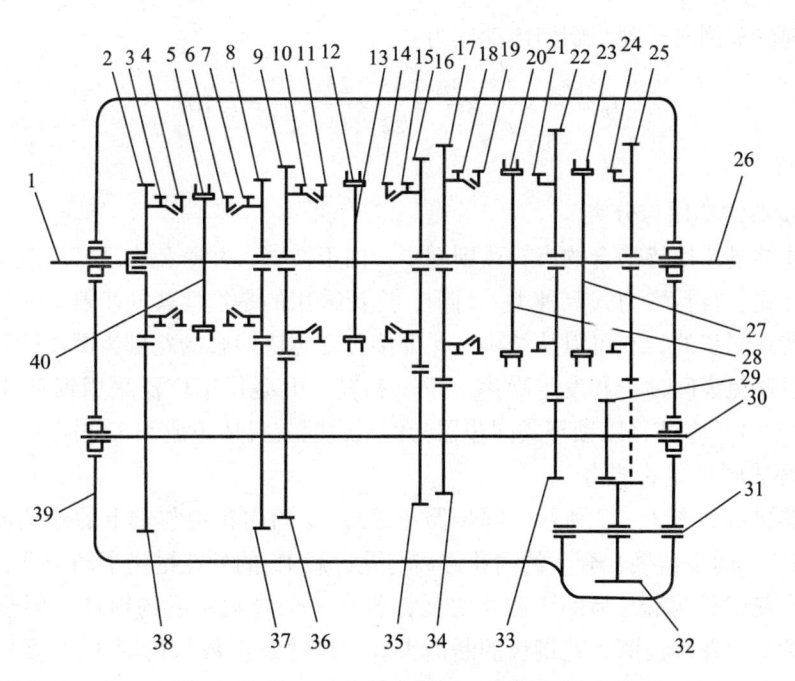

图 3-16　解放 CA1091 型汽车变速器传动示意图

1—第一轴；2—第一轴常啮合传动齿轮；3—第一轴齿轮接合齿圈；4—六、四挡同步器锁环；5，12，20，23—接合套；6—五挡同步器锁环；7—五挡齿轮接合齿圈；8—第二轴五挡齿轮；9—第二轴四挡齿轮；10—四挡齿轮接合齿圈；11—四挡同步器锁环；13，27，28，40—花键毂；14—三挡同步器锁环；15—三挡齿轮接合齿圈；16—第二轴三挡齿轮；17—第二轴二挡齿轮；18—二挡齿轮接合齿圈19—二挡同步器锁环；21—一挡齿轮接合齿圈；22—第二轴一挡齿轮；24—倒挡齿轮接合齿圈；25—第二轴倒挡齿轮；26—第二轴；29—中间轴倒挡齿轮；30—中间轴；31—倒挡轴；32—倒挡中间齿轮；33—中间轴一挡齿轮；34—中间轴二挡齿轮；35—中间轴三挡齿轮；36—中间轴四挡齿轮；37—中间轴五挡齿轮；38—中间轴常啮合传动齿轮；39—变速器壳体

向左或向右拨动接合套 5、12、20，可挂上二至五挡。与一挡相同，它们都是通过两对齿轮传递动力，传动比分别为：

$$i_2 = \frac{z_{38}}{z_2} \times \frac{z_{17}}{z_{34}} = \frac{43}{22} \times \frac{47}{19} = 4.835$$

$$i_3 = \frac{z_{38}}{z_2} \times \frac{z_{16}}{z_{35}} = \frac{43}{22} \times \frac{38}{26} = 2.857$$

$$i_4 = \frac{z_{38}}{z_2} \times \frac{z_9}{z_{36}} = \frac{43}{22} \times \frac{32}{33} = 1.895$$

$$i_5 = \frac{z_{38}}{z_2} \times \frac{z_8}{z_{37}} = \frac{43}{22} \times \frac{26}{38} = 1.337$$

若使接合套 5 左移到与第一轴齿轮 2 的接合齿圈 3 接合，则换入六挡，此时动力从第一轴经齿轮 2、接合齿圈 3、接合套 5 和花键毂 40 直接传给第二轴，称为直接挡。因为直接挡不经过齿轮传动，故它的传动效率最高，其传动比为：$i_6 = 1$

倒挡中间齿轮 32 同时与第二轴倒挡齿轮 25 和中间轴倒挡齿轮 29 啮合，为常啮合斜齿轮，随第一轴一起转动。若使接合套 23 右移与接合齿圈 24 接合，即得到倒挡。动力从第一轴经过齿轮 2、38，中间轴 30，齿轮 29、32、25，接合齿圈 24，接合套 23 和花键毂 27 传到第二轴，实现汽车倒向行驶。倒挡传动比为：

$$i_R = \frac{z_{38}}{z_2} \times \frac{z_{32}}{z_{29}} \times \frac{z_{25}}{z_{32}} = \frac{43}{22} \times \frac{23}{11} \times \frac{40}{23} = 7.107$$

4. 同步器

（1）同步器的功用与分类

同步器能够迅速使待啮合的齿轮达到同步，便于换挡，并避免出现打齿现象。同步器有常压式、惯性式、自行增力式等种类。目前，广泛采用的是惯性式同步器。惯性同步器是依靠摩擦作用实现同步的，它可以从结构上保证接合套与待接合的花键齿圈在达到同步之前不可能接触，以避免齿间冲击和发生噪声。轿车和轻、中型货车广泛采用锁环式同步器（属于惯性式同步器），本节将以锁环式同步器为例来说明其具体组成和工作原理。

（2）锁环式同步器的结构

该同步器构造如图 3-17 所示。同步器花键毂 15 的内花键与轴上的外花键配合，用卡环 18 轴向固定。同步器接合套 7 的内花键齿与花键毂 15 的外花键齿滑动配合，接合套 7 可轴向移动。在花键毂两端与齿圈 3 和 9 之间，各有一个青铜制成的锁环（同步环）4 和 8，锁环上有断续的短花键齿圈，花键齿的断面齿廓、尺寸及齿数与齿圈 3、9 及花键毂的外花键齿均相同。两个锁环上的花键齿，在对着接合套的一端都有倒角，且与接合套齿端的倒角相同。锁环具有与齿圈上的锥形面锥度相同的内锥面，锥面上制出细牙的螺旋槽，以便两锥面接触后能破坏油膜，增加锥面间的摩擦，缩短同步时间。三个滑块 5 分别嵌合在花键毂的三个轴向槽 B 内，并可沿轴向滑动。三个定位销 6 分别插入三个滑块的通孔中，在弹簧 16 的作用下，定位销压向接合套，使定位销端部的球面正好嵌在接合套中部的凹槽 A 中，起到空挡定位作用。滑块 5 的两端伸入锁环的三个缺口 C 中。锁环的三个凸起部 D 分别伸入花键毂的三个通槽 E 中，只有当凸起部 D 位于通槽 E 的中央时，接合套与锁环的齿方能啮合。

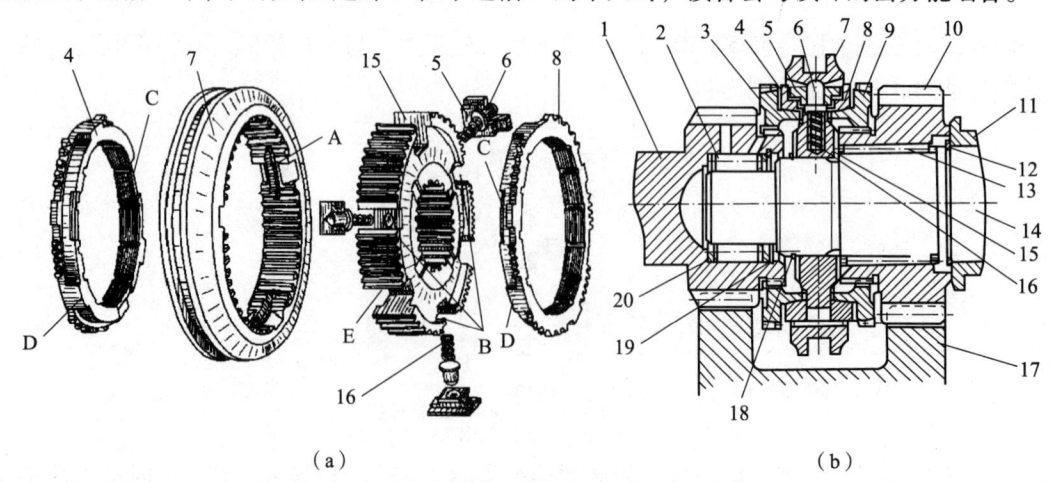

图 3-17 锁环式同步器

（a）示意图；（b）剖面图

1—第一轴；2，13—滚针轴承；3—六挡接合齿圈；4，8—锁环（同步环）；5—滑块；6—定位销；7—接合套；9—五挡接合齿圈；10—第二轴五挡齿轮；11—衬套；12，18，19—卡环；14—第二轴；15—花键毂；16—弹簧；17—中间轴五挡齿轮；20—挡圈

A—凹槽；B—轴向槽；C—缺口；D—凸起部；E—通槽

(3) 锁环式同步器的工作原理

高挡换抵挡时，图 3-17（b）所示接合套 7 由高挡退至空挡，转速为 n。滑块 5 插在锁环 8 的缺口内，锁环 8 的转速也为 n。齿圈 9 的转速为 n_1，$n > n_1$，接合套拨动滑块 5 推锥环 8 的锥面压在齿圈 9 的锥面上。此时，锁环（外齿）与接合套（内齿）由于转速不等而错位抵住，接合套在同步之前不能移动，这就是同步器的锁止作用。由于转速不等，锥面上产生摩擦力，此摩擦力使齿圈 9 加速到 $n = n_1$。接合套 7、锁环 8 和齿圈 9 同步，摩擦力消失，接合套顺利推入，高挡换为低挡。

低挡换高挡时，接合套和锁环的转速为小齿圈 3 的转速，此时 $n < n_1$，n_1 由于摩擦力的作用减速至 $n = n_1$，从而实现同步挂挡。

5. 变速器操纵机构

(1) 功用与要求

变速器操纵机构应保证驾驶员能准确可靠地使变速器挂入所需要的任一挡位工作，并可随时使之退到空挡。

为保证变速器在任何情况下都能准确、安全、可靠地工作，对变速器操纵机构提出如下要求：

1) 设有自锁装置，保证变速器不自行脱挡或挂挡；

2) 设有互锁装置，保证变速器不同时挂入两个挡位，以免造成发动机熄火或零部件损坏；

3) 设有倒挡锁，防止误挂倒挡而发生事故。

(2) 锁止装置

1) 自锁装置

汽车变速器的自锁和互锁装置如图 3-18（a）所示。自锁装置由自锁钢球 1 和自锁弹簧 2 组成。每根拨叉轴的上表面沿轴向分布三个凹槽。当任一根拨叉轴连同拨叉轴向移动到空挡或某一工作位置时，必有一个凹槽正好对准自锁钢球 1。于是钢球在弹簧压力下嵌入该凹槽内，拨叉轴的轴向位置即被固定。从而拨叉连同滑动齿轮（或接合套）也被固定在空挡或某一工作挡位置，不能自行脱出。换挡时，驾驶员必须通过变速杆对拨叉或拨叉轴施加一定的轴向力，克服自锁弹簧的压力，将钢球由拨叉轴的凹槽中挤出推回孔中，拨叉轴和拨

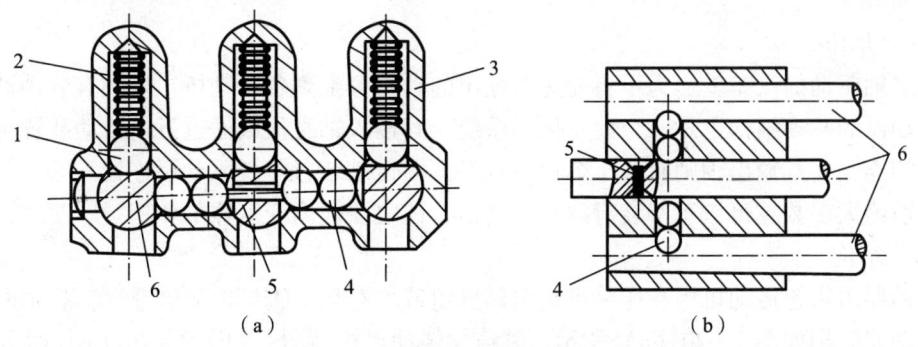

(a)　　　　　　　　　　　(b)

图 3-18　变速器自锁和互锁装置

(a) 自锁装置；(b) 互锁装置

1—自锁钢球；2—自锁弹簧；3—变速器盖（前端）；4—互锁钢球；5—互锁销；6—拨叉轴

叉方能再进行轴向移动。拨叉轴上表面相邻凹槽之间的距离，即等于为保证在全齿宽上啮合或完全退出啮合所必需的拨叉及其轴的移动距离。

2) 互锁装置

图 3-18（b）所示的互锁装置是由互锁钢球 4 和互锁销 5 组成的。互锁销 5 装在中间拨叉轴的孔中，其长度相当于拨叉轴直径减去互锁钢球的半径。互锁钢球 4 装于变速器盖的横向孔中。当变速器处于空挡位置时，所有拨叉轴的侧面凹槽同钢球、互锁销都在一条直线上，这时驾驶员才可移动任一个拨叉轴挂挡。若移动拨叉轴 6，另外两个拨叉轴被互锁装置锁定在空挡位置而不能轴向移动。

3) 倒挡锁

图 3-19 所示为五挡变速器中常用的倒挡锁装置。它是由一、倒挡拨块中的倒挡锁销 1 及弹簧 2 组成。因此，驾驶员要挂一挡或倒挡时，必须用较大的力使变速杆 4 的下端压缩弹簧 2，将锁销 1 推向右方后，才能使变速杆下端进入倒挡拨块 3 的凹槽内，以拨动一、倒挡拨叉轴而挂入一挡或倒挡。

(3) 分类

按照操纵杆与变速器的相互位置，变速器操纵机构可分为远距离操纵式和直接操纵式两大类。

1) 远距离操纵式

当驾驶员座位离变速器较远或变速杆布置在转向盘下方（某些轿车）的转向管柱上时，通常在变速杆与换挡拨叉之间增加若干个传动件，组成远距离操纵机构。

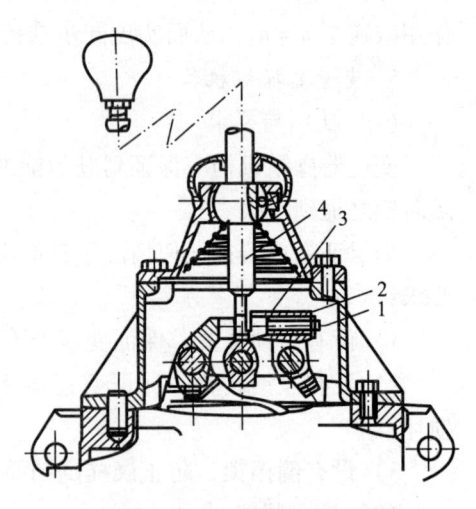

图 3-19　弹簧锁销式倒挡轴
1—倒挡锁销；2—倒挡锁弹簧；
3—倒挡拨块；4—变速杆

2) 直接操纵式

大多数汽车的变速器布置在驾驶员座位附近。变速杆由驾驶室底板伸出，驾驶员可直接操纵。这种操纵机构由变速杆、拨块、拨叉、拨叉轴以及安全装置等组成，多集装于变速器上盖或侧盖内。

6. 分动器

(1) 功用

在多轴驱动的汽车上，为了将变速器输出的动力分配到各驱动桥，均装有分动器。

分动器的基本结构也是一个齿轮传动系统。其输入轴直接或通过万向传动装置与变速器第二轴相连，而其输出轴则有若干个，分别经万向传动装置与各驱动桥连接。

目前绝大多数越野汽车都装有两挡分动器，使之兼起副变速器的作用。

(2) 结构

分动器由齿轮传动机构和操纵机构两部分组成。东风 EQ2080 型越野汽车装用的三输出轴式分动器结构如图 3-20（a）所示，其齿轮传动机构简图，如图 3-20（b）所示。

图 3-20 中表示的是分动器的空挡位置。将换挡接合套 4 左移与齿轮 15 的接合齿圈接合后，从输入轴 1 传来的动力，经齿轮 3、15 和中间轴 11 传到齿轮 10，由此再分别经齿轮 6 和 13 传到输出轴 8 和 12。若接合套 16 已与轴 12 接合，则动力还可以从轴 12 传给通往前

桥的输出轴 17，分动器的这一挡位为最高挡，其传动比为 1.08；将接合套 4 右移，与齿轮 9 的接合齿圈接合时，动力从输入轴经齿轮 5 和 9 传到中间轴 11 和齿轮 10，然后再分别传到输出轴 8、12、17，这一挡位为低速挡，传动比为 2.05。

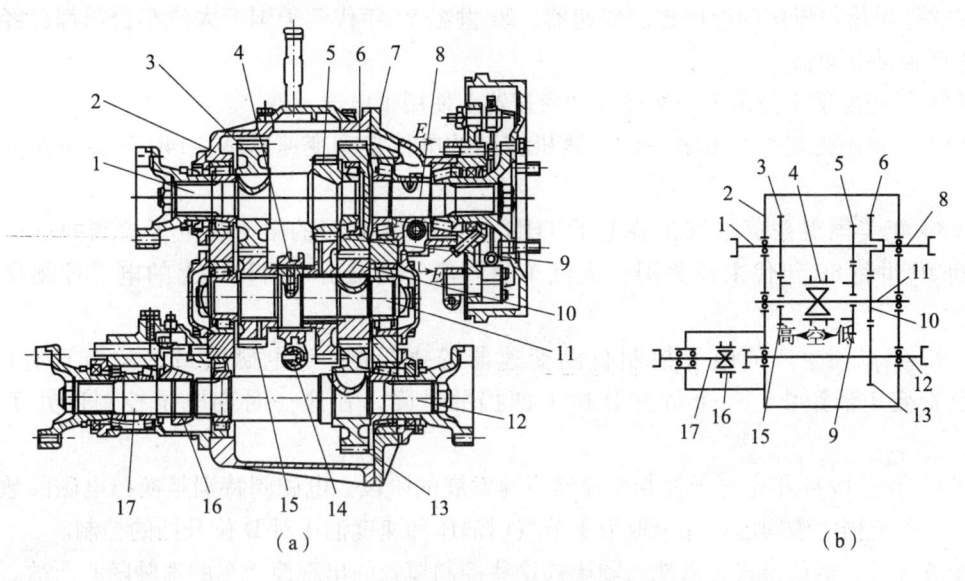

图 3－20　三输出轴式分动器
（a）三输出轴式分动器结构图；（b）三输出轴式分动器齿轮传动机构简图
1—输入轴；2—分动器壳；3，5，6，9，10，13，15—齿轮；4—换挡接合套；7—分动器盖；8—通往后驱动桥的输出轴；11—中间轴；12—通往中驱动桥的输出轴；14—换挡拨叉轴；16—前桥接合套；17—通往前驱动桥的输出轴

分动器操纵机构如图 3－21 所示。由操纵杆、传动杆、摇臂及轴等组成。操纵机构必须保证非先接上前桥，不得挂上低速挡；非先退出低速挡，不得摘下前桥。

当换挡操纵杆 1 向后拉动时，其下端将使传动杆 4 向前运动以挂高速挡。若换挡操纵杆 1 向前挂低速挡时，其下端受螺钉 3 的限制，无法挂上低速挡。欲挂上低速挡，必须先将前桥操纵杆 2 向前移动，使轴 7 转动并通过摇臂 6 使传动杆 5 后推，接上前桥动力后才能实现。因为前桥操纵杆 2 上端向前推时，下端便连同螺钉 3 向后摆动，不再约束换挡操纵杆 1 挂低速挡。当挂上低速挡后，换挡操纵杆 1 下端又与螺钉 3 接触，从而限制住低速挡位时前桥无法摘开。

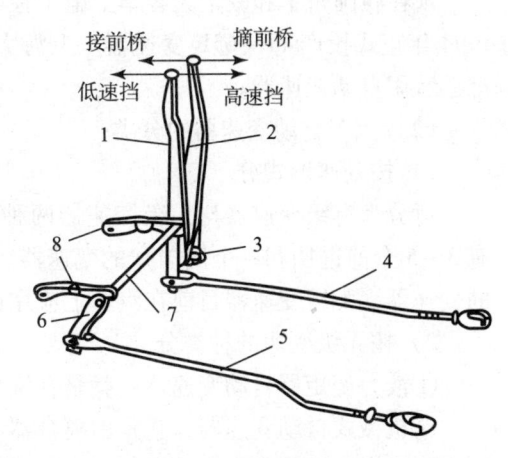

图 3－21　分动器操纵机构
1—换挡操纵杆；2—前桥操纵杆；3—螺钉；4，5—传动杆；6—摇臂；7—轴；8—支撑臂

7. 自动变速器

（1）汽车自动变速器的发展及应用

汽车自动变速器是指自动变换传动比，调节或变换发动机动力输出性能，经济而方便地传送动力，较好适应外界需要的汽车部件。汽车自动变速器的发展经历了一个很漫长的过程：

1926年别克汽车第一次将液力耦合器和手动变速器装在一起。尽管不是自动变速器，但耦合器的优点已经显出来。变速器在前进挡上，发动机也可以怠速运转。

1940年美国奥兹莫比尔汽车上装上了第一台现代意义的自动变速器。这是一种横置式的串联式行星齿轮机构的液压控制变速器，20世纪50年代起美国三大汽车公司都已经开始批量生产自动变速器。

1968年法国雷诺公司第一次在自动变速器上使用了电器元件。

1982年丰田公司生产出第一台由微机控制的电控自动变速器A-140E装配在四缸嘉美上。

1984年美国奥兹莫尔汽车装上了THM 440-T4美国的第一台电子控制的自动变速器，到20世纪80年代末，美国三大汽车公司都分别推出了两种以上的电子控制自动变速器。

1992年以前生产的电子控制自动变速器的执行器——电磁阀最多的也只有两个，一个负责变矩器锁止，一个负责D位上四挡的升降，在这一时期电子控制还处于辅助阶段。

1992年至1994年是电子控制变速器飞速发展的阶段。电磁阀特别是换挡电磁阀数量的增加，使得换挡电磁阀已经完全取消了节气门油压和速度油压对D位升挡的控制。

经济模式、运动模式、雪地驾驶模式这些控制模式的出现使汽车的驾驶随心所欲。

1995年自动变速器发展基本成熟，原来的换挡电磁阀主要是控制D位上各挡的升降，1995年后某些变速器的换挡电磁阀对D位各挡，手动挡，倒车挡全都负责，所以被称为全电子控制自动变速器。

现在我国轿车和豪华大客车上电子控制的自动变速器已呈普及之势。上海通用汽车公司1994年正式投产4T-65E变速器。上海大众帕萨特、宝来、波罗、桑塔纳、奥迪、捷达王都已装用自动变速器。

（2）汽车自动变速器的分类

1）按变速形式分

可分为有级变速器与无级变速器两种。有级变速器是具有有限几个定值传动比（一般有3~5个前进挡和一个倒挡）的变速器。无级变速器是能使传动比在一定范围内连续变化的变速器，无级变速器目前在汽车上应用已逐步增多。

2）按无级变速的种类分

①液力变矩器自动变速器：就是在液力变矩器后面装一个齿轮变速系统。

②机械式自动变速器：它是由离合器和依据车速、油门开度改变，V形带轮的作用半径而实现无级变速的。

③电动轮无级变速：它取消了机械传动中的传统机构，而代之以电流输至电动机，以驱动和电动机装成一体的车轮。

3）按自动变速器前进挡的挡位数分

自动变速器按前进挡的挡位数不同，可分为2个前进挡、3个前进挡、4个前进挡三种。早期的自动变速器通常为2个前进挡或3个前进挡。这两种自动变速器都没有超速挡，其最高挡为直接挡。新型轿车装用的自动变速器基本上都是4个前进挡，即设有超速挡。这种设计虽然使自动变速器的构造更加复杂，但由于设有超速挡，大大改善了汽车的燃油经济性。

4）按齿轮变速器的类型分

自动变速器按齿轮变速器的类型不同，可分为普通齿轮式和行星齿轮式两种。普通齿轮式自动变速器体积较大，最大传动比较小，使用较少。行星齿轮式自动变速器结构紧凑，能获得较大的传动比，为绝大多数轿车采用。

5）按齿轮变速系统的控制方式分

①液控自动变速器：是通过机械的手段，将汽车行驶时的车速及节气门开度两个参数转变为液压控制信号；阀板中的各个控制阀根据这些液压控制信号的大小，按照设定的换挡规律，通过控制换挡执行机构动作，实现自动换挡。现在使用较少。

②电控液动自动变速器：是通过各种传感器，将发动机转速、节气门开度、车速、发动机水温、自动变速器液压油温度等参数转变为电信号，并输入电脑；电脑根据这些电信号，按照设定的换挡规律，向换挡电磁阀、油压电磁阀等发出电控制信号；换挡电磁阀和油压电磁阀再将电脑的电控信号转变为液压控制信号，阀板中的各个控制阀根据这些液压控制信号，控制换挡执行机构的动作，从而实现自动。

综上所述，电控液力行星齿轮变速器使用非常广泛，本文以它为例来具体讲解一下自动变速器的基本组成和工作原理。

(3) 汽车自动变速器的组成

1）液力变矩器

液力变矩器位于自动变速器的最前端，它是利用油液将动力传给变速器，减速增扭，并无级变速。

2）行星齿轮变速系统

它包括行星齿轮变速机构和换挡执行机构。换挡执行机构，可以使行星齿轮变速器机构处于不同的挡位，以实现不同的传动比。行星齿轮变速机构可使变速器具3~4个前进挡和1个倒挡。

3）液压控制系统

它包括油泵、阀体、电磁阀、储压器及液压管路。用于控制自动变速器的升挡、降挡和液压变矩器的锁止离合器。

4）电子控制系统

它包括ECU、传感器、执行器及控制电路等。它可根据汽车的行驶情况，按照设定的换挡规律，通过液压控制系统控制变速器自动换挡。

5）冷却、滤清装置

变速器油液在传动中，会产生高温，使传动效率降低。因此须使用油液散热，以保证油温在80℃~90℃。油液中会有杂质，为保证阀体以及各件的正常工作，需在油底中加滤油网，有的还使用磁力油堵。

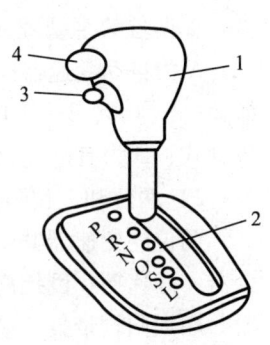

图3-22 换挡手柄示意图

1—操纵手柄；2—挡位；3—超速挡开关或保持开关；4—锁止按钮

(4) 自动变速器换挡手柄使用

换挡手柄可以用来操纵以选择行驶方向（图3-22）。

1）P位（停车挡）

当手柄在此位置时，变速器输出轴锁止。车轮不能转动，防

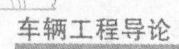

止汽车移动。同时，换挡执行机构使变速器处于空挡位置，此时，可启动发动机。

2）N位（空挡位）

当手柄在此位时，变速器处于空挡位，与P挡时相同，但输出轴不锁止，汽车可移动，此位可启动发动机。

3）R位（倒车挡）

当手柄在此位置时，变速器的输入轴转动方向与输出轴转向相反，实现倒车。

4）D位（前进挡）

D这个挡位下变速箱会在1~超速挡（相当于1~4挡）根据速度和油门情况自动切换，该挡位用于在一般道路行驶。由于各国车型有不同的设计，所以D挡一般包括从1挡至高挡或者2挡至高挡，并会因车速及负荷的变化而自动换挡。将拨杆放置在D挡上，驾车者控制车速快慢只要控制好油门踏板就可以了。正常行驶时将选挡杆放在D位，汽车可在1~4挡（或3挡）之间自动换挡。D位是最常用的行驶位置。

5）S位（前进低挡）

当手柄在此位时，自动变速器控制系统将限制前进挡的变换范围，2挡（或3挡）间变化（有的S位只锁定2挡），具有发动机制动功能，这样可防止汽车在长坡道行驶出现"循环跳挡"。从而使变速器的摩擦片加速磨损。此挡适用于长坡道和易打滑路面行驶。

6）L位（前进低挡）

当手柄在此位时，自动变速器将限制前进挡范围，只能在1⟷2挡变换或只能在1挡（被称为强制1挡），具有发动机制动功能。此挡适用于在陡坡或差路面状况下行驶。

（5）自动变速器型号

1）丰田公司变速器型号说明

①三位数字型号 A – 140E

A为自动变速器；第一位阿拉伯数字为1、2、5的是前驱变速器；第一位阿拉伯数字为3、4、6的是后驱变速器。第二位阿拉伯数字为前进挡的挡数，如3——3个前进挡；4——4个前进挡；5——5个前进挡。第三位阿拉伯数字为产品序列：0——第一代产品、1——第二代产品、2——第三代产品。末端字母：E——电子控制、H. F——四轮驱动、L——有锁止离合器。

②两位数字型号 A42D

A为自动变速器；第一位阿拉伯数字4为后驱变速器；第二位阿拉伯数字为产品序列，如2——海狮、3——皮卡、5——皇冠、6——大霸王；丰田公司所有的自动变速器都是辛普森式；D为有超速挡。

2）两位和三位阿拉伯数字的区别

两位的变速器共用太阳轮带鼓，前离合器为前进挡离合器，后离合器为高速挡、倒挡离合器，高速挡、倒挡离合器后面为手动二挡片式齿轮，齿轮齿数少，传动比小。三位的变速器共用太阳轮带鼓，前离合器为高挡倒挡离合器，后离合器为前进挡离合器，围绕高速挡、倒挡离合器为手动二挡片式制动器，齿轮齿数多，传动比大。

三位的变速器共用太阳轮带鼓，前离合器为高挡倒挡离合器，后离合器为前进挡离合器，围绕高速挡倒挡离合器为手动二挡片式制动器，齿轮齿数多，传动比大。

3）三菱公司变速器型号说明 F4A33

第一位字母表示变速器的装配型，如：F为前轮驱动，W为四轮驱动，V为后轮驱动；

第二位数字表示变速器前进挡位,如:4——4 挡、3——3 挡;第三位字母 A 表示自动变速器;第四、五位数字表示型号版体。

4)通用汽车公司变速器型号说明 4T60E

第一位数字表示变速器前进挡位,如:4——4 挡、3——3 挡;第二位字母:T 表示前驱横置,L 为纵向安装后驱或四驱;第三、四位数字为额定变速器输入轴驱动转矩,单位 kgf·m 如:60 表示 60 kgf·m(注:kgf 为非法定计量单位 1 kgf = 9.8 N);第五位字母 E 为电子控制。

5)克莱斯勒公司变速器型号说明 41TE

第一位数字表示前进挡位,如:4——4 挡、3——3 挡;第二为数字表为负荷:如 0 为轻负载、1 为中负荷;第三位字母:T 为前驱横置式、L 为发动机纵置前驱、R 为后轮驱动、A 为四轮驱动;第四位字母:E 为电子控制、H 为液压控制。

(6)电控液力自动变速器的自动变速原理

如图 3-23 所示,电控液力自动变速器是通过传感器和开关检测汽车和发动机的运行状态,接受驾驶员的指令,将发动机转速、节气门开度、车速、发动机水温、自动变速器液压油温等参数转变为电信号,并输入电控单元(ECU);ECU 根据这些信号,按照设定的换挡规律,向换挡电磁阀、油压电磁阀等发出电子控制信号;换挡电磁阀和油压电磁阀再将 EUC 发出的控制信号转变为液压控制信号,阀板中的各个控制阀根据这些液压控制信号,控制换挡执行机构的动作,从而实现自动换挡。

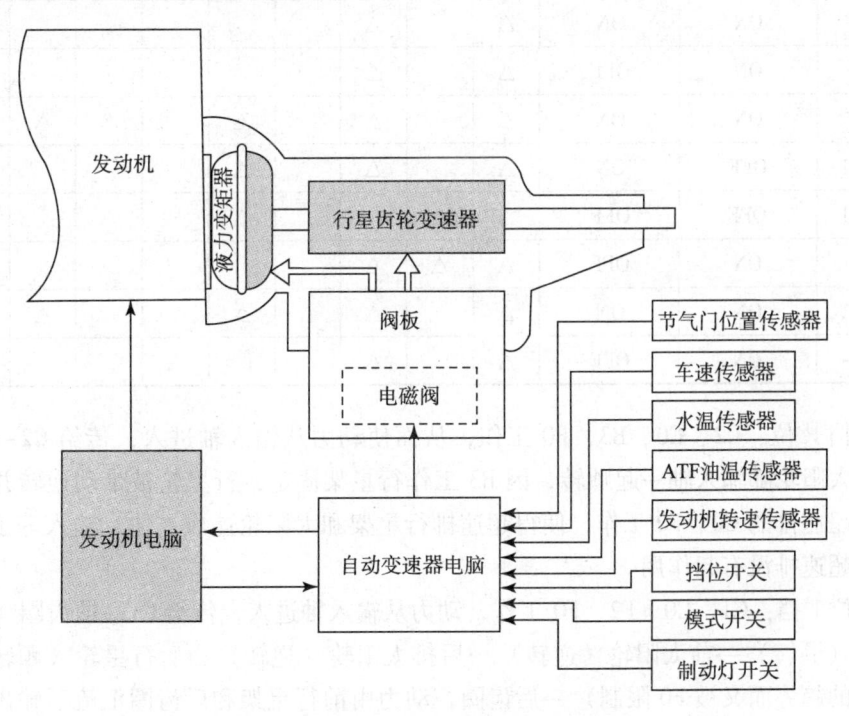

图 3-23 电控液力自动变速器控制原理

(7)丰田 A140E 自动变速器的结构与工作原理

1)A140E 自动变速器行星齿轮机构的挡位分析

A140E 行星齿轮部分如图 3-24 所示。由表 3-1 可以知道不同挡位参与的不同工作元件。

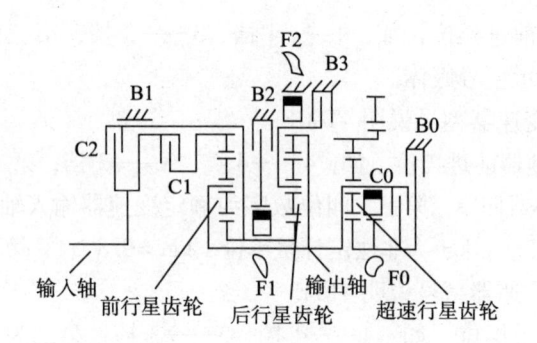

图 3-24　丰田 A140E 自动变速器传动路线

C1—前进挡离合器；C2—倒挡及高挡离合器；C0—超速排离合器；B1—2 挡强制制动器；B2—2 挡制动器；B3—低挡及倒挡制动器；B0—超速排制动器；F1—2 挡单向离合器；F2—低挡单向离合器；F0—超速排单向离合器

表 3-1　丰田 A140E 自动变速器各挡位与执行元件关系

挡位	排挡	1号电磁阀	2号电磁阀	C1	C2	C0	B1	B2	B3	B0	F1	F2	F0
P	驻车	ON	ON			△							△
R	倒	ON	ON		△	△			△				△
N	空	ON	ON	△		△							△
D	一	ON	OFF	△		△						△	△
D	二	ON	ON	△		△		△			△		△
D	三	OFF	ON	△		△							△
D	四	OFF	OFF	△				△		△			
2	一	ON	OFF	△		△						△	△
2	二	ON	ON	△		△	△	△			△		△
L	一	ON	OFF	△		△			△			△	△

①倒挡 R 位：C2、C0、B3、F0 工作，从而使动力从输入轴进入，传给 C2→后排太阳轮使后排太阳轮随输入轴一起顺转，因 B3 工作行星架固定，行星轮被带动逆转并使齿圈逆转输出。超速排的 C0、F0 工作，使得超速排行星架和太阳轮连成一体，输入等于输出，也就是说此超速排没有起作用。

②D 位 1 挡：C1、C0、F2、F0 工作，动力从输入轴进入，传给 C1→前齿圈（顺转）→前行星轮（顺转）→前太阳轮（逆转）→后排太阳轮（逆转）→后行星轮（顺转同时具有逆向公转的趋势而又被 F0 限制）→后齿圈，动力由前行星架和后齿圈汇流后输出。超速排状态如前。当 L 位 1 挡时：B3 参与工作，使后行星架固定，后轮的动力可反向传回，也就是具有发动机制动作用。

③D 位 2 挡：C1、C0、B2、F1、F0 工作，动力从输入轴进入，传给 C1→前齿圈（顺转）→前行星轮（顺转）并具有使太阳轮逆转的趋势，B2、F1 的作用使太阳轮固定，行星轮带动行星架绕太阳轮公转输出。超速排状态如前。当 2 位 2 挡时：B1 参与工作，使太阳

轮固定，此时具有发动机制动作用。

④D位3挡：C1、C2、C0、B2、F0工作，C1、C2的工作时前后排行星轮各元件无相互间的运动，使输入输出为1:1，也是直接挡。超速排状态如前。

⑤D位4挡：C1、C2、B2、B0工作，C1、C2的工作时前后排行星轮各元件无相互间的运动，使输入输出为1:1。B0工作，使超速排太阳轮固定，1:1的动力由超速排行星架输入，齿圈输出，传动比小于1。此时为超速挡。

2）A140E自动变速器控制油路分析

各种自动变速器的油路部分组成和原理都差不多，参数调节部分主要有两方面：一是节气门压力调节阀（简称节气门阀），当节气门开度变大时，加速踏板控制油压升高；二是速控调压阀（又称速控阀），车速升高时，速控油压增大。在电子控制自动变速器中，这个过程由传感器、电控单元（ECU）、电磁阀来完成，A140E自动变速器控制油路如图3-25所示。

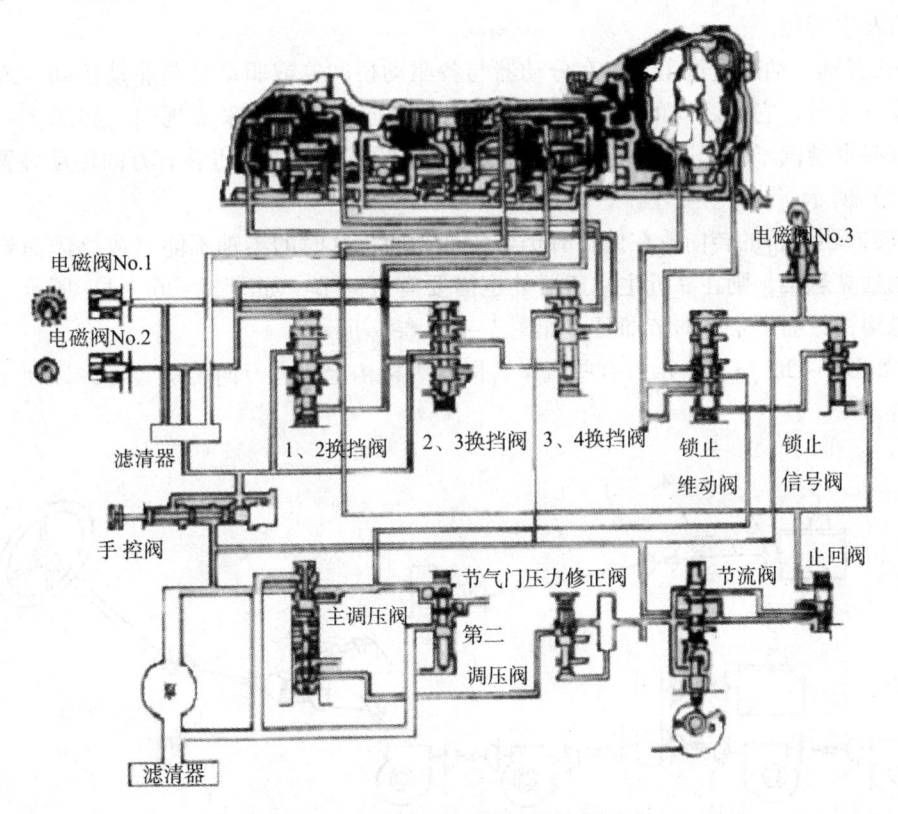

图3-25 A140E自动变速器控制油路

换挡时刻控制部分主要是换挡阀，在电子控制自动变速器中，换挡阀根据电子控制器确定换挡点及换挡信号工作，进行自动换挡。

换挡品质控制机构的作用是控制换挡过程，使升降挡更加平稳、柔和、无冲击，防止产生大的动载荷。一般是在液压通道上增加蓄能减振器、缓冲阀、定时阀、执行力调节阀等。

3.1.4 汽车万向传动装置

1. 万向传动装置的功用、组成及应用

(1) 功用

万向传动装置用来实现变角度的动力传递。

(2) 组成

万向传动装置一般由万向节和传动轴组成，有时还加中间支撑。

(3) 万向传动装置在汽车上的应用

1) 变速器（或分动器）与驱动桥之间，如图 3-26（a）所示。由于一般汽车变速器、离合器与发动机是作为一个整体装在车架上，而驱动桥是通过悬架与车架相连接，这样在负荷变化及汽车行驶中路面不平时引起的跳动，都会使驱动桥输入轴与变速器输出轴之间的夹角和距离发生变化。

2) 在多轴驱动越野汽车上，在分动器与各驱动桥间，或驱动桥与驱动桥间，或变速器与分动器分开时，它们之间的动力传递等都是靠万向传动装置来实现的，如图 3-26（b）所示。有些重型汽车的变速器与发动机是分开固定的，它们之间也装有万向传动装置，如图 3-26（c）所示。

3) 转向驱动桥的转向轮在偏转时仍要传递动力，这时的半轴不能制成整体而要分成两段，采用独立悬架，则在靠近主减速器处也需要有万向节，如图 3-26（d）所示。若采用非独立悬架，只需 2 个万向节即可，如图 3-26（e）所示。

4) 如图 3-26（f）所示，有些汽车转向操纵机构上装有万向传动装置，以便于转向系总体布置。

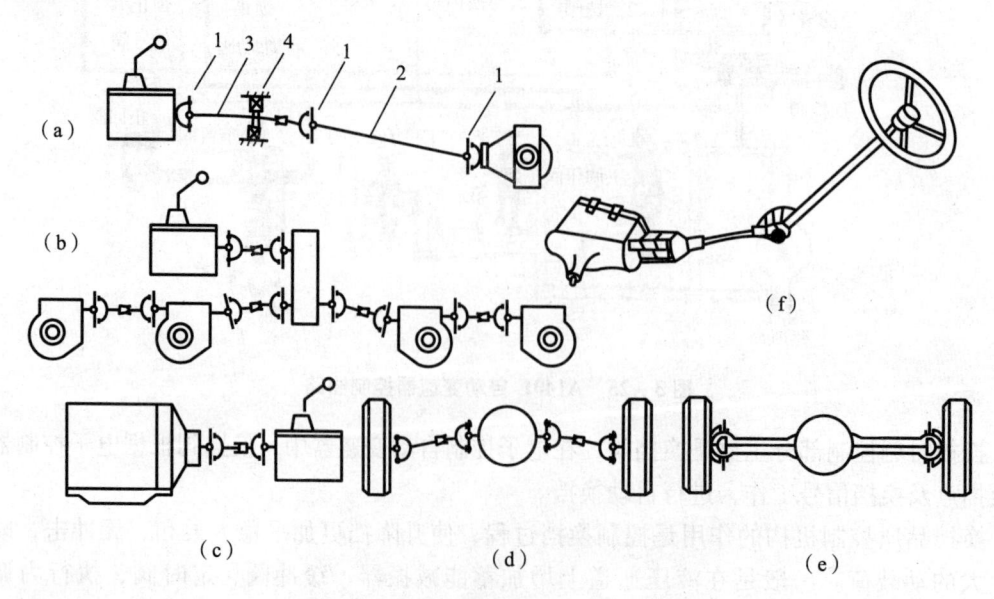

图 3-26 万向传动装置在汽车上的应用

1—万向节；2—主传动轴；3—中间传动轴；4—中间支撑

2. 万向节

万向节按其在扭转方向上是否有明显的弹性可以分为刚性万向节和挠性万向节。

刚性万向节是靠零件的铰链式连接传递动力的，可分为不等速万向节（十字轴式）、准等速万向节（双联式、三轴式等）和等速万向节（球笼式、球叉式等）。

挠性万向节的特点是其传力组件采用夹布橡胶盘、橡胶块、橡胶环等弹性组件，它具有能吸收传动系统中的冲击载荷和衰减扭转振动、结构简单、无需润滑等优点，一般用于夹角较小（3°～5°）的两轴间和有微量轴向移动的传动场合。

（1）十字轴式刚性万向节

十字轴式刚性万向节因其结构简单，传动可靠，效率高，且允许两传动轴之间有较大的交角（一般为15°～20°），故普遍应用于各类汽车的传动系中，它一般由一个十字轴（空心）、两个万向节叉和四个滚针轴承等部件组成，如图3-27所示。

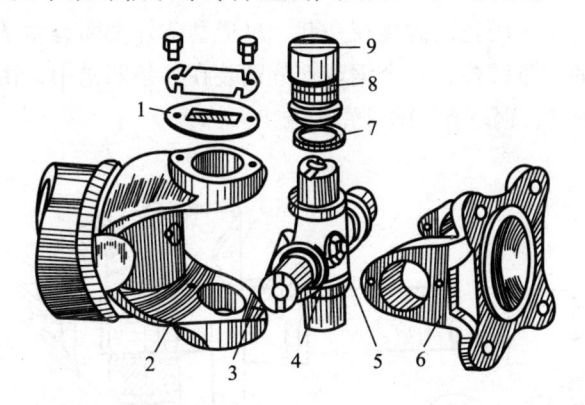

图3-27 十字轴刚性万向节

1—轴承盖；2，6—万向节叉；3—油嘴；4—十字轴；5—安全阀；7—油封；8—滚针；9—套筒

对于单个万向节在输入轴和输出轴之间有夹角的情况下，其两轴的角速度不相等，因此在汽车上万向传动装置往往采用双十字轴万向节来实现等速传动，但必须满足如下两个条件：

1）第一万向节两轴间夹角 α_1 与第二万向节两轴间夹角 α_2 相等；

2）第一万向节的从动叉与第二万向节的主动叉处于同一平面内，如图3-28所示。

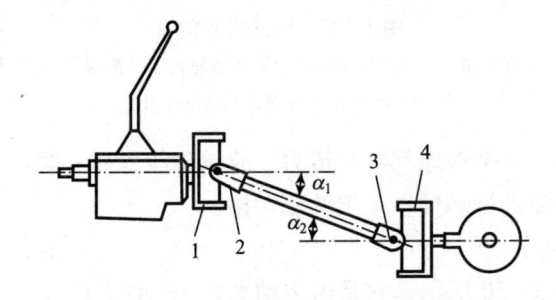

图3-28 双十字轴刚性万向节等速传动布置

1，3—主动叉；2，4—从动叉

就每一个万向节而言，只要存在着交角 α_1 或 α_2，万向节在工作过程中内部各零件之间就有相对运动，因而导致摩擦损失，降低传动效率，交角越大，则效率越低。因此，在汽车

总体布置上，应尽量减小 α_1 和 α_2。

上述双万向节传动虽能近似地解决等速传动问题，但在某些情况下，有其局限性。例如转向驱动桥的分段半轴间，在布置上受轴向尺寸限制，而且转向轮要求偏转角度大，因而上述双万向节传动已难以适应。在长期实践过程中，人们创造了各种形式的等速和准等速万向节，只要用一个这样的万向节，即能实现或基本实现等角速传动。在转向驱动桥及独立悬架的后驱动桥中，广泛采用等角速万向节。

（2）等速万向节

等速万向节的基本原理是从结构上保证万向节在工作中其传力点始终位于两轴交角的平分面上。目前汽车上应用较广泛的等速万向节有球笼式、球叉式及组合式等多种形式。

1）球笼式等速万向节

如图 3-29 所示，球笼式万向节由六个钢球 6、星形套 7、球形壳 8 和保持架 4 等组成。万向节星形套 7 与主动轴 1 用花键固接在一起，星形套 7 外表面有六条弧形凹槽滚道，球形壳 8 的内表面有相应的六条凹槽，六个钢球 6 分别装在各条凹槽中，由球笼使其保持在同一平面内。动力由主动轴 1、钢球 6、球形壳 8 输出。

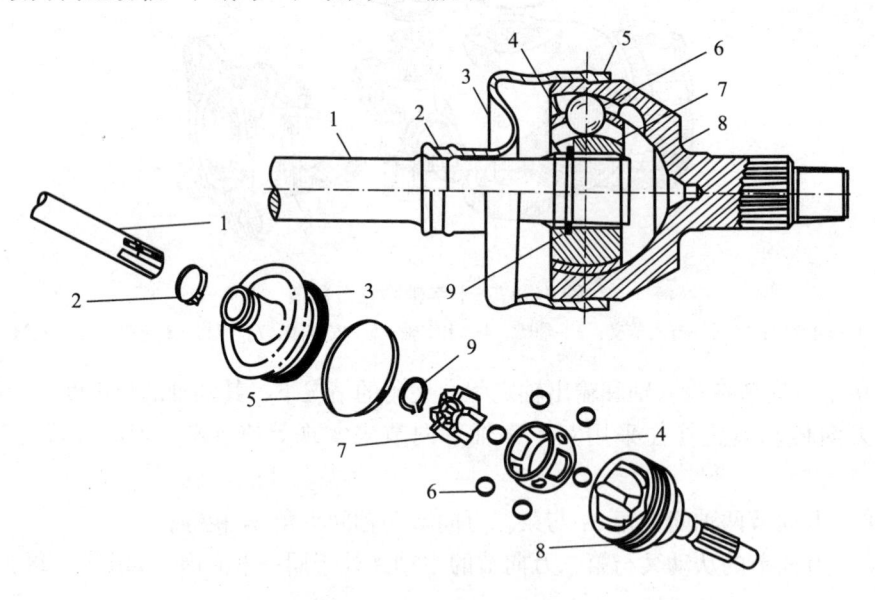

图 3-29 球笼式万向节
1—主动轴；2，5—钢带箍；3—外罩；4—保持架（球笼）；6—钢球；7—星形套（内滚道）；
8—球形壳（外滚道）；9—卡环

球笼式万向节工作时六个钢球都参与传力，故承载能力强、磨损小、寿命长。它被广泛应用于各种型号的转向驱动桥和独立悬架的驱动桥。

2）球叉式等速万向节

球叉式万向节如图 3-30 所示，它是由主动叉 5、从动叉 1、四个传动钢球 4、中心钢球 6、定位销 3 和锁止销 2 组成。主动叉 1 与从动叉 5 分别与内、外半轴制成一体。在主、从动叉上，分别有四个曲面凹槽，装配后，则形成两个相交的环形槽，作为钢球滚道。四个传动钢球 4 放在槽中，中心钢球放在两叉中心的凹槽内，以定中心。

球叉式万向节在工作的时候，只有两个钢球传力，磨损快，影响使用寿命，现在应用越

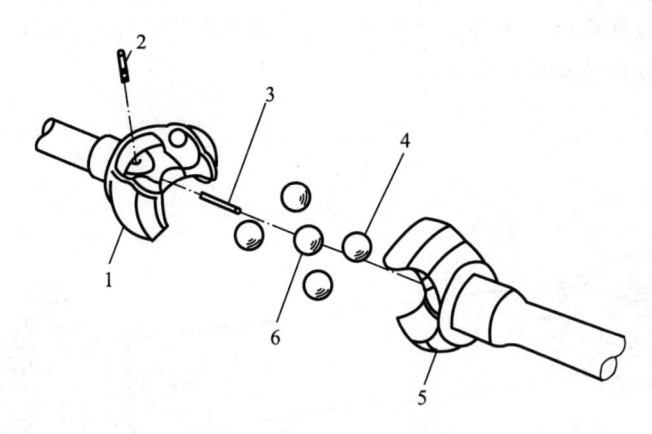

图 3-30 球叉式万向节

1—从动叉；2—锁止销；3—定位销；4—传动钢球；5—主动叉；6—中心钢球

来越少。

3) 组合式等速万向节

组合式万向节如图 3-31 所示，球叉 3 的三个直槽与三个传力球 4 相配合，三个球销 5 制成一体，分别定位在球笼 6 上。连接卡簧 7 防止球笼 6 脱离球叉，在弹簧作用下，中心球座始终与球叉 3 的内凹面接触，起定心作用。万向节工作时，动力由半轴输入，经球叉 3、传力球 4、球销 5，最后经球笼 6 输出，结构较紧凑。

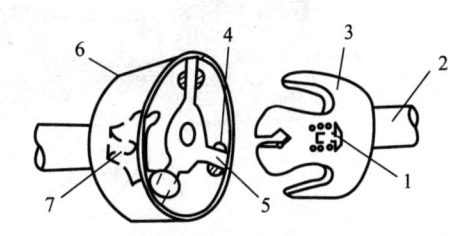

图 3-31 组合式万向节

1—中心钢球；2—半轴；3—球叉；4—传力球；5—球销；6—球笼；7—连接卡簧

3. 传动轴

(1) 功用

传动轴是万向传动装置中的主要传力部件。通常用来连接变速器（或分动器）和驱动桥，在转向驱动桥和断开式驱动桥中，则用来连接差速器和驱动车轮。

(2) 构造

传动轴有实心轴和空心轴之分。为了减轻传动轴的质量，节省材料，提高轴的强度、刚度，传动轴多为空心轴，一般用厚度为 1.5~3 mm 的薄钢板卷焊而成，超重型货车则直接采用无缝钢管。

转向驱动桥、断开式驱动桥或微型汽车的传动轴通常制成实心轴。

如图 3-32 所示为解放 CA1092 汽车的万向传动装置，因传动轴过长时，自振频率降低，易产生共振，故将其分成两段并加中间支撑，中间传动轴前端焊有万向节叉，后端焊有花键轴，其上套装带内花键的凸缘盘；主传动轴前端焊有花键轴，其上套装滑动叉，并在花键轴上可轴向滑动，适应变速器与驱动桥相对位置的变化。滑动部位用润滑脂润滑，并用油封（即橡胶伸缩套）防漏、防水、防尘，滑动叉前端装有带小孔的堵盖，保证花键部位伸缩自由。

传动轴两端的连接件装好后，应进行动平衡试验。在质量轻的一侧补焊平衡片，使其不平衡量不超过规定值。为防止装错位置和破坏平衡，滑动叉、轴管上都应刻有带箭头的记号。为保持平衡，油封 15 上两个带箍的开口销应装在间隔 180°位置上，万向节的螺钉、垫片等零件不应随意改换规格。为加注润滑脂方便,万向传动装置的油嘴应在一条直线上,且万向节上的油嘴应朝向传动轴。

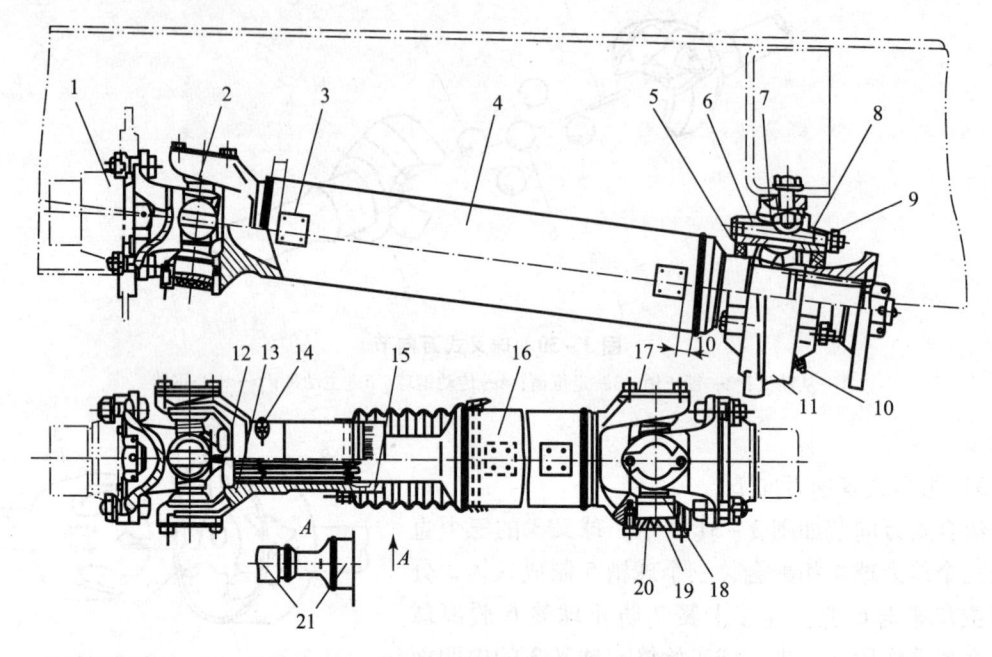

图 3-32 解放 CA1092 汽车的万向传动装置

1—凸缘叉;2—万向节十字轴;3—平衡片;4—中间传动轴;5,15—中间支撑油封;6—中间支撑前盖;7—橡胶垫片;8—中间支撑后盖;9—双列圆锥滚子轴承;10,14—油嘴;11—支架;12—堵盖;13—滑动叉;16—主传动轴;17—锁片;18—滚针轴承油封;19—万向节滚针轴承;20—滚针轴承轴承盖;21—装配位置标记

4. 中间支撑

(1) 功用

传动轴分段时需加中间支撑,中间支撑通常装在车架横梁上,能补偿传动轴轴向和角度方向的安装误差,以及汽车行驶过程中因发动机窜动或车架变形等引起的位移。

(2) 结构

中间支撑常用弹性元件来满足上述功用,如图 3-33 所示的中间支撑是由支架和轴承等组成,双列锥轴承固定在中间传动轴后部的轴颈上。带油封的支撑盖之间装有弹性元件橡胶垫环,用三个螺栓紧固。紧固时,橡胶垫环会径向扩张,其外圆被挤紧于支架的内孔。轴承可在轴承座内轴向滑动,轴承座装在蜂窝形橡胶垫内,通过 U 形支架固定在车架横梁上。

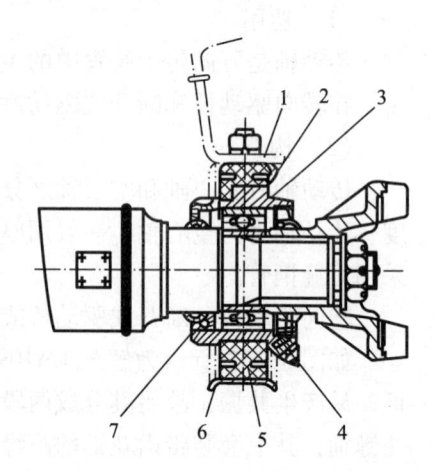

图 3-33 东风 EQ1090 汽车的中间支撑

1—车架横梁;2—轴承座;3—轴承;4—油嘴;5—蜂窝形橡胶;6—U 形支架;7—油封

3.1.5 汽车驱动桥

1. 组成与功用

（1）组成

汽车驱动桥是汽车传动系中最末端总成。驱动桥的驱动形式与驱动车轮悬架结构密切相关，非独立悬架采用非断开式驱动桥，而独立悬架采用断开式驱动桥，但是它们都是由主减速器、差速器、半轴、万向节、驱动车轮和桥壳等组成的。

（2）功用

1）将万向传动装置传来的发动机转矩通过主减速器、差速器、半轴等传到驱动轮，实现降速、增大转矩。

2）通过主减速器圆锥齿轮副改变转矩的传递方向。

3）通过差速器实现两侧车轮差速作用，保证内、外侧车轮以不同转速转向。

2. 主减速器

主减速器一般用来改变传动方向，降低转速，增大扭矩，保证汽车有足够的驱动力和适当的速度。主减速器的种类繁多：有单级式和双级式；有单速式和双速式；还有贯通式和轮边式等。

单级主减速器是由一对减速齿轮啮合实现传动的减速的装置。其结构简单，重量轻，在东风EQ1090型等轻、中型载重汽车上应用广泛，结构如图3-34所示。由图3-34可看出来

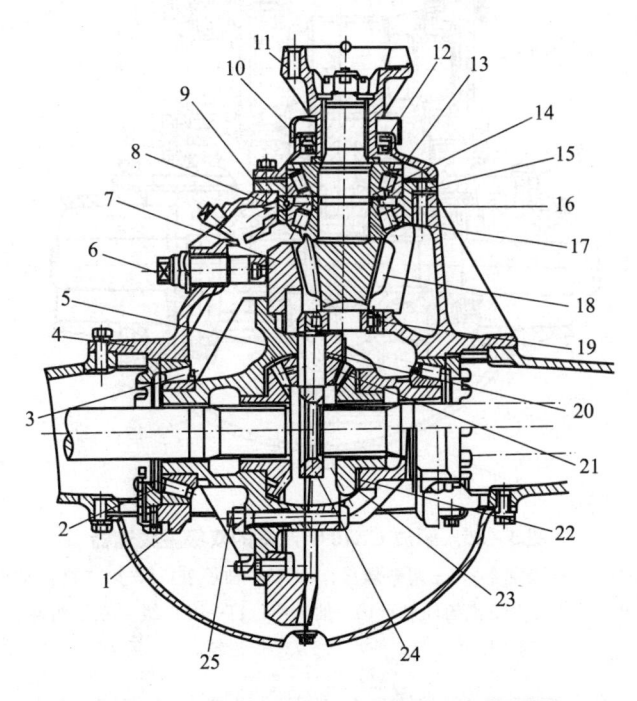

图3-34 东风EQ1090型汽车单级主减速器

1—差速器轴承盖；2—轴承调整螺母；3、13、17—圆锥滚子轴承；4—主减速器壳；5—差速器壳；6—支撑螺柱；7—从动锥齿轮；8—进油道；9、14—调整垫片；10—防尘罩；11—叉形凸缘；12—油封；15—轴承座；16—回油道；18—主动锥齿轮；19—圆柱滚子轴承；20—行星齿轮垫片；21—行星齿轮；22—半轴齿轮推力垫片；23—半轴齿轮；24—行星齿轮轴（十字轴）；25—螺栓

东风 EQ1090 单级主减速器传动机构为一对准双曲面齿轮 18 和 7。主动齿轮 18 有 6 个齿，从动齿轮 7 有 38 个齿，因此其主传动比 $i_0 = 6.33$。

有些汽车需要较大的主减速器传动比，单级主减速器已不能满足足够的离地间隙，这就需要采用由两对齿轮降速的双级主减速器。如图 3-35 所示为解放 CA1092 汽车的双级主减速器。第一级传动为第一级主动锥齿轮 11 和第一级从动锥齿轮 16，这是一对螺旋锥齿轮，而不是桑塔纳 2000 和东风 EQ1090 主减速器采用的准双曲面齿轮，其传动比为 $i_1 = \dfrac{25}{13} = 1.923$；第二级传动为第二级主动齿轮 5 和第二级从动齿轮 1，这是一对斜齿圆柱齿轮，其传动比为 $i_1 = \dfrac{45}{15} = 3$，主传动比 $i_0 = i_1 \times i_2 = 5.77$。

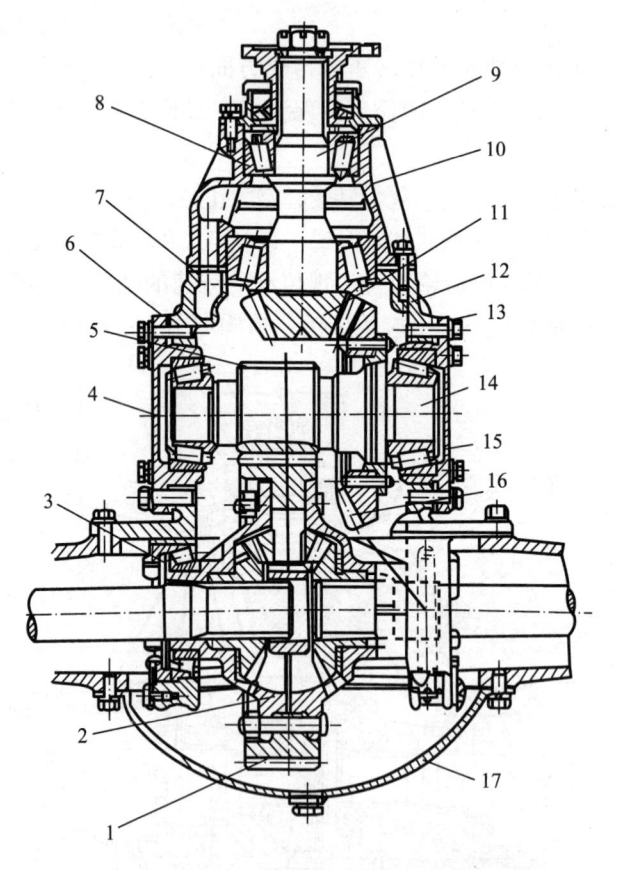

图 3-35 解放 CA1092 汽车的双级主减速器

1—第二级从动齿轮；2—差速器；3—调整螺母；4，15—轴承盖；5—第二级主动齿轮；6，7，8，13—调整垫片；9—第一级主动锥齿轮轴；10—轴承座；11—第一级主动锥齿轮；12—主减速器；14—中间轴；16—第一级从动锥齿轮；17—后盖

在重型载货车、越野汽车或大型客车上，当要求有较大的主传动比和较大的离地间隙时，往往将双级主减速器中的第二级减速齿轮机构制成同样的两套，分别安装在两侧驱动车轮的近旁，称为轮边减速器，而第一级即称为主减速器。

另外，有些多轴驱动的越野汽车，为了简化结构，通往后桥与通往中桥的动力，在中桥与分动器之间共享一个万向传动装置传递，通至中桥的一部分动力再经中桥至后桥的万向传动装置传至后桥。这种中驱动桥的主减速器就叫贯通式主减速器。

3. 差速器

（1）功用

差速器的功用是将主减速器传来的动力传给左、右两半轴，并在必要时允许左、右半轴以不同转速旋转，使左、右驱动车轮相对地面纯滚动而不是滑动。

（2）分类

差速器按其工作特性可分为普通齿轮式差速器和防滑差速器两大类。应用最广泛的普通齿轮差速器为锥齿轮差速器（属于普通齿轮式差速器），它是由差速器壳、行星齿轮轴、2个行星齿轮、2个半轴齿轮、复合式推力垫片等组成。行星齿轮轴装入差速器壳体后用止动销定位。行星齿轮和半轴齿轮的背面制成球面，与复合式的推力垫片相配合，以减摩、耐磨。螺纹套用于紧固半轴齿轮。差速器通过一对圆锥滚子轴承支撑在变速器壳体中，如图3-36所示。

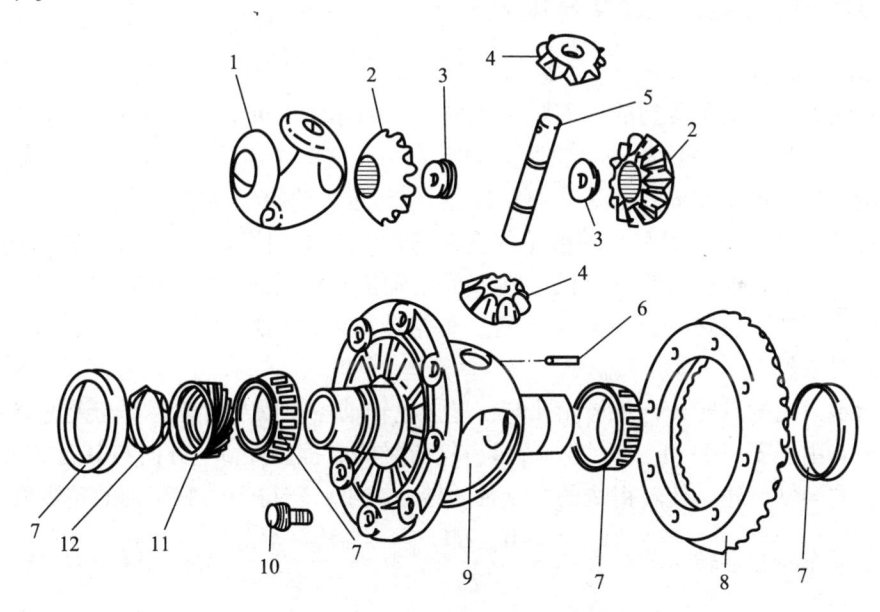

图3-36 桑塔纳2000轿车差速器

1—复合式推力垫片；2—半轴齿轮；3—螺纹套；4—行星齿轮；5—行星齿轮轴；6—止动销；7—圆锥滚子轴承；8—主减速器从动锥齿轮；9—差速器壳；10—螺栓；11—车速表齿轮；12—车速表齿轮锁紧套筒

（3）普通差速器的工作原理

差速器的工作原理如图3-37所示。主减速器传来的动力带动差速器壳（转速为n_0）转动，经过行星齿轮轴、行星齿轮、半轴齿轮、半轴（转速分别为n_1和n_2），最后传给两侧驱动车轮。

1）汽车直线行驶时

此时两侧驱动车轮所受到的地面阻力相同，并经半轴、半轴齿轮反作用于行星齿轮两啮合点A和B，见图3-37（a）。这时行星齿轮相当于等臂杠杆，即行星齿轮不自转，只随差速器壳和行星齿轮轴一起公转，两半轴无转速差，即$n_1 = n_2 = n_0$，$n_1 + n_2 = 2n_0$。

同样，由于行星齿轮相当于等臂杠杆，主减速器传动差速器壳体上的转矩M_0，并将它

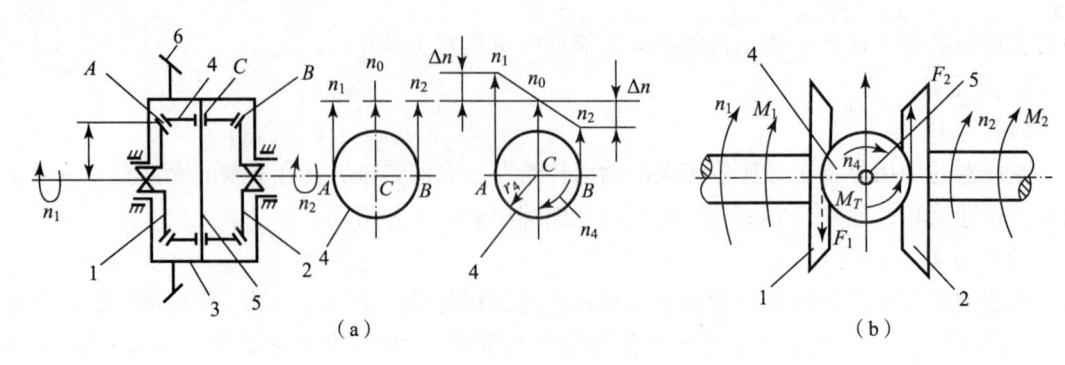

图 3-37 差速器原理图

(a) 差速器差速原理；(b) 差速器转矩分配图

1，2—半轴齿轮；3—差速器壳；4—行星齿轮；5—行星齿轮轴；6—主减速器从动齿轮

等分给两半轴齿轮（半轴），即 $M_1 = M_2 = \dfrac{M_0}{2}$。

2）汽车转向行驶时

此时两侧驱动车轮所受到的地面阻力不同。如果车辆右转，右侧（内侧）驱动车轮所受的阻力大，左侧（外侧）驱动车轮所受的阻力小。这两个阻力经半轴、半轴齿轮反作用于行星齿轮两啮合点 A 和 B，见图 3-37（a），使行星齿轮除了随差速器壳公转外还顺时针自转，设自转转速为 n_4，则左半轴齿轮的转速增加，右半轴齿轮的转速降低，且左半轴齿轮增加的转速等于右半轴齿轮降低的转速。设半轴齿轮的转速变化为 Δn，则 $n_1 = n_0 + \Delta n$，$n_2 = n_0 - \Delta n$，即汽车右转时，左侧（外侧）车轮转得快，右侧（内侧）车轮转得慢，实现纯滚动。此时依然有 $n_1 + n_2 = 2n_0$。

由于行星齿轮的自转，行星齿轮孔与行星齿轮轴轴径间以及齿轮背部与差速器壳体之间都产生摩擦。由图 3-37（b）可知，行星齿轮所受的摩擦力矩 M_T 方向与其自转方向相反，并传到左、右半轴齿轮，使转得快的左半轴的转矩减小，转得慢的右半轴的转矩增加。所以当左、右驱动车轮存在转速差时，$M_1 = \dfrac{M_0 - M_T}{2}$，$M_2 = \dfrac{M_0 + M_T}{2}$。但由于有推力垫片的存在，实际中的 M_T 很小，可以忽略不计，则 $M_1 = M_2 = \dfrac{M_0}{2}$。

因此，$n_1 + n_2 = 2n_0$（两半轴齿轮直径相等的对称式锥齿轮差速器的运动特性方程）表明了左右两侧半轴齿轮的转速之和等于差速器壳转速的两倍，而与行星齿轮转速无关，同时它具有 $M_1 = M_2 = \dfrac{M_0}{2}$（转矩等量分配特性）。因此，在汽车转弯行驶或其他行驶情况下，都可以借行星齿轮以相应转速自转，使两侧驱动车轮以不同转速在地面上滚动而无滑动。

普通锥齿轮式差速器转矩等量分配的特性对于汽车在好路面上行驶是有利的，但汽车在坏路面上行驶时却会严重影响其通过能力。例如当汽车的一个驱动轮处于泥泞路面因附着力小而原地打滑时，即使另一驱动轮处于附着力大的路面上未滑转，汽车仍不能行驶。这是因为附着力小的路面只能对驱动车轮作用一个很小的反作用力矩，而驱动转矩也只能等于这一很小的反作用力矩。由于差速器等量分配转矩的特性，附着力好的驱动轮也只能分配到同样小的转矩，以至于总的牵引力不足以克服行驶阻力，汽车便不能前进。

为了提高汽车通过坏路面的能力，可采用防滑差速器。当汽车某一侧驱动轮发生滑转时，差速器的差速作用即被锁止，并将大部分或全部转矩分配给未滑转的驱动轮，充分利用未滑转车轮与地面之间的附着力，以产生足够的牵引力使汽车继续行驶。

（4）防滑差速器

汽车上常用的防滑差速器有多种形式，下面仅介绍托森差速器的构造和工作原理。

托森差速器由差速器壳3、六个蜗轮8、六根蜗轮轴7、十二个直齿圆柱齿轮6及前、后轴蜗杆9、5组成，如图3-38所示。"托森"表示"转矩-灵敏"，它是一种轴间自锁差速器，装在变速器后端。转矩由变速器输出轴传给托森差速器，再由差速器直接分配给前驱动桥和后驱动桥。

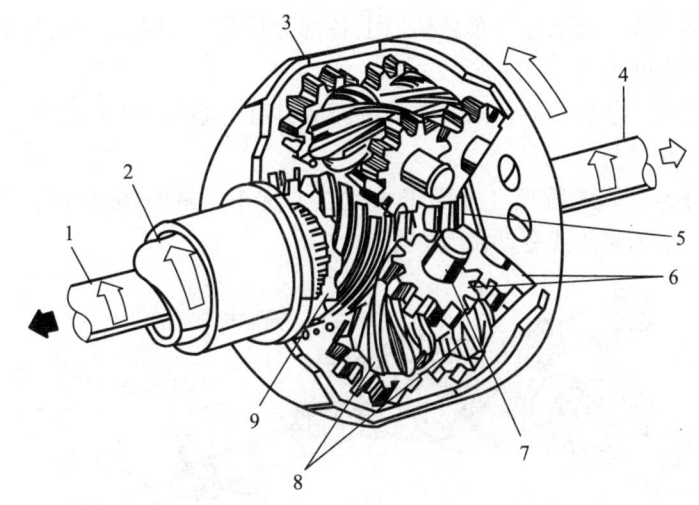

图3-38 奥迪A4托森差速器的结构
1—差速器齿轮轴；2—空心轴；3—差速器外壳；4—驱动轴凸缘盘；5—后轴蜗杆；6—直齿圆柱齿轮；7—蜗轮轴；8—蜗轮；9—前轴蜗杆

当前、后驱动桥无转速差时，蜗轮绕自身轴自转。各蜗轮、蜗杆与差速器壳一起等速转动，差速器不起差速作用。当前、后驱动桥需要有转速差时，例如汽车转弯时，因前轮转弯半径大，差速器起差速作用。此时，蜗轮除公转传递动力外，还要自转。由于直齿圆柱齿轮的相互啮合，使前后蜗轮自转方向相反，从而使前轴蜗杆转速增加，后轴蜗杆转速减小，实现了差速。托森差速器起差速作用时，由于蜗杆蜗轮啮合副之间的摩擦作用，转速较低的后驱动桥比转速较高的前驱动桥所分配到的转矩大。若后桥分配到的转矩大到一定程度而出现滑转时，则后桥转速升高一点，转矩又立刻重新分配给前桥一些，所以驱动力的分配可根据转弯的要求自动调节，使汽车转弯时具有良好的驾驶性。当前、后驱动桥中某一桥因附着力小而出现滑转时，差速器起作用，将转矩的大部分分配给附着力好的另一驱动桥（最大可达3.5倍），从而提高了汽车通过坏路面的能力。

4. 半轴和桥壳

（1）半轴

1）半轴的功用和构造

①功用

半轴的功用是将差速器传来的动力传给驱动轮。因其传递的转矩较大，常制成实心轴。

②构造

半轴的结构因驱动桥结构形式的不同而异。整体式驱动桥中的半轴为一刚性整轴。而转向驱动桥和断开式驱动桥中的半轴则分段，并用万向节连接。半轴内端一般制有外花键与半轴齿轮连接。半轴外端有的直接在轴端锻造出凸缘盘；也有的制成花键与单独制成的凸缘盘滑动配合；还有的制成锥形并通过键和螺母与轮毂固定连接。

现代汽车常采用全浮式和半浮式两种半轴支撑形式。

(2) 桥壳

驱动桥壳既是传动系的组成部分，同时也是行驶系的组成部分。作为传动系的组成部分，其功用是安装并保护主减速器、差速器和半轴。作为行驶系的组成部分，其功用是安装悬架或轮毂，和从动桥一起支撑汽车悬架以上各部分质量，承受驱动轮传来的反力和力矩，并在驱动轮与悬架之间传力。

由于桥壳承受较复杂的载荷，因此要求桥壳应具有足够的强度和刚度，质量小，还要便于主减速器的拆装和调整。

驱动桥壳可分为整体式桥壳（适用于中型以上货车）和分段式桥壳（现已很少应用）两种类型。图3-39为整体式驱动桥壳和半轴。

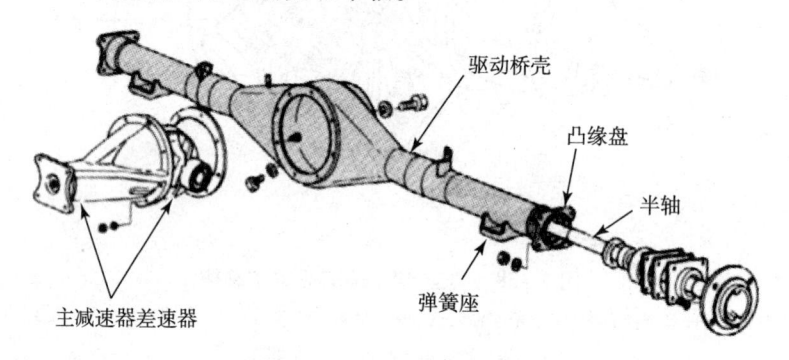

图3-39 驱动桥壳和半轴

3.1.6 坦克车辆用电传动系统

电传动技术，系指利用发电机和牵引电机进行车辆功率传递、实现车辆战术机动过程中所涉及的各项功能的技术之总称。

目前，国内外对汽车电传动的研究方兴未艾。和传统的机械传动相比，电传动有许多优点，如无级变速、任意半径转向、加速性和灵活性高、没有机械传动换挡的冲击振动、传动部件布置灵活及可采用再生制动等。新一代坦克的发展需要大量的电能以满足定向能武器（又叫"束能武器"）、电磁炮、电热炮、电磁装甲以及雷达所需。在机械传动条件下的车辆无法满足这个需要，而在电传动坦克中发电机发出数百千瓦的电能，因此提供这个能量需要是有可能的。加之电力电子技术的发展使大功率器件不断涌现，因此电传动技术应用到笨重的坦克中也就顺理成章了。

履带车辆电传动系统的动力主要来源于发动机，结构与轮式汽车采用的串联混合动力形式相似。常见的几种电传动系统的结构形式，如图3-40所示。

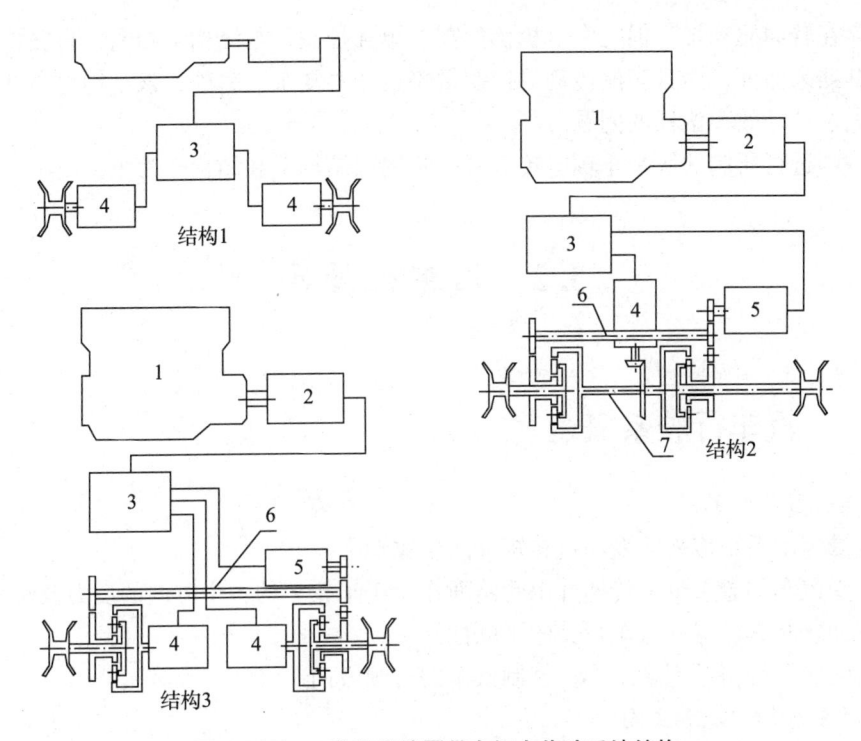

图 3-40 三种常见的履带车辆电传动系统结构

1—发动机；2—交流发电机；3—整流器/逆变器/控制器；4—直驶/驱动电动机；
5—转向电动机；6—转向驱动轴；7—直驶驱动轴

结构1是由两台完全相同的驱动电机4分别为两侧履带提供牵引力，在电机性能满足要求的情况下，机械传动部分结构简单，传动效率较高，且总体布置极为灵活。由于机械部件较少，系统的总重量、总体积都有很大的优势。

它的缺点是不易控制，由于两侧驱动电机之间没有机械连接，车辆的行驶稳定性和转向性能等动力性指标的高低完全依赖于驱动电机控制系统特性好坏。如果不能解决控制、电机本身的动态特性，以及两侧电机的特性差别等问题中的任何一个，车辆都很难正常行驶。

结构2中保留了一些传统的机械传动装置。它是由发动机带动发电机向系统内一台驱动电动机4供电，驱动电动机通过直驶驱动轴带动左右侧履带直线行驶。转向时由转向电动机5提供转向功率，通过转向横轴调节两侧车速。该结构的直驶和转向驱动是分开进行的，系统直线行驶稳定性好，且易于转向控制。

但该结构对两台电机的性能要求也比较高，尤其是转向电机，因为其在行驶中经常需要迅速地改变转动方向，并保持较大的输出转矩，以调整车辆的行驶状况。另外还要安装转向驱动轴6和直驶驱动轴7，会为空间布置增加难度，空间利用率也偏低，系统质量和转动惯量较大，传动效率也相应偏低。

结构3综合第1和第2种结构，它使用一个转向电机5和两个相同的直驶驱动电机4来实现车辆行驶。由于采用两个驱动电机，降低了对单个驱动电机性能的要求，有利于提高车辆的最大直线行驶车速、爬坡度和起步性能。该结构可以根据不同行驶意图，分别调节三个电机的输出功率，以保证车辆具有最大的动力性，或是最优的转向性能，有很强的适应性。

虽然存在转向驱动轴，但三个电机仍然需要单独控制，与结构1相同，直驶稳定性仍然要通过控制器来保证，而且多流传动的控制策略也相对复杂。另外，该结构也存在质量和转动惯量较大、传动效率偏低的问题。

目前各国进行研制的履带车辆电传动系统主要以结构1和结构2为主。

3.2 汽车行驶系

3.2.1 汽车行驶系概述

1. 汽车行驶系统的功用
1）接受传动系统传来的发动机转矩并产生驱动力。
2）承受汽车的总重量，传递并承受路面作用于车轮上的各个方向的反力及转矩。
3）缓冲、减振，保证汽车行驶的平顺性。
4）与转向系统协调配合工作，控制汽车的行驶方向。
2. 行驶系统的组成和类型
（1）行驶系统的组成
它是由车架、车桥、悬架、车轮（或履带）组成。
（2）行驶系统的类型
1）轮式行驶系
汽车行驶在比较坚实的道路上，其行驶系中直接与路面接触的部分是车轮，这种行驶系称为轮式行驶系，这样的汽车便是轮式汽车。
2）半履带式行驶系
半履带是指汽车的后桥采用履带式，前桥用车轮。履带可以减少汽车对地面的比压，控制汽车下陷，履刺还能加强履带与土壤间的相互作用，增加汽车的附着力，提高通过性，主要用于在雪地或沼泽地带行驶的汽车。
3）全履带式行驶系
前后桥都用履带称为全履带式，且通过履带与路面接触。
4）车轮履带式行驶系
前后桥即可装车轮，也可装履带，称为车轮履带式。
绝大部分汽车都采用轮式行驶系统，它由车架、车桥、悬架和车轮组成。本节主要对轮式行驶系进行研究。

3.2.2 车架

车架的功用主要是支撑连接汽车的各零部件，使各总成在汽车复杂多变的行驶过程中有正确的相对位置，并承受来自车内外的各种载荷。

现代许多轿车和大客车上没有车架，车架的功能由轿车车身或大客车车身骨架承担，故称其为承载式车身。

目前，按车架纵梁、横梁的结构特点，汽车车架的结构形式主要有边梁式车架、中梁式车架（也称脊骨式车架）和综合式车架 3 种。

1. 边梁式车架

边梁式车架由两根位于两边的纵梁和若干根横梁组成，用铆接法或焊接法将纵梁与横梁连接成坚固的刚性构架。纵梁通常用低合金钢板冲压而成，断面形状一般为槽形，也有的做成 Z 形或箱形断面。根据汽车不同形式和结构布置的要求。纵梁可以在水平面内或纵向平面内做成弯曲的，以及等断面或非等断面的。

横梁不仅用来保证车架的扭转刚度和承受纵向载荷，而且还可以支撑汽车上的主要部件。通常载货车有 5～8 根横梁，有时会更多。边梁式车架的结构特点是便于安装驾驶室、车厢及某些特种装备等，因此被广泛用在载货汽车和大多数的特种汽车上。

图 3-41 所示为东风 EQ1090 E 型汽车车架。它由两根纵梁和 8 根横梁铆接而成，纵梁 6 为槽形不等高断面梁。由于纵梁中部受到的弯曲力矩最大，为了使应力分布均匀，故中部断面高度最大。

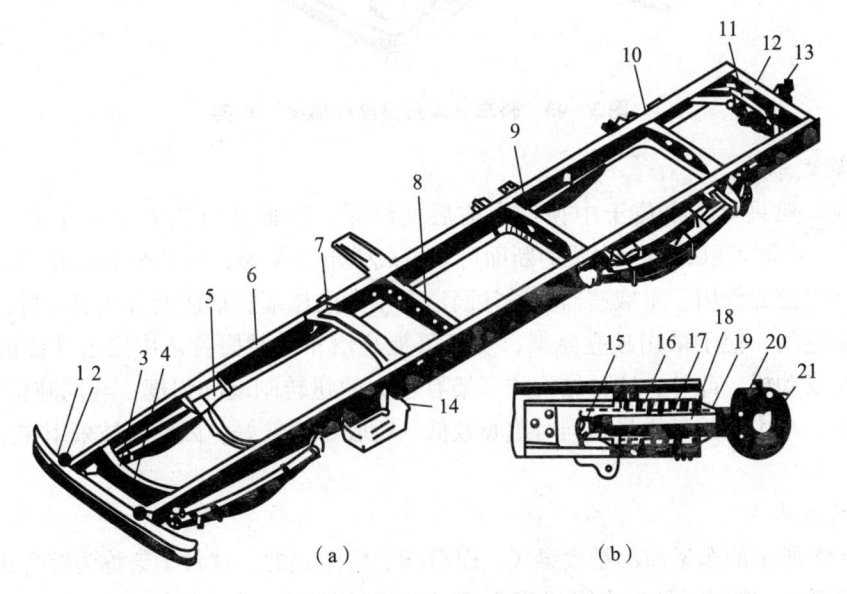

图 3-41　东风 EQ1090 E 型汽车车架
（a）车架总成；（b）拖钩部件

1—保险杠；2—挂钩；3—前横梁；4—发动机前悬置横梁；5—发动机后悬置右（左）支架和横梁；6—纵梁；7—驾驶室后悬置横梁；8—第四横梁；9—后钢板弹簧前支架横梁；10—后钢板弹簧后支架横梁；11—角撑横梁组件；12—后横梁；13—拖钩部件；14—蓄电池托架；15—螺母；16、18—衬套；17—弹簧；19—拖钩；20—锁块；21—锁扣

近代轿车车架的设计应从保证汽车有良好的整车性能出发来考虑。图 3-42 所示为丰田皇冠轿车车架和车身。由图不难看出，该车架的中部较平低，以降低汽车的重心，满足了高速轿车行驶稳定性和乘坐舒适的要求。由于车架位置的降低，车架前端做得较窄，以允许转向轮有较大的偏转角度。车架后端向上弯曲，保证了悬架变形时车轮的跳动空间。因此，轿车车架形状设计得比较复杂，但很实用。

采用 X 形高断面的横梁，可以提高车架的扭转刚度，特别对于短而宽的车架，这个效

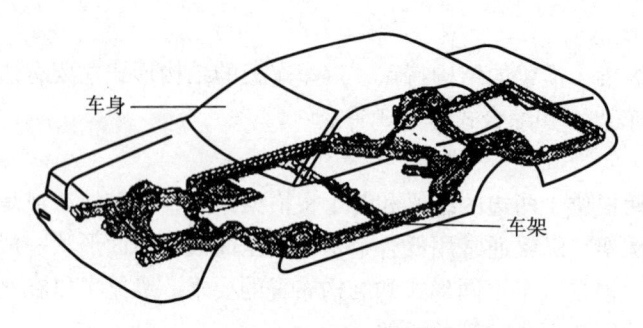

图 3-42　丰田皇冠轿车的车身和车架

果尤为显著，故 X 形横梁一般只用于轿车车架，如图 3-43 所示。

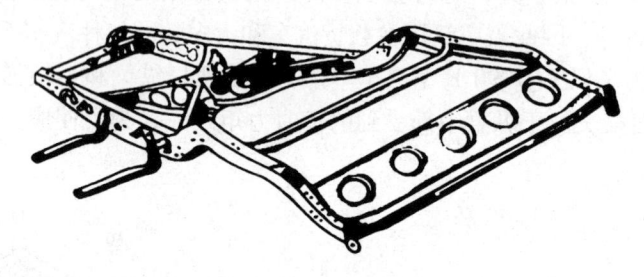

图 3-43　轿车（X 形高断面横梁）车架

2. 中梁式车架

中梁式车架只有一根位于中央贯穿前后的纵梁，因此亦称为脊骨式车架，结构如图 3-44 所示。由图可以看出，中梁的断面可以做成管形或箱形，传动轴装在管内，封闭传动轴，起到防尘套的作用。主减速器壳通常固定在中梁的尾端，形成断开式驱动桥，使车轮有较大的运动空间，便于采用独立悬架，从而可提高汽车的越野性。中梁前端做成伸出的支架，以固定发动机。此外，这种结构的车架有较大的扭转刚度和强度，与同吨位货车相比，其车架较轻，减少了整车质量；同时重心较低，行驶稳定性好。因此，被采用在某些轿车和货车上。

3. 综合式车架

图 3-45 所示的车架前部是边梁式，而后部是中梁式的，这种车架称为综合式车架（也称复合式车架）。它同时具有中梁式和边梁式车架的特点。该车架的边梁用以安装发动机，悬伸出来的支架可以固定车身。这种车架实际上属于中梁式车架的变型。

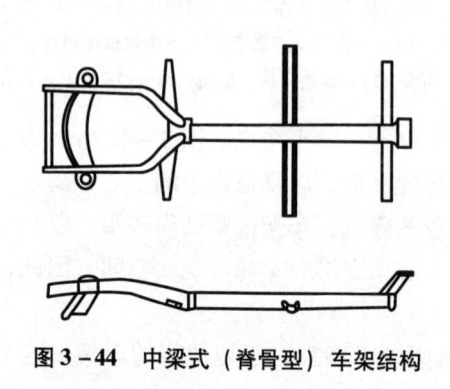

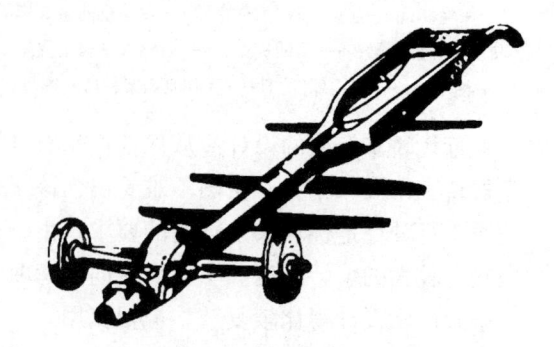

图 3-44　中梁式（脊骨型）车架结构　　　　　图 3-45　综合式车架

3.2.3 车桥和车轮

1. 车桥

(1) 车桥的功用

车桥(也称车轴)通过悬架和车架(或承载式车身)相连,它的两端安装车轮,其功用是传递车架(或承载式车身)与车轮之间各方向的作用力及其力矩。

(2) 车桥的分类

1) 根据悬架结构不同分

车桥可分为整体式和断开式两种。与非独立悬架配合使用的是整体式车桥,车桥中部是刚性的实心或空心梁;而与非独立悬架配合使用的是断开式车桥,为活动关节式结构。

2) 按照用途不同分

车桥可分为转向桥、转向驱动桥、驱动桥和支持桥四种类型,转向桥和支持桥为从动桥。汽车均以前桥为转向桥,后桥为驱动桥。驱动桥已在前面叙述,支持桥除不能转向外,其他功能和结构与转向桥相同。

(3) 转向桥

1) 功用

承受汽车前部质量,将车架传来的推动力传给前轮,并利用转向装置使车轮偏转一定角度,实现汽车转向。

2) 组成

大多数车上的前桥采用的是 BJ130 转向桥形式。它主要由前轴、转向节和轮毂等三部分组成(图 3-46)。前轴 9 是由两端拳形部分 4 与一根无缝钢管焊接而成的,这种结构不需要大型锻造设备来模锻前轴。直拉杆臂 7 与梯形臂连接在一起,固定在转向节下耳上,这样可以简化转向节结构。车轮转角限位螺钉 5 用来限制车轮的最大转角。主销止推轴承 6 采用球轴承,可使转向操纵轻便。润滑脂可由转向节上耳处滑脂嘴注入,经主销 3 内的轴向和径向油孔进入主销与衬套之间的摩擦表面,使之得到润滑。

3) 转向轮定位

为了保证汽车直线行驶的稳定性、操纵轻便性以及减少轮胎和机件的磨损,要求前轮和转向主销安装在前轴上,并保持一定的相对位置。转向轮定位参数有:转向节主销后倾、转向节主销内倾、前轮外倾和前轮前束等四项。

① 主销后倾

转向节主销装在前轴上,其上端向后倾斜,这种现象叫主销后倾。在纵向垂直平面内,垂线与主销轴线之间的夹角 γ 称为主销后倾角(图 3-47),一般汽车的转向节主销后倾角为 $\gamma = 0° \sim 30°$。主销后倾的作用主要是为了保证汽车直线行驶的稳定性,并使汽车转向后,前轮有自动回正作用。

主销后倾后,主销轴线的延长线与路面的交点 a 位于轮胎与地面接触点 b 的前面。当前轮偏转而汽车绕一转向轴线 O 转向时,在前轮上就作用有一个使汽车转向的侧向力 P,此力作用在轮胎支撑面的中心 b。如果转向节主销后倾,其轴线与地面的交点 a 将位于 b 点的前方,这样,侧向力 P 将对 a 点产生一个回正力矩 $M = PL$,其方向与车轮偏转方向相反,

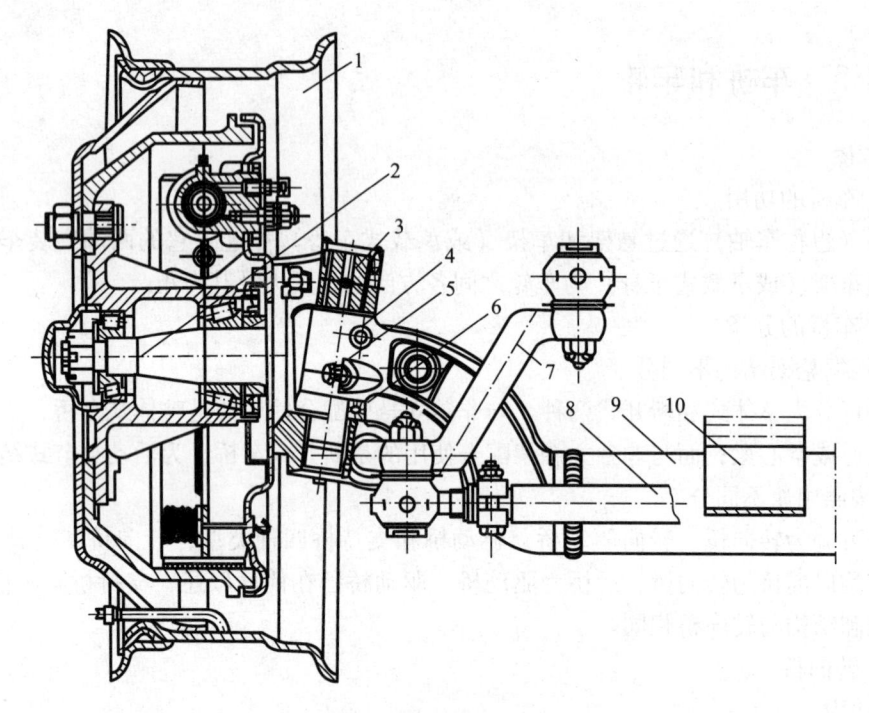

图 3-46 转向桥
1—轮毂；2—转向节；3—主销；4—前轴拳形部分；5—车轮转角限位螺钉；6—止推轴承；
7—直拉杆臂；8—横拉杆；9—前轴；10—钢板弹簧支座

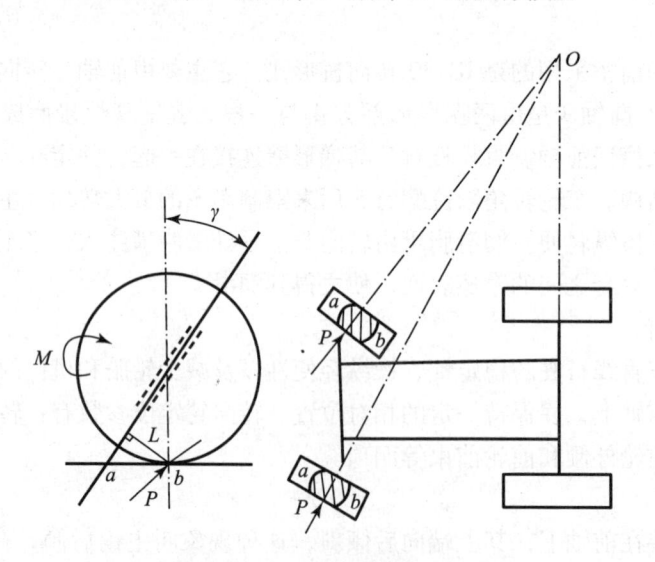

图 3-47 转向节主销后倾

驱使前轮回到居中位置。前轮的这种自动回正作用，有利于保持汽车直线行驶的稳定性。因此，当汽车在行驶中若遇到较小的侧向力，前轮会在回正力矩的作用下自动回正。

车速越高，则 P 值越大；后倾角越大，则 L 值越大，前轮的稳定效应也越强，特别是在高速和大转弯时，其作用尤为突出。

②主销内倾角

主销安装在前轴，上端略向内倾斜称为主销内倾。在横向平面内，主销轴线与垂线之间

的夹角 β 叫主销内倾角（图 3-48），一般主销内倾角 β 不大于 8°。

主销内倾的主要目的是为了使前轮具有自动回正作用，以提高其在居中位置时的稳定性，从而有利于保持汽车直线行驶的稳定性。这是因为当主销内倾后，前轮偏转时会将机体抬高。假设前轮绕主销轴线转过 180°（仅仅是为了解释问题而作的假设，实际前轮最大偏转角不超过 50°），车轮将陷入路面 h 深，但车轮陷入路面是不可能的，实际情况是此时前轴被抬高了 h，被抬高了的前轴在汽车重量的作用下，随时

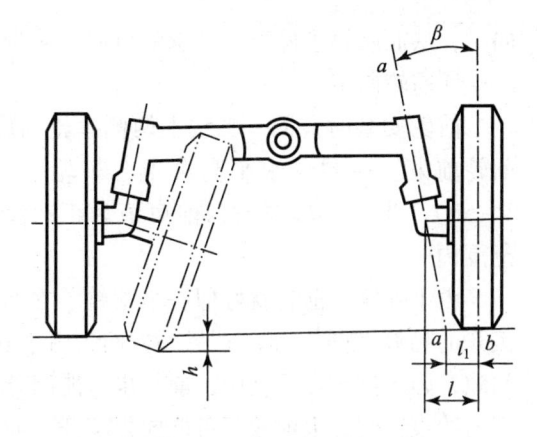

图 3-48 转向节主销内倾

都有下落到最低位置的趋势，所以主销内倾后，前轮就可以在行驶中不因遭遇不大的侧向力而轻易发生偏转，以及在转向结束松开方向盘时，前轮能迅速回到行驶位置。

主销内倾后，由于转向时会将前轮抬起，从而转向费力沉重，要使驾驶员多费一些力。但也有使操纵省力的一方面。当前轮偏转时，作用在轮胎支撑面中点 b 上的纵向阻力将对主销的轴线另一方面 aa 产生一个阻止它偏转的阻力矩。如果轮胎中点 b 离主销轴线 aa 的距离越小，阻止前轮偏转的阻力矩就越小，转向操纵就轻便。

综上所述，主销后倾和主销内倾均能使汽车转向时自动回正，保证直线行驶的稳定性。所不同的是，主销后倾的回正作用与车速有关，而主销内倾的回正作用与车速无关。这样，在不同的车速时，各自发挥其稳定作用。

③前轮外倾角

前轮安装在车桥上时，其旋转平面上方略向外倾斜，这种现象称为前轮外倾（图 3-49），一般汽车的前轮外倾角 α 为 1°左右。在通过车轮轴线的垂直面内，车轮轴线与水平线之间所夹的锐角 α（也等于垂线与车轮中心平面所构成的锐角）叫前轮外倾角。前轮外倾的作用是避免汽车重载时车轮产生负外倾，以提高行驶的安全性。

前轮外倾后，可使轮胎支撑面中点到转向节主销轴线的距离进一步由 l_1 缩小到 l_2，从而进一步减小阻止前轮偏转的阻力矩，使转向操纵轻便。

前轮外倾后，地面对车轮的垂直反力 Y 的轴向分力 F 指向前轮轴的根部（图 3-50），使前轮始终压向内端大轴承，它可抵消前轮在转向或在横坡上作业时所承受的向外的部分轴

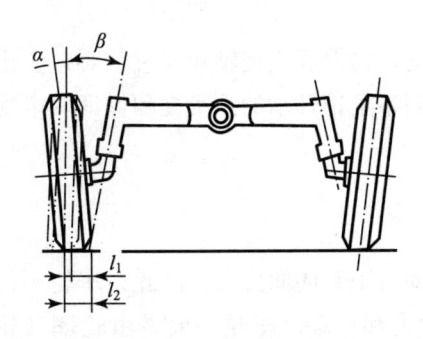

图 3-49 前轮外倾

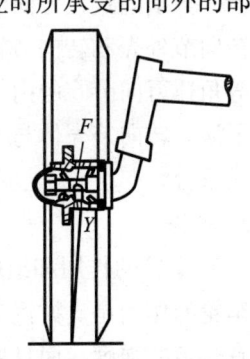

图 3-50 前轮外倾时受力情况

向力，从而减轻了外端小轴承的负荷，减少前轮松脱的危险。

④前轮前束

前轮安装时，同一轴线上两侧车轮的旋转平面不平等，前端略向内束，这种现象称为前轮前束。在同一水平高度上，车轮前后端水平距离之差（$A-B$）称为前束值（图3-51）。当 $A-B>0$ 时，前束值为正；反之为负。一般前轮前束值在 $A-B=0 \sim 12$ mm 范围内。

由于外倾，前轮就好似一个滚锥，在行驶中，就有绕轮轴轴线与地面的交点 O 而向外滚开的趋势（图3-52）；另一方面，由于在转向梯形的球铰链等处不可避免地总会存在有间隙，因此汽车在行驶中，前轮也可能因外撇而产生向外滚开的趋势。但是由于前轴和横拉杆的约束，实际上前轮不可能向外滚开，而是由前轴强制着它向前作直线滚动，这势必增加轮胎的磨损，俗称"吃胎"。前轮前束的作用就是使锥体中心前移，消除前轮外倾带来的这种不良后果。由于前束，使前轮轴线与地面的交点 o 的位置略向前移，从而减小轮胎支撑面上各点滚离直线行驶方向的倾向，有利于减轻轮胎磨损。

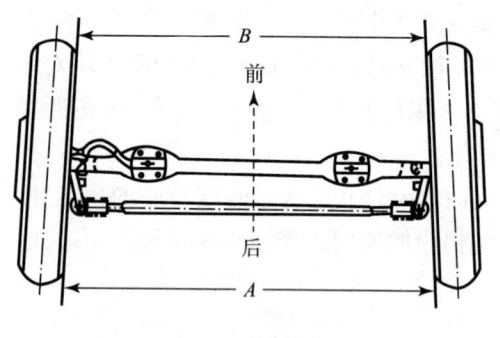

图3-51 前轮前束

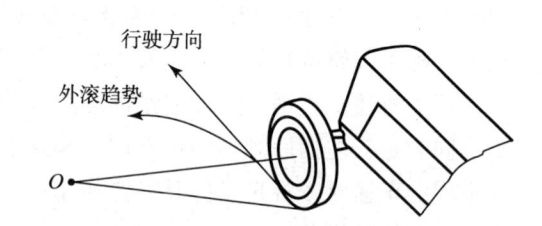

图3-52 前轮外倾时的运动情况

（4）转向驱动桥

一些轿车和四轮驱动的越野车上，前桥既要转向又要驱动，因此，在结构上既要有一般驱动桥所具有的主减速器、差速器和半轴，也要有转向桥所具有的转向节和主销等（图3-53）。

转向驱动桥与单独的驱动桥和转向桥相比所不同的是，为了转向需要将半轴分成两段制造，称为内半轴4和外半轴8，二者用等角速万向节6连接起来。于是，主销12也被分成上下两段，分别固定在万向节的球形支座上；转向节制成空心的，以便外半轴从中穿过。转向节由转向节外壳和转向节轴组合而成。

等角速万向节6的内外端有止推垫片，防止轴向窜动，以保证主销轴线通过节心，防止运动干涉。转向节壳体与上下盖之间有调整垫片，用来调整主销轴承的预紧度和保证两半轴的轴线重合。

2. 车轮

（1）车轮的作用和组成

车轮的作用是支撑汽车的质量，传递驱动力矩、制动力矩和侧向力等，因此，车轮不仅要具有一定的强度，而且要能缓和不平路面所造成的冲击和振动。车轮一般是由轮辋（轮圈）、轮毂和连接它们的轮盘（辐板）等组成的。

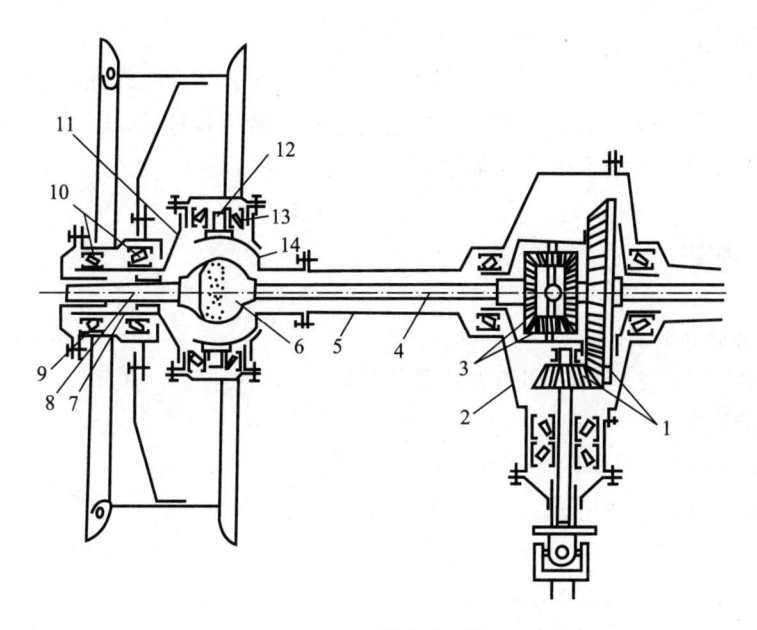

图 3-53 转向驱动桥

1—主减速器；2—主减速器壳体；3—差速器；4—内半轴；5—半轴套管；6—万向节；7—转向节轴；
8—外半轴；9—轮毂；10—轮毂轴承；11—转向节壳体；12—主销；13—主销轴承；14—球形支座

（2）轮辋

轮辋的作用是用以安装轮胎。按结构不同，轮辋可分为有深式轮辋、平式轮辋和可拆式轮辋三种形式，如图 3-54 所示。

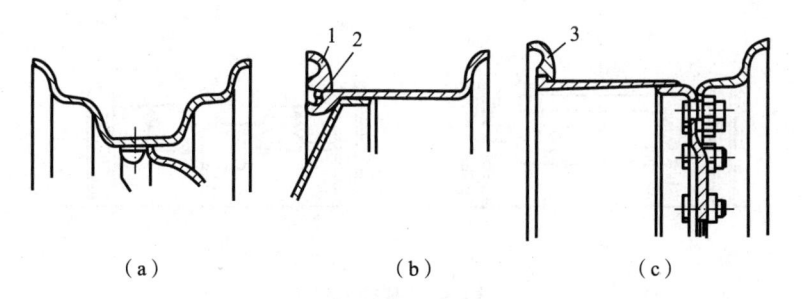

图 3-54 轮辋断面型式

(a) 深式轮辋；(b) 平式轮辋；(c) 可拆式轮辋

1, 3—挡圈；2—锁圈

1）深式轮辋

深式轮辋是一整体轮辋，如图 3-54 (a) 所示，有带肩的凸缘，用以安放外胎的胎圈，断面中部的深凹槽是为便于外胎的拆装。深式轮辋最适于小尺寸弹性较大的轮胎，尺寸较大、较硬的轮胎则很难装进。一般轮式拖拉机的前轮和汽车上的车轮采用这种轮辋。

2）平式轮辋

平式轮辋如图 3-54 (b) 所示，是我国载重汽车上用得较多的一种。它是一边制有凸缘，一边装有整体的挡圈，并用一个开口的弹性锁圈来防止挡圈脱出。装上轮胎后，要将挡圈向内推，越过轮辋上的环形锁槽，再将弹性锁圈嵌入环槽中。

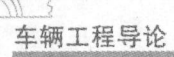

3）可拆式轮辋

可拆式轮辋由内外两部分组成，如图3-54（c）所示，其内外轮辋的宽度可以相等，也可以不相等，二者用螺栓连成一体。拆装轮胎时拆卸螺栓上的螺母即可。可拆式轮辋安装轮胎可靠、拆卸方便，多用于越野汽车上。

3.2.4 悬架

1. 悬架的功能和分类

悬架是车架与车桥之间的一切传力装置的总称。

（1）悬架的功能

1）将车架与车桥（或车轮）弹性连接在一起。
2）传递两者之间的各种作用力和力矩。
3）抑制并减小由于路面不平而引起的振动。
4）保持车身和车轮之间的正确的运动关系。
5）保证汽车的行驶平顺性和操纵稳定性。

（2）汽车悬架分类

悬架有非独立悬架和独立悬架两大类。非独立悬架的特点是左右车轮安装在一根整体式车桥两端，车桥则通过弹性元件与车架相连。当一侧车轮跳动时，要影响到另一侧车轮，因此也称相关悬架，如图3-55（a）所示。独立悬架则是每一侧车轮单独通过悬架与车架相连，每个车轮能独立上下运动而无相互影响，如图3-55（b）所示。采用独立悬架时，车桥是断开的。

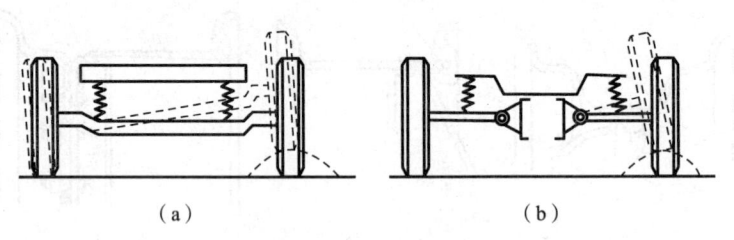

图3-55 悬架的类型
（a）非独立悬架；（b）独立悬架

2. 汽车独立悬架

汽车上独立悬架的种类很多，主要有双叉式、撑杆式和摇臂式三种。

（1）双叉式独立悬架

双叉式悬架装置的结构和形式也是多种多样的。一般的结构是上、下两个控制臂支撑有车轴的转向节，在上下控制臂之间安装减振器（图3-56）。

（2）撑杆式独立悬架

因为减振器兼作悬架支柱（支撑杆），故将这种方式称为撑杆式悬架。根据发明者的名字，用于前轮时称为"麦弗逊式"撑杆式悬架，而用于后轮时被称为"查普曼式"撑杆式悬架，可适用于中低档轿车（图3-57）。

（a）　　　　　　　　　　　　　（b）

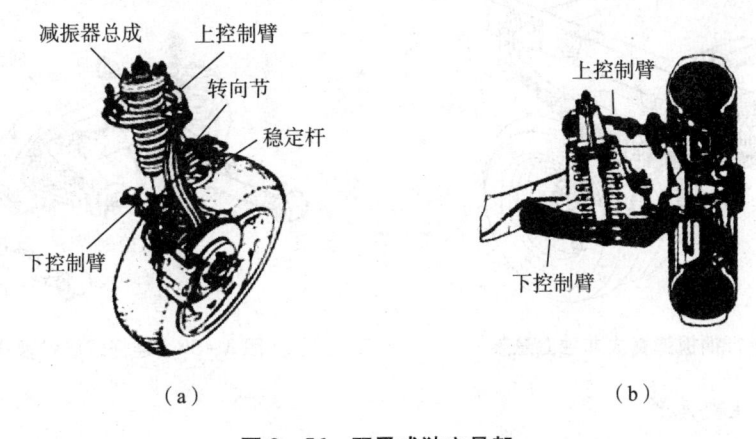

图 3-56　双叉式独立悬架

（a）悬架结构；（b）上、下控制臂图示

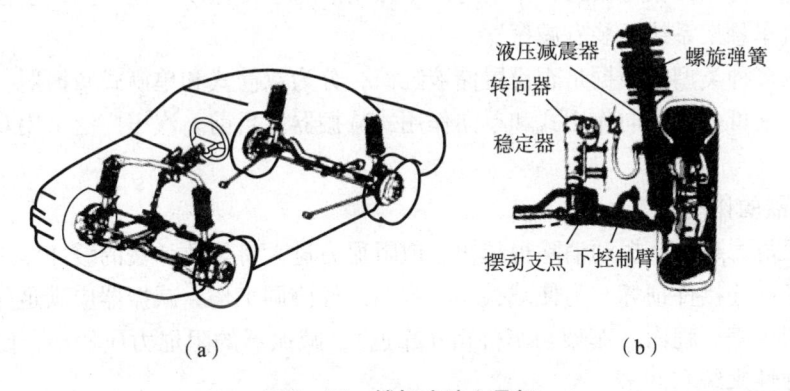

（a）　　　　　　　　　　　　　（b）

图 3-57　撑杆式独立悬架

（a）悬架位置图；（b）悬架结构

（3）摇臂式独立悬架

摆臂式指仅车轴中间部位的差速器固定，左右半轴在差速器外侧附近设万向节，以此为中心摆动。这种方式主要分为半后延摆臂式和全后延摆臂式两种。

所谓后延就是"拖拉"的意思。摆动支点的枢轴位于车轴之前，车轮以此为中心一面被拖拉，一面摆动。半后延的意思是臂的回转轴倾斜，臂向后方外侧伸出的形式。

3. 非独立式悬架

汽车非独立式悬架主要有平行钢板弹簧式和连杆螺旋弹簧式两种。

（1）平行钢板弹簧式非独立式悬架

这是非独立式悬架中最为普遍的方式。用 U 形螺栓将钢板弹簧固定在装有左右车轮车轴的桥壳上（如图 3-58）。

（2）连杆螺旋弹簧式非独立式悬架

这种螺旋弹簧代替钢板弹簧的悬架方式是为了改善乘坐舒适性而设计的。它大多用于前置后驱动车的后轮悬架装置（图 3-59）。

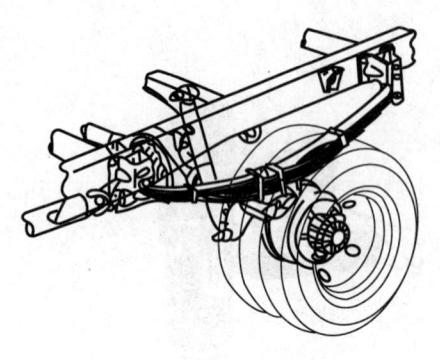

图 3-58　平行钢板弹簧式非独立悬架 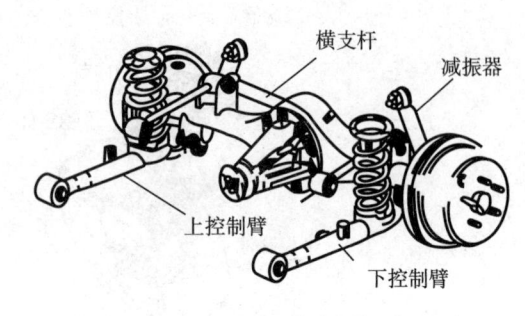　　　　图 3-59　连杆螺旋弹簧式非独立悬架

4. 悬架的主要元件

(1) 减振器

1) 减振器的功用与分类

汽车在不平的道路上行驶时，车身将产生振动。为了使振动加速衰减，改善汽车行驶平顺性，一些汽车悬架系统还装有减振器。

减振器有多种类型，根据是否设置储液缸筒，分为双筒式和单筒式减振器。根据压缩行程是否工作，又可分为双向作用式和单向作用式减振器。目前，汽车广泛采用双筒双向作用式减振器。

2) 减振器的作用

减振器阻尼力越大，振动消除得越快。但阻尼力过大将导致弹簧的缓冲作用不能充分发挥，甚至使某些连接件损坏。为使减振器与弹性元件协调工作，减振器应满足如下要求：

①在悬架压缩行程内（车架与车桥相互靠近），减振器的阻尼力应较小，以便充分利用弹性元件的弹性来缓和冲击。

②在悬架伸张行程内（车架与车桥相互远离），减振器的阻尼力应较大（约为压缩行程的 2~5 倍），以求迅速减振。

③当车桥与车架的相对运动速度过大时，减振器应能自动加大油液通道截面积，使阻尼力始终保持在一定限度之内，避免承受过大的冲击载荷。

3) 减振器的构造

减振器一般由几个同心缸筒、活塞和若干个阀门组成（图 3-60）。

最外面的缸筒是防尘罩 7。中间缸筒为储油缸筒 2，内装油液，但不装满，其下端通过底座上焊接的吊耳与车桥相连。里面的缸筒是工作缸筒 4，其内装满油液，上端密封。活塞 9 装在工作缸筒 4 内，活塞杆 5 穿过密封装置，上端与防尘罩 7 和吊耳焊成一体，其下端用压紧螺母固定着活塞 9，活塞将工作缸分成上下两个腔。活塞上装有伸张阀 3 和流通阀 10，工作缸筒下端的支座上装有压缩阀 1 和补偿阀 11。流通阀 10 和补偿阀 11 弹簧较软，较低的油压即可使其关闭或开启；压缩阀 1 和伸张阀 3 弹簧较硬，需要较大的油压才能使其开启。只要油压稍降低，即可立刻关闭。

4) 减振器的工作过程

①压缩行程

车桥靠近车架，减振器受压缩，活塞下移，工作缸下腔容积减小，上腔容积增大。下腔

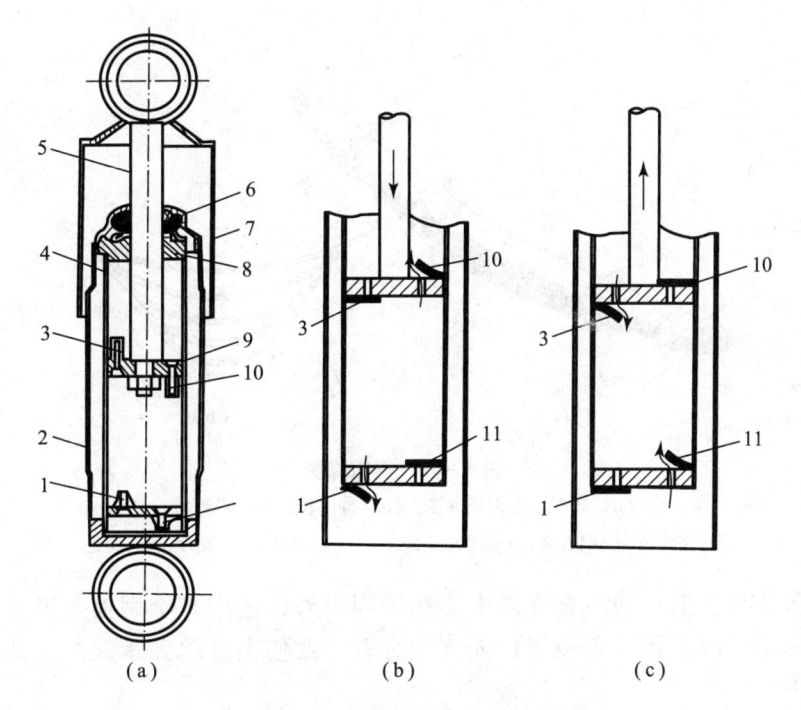

图 3-60　双向作用筒式减振器示意图
(a) 减振器结构；(b) 压缩行程；(c) 伸张行程
1—压缩阀；2—储油缸筒；3—伸张阀；4—工作缸筒；5—活塞杆；6—油封；7—防尘罩；
8—导向座；9—活塞；10—流通阀；11—补偿阀

油压高于上腔，油液压开流通阀进入上腔。由于活塞杆占去上腔部分容积，因此，使上腔增加的容积小于下腔减小的容积，致使下腔油液不能全部流入上腔，而多余的油液则从压缩阀进入储油缸筒。这些阀的流通面积不大，因而便造成一定的阻尼力。

② 伸张行程

车桥远离车架，减振器被拉长，活塞上移，使上腔容积减小，下腔容积增大，上腔油压高于下腔，油液推开伸张阀流入下腔。同样，由于活塞杆的存在致使下腔产生一定的真空度，这时，储油缸筒内的油液在真空吸力的作用下打开补偿阀流入下腔，油液流经这些阀时便产生了阻尼力。

由于伸张阀弹簧刚度和预紧力比压缩阀的大，且伸张行程油液通道截面也比压缩行程的小，所以，减振器在伸张行程所产生的最大阻尼力远远超过了压缩行程的最大阻尼力。这是因为，在压缩行程是弹性元件起主要作用，而在伸张行程则是减振器起主要作用。

(2) 弹性元件

悬架中的弹性元件主要有钢板弹簧、气体弹簧、扭杆弹簧、橡胶弹簧和螺旋弹簧等五种。

1) 钢板弹簧

钢板弹簧由若干片宽度一致、厚度相等而长度不等的半椭圆形合金弹簧钢板组合而成，如图 3-61 所示。

钢板弹簧第一片最长称为主片，其两端弯成卷耳 1，内装衬套，以便用弹簧销与固定在车架上的支架或吊耳相连。为增加其强度，常将第二片两端做成能包卷主片卷耳的

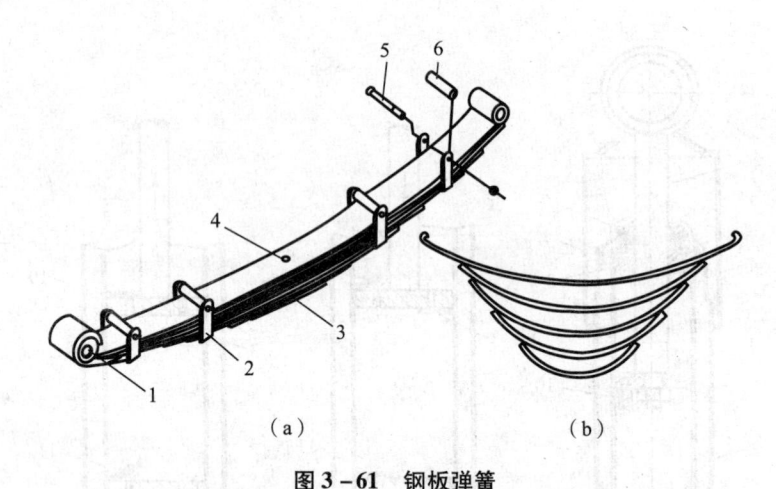

图 3-61 钢板弹簧
(a) 装配后的钢板弹簧；(b) 自由状态的钢板弹簧
1—卷耳；2—钢板夹；3—钢板弹簧；4—中心螺栓；5—螺栓；6—套管

加强卷耳。各片弹簧钢片的组合除以中心螺栓固定外，还用多个钢板夹夹紧，以防止当钢板弹簧反向变形时，各片不致错位而互相分开，致使主片单独承载。中部用骑马螺栓固定在车桥上。

钢板弹簧在载荷作用下各片之间因变形滑动而产生摩擦，摩擦可促使车架振动衰减。为了减小各片之间的干摩擦，各片间需涂上较稠的石墨润滑脂或塑料垫片，并定期维护。

2) 螺旋弹簧

螺旋弹簧广泛应用于独立悬架，特别是前轮独立悬架中。它与钢板弹簧比较，具有无需润滑、不忌泥污、安装所需的纵向空间小、弹簧质量小等优点。螺旋弹簧本身没有减振作用，因此在螺旋弹簧悬架中必须另装减振器。此外，它只能承受垂直载荷，故必须装设导向机构以传递垂直力以外的各种力和力矩。

3) 扭杆弹簧

扭杆弹簧本身是一根由弹簧钢制成的杆，如图 3-62 所示。扭杆断面通常为矩形、管形、片形，它的一端固定在车架上，另一端固定在悬架的摆臂，摆臂则与车轮相连。当车轮跳动时，摆臂便绕着拉杆轴线摆动，使扭杆产生扭转弹性变形，借以保证车轮与车架的弹性联系。扭杆本身的扭转刚度虽然是常数，但采用扭杆的悬架刚度却是可变的。

4) 气体弹簧

气体弹簧是一个密封的容器中充入压缩气体（气压 0.5~1 MPa），利用气体的可压缩性实现其弹簧作用的。这种弹簧的刚度是可变的，因为作用在弹簧上的载荷增加时，容器内的定量气体受压缩，气压升高，则弹簧的刚度增大；反之，当载荷减小时，弹簧内的气压下降，刚度减小，故它具有较理想的弹性特性。气体弹簧有空气弹簧和油气弹簧 2 种。空气弹簧有囊式（如图 3-63 (a)）和膜式（如图 3-63 (b)）。

5) 油气弹簧

油气弹簧以气体（一般用惰性气体—氮）作为弹性介质，而用油液作为传力介质。它一般由气体弹簧和相当于液力减振器的液压缸所组成。油气弹簧有单气室、双气室及两级压力式等型式。单气室油气弹簧如图 3-64 所示，又分为油气分隔式和油气不分隔式。

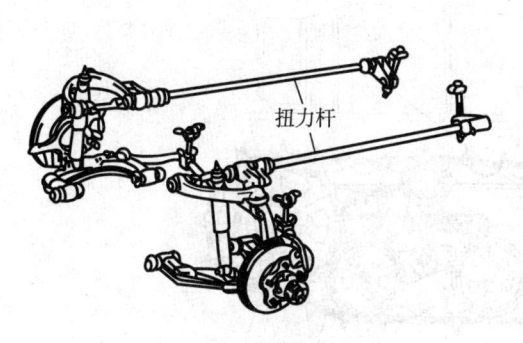

图 3-62　扭杆弹簧图

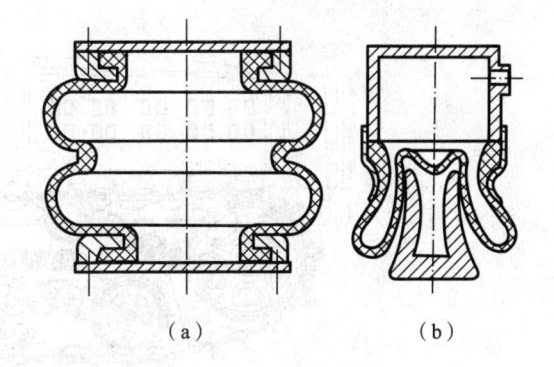

图 3-63　空气气囊
(a) 囊式空气弹簧；(b) 膜式空气弹簧

6) 橡胶弹簧

橡胶弹簧是利用橡胶本身的弹性起弹性元件作用。它可以承受压缩和扭转载荷（图 3-65）。其特点是单位质量的储能量较金属弹簧大，隔音性能好，橡胶弹簧多用作悬架副簧和缓冲块，也有在悬架中作主簧的。

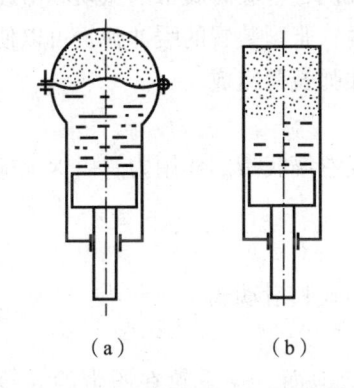

图 3-64　单气室油气弹簧示意图
(a) 油气分隔式；(b) 油气不分隔式

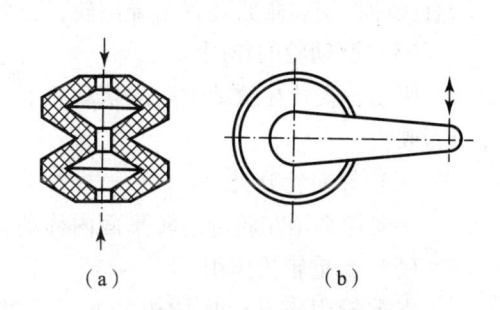

图 3-65　橡胶弹簧
(a) 受压缩载荷；(b) 受扭转载荷

3.2.5　履带式拖拉机行驶系

1. 组成

履带拖拉机行走系统由车架、行走装置和悬架组成，如图 3-66 所示。

2. 行走装置

行走装置用于支撑拖拉机的车架并使其驱动轮的回转运动转变成拖拉机的直线行驶运动，它由驱动轮 1、履带 2、支重轮 3、张紧装置 5、导向轮 6 和托轮 7 等组成。

(1) 履带的作用和分类

履带用来将拖拉机的质量传给地面，并保证其与土壤的附着发挥足够的推进力。由于履带工作条件恶劣，所以除要求有良好的附着性能外，还要有足够的强度、刚度和耐磨性。履带由若干块履带板通过履带销相互连接而成，履带板有整体式和组成式两种。

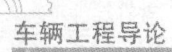

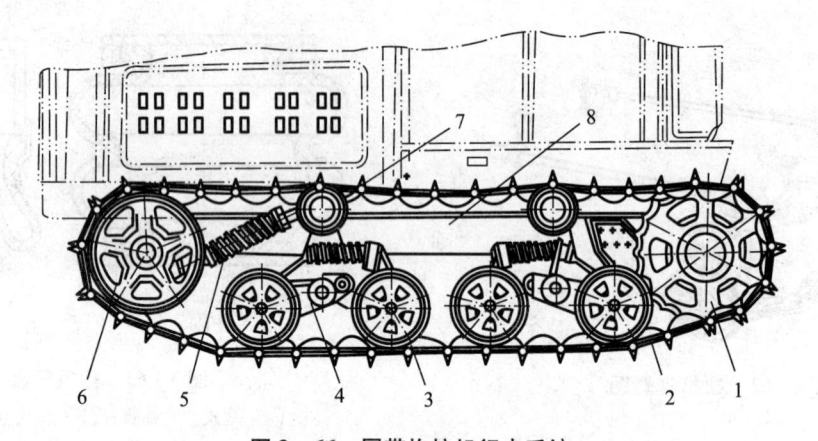

图 3-66 履带拖拉机行走系统
1—驱动轮；2—履带；3—支重轮；4—台车；5—张紧装置；6—导向轮；
7—拖轮；8—车架

（2）张紧装置的作用

张紧装置是用来保持履带有合适的张紧度，以减少拖拉机在行驶时履带的振动和由此引起的额外功率损失；履带张紧后还可以防止它在工作时滑脱；张紧装置的缓冲弹簧可以使它兼有缓冲作用。张紧装置由导向轮、张紧度调整机构和缓冲弹簧等组成。

（3）驱动轮的作用

驱动轮安装在从动轴后的从动毂上，将驱动转矩转换成卷绕履带的作用力，以保证拖拉机行驶。

（4）导向轮分类

导向轮必须在履带运转平面内移动，移动方式分为摆动式和滑动式。

（5）支重轮的作用

支重轮用来支撑拖拉机的质量，并通过履带把它传给地面。支重轮在履带的导轨上滚动，并夹持履带以防止其横向滑脱，在拖拉机转向时，迫使履带在地面上滑动。支重轮经常与水泥、砂接触，承受外界冲击，要求轮缘有较好的耐磨性，其转动部分密封可靠。

（6）托轮的作用

托轮是托住上方履带，防止履带下垂过大，以减少拖拉机行驶时履带的跳动，并防止履带在上方横向滑脱。

3. 悬架类型

履带拖拉机的悬架是用以连接支重轮和机体的部件，机体的质量通过悬架作用在支重轮上，履带和支重轮在行驶过程中所受的冲击也经悬架传给机体。

悬架分为弹性悬架、半刚性悬架和刚性悬架三种类型，如图 3-67 所示。刚性悬架在农用履带拖拉机中没有应用。

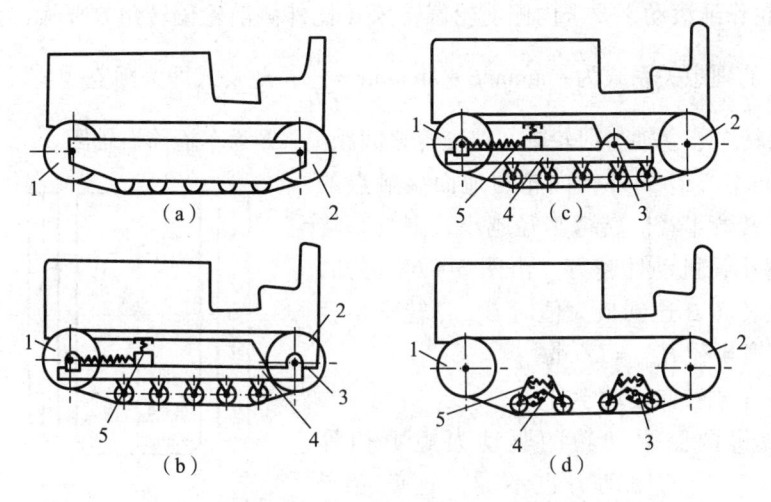

图 3-67　履带拖拉机悬架示意图

(a) 刚性悬架；(b)、(c) 半刚性悬架；(d) 弹性悬架

1—张紧轮（导向轮）；2—驱动轮；3—台车架摆轴；4—台车架；5—弹性元件

3.3　汽车转向系

3.3.1　汽车转向系概述

1. 车辆转向系功用

转向系的功用是用来操纵车辆的行驶方向。除转弯外，由于路面条件及车辆自身技术状况，如轮式车辆两侧轮胎气压不同等因素的影响，车辆直行时也会自动偏离原来的行驶方向，这时也需要操纵转向机构来纠正方向。用来改变或恢复车辆行驶方向的专设机构称为车辆的转向系统。

2. 车辆转向运动学分析

（1）轮式车辆转向运动学分析

轮式车辆顺利完成转向的基本要求是各车轮作纯滚动。为了满足这一要求，车辆在转向时各车轮轴心线应通过同一瞬心轴线，此轴线垂直于地面，其投影点如图 3-68 中 O 点，水平投影车辆转向时车身绕瞬心 O 点转动。因车辆转向时的转弯半径 R 随前轮偏转角 α（β）的变化而变化，所以称 O 点为瞬时转向中心。

根据转向时各车轮纯滚动的要求，对于后轮驱动的 4×2 轮式车辆，转向时必须满足以下三个条件：

1）通过驾驶人员的操纵来实现前轮的偏转，车轮的偏转程度决定了车辆的转弯半径。

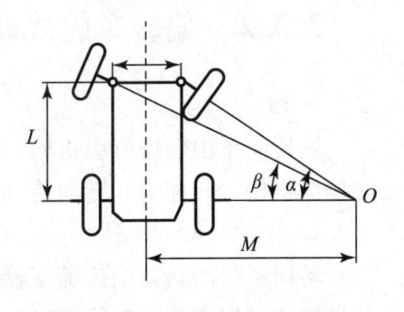

图 3-68　轮式车辆转向过程

2）两前轮作纯滚动，要求内侧前轮偏转角 α 比外侧前轮偏转角 β 要大，内、外侧前轮偏转角 α 和 β 的理想关系式为：$\arctan\beta - \arctan\alpha = \dfrac{M}{L}$，此公式即为阿克曼公式。

式中：M 为两转向节立轴与前轮轴心线交点之间距离；L 为车辆前后轴距。

3）由转向中心 O 到外转向轮与地面接触点的距离称为汽车转弯半径。转弯半径越小，则汽车转向所需场地越小，机动性越好。由图 3-68 可知，当外转向轮偏转角 β 达到最大值时 β_{max}，转弯半径最小。最小转弯半径 $R_{min} = L/\sin\beta_{max}$。

(2) 履带车辆转向运动学分析

履带拖拉机两侧驱动轮的驱动力矩不相等时两侧履带所产生的驱动力也不同，这就会产生转向力矩 M_B。当其大于所有转向阻力矩，拖拉机便能绕转向瞬心轴线 O 转向，如图 3-69 所示。

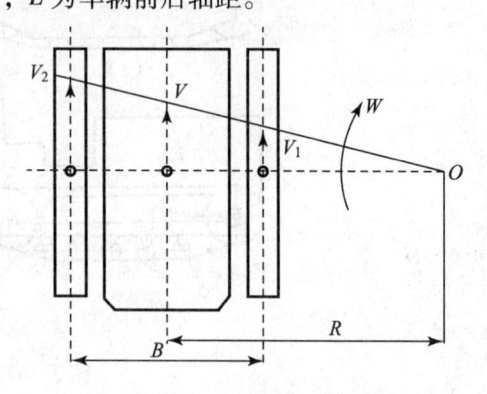

图 3-69 履带车辆转向过程

当转向半径为 R，轨距为 B，拖拉机转向角速度为 W，快、慢侧履带的线速度分别是 V_1、V_2，则：

$$V_1 = (R - 0.5B)W$$
$$V_2 = (R + 0.5B)W$$

车辆纵向对称平面中心处的平均线速度 $V = RW$。

若两侧驱动轮的角速度分别是 ω_1 和 ω_2，驱动轮的节圆半径为 r，则线速度分别是：

$$V_1 = r\omega_1 = (R - 0.5B)W$$
$$V_2 = r\omega_2 = (R + 0.5B)W$$

因此，履带车辆的转向角速度 W 为：

$$W = \frac{r\omega_2}{R + 0.5B} = \frac{r\omega_1}{R - 0.5B} = \frac{r(\omega_2 - \omega_1)}{B}$$

由上式看出，拖拉机两侧驱动轮的角速度差值（$\omega_2 - \omega_1$）越大，拖拉机的转向角速度 W 越大，转向半径 R 越小。

3.3.2 偏转车轮式转向系

1. 组成

该转向系由转向操纵机构、转向器、转向传动机构和差速器等组成（如图 3-70），转向操纵机构、转向器和转向传动机构统称为转向机构。

2. 转向方式

转向系统的具体结构随车辆行走系统的类型、采用的转向方式不同而不同。转向方式有三种：一是靠车辆的轮子相对车身偏转一个角度来实现；二是靠改变行走装置两侧的驱动力来实现；三是既改变两侧行走装置的驱动力又使轮子偏转。同时，偏转车轮转向具体实现方式有四种，如图 3-71，即前轮偏转、后轮偏转、前后轮同时偏转和折腰转向。因此，轮式

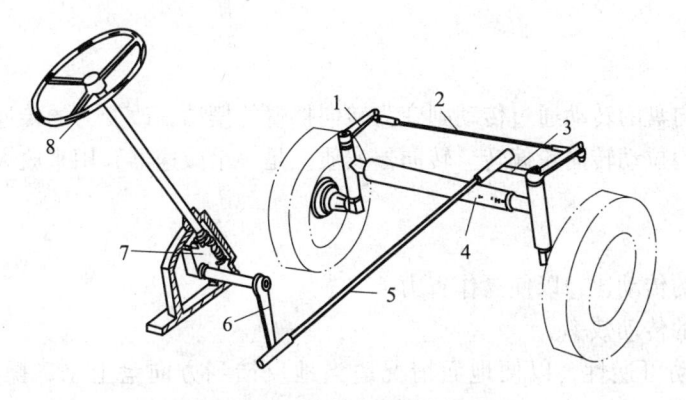

图 3-70　偏转车辆转向机构

1—转向节臂；2—横拉杆；3—转向拉杆；4—前轴；5—纵拉杆；6—转向摇臂；7—转向器；8—方向盘

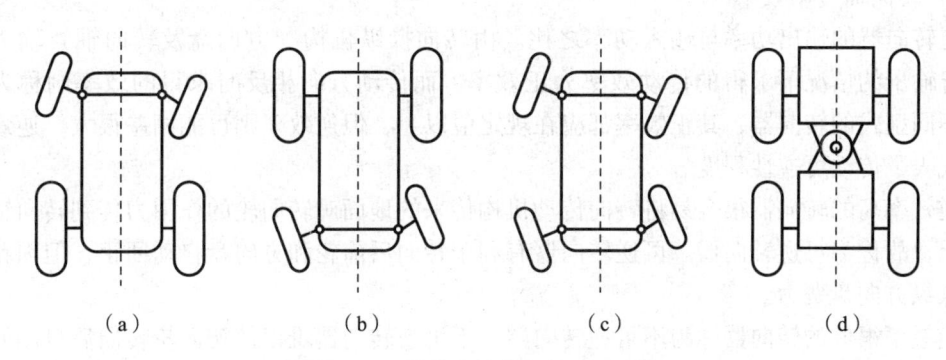

图 3-71　偏转车轮转向的几种型式

(a) 偏转前轮；(b) 偏转后轮；(c) 偏转前后轮；(d) 折腰

汽车一般均采用偏转前轮的方式进行转向。

3. 分类

按转向能源的不同，转向系可分为机械转向系和动力转向系两大类。机械转向机构是以驾驶员的操纵力为转向动力，通过转向传动机构的机械传动使转向轮偏转。动力转向机构由驾驶员操纵，大部分或全部操纵力是由发动机驱动的液压系统或电动系统（即转向加力装置）提供。对于大多数汽车来说均采用转向梯形式的转向传动机构。

4. 转向操纵机构及转向器

(1) 转向操纵机构

操纵机构有方向盘和操纵杆两类，除一些履带车辆外，大部分采用方向盘。方向盘又称转向盘，在空转阶段中的角行程称为自由行程。单从转向操纵灵敏而言，方向盘的转动和转向轮的偏转应同步开始并同步终止，然而实际是不可能的，也不要求这样。一是因为在整个转向系中各传动件之间都必然存在着装配间隙，而且这些间隙将随着使用过程中的零件磨损而增大，方向盘的自由行程就是用以消除各传动件之间的间隙；二是方向盘的自由行程对缓和路面对转向轮的冲击、减轻驾驶员的过度紧张是有利的。但方向盘的自由行程不宜过大，以免影响转向操纵的灵敏性。一般来说，轮式车辆方向盘的自由行程为 20°~30°，汽车等高速车辆偏小一些。

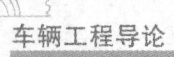

（2）转向器

1）功用

转向器将方向盘的转动通过传动副变为转向摇臂的摆动，改变力的传递方向并增力，再通过转向传动机构拉动转向轮偏转。转向器实质上是一个减速器，用来放大作用在方向盘上的操纵力矩。

2）要求

①应有较大的传动比，以使操作省力。

②具有较高的传动效率。

③适当的传动可逆性，以便地面情况适当地反馈到方向盘上来，操作人员能够获得"路感"。

④传动间隙应能调整，以控制方向盘的自由间隙在规定的范围内，保持操纵的灵敏性。

3）转向器传动效率

指转向器的输出功率与输入功率之比。由转向操纵机构（方向盘及转向轴）输入，转向摇臂输出的情况下求得的传动效率为正效率，而传动方向相反时求得的效率则称为逆效率。不同型式的转向器，其正效率都应在规定值以上，但逆效率则可能相差很大，逆效率的大小代表了传动可逆性程度。

逆效率高的转向器很容易将转向传动机构传来的地面对转向轮的作用力传到转向轴和方向盘上，故称为可逆转向器。可逆转向器有利于转向后前轮和方向盘自动回正，但因路感太强使操纵方向盘费力。

逆效率很低的转向器称为不可逆转向器。不可逆转向器难以使转向轮转向后自动回正及获得一定的路感。因此，对转向器要求有一定的可逆性，即从操纵省力、转向轮自动回正和传递适当路感这三个因素综合考虑。

4）不同类型转向器

①球面蜗杆滚轮式转向器

球面蜗杆滚轮式转向器（图3-72）其传动副是一个球面蜗杆和带有几个齿的滚轮构成。

②螺杆螺母循环球式转向器

螺杆螺母循环球式转向器简称循环球式，如图3-73所示，是目前国内外应用广泛的一种转向器。这种转向器一般有两级传动副，第一级是螺杆螺母循环球，因钢球夹入螺杆螺母之间，变滑动摩擦为滚动摩擦，提高了传动效率；第二级是齿条齿扇传动副或滑块曲柄指销传动副。转向螺母外有两根钢球导管9，每根导管的两端分别插入螺母侧面的一对通孔中，导管内装满了钢球22，这样两根导管和螺母内的螺旋形管状通道组成两根各自独立的封闭钢球流道。

③螺杆曲柄指销式转向器

螺杆曲柄指销式转向器简称为曲柄指销式轮向器，如图3-74。该转向器的传动副以转向蜗杆5为主动件，其从动件是装在摇臂轴2上曲柄4端部的指销，曲柄销插在蜗杆的螺旋槽中。转向时蜗杆转动，使曲柄销绕摇臂轴作圆弧运动，同时带动摇臂轴转动。

④齿轮齿条式转向器

从20世纪70年代起轿车兴起了齿轮齿条转向机构，它由方向盘、转向轴、方向节、转

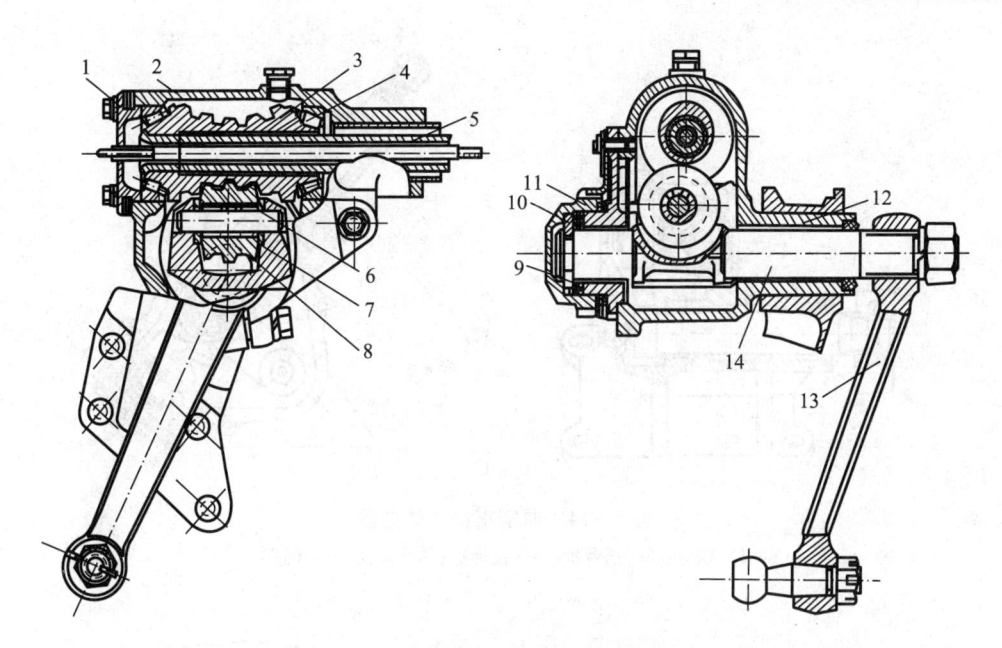

图 3 – 72　环面蜗杆滚轮式转向器

1—下盖；2—壳体；3—球面蜗杆；4—锥轴承；5—转向轴；6—滚轮轴；7—滚针；8—三齿滚轮；9—调整垫片；10—U 形垫圈；11—螺母；12—铜套；13—摇臂；14—摇臂轴

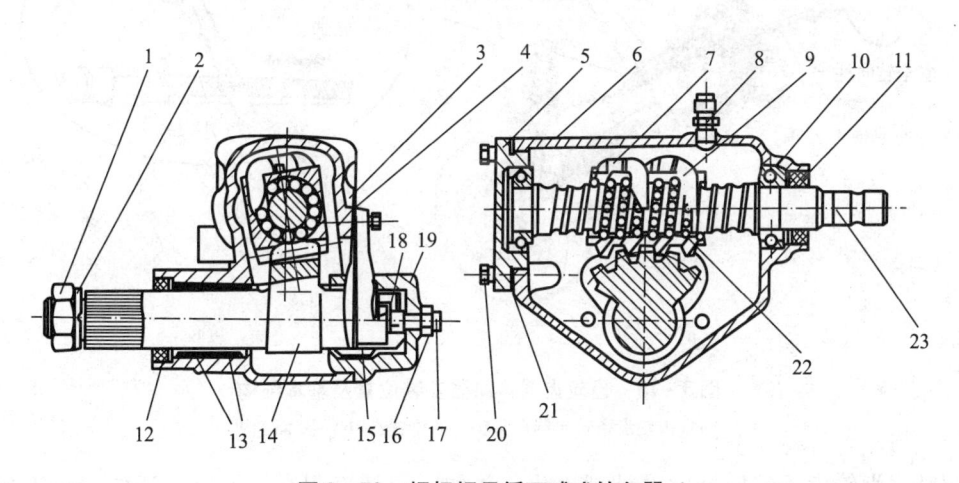

图 3 – 73　螺杆螺母循环球式转向器

1—螺母；2—弹簧垫圈；3—转向螺母；4—壳体垫片；5—壳体底盖；6—壳体；7—导管卡子；8—加油螺塞；9—钢球导管；10—轴承；11，12—油封；13，15—滚针轴承；14—摇臂轴；16—锁紧螺母；17—调整螺钉；18，21—调整垫片；19—侧盖；20—螺栓；22—钢环；23—转向螺杆

动轴、转向器、转向传动杆和转向轮等组成，如图 3 – 75 所示。方向盘操纵转向器内的齿轮转动，齿轮与齿条紧密啮合，推动齿条左、右移动，通过传动杆带动转向轮摆动，从而改变轿车行驶的方向。

这种转向机构与蜗杆扇形齿轮等其他类型的转向机构比较，省去了转向摇臂和转向纵拉杆，具有构件简单、传动效率高的优点。而且它的逆传动效率也高，在车辆行驶时可以保证偏转车轮的自动回正，驾驶者的路感性强。其实，齿轮齿条转向机构早在一百多年前的汽车萌芽发展阶段已经有了，只是那时还不完善，机件加工粗糙。1905 年通用汽车卡迪拉克部

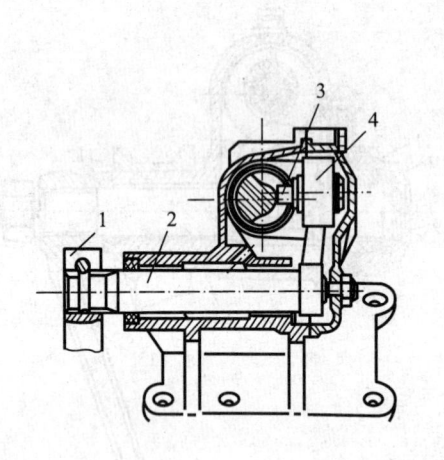

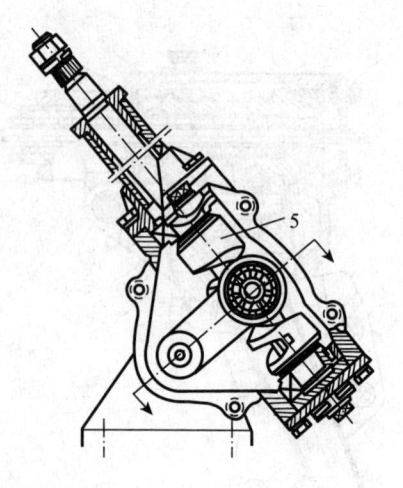

图3-74 曲柄指销式转向器
1—摇臂；2—摇臂轴；3—锥形销；4—曲柄；5—蜗杆

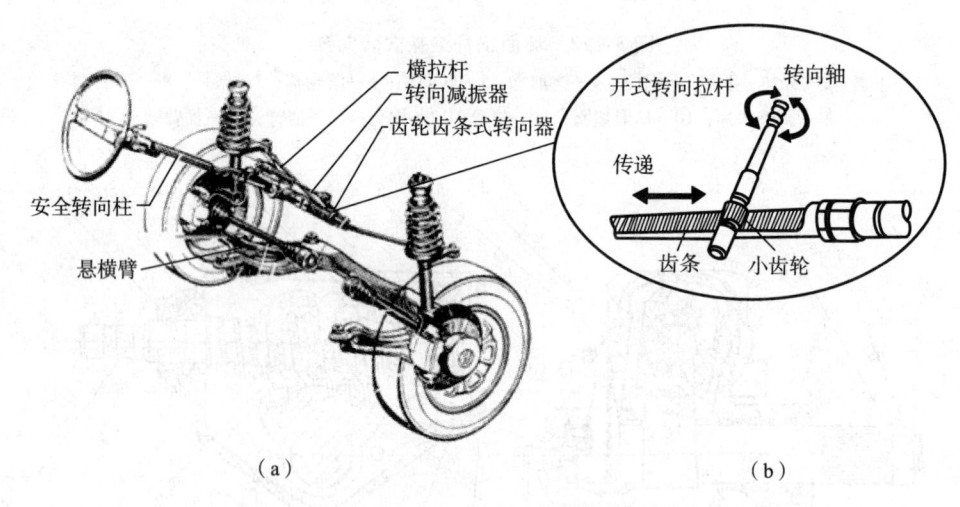

图3-75 齿轮齿条转向器安装位置及基本结构
(a) 齿轮齿条转向器在车辆上的位置；(b) 基本结构

的工程师将齿轮齿条转向器的设计理论化，并加工成精度很高、操纵灵活的齿轮齿条转向器，正式应用在轿车上。后来，汽车转向器的型式被蜗杆扇形齿轮型式所垄断，但许多人仍然继续完善齿轮齿条转向机构。由于近代材料科学的发展，大大提高了齿轮齿条转向机构的安全可靠系数，人们再次重视这种转向机构的简单实用性，由于它具有构件少、质量轻、成本低的优点，越来越受到汽车制造商的青睐，现在大多数的轿车转向器都采用齿轮齿条型。

(3) 转向传动机构

1) 功用

它将转向器摇臂输出的摆动传到转向轮，使转向轮按一定的变化规律偏转和回位。

2) 分类

目前常用的转向传动机构主要有两种：一种由转向梯形机构和其他一些杆件组成；另一种由两个转向摇臂和纵拉杆以及其他一些杆件所组成，即双拉杆转向传动机构。转向传动机构的组成和布置因转向器位置和转向轮悬架类型而异（图3-76、图3-77）。

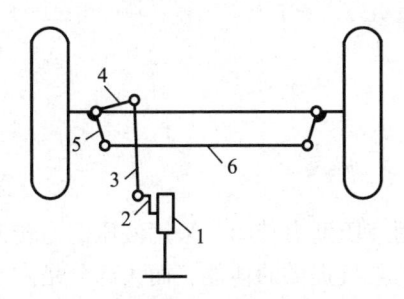

图3-76 配合非独立悬架的转向传动机构
1—转向器；2—摇臂；3—纵拉杆；4—节臂；
5—梯形臂；6—横拉杆

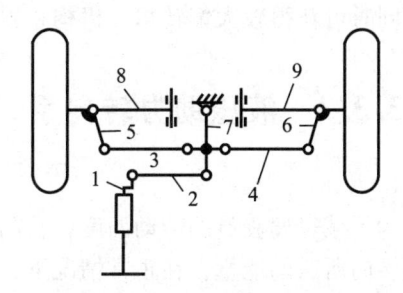

图3-77 配合独立悬架转向传动机构
1—摇臂；2—直拉杆；3，4—左右横拉杆；5，
6—左右梯形臂；7—摇杆；8，9—悬架左右摆臂

3）转向梯形机构

与非独立悬架配用的转向梯形传动机构如图3-76。包括转向摇臂2、转向纵拉杆3、转向节臂4和转向梯形臂5。在车桥仅为转向桥的情况下，由转向横拉杆6，左、右梯形臂5和前桥组成的转向梯形一般布置在前桥之后，称为后置梯形。在发动机位置较低或转向桥兼作驱动桥的情况下，有时为避免运动干涉，往往将转向梯形布置在前桥的前面，称为前置梯形。若转向摇臂不是前后摆动，而是在与前进方向垂直的平面内左右摆动，则可将纵拉杆3横置，并借助球头销直接带动转向横拉杆6，从而推动两侧梯形臂转动并带动车轮偏转。

当转向轮独立悬挂时，每个转向轮都需要相对于车架作独立运动，因而转向桥必须是断开式的。与此相应，转向传动机构中的转向梯形也必须分成两段或三段，如图3-77，并且由在平行于路面的平面中摆动的转向摇臂直接带动或通过转向直拉杆和转向节臂带动。

转向纵拉杆与转向节臂及横拉杆之间都是通过球形铰链相连接的，从而使它们之间可以作相对的空间运动，以免发生运动干涉。纵拉杆结构上一般具有缓冲及磨损补偿功能，如图3-77。

4）双拉杆转向传动机构

双拉杆转向传动机构由左、右两个转向摇臂、两侧纵拉杆和左、右两侧转向节臂组成（如图3-78）。当转动方向盘时，转向器的左、右两个转向摇臂作相反方向的摆动，通过左、右两纵拉杆分别操纵左、右转向节臂使前轮发生偏转，依靠各传动件的合理长度和位置

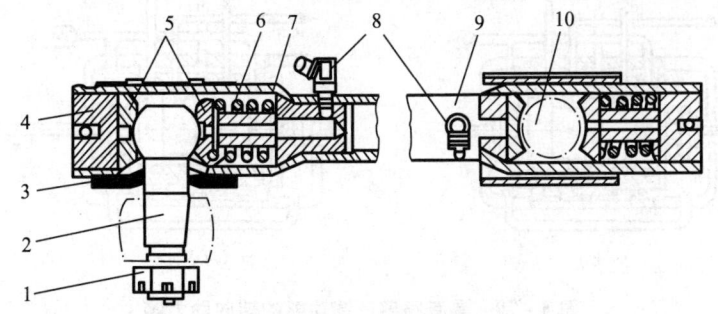

图3-78 转向纵拉杆结构
1—螺母；2—球头销；3—防尘罩；4—螺塞；5—球头座；6—弹簧；7—弹簧座；
8—油嘴；9—纵拉杆体；10—转向节臂球头

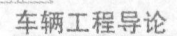

来满足无侧滑滚动的要求。与转向梯形相比，该机构可使两转向轮偏转角更接近纯滚动的要求，同时可获得较大偏转角，机构布置容易，但结构复杂。

3.3.3 液压助力转向系

1. 功用

为了减轻驾驶员的劳动强度，目前车辆上广泛采用液压助力转向。采用液压助力转向的车辆转向所需的能量，在正常情况下，只有小部分是驾驶员提供的体能，而大部分是发动机驱动相应部件提供液压能，并在驾驶员控制下，对转向传动装置或转向器中某一传动件施加不同方向的作用力，这样的液压转向装置，称为液压助力转向。

2. 组成及工作原理

图 3-79 为有路感的液压转向助力器。方向盘不动时滑阀处于中立位置，如图 3-79（a）所示。向右转动方向盘时如图 3-79（b）所示，由于前轮上的转向阻力，开始时螺母 12 不动，螺杆 11 右移，滑阀 7 也随之右移。右移的滑阀必须克服油压作用在反作用柱塞 8

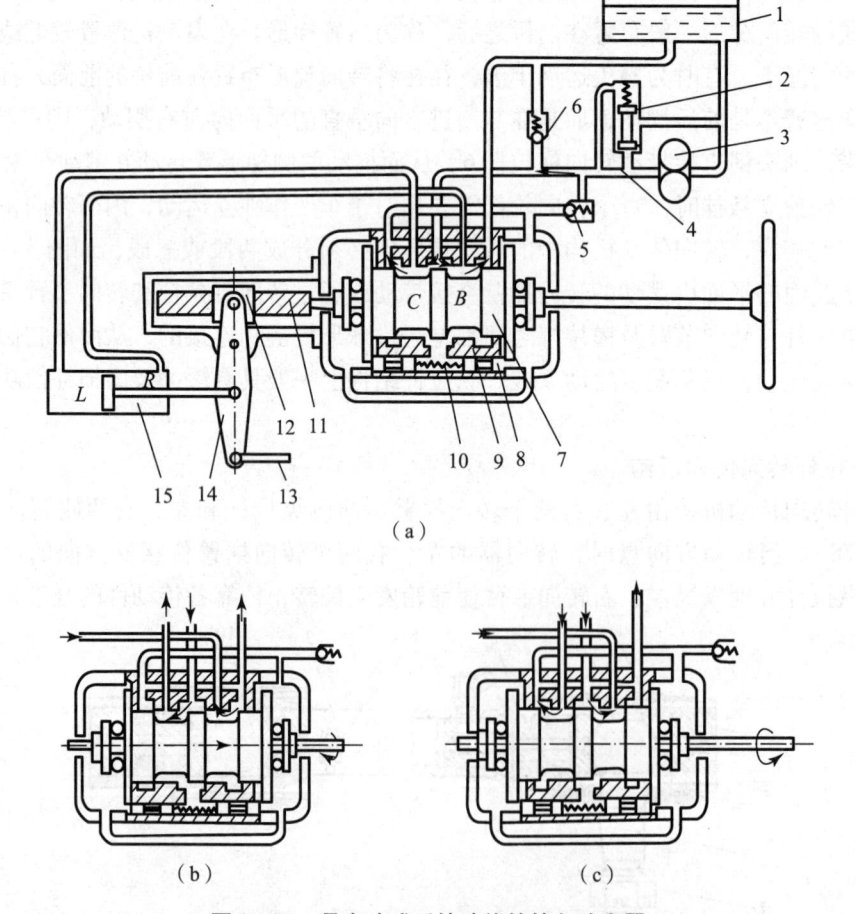

图 3-79 具有路感反馈功能的转向助力器
（a）直行；（b）右转弯；（c）左转弯

1—液压油箱；2—溢流阀；3—齿轮泵；4—量孔；5—单向阀；6—安全阀；7—滑阀；8—反作用柱塞；9—阀体；10—回位弹簧；11—转向螺杆；12—转向螺母；13—纵拉杆；14—转向摇臂；15—油缸

上的油压力和回位弹簧 10 的张力，使滑阀 7 右移靠住阀体 9。在转向过程中，对置的反作用柱塞之间充满高压油，而油压又与转向阻力成正比，此力传到驾驶员手上，使驾驶员能感到转向阻力变化的情况，即有路感。这时，油泵来油经 C 环槽进入油缸 L 腔，推动活塞右移，R 腔内的油经 B 环槽排回油箱。活塞杆推动转向摇臂摆动，使前轮向右偏转，同时使螺杆左移，滑阀回到中立位置，这时活塞就停止在此位置不再右移，即方向盘对车轮实现伺服控制。若需连续向右转向，就应继续向右转动方向盘。

单向阀 5 布置在进油道与回油道之间。正常转向时，进油道为高压，回油道为低压，单向阀被油压和弹簧力所关闭。若油泵失效，人力转向时，进油道变为低压，回油道则由于活塞的泵油作用而具有一定的油压，在此压力差的作用下，使单向阀 5 打开，进、回油道相通，油自油缸的一腔流向另一腔，可减小人力转向时的操纵力。

3.3.4　履带式军用车辆转向机构

履带车辆转向原理不同于轮式车辆，它需要专门转向机构改变两侧履带卷绕速度大小或方向使车辆转向。履带车辆应用的转向机构依据功率流向可分为单功率流和双功率流传动。

1. 单功率流传动

（1）差速器

差速器式转向机构其类别从运动学上划分一般属于单流差速式，其机构简图如图 3-80 所示。差速器式转向机构的基本原理是转向时一侧履带降低的速度等于另一侧履带提高的速度，车辆几何中心的平均速度不变。单差速器转向机构主要应用到二战前大量生产的 Carden Loyd 超轻型坦克上。但由于该型车辆直线行驶不稳定和转向灵活性差等原因，很早就被淘汰了。为增大转向半径而改进的锥齿轮和直齿圆柱齿轮的双重差速器在国外早期的轻型履带车辆上广泛采用，如 HS30、霍基斯、法国的 Renault NC 轻型坦克及美国 M113 步兵战车等。

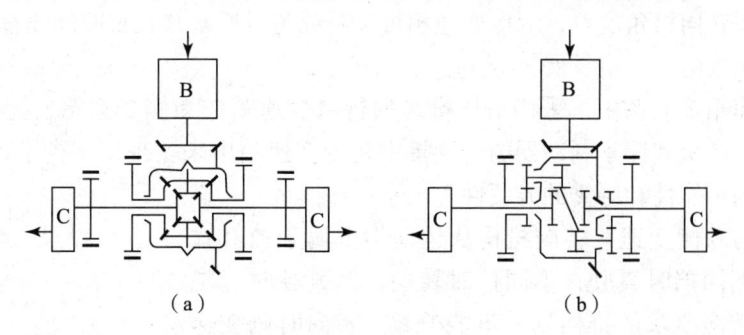

图 3-80　双重差速器
（a）圆锥齿轮式；（b）圆柱切轮式

（2）转向离合器和行星转向机

在变速机构后直接串联上某种转向机构，通过操纵一侧转向元件使该侧履带速度降低，另一侧保持直线行驶时速度，形成独立式转向机构。该类转向机构的典型代表有转向离合器、行星转向机等。

转向离合器转向机构通过制动带控制离合器的制动或滑磨以降低一侧履带的卷绕速度实现转向。尽管该型转向机构能实现的转向半径较小，但因结构简单，目前仅在一些履带式工程车辆应用。

行星转向机是由转向离合器转向机构发展而来，可满足某些规定的转向半径要求。低速侧小制动器制动时再生功率能够回传到高速侧，降低了转向对发动机功率的需求。该型转向机构具有行星传动结构紧凑、传递效率高的优点，直驶稳定。但大多情况下需要在非规定转向半径转向，功率损耗严重，同时转向机构需频繁调节，影响了车辆的平均速度和人员的作战效果。T-55，T-62和德国早期的某些主战坦克上采用了该型转向机构。行星转向机式转向机构如图3-81所示。

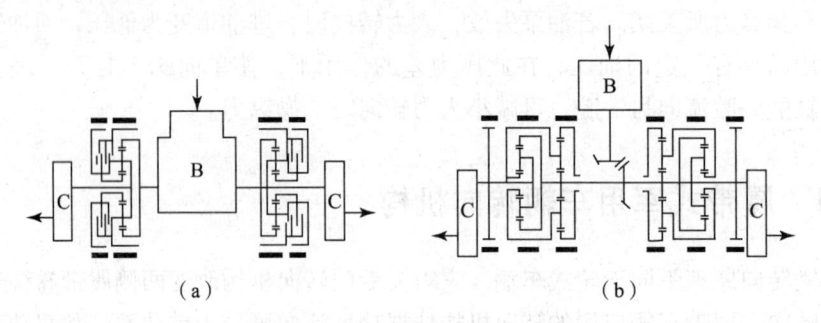

图3-81 行星转向机构简图

（3）双侧变速箱

双侧变速箱最早就出现在1916年的英国坦克上，它在向两侧传递动力时可通过两侧变速箱采用不同排挡实现转向。1920年，意大利的Fiat 3000轻型坦克曾采用过固定轴齿轮的双侧变速箱。它每侧4挡，与发动机一起形成整体的动力传动装置。在1932年和1937年，英国的威尔逊设计了6挡和8挡的双侧行星变速传动系。

1960—1970年，液压操纵技术有了进一步的发展，双侧变速箱传动系在现代坦克中又得到应用，如苏联的T-64坦克、T-72坦克及我国某新型主战坦克。从继承传统的前置变速箱和二级行星转向机角度看，双侧变速箱可以看成是对原来禁止长时间作直驶加力挡使用的二级行星转向机的进一步发展。

在双侧变速箱传动系中，采用液压操纵的行星变速箱作为侧变速箱，把传统的主离合器、变速箱、转向机和停车制动器的功能集中在侧变速箱中来实现，减少了动力传动空间，提高了传动系的可靠性和维修的方便性。

单功率流的双侧变速兼转向机构从运动学上属于独立式转向机构，两侧同挡时直驶，不同挡时转向。但直驶时理想的排挡划分与转向要求的排挡划分不能兼顾。转向时侧变速箱传递发动机功率和负担回流功率，载荷冲击严重，并难于实现液力传动和自动换挡。

某履带车辆的双侧变速箱的结构简图见图3-82。

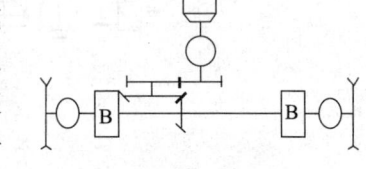

图3-82 某履带车辆动力传动系简图

2. 双功率流传动

履带车辆机械式有级转向机构能实现的规定转向半径数目有限，以非规定转向半径转向时摩擦元件发热和磨损严重，转向不平稳和效率低，限制了履带车辆的越野机动性。随着液压技术的进步，采用变速和转向功率分流的双流传动系，实现了无级变速和无级转向的目标。

（1）纯静液转向机构

二战期间德国伦克公司研制的 LG600 坦克首次采用了液压转向技术，法国西斯姆研制的配置有静液转向机构 ESM-500 综合传动装置的勒克莱尔主战坦克代表了当今综合传动静液转向技术发展的新水平，其传动简图如图 3-83 所示。从履带车辆无级转向机技术的发展看，静液无级转向是 1970—1980 年发展的具有代表性的新技术，之后，国外发展的几乎所有新型和改进型军用或民用的履带车辆均采用了静液转向机构。

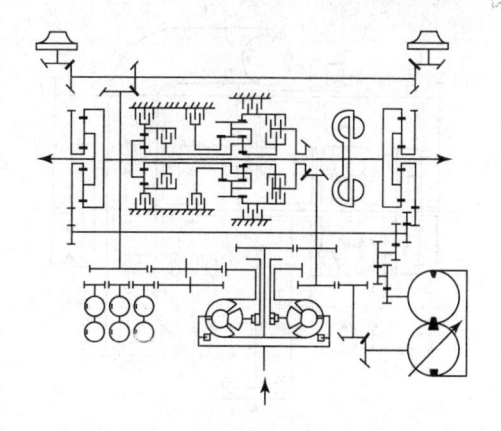

图 3-83 法国勒克莱尔主战坦克的 ESM-500 传动机构简图

静液转向机构一般采用一组或多组可双向调节的液压泵和液压马达等无级变速元件组成容积式调速回路。液压容积式无级调速系统具有良好的无级传动特性，结构紧凑、体积小、重量轻、承载能力强。转向时，通过液压泵排量的正、反向调节实现车辆转向半径连续可控的无级变化。采用双泵—发动机系统转向机构的有瑞士 PZ-61、68 及英国"挑战者"坦克等用的 TN-37、TN-54 传动等。

履带车辆一般以零差速转向机构应用最多。直驶时，变量泵的排量为零，实现对转向零轴的闭锁，保证直驶的稳定性。变速机构置于空挡情况下转向，发动机所输出的功率全部由转向分路的液压元件传递，实现车辆原位中心转向。但静液转向机构发展中仍需解决两个关键问题：一是液压传动效率偏低，当代国际上液压领域最高传动效率只能达到 75%~80%，部分负荷时仅为 50%~70%，起步或小功率时更低；二是液压泵和马达加工精度要求高、制造困难。此外，不同排挡时转向操纵件的调整工况与转向半径间的对应关系不同，增大了驾驶员转向操作难度。因此，在重型履带车辆上应用纯静液转向机构尚依赖液压技术的进一步发展。

（2）静液机械联合转向机构

为解决液压元件功率不足的矛盾，发展了液压加机械复合转向机构。该型机构是由液压转向和机械转向两套机构复合而成，液压无级转向机构实现较大半径转向（外阻力较小），由机械转向机构实现几个较小的规定转向半径转向（外阻力较大）。该型机构改善了大半径转向特性，但由于其结构复杂，制造困难，而且仅在以较大半径转向时实现无级变化，仅作为过渡型转向机构。采用该型机构有 BMII-3 步兵战车、瑞典 S 坦克采用的双套机构 FBTV-2B、德国 ZF 公司的 LSC-2000 及 4HP3000 和德国 RENK 的液压机械复合转向方案等。

图 3-84 为 LSC-2000 传动装置简图。在大半径无级转向时液压马达工作，机械部分进入准备状态。当液压转向达到其最小半径时，接合离合器，单向联轴节滑转使得机械转向的动力可由变速之后的汇流排齿圈输送，车辆获得一个规定的转向半径。单向联轴节可自动使液压和液压机械转向两阶段及时平稳衔接而避免出现空程或重叠，这是该方案结构的优点之一。

图 3-85 为俄罗斯学者提出的在双侧变速传动基础上增加液压转向的改进方案。其工作原理是当液压转向达到其最小转向半径时通过降低低速侧排挡以继续机械转向。

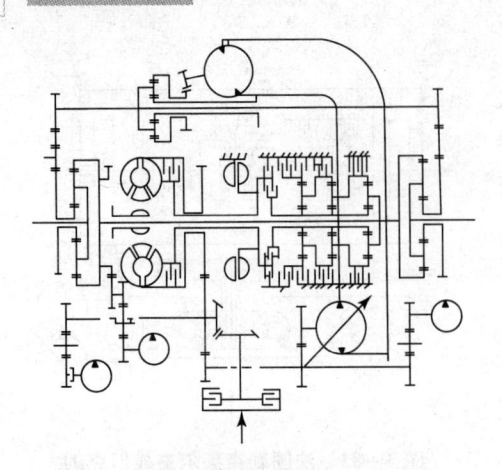

图 3-84　德国 ZF 公司的 LSC-2000
传动简图

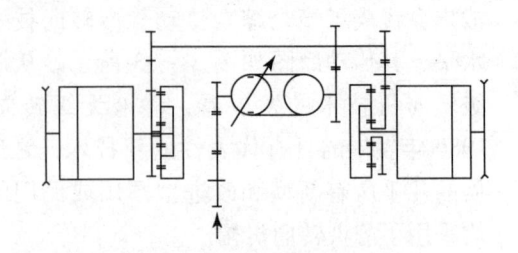

图 3-85　双侧变速传动的静液机械
复合转向方案

（3）动静液复合转向机构

该型转向机构的特点是利用液力耦合器提供功率以解决液压泵和马达功率小的问题。一般条件下，液力助力耦合器空转，转向由泵和马达实现。当液压元件功率能满足困难地面和小半径转向的需要时，外界阻力使液压系统高压升高到额定最高油压，耦合器开始为转向提供助力矩。当总转向力矩超过外阻力矩时，油压回落，耦合器逐渐停止工作。豹 II 坦克的 HSWL-354，AMX-30、黄鼠狼步兵战车等多种车辆上应用了该类方案。该方案可以实现全程无级转向，但箱体结构和控制系统复杂，转向效率不高。

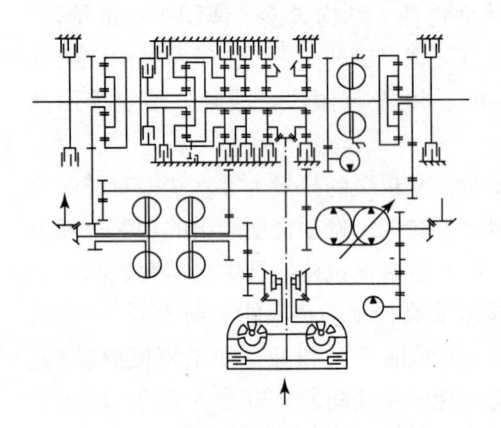

图 3-86　豹 II 坦克用 HSWL-354
动静液复合转向方案

图 3-86 为应用于豹 II 坦克的 1100 kW 的 HSWL-354 传动简图。

3.4　汽车制动系

3.4.1　汽车制动系概述

1. 功用和类型

（1）功用

制动系的功用是根据需要强制高速行驶的汽车减速或在最短距离内停车；下坡行驶时限制车速；能保证停放的汽车原地不动，防止滑溜。

（2）类型

制动系统的类型很多，一般汽车应包括两套独立的制动系统：行车制动系统（脚制动系）和驻车制动系统（手制动系）。在紧急情况下，这两套制动系可同时使用，以增加车辆的制动效果。此外，经常在山区行驶的汽车及某些特种用途的车辆，为了提高其行车安全性和减轻行车制动系统性能的衰减及制动器磨损，应装备辅助制动系统，用于车辆下坡时稳定车速。

按制动能源不同，制动系统可分为人力制动（以驾驶员的肌体作为唯一的制动能源）、动力制动（完全靠以发动机的动力转化而成的气压或液压作为制动源）和伺服制动（兼用人力和发动机动力作为制动源）。

按制动能量传输方式不同，制动系统可分为机械式、液压式、气压式和电磁式等。

制动系统传动机构一般采用回路形式，包括单回路制动系统和双回路制动系统。现行的汽车都使用双回路制动系统。

2. 基本原理及要求

（1）基本原理

对汽车、拖拉机起到制动作用的只能是作用在汽车、拖拉机上，其方向与车辆行驶方向相反的外力。在汽车、拖拉机上必须装设一系列专门装置，以便驾驶员能根据道路、交通或工作等情况，借以使外界（主要是路面）在汽车、拖拉机某些部分（主要是车轮）施加一定的力，对汽车、拖拉机进行一定程度的强制制动。这种可控制的、对车辆进行制动的外力称为制动力，这样的一系列专门装置称为制动系统。

图 3-87 是一种简单液压制动系统工作原理示意图。一个以内圆面为工作表面的金属制动鼓 8 固定在车轮轮毂上，随车轮一同旋转。在固定不动的制动底板 11 上，有两个支撑销 12，支撑着两个弧形制动蹄 10 的下端。制动蹄的外圆面上又装有摩擦片 9。制动底板上还装有液压制动轮缸 6，用油管 5 与装在车架上的液压制动主缸 4 相连通。主缸中的活塞 3 可由驾驶员通过制动踏板机构 1 操纵。

制动系统不工作时，制动鼓的内圆面与制动蹄摩擦片的外圆面之间保持有一定的间隙，使车轮和制动鼓可以自由旋转。

要使行驶中的车辆减速，驾驶员应踩下制动踏板 1，通过推杆 2 和主缸活塞 3，使主缸内油液在一定压力下流入轮缸，并通过两个轮缸活塞 7 推动，使两制动蹄绕支撑销 12 转动，上端向两边分开使其摩擦片压紧在制动鼓的内圆面上。这样，不旋转的制动蹄就对旋转着的制动鼓作用一个与车轮转向相反的摩擦力矩 M_μ。制动鼓将该力矩 M_μ 传到车轮后，由于车轮与路面间有附着作用，车轮对路面作用一向前的周缘力 F_μ，同时路面也对车轮作用着一个向后的反作用力，即制动力 F_B。制动力 F_B 由车轮经车桥和悬架传给车架及车身，迫使整个车辆产生一定的减速度。制动力愈大，则车辆减速度也愈大。当放开制动踏板时，回位弹簧 13 即将制动蹄拉回原位，摩擦力矩 M_μ 和制动力 F_B 消失，制动作用即行终止。

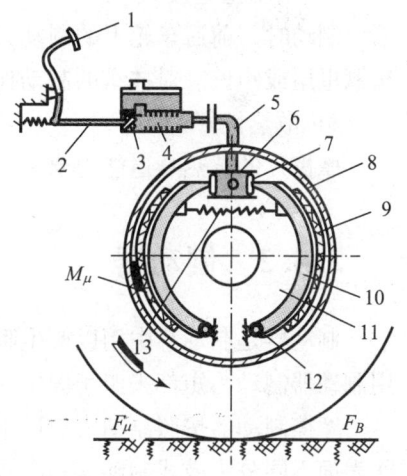

图 3-87 制动系工作示意图

1—制动踏板；2—推杆；3—主缸活塞；4—制动主缸；5—油管；6—液压制动轮缸；7—轮缸活塞；8—制动鼓；9—摩擦片；10—制动蹄；11—制动底板；12—支撑销；13—制动蹄回位弹簧

显然，阻碍车辆运动的制动力 F_B 不仅取决于制动力矩 M_μ，还取决于轮胎与路面之间的附着条件。如果完全丧失附着条件，则制动系统不可能产生制动效果。因此在讨论制动系统的结构问题时，一般都假定具备良好的附着条件。

（2）要求

为保证汽车能在安全条件下发挥出高速行驶的能力，制动系统必须满足下列要求：

1）足够的制动力和可靠性

评价汽车的指标一般有：制动距离、制动减速度、制动力和制动时间。一般，在水平干燥的混凝土路面上以 30 km/h 的初速度从完全制动到停车时，制动距离应保证：轻型货车及轿车不大于 7 m；中型货车不大于 8 m；重型货车不大于 12 m。停车制动的坡度：轻型汽车不小于 25%；中型汽车不小于 20%。

2）操纵轻便

汽车要求施于踏板上的力不大于 200~300 N；紧急制动时，不超过 700 N，施于手制动杆上的力不大于 250~350 N。

3）制动平顺

制动时制动力应逐渐迅速增加；解除制动时，制动作用应迅速消失。在车轮跳动或汽车转向时，不应引起自行制动。

4）制动稳定性好

制动时，前后车轮上的制动力分配应合理，左、右车轮上的制动力应相等，以免制动时车辆甩尾或跑偏。对挂车的制动作用略早于主车，挂车自行脱挂时能自动进行应急制动。

5）散热性好

摩擦片的抗热衰退能力要好，磨损后的间隙应能调整，并且能防水、防油、防尘。

3.4.2 制动器

制动器是制动系中用以产生阻止车辆运动或运动趋势的力的部件。目前，一般汽车所使用制动器制动力矩都来源于固定元件和旋转元件工作表面之间的摩擦，即摩擦式制动器。

摩擦制动器按照制动力矩产生的位置不同，分为车轮制动器和中央制动器；按照摩擦工作表面不同分为鼓式制动器和盘式制动器。

1. 鼓式制动器

鼓式制动器的摩擦副中的旋转元件是制动鼓，其工作表面是内圆柱面，固定元件是制动蹄。

（1）轮缸式制动器

1）简单非平衡式制动器

如图 3-88 所示。制动时，两制动蹄在相等张力 P 的作用下，分别绕各自的支撑销 3、4 向外偏转紧压在制动鼓 5 上，同时旋转的制动鼓 5 对两制动蹄 1、2 分别作用法向反力 N_1 和 N_2 以及相应的切向反力 F_1 和 F_2，F_1 和 F_2 绕支撑销对前制动蹄作用的力矩是同向的，因此前制动蹄对制动鼓的压紧力由于 F_1 的作用而增大，即 N_1 变得更大。这种情况称为"助势作用"，相应的前制动蹄称为"助势蹄"。与此相反，F_2 则使后制动蹄有放松制动鼓，使

N_2 减小的趋势,故后制动蹄具有"减势作用",被称为"减势蹄"。两制动蹄对制动鼓所施加的制动力矩不相等,一般助势蹄的制动力矩约为减势蹄的 2~2.5 倍。

2）平衡式制动器

为了提高制动效能,将前后制动蹄均设计为助势蹄的制动器称为平衡式制动器。若只在前进制动时两蹄为助势蹄,倒车制动时两蹄均为减势蹄,称为单向助势平衡式制动器；在前进和倒车制动时两蹄都为助势蹄,称为双向助势平衡式制动器。

① 单向助势平衡式制动器

如图 3-89 所示。两制动蹄各用一个单向活塞制动轮缸,且前后制动蹄与其轮缸在制动底板上的布置是中心对称的,两个轮缸用油管相连使其液压相等。前进（制动鼓逆时针旋转）制动时,两蹄都是助势蹄,制动效能得到提高,并使蹄片的磨损趋于相等。但倒车制动时两蹄都是减势蹄,导致倒车时的制动效能比前进时低。

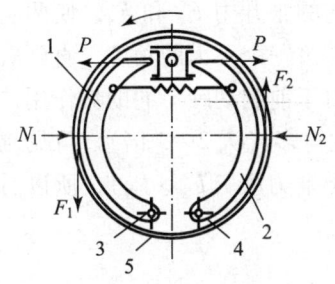

图 3-88 简单非平衡式制动器示意图
1—前制动蹄；2—后制动蹄；
3,4—制动销；5—制动鼓

图 3-89 单向助势平衡式制动器示意图

② 双向助势平衡式制动器

如图 3-90 所示,在对称的两个轮缸内装入两个双向活塞,制动底板上的所有固定元件、制动蹄、制动轮缸、回位弹簧等都是对称布置,两制动蹄的两端采用浮式支撑,且支点在周向位置浮动,用回位弹簧拉紧,这样汽车前进或倒车制动时均得到相同且较高的制动效能。

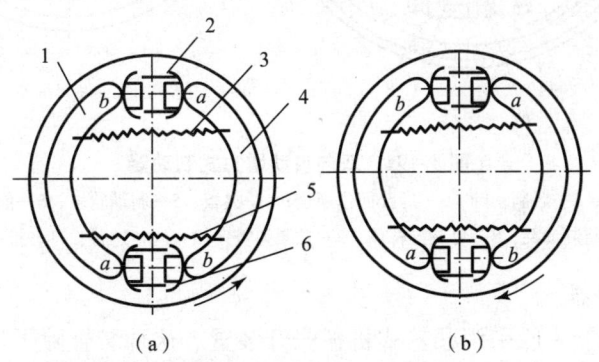

图 3-90 双向助势平衡式制动器工作情况
(a) 前进制动；(b) 倒车制动

汽车前进制动时如图 3-90（a）所示,两个制动轮缸两端的活塞在液力作用下均张开,将两个制动蹄压靠在制动鼓上。在摩擦力矩的作用下,两蹄开始都按车轮旋转方向转动,从

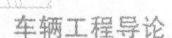

而将两轮缸活塞其中的各一对称端支座推回（图中的 a 端），直至顶靠着轮缸端面成为刚性接触为止，于是两蹄便以此支座为支点均在助势的条件下工作。同理，倒车制动时如图 3-90（b）所示，两轮缸的另一端（图中的 b 端）支座成为制动蹄的支点，两蹄同样为助势蹄，产生与前进制动时效能完全一样的制动作用。

③自动增力式制动器

自动增力式制动器可分为单向自动增力和双向自动增力两种。单向自动增力是在汽车前进时起自动增力作用，使用单活塞式油缸；双向自动增力式在前进和倒车制动时都起自动增力作用，使用双活塞油缸。

图 3-91 所示为双向自动增力式制动器的结构。前后两制动蹄 2、7 的上端两侧铆有夹板 4，用回位弹簧 3、6 将夹板 4 拉靠在支撑销上，两蹄的下端由拉紧弹簧 9 拉靠在可调推杆体 8 两端直槽的底平面上，可调推杆体 8 是浮动的，制动轮缸 5 处于支撑销稍下的位置。汽车前进制动时，轮缸活塞在两蹄上施加大小相等、方向相向的张开力 F_B 和 F_S，使两制动蹄张开压向制动鼓，在摩擦力作用下制动鼓带动沿旋转方向转过一个不大的角度，直到后制动蹄 2 顶靠到支撑销上为止，然后制动蹄进一步压紧。同样由于前制动蹄 7 的助势作用，经可调推杆体 8 施加于后制动蹄 2 下端的推力 F'_S 比张开力 F_S 大得多（大 2~3 倍）。可见制动时前制动蹄只受一个张开力 F_S，而后制动蹄则除 F_B 以外还受推力 F'_S（$F'_S > F_B$），所以后制动蹄产生的制动力矩比前制动蹄更大。

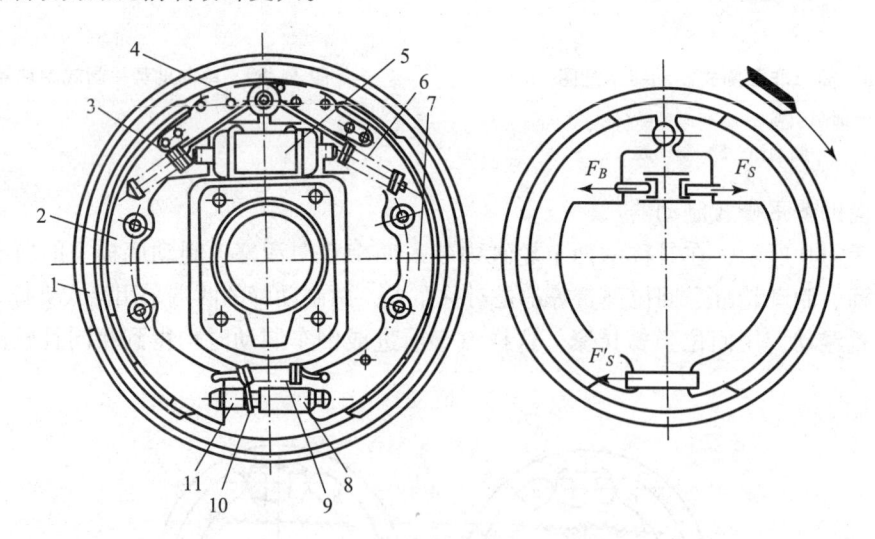

图 3-91 双向自动增力式制动器

1—制动底板；2—后制动蹄；3—后蹄回位弹簧；4—夹板；5—制动轮缸；6—前蹄回位弹簧；7—前制动蹄；8—可调推杆体；9—拉紧弹簧；10—调整螺钉；11—推杆套

（2）凸轮式制动器

气压传动的制动器一般采用凸轮式机械张开装置。这种装置除了用凸轮作为张开装置外，其余部分结构与液压传动的简单非平衡式制动器大致相同。

图 3-92 是一凸轮式制动器。不制动时，两制动蹄 2 由复位弹簧 3 将其张开端拉靠在制动凸轮上。制动时，制动传动装置推动调整臂 5，调整臂通过花键带动凸轮轴 4 连同凸轮转动，使制动蹄压紧到制动鼓上而起到制动作用。这种制动器在开始使用时是非平衡式的，在

使用过程中逐渐转变为平衡式。并且制动器的摩擦材料在使用过程中逐渐磨损，因而制动间隙要发生变化。制动器间隙的调整方法有局部调整和全面调整两种。局部调整时，利用装在调整臂下部空腔内的蜗杆蜗轮机构（图3-93）来改变凸轮的原始位置。全面调整时，还应同时使用带偏心轴颈的蹄片轴9（图3-92）。

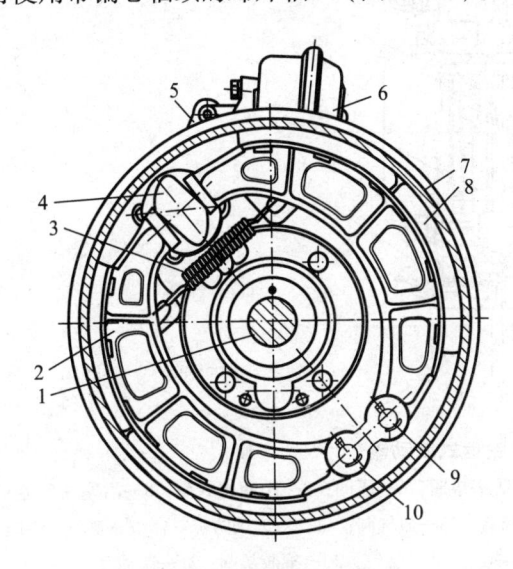

图3-92 凸轮式制动器
1—转向节轴颈；2—制动蹄；3—复位弹簧；4—制动凸轮轴；5—制动调整臂；6—制动气室；7—制动底板；8—制动鼓；9—蹄片轴；10—开口销

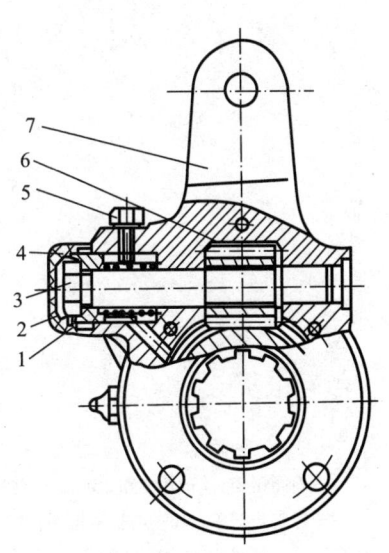

图3-93 制动调整臂
1—弹簧；2—防尘罩；3—蜗杆轴；4—锁止套；5—锁紧螺栓；6—蜗杆；7—外壳

鼓式制动器都在不同程度上利用摩擦力对制动蹄的增力作用来保证其一定的制动效果，因此操纵力较小，但其制动效果不够稳定，温度升高后，摩擦系数会降低，而且制动鼓受热膨胀后会使制动器间隙增大，使操作不便。因此，鼓式制动器主要用在拖拉机和重型汽车上，在轿车和轻型汽车上则多采用盘式制动器。

2. 盘式制动器

盘式制动器摩擦副中的旋转元件是唯一以断面工作的金属圆盘，称为制动盘。其固定件有着多种结构形式。根据固定元件的结构形式不同，盘式制动器大体上可分为两类，即钳盘式制动器和全盘式制动器。

（1）钳盘式制动器

钳盘式制动器又分为定钳盘式制动器和浮钳盘式制动器两种。

1）定钳盘式制动器

如图3-94所示，制动钳体由内侧钳体1和外侧钳体2由螺钉19连接而成。制动盘21伸入制动钳的两个制动块3之间。制动块由以石棉为基础材料加热模压制成的摩擦块和钢质背板铆合并黏结而成，通过两根导向销15悬装在钳体上，并可沿导向销15移动。内外两侧钳体1和2实际上各为一个液压油缸的缸体，其中各有一活塞4。

油缸壁上有梯形截面环槽，其中嵌入矩形截面的活塞密封圈8。将制动钳安装到汽车上时，须将进油口防污螺塞18取下。再将油管接头旋入进油口，并使之压紧在垫塞17上。内、外侧钳体的前部有油道将两侧油缸接通。内侧油缸的油道中装有放气阀13。

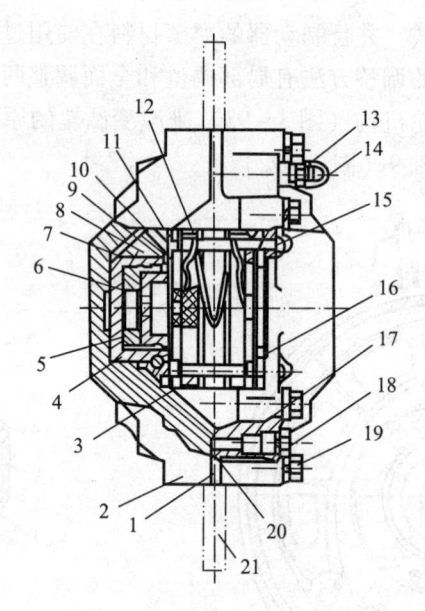

图 3-94 定钳盘式制动器

1—内侧钳体；2—外侧钳；3—制动块；4—活塞；5—活塞垫圈；6—压圈；7—压圈密封圈；8—活塞密封圈；9—橡胶防护罩；10—防护罩锁圈；11—消声片；12—弹簧；13—放气阀；14—放气阀防护罩；15—制动块导向销；16—R形销；17—进油口垫塞；18—防污螺塞；19—螺钉；20—橡胶垫圈；21—制动盘

制动时，制动液被压入内外两侧油缸中。两活塞 4 在液压力作用下移向制动盘，并通过活塞垫圈 5 和压圈 6 将制动块压靠到制动盘上。在活塞移动过程中，橡胶密封圈 8 的刃边在摩擦作用下随活塞移动，使密封圈产生弹性变形。相应于极限摩擦力的密封圈极限变形量 Δ，应等于制动器间隙为设定值时的完全制动所需活塞行程，见图 3-95（a）。解除制动时，活塞连同垫圈 5 和压圈 6 在密封圈 8 的弹力作用下退回，直到密封圈变形完全消失为止，见图 3-95（b）。此时摩擦块与制动盘之间的间隙（制动器间隙）即为设定间隙。

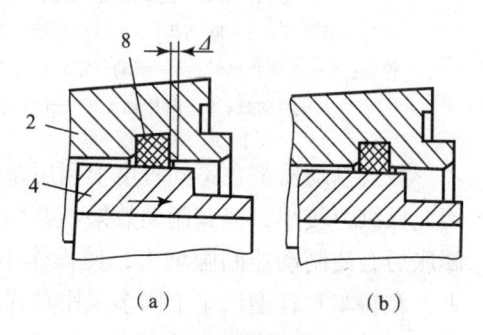

图 3-95 活塞密封圈的工作情况
（a）密封圈变形；（b）密封圈变形消失
2—外侧钳；4—活塞；
8—活塞密封圈

2）浮钳盘式制动器

浮钳盘式制动器如图 3-96 所示。其特点是只在制动盘的内侧设置液压缸，而外侧的制动块则附着在钳体上，制动钳体通过导向销与车桥相连，可以相对于制动盘轴向移动。制动时液压力 P_1 推动活塞 8，使内侧制动块靠到制动盘 4，同时钳体上受到的反力 P_2 使钳体连同固装在其上的外侧制动块靠到制动盘 4 的另一侧面上，直到两侧制动块受力均等为止。

图 3-97 为浮钳盘式制动器外形，制动钳支架 5 固定在转向节上。制动钳体 1 用紧固螺栓 2 与制动钳导向销 3 连接，导向销插入制动钳支架的孔中作动配合，制动钳体可沿导向销作轴向滑动。制动盘 6 的内侧悬装有活动制动块 10，而外侧的固定制动块 7 通过弹片安装

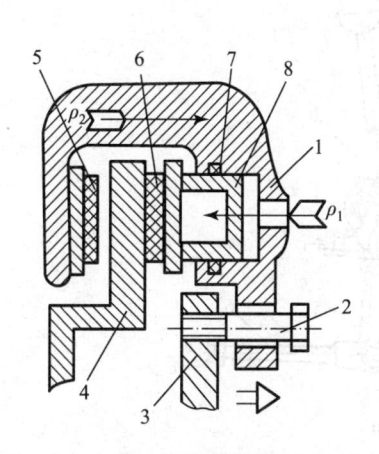

图 3-96 浮钳盘式制动器结构示意图

1—制动钳体；2—导向销；3—制动钳支架；4—制动盘；5—固定制动块；6—活动制动块；7—活塞密封圈；8—活塞

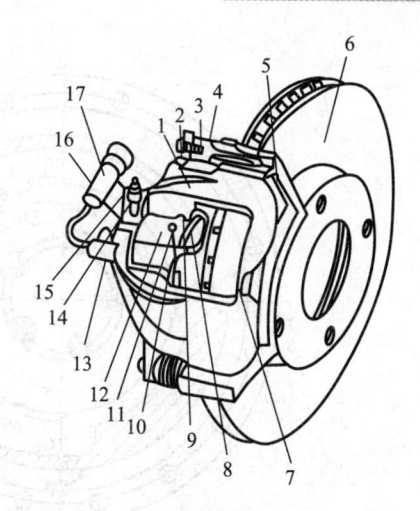

图 3-97 浮钳盘式制动器外形图

1—制动钳体；2—紧固螺栓；3—导向销；4—防护套；5—制动钳支架；6—制动盘；7—固定制动块；8—消声片；9—防尘套；10—活动制动块；11—密封圈；12—活塞；13—电线导向夹；14，15—放气螺钉；16—报警开关；17—电线夹

在制动钳支架5的内端面上。制动时，制动盘内侧的活动制动块在液压力作用下由活塞推靠到制动盘6上，同时制动钳上的反作用力将附装在制动钳支架中的固定制动块也推靠到制动盘6上。

浮钳盘式的优点是：与定钳盘式相比其外侧无液压元件，单侧油缸结构不需要跨越制动盘的油道，这样不仅轴向和径向尺寸小，而且不易产生气阻。但浮钳盘式制动器刚度较差，摩擦片易产生偏磨损。

（2）全盘式制动器

全盘式制动器装在差速器壳体轴承座13的箱壁与半轴壳体7之间（图3-98）。在半轴上装有两组两面铆有石棉衬片的摩擦盘8，它与半轴以花键连接和轴一起旋转，并能沿轴向移动。在两组摩擦盘8之间安装着压盘10、12，它们以外圆支撑在半轴壳体7内的三个凸肩上，并能在较小范围内转动。在压盘10、12相对的内表面上，各开有五个沿圆周均匀分布的球面斜槽。每个槽内有一钢球11，五根回位弹簧9将两块压盘10、12拉拢在一起，将钢球11夹紧在球面斜槽的深凹处。这样，压盘10、12与半轴壳体7、轴承座13的箱壁共同组成制动器的不旋转部分。两块压盘10、12各通过一根斜拉杆1与内拉杆2相连，而内拉杆2再通过摇臂5、外拉杆6等一些杆件与制动踏板相连。外拉杆6的长度可以调整，以保证在非制动状态下，摇臂5向后倾斜6°左右。调整螺母3可改变内拉杆2的长度，以调整制动器踏板的自由行程。

全盘式制动器的制动过程与自动助力的作用原理如图3-99所示。当踩下踏板时，两压盘相对转过一个角度，相当于图上沿箭头方向相对移动一定距离。于是钢球由斜槽深凹处向浅处移动，迫使压盘产生轴向位移，直到和摩擦盘接触产生制动力矩，如图3-99（b）所示。压盘在摩擦盘带动下，顺半轴旋转方向转动一个角度，相当于图上两块压盘一起沿箭头方向移动一个距离，直到一个压盘上的凸耳A_1靠到凸肩A为止。在这个过程中钢球和压盘的相对位置保持不变，因此制动力矩也未改变，如图3-99（c）所示。当压盘的凸耳A_1靠

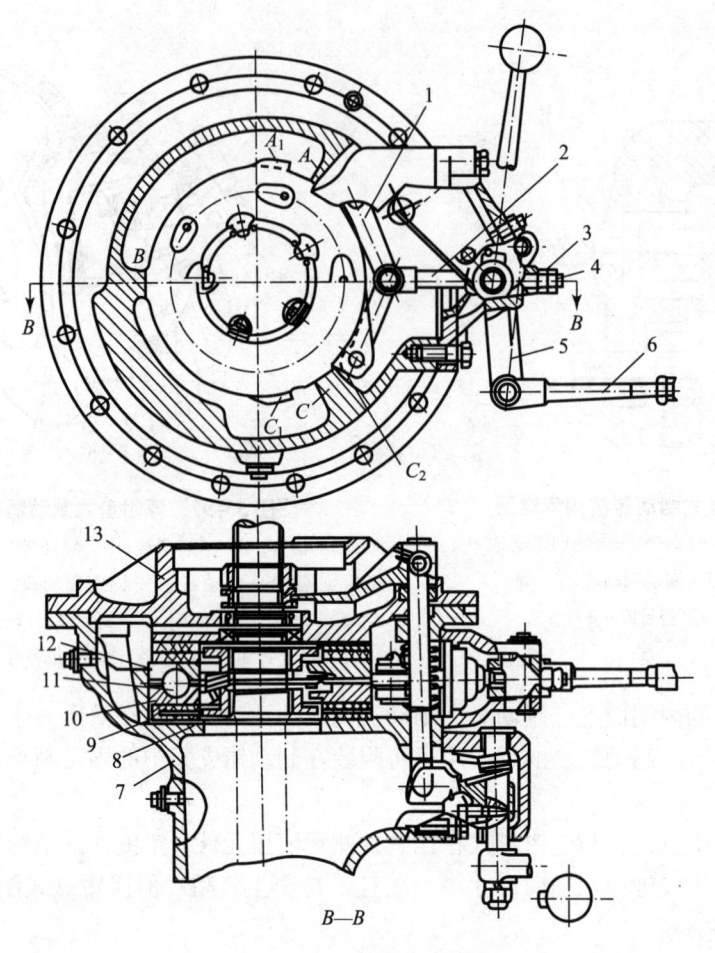

图 3-98 全盘式制动器

1—斜拉杆；2—内拉杆；3—调整螺母；4—锁紧螺母；5—摇臂；6—外拉杆；7—半轴壳体；
8—摩擦盘；9—回位弹簧；10，12—压盘；13—轴承座

住凸肩 A 后，它就不能继续转动，而另一压盘在摩擦盘的带动下继续转动。相当于图上压盘沿箭头方向继续移动，迫使钢球进一步向斜槽的更浅处移动，把压盘更向外顶开，进一步压紧摩擦盘，从而增大了制动力矩，如图 3-99（d）所示。可见这种制动器是有自行助力作用的。当车辆倒退行驶时，其制动过程和自行增力的作用原理与上述分析相同。

盘式制动器的特点：摩擦表面为平面，不易发生较大变形，制动力矩较稳定；热稳定性好，受热后制动盘只在径向膨胀，不影响制动间隙；受水浸渍后，在离心力的作用下水很快被甩干，摩擦片上的剩水也由于压力高而较容易被挤出；制动力矩与汽车行驶方向无关；制动间隙小，便于自动调节间隙；摩擦片容易检查，维护和更换。不足之处是摩擦副敞开在空气中，易受灰尘侵袭，磨损较大。

（3）蹄盘式制动器

蹄盘式制动器主要用于驻车制动，如图 3-100 所示。制动蹄支架 1 用螺栓固定在变速器壳体后壁。铸铁的通风式制动盘 2 用螺栓与变速器第二轴后端的凸缘盘连接。制动蹄 3 通过销轴与制动蹄臂 7 和 10、支架 1、拉杆臂 11 连接，并利用拉簧 6 和定位弹簧 8 使制动蹄 3 和制动盘 2 之间保持一定的间隙。

(a)   (b)   (c)   (d)

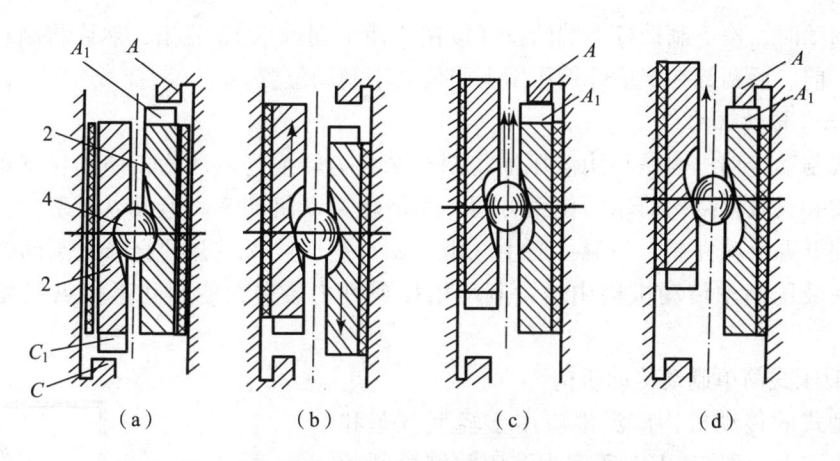

图 3-99　全盘式制动器的制动过程与自动助力的作用原理

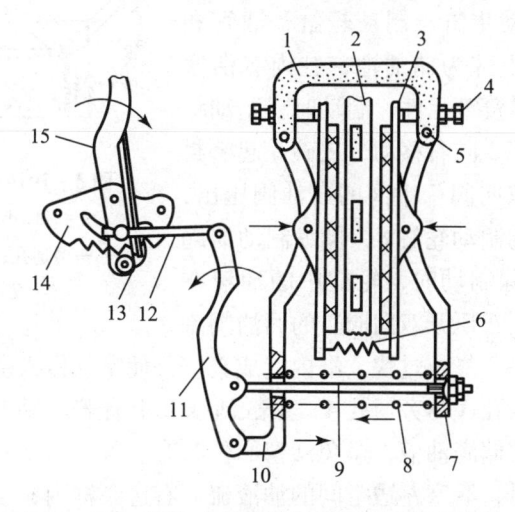

图 3-100　蹄盘式制动器及其传动机构示意图
1—支架；2—制动盘；3—制动蹄；4—调整螺钉；5—销；6—拉簧；7—后制动蹄臂；8—定位弹簧；
9—蹄臂拉杆；10—前制动蹄臂；11—拉杆臂；12—传动拉杆；13—棘爪；14—齿扇；15—驻车制动杆

3.4.3　制动传动机构

1. 机械式传动机构

图 3-100 为一种机械式传动的蹄盘式驻车制动器。制动杆 15 用销轴与固定于变速器壳上的齿扇 14 及传动拉杆 12 铰接，其下端装有棘爪 13，利用棘爪拉杆和手柄上的弹簧，能将制动器锁止在某一位置。

不制动时，驻车制动杆 15 处于最前位置。在定位弹簧 8 及拉簧 6 的作用下，两制动蹄摩擦片与制动盘之间保持一定间隙，制动器无制动作用。

制动时，将制动杆 15 上端沿箭头方向扳动，传动拉杆 12 前移，使拉杆臂 11 逆时针方向摆动，推动前制动蹄臂 10 后移压向制动盘 2。同时通过蹄臂拉杆 9 拉动后制动蹄臂 7 压缩定位弹簧 8，使后制动蹄前移，两制动蹄即夹紧制动盘 2，产生制动作用，并由棘爪 13 将手制动杆锁止在制动位置。

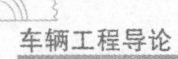

解除制动时，按下制动杆上端的拉杆按钮，使下端棘爪 13 脱出，然后将制动杆扳向最前端位置，前、后两蹄在定位弹簧作用下回位到不制动位置。

2. 液压式传动机构

液压式制动传动机构是利用液压油将制动踏板力转换为液压力，使车轮制动。其特点是：制动柔和灵敏，结构简单，使用方便，不消耗发动机功率。但操纵较费力，制动力不大，液压油低温流动性差，高温易产生气阻，如有空气侵入或漏油会降低制动效能甚至失效。通常在液压制动传动机构中增设制动增压或助力装置，使制动系操纵轻便并增大制动力。

（1）液压式简单制动传动机构

这种型式的传动机构广泛地应用于轻型汽车和中型载重汽车上。图 3 – 101 所示为液压式简单制动传动机构，它主要由制动主缸、制动轮缸、油管和制动踏板等组成。主缸上部为储油池，缸内有活塞 2、皮碗 6、双向阀 7、弹簧等元件。制动时，制动踏板操纵制动主缸中的活塞 2 向右移动，皮碗 6 起密封作用，主缸中的油液经双向阀 7 中间的出油阀压出，通过油管送到制动器上的制动轮缸 8，操纵制动器起制动作用。松开踏板解除制动时，轮缸中的油液在制动器回位弹簧的作用下，压开双向阀 7 的回油阀流回主缸。为避免主缸活塞 2 复位过快，缸内造成真空，使空气侵入引起制动失灵，在主缸储油池和主缸之间设有补偿孔 3 与旁通孔 4，主缸活塞 2 上有若干轴向小孔 1。补偿孔 3 的作用是使活塞左边空间经常储满油液，避免活塞回位时空气从活塞左边侵入主缸内。轴向小孔 1 能使活塞迅速回位时，活塞左边空间的油液流入右边泵缸内，填补主缸内暂时造成的真空。旁通孔 4 使主缸内多余的油液流回储油池，以免轮缸 8 内油液回流时没有出路而不能解除制动。旁通孔 4 还可避免温度变化时主缸内油压发生变化。

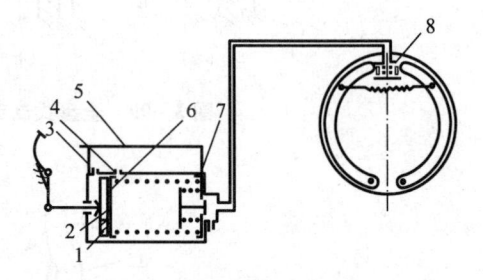

图 3 – 101　液压式简单制动传动机构
1—轴向小孔；2—活塞；3—补偿孔；
4—旁通孔；5—主缸储油池；6—皮碗；
7—双向阀；8—轮缸

（2）双回路液压制动传动机构的组成

双回路液压制动传动机构主要由制动踏板、双腔式制动主缸和前后车轮制动器以及油管等组成。制动主缸的前后腔分别与前后轮制动轮缸之间通过油管连接，并充满液压油。

图 3 – 102 所示为前后独立式双回路液压传动机构。由双腔制动主缸通过两套独立回路分别控制车轮制动器，若其中的一套回路损坏漏油时，另一套仍能起作用。该制动机构主要用于对后轮制动依赖性较大的发动机后置的后轮驱动汽车。制动时，踩下制动踏板，双腔制动主缸的推杆推动主缸前后活塞使主缸后腔油压升高，制动液分别流至前、后车轮制动轮缸，使车轮制动。当松开制动踏板时，制动液压回制动主缸，从而解除制动。

交叉式双回路液压制动传动机构（图 3 – 103）主要用于对前轮制动力依赖性大的发动机前置前轮驱动汽车上。

1）双腔式制动主缸

制动主缸的作用是将由踏板输入的机械推力转换成液压力。图 3 – 104 所示为串联双腔式制动主缸的结构示意图。制动主缸的壳体内装有前活塞 9、后活塞 6 及前活塞弹簧 10。前、后活塞分别用皮碗密封，前活塞 9 用挡片 8 保证其正确位置。两个储液筒分别与主缸的

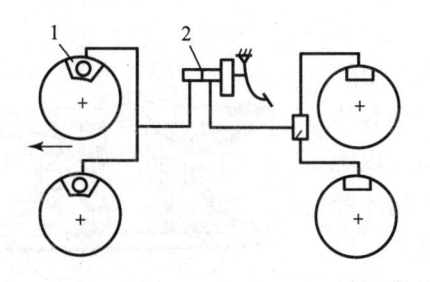

图 3-102　前后独立式双回路液压制动系
1—盘式制动器；2—双腔制动主缸

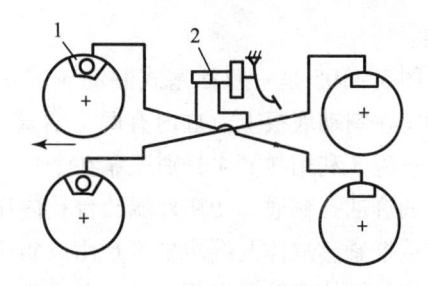

图 3-103　交叉式双回路液压制动系
1—盘式制动器；2—双腔制动主缸

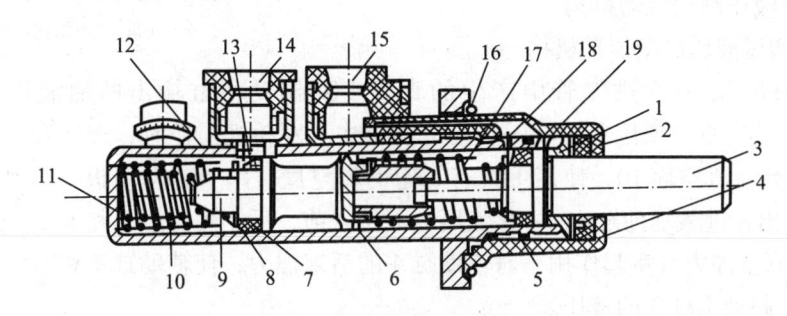

图 3-104　串联双腔制动主缸
1—套；2—密封套；3—推杆；4—盖；5—防动圈；6—后活塞；7—垫片；8—挡片；9—前活塞；10—弹簧；
11—缸体；12—后腔；13—密封圈；14、15—进油孔；16—定位圈；17—前腔；18—补偿孔；19—回油孔

前、后腔相通，前、后出油口分别与前、后制动轮缸相通，前活塞 9 靠后活塞 6 的液力推动，而后活塞 6 直接由推杆 3 推动。

踩下制动踏板，主缸中的推杆 3 向前移动，使皮碗掩盖住储液筒进油口后，后腔压力升高。在后腔液压和后活塞弹簧力的作用下，推动前活塞 9 向前移动，前腔压力也随之提高。当继续踩下制动踏板时，前、后腔的液压继续提高，使前、后制动器产生制动。放松制动踏板，主缸中的活塞和推杆分别在前、后活塞弹簧的作用下回到初始位置，从而解除制动。

若前腔控制的回路发生故障时，前活塞不产生液压力，但在后活塞液力作用下，前活塞被推到最前端，后腔产生的液压力仍使后轮产生制动。若后腔控制的回路发生故障时，后腔不产生液压力，但后活塞在推杆的作用下前移，并与前活塞接触而推动前活塞前移，前腔仍能产生液压力控制前轮产生制动。前活塞回位弹簧的弹力大于后活塞回位弹簧的弹力，以保证两个活塞不工作时都处于正确的位置。

为了保证制动主缸活塞在解除制动后能退回到适当位置，在不工作时，推杆的头部与活塞背面之间应留有一定的间隙。为了消除这一间隙所需的踏板行程（称为制动踏板自由行程），将该行程必须控制在一定范围内，该行程过大将使制动失灵，过小则制动解除不彻底。双回路液压制动系统中任一回路失效，主缸仍能工作，只是所需踏板行程加大，导致汽车的制动距离增长，制动效能降低。

2) 制动轮缸

制动轮缸的作用是将主缸传来的液压力转变为使制动蹄张开的机械推力。由于车轮制动器的结构不同，轮缸的数目和结构形式也不同，通常分为双活塞式和单活塞式

两类。

图3-105是一双活塞式制动轮缸示意图。缸体1用螺栓固定在制动底板上，缸内有两个活塞2，两个刃口相对的密封皮碗3利用弹簧4分别压靠在个活塞上，以保持两皮碗之间的进油孔畅通。活塞外端凸台孔内压有顶块5与制动蹄的上端抵紧。缸体两端防尘罩6用以防尘土和水分进入，以免活塞与缸体腐蚀而卡死。缸体上方装有放气阀用以排放轮缸中的空气。

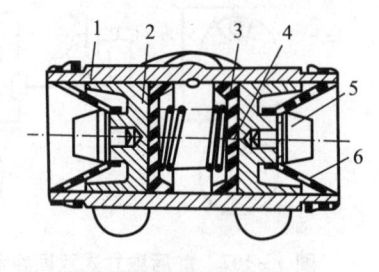

图3-105 双活塞制动轮缸
1—缸体；2—活塞；3—皮碗；
4—弹簧；5—顶块；6—防尘罩

(3) 真空液压制动传动机构

1) 真空增压液压制动传动机构

利用发动机工作时在进气管中产生的真空度对制动主缸输出的油液进行增压。图3-106所示为装有真空增压器的液压制动传动机构。发动机工作时，进气管8中的真空经真空单向阀9传入真空筒10，使筒中具有一定的真空度。踏下制动踏板时，制动主缸3中的制动液被压出，进入辅助缸4，由此液压一面传入前、后制动轮缸1和11，一面又作用于控制阀6，使真空加力气室起作用，对辅助缸4的活塞加力，使辅助缸4和前后制动轮缸1、11液压远高于制动主缸3的液压。

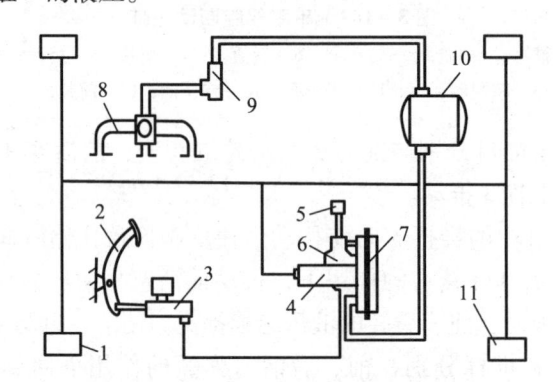

图3-106 真空增压液压制动传动机构
1—前制动轮缸；2—制动踏板；3—制动主缸；4—辅助缸；5—空气滤清器；6—控制阀；
7—真空加力气室；8—发动机进气管；9—真空单向阀；10—真空筒；11—后制动轮缸

真空加力装置的结构原理如图3-107所示。加力装置包括图3-106的辅助缸、控制阀和真空加力气室三部分。未制动时，各部分零件的位置如图3-107（b）所示。踩下制动踏板时，如图3-107（a）所示，主缸中的油液进入辅助缸。开始时，球阀2开启，因此液压传入各制动轮缸。同时，液压还作用在控制阀活塞4上，推动膜片座5上移，先关闭真空阀7，使上腔 A 和下腔 B 隔绝，然后开启空气阀8，外界空气经空气滤清器流入上腔 A 和加力气室右腔 D，这时下腔 B 和加力气室左腔 C 中仍保持原真空度。在 D、C 两腔压力差作用下，膜片11带动推杆1左移，使球阀2顶靠活塞3上的阀座关闭通路。这时，推动活塞3左移有两个力：一是主缸传来的液压力，另一是推杆1传来的力。由于加力气室内径与辅助缸内径差别很大，因此增压效果十分显著。

控制阀的随动作用与气压传动机构中的制动阀一样。在 A、D 两腔压力升高的过程中，膜片6和阀门组件不断下移。当 A、D 两腔真空度下降到一定数值时，空气阀8关闭，此时

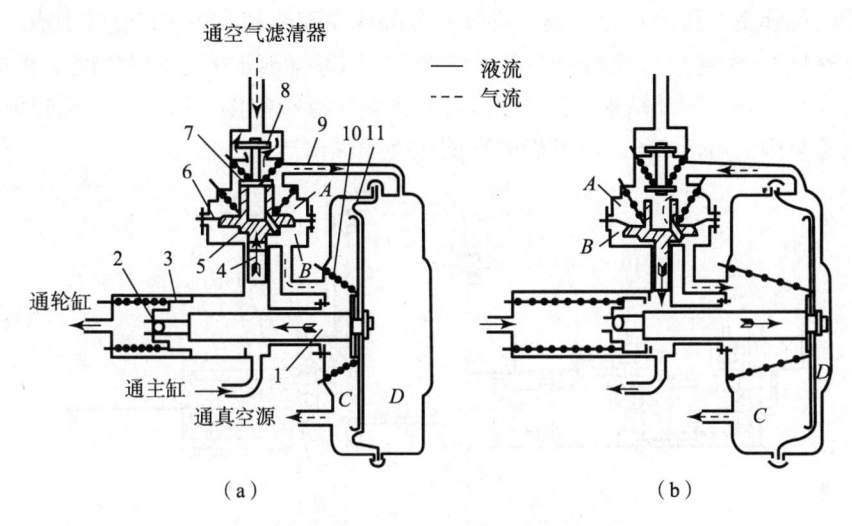

图 3-107 真空增压器工作示意图
(a) 踩下制动踏板时；(b) 松开制动踏板时
1—推杆；2—球阀；3—辅助缸活塞；4—控制阀活塞；5—膜片座；6—控制阀膜片；7—真空阀；8—空气阀；9—通气管；10—加力气室膜片回位弹簧；11—加力气室膜片

真空度保持在某一稳定值上，此值的大小取决于制动主缸液压力，而主缸液压力又取决于踏板行程。

当松开制动踏板时，主缸液压力下降，控制阀平衡状态被破坏。控制阀活塞4连同膜片座5在A、B两腔气压差和膜片回位弹簧的作用下，下移到极限位置，使真空阀7开启。最后A、B、C、D四腔达到同样的真空度。加力气室膜片11和推杆1、辅助缸活塞3均在弹簧的作用下回位。如果真空加力装置失效，球阀2将始终开启，这时整个系统和液压简单制动传动机构一样工作。

空气增压液压制动传动机构与真空增压液压制动传动机构十分相似，差别仅在于前者以大气压力代替后者以真空度作为低压，前者以压缩空气压力代替后者以大气压力作为高压。

2) 真空助力液压制动传动机构

真空助力式是利用真空度对制动踏板进行助力，因此，该传动机构装在踏板与制动主缸之间。图3-108所示为这种制动传动机构的组成和管路。真空助力液压力传到双腔制动总泵6的前腔通向前轮缸11，后腔则经比例阀1通向后轮缸10。双腔制动总泵6、加力气室7和控制阀8组成一个总成，称为真空助力器。

制动时，踩下踏板，操纵控制阀8，使加力气室起作用，对双腔制动总泵中的活塞施加很大的力，使总泵中的制动液产生很高的液压去操纵各分泵。真空助力器的结构原理如图3-109所示。真空加力气室中有一膜片和膜片座2，不工

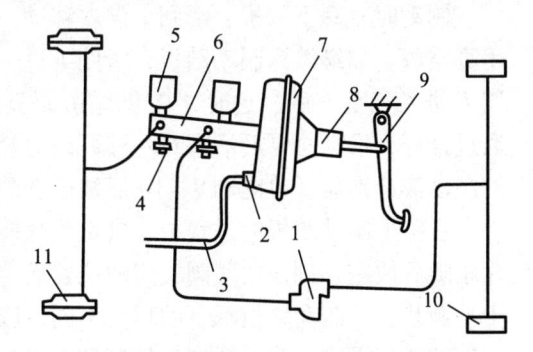

图 3-108 真空助力液压制动传动机构
1—比例阀；2—真空单向阀；3—真空管路；4—制动信号灯液压开关；5—储液杯；6—双腔制动总泵；7—真空加力气室；8—控制阀；9—制动踏板；10—后轮缸；11—前轮缸

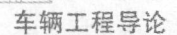

作时由膜片回位弹簧4压向右边。膜片将气室分隔成左腔A和右腔B，左腔上有一真空单向阀12与发动机进气管连接。控制阀中有一橡胶阀门13，与加力气室膜片座2组成真空阀，与滑阀1组成空气阀。制动踏板通过推杆17由球头与滑阀铰接。滑阀左端通过制动总泵推杆5去操纵总泵中的后活塞6，通过机械和液压去操纵前活塞7。

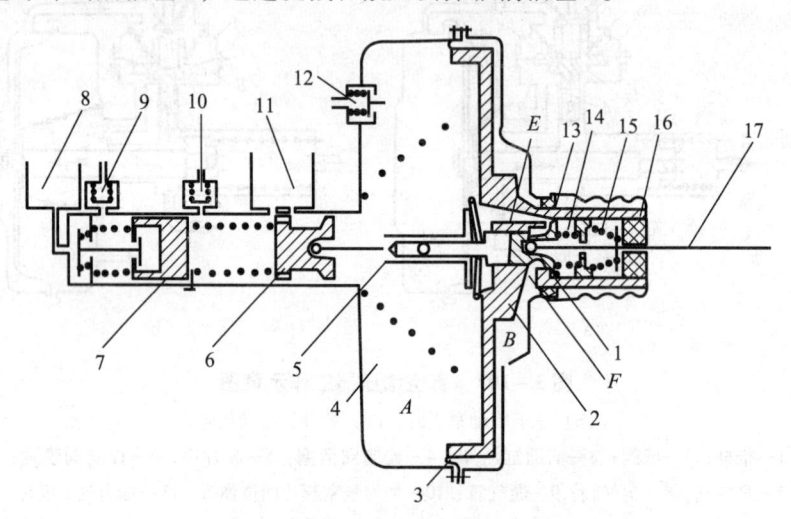

图3-109 真空助力器结构原理

1—滑阀；2—加力气室膜片座；3—加力气室膜片；4—膜片回位弹簧；5—推杆；6—后活塞；7—前活塞；8、11—液杯；9、10—出油阀；12—真空单向阀；13—带密封套的阀门；14—阀门弹簧；15—空气阀座弹簧；16—滤芯；17—控制阀推杆片座

不制动时，滑阀1在弹簧15作用下移到右端位置，这时空气阀关闭、真空阀开启。发动机进气管内的真空度经单向阀12进入加力气室A腔，并通过加力气室膜片座上的真空通道E，经真空阀，再经膜片座上的通道F传到加力气室B腔，A、B腔的真空度相等，膜片座被回位弹簧4推向右端，推杆5与总泵后活塞6分离，不发生制动作用。

制动时，踩下踏板，滑阀1向左移动，橡胶阀门13在弹簧14作用下压靠膜片座2，关闭真空阀。如继续踩制动踏板，滑阀1进一步左移而与阀13分离，开启空气阀，空气经通道F进入气室B腔。这时A腔仍保留原真空度，因此气室膜片两侧有压力差而产生推力，通过推杆5推动总泵后活塞6左移，同时经弹簧和液压推动总泵前活塞7左移。总泵两腔内的制动液分别压开单向阀9、10而被送至前、后轮制动分泵。

在踩下制动踏板的过程中，气室膜片座2不断左移。当制动踏板停留在某一位置时，膜片座随后便左移到使空气阀关闭的位置而停下来。这时真空阀与空气阀均关闭，加力气室处于平衡状态。制动踏板踩下的程度不同，膜片座左移到平衡状态的位置也不同，因而总泵中产生的液压不同，制动器产生的制动力矩也不同。

松开制动踏板解除制动时，总泵活塞、膜片座与膜片、滑阀等均在回位弹簧的作用下右移返回，关闭空气阀，打开真空阀，加力气室的B腔又进入真空，加力气室膜片两侧的压力差消失，各零件都回复到不制动时的原始位置。在真空加力装置失效的情况下，整个真空助力器就像液压简单制动传动机构一样工作，操纵力大大增加，但仍能操纵制动。

空气助力液压制动传动机构与真空助力液压制动传动机构大体相同，不同之处仅在于空气加力气室中膜片两侧的气压在制动时为大气压力和压缩空气压力，不制动时均为大气压力。

3.4.4 汽车防滑控制系统 ABS 与 ASR

汽车防滑控制系统就是防止汽车在制动过程中车轮被抱死滑移和汽车在驱动过程中（特别是起步、加速、转弯等）防止驱动发生滑转现象的控制系统。

1. 制动防抱死系统

（1）作用

汽车电子控制防抱死制动系统（Anti-Lock Brake System，ABS），是汽车上的一种主动安全装置。其作用是在汽车制动时，防止车轮抱死拖滑，以提高汽车制动过程中的方向稳定性、转向控制能力和缩短制动距离，使汽车制动更为安全有效。

（2）制动防抱死系统的基本组成及工作原理

1）组成

制动防抱死系统主要由轮速传感器、制动压力调节器和电子控制器（ECU）等三大部分组成（图3-110）。

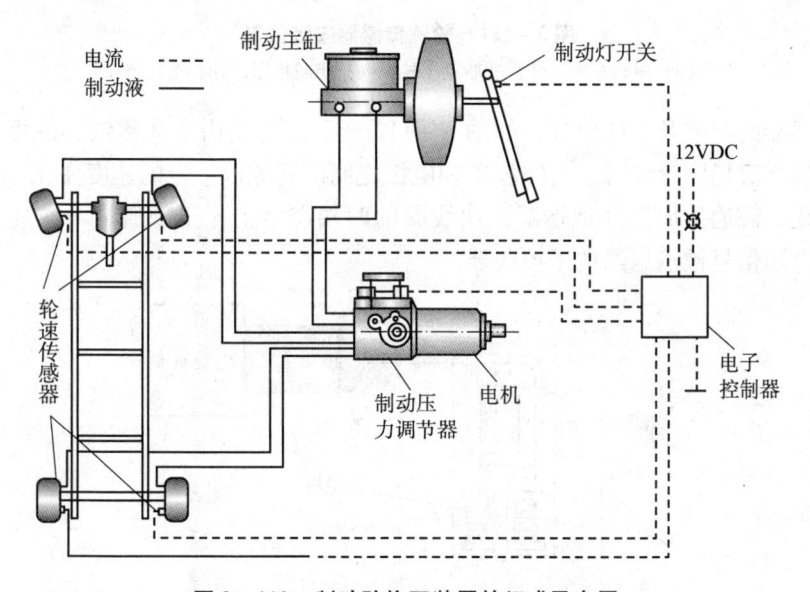

图3-110 制动防抱死装置的组成及布置

2）工作原理

汽车制动时，首先由轮速传感器测出与制动车轮转速成正比的交流电压信号，并将该电压信号送入ECU。由ECU中的运算单元计算出车轮速度、滑动率及车轮的加、减速度，然后再由ECU中的控制单元对这些信号加以分析比较后，向压力调节器发出制动压力控制指令，使压力调节器中的电磁阀等直接或间接地控制制动压力的增减，以调节制动力矩，使之与地面附着状况相适。因此，ABS系统控制原理主要是通过检测和控制车轮的滑动率，以获得最大的制动力与汽车侧向稳定性。

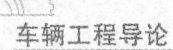

3）ABS 的类型及布置形式

按汽车制动系统，ABS 分液压制动系统 ABS（整体式、分离式和 ABS Ⅵ型）、气压制动系统 ABS、气顶液制动系统 ABS 三种类型。

按照控制通道数目的不同，ABS 系统分为四通道、三通道、双通道和单通道四种形式，而其布置形式却多种多样。

(3) ABS 部件结构及各部件的工作原理

1）车轮转速传感器

汽车防滑控制系统中都设置有电磁感应式轮速传感器。可以安装在车轮上，也可以安装在主减速器或变速器中，如图 3 – 111 所示。

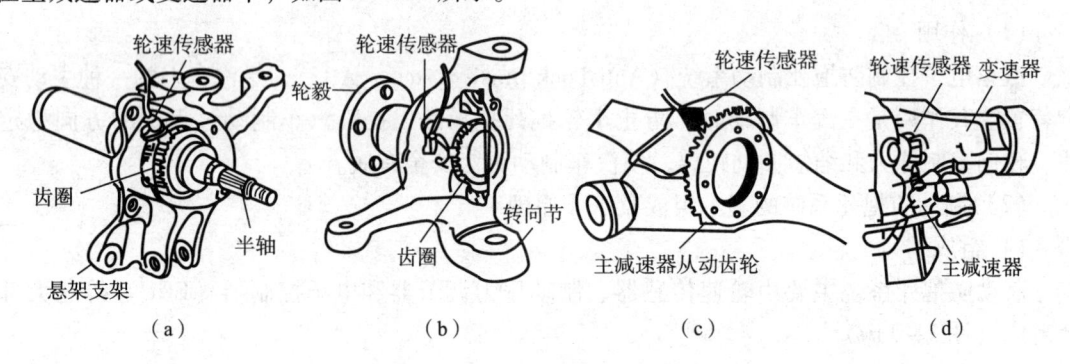

图 3 – 111　轮速传感器安装位置
（a）驱动车轮；（b）非驱动车轮；（c）主减速器；（d）变速器

轮速传感器的组成及工作原理，如图 3 – 112 所示。它是由永久磁铁、磁极、线圈和齿圈组成。齿圈在磁场中旋转时，齿圈齿顶和电极之间的间隙以一定的速度变化，使磁路中的磁阻发生变化，磁通量周期性地增减，在线圈的两端产生正比于磁通量增减速度的感应电压，该交流电压信号被输送给电子控制器。

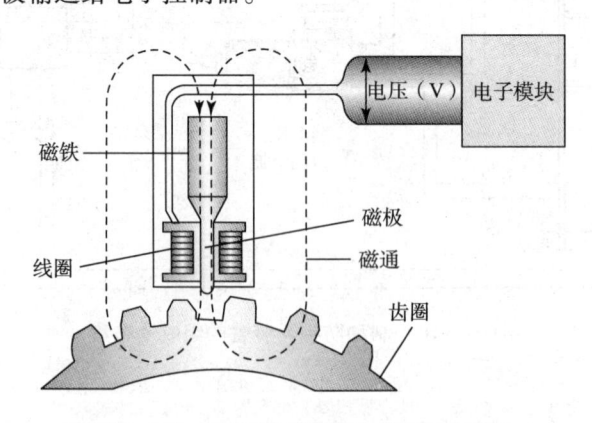

图 3 – 112　轮速传感器的组成及工作原理

2）电子控制器（ECU）

ECU 是防滑控制系统的控制中枢，其作用是接收来自轮速传感器的感应电压信号，计算出车轮速度，并与参考车速进行比较，得出滑动率 S 及加减速度，并将这些信号加以分析，并根据控制策略向液压调节单元（制动压力调节器）发出控制指令。

3) 循环式制动压力调节器

制动压力调节器的功用是接收来自 ECU 的控制指令，以控制制动压力的增减。它实际上是 ABS 执行器。

循环式制动压力调节器由电磁阀、液压泵和电动机等部件组成。其工作过程为：

①常规制动过程，如图 3-113（a）所示。ABS 未进入工作状态，电磁阀不通电，柱塞处于图示的最下方，主缸与轮缸的油路相通，主缸可随时控制制动油压的增减。

②轮缸减压过程，如图 3-113（b）所示。轮速传感器检测到车轮有抱死信号，感应交流电压增大，电磁阀通入较大电流。柱塞移至图示的最上方，主缸与轮缸的通路被截断。轮缸和储液器接通，轮缸压力下降。与此同时，驱动电动机启动，带动液压泵工作，把流回储液器的制动液加压后送入主缸，为下一制动过程做好准备。

③轮缸保压过程，如图 3-113（c）所示。轮缸减压过程中，轮速传感器产生的电压信号较弱，电磁阀通入较小的电流，柱塞降至图示位置，所有油路被截断，保持轮缸压力。

④轮缸增压过程，如图 3-113（d）所示。保压过程中，车轮转速趋于零，感应交流电压亦趋于零，电磁阀断开，柱塞下降到初始位置，主缸与轮缸油路再次相通，主缸的高压制动液重新进入轮缸，使轮缸油压回升，车轮又趋于接近抱死状态。

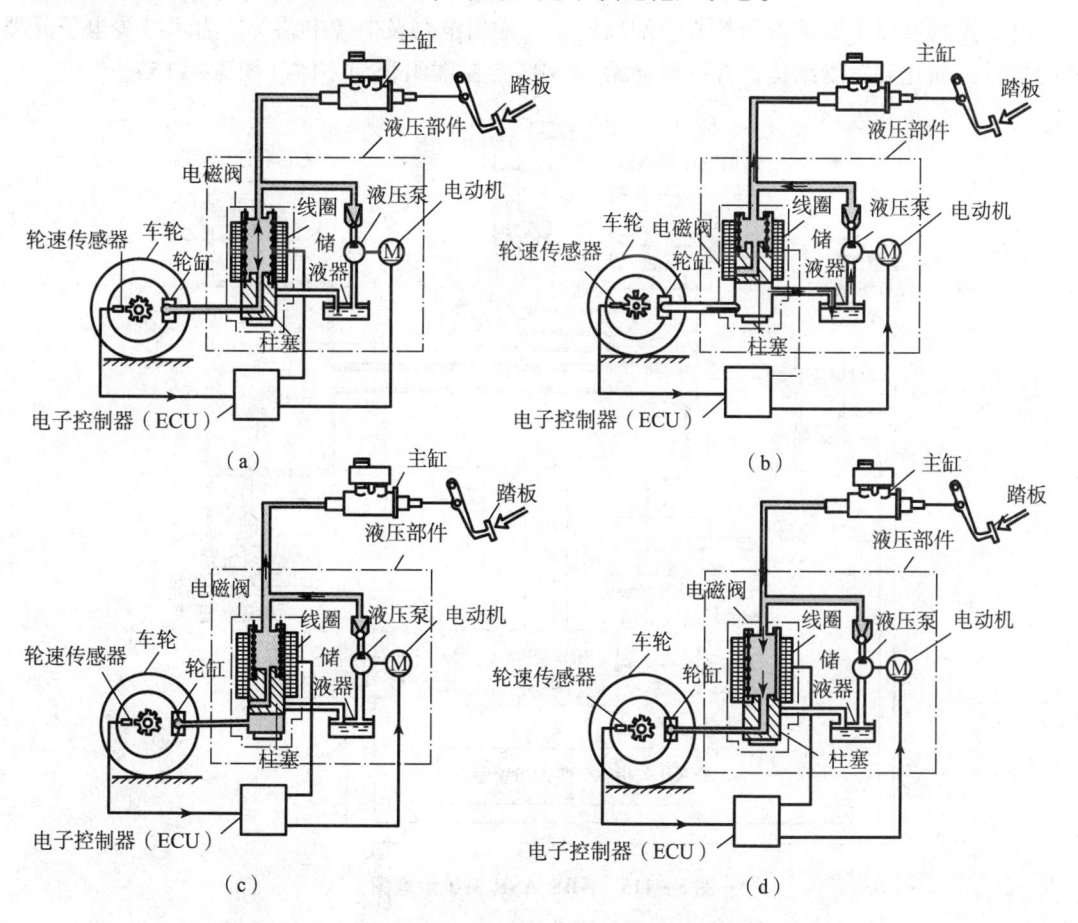

图 3-113 循环式制动压力调节器控制轮缸制动压力工作过程

(a) 轮缸常规工作状态；(b) 轮缸减压工作过程；(c) 轮缸保压工作过程；(d) 轮缸增压工作过程

2. 驱动防滑转系统

（1）概述

驱动力控制系统（Traction Control System，简称 TRC 或 TRAC）又称驱动轮防滑转调节系统（Anti-Slip Regulation，简称 ASR），它是继防抱死制动系统（ABS）之后，设置在汽车上专门用来防止驱动轮起步、加速和在湿滑路面行驶时防止驱动轮滑转的电子驱动力调节系统。它可以在驱动状态下，通过计算机帮助驾驶员实现对车轮运动方式的控制，以便在汽车的驱动轮上获得尽可能大的驱动力，同时保持汽车驱动时的方向控制能力，改善了燃油经济性，减少了轮胎磨损。ASR 的基本组成如图 3-114 所示。

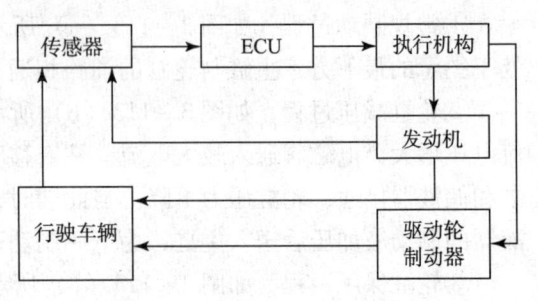

图 3-114　ASR 的基本组成框图

（2）ASR 系统的结构与工作原理

ASR 系统的传感器主要有车轮转速传感器和节气门开度传感器。车轮转速传感器与 ABS 系统共用，而节气门开度传感器则与发动机电子控制系统共用。

电子控制器以微处理器为核心，配以输入、输出电路及电源电路等。为了减少电子元器件的数目，简化和紧凑结构，控制器通常与 ABS 控制器组合为一体（图 3-115）。

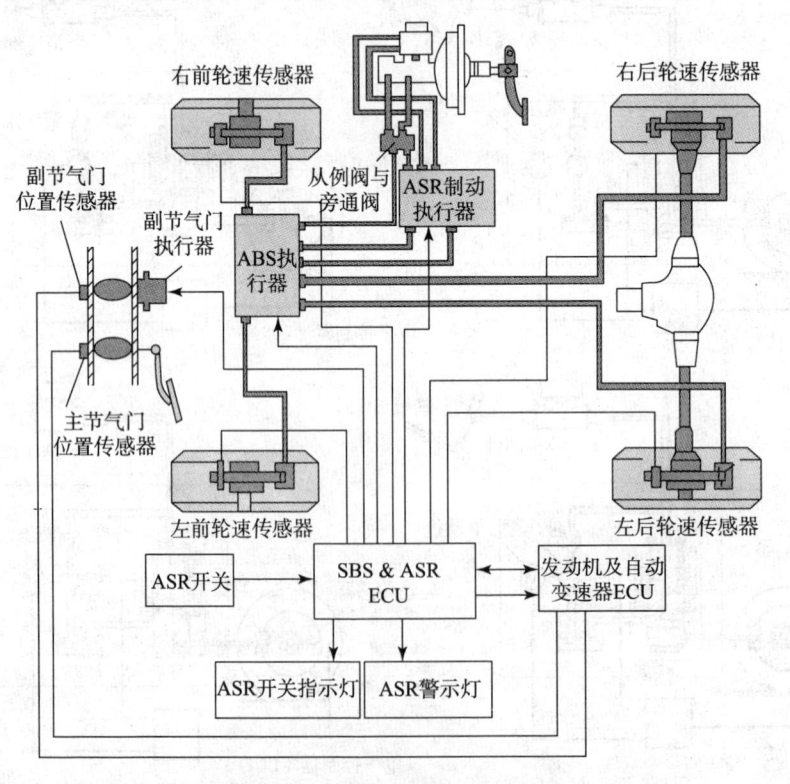

图 3-115　ABS/ASR 系统示意图

ASR 制动压力调节器执行 ASR 控制器的指令，对滑转车轮施加制动力，并控制制动力的大小，以使驱动轮的滑转率处于目标范围内。压力调节器可以采用变容积方式独立调节，也可以通过循环方式与 ABS 系统元件一起组合调节，独立调节将 ASR 与 ABS 制动压力调节器彼此分立设置，组合调节是将 ABS 和 ASR 两套控制系统的压力调节装置合二为一。图 3-116 所示系统为采用变容积方式独立进行 ASR 压力调节的控制系统。

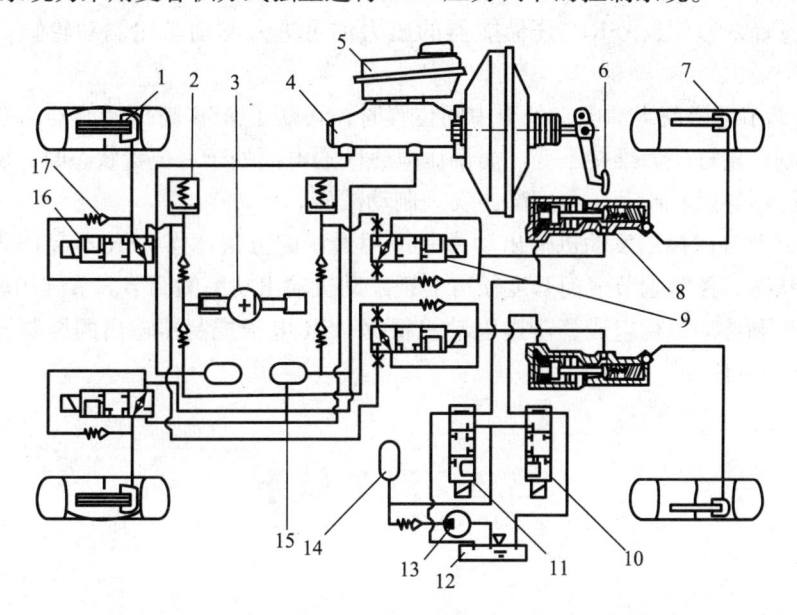

图 3-116 宝马轿车 Bosch ASC+T 的 ASR 的变容积调节方式

1—前轮制动器；2—低压储能罐；3—回流泵；4—制动主缸；5—储液罐；6—制动踏板；7—后轮制动器；8—驱动轮 ASR 调压缸；9—后轮 ABS 调压电磁阀；10，11—ASR 调压电磁阀；12—储油罐；13—油泵；14—ASR 高压储能器；15—ABS 缓冲器；16—前轮 ABS 调压电磁阀；17—单向阀

图 3-117 所示为利用循环调压方式通过 ABS 与 ASR 组合结构进行 ASR 压力调节的控制系统。

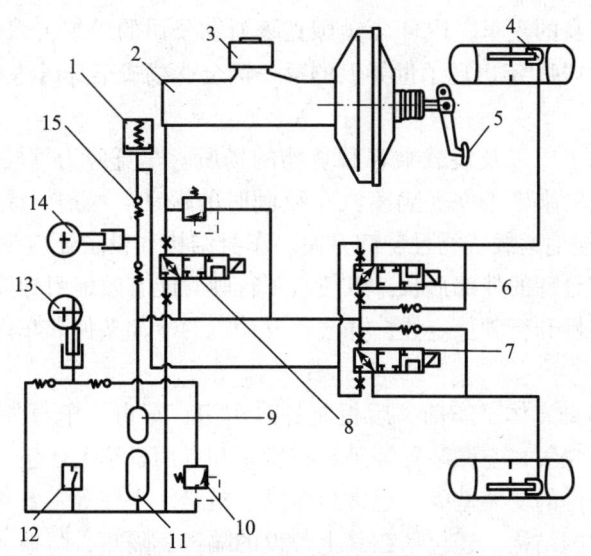

图 3-117 奔驰 Bosch ABS/ASR21 的 ASR 组合调节方式

1—低压储能器；2—制动主缸；3—储油罐；4—驱动轮制动器；5—制动踏板；6，7—调压电磁阀；8—ASR 调节电磁阀；9—ABS 缓冲器；10—限压阀；11—ASR 储能器；12—压力开关；13—ASR 油泵；14—ABS 回流泵；15—单向阀

当 ASR 调节电磁阀断电而取左位置状态时，ASR 不起作用。依靠两个调压电磁阀实施三位调节作用时，ABS 可以通过循环调压方式对两个驱动轮的制动压力进行调节。若需对车辆驱动轮实施 ASR 调节时，可以让 ASR 调节电磁阀通电而取右位。此时，若调压电磁阀仍处于断电状态而取左位，ASR 高压储能器的压力油可进入驱动车轮制动轮缸，达到制动增压的目的。

若 ASR 调节电磁阀半通电，处于中间位置时，切断了 ASR 高压储能器与制动主缸的联系，驱动轮制动轮缸压力维持不变。当调压电磁阀通电而处于右位置状态时，驱动轮制动轮缸与低压储能器导通，制动压力下降，实现制动减压。

ASR 以副节气门控制发动机输出功率是应用最广的方法，当 ASR 不起作用时，副节气门处于全开状态，控制副节气门开度便可实现发动机输出功率的调节。节气门驱动装置一般由步进电动机和传动机构组成，步进电动机根据 ASR 电子控制器输出的控制脉冲使副节气门转过规定的角度。

3.5　汽车车身

3.5.1　车身概述

最早的汽车制造和马车制造相同。初期车身结构的主要材料是木材，由木制骨架和硬红木的板材组成。1912 年，爱德华·巴特（Edwdrd Budd）首次制成了全金属车身。该车身的重要部位采用槽钢，车身的钣金件焊接或铆接成一体，大大提高了强度和寿命。1922 年至 1925 年间莱夏（Vincenzo Lancid）发明了最早的承载式车身。1934 年在锡特伦（Citron）开始大量制造承载式车身的汽车。1934 年美国克莱斯勒公司的爱尔芙莱是由 1932 年的渔翁全金属车身发展来的。1941 年出现了世界上的第一辆全承载式车身诺休 600。

1. 车身的功用

车身是驾驶员的工作以及装载乘客和货物的场所。车身应为驾驶员提供良好的操作条件，为乘员提供舒适的乘坐条件（隔离汽车行驶时的振动、噪声、废气以及恶劣气候的影响），并保证完好无损地运载货物且装卸方便。车身结构和设备还应保证行车安全和减轻事故后果。车身应具有合理的外部形状，以便汽车行驶时能有效地引导周围的气流，提高汽车的动力性、燃油经济性和行驶稳定性，并改善发动机的冷却条件和车内通风条件。

2. 车身结构

车身结构包括车身壳体、车前、后板制件、车门、车窗、车身外部装饰件和内部覆饰件、座椅以及通风、暖气、空调装置等等。在货车和专用汽车上还包括货箱和其他装备。车身壳体是一切车身部件的安装基础，通常指由纵、横梁和立柱等主要承力元件以及与它们相连接的板件共同组成的结构，还包括在其上敷设的隔声、隔热、防振、防腐、密封等材料及涂层。

3. 车身类型

（1）按车身壳体受力分

1) 非承载式车身

这种车身结构特点是车身通过橡胶软垫或弹簧与车架作柔性连接。这种情况下，车架是支撑全车的基础，承受着在其上所安装的各个总成的各种载荷，这种车身并不是不承载，起码它要承受所装载的人员和货物的重量及惯性力，只不过在车架设计时不考虑车身对车架承载所起的辅助作用而已。

2) 半承载式车身

这种车身的结构特点是车身通过焊接、铆接或螺钉与车架刚性相连。在这种情况下，车架仍然是承受各个总成的载荷的主要构件，但车身在一定程度上有助于加固车架，分担车架所承受的一部分载荷。

3) 承载式车身（或称全承载式车身）

这种车身结构特点是汽车没有车架，车身就作为发动机和底盘总成的安装基体。在这种情况下，车身兼有车架的作用并承受全部载荷。

非承载式车身和承载式车身各有优缺点，适用于不同用途的汽车。一般而言，非承载式车身用在货车、客车和越野车上；承载式车身一般用在轿车上，现在一些客车也采用这种形式。

(2) 车身按有无骨架分

1) 有骨架式车身

在制造时将车身外壳及内壁固定在焊接装配好的骨架上。骨架通常是由薄钢板冲压焊接而成的，车身外壳大多是薄钢板焊接在骨架上。车身骨架主要由左右门框的前立柱、中立柱和后立柱、上边梁和地板、前风窗框和前围板、后围板及其他后部加强零件所组成，这种车身有很好的强度和刚度。

2) 无骨架式车身

直接由若干块形状复杂的覆盖件组成，仅靠筋肋代替骨架作用，此外靠角板、横支条等措施来加强。无骨架式车身本身就是一个刚性空间结构，有较好的强度和刚度，质量比有骨架式车身要小得多，而且汽车总高度也可降低。

3.5.2 典型的汽车车身

1. 典型的轿车车身壳体结构

轿车车身可分为承载式车身和非承载式车身。为了省去笨重的车架而使汽车轻量化，绝大多数轿车车身都采用承载式结构，承载式车身的基本组成如图3-118所示。

该车身是由外部覆盖件和内部板件焊接而成的空间结构。其车身壳体的纵向承力构件有：前纵梁24、门槛17、地板通道20、后纵梁13、上边梁7和前挡泥板加强撑22；横向承力构件有：前座椅横梁21、地板后横梁14、前风窗框上横梁4、前风窗框下横梁3、后风窗框上横梁6、后窗台板8和后围板9；垂直承力构件有：前立柱（A柱）18、中立柱（B柱）16、后立柱（C柱）10等。车身主要板件有：前挡泥板23、前地板19、后地板15、前围板2、车顶盖5、后轮罩12和后翼板11等。上述构件和板件利用搭接、翻边等连接方式按先后顺序点焊组装成后地板总成，左、右侧围总成，前地板和前围板总成，车顶盖等，最后组装焊合成整个车身壳体。

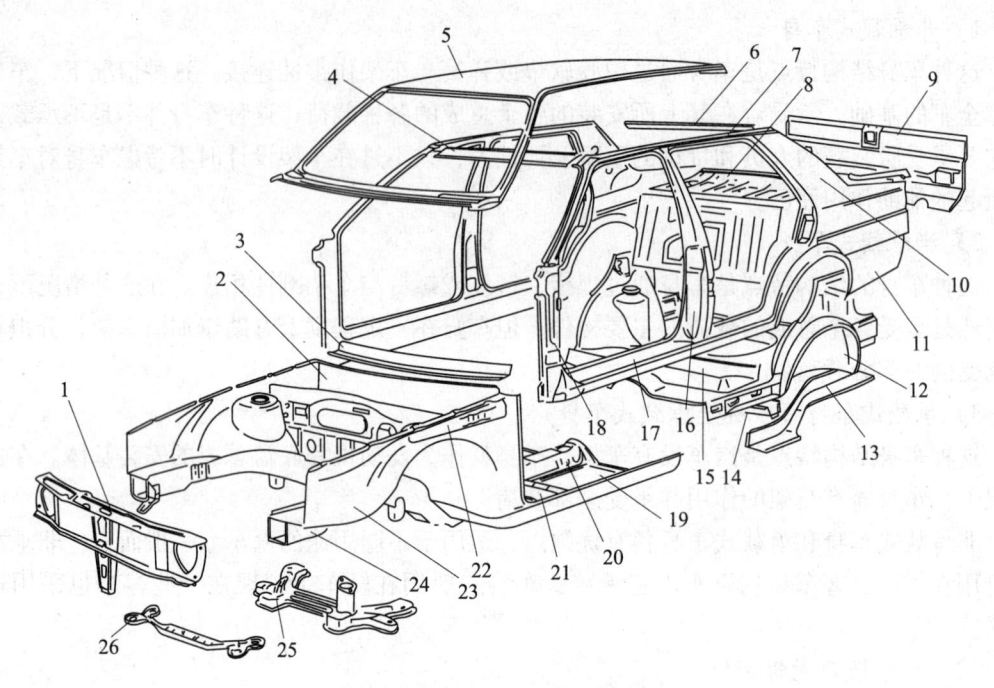

图 3-118　捷达轿车的车身壳体

1—散热器框架；2—前围板；3—前风窗框下横梁；4—前风窗框上横梁；5—车顶盖；6—后风窗框上横梁；7—上边梁；8—后窗台板；9—后围板；10—后立柱（C柱）；11—后翼板；12—后轮罩；13—后纵梁；14—地板后横梁；15—后地板；16—中立柱（B柱）；17—门槛；18—前立柱（A柱）；19—前地板；20—地板通道；21—前座椅横梁；22—前挡泥板加强撑；23—前挡泥板；24—前纵梁；25—副车架；26—前横梁

现代轿车的承载式车身壳体前部都有副车架25。在副车架上安装发动机、传动系统、前悬架和前轮，组合成便于装配和维修的整体。副车架与承载式车身前部的下面用弹簧橡胶垫连接，以隔离振动和冲击，提高车身的舒适性。

2. 客车车身的壳体结构

理论上按车身承载型式可以把客车车身壳体分为三类：非承载式车身、半承载式车身、承载式车身。

（1）非承载式车身

在客车发展初期，其车身通常由专业化车身厂生产，然后安装在现成的货车底盘车架上，这种结构的优点是便于在同一底盘上安装不同的车身。国内的轻型客车，其绝大部分都是这种非承载式车身壳体结构：普遍采用在货车三类底盘（包括一部分进口轻型货车底盘）或者在专用客车底盘上直接改装车身。该形式具有传统底盘车身结构的优点：缓冲隔振性能和舒适性较好，安全性能由底盘加强，便于生产和装配，所以成为现阶段轻型客车设计的主流，但其结构上存在明显的缺陷。

（2）半承载式客车车身结构

半承载式客车车身结构克服了上述的部分缺陷，特点是车身底部与车架刚性连接，其基本思想是将车身骨架侧壁立柱与车架纵梁两侧的外伸横梁焊接在一起，从而车身也承担一部分弯曲载荷和扭转载荷。

图 3-119 所示是典型的半承载式客车车身结构，通常是在现成的客车专用底盘（其车

架由两根前后直通的纵梁 27 与若干横梁 10、23 等组成）上将车架用若干悬臂梁 25 加宽并与车身侧壁立柱刚性连接，使车身骨架也分担车架的一部分载荷。

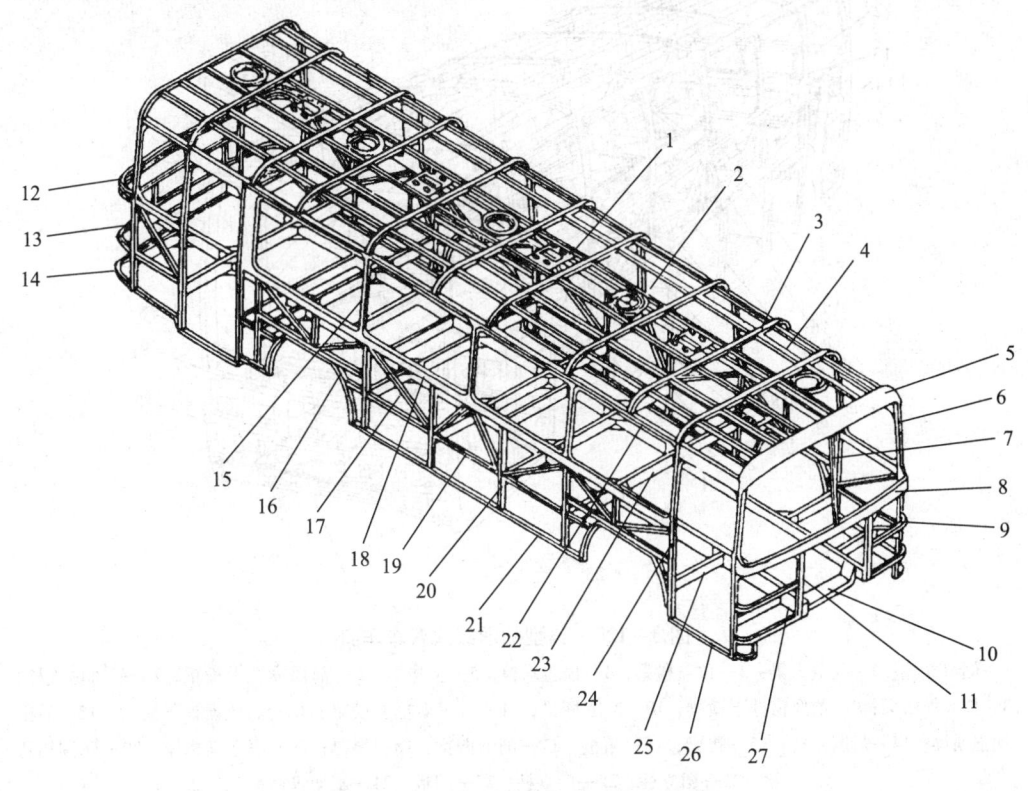

图 3-119 典型的半承载式客车车身

1—顶灯地板；2—换气扇框；3—顶盖横梁；4—顶盖纵梁；5—前风窗框上横梁；6—前风窗立柱；7—前风窗中立框；8—前风窗框下横梁；9—前围搁梁；10—车架前横梁；11—前围立柱；12—后风窗框下横梁；13—后围搁梁；14—后围裙边梁；15—侧围窗立柱；16—车轮拱；17—斜撑；18—腰梁；19—侧围搁梁；20—侧围立柱；21—侧围裙边梁；22—上边梁；23—车架横梁；24—门立柱；25—车架悬臂梁；26—门槛；27—车架纵梁

(3) 承载式客车车身结构

承载式客车车身结构取消了车架，利用各种型钢、型材、薄壁钢板，焊接装配成可能等强度的空间结构梁系，车身具有较大的抗弯曲和抗扭转的刚度，具有质量小，质心低，高速行驶稳定性较好的优点。

图 3-120 所示是典型的承载式客车车身结构，其底架是薄钢板冲压或用型钢焊制的纵横格栅，以取代笨重的车架。格栅是高度较大（约 500 mm）的桁架结构，因而车身两侧地板上只能布置座席，而座席下方高大的空间可用做行李舱，故适用于大型长途客车。整体承载式车身结构的特点是所有的车身壳体构件（包括蒙皮）都参与承载，互相牵连和协调，充分发挥材料的潜力，使车身质量最小而强度和刚度最大。

3. 货车驾驶室和车箱

(1) 货车驾驶室

大多数货车驾驶室都是非承载式结构，驾驶室没有明显的骨架，驾驶室通过多个弹性橡胶垫安装在车架上。驾驶室由外部覆盖件和内部板件焊合成壳体，通过 3 点和 4 点弹性悬置与车架连接，可以减轻驾驶室振动和车架歪扭变形对驾驶室的影响。货车的驾驶室分为长头

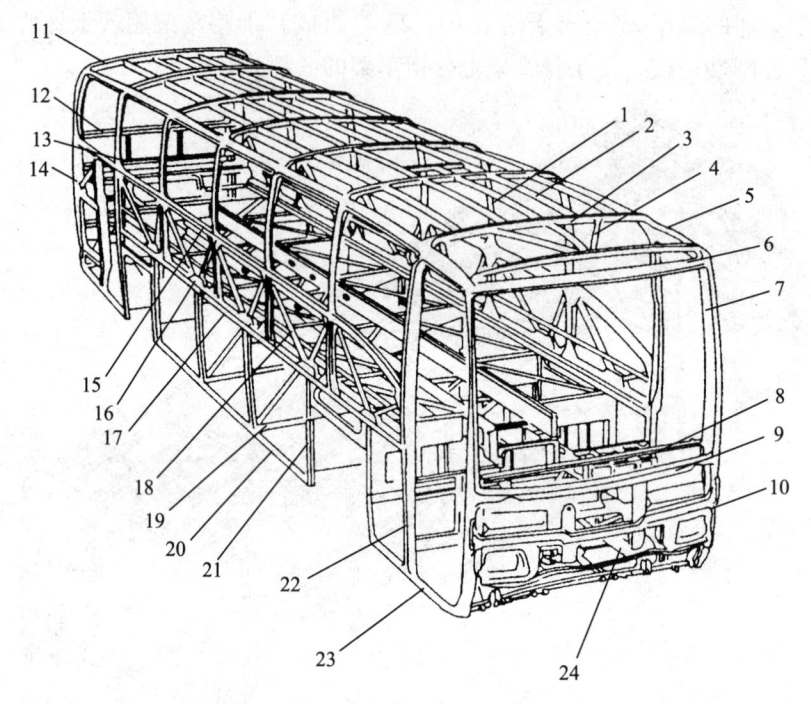

图 3-120 典型的承载式客车车身

1—侧窗立柱；2—顶盖纵梁；3—顶盖横梁；4—顶盖斜撑；5—上边梁；6—前风窗框上横梁；7—前风窗立柱；8—仪表板横梁；9—前风窗框下横梁；10—前围搁梁；11—后风窗框上横梁；12—后风窗框下横梁；13—后围加强横梁；14—后围立柱；15—腰梁；16—角板；17—侧围搁梁；18—斜撑；19—底架横格栅；20—侧围裙边梁；21—裙立柱；22—门立柱；23—门槛；24—底架纵格栅

和平头两种结构类型。

1) 长头式货车驾驶室

① 基本组成构件

图 3-121 所示为典型的长头式货车的驾驶室。其主要构件有：地板 12、前围板 2、前围上盖板 3、前围左侧盖板 1、顶盖 6 和后围板 9 等。驾驶室壳体各个构件按一定的顺序点焊连接，最后由地板总成、前围总成、顶盖等拼装焊合而成。驾驶室壳体的纵向承力构件有：左门槛 13 和上边梁 7；横向承力构件有：前风窗框上横梁 5、前风窗框下横梁 4、后围上横梁 8 和地板后横梁 10；垂直承力构件有：左前立柱 14 和左后立柱 11。

② 车前板制件

长头式汽车车身都有若干车前板制件，相互焊接或安装，形成容纳发动机和前轮的空间。图 3-122 所示是北京 BJ 2020 的车前板制件分解图。左挡泥板 6 和右挡泥板 4 上面各焊有两个托架 7。托架用螺栓固定在车架上。左前翼板 8、右前翼板 3，以及面罩 5 借助于螺钉和螺母相互连接并安装在托架 7 及挡泥板 6 和 4 上。发动机罩 2 通过其后部两个铰链 1 安装在车身壳体的前围外盖板上，并借助于两个锁扣 10 扣紧在左、右翼板上。

2) 平头式货车驾驶室

图 3-123 所示为典型的平头式货车驾驶室，与长头式货车驾驶室相比，除轮罩部结构差别较大外，其余基本相似，但平头式货车车身没有车前板制件。

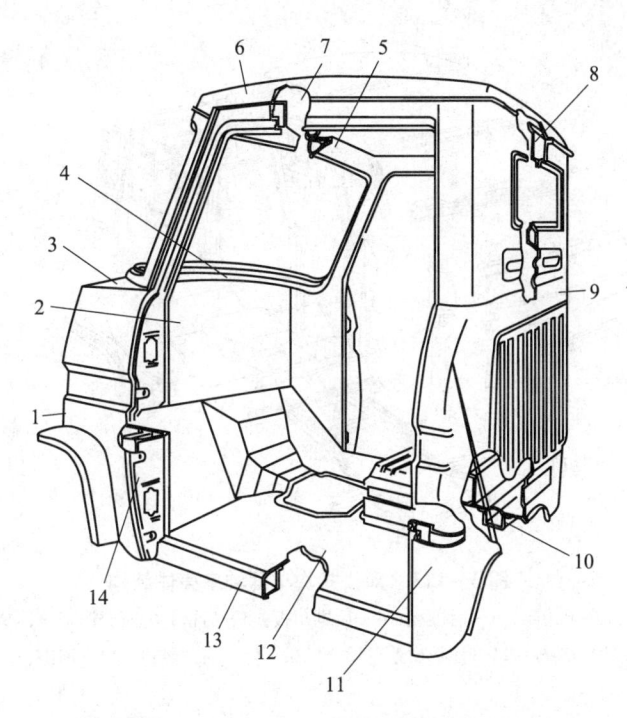

图 3-121　长头式货车驾驶室壳体结构

1—前围左侧盖板；2—前围板；3—前围上盖板；4—前风窗框下横梁；5—前风窗框上横梁；6—顶盖；7—上边梁；8—后围上横梁；9—后围板；10—地板后横梁；11—左后立柱；12—地板；13—左门槛；14—左前立柱横梁

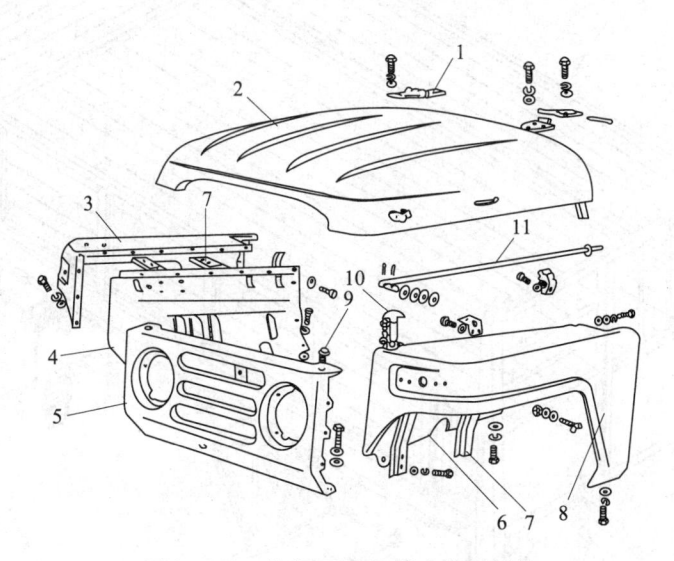

图 3-122　北京 BJ2020 的车前板制件

1—发动机罩铰链；2—发动机罩；3—右前翼板；4—右挡泥板；5—面罩；6—左挡泥板；7—托架；8—左前翼板；9—缓冲垫；10—锁扣总成；11—发动机罩撑杆

（2）货车车箱

1）栏板式货箱

图 3-124 所示的是应用广泛的普通栏板式货箱。普通栏板式货箱一般具有底板 2 和 4

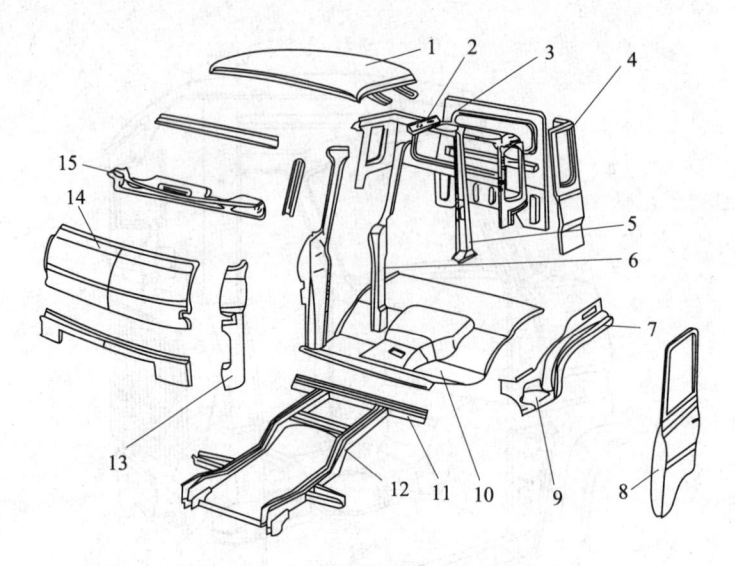

图 3-123 平头式货车驾驶室壳体结构

1—车顶盖；2—上边梁；3—后围板；4—后围角板；5—后框；6—前柱；7—门槛；8—车门；9—踏脚板；10—地板；11—地板横梁；12—纵梁；13—前围侧板；14—前围板；15—仪表板

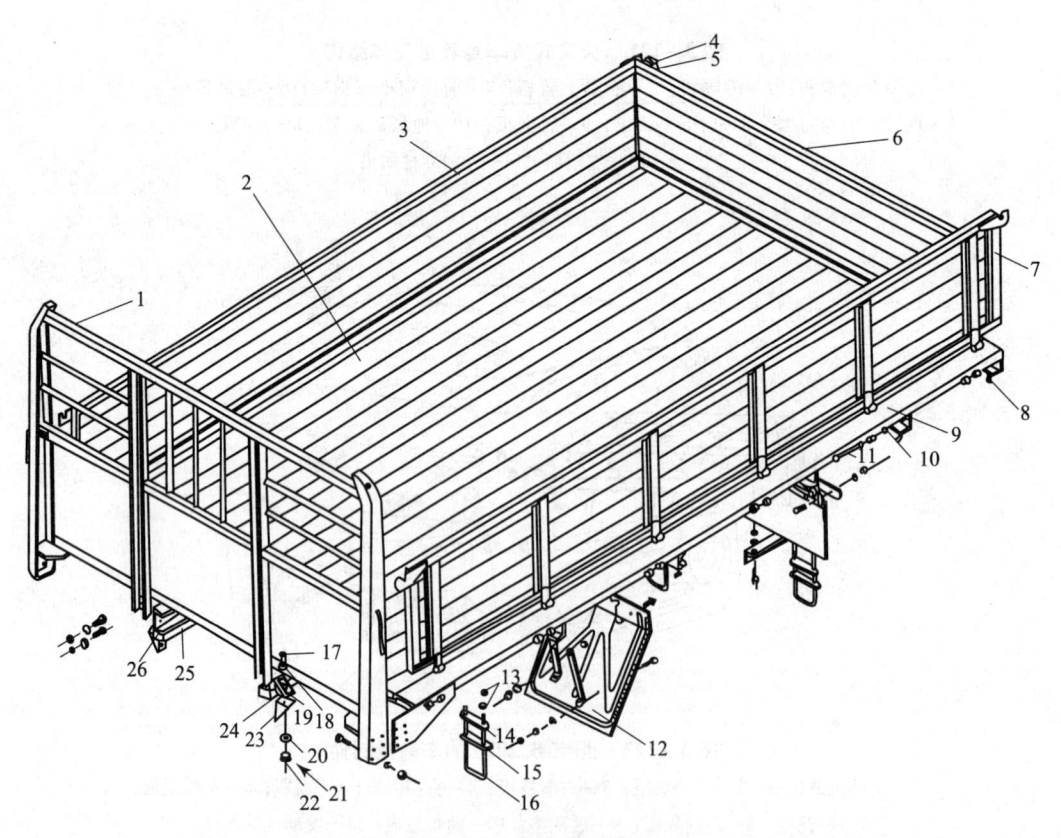

图 3-124 栏板式货箱

1—前板总成；2—底板总成；3—右边板总成；4，13—螺母；5—栓杆；6—后板总成；7—左边板总成；8—绳钩；9—开口销；10，18—垫圈；11—销钉；12—挡泥板；14—压板；15—垫板；16—U形螺栓；17—螺栓；19—弹簧；20，21—开口销；22—槽顶螺母；23—下支座（在车架上）；24—上支座；25—纵梁垫木；26—货箱纵梁

块高度为 300~500 mm 的栏板——前板 1、后板 6 以及左、右边板 7 和 3。货箱底板 2 由若干纵向压制的槽型钢板和长条木板拼成，通过 6 根钢横梁支于两根钢纵梁 26 之上。纵梁 26 下面有长条垫木 25，通过 6 个 U 形螺栓 16 夹紧在车架纵梁上，前部还用上支座 24 和螺栓 17 连接在车架的下支座 23 上，并起定位作用。栏板由轧成瓦楞状的钢板焊在钢梁边框上，并焊有若干立柱加固。左、右边板 7 和 3 以及后板 6 均可打开（三面开货箱），通过若干销钉 11 铰接在底板 2 的边缘，并且可在货箱四个角上借助于栓杆 5 和栓钩相互扣紧。货箱前板 1 上部有货架（安全架），其作用是供运载少量超长货物，并可减轻翻车事故后果。在横梁的左右两端还焊有若干个绳钩 8。

图 3-125 所示是一种高栏板式货箱或称万能式货箱，可运载各种货物和人员，农用或军用货车常采用这种结构。底板 26 由长条木板拼成，用钉子钉在 7 根木横梁 9 上，并用钢条 27 包边。几根木横梁 9 通过若干连接板 10 与木纵梁 13 连接。纵梁 13 借助于几个 U 形螺栓 16 夹紧在车架纵梁上。前板 1、左右边板 7 和 29 通过若干角撑 5 用螺栓固定在底板上。后板 25 则通过铰链页板 20、24 和销钉 21 铰接在底板 26 后部。货箱还可加插高栏板 2、4

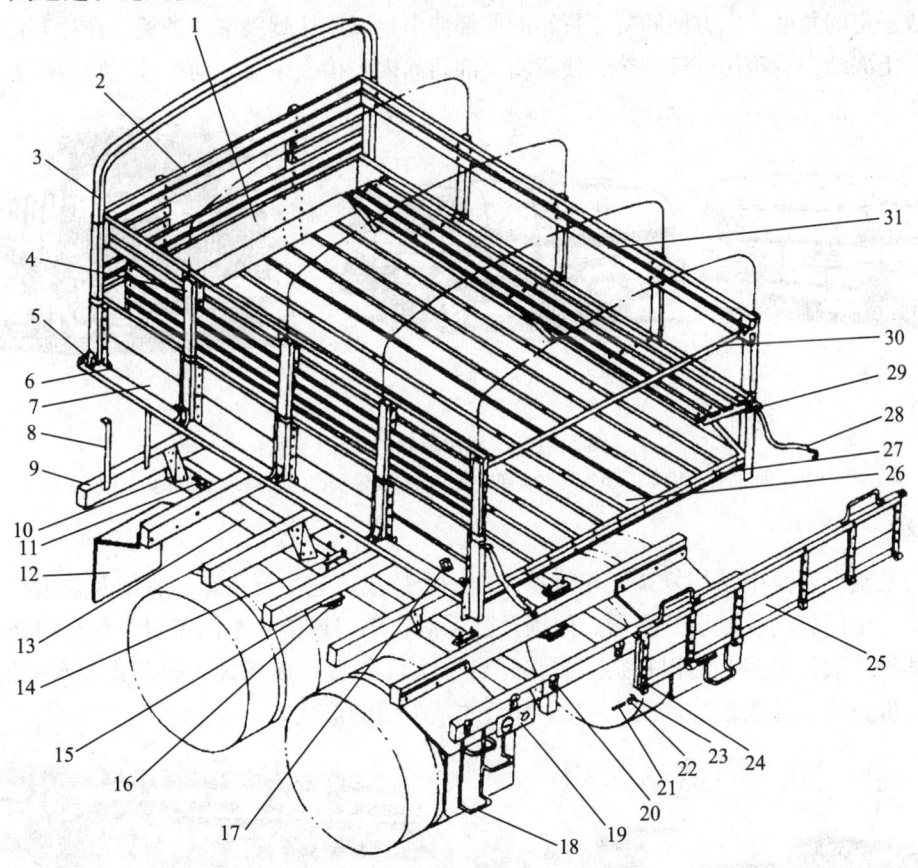

图 3-125 高栏板式货箱（木结构）

1—前板总成；2—高栏前板总成；3—篷杆；4—高栏左边板总成；5—角撑；6—绳钩；7—左边板总成；8—挡泥板支撑条；9—横梁；10—纵横梁连接板；11—支座（连接货箱与车架）；12—挡泥板；13—纵梁；14—U 形螺栓压板；15—U 形螺栓垫板；16—U 形螺栓；17—反光灯；18—踏梯；19—尾灯底板；20—铰链固定页板；21—销钉；22—垫圈；23—开口销；24—铰链活动页板；25—后板总成；26—底板总成；27—钢条包边；28—链钩；29—右边板总成；30—链索；31—高栏右边板总成

和 31，其左右高栏板 4 和 31 中部有折叠式条凳供人员乘坐。货箱还可加插若干篷杆 3 以支撑布篷。高栏后部还有防止栏板张开的链索 30。

2）专用货箱

图 3-126（a）所示为闭式货箱的货车，通常用来运输日用百货、食品等易污损物品。运输液体的汽车其后部安装有圆筒状容罐，液体由罐顶部注入，从下部阀门流出或用液体泵强制排出。运输油类的油罐车应使发动机排气管远离油罐，车辆在装卸、运输油料时，油流流经管道壁、阀门时会产生大量的静电，其电压可高达数万伏。静电的大小与油的流量、流速、油流出口与油面的高度、车辆行驶速度等因素有关。为了防止运油车辆静电起火，运油车辆应安装导电橡胶拖地带，装卸油料时应接好静电接地线。

图 3-126（b）所示为装载粉状货物容罐车，装货时将罐顶盖打开与仓库的漏斗对准，以便粉状或粒状货物注入罐内。汽车装有压气装置，借气压力使粉状或粒状货物悬浮并经由橡皮管输出（卸货速度约为 1 t/min）。

图 3-126（c）所示为适于运输砂土、矿石的倾卸式货车，汽车装有液压倾卸机构以便货箱倾斜成一定的角度，以方便卸货。货箱的前部伸出足以遮住驾驶室的护板。在严寒的冬季为避免湿砂土冻结，货箱用废气加热，使货箱全部凸筋内腔接通来自发动机排气管的高温废气。

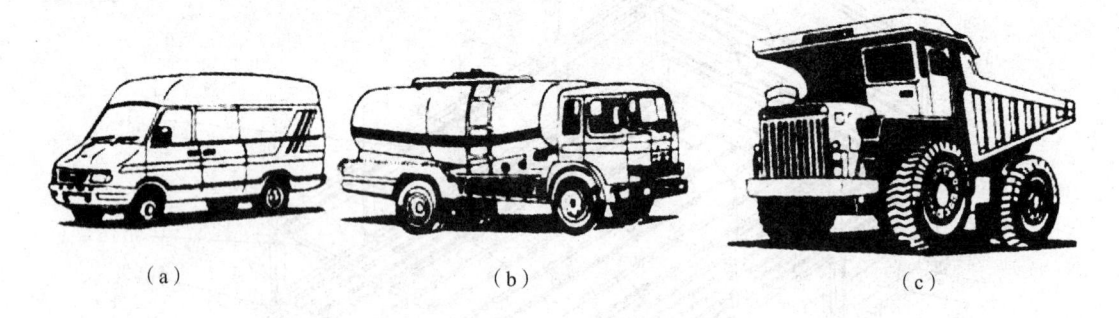

图 3-126 专用货箱的货车
（a）闭式货箱货车；（b）气力吹卸式散装水泥容罐车；（c）倾卸式货箱货车

4. 车门

车门是整个车身中结构复杂又相对独立的一个总成。它主要由车门骨架及盖板、车门护面、门窗、车门玻璃及玻璃升降器、门锁及其手柄、车门铰链、车门密封条和车门开关机构组成。其附件数目繁多，结构复杂。按其开启方法可分为：顺开式、逆开式、水平滑移式、上掀式、折叠式、外摆式等。图 3-127 所示的是车门的形式。

图 3-127 车门的形式
1—逆开式；2—顺开式；3—上掀式；4—水平滑移式；5—折叠式；6—外摆式

顺开式车门即使在汽车行驶时仍可借气流的压力关上，比较安全，故被广泛采用。逆开式车门在汽车行驶时若关闭不严就可能被迎面气流冲开，因而很少采用。水平滑移式车门的优点是车身侧壁与障碍物距离很小时仍能全部开启。上掀式车门广泛用于轿车及轻型客车的背门，有时也用于低矮的汽车。折叠式和外摆式车门广泛应用于大、中型客车。在有些大型客车上，还备有加速乘客撤离事故现场以及便于救援人员进入的安全门。

3.5.3 安全防护装置

汽车的安全性是现代汽车技术发展的最重要因素，在发生汽车碰撞事故时，安全防护装置能有效地减轻乘员的伤亡和汽车的损坏。

1. 车外防护装置

（1）车身壳体结构的防护措施

根据碰撞安全要求，车身壳体的正确结构应是：使乘客舱具有较大的刚度以便在碰撞时尽量减小变形，同时使车身的头部、尾部等其他离乘员较远部分的刚度相对较小，在碰撞时得以产生较大的变形而吸收撞击能量。显然，若车身乘客舱按照汽车行驶时的载荷来设计，其刚度就显得不足，还需要按碰撞安全性的要求进行局部加强。乘客舱较易加固的是地板、前围板、后围板等宽大的部件。门、窗孔洞的周边则是薄弱环节，但风窗立柱和中立柱的截面尺寸又不宜过大，只能在其内部焊上或铆上较厚的加强板。在汽车碰撞时，为避免整个乘客舱的构架产生剪切变形而坍塌，最重要的是加固门、窗框周边拐角部分，可在其上焊上、铆上加强板或加大拐角的过渡圆角。

要使乘客舱获得必要的刚度，不能仅靠局部补强的办法，而应就整个车身结构通盘考虑。众所周知，杆件或梁在弯曲时变形较大而在拉伸或压缩时变形较小。因此，车身客舱构件应合理布置，使之尽量不受弯曲载荷。在头部或尾部受碰撞时可通过倾斜构件将主要的碰撞力传向车身纵向构件，使之承受拉伸或压缩载荷。

为了使车身头部和尾部刚度较小，可以在粗大的构件上开孔或开槽来削弱它，或者使构件在汽车碰撞时承受弯曲载荷——即有意设计成折弯形或Z字形产生变形以吸收冲击能量。

为使乘客舱侧面较坚固以便承受较大的撞击力，车身门槛应较粗大，并用地板横梁将左右两根门槛连接起来共同受力。此外在车门内腔还设有防撞杆。

（2）保险杠及护条

汽车最前端和最后端都有保险杠，许多轿车左右两侧还有纵贯前后的护条。保险杠和护条的安装高度应符合规定，以便汽车相撞时两车的保险杠或护条能首先接触。

保险杠的防护结构应包括两部分：首先是减少行人受伤的保险杠软表层，由弹性较大的泡沫塑料制成；其次是可吸收一部分撞击能量的装置，有金属构架、全塑料装置、半硬质橡胶缓冲结构、液压或气压装置等。

车身侧面的护条以防止汽车相互刮擦为主，与行人接触的概率较小，一般由半硬质塑料或橡胶制成。

（3）汽车其他外部构件

根据事故统计资料，除了保险杠外，经常使行人受伤的构件主要有：前翼板、前照灯、发动机罩、前轮、风窗玻璃等。这些构件不应尖锐而坚硬，最好是平整光滑又富有弹性。某

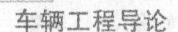

些轿车的整个正面都用大块聚氨酯泡沫塑料制成，并将发动机罩顶面用软材料包垫，以提高安全性。

2. 车内防护装置

汽车碰撞时，其速度迅速下降，而车内乘员的身体由于惯性的作用仍以较大的速度向前冲，就有可能撞到前面的转向盘、仪表板、风窗玻璃上，造成二次伤害。车内的安全防护装置的作用是减缓或避免乘员在汽车碰撞过程中与车内构件的二次碰撞，从而减轻乘员所受到的伤害。安全带和安全气囊系统是避免人体与车内构件相撞的两种常用的防护装置。

（1）安全带

车用安全带的应用是防止和减少交通事故损伤及死亡最有效的方法之一，其效能已被国内外大量使用实践所证明。

图 3-128 所示为最常用的三点式安全带的各个组成部分。带子由结实的合成纤维织成，包括斜跨前胸的肩带 3，绕过人体胯部的腰带 5。在座椅外侧和内侧地板上各有 1 个固定点 7 和 8，第三个固定点 1 位于座椅外侧支柱上方。带子绕过上方固定点的环状导向板 2，伸入车身立柱内腔并卷在立柱下部的收卷器 6 内。乘员胯部内侧附近有一个插扣，由插板 10（松套在带子上）和锁扣 9（与内侧地板固定点相连）两部分组成。该两部分插合后即可将乘员约束在座椅上。按下插扣上的红色按钮就可解除约束。收卷器有好几种结构形式，功能较完备的是紧急锁止式收卷器（ELR）。当乘员向前弯腰时，带子可收卷器 6 经由上方固定点的导向板 2 被拉出；而当乘员恢复正常坐姿时，收卷器又会自动把多余的带子收起，使带子随时保持与人体贴合。但在紧急情况下——亦即汽车减速度超过 0.7 g 或车身侧倾角超过 12°时，收卷器会将带子卡住从而对乘员产生有效的约束。

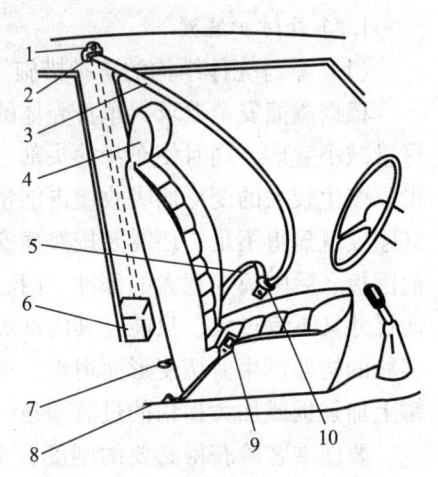

图 3-128 三点式安全带及头枕

1—外侧上方固定点；2—导向板；3—肩带；4—头枕；5—腰带；6—收卷器；7—外侧地板固定；8—内侧地板固定点；9—锁扣；10—插板

（2）安全气囊系统

安全气囊也称辅助乘员保护系统（Supplemental Restraint System），简称 SRS。SRS 通过碰撞传感器监测汽车是否发生碰撞和碰撞的程度。当汽车遭到碰撞时，SRS 控制器根据其传感器的信号判断碰撞的程度，当碰撞强度达到或超过其设定的值时，就立刻输出控制信号，点燃安全气囊点火剂，使气囊迅速充气膨胀，形成一个缓冲垫，以保护车内乘员不致碰撞车内硬物。安全气囊系统如图 3-129 所示，包括几个传感器 1、2、3 组成的传感器判断系统、气体发生器 5 和气囊 6 等部件。气囊 6 平时折叠在转向盘毂内（或仪表板内），必要时可在极短时间内（0.05 s）充满气体呈球形，以对人体起缓冲作用。气囊采用氮气，由气体发生剂燃烧产生，气体发生剂常用叠氮化钠 NaN_3。NaN_3 是一种剧毒物质，现在有被新型无毒的气体发生剂代替的趋势。气体发生器 5 如盒状，直接装在气囊下方，其中心装有引燃器和点火剂，周围是填充气体发生剂的燃烧室，燃烧产生的大量气体由冷却层降温，继而经由过滤层控制流动，进入气囊。一些轿车不仅在驾驶员和副驾驶座前安装气囊，在后排、前排侧面、顶部也都装有气囊,全方位地避免或减少汽车碰撞对车内人员所造成的损伤。

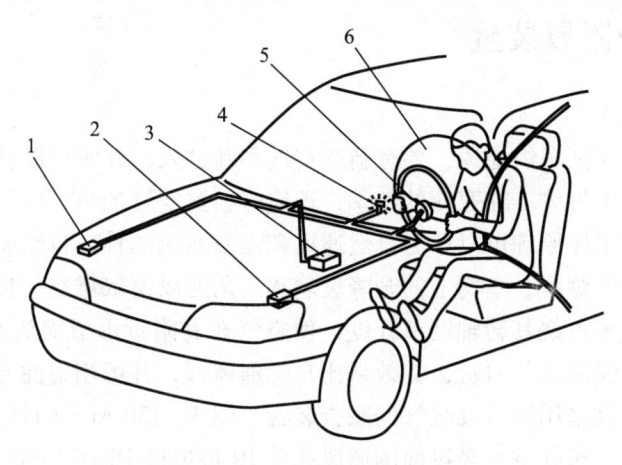

图 3-129 气囊系统

1—右前方传感器;2—左前方传感器;3—中央传感器总成;4—气囊指示灯;5—气体发生器;6—气囊

(3) 头枕

头枕是在汽车后部受撞击时限制人的头部向后运动的安全装置,这样可避免颈椎受伤。严重的颈椎挫伤可能使其内部神经(脊髓)受损,将导致颈部以下全身瘫痪。

(4) 安全玻璃

汽车正面或侧面受撞时,乘员头部往往撞击风窗玻璃或侧窗玻璃而受伤,并且玻璃碎片还会使脸部或眼睛受伤。

目前在汽车上广泛应用的安全玻璃有钢化玻璃和夹层玻璃两种。钢化玻璃是在炽热状态下使其表面骤冷收缩,从而产生预应力的强度较高的玻璃(其落球冲击强度是普通玻璃的 6~9 倍)。普通夹层玻璃有 3 层,总厚度约 4 mm,其中间层厚度为 0.38 mm。汽车用的夹层玻璃中间层则加厚一倍,达 0.76 mm,具有较高的冲击强度,称为高抗穿透(HPR)夹层玻璃。国产的车用夹层玻璃中间层材料通常用韧性较好的聚乙烯醇缩丁醛。

钢化玻璃受冲击损坏时,整块玻璃出现网状裂纹,脱落后分成许多无锐边的碎片。HPR 夹层玻璃受冲击损坏时,内、外层玻璃碎片仍黏附在中间层上。中间层韧性较好,在承受撞击时拱起从而吸收一部分冲击能量,起缓冲作用。大量事故调查表明,HPR 夹层玻璃的安全性优于钢化玻璃,故现代汽车的前风窗应尽量采用这种玻璃。

(5) 门锁与门铰链

现代汽车的门锁与门铰链应有足够的强度,能同时承受纵、横两个方向的冲击载荷而不致使车门开启,避免了乘员被甩出车外而受重伤或死亡的危险。此外,在事故后,门锁应不失效而使车门仍能被打开。旧式的舌簧式、钩簧式、齿轮转子式等门锁不能承受纵向载荷,已被淘汰,而能同时承受纵、横向载荷的转子卡板式门锁则被广泛采用。

(6) 室内其他构件

车身内部一切可能受人体撞击的构件都不应有尖角、凸棱或小圆弧过渡的形状,而且车身室内广泛采用软材料包垫。车身室内软化不仅是为了满足舒适性的要求,更重要的还是为了满足安全性的要求。

3.5.4 车身附属装置

1. 通风及暖气装置

汽车行驶时必须保证车内通风,要有新鲜空气不断进入,并驱排混有尘埃、二氧化碳及其他来自发动机的有害气体。在寒冷的冬季,还应将新鲜空气加热,以保证车内温度适宜。

汽车通风根据其工作原理可以分为自然通风和强制通风两种。自然通风是依靠车身上的进、出风口以及打开的侧窗、车门上的升降玻璃和三角通风窗依靠空气自然对流实现的一种通风方式。三角通风窗可绕其转轴调节开度,使空气在其附近形成涡流并绕车窗循环流动。强制通风是利用风机强制空气对流,其效果比自然通风好,并可用过滤方法使空气更清洁。

现代的汽车也往往采用通风及暖气的联合装置。图 3-130 所示的是 BJ2020 越野汽车的通风及暖气联合装置。车外空气经过前围通风孔盖 10 被风机 18 送入车内进行强制通风。在寒冷季节,将装在发动机气缸盖上的热水开关 11 开启,热水导入暖气散热器 21 对空气加热,然后将加热的空气经由暖气出口 19 导入车内或经由软管 22 和 16 及喷嘴 24 和 14 吹向风窗玻璃进行除霜。

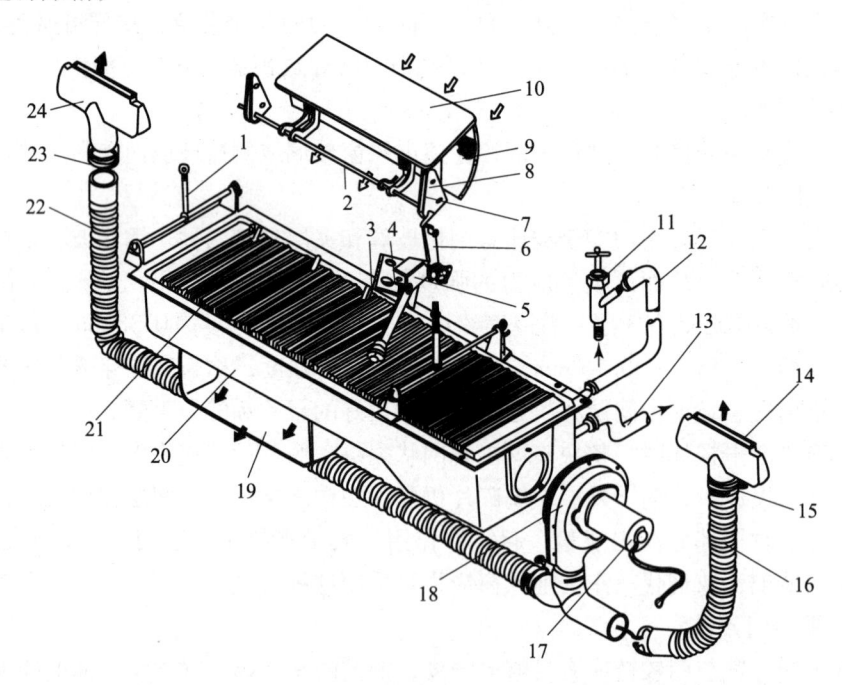

图 3-130 BJ 2020 越野汽车的通风及暖气联合装置

1—固定杆;2—通风孔盖铰链;3—手柄;4—支架;5—传动杆;6—拉杆;7—夹板衬垫;8—铰链夹板;9—通风滤网;10—前围通风孔盖;11—热水开关;12—进水管;13—出水管;14—右除霜喷嘴;15,23—卡箍;16—右除霜软管;17—电动机;18—风机;19—暖气出口;20—散热器外罩;21—暖气散热器;22—左除霜软管;24—左除霜喷嘴

图 3-131 所示的是大型客车的独立燃烧式通风及暖气联合装置。加热器 5 内部有电动机 15,可带动前部的风扇 10 和燃油泵 11(由电磁离合器 13 接合)以及后部的小电风扇 16 和甩油杯 17 一起旋转。助燃空气在小风扇 16 的作用下由助燃空气进口 25 进入并经过甩油杯 17 与燃油混合,燃油从燃油泵 11 经过供油管 24 流至甩油杯 17 上,两者混合后被点火塞

18 点燃，再经过节流罩 19 至燃烧室 20 中燃烧，然后经燃气排出口 27 排出，冷空气在风扇 10 的驱动下从冷空气进口 8 进入，继而在加热器后部分成两层流动，以便充分与燃烧室及废气排出通道的壁接触，以吸收热量，最后经暖风出口 22 流向暖风管 7 并被送入车内。

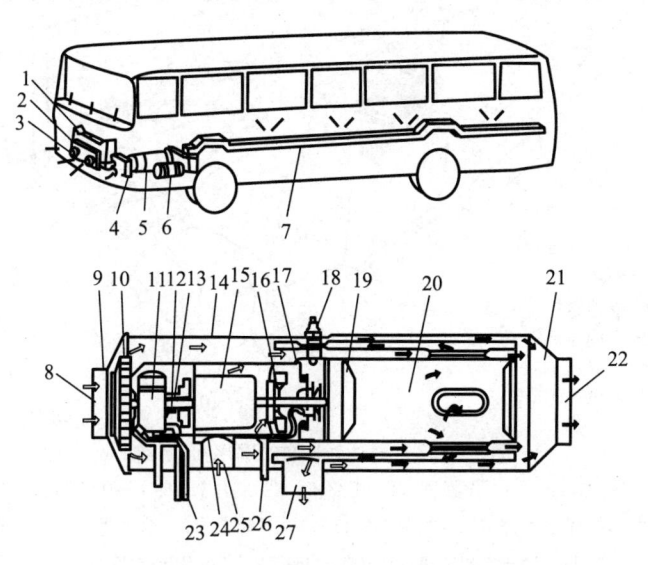

图 3 - 131　独立燃烧式通风及暖气联合装置

1—发动机散热器；2，10—风扇；3，15—电动机；4—空气滤清器；5—独立燃烧式加热器；6—燃油箱；7—暖风管；8—冷空气进口；9—前盖；11—燃油泵；12—转轴；13—电磁离合器；14—加热器壳体；16—小风扇；17—甩油杯；18—点火塞；19—节流罩；20—燃烧室；21—后盖；22—暖风出口；23—油管；24—供油管；25—助燃空气进口；26—滴油管；27—燃气废气排出口

2. 通风、暖气和冷气联合装置

现代汽车都装有通风、暖气、冷气联合装置，或称四季空调系统。如图 3 - 132 所示的捷达轿车的四季空调系统，其工作原理是：在风机 10 的作用下，车外空气经进口 1 进入系统，经由过滤进口 8，流经制冷装置的蒸发器 12 和暖气装置的散热器 17。系统的控制器根据温度指令控制分配箱 13 内部的各个活门的开度，分别调节经由蒸发器 12 和散热器 17 的空气流量，然后将冷、热空气混合，以获得温度适宜的气流，再经由出风口 11、14、15 导入车内，在寒冷季节还可将热空气经由热空气出口 16 导向风窗除霜。

暖气装置的散热器 17 与发动机水冷却系的管道连接，可将通过的新鲜空气加热。

冷气装置的工作原理如下：在空气压缩机 4 的作用下，制冷剂由储液罐 2 流出，经高压管道 5 流至膨胀阀 7，经过膨胀阀后制冷剂压力下降，在蒸发器 12 内蒸发，吸收周围环境的热量，使周围环境温度下降，流出蒸发器 12 的气态制冷剂再由管道 6 进入压缩机 4 而使其压力增加，体积缩小，再经由冷凝器 3 降温，变为液态，回到储液罐 2。

3. 座椅

座椅是与人接触最密切的部件，人们对汽车平顺性的评价多是通过对座椅的感受作出的。座椅的作用是支撑人体，必须要满足便利性和舒适性两大要求。座椅在结构设计上，充分以人机工程学原理为基础，不仅满足安全、舒适、方便性要求，还融入了一定的美学概念，使产品在造型上具有曲线流畅、大气的风格。

座椅由骨架、坐垫、靠背、靠枕、悬挂和调节机构等部分组成。

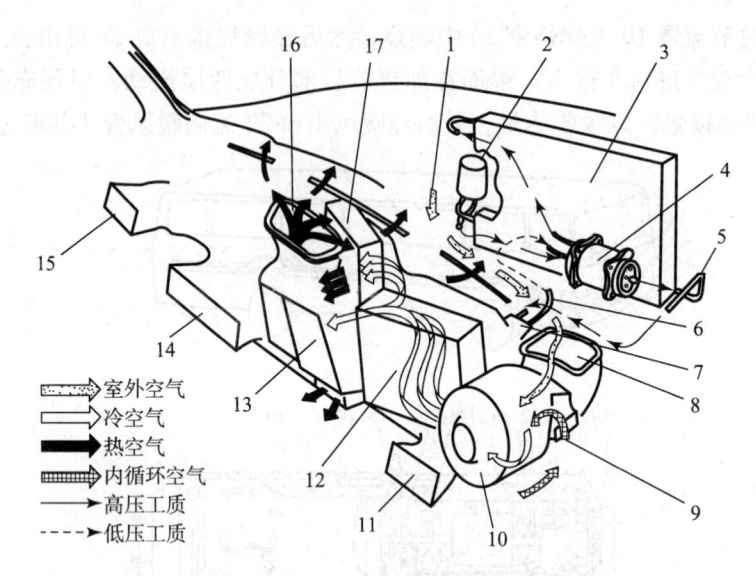

图 3-132 捷达轿车的四季空调系统

1—外部空气进口；2—储液罐；3—冷凝器；4—压缩机；5—高压管道；6—吸入管道；7—膨胀阀；8—空气过滤进口；9—内部循环空气进口；10—风机；11—右出风口；12—蒸发器；13—分配箱；14—中出风口；15—左出风口；16—除霜热空气出口；17—热交换器

座椅骨架常用轧制型材（钢管、型钢）或冲压成型的钢板焊接而成。

坐垫和靠背是座椅的主要减振元件，要想使座椅获得较低的传递率，使座椅有较高的振动舒适性，坐垫和靠背的弹性元件应保证弹性特性适当，必须采用合适的坐垫和靠背减振材料。座椅弹性元件分为金属和非金属两类。金属弹性元件由弹簧钢丝绕成螺旋状或 S 形，通常绷在座椅骨架上。目前国内外采用的非金属弹性元件主要是低回弹聚氨酯泡沫或高回弹聚氨酯泡沫作坐垫和靠背的减振材料。不同配方、不同密度的高回弹聚氨酯泡沫有不同的理化性能，也会影响到座椅的振动舒适性。近期国外部分高级客车座椅已采用双密度（不同密度）的坐垫和靠背，这更加适应体压分布和满足座椅振动舒适性的要求。由于靠背和坐垫支撑人体部位不同，硬度也应有所差别。

坐垫和靠背蒙皮材料应具有美观、强度高、耐磨、阻燃等性能。座椅面料采用富有弹性的针织布料能很好地适应座椅在人体重力作用下的反复变形。采用起毛织物可增加吸湿性和透气性，其原料以纯羊毛最好，但价格较高。真皮座椅面料虽价格高昂但耐用，适于高级轿车。普通汽车的座椅面料通常采用人造革或连皮发泡塑料，以便于擦拭。

坐垫和靠背的尺寸和形状应与人体相适应，以使人体与座椅接触的压力合理分布，保证乘坐舒适。座椅调节机构的作用是改变座椅与驾驶操纵机构的相对位置以适应不同身材的驾驶员的需要，其调节包括座椅行程调节和靠背角度调节。

图 3-133 是驾驶员的座椅结构图。行程调节装置可使座椅在左右两根滑轨 4 与 6 上前后移动。拉起手柄 5 可使移动的卡爪与固定的齿条脱开，手柄放松时，卡爪在复位弹簧作用下重新与齿条某个齿扣紧。靠背角度调节器 9 的内部有发条状弹簧、齿轮、卡爪等。发条状等弹簧两端分别与坐垫和靠背相连，力图使靠背向前倾翻，装在靠背上的齿轮便随之翻转过相同的角度。扳动手柄 8 就可操纵装在坐垫上的卡爪扣住齿轮某个齿从而使靠背定位。

现代轿车的驾驶者座椅和前部乘员座椅多是电动可调的电动座椅，组成其调节机构的三

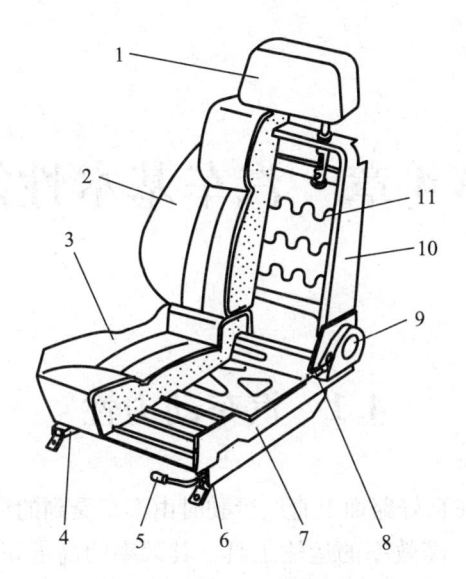

图 3-133 驾驶员座椅

1—头枕；2—靠背芯子及蒙皮；3—坐垫芯子及蒙皮；4—右滑轨；5—行程调节手柄；
6—左滑轨；7—坐垫骨架；8—调角手柄；9—靠背角度调节器；10—靠背骨架；11—S形弹簧

部件——控制器、可逆性直流电动机和传动部件，是电动座椅中最复杂和最关键的部分，可逆性直流电动机必须体积小，负荷能力要大；而机械传动部件在运行时要求有良好的平稳性，噪声要低。用微型电机驱动，有 10 多种行程和角度调节方式（其中也包括调节转向盘倾角与后视镜倾角）。这种机构有调节按钮并有电子记忆装置，可记忆 3 个驾驶员所需的调节方式。驾驶员就座后，开动记忆装置就可操纵微型电机按预先设定的位置迅速完成 10 多项调节。

思考题

1. 汽车传动系中为什么要装离合器？
2. 在变速器中采取防止自动跳挡的结构措施有哪些？既然有了这些措施，为什么在变速器的操纵机构中还要设置自锁装置？
3. 简述自动变速器的类型和组成。
4. 球叉式与球笼式等速万向节在应用上有何差别？为什么？
5. 汽车驱动桥的功用是什么？每个功用主要由驱动桥的哪个部分来实现和承担？
6. 转向驱动轮定位参数有哪些？各起什么作用？主销后倾角为什么在某些轿车上出现负值？前束如何测量和调整？
7. 汽车上为什么设置悬架总成？一般由哪几个部分组成？
8. 何谓汽车转向系统？机械转向系统由哪几个部分组成？电子助力转向系统由哪几个部分组成？机械转向系和电子助力转向系统有何区别？
9. 何谓汽车制动？简单叙述 ABS 和 ASR 的基本组成及工作原理。
10. 简述汽车车身的功用及组成。

第4章　汽车基本性能

4.1　汽车动力性

汽车的动力性指汽车在良好路面上直线行驶时由汽车受到的纵向外力决定的所能达到的平均行驶速度。汽车是一种高效率的运输工具，其效率的高低正是体现在运输的平均速度上，汽车的动力性正是影响汽车平均行驶速度的最主要的汽车使用性能。与此同时，汽车的动力性也表示了汽车的货物和乘客运输能力。因此，动力性是汽车各种性能中最基本、最重要的性能。

4.1.1　汽车的动力性指标

从获得尽可能高的平均行驶速度的观点出发，汽车的动力性主要可由三方面的指标来评定，即：

1. 汽车的最高车速 u_{max}

最高车速是指在水平良好的路面（混凝土或沥青）上汽车能达到的最高行驶车速，单位为 km/h。其行驶方程式为：

$$u_{max} = \sqrt{21.15(F_t - fg)/(C_D A)}$$

式中：F_t——汽车的驱动力，N；

　　　f——滚动阻力系数；

　　　g——重力加速度，m/s²；

　　　C_D——空气阻力系数；

　　　A——迎风面积，m²。

2. 汽车的加速时间 t

t 表示汽车加速的能力。常用原地起步加速时间与超车加速时间来表明汽车的加速能力。原地加速时间指汽车由Ⅰ挡或Ⅱ挡起步，并以最大的加速强度（包括选择适当的换挡时机）逐步换挡至最高挡后达到某一高速所需的时间。一般常用 0→402.5 m 或 0→400 m 的秒数来表明汽车的原地起步加速能力；也有用 0→96.6 km/h 或 0→100 km/h 所需的时间来表明加速能力的。也有使用汽车原地起步加速通过某一预定距离所需时间来表示。预定距离，美国常用 0.25 mile（402.5 m），德国用 1 000 m，日本用 200 m、400 m，必要时也可以用 50 m、100 m。

超车加速时间指用最高挡或次高挡由某一较低车速全力加速到某一高速所需的时间。对超车加速能力还没有一致的规定,采用较多的是用最高挡或次高挡由 30 km/h 或 40 km/h 全力加速行驶至某一高速所需的时间。

当汽车在水平良好路面上进行加速时(设此时上坡阻力 $F_i = 0$),加速度为:

$$\frac{\mathrm{d}u}{\mathrm{d}t} = \frac{1}{\delta m}[F_t - (F_f + F_w)]$$

式中:F_f——滚动阻力,N;
F_w——空气阻力,N;
δ——装有固定传动比变速器汽车的旋转质量转换系数;
m——汽车质量,kg。

3. 汽车能爬上的最大坡度 i_{max}

汽车的上坡能力是用满载时(或某一载质量)汽车在良好路面上行驶的最大坡度 i_{max} 表示的。道路坡度是以坡高 h 与坡长 s 之比来表示的,即:

$$i = \frac{h}{s} = \sin\alpha$$

根据我国交通部颁布的公路技术标准,平原微丘 I 级路面最大坡度为 4%,山岭重丘 IV 级路面最大坡度为 9%。所以一般路面上坡度较小,此时 $\sin\alpha \approx \tan\alpha = i$。坡度与坡道角的关系见图 4-1。最大爬坡度是指 I 挡的最大爬坡度。

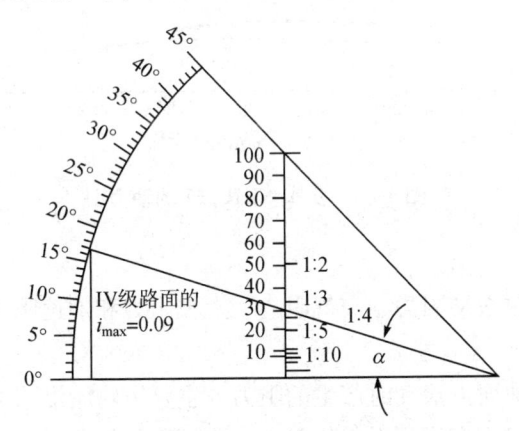

图 4-1 坡度 i 与道路角 α 的换算角

4.1.2 汽车的受力及行驶条件

1. 汽车的驱动力

发动机输出的转矩,经传动系传至车轮,产生驱动力矩 T_t。该力矩使轮胎支撑面上产生沿地面向后的作用力 F_0,同时地面给驱动轮一反作用力 F_t,此反作用力推动汽车前进,称为汽车的驱动力,受力分析见图 4-2,驱动力用下式表示:

$$F_t = \frac{T_t}{r} = \frac{T_e \cdot i_g \cdot i_0 \cdot \eta_T}{r}$$

式中：T_t——作用于驱动轮上的转矩，N·m；
　　　T_e——发动机转矩，N·m；
　　　i_0——主减速器传动比；
　　　i_g——变速器传动比；
　　　η_T——传动系机械效率；
　　　r——驱动轮半径，m。

一般用发动机外特性确定的驱动力与车速之间的函数关系曲线 $F-u_a$ 来全面表示汽车的驱动力，称为汽车的驱动力图，图4-3为一款具有5挡变速器的货车驱动力图。

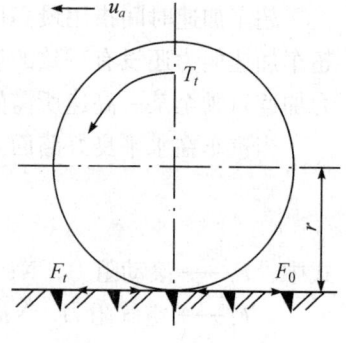

图4-2　汽车的驱动力

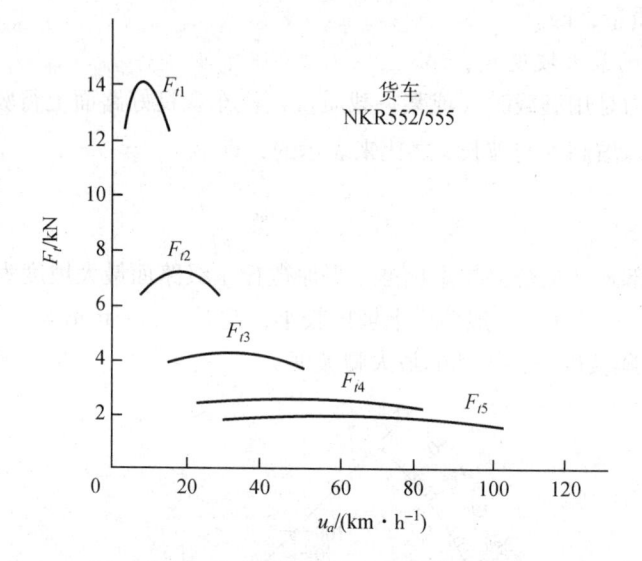

图4-3　货车 NKR 552 的动力图

2. 汽车的行驶阻力

汽车行驶时必须克服滚动阻力、空气阻力、上坡阻力和加速阻力。

（1）滚动阻力 F_f

滚动阻力是车轮在地面上滚动时产生的阻力，主要由轮胎沿路面滚动时，轮胎变形所引起的阻力组成，还包括路面变形所引起的阻力、路面不平整所引起的冲击阻力以及轮毂轴承的摩擦阻力等。

车轮滚动时，轮胎与路面的接触区域产生法向、切向的相互作用力以及相应的轮胎和支撑路面的变形，当弹性轮胎在硬路面上滚动时，轮胎的变形是主要的。此时由于轮胎有内部摩擦产生的弹性迟滞损失，使轮胎变形时对它做的功不能全部收回。

迟滞损失是指轮胎在硬支撑路面上受径向载荷发生变形，加载变形时所需的能量大于卸载变形时释放出来的能量，即加载与卸载过程的能量损失。此能量消耗在轮胎各组成部分相互间的摩擦以及橡胶、帘线等物质的分子之间的摩擦，最后转化为热量消耗在大气中。这种损失称为弹性物质的迟滞损失。

图4-4为一轮胎在硬支撑路面上受径向载荷时的变形曲线。图中 OCA 为加载变形曲线，面积 OCABO 为加载过程中对轮胎做的功；ADE 为卸载变形曲线，面积 ADEBA 为卸载过程中轮

胎恢复变形放出的功，两面积之差 OCADEO 即为迟滞损失。

进一步分析，这种迟滞损失表现为阻碍车轮滚动的一种阻力偶。当车轮不滚动时，地面对车轮的法向反作用力的分布是前后对称的；但当车轮滚动时，在法线 $n-n'$ 前后相对应点 d 和 d' 变形虽然相同，但由于弹性迟滞现象，处于压缩过程的前部 d 点的地面法向反作用力就会大于处于恢复过程后部 d' 点的地面法向反作用力，见图 4-5 (a)。设取同一变形 δ，如图 4-4，压缩时的受力为 CF，恢复时受力为 DF，而 CF 大于 DF。这样就使地面法向反作用力分布前后不对称，而使它们的合力 F_z 相对于法线向前移了一个距离 a，见图 4-5 (a)，它随弹性迟滞损失的增大而变大。合力 F_z 与法向载荷 W 相等，方向相反。

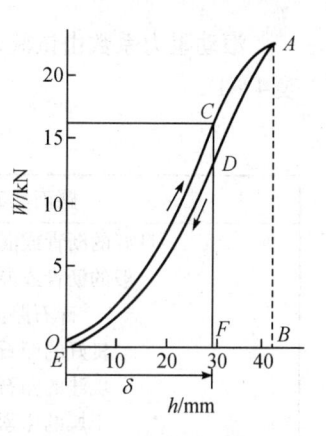

图 4-4 9.00-20 轮胎的径向变形曲线

如果将法向反作用力 F_z 平移至与通过车轮中心的垂线重合，则从动轮在硬路面上滚动时有滚动阻力偶矩 $T_f = F_z a$ 阻碍车轮滚动，如图 4-5 (b)。

欲使从动轮在硬路面上等速滚动，必须在车轮中心加一推力 F_{p1}，它与地面切向反作用力构成一力偶矩来克服上述滚动力偶矩，见图 4-5 (b)。由平衡条件得：

$$F_{p1} r = T_f$$

$$F_{p1} = \frac{T_f}{r} = F_z \frac{a}{r}$$

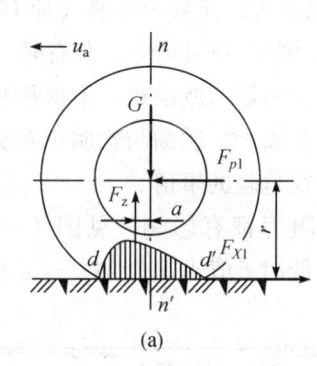

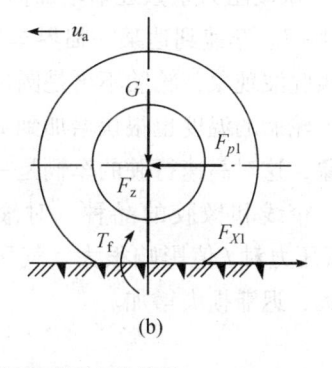

图 4-5 弹性车轮在硬路面上的滚动

若令 $f = \dfrac{a}{r}$，具体考虑到 F_z 与 G 的大小相等，常写作 $F_{p1} = Gf$ 或 $f = \dfrac{F_{p1}}{G}$，f 称为滚动阻力系数。图 4-6 为驱动轮的受力分析，F_{p2} 为驱动轴作用于车轮的水平力，F_{X2} 为切向反作用力。

滚动阻力系数是车轮在一定条件下滚动时所需之推力与车轮负荷之比，即单位汽车重力所需之推力。换言之，滚动阻力等于滚动阻力系数与车轮负荷之乘积，即：

$$F_{p1} = fG$$

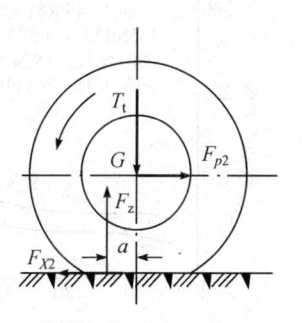

图 4-6 驱动轮在硬路面上滚动时的受力情况

式中：f——滚动阻力系数；

G——法向载荷，N。

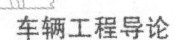

滚动阻力系数由试验确定，汽车在某些路面上以中、低速行驶时，滚动阻力系数的值见表 4-1。

表 4-1 滚动阻力系数 f 的数值

路面类型	滚动阻力系数
良好的沥青或混凝土路面	0.010~0.018
一般的沥青或混凝土路面	0.018~0.020
碎石路面	0.020~0.025
良好的卵石路面	0.025~0.030
坑洼的卵石路面	0.035~0.050
干燥的压紧土路	0.025~0.035
雨后的压紧土路	0.050~0.150
泥泞土路	0.100~0.250
干砂	0.100~0.300
湿砂	0.060~0.150
结冰路面	0.015~0.030
压紧的雪道	0.030~0.050

滚动阻力系数与路面的种类、行驶车速以及轮胎的构造、材料、气压等有关。

行驶车速对滚动阻力系数影响很大。斜交轮胎和子午线轮胎这两种轮胎在车速 100 km/h 以下时，滚动阻力系数逐渐增加但变化不大；在某一车速（如 140 km/h）以上时增长较快，见图 4-7。车速到达某一临界车速（例如 200 km/h）左右时，滚动阻力迅速增长，此时轮胎发生驻波现象，轮胎不再是圆形而呈明显的波浪状。出现驻波现象后，不但滚动阻力显著增加，轮胎的温度也很快增加到 100 ℃以上，胎面与轮胎帘布层脱落，几分钟内就会出现爆胎现象，这对高速行驶的车辆是一件很危险的事情。

轮胎的结构、帘线和橡胶的品种，对滚动阻力都有影响，见图 4-7（a）、图 4-7（b）。轮胎的充气压力对 f 值影响很大。气压降低时 f 值迅速增加，这是因为气压降低时，滚动的轮胎变形大，迟滞损失增加。

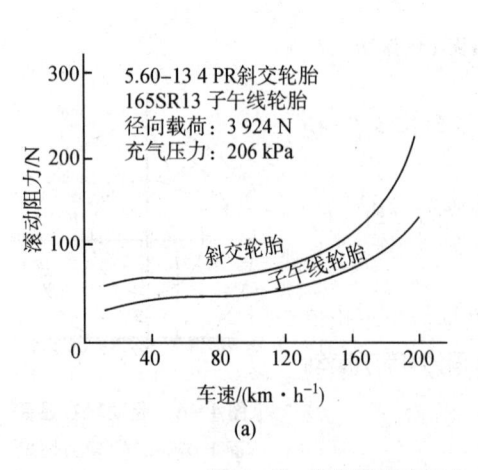

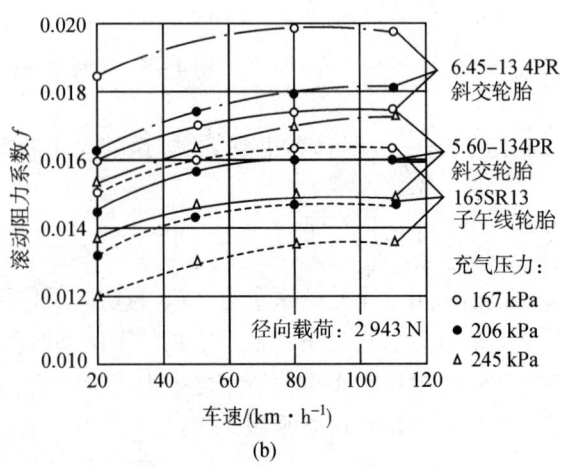

图 4-7 车轮的滚动阻力、滚动阻力系数与车速、充气压力的关系
（a）车轮的滚动阻力与车速、充气压力的关系；（b）滚动阻力系数与车速、充气压力的关系

驱动力系数对滚动阻力系数也有影响，驱动力系数即驱动力与径向载荷之比。驱动状态下的轮胎，作用有驱动力矩，胎面对于地面有一定程度的滑动，增加了轮胎滚动时的能量损耗。试验得到两种轮胎的滚动阻力系数（包含胎面滑动损失）与驱动力系数的关系，见图4-8。从图中可以看出，随着驱动力系数的加大，滚动阻力系数迅速增加，子午线轮胎的滚动阻力系数较小，驱动力系数对它的影响也较小。

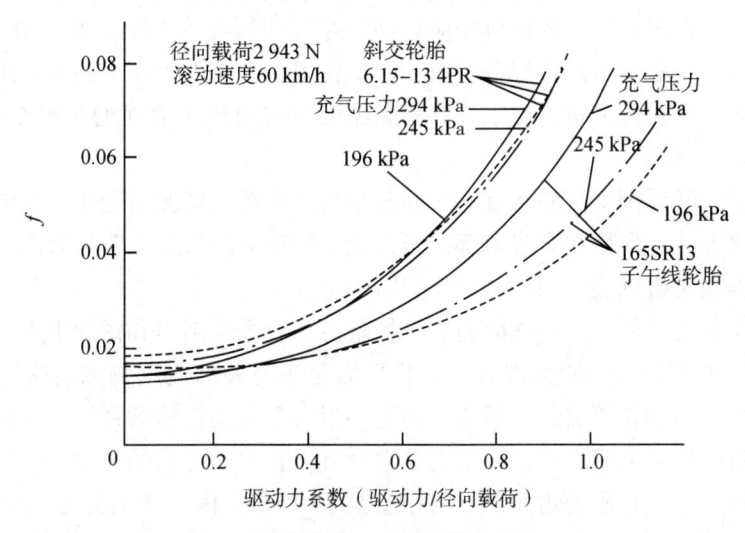

图4-8 滚动阻力系数与驱动力系数的关系曲线

在转弯行驶时，轮胎发生侧偏现象，滚动阻力大幅度增加。但在一般的动力性分析中，常不考虑由转弯增加的阻力。

在进行动力性分析时，若无试验得到的准确滚动阻力系数值，可利用经验公式大致估算。例如有人推荐分别使用下式来计算良好路面上货车和轿车轮胎的滚动阻力系数：

$$f = 0.0076 + 0.000056 u_a$$

$$f = f_0 + f_1\left(\frac{u_a}{100}\right) + f_4\left(\frac{u_a}{100}\right)^4$$

德国布伦瑞克工业大学车辆研究所在直径2m的转鼓试验台上进行了各种轮胎的滚动阻力系数测定工作，图4-9中分别是SR级（允许最高速度为180 km/h）、HR级与VR级（允许最高速度分别为210 km/h与大于210 km/h）子午线轮胎滚动系数 f_z 与车速关系曲线

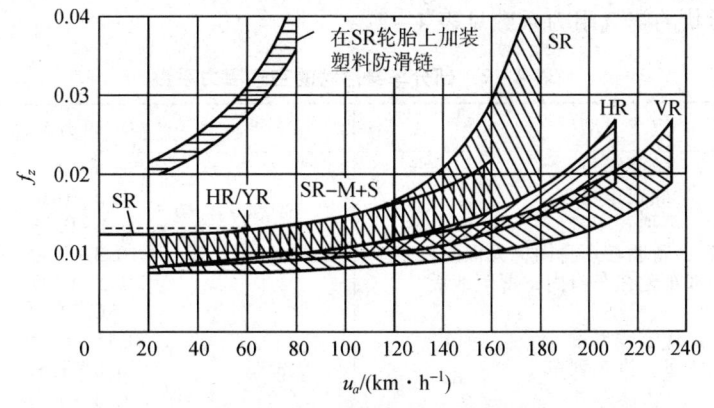

图4-9 轿车轮胎在转鼓试验台上的滚动阻力系数

的范围。以式 $f=f_0+f_1\left(\dfrac{u_a}{100}\right)+f_4\left(\dfrac{u_a}{100}\right)^4$ 对转鼓上测得的各试验曲线进行拟合，求得 $f=f_0+f_1\left(\dfrac{u_a}{100}\right)+f_4\left(\dfrac{u_a}{100}\right)^4$ 中的系数 f_0、f_1、f_4。

(2) 空气阻力 F_w

汽车行驶时，汽车与空气间形成相对运动，空气作用在汽车上沿其行驶方向上的分力，称为空气阻力。空气阻力由两大部分组成：一是作用在汽车外表面上的法向压力的合力在行驶方向上的分力，称为压力阻力；二是具有黏度的空气对汽车表面的摩擦作用产生的阻力，称为摩擦阻力。

汽车行驶时，其周围气流的速度和方向随车身表面凹凸情况而变化，气流作用在车身表面的压力也随之变化，作用在车身前部的压力大于后部的压力并在车身后部等处由于边界层脱离形成漩涡而损失机械能，因而产生压力阻力。

压力阻力又分为四部分：形状阻力、干扰阻力、内循环阻力和诱导阻力。形状阻力取决于车身的形状，占压力阻力的大部分；干扰阻力是车身表面突出物如后视镜、门把、引水槽、悬架导向杆、驱动轮等引起的阻力；内循环阻力是发动机冷却系统、车内通风等所需空气流经车体内部时构成的阻力；诱导阻力是空气升力在水平方向的分力。

对于一般轿车，形状阻力占 58%，干扰阻力占 14%，内循环阻力占 12%，诱导阻力占 7%，摩擦阻力占 9%。

汽车行驶时空气阻力计算公式：

$$F_w = \dfrac{1}{2} C_D A \rho u_a^2$$

式中：C_D——空气阻力系数；

ρ——空气密度，一般 $\rho = 1.2258 \text{N} \cdot \text{s}^2 \cdot \text{m}^{-4}$；

A——迎风面积，即汽车行驶方向的投影面积，m^2；

u_a——相对速度，在无风时即汽车的行驶速度，m/s。

如 u 以 km/h，A 以 m^2 计，则空气阻力（单位 N）为：

$$F_w = \dfrac{C_D A u_a^2}{21.25}$$

各种车身形状的空气阻力系数见表 4-2。

表 4-2 部分车身形状的空气阻力系数

汽车类型	空气阻力系数
敞篷车身	0.5~0.7
厢式车身	0.5~0.6
浮顶式车身	0.4~0.55
前照灯，后轮，备胎在车身内，无保险杠	0.3~0.4
前照灯及全部车轮在车身内，覆盖地板	0.2~0.25
K型	0.23
最优流线型设计	0.15~0.20
货车，汽车列车	0.8~1.5
大客车	0.6~0.7
流线型大客车	0.3~0.4

（3）坡度阻力 F_i

汽车上坡时，汽车重心沿坡道的分力称为坡道度阻力，见图 4-10，即：

$$F_i = G\sin\alpha$$

式中：G——作用于汽车的重力，N；

α——道路坡道度角。

当在坡度较小的路面时 $F_i = G\sin\alpha \approx Gi$

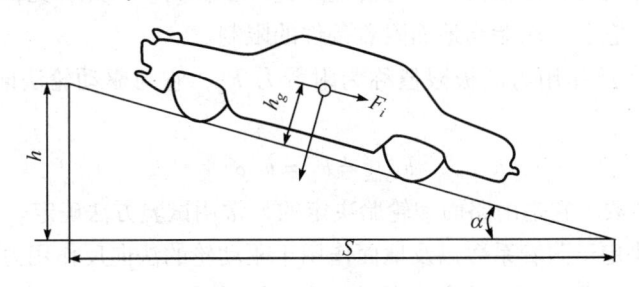

图 4-10 汽车的坡度阻力

（4）加速阻力 F_j

汽车加速行驶时，需要克服其质量加速运动时产生的惯性力，称为加速阻力。

汽车的质量分为平移质量和旋转质量两部分。加速时不仅要克服平移质量产生的惯性力，同时还要克服旋转质量产生的惯性力矩。为了计算方便，一般将加速时旋转质量惯性力矩转化为平移质量的惯性力，并以 δ 作为换算系数。汽车加速时的阻力为：

$$F_j = \delta m \frac{du}{dt}$$

式中：δ——汽车旋转质量转换系数，（$\delta > 1$）；

m——汽车质量，kg；

$\dfrac{du}{dt}$——汽车加速度，m/s²。

一般进行汽车动力性计算时，汽车的旋转质量只考虑发动机飞轮和车轮的转动惯量，其他旋转质量影响较小，可予以忽略。

一般 δ 推导公式为：

$$\delta = 1 + \frac{1}{m}\frac{\sum I_w}{r^2} + \frac{1}{m} \cdot \frac{I_f i_0^2 i_g^2 \cdot \eta_T}{r^2}$$

式中：I_w——车轮的转动惯量，kg·m²；

I_f——飞轮的转动惯量，kg·m²。

3. 汽车行驶的条件

汽车在行驶时必须满足方程：

$$F_t = F_f + F_i + F_w + F_j$$

或

$$\frac{T_e \cdot i_g \cdot i_0 \cdot \eta_T}{r} = Gf + Gi + \frac{C_D A}{21.15}u_a^2 + \delta m \frac{du}{dt}$$

只有满足上式，汽车才能加速行驶，当上式加速阻力为零时，汽车保持匀速行驶。即汽车行驶的条件是驱动力必须大于或等于滚动阻力、上坡阻力和空气阻力，即：

$$F_t \geq F_f + F_w + F_i$$

汽车的驱动力大，加速能力好，爬坡能力也强。不过这个结论只在轮胎与路面间有足够大的附着力时才能成立。当路面附着性能差时，大的驱动力可能引起车轮在路面上急剧加速滑转，地面切向反作用力并不很大，动力性也未进一步提高。由此可见，汽车的行驶条件不只受驱动力的限制，它还受轮胎与地面附着条件的限制。

地面对轮胎切向反作用力的极限值称为附着力 F_φ，它与驱动轮法向反作用力 F_z 成正比，写成：

$$F_{X\max} = F_\varphi = F_z \varphi$$

式中，φ 称为附着系数，它是由路面和轮胎决定的，常用试验方法确定。

汽车的附着力决定于附着系数以及地面作用于驱动轮的法向反作用力。附着率是指汽车在直线行驶状况下，充分发挥驱动力作用时要求的最低附着系数。不同的直线行驶工况，要求的最低附着系数是不一样的。在较低行驶车速下，用低速挡加速或上坡行驶，驱动轮发出的驱动力大，要求的最低附着系数大。此外，在水平路段上以极高车速行驶时，要求的附着系数也大。

影响附着力和附着系数的因素很多。

1）附着载荷

一般情况下，附着力与附着载荷成正比。但在松软土壤上，当附着载荷超过一定值时，轮胎下陷量急剧增加，土壤在轮胎与地面接触处，因水平反作用力作用而遭受破坏，此时附着力反而下降，而滚动阻力增加，对行驶不利。

2）轮胎气压

随着轮胎气压的降低，轮胎与地面间接触面积增加，轮胎与地面的微细起伏有了更好的吻合，附着情况得到了改善。但气压过低，会使轮胎变形增加，增加了胎壁内部摩擦，引起磨损或破裂，同时增加了滚动阻力。

3）轮胎尺寸、轮胎结构以及轮胎花纹

轮胎直径与宽度增加，可增加支撑面积，改善附着性能。子午线轮胎帘线不相交，侧壁较普通胎软，径向变形大，接地面积略大，附着性能较好。在潮湿的路面上，有凸纹的轮胎，可利用凸纹部分高压力，将胎面部分的液体薄膜挤出，提高了附着性能。

4）车速

随着车速提高，附着系数一般都要下降。

4.1.3 汽车的动力性分析

1. 动力特性图

由汽车行驶方程整理得：

$$\frac{F_t - F_w}{G} = f + i + \frac{\delta \mathrm{d}u}{g \mathrm{d}t}$$

令 $\dfrac{F_t - F_w}{G}$ 为汽车的动力性因素，用 D 表示，则有：

$$D = f + i + \dfrac{\delta}{g}\dfrac{\mathrm{d}u}{\mathrm{d}t}$$

汽车在各挡下的动力因素与车速的关系曲线称为动力特性图，见图 4 - 11，在该图上作汽车动力性分析有：

1) 最高车速

在动力特性图上作滚动阻力系数曲线 $f - u_a$，显然 f 线与直接挡 $D - u_a$ 曲线的交点即汽车的最高车速 $u_{a\max}$。

2) 最大爬坡度

在求最大爬坡度时，设加速度为零，则 $D = f + i$，所以 $i = D - f$，D 曲线和 f 曲线之间的距离即为汽车的上坡能力。1 挡时，坡度较大，此时使用上式计算误差较大，应使用以下公式计算：

$$D_{1\max} = f\cos\alpha_{\max} + \sin\alpha_{\max}$$

用 $\cos\alpha_{\max} = \sqrt{1 - \sin^2\alpha_{\max}}$ 代入上式整理得：

$$\alpha_{\max} = \arcsin\dfrac{D_{1\max} - f\sqrt{1 - D_{1\max}^2 + f^2}}{1 + f^2}$$

然后根据 $i_{\max} = \tan\alpha_{\max}$ 求出最大爬坡度。

3) 加速时间

加速时 $i = 0$，故有：

$$\alpha = \dfrac{\mathrm{d}u}{\mathrm{d}t} = \dfrac{\delta}{g}(D - f)$$

然后再求出加速时间 t。

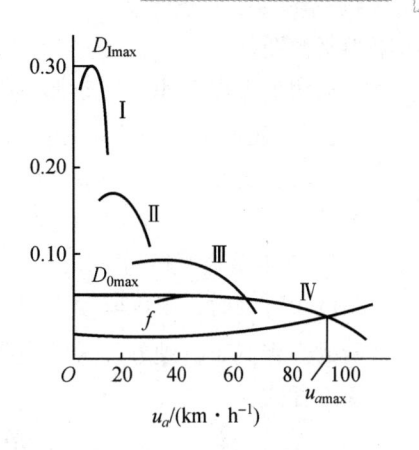

图 4 - 11 汽车动力特性图

2. 驱动力—行驶阻力平衡图

汽车匀速行驶过程中，驱动力总是与行驶阻力平衡，即：

$$\dfrac{T_e \cdot i_g \cdot i_0 \cdot \eta_T}{r} = Gf + Gi + \dfrac{C_D A}{21.15}u_a^2 + \delta m\dfrac{\mathrm{d}u}{\mathrm{d}t}$$

该公式反映了汽车行驶时驱动力与行驶阻力间的平衡关系，也称为驱动力阻力平衡方程。当发动机特性中的转矩曲线、变速器传动比、主减速比、传动效率、车轮半径、空气阻力系数、汽车迎风面积及全车质量等参数确定后，便可利用此式分析汽车在附着良好路面上的动力性能，即确定汽车在节气门全开时可能达到的最高车速、加速能力和爬坡能力。

为了清楚和形象地表达汽车行驶时的受力及平衡关系，常将汽车行驶方程式用图解法来进行分析。

图 4 - 12 所示为一具有四挡变速器汽车的驱动力

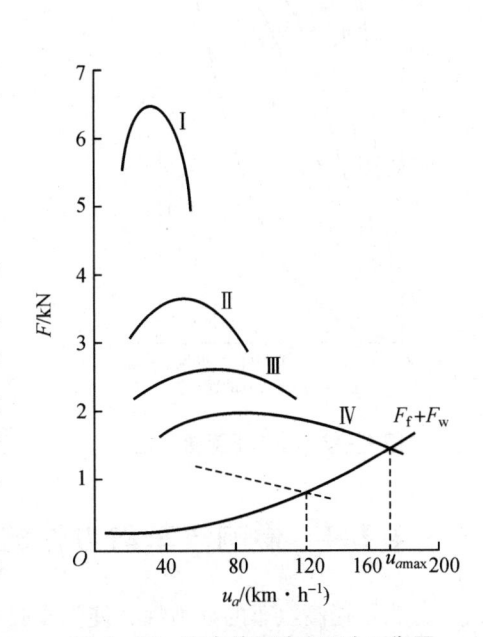

图 4 - 12 汽车的驱动力阻力平衡图

阻力平衡图。

从图上可以看出，当坡度为零时，行驶阻力曲线与驱动力曲线的交点即为最高车速 u_{max}。当车速低于最高车速时，汽车剩余的驱动力就用于加速或爬坡。当需要在低于最高车速工作时，驾驶员可关小节气门开度，见图4-12中虚线部分，达到驱动力和行驶阻力新的平衡。

3. 汽车功率平衡图

汽车行驶时，不仅驱动力和行驶阻力平衡，发动机功率 P_e 和汽车行驶阻力功率也总是平衡的。将汽车行驶方程式两边乘以车速 u_a，并进行相对应的单位换算整理得到汽车功率平衡方程式：

$$P_e = \frac{1}{\eta_T}\left(\frac{Gfu_a}{3\,600} + \frac{Giu_a}{3\,600} + \frac{C_DAu_a^3}{76\,140} + \frac{\delta mu_a}{3\,600}\frac{du}{dt}\right)\ (\text{kW})$$

根据功率平衡方程式绘出功率平衡图，见图4-13。发动机功率与行驶速度的关系曲线 $P_e - u_a$ 可根据发动机外特性 $P_e(n_e)$ 将发动机转速换算成车速绘得。和驱动力—行驶阻力平衡图分析一样，最高挡行驶阻力功率与发动机功率相交点即是对应最高车速的点。

通常将驱动力—行驶阻力平衡图及汽车功率平衡图总称为行驶特性图，见图4-14。

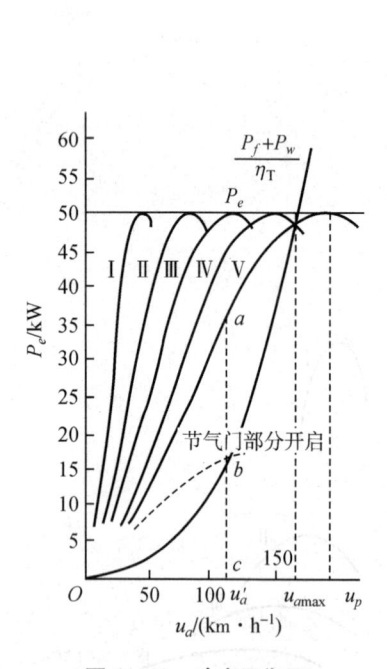

图4-13 功率平衡图

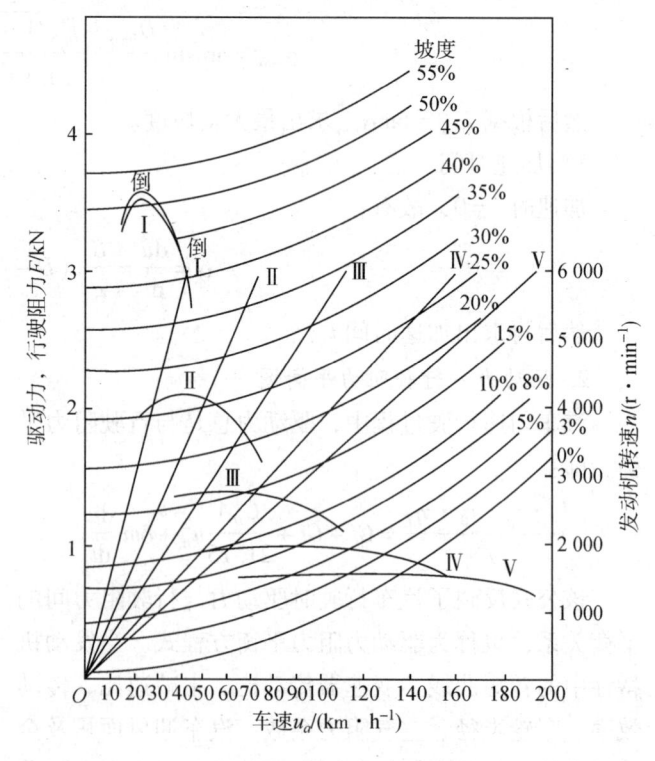

图4-14 汽车行驶特性图

4.1.4 影响汽车动力性的因素

为了提高汽车的动力性，使汽车具有合理的动力性参数，必须对影响汽车动力性的各种因素进行分析。影响汽车动力性的主要因素有：发动机特性、传动系参数、汽车质量和使用因素等。

1. 发动机特性

发动机特性受其结构形式的影响，不同种类的发动机有不同的特性。

装有活塞式发动机的汽车在车速低时后备功率小，能提供的驱动力也小，这是因为该发动机在低转速时功率较小，若不配变速器，只能通过很小的坡度。汽车配备的发动机功率越大，则汽车的动力性越好，但功率过大，会使经济性降低。为了评价汽车的动力性能，可用汽车的比功率作为指标。比功率是发动机最大功率 P_{emax} 与汽车总质量 m 之比，即 P_{emax}/m，也称功率利用系数，其值大小因汽车形式的不同而异。

汽车发动机的转矩特性对汽车动力性有很大影响。低速发动机，其转矩变化较大，适应性系数稍高，在低速范围内，具有较大的转矩；但转速低将导致功率下降，降低了高速行驶的汽车动力性。高速发动机，其转矩变化较小，适应性系数稍差，但选择了适当的传动系后，可以使转矩随转速增加而下降缓慢。这样，可以保证汽车在任一挡位的全部速度变化范围内均有良好的加速性，这对高速汽车尤为重要，使其具有良好的超车能力，保证高速行驶。所以现在汽车发动机多向高速方向发展。

2. 传动系参数

传动系对汽车动力性的影响取决于主减速器传动比、变速器挡数与传动比等。

（1）主减速器传动比

对于装有给定发动机功率的汽车，其动力性可因改变主减速器传动比 i_0 而有所变化。图 4–15 为汽车功率平衡图，当 i_0 增加时，发动机功率曲线向左移，图中表示具有三种不同主减速器传动比的发动机外特性，其中 $i_0' < i_0'' < i_0'''$。

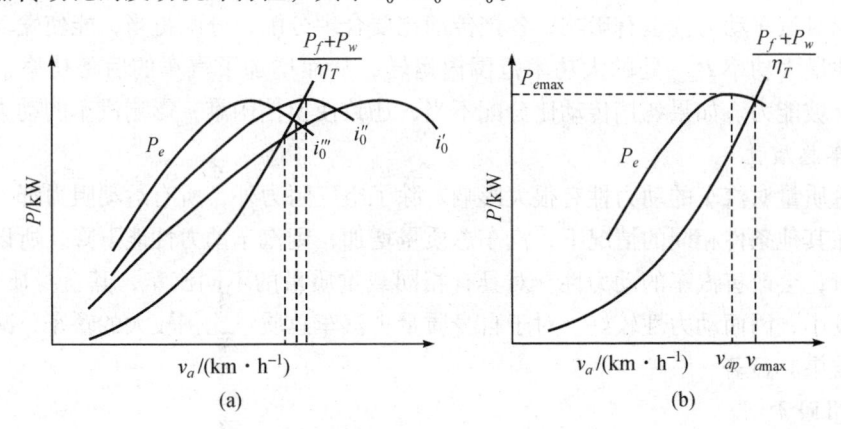

图 4–15 主传动比 i_0 对汽车动力性的影响

(a) i_0 对动力性影响；(b) 功率平衡图

由图 4–15（a）可知，随着 i_0 的增大，汽车的后备功率加大，但汽车的最大行驶速度 v_{amax} 也发生变化。当主传动比为 i_0'' 时，阻力功率曲线与发动机外特性曲线相交于最大功率处，此时的 v_{amax} 数值最高。若主传动比大于或小于 i_0''，v_{amax} 的数值均稍有降低。从提高汽车的加速性出发，i_0 应尽可能大，但若过分增大 i_0，将使汽车最高速度 v_{amax} 减小，并使发动机以较高转速工作，而影响其寿命。提高 i_0 还将使汽车燃油经济性降低。此外，由于 i_0 加大，与之相应的主传动器外形尺寸加大，使结构过于复杂，并减小了驱动桥的离地间隙，影响汽

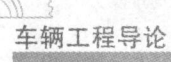

车的通过性。

对于一般用途汽车，为了保证其有足够的后备功率，在选择 i_0 时，应使阻力功率曲线与发动机功率曲线交点所决定的最大速度高于最大功率时的速度，其比值为 $v_{amax}/v_{ap}=1.10~1.25$，其中 v_{ap} 是相当于最大功率时的行驶速度，如图 4-15（b）所示，但此时燃油经济性较差。

（2）变速器参数

为了扩大发动机的转矩变化范围，克服活塞式发动机特性曲线上的缺陷，汽车必须在传动系中采用变速器，从而改善汽车的动力性。影响汽车动力性的变速器参数有变速器挡数及各挡传动比。

1）变速器挡数

变速器挡数对汽车动力性有很大影响。装有活塞式发动机和三挡变速器的汽车与装有等功率发动机汽车的动力性对比，较为接近。显然，变速器挡数越多，越接近等功率发动机，若变速器挡数无限增多，即采用无级变速器，则活塞式内燃机就可能总在最大功率 P_{emax} 下工作。

总之，增加变速器挡数，后备功率可以增加，但挡数增多，变速器结构变得复杂，而操纵也显得困难。因此，有级变速器的实际挡数仍有所限制，一般采用三至五挡变速器。

2）变速器传动比

变速器传动比要分别考虑最低挡传动比和各挡传动比。最低挡传动比对汽车动力性有重大影响，最低挡传动比越大，汽车所能克服的道路阻力越大，但应考虑驱动轮与道路之间的附着情况，驱动轮上的最大驱动力不能大于驱动轮与道路之间的附着力。变速器各挡传动比之间的分配对汽车动力性也有影响，各挡传动比要合理分配，分配得当，能使发动机经常在接近外特性最大功率 P_{emax} 处的大功率范围内运转，从而增加了汽车的后备功率，提高汽车的加速和上坡能力。如果各挡传动比分配不当，还致使换挡困难，影响汽车的动力性。

3. 汽车总质量

汽车总质量对汽车的动力性有很大影响。除了空气阻力外，所有运动阻力都与汽车总质量有关。在其他条件相同的情况下，汽车总质量增加，则汽车动力性能下降，所以，减轻汽车自身质量，会改善汽车的动力性。对具有相同载重质量的不同汽车，其自身质量较小者，总质量亦较小，因而动力性较好。对于自身质量占汽车总质量比例较大的轿车，减轻自身质量所得的效果亦显著。

4. 使用因素

汽车动力性还在不同程度上受到汽车运行条件的影响（道路、气候、海拔高度、驾驶技术、维护与调整技术、交通规则与运输组织等）。汽车在高原行驶时，随着海拔升高，气压逐渐降低，空气密度减少，使充气量下降，发动机动力降低。海拔高度每增加 1000 m，大气压力下降约 11.5%，空气密度约减少 9%，功率下降约 12%，转矩下降 11% 左右。海拔高度也影响加速性能，海拔每增高 1000 m，加速时间和加速距离加长 50%，最高车速下降 9% 左右。随着海拔升高的增加，大气压力降低，进气管真空度下降，发动机转速下降，致使怠速不良。海拔每增高 1000 m，怠速降低 50 r/min。在汽车使用过程中，要加强维护，采用正确的驾驶方法，合理的运输组织，充分发挥汽车的动力性能，以提高运输速度与运输生产率。

4.2 汽车燃油经济性

4.2.1 汽车燃油经济性定义

在保证动力性的条件下，汽车以尽量少的燃油消耗完成单位运输工作量的能力，称作汽车的燃油经济性。

目前全球正面临环境恶化、温室效应以及能源枯竭等危机，提高汽车的燃油经济性、降低燃油消耗量、减少污染排放，能有效地缓解上述问题。同时，提高汽车的燃油经济性，亦可以降低汽车的使用费用、减少国家对进口石油的依赖性。

4.2.2 汽车燃油经济性的评价指标

汽车的燃油经济性常用一定运行工况下汽车行驶百公里的燃油消耗量或一定燃油量能使汽车行驶的里程来衡量。

在我国及欧洲，燃油经济性指标的单位为 L/100 km，即行驶 100 km 所消耗的燃油升数。美国采用 MPG（mile per gallon）或 mile/USgal，指每加仑燃油能行驶的英里数。日本采用 km/L，即每升燃油能行驶的公里数。

使用燃油经济性常用等速百公里燃油消耗量来评价，即汽车在额定载荷下，以最高挡在水平良好路面上行驶 100 km 的燃油消耗量。常测出每隔 10 km/h 或 20 km/h 速度间隔的等速百公里燃油消耗量，然后在图上连成曲线，称为等速百公里燃油消耗量曲线，见图 4-16。

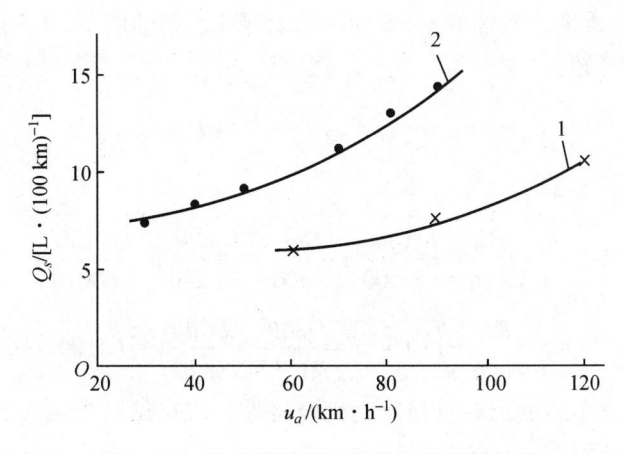

图 4-16 汽车等速百公里燃油消耗量曲线

但等速行驶工况没有全面反映汽车的实际运行情况。各国都制订了一些典型的循环行驶工况来模拟汽车的实际运行工况，并以其百公里燃油消耗量来评定相应行驶工况的燃油经济性。

美国环境保护局（EPA）规定，要测量市内循环工况（UDDS）及公路循环工况（HWFET）的燃油经济性，并按下式进行综合燃油经济性计算。

$$综合燃油经济性 = \frac{1}{\dfrac{0.55}{城市循环燃油经济性} + \dfrac{0.45}{公路循环燃油经济性}} \text{（mile/USgal）}$$

欧洲经济委员会（ECE）规定，要测量车速为 90 km/h 和 120 km/h 的等速百公里燃油消耗量和按 ECE-R.15 循环工况的百公里燃油消耗量，并各取 1/3 相加作为混合百公里燃油消耗量来评定汽车的燃油经济性。

我国根据不同的实验车型制订了不同的试验工况。对总质量在 3 500 ~ 14 000 kg 的载货汽车按"六工况燃料测试循环"进行试验，对城市客车按四工况进行试验，对轿车按十五工况进行试验。还规定以等速百公里燃油消耗量和最高挡节气门全开加速行驶 500 m 的加速油耗作为单项评价指标，以循环工况燃油量为综合评价指标。

等速百公里燃油消耗量 Q_s 可由发动机每小时耗油量 Q_t（kg）和平均车速 u（km/h）确定：

$$Q_s = \frac{Q_t}{u} \times 100 \text{（kg/100 km）}$$

由发动机原理可知，发动机的有效耗油率 g_e 为：

$$g_e = \frac{Q_t}{P_e} \times 1000 [\text{g/}(\text{kW} \cdot \text{h}^{-1})]$$

综合上两式可得：

$$Q_s = \frac{g_e P_e}{10u} \times 9.8 = \frac{g_e P_e}{1.02u} \text{（N/100 km）}$$

$$\text{或 } Q_s = \frac{g_e P_e}{1.02u\gamma} \text{（L/100 km）}$$

式中：γ——燃油重度，汽油取 $\gamma = 6.96 \sim 7.15\text{N/L}$，柴油取 $\gamma = 7.94 \sim 8.13 \text{ N/L}$。

由汽车功率平衡可知：

$$P_e = \frac{1}{\eta_T}(P_f + P_i + P_w + P_j)$$

总结得：

$$Q_s = \frac{g_e P_e}{1.02u\eta_T\gamma}\left(\frac{Gfu}{3\ 600} + \frac{Giu}{3\ 600} + \frac{C_D A u^3}{76\ 140} + \frac{\delta m u}{3\ 600}\frac{\mathrm{d}u}{\mathrm{d}t}\right)$$

$$= \frac{g_e}{3\ 672\eta_T\gamma}\left(Gf + Gi + \frac{C_D A u^2}{21.15} + \frac{\delta G}{g}\frac{\mathrm{d}u}{\mathrm{d}t}\right) \text{（L/100 km）}$$

该式全面反映了汽车燃油消耗量与发动机经济性、汽车结构参数及行驶条件间的关系，称为汽车的燃油消耗方程式。

4.2.3 影响汽车燃油经济性的主要因素

为了改善汽车燃油经济性，必须对影响燃油经济性的有关因素进行研究。影响燃油经济性的因素主要有两个方面：汽车使用方面和汽车结构方面。

1. 使用方面

在使用方面影响燃油经济性的主要因素为保持汽车完好的技术状况与正确的驾驶操作。主要表现为：

（1）正确的维护

汽车的维护品质会影响到发动机的性能与汽车行驶阻力，对百公里油耗有相当影响，所以，正确的维护对改善汽车燃油经济性有很大影响。

①首先发动机要保持良好的技术状况。

对供油系进行维护与检查，防止漏油，清除滤清器中的沉淀及杂质，空气滤清器不畅通时，油耗将增加3%左右。

要及时清除燃烧室、活塞、进气管上的胶质与积炭。在清除积炭前后，耗油量相差较大。

要保持发动机冷却系的正常温度，防止因温度过低而增加机油的黏度以及降低燃油在进气管内的挥发性。冷却水温度过低会使燃油消耗量增加。当冷却水温过高时，发动机易产生爆燃，充气系数降低，功率下降，油耗增加。

要正确地维护和检查点火系，保持火花塞清洁及正确的电极间隙和断电器触点间隙。火花塞电极间隙一般情况下应适当偏大，这样可提高点火系电极电压，增加点火能量，对提高发动机的经济性是有利的。要根据燃油品种与工作地区，选择点火提前角。调整点火正时，它不仅影响燃烧压力、速度，对热效率也有明显影响。点火正时的调整是与发动机混合气的浓度有关的，混合气越稀，越需要将点火适当提前。分电器真空提前失效、离心提前失灵等故障都会使油耗大大增加。

要检查和防止气缸漏气，保持正常的气缸压力，气缸压力愈大，表明气缸、活塞环、气门、气门座、气缸垫等状况良好，发动机做功行程瞬时产生有效压力愈大，混合气点火燃烧速度就快，热损失小，可使发动机得到较高的动力性和经济性。所有这些都对节约燃油有较大的作用。

②在汽车底盘方面，要加强对各总成的维护与调整，以保持适当的滑行能力，减少燃油消耗量。汽车的滑行能力常用滑行距离来评价，滑行距离的多少可以用来检查底盘的技术状况。

汽车的前轮定位，制动器的间隙调整，轮胎气压，各部轴承的松紧度，运动摩擦副间隙以及润滑油质量都会对汽车的运动阻力有很大影响，必须按照规定进行调整和维护。前轮前束失调时，轮胎在滚动时会产生滑移，增加滚动阻力，引起前轮发摆，使油耗增大。当轮胎气压低于标准时，轮胎变形增大，滚动阻力增加，会增加燃油消耗量。轮毂轴承过紧，制动器发咬，都会增加行驶阻力，使油耗增加。底盘传动系统各配合副配合不良，都将消耗发动机的有效功率，使传动效率降低。润滑油使用不当，油耗也会增加，冬季使用夏季油，油耗将增加4%。底盘的行驶阻力减小，滑行距离便增加，油耗下降；反之，滑行距离减少，燃油消耗将增加。

此外，离合器打滑，会引起发热，增加发动机转速，使油耗增加。变速器跳挡，会增加换挡次数与中间挡的使用时间，也会增加燃油消耗。因此，这些故障都必须及时排除，进行正确的调整。

（2）驾驶操作技术

驾驶技术是影响汽车运行燃料消耗的主要因素之一。正确的驾驶操作可大大降低汽车的燃油消耗量。在其他条件相同时，由于做到经济合理地驾驶，可以减少油耗10%左右，其原因在于驾驶人员是否能够根据汽车运行条件采用相适应的驾驶操作，使人机配合得当，做到汽车的最佳运行。因此提高驾驶员的操作技术水平，掌握合理运作工况是改善汽车运行燃料经济性的有效途径。合理的驾驶操作对节约燃油有很大作用。

①首先应该正确选用行车速度，采用中速行驶是最经济的，汽车中速行驶时燃油消耗量最低，速度过高或过低都会使燃油消耗量增加。低速时，尽管阻力小，但发动机负荷率低，有效燃油消耗上升，百公里油耗也有所增加。高速时，由于行驶阻力增加很快而使百公里油耗增加，故应中速行驶。

②在一定的道路上行驶，汽车使用不同挡位时，燃油消耗量也是不一样的。在同一道路条件与车速下，发动机发生的功率相同，在低挡位，后备功率较大，发动机的负荷率低，燃油消耗率高，高挡时则相反，因此要尽可能用高挡行驶。最经济的驾驶方法是高档的行驶可能性未用尽前，不应换低挡。换挡时要快，动作要迅速准确。

在保证行车安全的前提下，利用汽车的惯性滑行，使汽车的动能得以充分利用，这是减少汽车油耗的一种驾驶方法。

③驾驶汽车时，踩加速踏板要轻，缓慢加油，因为猛踩加速踏板，增加了不必要的燃料消耗，同时也难保持发动机的速度稳定，一般猛加速比缓慢加速要多耗油30%左右。所有这些，都是正确驾驶汽车以节约燃油时所应加以注意的。

（3）合理组织运输

在使用汽车时，要充分发挥运输工作人员的主观积极性，采取一切先进措施以减少单位运输工作的燃油消耗量。运输企业中普遍拖带挂车，这是提高运输生产率和降低成本、降低燃油消耗量的一项有效措施。拖带挂车后，阻力增加，发动机负荷率增加，使燃油消耗率下降，虽然汽车总的燃油消耗量增加了，但由于运货量增加，汽车列车的装载质量与整车装备质量之比较大，所以分摊到每吨货物上的油耗下降了，运输成本降低，生产率提高。此外，合理组织运输，减少空车往返，也能提高燃油经济性。

（4）使用因素

汽车在低温条件下行驶，由于气温低，发动机升温时间长，工作温度低，燃料气化不良，燃烧不良，再加上润滑油黏度大，摩擦损失大，使发动机输出功率下降，导致燃料消耗增加。如：当发动机（汽油机）冷却液温度自80℃降低到60℃时，耗油量约增加3%；降到40℃时约增加12%；降到30℃时约增加25%。

在高原山区行驶的汽车，由于空气密度下降，充气量会明显降低。通常情况下，随着海拔高度的增加，将使空燃比变小，混合气变浓，导致发动机的油耗增加；由于坡度陡而长，发动机经常在低转速的条件下工作，发动机工作温度高，引起油耗增大；由于大气压力降低，燃料易蒸发，供油系容易发生气阻和渗漏。

2. 汽车结构方面

汽车结构方面影响汽车燃油经济性的因素有下列几点。

（1）汽车尺寸和质量

汽车尺寸和质量增加，会加大滚动阻力、空气阻力、坡道阻力和加速阻力。为了保证高动力性需装用大排量发动机，行驶中负荷率较低，所以，又大又重的豪华型轿车比小而轻的轻型、微型轿车的油耗量要大得多，因此广泛采用轻型、微型轿车是节约燃油的有效措施。

货车的质量利用系数影响燃油经济性。货车的质量利用系数即装载质量与整车装备质量之比。质量利用系数越大，有效运输质量比重增加，运输中的单位油耗与成本都将降低。随着生产技术水平的提高，质量利用系数正在逐步提高。所以，减少汽车尺寸和质量是提高燃油经济性的有效措施，汽车要合理地设计和精心地计算分析，要采用高强度材料和轻质材料。

(2) 发动机

发动机是对燃油经济性最有影响的部件。影响的因素主要有压缩比、燃料供给、功率利用等。

1) 提高压缩比

发动机压缩比愈大，其有效效率愈高。因此在允许范围内提高压缩比，汽车的燃油经济性可以得到改善。燃料的气化、雾化及其与空气的混合，对促进燃烧、提高热效率关系很大。因此改进喷射系、燃烧室、进排气系等的设计，保证燃料良好的气化与雾化以及与空气的均匀混合是很重要的。

发动机的功率及其利用率，对燃油经济性有很大影响。一般发动机在60%～80%负荷范围内，经济性最高，发动机负荷减小时，其燃油消耗量将增加。

发动机的形式对汽车燃油经济性的影响也是很大的。采用柴油发动机对于货车的燃油消耗量可以比汽油发动机降低约30%。所以，扩大柴油机的应用范围是改善汽车燃油经济性的主要途径之一。

2) 采用电控燃油喷射技术

采用电喷技术是提高汽车燃油经济性及动力性的有效措施。通过喷油量准确控制，不会产生混合气过浓、过稀的现象，既能明显提高燃料经济性，又可降低排气污染。采用直喷发动机和稀薄混合气的分层燃烧，以改善混合气的形成、分配和燃烧过程。

3) 采用强制怠速断油装置

发动机强制怠速工况占汽车运行时间的10%～40%，占整个燃料消耗的8%～10%。如果在电喷发动机上实行减速断油功能，用它在强制怠速工况下切断供油，是节约燃油的有效措施。

4) 采用闭缸技术

某些高级轿车为了满足汽车最高车速或加速时间的要求，选用功率较大的发动机。但在大部分行驶情况下，发动机在负荷率较低的工况下工作，此时燃料消耗率较高，汽车的燃油经济性降低。如果能根据运行工况的需要，自动控制参加工作的气缸数目，使工作的气缸处于最经济负荷下运行，就可以节约燃料。例如英国伊顿公司研制的变缸机构是通过浮动的摇臂支座，将部分气缸的进、排气门完全关闭，从而使V8发动机的两缸或四缸停止工作。发动机在低负荷时可节省燃料25%，怠速时节省燃料40%，行驶中节省燃料10%～15%。

(3) 传动系

汽车传动系对燃油消耗的影响，取决于传动系效率、变速器挡数与传动比。

传动系效率愈高，则损失于传动系的能量愈少，因而燃油经济性也愈好。

变速器的挡位与传动比对燃油经济性也有影响。虽然汽车行驶时所需的发动机功率与变速器挡位无关，但发动机转速则随所接合挡位的改变而变化。在汽车行驶速度不变的情况下，接合高挡时，传动比小，发动机的转速低；而接合低挡时，由于传动比加大，发动机转速将增高。在发动机负荷相同的情况下，转速愈低，发动机的单位燃油消耗量愈少。因此，在一定行驶条件下，传动系的传动比愈小，则汽车的燃油经济性愈好。现代汽车常采用超速挡，可以减小传动系的总传动比，在良好的道路条件下采用超速挡，可以更好地利用发动机功率，提高汽车燃油经济性。

变速器的挡数增加，使发动机经常保持在经济工况下工作，档数愈多，愈容易选择保证发动机能以最经济工况工作的转速，汽车的经济性愈好。当变速器的挡数为无限时，即为无级变速器，当采用无级变速器，在任何条件下都提供了使发动机在最经济工况下工作的可能性。若无级变速器能维持较高的机械效率，则汽车的燃油经济性将显著提高。

(4) 汽车外形与轮胎

汽车外形对燃油经济性有一定影响，主要表现在高速行驶时的空气阻力。因此，改善车身流线型，降低空气阻力系数，可以提高燃油经济性，但在城区，由于行驶车速低，对油耗影响较小。

汽车轮胎对燃油经济性也有影响。现在公认子午线轮胎的耐磨性、动力性、经济性等综合性能最好，与一般斜交轮胎相比，子午线轮胎燃油经济性较好。

4.3 汽车制动性

汽车制动性能是指汽车在行驶时能在短距离内停车且维持行驶方向稳定性和在下长坡时能维持一定车速的能力，另外也包括在一定坡道能长时间停放的能力。汽车制动性能是汽车的重要使用性能之一。制动效能低下、制动方向失去稳定性常常是导致交通安全事故的直接原因之一。确保汽车保持良好的制动性能是汽车设计制造厂家的重要任务。

汽车制动效能、制动效能的恒定性及制动时的方向稳定性是汽车制动性的3个重要评价指标。

1. 制动效能

制动效能用制动距离和制动减速度表示，它是指汽车在良好路面上以规定的初始车速和规定的踏板力制动到停车的制动距离或制动时汽车的减速度，它是制动性能的最基本指标。

2. 制动效能的恒定性

制动效能的恒定性是指抗热衰退性能和抗水衰退性能。其中，抗热衰退性能是指汽车高速行驶制动或下长坡时制动性能的保持程度；抗水衰退性能是指汽车涉水后对制动效能的保持能力。

3. 制动时方向稳定性

汽车制动时方向稳定性常用制动时汽车按给定路径行驶的能力来评价。制动时汽车方向稳定性是指汽车制动过程中不发生跑偏、侧滑以及失去转向能力的性能。汽车的制动方向稳定性能不佳时，制动时发生跑偏、侧滑或失去转向能力，汽车将偏离给定的行驶路径。

4.3.1 制动时车轮受力分析

制动时的汽车行驶方程式为：
$$F_b = F_j - (F_f + F_w + F_i)$$

式中：F_b——汽车地面制动力。

由制动性的定义可知，滚动阻力 $F_f \approx 0$；制动时车速较低且迅速降低，即 $F_w \approx 0$；坡道阻力 $F_i \approx 0$。所以，汽车行驶方程式可近似表达为

$$F_b = F_j$$

1. 地面制动力、制动器制动力和附着力

假设滚动阻力偶矩、车轮惯性力和惯性力偶矩均可忽略，则车轮在平直良好路面上制动时的受力情况如图4-17所示。

制动器制动力 F_μ 等于为了克服制动器摩擦力矩而在轮胎轮缘上作用的力，其大小为：

$$F_\mu = T_\mu / r$$

式中：T_μ——车轮制动器摩擦副的摩擦力矩。

制动器制动力 F_μ 是由制动器结构参数决定的，它与制动器的形式、结构尺寸、摩擦副的摩擦系数和车轮半径以及踏板力有关。根据力矩平衡可得地面制动力 F_b 为：

$$F_b = T_\mu / r$$

地面制动力 F_b 是使汽车减速的外力，它不但与制动器制动力 F_μ 有关，而且还受地面附着力 F_φ 的制约。

图4-18给出了地面制动力、车轮制动力及附着力三者之间的关系。当踩下制动踏板时，首先消除制动系间隙后，制动器制动力开始增加。开始时踏板力较小，制动器制动力 F_μ 也较小，地面制动力 F_b 足以克服制动器制动力 F_μ 而使得车轮滚动。此时，$F_b = F_\mu$，且随踏板力增加成线性增加，但是地面制动力是地面摩擦阻力的约束反力，其值不能大于地面附着力 F_φ 或最大地面制动力 F_{bmax}，即：

$$F_b \leqslant F_\varphi = \varphi F_z$$
$$F_{bmax} = \varphi F_z$$

当制动踏板力上升到一定值时，地面制动力 F_b 达到最大地面制动力 $F_{bmax} = F_\varphi$，车轮开始抱死不转而出现拖滑现象。随着制动踏板力以及制动管路压力的继续升高，制动器制动力 F_μ 继续增加直至踏板最大行程，但是地面制动力 F_b 不再增加。

上述分析表明：汽车地面制动力 F_b 取决于制动器制动力 F_μ，同时又受到地面附着力 F_φ 的限制。只有当制动器制动力 F_μ 足够大，而且地面又能提供足够大的附着力 F_φ 时，才能获得足够大的地面制动力。

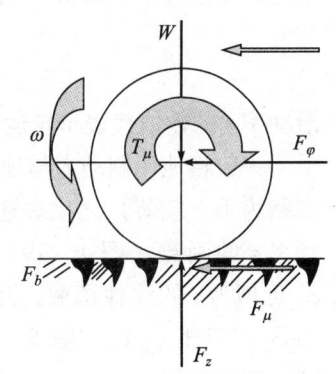

图4-17 在平直良好路面上制动时的车轮受力情况

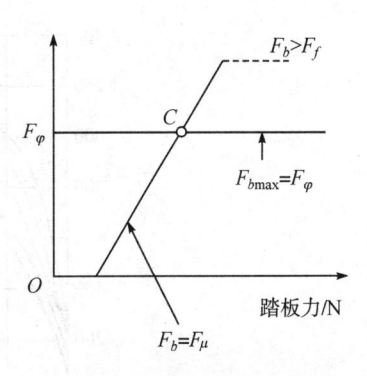

图4-18 地面制动力、车轮制动力及附着力的关系

2. 地面附着系数

仔细观察汽车的制动过程就会发现轮胎胎面在地面上的印迹从滚动到抱死是一个逐渐变化的过程。轮胎印迹的变化基本上可分为3个阶段。

第1阶段，轮胎的印迹与轮胎的花纹基本一致，车轮近似为单纯滚动状态，车轮中心速度 u_w 与车轮角速度 ω_w 有如下关系式

$$u_w \approx r\omega_w$$

第2阶段，花纹逐渐模糊，但是仍可辨别。此时，轮胎除了滚动之外，胎面和地面之间的滑动成分逐渐增加，车轮处于边滚边滑的状态。这时，车轮中心速度 u_w 与车轮角速度 ω_w 的关系为 $u_w > r\omega_w$，且随着制动强度的增加滑移成分越来越多。

第3阶段，车轮被完全抱死而拖滑，轮胎在地面上形成粗黑的拖痕，此时 $\omega_w = 0$。

随着制动强度的增加，车轮的滚动成分逐渐减少，滑动成分越来越多。一般用滑动率 s 描述制动过程中轮胎滑移成分的多少，即

$$s = \frac{u_w - r\omega_w}{u_w} \times 100\%$$

滑动率 s 的数值代表车轮运动成分所占的比例，滑动率越大，滑动成分越多。

一般将地面制动力与地面法向反作用力 F_Z（平直道路为垂直载荷）之比表述成制动力系数 φ_b，它是滑动率 s 的函数（图4-19）。由图可知，当 s 较小时，φ_b 近似为 s 的线性函数，随着 s 的增加 φ_b 急剧增加。当 φ_b 趋近于 φ_p 时，随着 s 的增加，φ_b 增加缓慢，直到达到最大值 φ_p，通常 φ_p 被称为峰值附着系数。很多试验表明，$\varphi_b = 15\% \sim 25\%$，然后随着 s 继续增加，φ_b 开始下降，直至 $s = 100\%$，$\varphi_b = \varphi_s$，通常 φ_s 被称为滑动附着系数。

在实际中，汽车轮胎经常受到侧向力的作用而发生侧偏或侧滑现象。图4-20中的 φ_1 为侧偏力系数曲线。侧偏力系数是指侧向反作用力 F_Y（侧偏力）与地

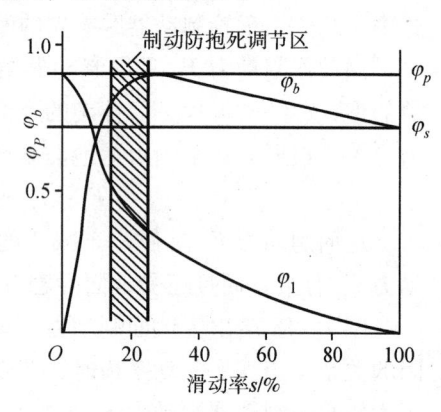

图4-19 制动力系数 φ_b 与滑移率 s 之间的关系

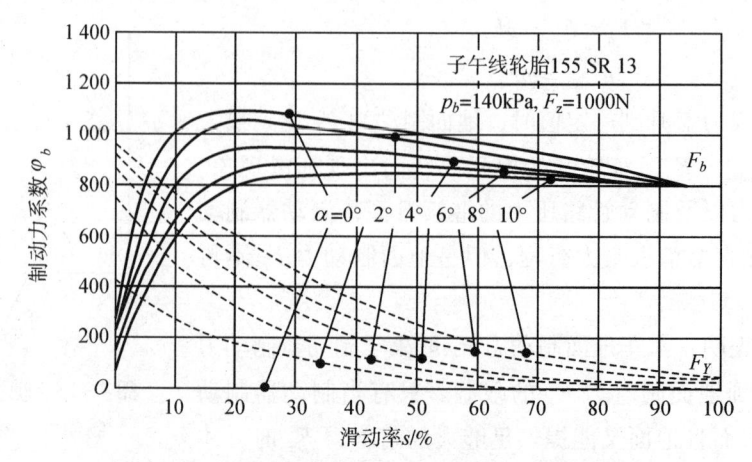

图4-20 不同侧偏角时，φ_b—s、φ_1—s 的关系曲线

面法向反作用力 F_z 之比。滑动率 s 越小，侧偏力系数 φ_l 越大。

图 4-20 所示为不同侧偏角时，φ_b—s、φ_l—s 的关系曲线。由图可知，侧偏角增加时，汽车的 φ_b 和 φ_l 均下降，相应的 φ_p 和 φ_s 也均下降。

图 4-21 所示为不同道路情况下，制动力系数 φ_b 随滑动率 s 的变化规律。在其他条件不变时，潮湿水泥路面制动力系数 φ_b 低于干燥水泥路面的制动力系数 φ_b；冰雪路面制动力系数 φ_b 非常低；另外，小制动力系数 φ_b 路面的峰值附着系数 φ_p 相应也降低，且对应的滑动率 s 也低。

增大轮胎与地面的接触面积可提高附着能力，低气压、宽断面的子午线轮胎附着系数大。滑水现象减小了轮胎与地面的附着能力，影响制动、转向。滑水现象是指轮胎在有积水的路面上行驶时，随着车速的增加，轮胎实际接地面积逐渐减小，而被水膜隔开的面积逐渐增加，当达到一定车速时，在胎面下的动液压升力等于垂直载荷时，轮胎将完全飘浮在水膜上面而与路面毫不接触。

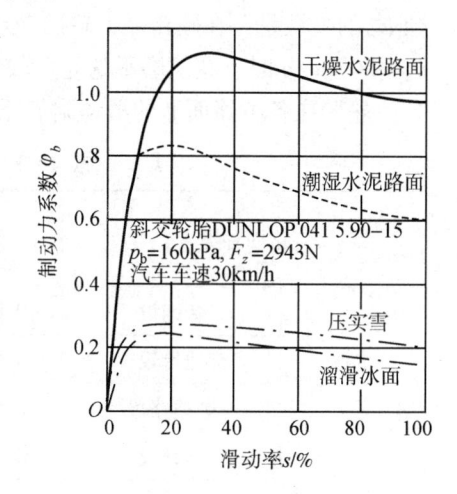

图 4-21 制动力系数 φ_b 与滑动率 s 之间的关系

图 4-22 所示为不同法向反作用力 F_z 对附着力系数 φ_b 的影响。在其他条件不变的情况下，随着 F_z 的增加 φ_b 稍有下降，但影响不大。

滑动附着系数 φ_s 与道路的类型和路况、汽车行驶速度以及轮胎结构、花纹、材料等因素有关。

图 4-23 所示为滑动附着系数 φ_s 与汽车行驶速度的关系。无论在干燥还是潮湿路面上，随着车速的增加滑动附着系数 φ_s 都明显下降，但是，在冰面上滑动附着系数 φ_s 很小，车速对其影响很小，在积雪路面上滑动附着系数 φ_s 随车速增加而稍微增加。

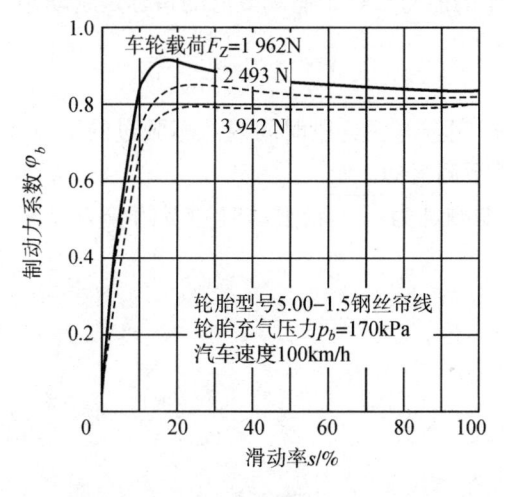

图 4-22 制动力系数 φ_b 与法向反作用力 F_z 之间的关系

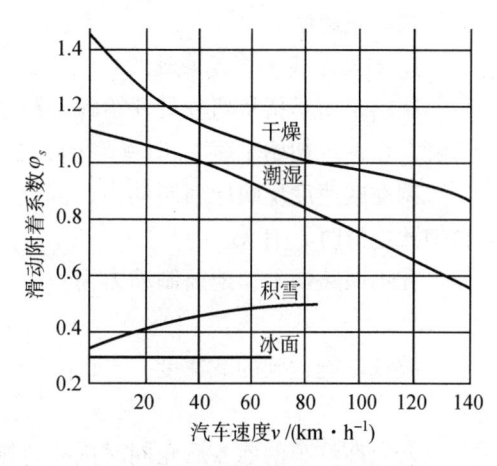

图 4-23 滑动附着系数 φ_s 与汽车行驶速度 v 之间的关系

轮胎的磨损会影响其附着能力。在不同道路上不同轮胎花纹深度以及车速与滑动附着系数 φ_s 的关系是：在硬路面上轮胎花纹深度变浅（即磨损）使滑动附着系数 φ_s 下降，在车速 $u_a = 60$ km/h 时，花纹磨平的轮胎较新轮胎的 φ_s 约下降 0.2。

轮胎在各种路面上的滑动附着系数 φ_s 见表 4 - 3。

表 4 - 3 各种路面上的滑动附着系数 φ_s

路面种类		干 燥		潮 湿	
		≤48 km/h	>48 km/h	≤48 km/h	>48 km/h
水泥	新铺设	0.80 ~ 1.00	0.70 ~ 0.85	0.50 ~ 0.80	0.40 ~ 0.75
	交通量较少	0.60 ~ 0.80	0.60 ~ 0.75	0.45 ~ 0.70	0.45 ~ 0.65
	磨损路段	0.55 ~ 0.75	0.50 ~ 0.65	0.45 ~ 0.65	0.45 ~ 0.60
沥青	新铺设	0.80 ~ 1.00	0.65 ~ 0.70	0.50 ~ 0.80	0.45 ~ 0.75
	交通量较少	0.60 ~ 0.80	0.55 ~ 0.70	0.45 ~ 0.70	0.45 ~ 0.65
	磨损路段	0.55 ~ 0.75	0.45 ~ 0.65	0.45 ~ 0.65	0.40 ~ 0.60
	焦油过多路段	0.50 ~ 0.60	0.30 ~ 0.60	0.35 ~ 0.60	0.25 ~ 0.45
	碎石	0.40 ~ 0.70	0.40 ~ 0.70	0.45 ~ 0.75	0.45 ~ 0.75
	结冰	0.10 ~ 0.20	0.07 ~ 0.20		
	压实积雪	0.30 ~ 0.55	0.35 ~ 0.60		
	松散积雪	0.10 ~ 0.25	0.105 ~ 0.20		

4.3.2 汽车的制动效能及其恒定性

汽车的制动效能是指汽车迅速降低车速直至停车的能力。评定制动效能的指标是制动距离和制动减速度。

1. 制动距离与制动减速度

制动距离是指从驾驶员开始踩上制动踏板到汽车完全停住这段时间内汽车驶过的距离。一般是在一定初始车速 V_0 时（空挡）在冷试验条件下测得的。

制动减速度反映地面制动力，因此，它与制动器制动力（车轮滚动时）及附着力（车轮抱死拖滑时）有关。

在不同路面上，地面制动力为：

$$F_{Xb} \leq \varphi G$$

故汽车能达到的减速度 j_{max}（单位 m/s²）为：

$$j_{max} = \varphi G/m = \varphi g$$

若允许汽车的前、后轮同时抱死，则：

$$j_{max} = \varphi_s g$$

若装有自动防抱装置（ABS），则制动减速度为：

$$j_{max} = \varphi_p g$$

汽车制动时，一般不希望任何车轴上的制动器抱死，故 j_{max} 将小于 $\varphi_s g$。

2. 制动距离的分析

假设在 φ 值不变的条件下，对制动距离做一粗略的定量分析以研究影响制动距离的各种因素。

图 4-24 是驾驶员在接收到紧急制动信号后，制动踏板力、制动减速度与制动时间的关系曲线。图 4-24（a）是实测曲线，图 4-24（b）是经过简化后的曲线。

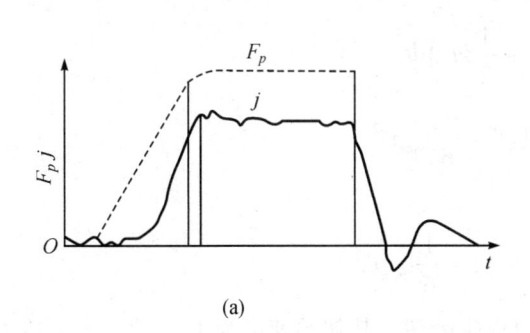

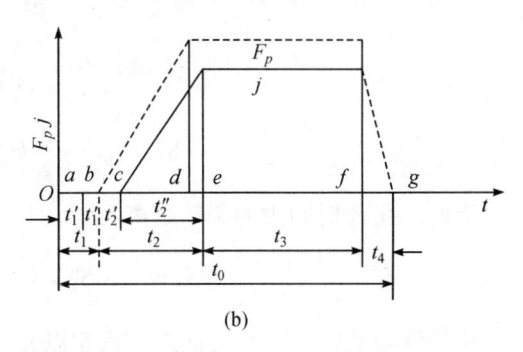

图 4-24 汽车的制动过程
（a）实测曲线；（b）简化曲线

驾驶员接到紧急制动信号后，要经过 t_1' 的滞后时间才意识到应进行紧急制动，并移动右脚，再经过 t_1'' 时间后才踏着制动踏板，从 a 点到 b 点所经过的时间 $t_1 = t_1' + t_1''$ 称为驾驶员反应时间，一般 $t_1 = 0.3 \sim 1.0$ s。在 b 点以后，随着驾驶员踩踏板的动作，踏板力迅速增大，至 d 点时达最大值。但制动蹄是由回位弹簧拉着的，蹄片与制动鼓之间存在间隙，所以要经过 t_2' 时间即 c 点，地面制动力才起作用，使汽车开始产生减速度。由 c 至 e 点是制动器制动力增长过程所需的时间 t_2''。$t_2 = t_2' + t_2''$ 称为制动器的作用时间。制动器作用时间一方面取决于驾驶员踩踏板的速度，另外更重要的是受制动系结构的影响。t_2 一般在 $0.2 \sim 0.9$ s 之间。由 e 点到 f 点为持续制动时间 t_3，其减速度基本不变。到 f 点驾驶员松开踏板，但制动力的消除还需要一段时间，t_4 一般 $0.2 \sim 1.0$ s 之间，这段时间过长会耽误随后起步行驶的时间。若因车轮抱死而使汽车失去控制，驾驶员采取措施放松制动踏板时，又使制动力不能立即释放。

从制动的全过程来看，总共包括驾驶员见到信号后做出行动反应、制动器起作用、持续制动和放松制动器 4 个阶段。一般制动距离所指是开始踩着制动踏板到完全停车的距离。它包括制动器起作用和持续制动两个阶段中汽车驶过的距离 S_2 和 S_3，即制动时间中的 t_2 和 t_3 内汽车驶过的距离。这样排除了驾驶员反应时间对汽车制动过程的影响，能更方便地比较汽车本身的制动性能。

t_2 时间内即制动器起作用阶段，汽车驶过的距离 S_2 作如下估算：

在 t_2' 时间内

$$S_2' = V_0 t_2'$$

式中　V_0——起始制动车速。

在 t_2'' 时间内，设制动减速度线性增长，即：

$$\frac{dV}{dt} = kt$$

式中，$k = -j_{max}/t_2''$。

$$\text{故} \int_{v_0}^{v_e} dV = \int_0^{t_2''} kt dt$$

$$V_e = V_0 + \frac{1}{2} k t_2''^2$$

$$\text{又因} \frac{dS}{dt} = V_0 + \frac{1}{2} k t^2$$

$$\text{故} \int_0^{s_2''} ds = \int_0^{t_2''} \left(V_0 + \frac{1}{2} k t^2 \right) dt$$

$$S_2'' = V_0 t_2'' + \frac{1}{6} k t_2''^3 = V_0 t_2'' - \frac{1}{6} j_{max} t_2''^2$$

因此，在 t_2 时间内的制动距离为：

$$S_2 = S_2' + S_2'' = V_0 (t_2' + t_2'') - \frac{1}{6} j_{max} t_2''^2$$

在持续制动阶段即 t_3 时间内，汽车以 j_{max} 作匀减速运动，其初始速度为 V_e，故：

$$S_3 = V_e^2 / 2 j_{max}$$

代入 V_e 值，得：

$$S_3 = \frac{V_0^2}{2 j_{max}} - \frac{V_0 t_2''}{2} + \frac{j_{max} t_2''^2}{8}$$

故总制动距离为：

$$S = S_2 + S_3 = \left(t_2' + \frac{t_2''}{2} \right) V_0 + \frac{V_0^2}{2 j_{max}} - \frac{j_{max} t_2''^2}{24}$$

因 t_2'' 很小，故略去 $\frac{j_{max} t_2''^2}{24}$ 项，考虑到车速单位为 km/h，故上式的 S（单位为 m）写成：

$$S = \frac{1}{3.6} (t_2' + t_2''/2) V_{a0} + V_{a0}^2 / 25.92 j_{max}$$

从公式中可以看出，决定汽车制动距离的主要因素是制动器起作用的时间、最大制动减速度即附着力（或制动器最大制动力）、制动的起始车速。附着力（或制动器制动力）越大、起始车速越低，制动距离越短，这是显而易见的。

3. 制动效能的恒定性

以上的讨论仅限于在冷制动情况（制动器起始温度低于 100 ℃）的制动效能。汽车在繁重的工作条件下制动时（如在下长坡时，制动器就要较长时间连续地做较大强度的制动），制动器温度常在 300 ℃ 以上，有时高达 600 ℃ ~ 700 ℃。高速制动时，制动器温度也会很快上升。制动器温度上升后，摩擦系数将显著下降，这种现象称为制动器的热衰退。热衰退是目前制动器不可避免的现象，只是程度上的差别而已。制动效能的恒定性主要是指抗热衰退性能。

制动器抗热衰退性能一般用一系列连续制动时制动效能的保持程度来衡量。根据国际标准草案 ISO/DIS 6597 的推荐，要求以一定车速连续制动 15 次，每次制动强度为 3 m/s²，最后的制动效能应不低于规定的冷试验制动效能（5.8 m/s²）的 60%（在制动踏板力相同的条件下）。

制动器的抗热衰退性能与制动器摩擦副材料及制动器结构有关。一般制动器由以铸铁为材料的制动鼓、盘和石棉摩擦材料做的摩擦片组成。正常制动时，摩擦副的温度在 200 ℃ 左右，摩擦副的摩擦系数为 0.3~0.4。但在更高的温度时，摩擦系数会显著下降，而出现所谓热衰退现象。

制动器的抗热衰退性能还与制动器结构密切相关。不同结构的制动器，在高强度制动时，摩擦系数的下降对制动效能的影响是不一样的：以对盘式制动器的制动效能影响最小，即盘式制动器稳定性最好；双减力蹄制动器次之；以下是增减力蹄制动器、双增力制动蹄动器；双向自动增力蹄制动器的稳定性最差。因此，近年来盘式制动器广泛应用于高速轿车、重型矿用车。

当汽车涉水时，水进入制动器，短时间内制动效能的降低称为水衰退。汽车应在短时间内迅速恢复原有的制动效能。

4.3.3 汽车制动时的方向稳定性

汽车在制动过程中维持直线行驶或按预定弯道行驶的能力称为汽车制动时的方向稳定性。

1. 汽车的制动跑偏

制动时汽车自动向左或向右偏驶称为"制动跑偏"。制动时汽车跑偏的原因有两个：

1）汽车左、右车轮，特别是前轴左、右车轮（转向轮）制动器制动力不相等，这是因为制造、调整误差造成的，汽车究竟向左或向右跑偏根据具体情况而定。

2）制动时悬架导向杆系与转向拉杆在运动学上不协调（互相干涉），这是汽车设计所造成的，制动时汽车总是向左（或向右）一方偏驶。因此，设计汽车时应注意不要使悬架导向杆系与转向拉杆互相干涉。

2. 制动时后轴侧滑与前轴转向能力的丧失

侧滑是指制动时汽车的某一轴或两轴发生横向移动。最危险的情况是在高速制动时发生后轴侧滑，此时汽车常发生不规则的急剧回转运动而失去控制。

前轮丧失转向能力是指弯道制动时汽车不再按原来弯道行驶而沿弯道切线方向驶出和直线行驶制动时转动方向盘汽车仍按直线方向行驶的现象。

一般汽车如后轴不会侧滑，前轮就可能失去转向能力，后轴侧滑，前轮常仍有转向能力。

制动时发生侧滑，特别是后轴侧滑，引起汽车剧烈的回转运动，严重时可使汽车调头。由试验和理论分析得知，制动时若后轴车轮比前轴车轮提前一定时间先抱死拖滑，且车速超过某一数值时，汽车在轻微的侧向力作用下就会发生侧滑。路面越滑、制动距离和制动时间越长，后轴越易侧滑。制动过程中，若只是前轮抱死或前轮先抱死拖滑，汽车基本上沿直线向前行驶（减速停车），汽车处于稳定状态，但汽车丧失转向能力。

也可以从受力情况分析汽车前轮抱死拖滑或后轮抱死拖滑两种运动情况。

图 4-25（a）是前轮抱死而后轮滚动，设转向盘固定不动，前轴如受侧向力作用将发

生侧滑，因此，前轴中点 A 的前进速度 V_A 与汽车纵轴线有夹角 α。后轴因未发生侧滑，所以 V_B 的方向仍为汽车纵轴方向，此时汽车将发生类似转弯的运动，其瞬时回转中心为速度 V_A、V_B 两垂线的交点 O，汽车作回转运动时产生的作用于质心 C 的惯性力 F_j 方向与汽车侧滑方向相反，即 F_j 起到减小或阻止前轴侧滑的作用，汽车处于一种稳定状态。

图 4 – 25 (b) 是后轮制动抱死而前轮滚动。如有侧向力作用，后轴发生侧滑的方向正好与惯性力的方向一致。于是惯性力加剧后轴侧滑，后轴侧滑又加剧惯性力增加，汽车将急剧转动。因此，后轴侧滑是一种不稳定的、危险的工况。

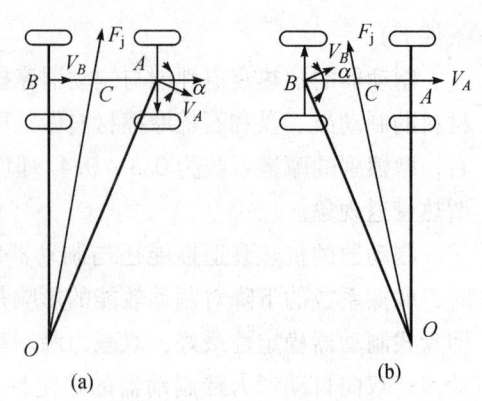

图 4 – 25 汽车的制动过程
(a) 前轴侧滑；(b) 后轴侧滑

以上讨论是直线行驶条件下制动的情形。在弯道行驶时进行的制动试验，也得到了类似的结果，即只有后轮抱死或后轮提前抱死，在一定车速下后轴将发生侧滑。只有前轮抱死或前轮先抱死时，因前轮侧向附着系数为零，不能产生任何地面反作用力，汽车无法按原弯道行驶而沿切线方向驶出，即汽车失去转向能力。

因此，从保证汽车方向稳定性出发，首先不能出现只有后轴车轮抱死或后轴车轮比前轴车轮先抱死的情况，以防止危险的后轴侧滑。其次，尽量少出现只有前轴车轮抱死或前、后车轮都抱死的情况以维持汽车的转向能力。最理想的情况就是防止任何车轮抱死，前、后车轮都处于滚动状态，这样就可以确保汽车制动时的方向稳定性。

4.3.4 制动力分配

对于一般汽车，前、后轴制动力分配并不一样，下面对前后轴制动器制动力具有固定比值的汽车制动过程进行分析。

1. 理想制动器制动力分配曲线

在任何轮胎—地面附着系数之下，汽车在水平路面制动时均能使汽车前、后轴车轮同时接近抱死状态的前、后制动器制动力分配曲线称为理想制动器制动力分配曲线，通常称为 I 曲线，见图 4 – 26。

制动时前、后轮同时抱死的条件是：前、后轮制动器制动力之和等于附着力，并且前、后轮制动器制动力分别等于各自的附着力，即：

$$\begin{cases} F_{\mu 1} + F_{\mu 2} = \varphi G \\ F_{\mu 1} = \varphi F_{z1} \\ F_{\mu 2} = \varphi F_{z2} \end{cases}$$

或

$$\begin{cases} F_{\mu 1} + F_{\mu 2} = \varphi G \\ \dfrac{F_{\mu 1}}{F_{\mu 2}} = \dfrac{F_{z1}}{F_{z2}} \end{cases}$$

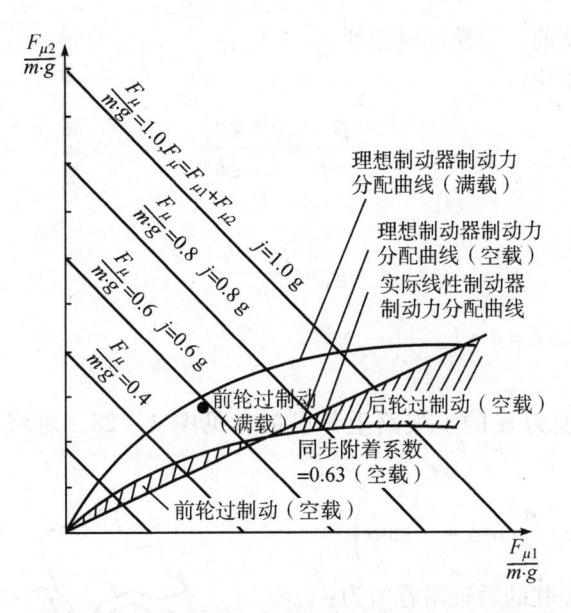

图4-26 理想的前、后轮制动器制动力分配曲线

将之前已经求出的地面对前、后轮的法向反作用力代入上式，得到前、后轮制动器制动力关系式：

$$\begin{cases} F_{\mu1} + F_{\mu2} = \varphi mg \\ \dfrac{F_{\mu1}}{F_{\mu2}} = \dfrac{b + \varphi h_g}{a - \varphi h_g} \end{cases}$$

消去变量 φ 得：

$$F_{\mu2} = \frac{1}{2} \times \frac{G}{h_g} \sqrt{b^2 + \frac{4h_g L}{G}F_{\mu1}} - \left(\frac{Gb}{h_g} + 2F_{\mu1}\right)$$

式中：$F_{\mu1}$——前轮制动器制动力，kN；

$F_{\mu2}$——后轮制动器制动力，kN；

m——汽车质量，kg；

g——重力加速度，m/s²；

L——汽车轴距，m。

2. 实际制动器制动力分配曲线与同步附着系数

实际制动器制动力分配系数 β 常用前轮制动器制动力与汽车总制动器制动力之比来表示，见图4-27，即：

$$\beta = \frac{F_{\mu1}}{F_\mu} = \frac{F_{\mu1}}{F_{\mu1} + F_{\mu2}}$$

$$F_{\mu2} = \frac{1-\beta}{\beta}F_{\mu1}$$

图中 β 线与 I 曲线相交，我们称交点处的附着系数为同步附着系数 φ_0。同步附着系数说明，前、后制动器制动力固定比值的汽车，只有在一种附着系数，即同步附着系

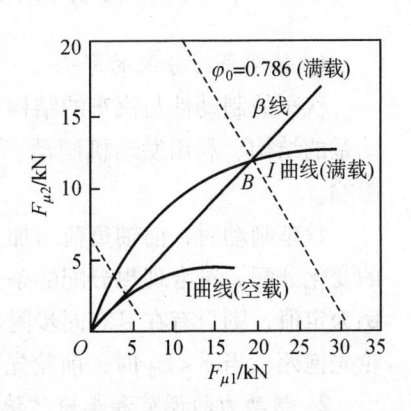

图4-27 β 线与 I 曲线

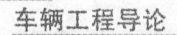

数路面上制动时才能使前、后轮同时抱死。

同步附着系数的求法：

$$\frac{\beta}{1-\beta} = \frac{b+\varphi h_g}{a-\varphi h_g}$$

经整理得：

$$\varphi_0 = \frac{L\beta - b}{h_g}$$

式中：L——汽车轴距，$L = a + b$。

3. 驻车制动力学

当汽车在坡道角度为 α 的上坡路上停驻时，见图 4-28，对汽车后轴附着力进行分析得：

$$F_{\varphi 2} = F_{z2\varphi} = mg\varphi\left(\frac{a}{L}\cos\alpha + \frac{h_g}{L}\sin\alpha\right)$$

汽车在下坡路上停驻的后轴附着力为：

$$F'_{\varphi 2} = F'_{z2\varphi} = mg\varphi\left(\frac{a}{L}\cos\alpha - \frac{h_g}{L}\sin\alpha\right)$$

汽车可能停驻的极限上坡路坡道角 α_1 可根据后轴的附着力与制动力相等的条件求得，即：

$$mg\varphi\left(\frac{a}{L}\cos\alpha_1 + \frac{h_g}{L}\sin\alpha_1\right) = mg\sin\alpha_1$$

整理得到：

$$\alpha_1 = \arctan\frac{\varphi a}{L - \varphi h_g}$$

同理可推导汽车可能停驻的极限下坡坡道角：

$$\alpha'_1 = \arctan\frac{\varphi a}{L + \varphi h_g}$$

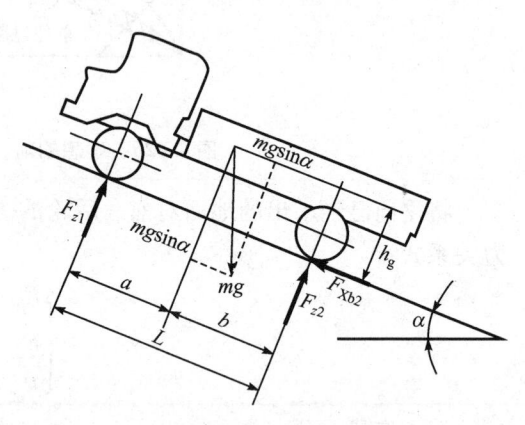

图 4-28 坡道驻车受力图

4.3.5 影响制动性能主要因素

1. 轴间负荷分配的影响

汽车的制动性与汽车的结构及其使用条件有关。诸如汽车轴间负荷的分配、载质量、制动系的结构、利用发动机制动、行驶速度、道路情况、驾驶方法等，均对制动过程有很大影响。

汽车制动时，前轴负荷增加，后轴负荷减小。如果前、后轮制动器制动力根据轴间负荷的变化分配，符合理想分配的条件，则前、后轮同时抱死。如果前、后轮制动器制动力的比例为定值，则只有在具有同步附着系数的路面上，前、后轮才能同时抱死。当 $\varphi > \varphi_0$ 时，后轮先抱死，当 $\varphi < \varphi_0$ 时，前轮先抱死。

2. 制动力的调节和车轮防抱死情况的影响

（1）制动力的调节

为了防止制动时后轮抱死而发生危险的侧滑，汽车制动系中装有各种压力调节装置。常见的压力调节装置有限压阀、比例阀、载荷控制比例阀、载荷控制限压阀。采用比例阀，在制动油压达到某一值以后，比例阀自动调节前、后轮制动器油压，使前、后轮制动器制动力仍维持直线关系，防止车轮抱死。

（2）车轮的防抱死

为了充分发挥轮胎与地面间的潜在附着能力，全面满足对汽车制动性的要求，已采用了多种形式的制动防抱死装置（ABS）。ABS系统一般由轮速传感器、电子控制器和压力调节器三部分组成。轮速传感器又称速度传感器，其作用是测出车轮的旋转速度送给电子控制器。电子控制器根据车轮的旋转速度计算出车轮的滑移率 S（滑移率是用来表示汽车制动时，车轮相对地面的滑动程度），给压力调节器发出信号，调节制动器制动力的大小。制动过程中，电子控制器不断分析速度传感器测出的车轮运动参数，若判断车轮即将抱死时，立即控制压力调节器，减小制动器制动力；松开制动器后，电子控制器又控制压力调节器，增大制动器制动力。如此以每秒10~20次的频率增、减制动器制动力，使车轮滑移率保持在10%~20%的范围内工作，获得良好的制动性能。有了防抱死装置，在紧急制动时，能防止车轮完全抱死，而使车轮处于滑移率为10%~20%的状态。此时，纵向附着系数最大，侧向附着系数也很大，从而使汽车在制动时不仅有较强的抗后轴侧滑能力，保证汽车的行驶方向稳定性，而且有良好的转向操纵性。由于利用了峰值附着系数，也能充分发挥制动效能，提高制动减速度和缩短制动距离。

3. 汽车载质量的影响

对于载质量较大的汽车，因前、后轮的制动器设计，一般不能保证在任何道路条件下都使其制动力同时达到附着极限，所以汽车的制动距离就会由于载质量的不同而发生差异。实践证明，对于载质量为3t以上的汽车，大约载质量每增加1t，其制动距离平均要增加1.0m。即使是同一辆汽车，在装载质量和方式不同时，由于重心位置变动，也会影响汽车的制动距离。

4. 车轮制动器的影响

车轮制动器的摩擦副、制动鼓的构造和材料，对于制动器的摩擦力矩和制动效能的热衰退都有很大影响。在设计制造中应选用好的结构形式及材料，在使用维修中也应注意摩擦片的选用。

制动器的结构形式不同，其制动器效率不同。制动器效能因数大，则在制动鼓半径和制动器张力相同的条件下，制动器所能产生的制动力矩也大。但当制动器摩擦副的摩擦系数下降时，其制动力矩将显著下降，制动性能的稳定性较差。

制动器的技术状况不仅和设计制造有关，而且使用维修情况有密切关系。制动摩擦片与制动鼓的接触面积不足或接触不均匀，将降低制动摩擦力矩。而且局部接触的面积和部位不同也将引起制动性能的差异。

制动摩擦片的表面不清洁，如沾有油、水或污泥，则摩擦系数将减小，制动力即随之降低。如汽车涉水之后渗入制动器，其摩擦系数将急剧下降20%~30%。

5. 制动初速度的影响

制动初速度高时，需要通过制动消耗的运动能量大，制动距离会延长。制动初速度愈高，通过制动器转化产生的热量也愈多，制动器的温度也愈高。制动蹄片的摩擦性能会随温度的升高而降低，导致制动力衰退，制动距离增长。

6. 利用发动机制动

发动机的内摩擦力矩和泵气损耗可用来作为制动时的阻力矩，而且发动机的散热能力要比制动器强得多。一台发动机，在单位时间内大约有相当于其功率1/3的热量必须散发到冷却介质中去。因此，可把发动机当做辅助制动器。

发动机常用做减速制动和下坡时保持车速不变的惯性制动，一般用上坡的挡位来下坡。

发动机的制动效果对汽车制动性的影响很大。它不仅能在较长的时间内发挥制动作用，减轻车轮制动器的负担，而且由于传动系中差速器的作用，可将制动力矩平均地分配在左、右车轮上，以减少侧滑甩尾的可能性。在光滑的路面上，这种作用就显得更为重要。此外由于发动机的制动作用，在行车中可显著地减少车轮制动器的使用次数，对改善驾驶条件颇为有利。同时，又能经常保持车轮制动器处于低温而能发挥最大制动效果的状态，以备紧急制动时使用。

有些适合山区使用的柴油车，为了加强发动机的制动效果，在排气歧管的末端装有排气制动器。排气制动器中设有阀门，制动时将阀门关闭，以增大排气歧管中的反压力，从而产生制动作用。这种方法称为排气制动。特别是在下长坡时，用发动机进行辅助制动，更能发挥其特殊的优越性。应用这种方法，一般可使发动机制动时所吸收的功率达到发动机有效功率的50%以上。

7. 道路条件的影响

道路的附着系数φ限制了最大制动力，故它对汽车的制动性能有很大影响。当制动的初速度相同时，随着φ值的减小，制动距离随之增加。

由于冰雪路面上的附着系数特别小，所以制动距离增大。特别要注意冰雪坡道上的制动距离，并应利用发动机制动。有计算表明，在冰雪路面上，利用发动机制动的辅助作用可使制动距离缩短20%~30%。

8. 驾驶技术的影响

驾驶技术对汽车制动性能有很大影响。制动时，如能保持车轮接近抱死而未抱死的状态，便可获得最佳的制动效果。经验证明，在制动时，如迅速交替地踩下和放松制动踏板，即可提高其制动效果。因为，此时车轮边滚边滑，轮胎着地部分不断变换，故可避免由于轮胎局部剧烈发热路面温度上升而降低制动效果。在紧急制动时，驾驶员如能急速踩下制动踏板，则制动系的协调时间将缩短，从而缩短制动距离。在光滑路面上不可猛踩制动踏板，以免因制动力过大而超过附着极限，导致汽车侧滑。

4.4 汽车操纵稳定性

汽车的操纵稳定性是指在驾驶员不感到过分紧张和疲劳的条件下，汽车能遵循驾驶者通过转向系及转向轮给定的方向行驶，且当遭遇外界干扰时，汽车能抵抗干扰而保持稳定行驶的能力。

汽车的操纵稳定性不仅影响到汽车驾驶的操纵方便程度，也是决定高速汽车安全行驶的一个主要性能。随着道路条件的改善，特别是高速公路的发展，轿车和载货汽车以100 km/h

车速行驶的情况已是十分常见。现代轿车设计的最高车速有的已超过 200 km/h，运动型轿车甚至达到 300 km/h。为了保证安全行驶，汽车的操纵稳定性日益受到重视，成为现代汽车的重要使用性能之一。

4.4.1　汽车操纵稳定性的评价指标

汽车操纵稳定性涉及的问题较为广泛，它需要采用较多的物理参量从几个方面来评价。汽车操纵稳定性的基本内容及其评价所用的物理参量见表 4-4。

表 4-4　汽车操纵稳定性的基本内容及其评价所用的物理参量

基本内容	主要评价参量
1. 转向盘角阶跃输入下进入的稳态响应——转向特性 转向盘角阶跃输入下的瞬态响应	稳态横摆角速度增益——转向灵敏度 反应时间、横摆角速度波动的无阻尼圆频率
2. 横摆角速度频率响应特性	共振峰频率、共振时振幅比、相位滞后角、稳态增益
3. 回正性	回正后剩余横摆角速度与剩余横摆角、达到剩余横摆角速度的时间
4. 转向半径	最小转向半径
5. 转向轻便性 （1）原地转向轻便性 （2）低速行驶转向轻便性 （3）高速行驶转向轻便性	转向力、转向功
6. 直线行驶性 （1）侧向风稳定性 （2）路面不平度稳定性 （3）微曲率弯道行驶性	侧向偏移 侧向偏移 转向操舵力矩梯度
7. 典型行驶工况性能 （1）蛇行性能 （2）移线性能 （3）双移线性能——回避障碍性能	转向盘转角、转向力、侧向加速度、横摆角速度、侧偏角、车速等
8. 极限行驶能力 （1）圆周行驶极限侧向加速度 （2）抗侧翻能力 （3）发生侧滑时的控制性能	极限侧向加速度 极限车速 回至原来路径所需时间

汽车操纵稳定的评价方法有主观评价和客观评价两种。所谓主观评价就是感觉评价，其方法就是让试验评价人员，根据试验时自己的感觉来进行评价，并按规定的项目和评价办法进行评分。客观评价则是通过测试仪器测出来表现操纵性能的物理量，如横摆角速度、侧向加速度、侧倾斜角及转向力等，来评价操纵稳定性的方法。

4.4.2 轮胎的侧偏特性

汽车轮胎是有一定径向和侧向弹性的充气轮胎，在受到侧向力作用下滚动时，将因侧向变形而引起侧向偏离。轮胎的侧偏特性，主要是指侧偏力、回正力矩与侧偏角的关系，它是研究汽车操纵稳定性的基础。

1. 轮胎的侧偏现象

（1）刚性车轮的滚动轨迹

所谓刚性车轮是指在外力作用下没有变形的车轮。汽车在行驶过程中，由于某种原因（如路面的侧向倾斜、侧向风或曲线行驶的离心力等）受到侧向力的作用，则车轮中心将作用有侧向力 F_y，相应地在地面上产生地面侧向反作用力 F'_y，F'_y 也称为侧偏力。在这种情况下，若车轮是刚性的，则可能出现两种情况：

1）当地面侧向反作用力未达到车轮与地面间的附着极限时，车轮与地面间没有滑动，车轮的运动轨迹仍沿车轮中心平面的方向。

2）当地面侧向反作用力达到车轮与地面的附着极限时，车轮发生侧向滑动。车轮的运动方向偏离了车轮中心平面方向。

（2）弹性车轮的侧向偏离现象

实际的车轮具有侧向弹性，即使 F_y 没有达到附着极限，车轮行驶方向也将偏离车轮平面的方向，这就是弹性轮胎的侧偏现象。

1）弹性车轮静止时的侧向偏离。显然静止不动的弹性车轮受到侧向力 F_y 作用时，由于侧向变形，其接地印迹的长轴与车轮中心平面偏离。

2）弹性车轮滚动时的侧向偏离。如图 4-29 所示，为了说清楚滚动时的侧偏现象，先在轮胎胎面中心线上标出 A_1、A_2、A_3……点，随着车轮的滚动，各点将依次落于地面上相应的 A'_1、A'_2、A'_3……各点上。当受到侧向力 F_y 作用时，如图 4-29 主视图所示，靠近地面的胎面上 A_1、A_2、A_3……各点的连线是一条斜线，因此它们落在地面上相应各点 A'_1、A'_2、A'_3……的连线并不垂直于车轮旋转轴线，即与车轮中心平面 cc 的延长线有夹角 α。当轮胎与地面侧向滑动时，A'_1、A'_2、A'_3……的连线就是车轮滚动接地印迹的中心线。即车轮没有按照车轮中心平面 cc 的方向向前滚动，而是与其偏离了 α 角，称 α 为侧偏角。显然，侧偏角 α 的数值与侧向力 F_y 的大小有关，亦即与侧偏力 F'_y 的大小有关。

2. 轮胎的侧偏特性

由试验得出的侧偏力—侧偏角曲线称之为轮胎的侧偏特性。当汽车正常行驶时，侧向加速度不超过 0.4 g，侧偏角不超过 4°~5°，可以认为侧偏角与侧偏力呈线性关系。

轮胎的侧偏刚度是决定操纵稳定性的重要参数。显然，轮胎侧偏刚度绝对值越大，在同样的侧偏力作用下，产生的侧偏角越小，相应的操纵稳定性就比较好。

当轮胎受到较大的侧偏力时，侧偏角迅速增大，这时轮胎在接地处已发生部分侧滑。最后，侧偏力达到附着极限时，整个轮胎侧滑。轮胎的最大侧偏力取决于附着条件，即垂直载荷、轮胎胎面花纹、材料、结构、充气压力、路面的材料、结构、潮湿程度，以及车轮的外倾角等。一般而言，最大侧偏力愈大，汽车的极限性能愈好，若按圆周行驶的极限侧向加速度就愈高。

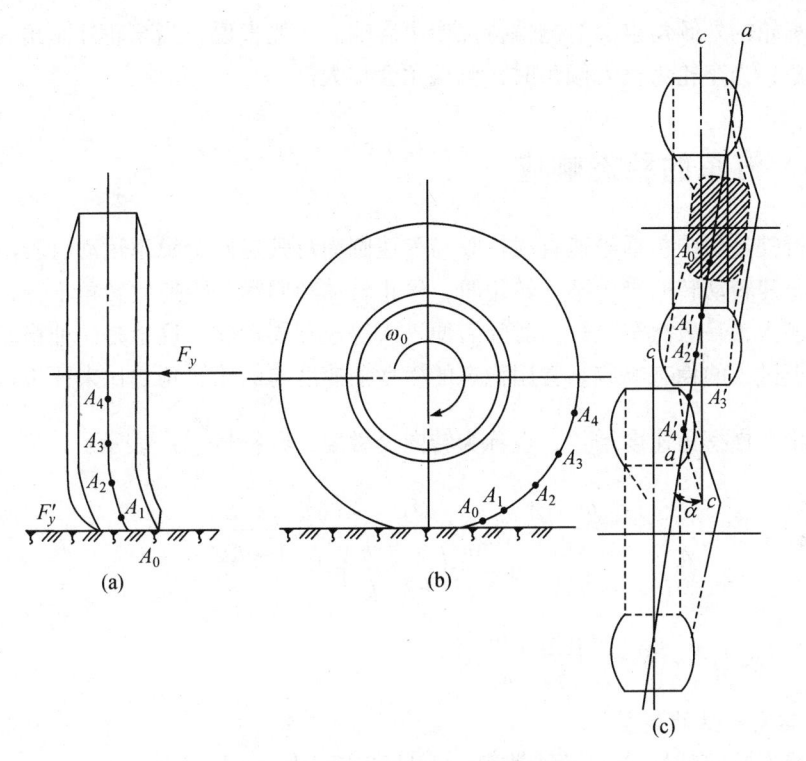

图 4 - 29　弹性车轮滚动时的侧偏现象

（a）主视图；（b）侧视图；（c）俯视图

3. 影响侧偏特性的因素

（1）轮胎结构的影响

轮胎的尺寸、形式和结构参数对侧偏刚度有显著影响。尺寸较大的轮胎有较高的侧偏刚度；子午线轮胎接地面宽，一般侧偏刚度较高；钢丝子午线轮胎比尼龙子午线轮胎侧偏刚度略高。现代轿车已采用扁平率较小的宽轮胎，其侧偏刚度较高。

（2）垂直载荷的影响

随着垂直载荷的增加，侧偏刚度会上升。但垂直载荷过大时，轮胎产生很大的径向变形，侧向刚度反而有所减小。

（3）充气压力的影响

轮胎充气压力对侧偏刚度也有显著影响。随着气压的增加，侧偏刚度增大，但气压过高后刚度不再变化。

（4）地面切向反作用力影响

当有地面切向作用力（制动力或驱动力）作用时，轮胎侧偏力的极限会因此而下降；同样，当有侧偏力存在时，无论是制动还是驱动所能获得的切向作用力的极限值（即纵向附着能力）也会下降。并且地面切向作用力越大，侧偏力的极限值越小；同样，侧偏力越大，所能产生的切向作用力的极限值就越小。

（5）路面状况对侧偏特性的影响

经试验证明，粗糙的路面使最大侧偏力增加；干路面上的最大侧偏力比湿路面大；当路面有薄水层且车速达到一定时，会出现"滑水"现象而完全丧失侧偏力。

另外，车轮的外倾角也会对侧偏特性产生影响。一般来说，当车轮外倾角为正时，有助于减小侧偏角；当车轮为负外倾角时，侧偏角会加大。

4.4.3 汽车的稳态响应

汽车在行驶过程中包括等速直线行驶与等速圆周行驶这两个稳态运动。若汽车在匀速直线运动时，急速转动转向盘至某一转角时，停止转动转向盘并维持此转角不变，即给汽车以转向角阶跃输入，一般汽车经短暂时间后便进入等速圆周行驶，这也是一种稳态，称为转向盘阶跃输入下进入的稳态响应。常用稳态的横摆角速度与前轮转角之比来评价稳态响应。这个比值称为稳态横摆角速度增益，也称为转向灵敏度，以符号$\dfrac{\omega_r}{\delta})_s$表示：

$$\dfrac{\omega_r}{\delta})_s = \dfrac{u/L}{1+\dfrac{m}{L^2}\left(\dfrac{a}{k_2}-\dfrac{b}{k_1}\right)u^2} = \dfrac{u/L}{1+Ku^2}$$

式中：K——稳定因素，$K=\dfrac{m}{L^2}\left(\dfrac{a}{k_2}-\dfrac{b}{k_1}\right)$，$s^2/m^2$。

1. 稳态转向特性的类型

汽车的稳态转向特性分为三种类型：不足转向、中性转向和过多转向。这三种不同转向特性的汽车具有如下行驶特点：在转向盘保持一固定转角δ下，缓慢加速或以不同车速等速行驶时，随着车速的增加，不足转向汽车的转向半径R增大；中性转向汽车的转向半径维持不变；而过多转向汽车的转向半径则越来越小，见图4-30。操纵稳定性良好的汽车应具有适度的不足转向特性。一般汽车不应具有过多转向特性，也不应具有中性转向特性，因为中性转向汽车在行驶条件变动时，有可能转变为过多转向特性。

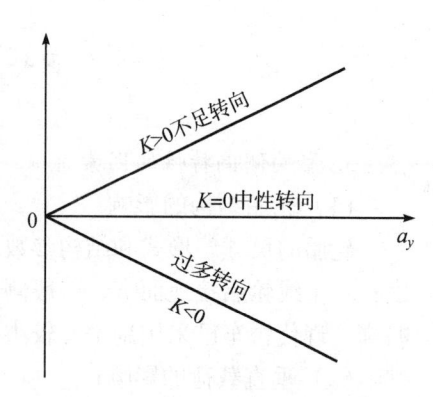

图4-30 汽车三种稳态转向特性

2. 稳态转向类型分析

下面对稳定因数K值进行分析以确定汽车的稳态转向类型：

（1）中性转向

$K=0$时，$\dfrac{\omega_r}{\delta})_s = u/L$，即横摆角速度增益与车速成线性关系，斜率为$1/L$。此关系式就是汽车在极低车速行驶、无侧偏角时的转向关系，见图4-31。在无侧偏角时，前轮转角$\delta \approx L/R$，转向半径$R \approx L/\delta$，横摆角速度$\omega_r = (u/L)\delta$。因此横摆角速度增益$\dfrac{\omega_r}{\delta})_s = u/L$。

（2）不足转向

当$K>0$时，$\dfrac{\omega_r}{\delta})_s < u/L$，横摆角速度增益比中性转向时要小。$\dfrac{\omega_r}{\delta})_s$不再与车速成线性

关系，$\frac{\omega_r}{\delta})_s - u$ 是一条低于中性转向的汽车稳态横摆增益线，后来又变为向下弯的曲线，见图 4-31。当 K 值越大，横摆角速度增益曲线越低，不足转向量越大。

当车速 $u_{ch} = \sqrt{1/K}$ 时，汽车的稳态横摆角速度增益达到最大值，见图 4-31。而且其横摆角速度增益为与轴距 L 相等的中性转向汽车横摆角速度增益的一半。u_{ch} 称为特征车速，是表征汽车不足转向量的一个参数。当不足转向量增加时，K 值增大，特征车速 u_{ch} 降低。

（3）过多转向

当 $K<0$ 时，$\frac{\omega_r}{\delta})_s > u/L$，横摆角速度增益 $\frac{\omega_r}{\delta})_s$ 比中性转向时大。随着车速的增加，$\frac{\omega_r}{\delta})_s - u$ 曲线向上弯，见图 4-31。K 值越小，过多转向量越大。

当车速 $u_{cr} = \sqrt{-1/K}$ 时，稳态横摆角速度增益趋于无穷大，见图 4-31。u_{cr} 称为临界车速，是表征汽车过多转向量的一个参数。临界车速越低，过多转向量越大。

过多转向汽车达到临界车速时将会失去稳定性。因为当 $\frac{\omega_r}{\delta})_s$ 等于无穷大时，只要极其微小的前轮转角便会产生极大的横摆角速度。这意味着汽车的转向半径极小，汽车发生急转而侧滑或翻车。由于过多转向汽车有失去稳定性的危险，故汽车都应具有适度的不足转向特性。

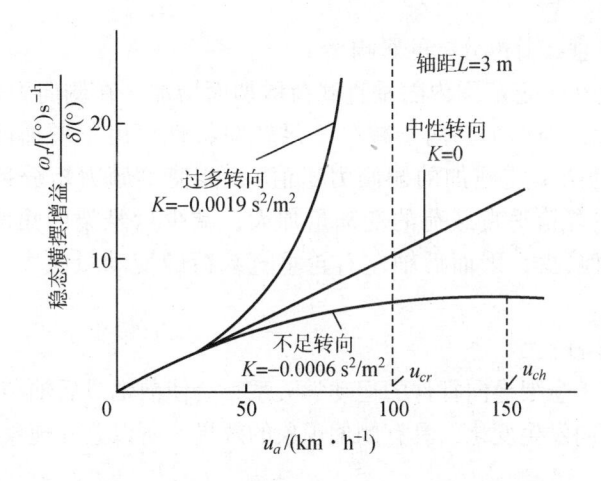

图 4-31 汽车的稳态横摆角速度增益曲线

3. 影响稳态转向特性的因素

（1）汽车的质量分配与车轮侧偏刚度的匹配

在汽车设计及改装中，应使汽车的质量在前后轴上的分配与车轮的侧偏刚度相适应，以保证汽车的不足转向性。

前置发动机前驱动的轿车，前轴上的轴荷较大，转弯时前轴承担的离心惯性力较大，在前后车轮侧偏刚度相同的情况下，前轮会产生较大的侧偏角，故趋向于呈不足转向特性；反之，后置发动机后驱动的轿车则趋向于呈过多转向特性。

（2）轮胎气压的影响

轮胎气压对侧偏刚度影响很大，降低轮胎气压，侧偏刚度下降，可以产生较大的侧偏

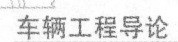

角。汽车说明书中规定的轮胎气压是考虑了获得不足转向性的数值，故使用中应注意在冷态下检查并按说明书的规定调整轮胎的充气压力。有的高速轿车甚至规定了每种乘坐条件及不同季节时前后轮胎的充气压力，以确保需要的不足转向特性。前轮气压低于规定值，仅使汽车不足转向性增大，转向灵敏度即横摆角速度增益下降；而后轮气压过低，后轮的侧偏角加大，甚至使原来不足转向性的汽车变为过多转向性汽车，对操纵稳定性带来严重不良影响。

(3) 轮胎结构的影响

不同结构（帘布层数、扁平率等）、不同形式（子午线轮胎、普通斜交轮胎）的轮胎，侧偏刚度不同，可能使汽车具有过多转向特性。

子午线轮胎和普通斜交帘线轮胎在车上混合装用对汽车的操纵性有严重影响。子午线轮胎侧偏刚度大，若仅前轮改用子午线轮胎，可使前轮侧偏角减少，如果小于后轮侧偏角，可使原为不足转向特性的汽车变为过多转向特性汽车。

扁平率小的宽轮胎，侧偏刚度大，产生的侧偏角小。因此，如仅前轮换用扁平率小的轮胎，有使汽车产生过多转向的倾向；如仅后轮换用，则有汽车呈不足转向的倾向。

(4) 驱动形式的影响

转向时施加于轮胎上的切向力增加，轮胎的侧偏刚度下降，使产生的侧偏角增加。因此，后轮驱动的车辆，转向时施加驱动力，使后轮侧偏角增加，有减少不足转向特性、向过多转向特性转化的倾向；前轮驱动的汽车，转向时施加驱动力，使前轮侧偏角增加，有增加不足转向特性的作用。

(5) 左、右轮垂直载荷再分配的影响

轮胎的侧偏刚度在一定范围内随垂直载荷增加而增加。在侧向力作用下，若前轴左右轮垂直载荷变动量大，则汽车趋向于减少不足转向特性。由于增加前悬架的角刚度（车身每侧倾1°，在前悬架上需施加的侧倾力矩值），能使侧倾力矩分摊到前轴上的数值增加，因而能使前轴左右轮垂直载荷的变动量加大；减少后悬架的角刚度，能使侧倾力矩分摊到后轴上的数值减少，因而后轴左右轮垂直载荷的变动量减少，有利于增加汽车的不足转向特性。

(6) 轴转向的影响

车身侧倾时，由于悬架导向杆件的运动学关系，会使前轴或后轴相对于车身转动某一角度。这使轮心运动方向发生变化，具有侧偏现象的效果，所以这种现象称为运动学侧偏，或称轴转向。

车身侧倾时，由于悬架变形使后轴沿离心力对该轴中点之矩相反的方向转过某一角度，则汽车趋向于增加不足转向特性；若后轴沿离心力对该轴中点之矩相同方向转过某一角度，则趋向于减小不足转向特性。如果前轴为非独立悬架，也存在轴转向问题，其分析的结论是相同的。

(7) 侧倾时车轮外倾角变化的影响

车身侧倾时，由于悬架形式的不同，车轮外倾角会发生变化，使轮心前进方向发生变化，这与轮胎侧偏具有相同效果，可以使汽车的转向特性发生变化。

(8) 轮胎回正力矩对侧偏的影响

回正力矩即稳定力矩。汽车转弯时各轮上都受回正力矩的作用，有使前后轴侧偏角加大的效果。作用在前轮上的回正力矩，有增加不足转向的倾向；作用在后轮上的回正力矩，有减少不足转向的倾向。由于前轮的回正力矩较大，故汽车回正力矩的总效果往往趋向于增加不足转向特性。

4.4.4 汽车的瞬态响应

在等速直线行驶与等速圆周行驶这两个稳态运动之间的过渡过程便是一种瞬态，相应的瞬态运动响应称为转向盘角阶跃输入下的瞬态响应。

汽车操纵稳定性和汽车行驶时的瞬态响应有密切关系。常用转向盘角阶跃输入下的瞬态响应来表征汽车的操纵稳定性。图 4-32 为一等速行驶的汽车，在 $t=0$ 时，驾驶者急速转动转向盘至角度 δ_{sw0}，并维持该角度不变时汽车的瞬态响应曲线。

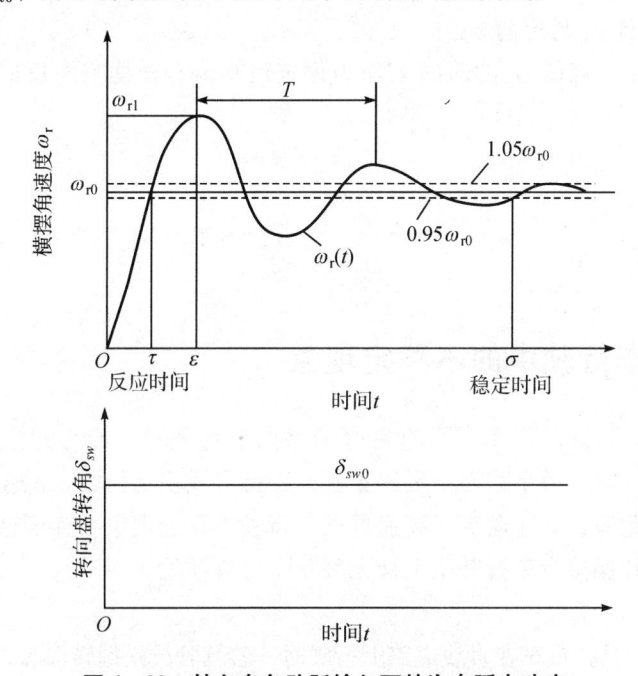

图 4-32 转向盘角阶跃输入下的汽车瞬态响应

图 4-32 是以汽车横摆角速度 ω_r 来描述汽车响应的。可以看出，给汽车以转向盘角阶跃输入后，汽车横摆角速度经过一过渡过程后达到稳态横摆角速度 ω_{r0}。

给汽车前轮一个角阶跃输入时，汽车横摆角速度瞬态响应随时间变化的表达式：

$$\omega_r(t) = \left(\frac{\omega_r}{\delta}\right)_s \delta_0 \left[1 + \sqrt{\left(-\frac{mua}{Lk_2}\right)^2 \omega_0^2 + \frac{2mua\zeta\omega_0}{Lk_2} + 1} \times \frac{1}{1-\zeta^2} e^{-\zeta\omega_0 t} \sin(\omega t + \phi)\right]$$

式中：ω_0——横摆角速度波动时的固有频率；

ζ——阻尼比。

下面根据上式对几个表征汽车瞬态响应品质好坏的参数进行分析：

1. 横摆角速度波动时的固有频率 ω_0

$$\omega_0 = \frac{L}{u}\sqrt{\frac{k_1 k_2}{mI_z}(1+Ku^2)}$$

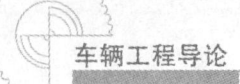

2. 阻尼比 ζ

$$\zeta = \frac{-m(a^2 k_1 + b^2 k_2) - I_z(k_1 + k_2)}{2L\sqrt{mI_z k_1 k_2 (1 + Ku^2)}}$$

3. 反应时间 τ

反应时间是指角阶跃转向输入后，横摆角速度第一次达到稳定值 ω_{ro} 所需的时间。

$$\tau = \frac{\arctan\dfrac{\sqrt{1-\zeta^2}}{-\dfrac{mua}{Lk_2}\omega_0 - \zeta}}{\omega_0 \sqrt{1-\zeta^2}}$$

4. 达到第一峰值 ω_{r1} 的时间 ε

通常也用达到第一峰值 ω_{r1} 的时间 ε 作为评定汽车瞬态横摆响应反应快慢的参数，ε 又称为峰值反应时间。

$$\varepsilon = \frac{\arctan\dfrac{\sqrt{1-\zeta^2}}{\zeta}}{\omega_0 \sqrt{1-\zeta^2}} + \tau$$

4.4.5 汽车行驶中的不稳定现象

一辆行驶稳定性良好的汽车在平直良好的路面上行驶时，若驾驶员保持转向盘转角不变，能自行抵抗侧向风、微小路面不平等干扰，保持直线稳定行驶。但在上述条件下，有的汽车也会出现行驶跑偏、低速摆头、高速振摆等行驶不稳定现象。弄清这些现象的特点及产生原因，对于恢复和保持汽车行驶稳定性无疑是十分有益的。

1. 行驶跑偏

所谓行驶跑偏，是指汽车在直线道路上行驶时，若驾驶员松握转向盘，行驶方向会自动朝一侧偏离。造成这种现象的原因主要有前轮定位失准、左、右侧轴距不一致、左、右侧行驶阻力不一致、左、右侧车轮半径不一致等。其中前轮定位失准最复杂，它又包括了主销后倾角不等、前轮外倾角不等、主销内倾角不等和左右侧轴距不一致等几种原因。以下分别予以分析。

（1）主销后倾角不等

汽车转向轮设置主销后倾角的目的，是要使汽车在行驶中若遇外力作用而产生方向偏离时，能产生回正力矩使车轮自动回复到原来的位置。在其他条件相同的情况下，当主销后倾角不等时，左、右轮产生的转动力矩不等，汽车可能向主销后倾角较小的一边跑偏。

（2）前轮外倾角不等

设置前轮外倾角的目的，是为了避免其在承载时变形而出现车轮内倾，使轮胎磨损均匀，减轻轮毂外轴承的负荷。但若左、右轮外倾角不一致，将使地面垂直反力到主销轴线的距离不一致，在其他条件相同的情况下，将使左、右轮产生的转动力矩不一致。此时汽车将向外倾角大的一侧偏驶。

（3）主销内倾角不等

主销内倾角既有自动回正作用，又有使转向轻便的作用。但若左、右侧主销内倾角不一致，则同样会导致主销轴线接地点到车轮接地点距离不一致，在其他条件相同的情况下，会导致地面切向反力对主销力矩的不一致。对于后轮驱动汽车，前轮切向力方向向后，有促使向主销内倾角较小的一边跑偏的倾向；对于前轮驱动汽车，受驱动力作用时，驱动力方向向前，有促使向主销内倾角较大一边跑偏的倾向；前轮驱动汽车受到制动力的作用时，切向力方向向后，汽车向主销内倾角较小的一边跑偏。

以上分析了前轮定位失准对行驶跑偏的影响，对于四轮定位汽车，后轮定位失准也会对行驶方向产生类似影响。

（4）左、右侧轴距不一致

汽车在使用中，由于某种原因车架发生变形，引起左、右侧车轮轴距不一致，此时往往伴随产生车轮定位失准。车轮定位失准的影响已如前述，单就左、右侧轴距不一致而言，则前轴中点的速度方向将偏离汽车纵向对称轴线，行驶方向将偏向轴距较小的一侧。

另外，由于轮胎磨损不一致或气压不一致导致左、右侧车轮运动半径不等，汽车将向运动半径较小的一侧偏驶；由于两前轮轴承松紧度不一致，或一侧制动间隙小，不能完全释放等原因，导致一侧行驶阻力偏大，则汽车会向行驶阻力较大的一侧偏驶；由于调校、润滑等原因导致某一侧转向主销转动不灵，则汽车会向主销转动不灵的一边跑偏。

行驶跑偏现象增加了驾驶员的工作压力和劳动强度，高速时更是危及行车安全，必须予以高度重视。应定期对车轮定位进行检查、调整，提高车辆维护品质，消除其他引起跑偏的原因。

2. 低速摆头

低速摆头又称转向不稳，指汽车在时速 20 km/h 以下时就感受到方向忽左忽右不稳定，车头发摆，不能保证直线行驶，运行轨迹出现"蛇形"现象。

造成低速摆头现象既有结构上的因素，也有使用中的若干原因。其中结构因素，例如非独立悬架因陀螺效应而产生的"轴转向"；因悬架与转向传动机构的运动关系不协调而引起转向轮左右摆动等。使用因素，例如车架变形引起前轮定位失准；转向器和传动机构间隙过大，连接松动；后轮超载或后轮胎气压不足等。

（1）非独立悬架的"轴转向"

汽车的转向轮通过悬架及转向传动机构与车架相连，这些互相联系的机件组成了弹性振动系统。当汽车在凹凸不平的路面上行驶，或偶遇一侧有凸起或凹坑时，将激发车轴相对于车体在垂直平面内的角振动。由于陀螺效应，由此又使前轴在水平面内产生角振动，即"轴转向"的趋势，但由于前轴通过钢板弹簧和车架相连，无法在水平面内摆动，所以可能引发的是前轮绕主销的摆动。其规律是，当左前轮上升时，转向轮将向右偏转；左前轮下降时，转向轮将向左偏转；右前轮上升时，转向轮向左偏转；右前轮下降时，转向轮将向右偏转。

（2）运动干涉引起的方向不稳

当悬架与转向传动机构运动不协调时，也会引起转向轮左右摆动。

（3）前轮定位失准

如前所述，转向轮设置主销内倾、主销后倾等定位角的主要目的，是使转向轮有自动回正的作用，以克服路面的干扰，维持稳定行驶。不同的悬架系统，前轮定位角不一样。若前

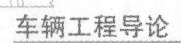

轮定位失准，或使用中由于某种原因（特别是车架发生变形），使前轮定位的各个角度发生变化，可能引起自动回正作用下降，当遇到外界干扰时，将使转向轮左右偏摆。

（4）转向器和传动机构间隙过大

转向器和传动机构间隙过大，各连接点松动常常是引起低速摆头的主要原因。如前所述，当前轴在路面不平的激发下，在垂直平面内产生角振动时，转向轮会绕主销在水平面内产生摆动，而转向器及传动机构的摩擦阻力则阻止摆动，产生试图维持车轮居中的稳定力矩，当转向器及传动机构间隙过大时，维持车轮居中的稳定力矩将大大减小，转向轮将左右偏摆，导致产生"蛇形"轨迹。

（5）后轮超载或后轮胎气压不足

若由于装载超长货物等原因使后轮超载，或后轮胎气压不足，会引起后轴的侧偏量增加，也会引起汽车行驶方向左右偏摆。

3. 高速振摆

所谓高速振摆，是指汽车在高速行驶，或在某一较高车速行驶时，出现行驶不稳定，车头发摆，甚至转向盘抖动的现象。

高速振摆有两种情况，一种是随着车速的提高，振摆逐渐加剧；另一种是在某一特定的车速范围内出现振摆，偏离该车速范围，振摆消失。引起低速摆头的各种因素常常也是引起高速振摆的重要原因，除此之外，动不平衡现象和共振现象是引起高速振摆的主要因素。

（1）动不平衡

车轮动不平衡和传动轴动不平衡会引起汽车高速振摆。若传动轴存在动不平衡，离心力会忽左忽右随转动而周期性变化，通过车身、悬架也会使汽车行驶方向左右偏摆不定。实际上车轮满足动平衡，就肯定满足静平衡。在实际使用中，轮胎修补、轮胎钢圈变形、前轮胎螺栓数量不一致等因素都会导致轮胎动不平衡；传动轴弯曲、平衡块脱落等会引起传动轴动不平衡。由动不平衡引起的振摆，其特点是随着车速的提高，振摆会不断加剧。要避免车轮总成和传动轴动不平衡的影响，必须对车轮和传动轴进行动平衡检测和校正。

（2）共振

如果高速振摆发生在某个特定的车速范围，一般说来是由共振现象引起。任何一个振动系统都有一个固有频率，当外激发力的变化频率与固有频率接近或相重合时，系统将产生强烈的共振现象。由于车轮、悬架、车体构成的振动系统，从理论上讲，其固有频率应避开外界激振频率，但由于制造的原因或使用中汽车技术状况的变化，均会使振动系统的固有频率发生变化，从而导致共振现象的出现。

引起共振的振源主要有呈周期性变化的路面不平，如搓板路面，或者因车轮不平衡产生的离心力矩等。

4.5　汽车行驶平顺性

汽车的平顺性主要是保持汽车在行驶过程中产生的振动和冲击环境对乘员舒适性的影响在一定界限之内，因此平顺性主要根据乘员主观感觉的舒适性来评价，对于货车还包括保持货物完好的性能。

汽车作为一个复杂的多质量振动系统，其车身通过悬架的弹性元件与车桥连接，而车桥又通过弹性轮胎与道路接触，其他如发动机、驾驶室等也是以橡胶垫固定于车架上。在激振力作用（如道路不平而引起的冲击和加速、减速时的惯性力等）以及发动机振动与传动轴等振动时，系统将发生复杂的振动。这种振动对乘员的生理反应和所运货物的完整性，均会产生不利的影响；乘员也会因为必须调整身体姿势，加剧产生疲劳的趋势。

车身振动频率较低，共振区通常在低频范围内。为了保证汽车具有良好的平顺性，应使引起车身共振的行驶速度尽可能地远离汽车行驶的常用速度。在坏路上，汽车的允许行驶速度受动力性的影响不大，主要取决于行驶平顺性，而被迫降低汽车行车速度。其次，振动产生的动载荷，会加速零件磨损乃至引起损坏。此外，振动还会消耗能量，使燃料经济性变坏。因此，减少汽车本身的振动，不仅关系到乘坐的舒适和所运货物的完整，而且关系到汽车的运输生产率、燃料经济性、使用寿命和工作可靠性等。

4.5.1 评价汽车平顺性的指标

1. 各轴向加权加速度均方根值

根据试验测量，各种汽车在正常行驶工况下振动波形的峰值系数一般小于9。按标准ISO 2631-1:1997（E）规定，此情况下用加权速度均方根值来评价振动对人体舒适和健康的影响。

此外，也常用振动剂量值做辅助评价。

1) 对记录的加速度时间历程 $a(t)$，通过相对应频率加权函数 $\omega(f)$ 的滤波网络得到加权加速度时间历程 $a_\omega(t)$，按下式计算加权加速度均方根值：

$$\alpha_\omega = \left[\frac{1}{T}\int_0^T a_\omega^2(t)\,dt\right]^{\frac{1}{2}}$$

式中：T——振动的分析时间，一般取 120 s。

2) 对记录的加速度时间历程 $a(t)$ 进行频谱分析得到功率频谱密度函数 $G_a(f)$，按下式计算：

$$\alpha_\omega = \left[\int_{0.5}^{0.8}\omega^2(f)G_a(f)\,df\right]^{\frac{1}{2}}$$

式中：$\omega(f)$——频率加权函数。

3) 辅助评价法。当峰值系数大于9时，ISO 2631—1:1997（E）规定用均4次方根值方法来评价，它能更好地估计偶尔遇到过的脉冲的高峰值系数振动对人体的影响，此时采用辅助评价法——振动剂量值（VDV），单位为 $ms^{-1.75}$：

$$VDV = \left[\int_0^T a_\omega^4(t)\,dt\right]^{\frac{1}{4}}(ms^{-1.75})$$

2. 加权振级

有些"人体振动测量仪"采用加权振级 $L_{a\omega}$，也称等效均值，它与加速度均方根值的换算公式是：$L_{a\omega} = 20\lg(a_\omega/a_0)$

式中：a_ω——各轴向加权加速度均方根值；

a_0——参考加速度均方根值,取 $a_0 = 10^{-6}$（m/s²）。

表4-5给出了加权振级和加权速度均方根值与人的主观感觉之间的关系。

表4-5 加权振级和加权速度均方根值与人的主观感觉之间的关系

加权加速度均方根值/(m·s⁻²)	加权振级/dB	人的主观感觉
<0.315	110	没有不舒适
0.315~0.63	110~116	有一些不舒适
1.5~1.0	114~120	相当不舒适
0.8~1.6	118~124	不舒适
1.25~2.5	112~128	很不舒适
>2.0	126	极不舒适

4.5.2 影响汽车行驶平顺性的因素

1. 悬架结构

减少悬架刚度,降低固有频率,可以减少不平路面而引起乘员承受的加速度值,这是改善平顺性的基本措施。为此需要采用软弹簧及低的轮胎气压。但悬架刚度也不宜过小,否则会引起悬架下质量高频振动幅值加大,影响操纵稳定性;还会引起紧急制动时汽车"点头"现象严重,转弯时产生较大的侧倾角等不良现象。

对于载荷变化较大的公共汽车和载货汽车,为满足不同载荷对悬架刚度的不同需要,常采用非线性悬架,即变刚度悬架。载荷较小时,悬架刚度较小,以避免振动频率过高,平顺性变差;当载荷较大时,刚度急剧增大,使汽车的侧倾和纵向角振动减轻。

为避免出现"共振",前、后悬架的固有频率应避开激振频率。另外,由于来自路面的激振先作用于前轮,然后才作用到后轮,为减轻由此而引起的纵向角振动,前悬架的固有频率应略低于后悬架,即前悬架刚度略低于后悬架。

2. 悬架阻尼

悬架系统的阻尼主要来自减振器、钢板弹簧叶片之间的摩擦以及轮胎变形时橡胶分子间的摩擦。其作用使车身的振动迅速衰减,减少传递给乘员和货物的振动加速度,缩短振动时间,改善行驶平顺性,还能改善车轮与道路的接触状况,防止车轮跳离地面,提高操纵稳定性。在使用中,应防止减振器失效及弹簧片生锈锁住,影响行驶平顺性。

3. 轮胎

轮胎对行驶平顺性的影响主要取决于轮胎的径向刚度,适当减小轮胎径向刚度,可以改善行驶平顺性。比如采用子午线轮胎径向刚度减小,轮胎的静挠度增加40%以上,行驶平顺性得到改善。但轮胎刚度过低,会引起侧向偏离加大,影响汽车的操纵稳定性。在使用中,通过动平衡试验消除轮胎的动不平衡现象,也是保证行驶平顺性的必要措施。

4. 座椅

座椅的布置对平顺性有较大的影响。接近车身中部的座位振幅较小,前、后两端的座位振幅较大,在相同频率下乘员感受到的振动加速度就不一致,所以轿车的座位均布置在前后轴轴距之内。载货汽车和公共汽车,为减小水平前后方向的振幅,座位在高度方向上应尽量缩小与重心间的距离。

坐垫也有一定减振作用。坐垫的刚度和阻尼要作适当选择，以使人—座椅系统的固有频率避开人体最敏感的 4~8 Hz 范围，同时应使阻尼系数达到 0.2 以上。

5. 非悬架质量

非悬架质量对汽车的平顺性有较大的影响，其质量的大小直接影响到传递到车身上的冲击力。质量越小，冲击力越小，反之将加大。非悬架质量对行驶平顺性的影响，常用非悬架质量与悬架质量之比 m/M 来评价，此比值轿车一般在 10.5%~14.5% 之间，以小些为好。

6. 路面质量

路面质量是引起汽车振动的主要原因。因路面不平引起的振动性质既因车辆系统的不同而不同，又因路面不平的差异而显示出不同的特点，因此改善路面质量，减少路面的不平度，将会降低车辆的振动，改善乘坐舒适性，为汽车的高速行驶创造条件。

7. 使用方面的措施

汽车的行驶速度对其平顺性也有很大影响。尤其需要注意的是，具有一定不平度的路面，必然有一个共振车速，因此驾驶时必须使常用车速远离共振车速。

此外，汽车的技术维护品质也会影响平顺性。

4.6　汽车的通过性

汽车的通过性是指它能以足够高的平均车速通过各种坏路和无路状态及各种障碍的能力。根据地面对汽车通过性影响的原因，它又分为牵引支撑通过性与几何（轮廓）通过性。前者指车辆能顺利通过松软土壤、沙漠、雪地、水面、沼泽等地面的能力；后者是表征车辆通过坎坷不平路段和障碍（如陡坡、侧坡、台阶、壕沟等）的能力。汽车的通过性与汽车的动力性、操纵稳定性以及平顺性有着密切的联系。

4.6.1　汽车牵引支撑通过性评价指标

1. 牵引系数 T_C

牵引系数是指单位车重的挂钩牵引力。它表明汽车在松软地面上加速、爬坡及牵引其他车辆的能力。表达式为：

$$T_C = F_d / G$$

式中：F_d——汽车的挂钩牵引力，N；
　　　G——汽车的重力，N。

2. 牵引效率 T_E

牵引效率是指驱动轮输出功率与输入功率之比。它反映了车轮功率在传递过程中的能量损失，这部分损失是由于轮胎橡胶与帘布层之间摩擦生热及轮胎下土壤的压实和流动造成的。表达式为：

$$T_E = \frac{F_d u_a}{T_W \omega} = \frac{F_d r(1 - s_r)}{T_W}$$

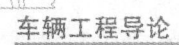

式中：u_a——汽车行驶速度，m/s；

T_W——驱动轮输入转矩，N·m；

ω——驱动轮角速度，s^{-1}；

r——驱动轮动力半径，m；

s_r——滑转率。

3. 燃油利用指数 E_f

燃油利用指数是指单位燃油消耗所输出的功，表达式为：

$$E_f = F_d u_a / Q_t$$

式中：E_f——燃油利用指数，N·m/L；

Q_t——为单位时间内的燃油消耗量，L/s。

4.6.2 汽车通过性几何参数

由于汽车与地面间的间隙不足而被地面托住、无法通过的情况，称为间隙失效。间隙失效主要有"顶起失效""触头失效"（或"拖尾失效"）两种形式。顶起失效，是指车辆中间底部的零件碰到地面，而被顶住的间隙失效。触头失效（或托尾失效），是指车前端（或车尾）触及地面的间隙失效。

与间隙失效有关的汽车整车几何尺寸，称为汽车通过性的几何参数，包括以下几项：

1. 最小离地间隙

指汽车满载、静止时，支撑平面与汽车上的中间区域最低点之间的距离。如图 4-33 所示，它反映了汽车无碰撞通过地面凸起的能力。汽车的前桥、飞轮壳、变速器壳、消声器以及主传动器外壳等通常有较小的离地间隙。汽车前桥的离地间隙一般比飞轮壳的还要小，以便利用前桥保护较弱的飞轮壳免受冲撞。后桥内装有直径较大的主传动齿轮，一般离地间隙最小。越野汽车一般有较大的最小离地间隙。

图 4-33 最小离地间隙

2. 纵向通过角

指汽车满载、静止时，分别通过前、后车轮外缘作垂直于汽车纵向对称平面的切平面，当两切平面交于车体下部较低部位时所夹的最小锐角。如图 4-34 所示，它表示汽车能够无碰撞地通过小丘、拱桥等障碍物的轮廓尺寸，顶起失效的可能性越小，汽车的通过性越好。

3. 接近角

指汽车满载、静止时，前端突出点向前轮所引切线与地面间的夹角，如图 4-34 所示。接近角越大，越不容易发生触头失效。

4. 离去角

指汽车满载、静止时后端突出点向后轮所引切线与地面间的夹角，如图 4-34 所示。离去角越大，越不易发生托尾失效。

5. 最小转弯直径

指当转向盘转到极限位置、汽车以最低稳定车速转向行驶时，外侧转向轮的中心平面在

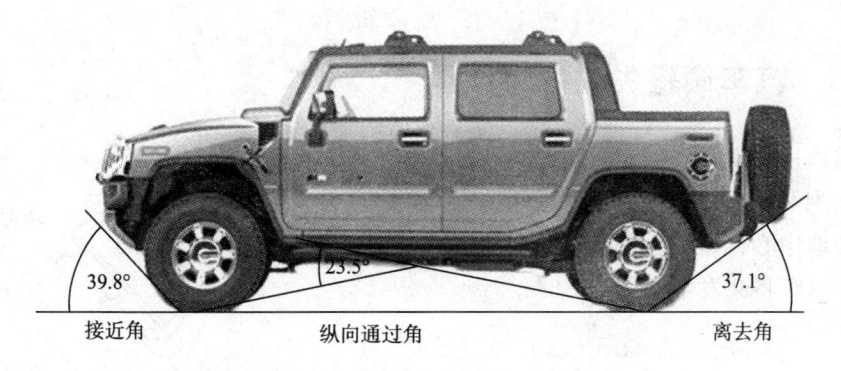

图 4-34 接近角、纵向通过角、离去角

支撑平面上滚过的轨迹圆直径。如图 4-35 所示,它在很大程度上表征了汽车能够通过狭窄弯曲地带或绕过不可越过的障碍的能力。

6. 转弯通道圆

当转向盘转到极限位置、汽车以最低稳定车速转向行驶时,车体所有点在支撑平面上的投影均位于圆周以外的最大内圆,称为转弯通道内圆;车体上所有点在支撑平面上的投影均位于圆周以内的最小外圆,称为转弯通道外圆。如图 4-36 所示,转弯通道内、外圆半径的差值为汽车极限转弯时所占空间的宽度,此值决定了汽车转弯时所需的最小空间。

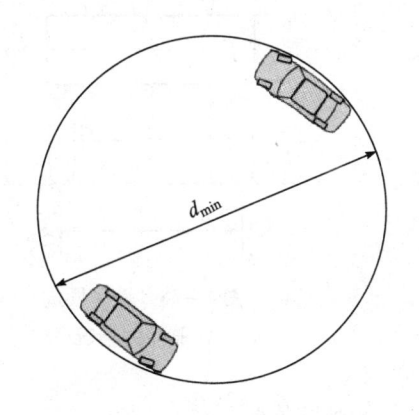

图 4-35 最小转弯直径

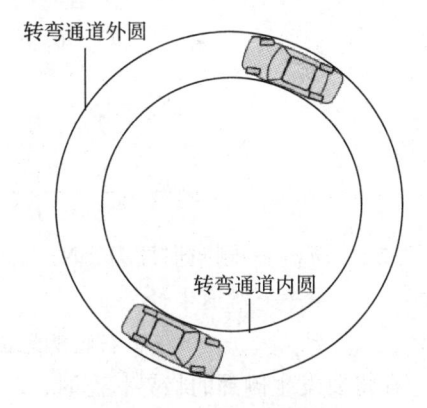

图 4-36 转弯通道圆

现代各种汽车通过性几何参数的数值范围,见表 4-6。

表 4-6 汽车通过性几何参数

汽车类型	最小离地间隙 k/mm	最小转弯直径 d/m
4×2 轿车	120~200	7~13
4×4 轿车、吉普车	210~370	10~15
4×2 货车	250~300	8~14
4×4、6×6 货车	260~350	11~21
6×4、4×2 客车	220~370	14~22

4.6.3　汽车倾覆失效

汽车在通过障碍时，过大的侧坡或纵坡会导致汽车倾覆失效，见图4-37。

汽车在侧坡上直线行驶时，当坡道大到使重力通过一侧车轮接地中心，而另一侧车轮的地面法向反作用力等于零时，汽车将会发生侧翻。此时：

$$Gh_g \sin \beta = G \frac{B}{2} \cos \beta$$

$$\tan \beta = \frac{B}{2h_g}$$

式中：β——汽车不发生侧倾的极限角；
　　　h_g——汽车质心高度，m；
　　　B——汽车轮距，m。

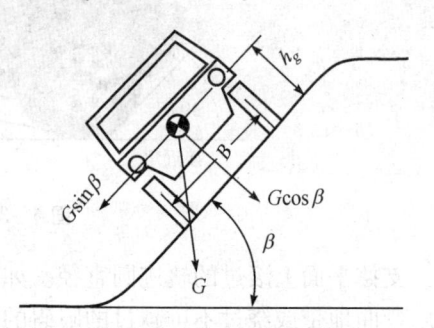

图4-37　汽车的倾覆

根据上式就可求出不发生侧翻的坡道极限角β。

在良好道路上汽车以高速曲线行驶时，侧向惯性力的作用也会导致侧翻，对其进行受力分析，见图4-38。

$$F_{jl} = \frac{G}{12.96g} \frac{u_a^2}{R}$$

$$F_{z1} = \frac{G}{2} + \frac{F_{jl} h_g}{B}$$

$$F_{z2} = \frac{G}{2} - \frac{F_{jl} h_g}{B}$$

式中：F_{jl}——侧向惯性力，N；
　　　R——弯道半径，m；
　　　F_{z1}、F_{z2}——左、右轮的地面法向反作用力，N。

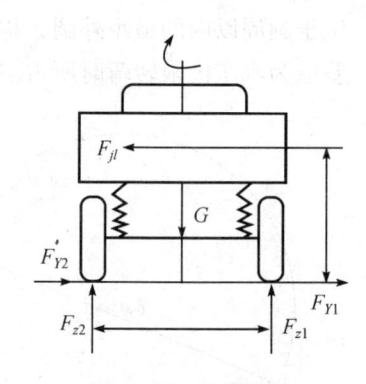

图4-38　汽车圆周行驶受力情况

在将要发生侧翻的临界状态时，$F_{z2}=0$，可求出不发生侧翻的最高车速：

$$u_{a\max} = \sqrt{\frac{6.45gBR}{h_g}}$$

4.6.4　影响汽车通过性的主要因素

1. 发动机的动力性

为保证汽车的通过性，必须提高汽车的动力性，提高汽车的最大动力因数。

2. 传动系的传动比

当汽车的行驶速度降低时，土壤的剪切和车轮滑转的倾向减少。因此，用低速行驶克服困难地段，可改善汽车的通过性，为此越野汽车传动系最大总传动比一般较大。

3. 汽车车轮

车轮对汽车通过性有着决定性的影响，为了提高汽车的通过性，必须正确选择轮胎的花纹尺寸、结构参数、气压等，使汽车行驶滚动阻力较小，附着能力较大。

（1）轮胎花纹

正确地选择轮胎花纹，对提高汽车在一定类型地面上的通过性有很大的作用。越野汽车的轮胎具有宽而深的花纹。当汽车在湿路面上行驶时，由于只有花纹的凸起部分与地面接触，使轮胎对地面有较高的单位压力，足以挤出水层；而在松软地面上行驶时，轮胎下陷，嵌入土壤的花纹凸起的数目增加，与地面接触面积及土壤剪切面积都迅速增加，因而同样能保证有较好的附着性能。

（2）轮胎直径与宽度

增大轮胎直径和宽度都能降低轮胎的接地比压。用增加车轮直径的方法来减小接地比压，增加接触面积以减少土壤阻力和减少滑转，要比增加车轮宽度更有效。但增大轮胎直径会使惯性增大，汽车质心升高，轮胎成本增加，并要采用大传动比的传动系统。因此，大直径轮胎推广使用受到了限制。加大轮胎宽度不仅直接降低轮胎的接地面比压，而且轮胎较宽，允许胎体有较大的变形，而不降低其使用寿命，因而可使轮胎气压取得低些。

（3）轮胎的气压

在松软的地面上行驶的汽车，应相应降低轮胎的气压，以增大轮胎与地面的接触面积，降低接地比压，从而减小轮胎在松软地面的沉陷量及滚动阻力，提高土壤推力。轮胎气压降低时，虽然土壤的压实阻力减小，但却使轮胎本身的迟滞损失增加。所以，在一定的地面上有一个最小地面阻力的轮胎气压。

（4）前轮距与后轮距

当汽车在松软地面上行驶时，各车轮都需克服形成轮辙的阻力（滚动阻力）。如果汽车前轮距与后轮距相等，并有相同的轮胎宽度，则前轮辙与后轮辙重合，后轮就可沿被前轮压实的轮辙行驶，使汽车总滚动阻力减小，提高汽车通过性。所以，多数越野汽车的前轮距与后轮距相等。

（5）驱动轮数目

增加驱动轮数目，可增加汽车的相对附着质量。增加驱动轮胎与地面的接触面积，能充分利用其驱动力，因此越野汽车均采用全轮驱动。

4. 液力传动

装有液力变矩器或液力耦合器的汽车可以提高在松软路面上的通过能力。这种汽车在起步时驱动轮的转矩增加缓慢，因而可以避免汽车起步时由于驱动轮转矩急剧增长而产生的对路面的冲击，避免因土壤破坏、轮辙深度增加，而导致车轮滑转。

液力传动的汽车能维持长时间稳定的低速（0.5~1 km/h）行驶，可以避免机械式有级变速汽车在坏路面上行驶时所产生的问题，即在换挡时动力中断，惯性力不足以克服较大的行驶阻力，从而导致停车；重新起步，又可能引起土壤破坏使起步困难。

5. 差速器

在汽车传动系中安装差速器，可使左右车轮以不同的角速度转动。普通齿轮式差速器，由于具有在驱动轮间平均分配转矩的特性，因此会大大降低汽车的通过性。这是因为驱动轮上驱动力的大小取决于附着力较小的一侧车轮，所以驱动力可能不足以克服行驶阻力，而使汽车失去通过能力。

差速器中机件间的摩擦作用对提高汽车的通过性是有益的。正是由于这种摩擦作用，差速器才可能将较大的转矩传给不滑转的车轮。越野汽车上通常采用凸块或蜗杆等高速摩擦差速器，总驱动力可增加 10%～15%。如采用强制锁止差速器，总驱动力可增加 20%～25%。

6. 驾驶技术

驾驶技术对汽车通过性影响很大。为提高通过性，应注意以下几点：

1）汽车通过松软地段时，应尽量使用低速挡，以使汽车具有较大的驱动力和较低的行驶速度；尽量避免换挡和加速，尽量保持直线行驶。

2）驱动轮是双胎的汽车，如因双胎间夹泥而滑转，可适当提高车速，以甩掉夹泥。

3）若传动系装有强制锁止式差速器，应在汽车进入车轮可能滑转地段之前挂上差速锁。如果已经出现滑转再挂差速锁，土壤表面会被破坏，附着系数下降，效果会显著下降。当汽车离开坏路段时，应及时脱开差速锁，以免影响转向。

4）汽车通过滑溜路面，可以在驱动轮轮胎上套上防滑链条，提高车轮的附着能力。

思考题

1. 简述评价汽车动力性的指标。
2. 简述汽车行驶阻力对汽车运行的影响。
3. 简述影响汽车动力性的因素。
4. 简述影响燃油经济性的因素。
5. 简述评价汽车制动性能的指标。
6. 简述汽车制动力系数与滑移率之间的关系。
7. 简述影响汽车制动性能的因素。
8. 简述汽车三种稳态转向特性。
9. 简述影响汽车转向特性的因素。
10. 简述汽车行驶跑偏的故障原因。
11. 简述影响汽车行驶平顺性的因素。
12. 简述评价汽车通过性几何参数。
13. 简述影响汽车通过性的因素。

第 5 章　汽车设计制造与实验

5.1　汽车设计

5.1.1　汽车设计的特点及要求

所谓汽车设计，简单的理解是根据一款车型的多方面要求来设计汽车的外观、内饰及各总成布置与结构设计，使其在充分发挥性能的基础上艺术化。在现代化生产中，设计是第一步，其工作只占产品开发全部工作量的 10%，成本仅占 5% 左右。汽车设计在汽车开发过程中起着至关重要的作用，是决定产品开发成败的关键。

对于汽车这样一种复杂的现代化机械产品，涉及的专业学科众多，不仅包括车身结构、制造工艺要求、空气动力学、人机工程学、工程材料学、机械制图学、声学和光学知识等工程技术，而且还包括美学，乃至管理和市场营销等社会科学。汽车已深入到国民经济的各个部门，与社会和人民生活息息相关。汽车要满足不同的使用要求，因而形成了汽车设计自身的特点。其设计要求也是多方面、多层次、相互关联和相互制约的。

汽车设计特点之一是要考虑汽车使用条件的复杂多变，这就要求汽车设计满足功能性要求。功能性是为满足汽车用途而提出的性能要求，即汽车的动力性、经济性、安全性、舒适性和通过性等。不同类型的车辆其性能设计目标是不同的。如轿车注重动力性、安全性和舒适性等，其他性能次之；轻型货车注重经济性和通过性，其他性能次之；而越野车则侧重于通过性等。因此，在确定汽车性能设计目标时，要根据具体的国情和相应的使用条件来权衡。同一辆汽车在不同地区所面临的使用条件有很大不同，如道路、气候、维修能力和燃料供应等。因此汽车设计要尽可能使汽车在不同使用条件下都能满足其功能要求，使其具有良好的适应性。

汽车设计的第二个特点是大多数汽车以大量生产或大批生产为主，这就要求汽车产品在设计时考虑到生产工艺性的要求。一个好的设计不仅应使产品的性能优异，而且应使产品成本低，达到同类产品中最好的性价比。在结构设计时要考虑汽车产品制造、维修的可行性和经济性。尽可能采用部件专业化生产和实行"三化"（产品系列化、零部件通用化和零件设计标准化），以达到简化生产、提高工效、改进产品质量和降低制造成本的目的。

汽车在使用过程中要消耗大量物质，这一特点对汽车设计提出了满足使用经济性的要求。汽车的使用经济性包括燃料、润滑油、轮胎、易损件等的损耗，还包括维修、保养等方面的费用开支。要提高汽车的使用经济性，不仅需要在汽车设计中注意提高汽车燃油经济

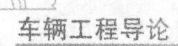

性、提高发动机热效率、减少附件能量损失、减轻汽车整备质量、降低易损件的磨损等,而且还需要减少汽车维修与保养的工作量、提高可靠性等。

此外,汽车设计还应考虑汽车对社会和人民生活密切相关的特点,这就决定了汽车不仅仅是简单的代步工具,而且还要有艺术性、时代感,并满足个性追求,包括考虑政府法规、人机工程、交通工程和艺术设计等方面的要求。

5.1.2 汽车设计方法

1. 汽车设计方法的发展

伴随汽车工业的不断壮大和汽车技术的不断发展,汽车设计技术也在不断发展和更新中,先后经历了3个发展阶段:经验设计阶段、以科学试验和技术分析为基础的设计阶段及计算机辅助的半自动、自动设计阶段。

所谓经验设计,就是产品设计中以工作积累的经验数据为依据,通过运用经验计算公式来进行设计。由于缺乏准确的设计数据和科学的计算方法,考虑到零部件的安全可靠性,使产品的安全系数偏大,造成设计零件过于笨重。设计过程中对零部件性能试验很少,只偏重于整车的综合性能试验。由于受试验设备和试验手段的限制,设计图纸要反复修改,设计质量较差,材料消耗大。

第二次世界大战后,伴随测试技术的提高,汽车设计开始进入以科学试验和技术分析为基础的设计阶段。通过采用新的测试技术,如模拟技术、物理模型试验等,在新产品技术设计前进行发动机燃烧系统、热循环、冷启动试验;零部件的应力应变、弹性疲劳、振动和寿命测定试验;车型风洞试验、制动系统制动效能等试验。这些试验从各个侧面对产品结构和零部件的性能、强度进行测试。同时广泛采用近代数学物理分析方法,对产品结构从材料力学、弹性力学、理论力学、热工学等角度进行全面的技术分析研究,使产品的设计建立在一定的科学基础上,这比经验设计方法在生产成本、材料消耗及设计周期等方面大大改善。

电子计算机的出现使汽车设计方法有了新的飞跃,开始了计算机辅助设计(CAD)和自动设计(AD)阶段。在电子计算机应用于汽车设计的初期,计算机的主要作用是协助技术人员进行工程计算和技术分析,其主要内容是以规定的技术参数计算产品性能和分析结构中的问题。随着计算机计算速度和容量的提高以及在外部设备和人机联系方面的发展,计算机可以根据设计者描述的设计模型,对有关产品的大量资料进行检索;然后对有关数据和公式进行高速运算;通过草图和标准图显示设计结果。如需修改,可由设计人员对图形进行直接的修改设计,达到最佳的设计方案。计算机在汽车设计中的使用,大大缩短了设计周期,提高了设计质量,使设计人员从繁琐的计算和绘图中解放出来,有时间从事更多的创造性工作,这是设计技术的一次飞跃。

在计算机引入汽车制造业后,各种工艺和装配工作的自动化程度快速提高,加工质量和功效有很大的飞跃。将计算机辅助设计和计算机辅助制造等结合起来,组成一个系统,实现从设计到加工、装配、检验、管理的全自动化过程是当前汽车设计技术趋势。

2. 汽车的现代设计方法

现代科学技术的发展对汽车的性能、可靠性、经济性等提出了更高的要求,同时也为汽车的设计、制造提供了改进和创新的设计方法。据统计,一般汽车的质量和性能有60%~

70%取决于汽车设计。在汽车设计中所采用的现代设计方法主要有有限元分析、优化设计、系统工程方法、模糊设计、模态分析技术、逆向工程技术、人机工程和计算机辅助设计等。

（1）有限元分析

有限元分析就是把所需根系的结构直接离散化，使用最小位能原理或虚功位移原理等力学基本原理，列出计算公式，用电子计算机求解。在汽车实际中有限元分析除应用于车身、车架等板梁结构外，还可以对各种零部件、组合结构等的强度、刚度、振动模态、稳定性等进行各种计算分析。

（2）优化设计

优化设计方法就是首先要根据设计要求确定设计变量、优化准则、优化目标函数和约束条件，然后通过最优化数值方法来求解针对实际工程问题所建立的数学模型。

（3）系统工程方法

对于车辆整体这样一个复杂系统，为了能在设计阶段进行较为准确的定性和定量分析，需要采用系统工程方法，主要是采用系统分析方法。用系统分析的方法可以预先研究系统结构及其相关性，可以通过建模和仿真进行模拟研究，提高设计开发过程的质量和效率。

（4）模糊设计

现实生活和工程领域中存在着许多不确定的现象，表现为随机性和模糊性。模糊设计不是建立在对系统的数学分析基础上，而是根据实际经验确定参数、控制和算法。

（5）模态分析技术

汽车现代设计中一个重要的组成部分就是车辆的动态设计。因为车辆处在动态载荷工作的环境中，其运动形态本身就是动态的，所以在车辆的总体设计过程或具体方案论证、技术设计和技术验证中都会遇到与产品结构动态特性有关的问题。模态分析技术是分析结构系统振动特性的强有力的力学工具。

（6）逆向工程技术

逆向工程是相对于传统正向工程而言的。传统设计时通过工程师创造性的劳动将某种理念或想法变成产品的过程，而逆向工程是将实物转变为CAD模型相关的数字化技术、几何模型重建和产品制造技术的总称。逆向工程技术以先进产品、设备的实物、样件或影像等为研究对象，应用现代设计方法学、生产工程学等进行系统分析和研究，探索掌握其关键技术，进而开发出同类的更为先进的产品技术。

（7）人机工程

人机工程又称人体工程学，是从人的生理和心理出发，研究人、机、环境的相互作用的规律，以优化人—机—环境系统的一门学科。通过研究工程设计中与人体有关的问题，使设计更好地适应人体的各种要求，提高人机系统的工作能效。

（8）计算机辅助设计（CAD）

计算机辅助设计技术将计算机高速而精确的计算能力、大容量数据存储和处理能力与设计者的综合分析和逻辑判断能力以及创造性思维结合起来，从而加快设计进程，缩短设计周期，提高设计质量。应用CAD技术可以进行结构和性能的计算、分析并绘制出零部件的设计图样，同时还可进行方案初选、最优决策等操作。将CAD技术与计算机辅助制造（CAM）、计算机辅助生产过程规划（CAPP）相结合，可构成计算机集成制造系统（CIMS）。

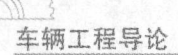

5.1.3 现代汽车开发流程

汽车从构思到投放市场需要一个较长的时间过程，发展汽车工业需要有战略的眼光和思想。每个汽车企业都要有自己的发展战略，企业的一切经营活动都是以向市场提供适销对路的商品车为目的，通过实现商品车的销售而实现企业的利益和社会的效益。产品规划就是基于以上思想，使社会环境、市场要求和企业现实条件相协调，保证企业不断推出适销对路的商品车的一项计划和管理工作。

产品规划分两类：一是在一定时期内（如5年、10年）涉及汽车企业所有产品系列的整个企业规划，即汽车企业规划；二是按每一个单独汽车产品制订方案的单个产品规划，包括产品计划，概念设计，确定汽车的市场目标、性能、成本等。为了实现汽车的顺利开发，按时投放市场，还需要编制产品开发计划、生产准备计划和销售计划。汽车新产品开发的流程如图5-1所示。

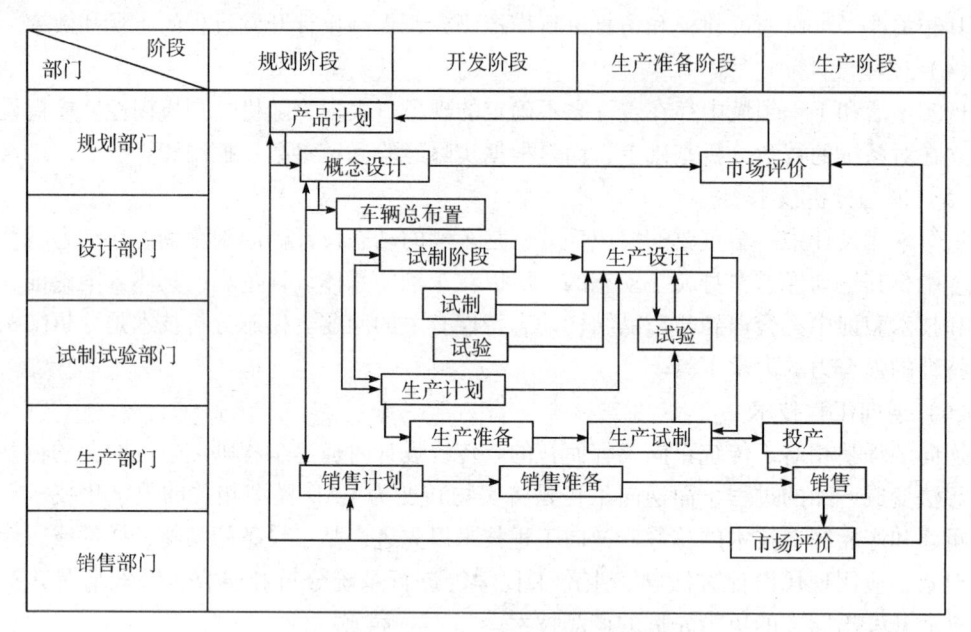

图5-1 汽车新产品开发的流程

5.1.4 汽车设计过程

汽车设计过程，可以分为产品开发规划、初步设计、技术设计等几个方面。

1. 制订产品开发规划

在汽车产品开始技术设计之前，必须制订产品开发规划。首先，必须确定具体的车型，就是打算生产什么样的汽车。其次是进行可行性分析，根据用户需求、市场情况、技术条件、工艺分析、成本核算等，预测产品是否符合需求，是否符合生产厂家的技术和工艺能力，是否对国民经济和企业有利。第三步是拟定汽车的初步方案，通过绘制方案图和性能计算，选定汽车的技术规格和性能参数。最后一步是制订出设计任务书，其中写明对汽车的形式、各个主要尺寸、主要质量指标、主要性能指标以及各个总成的形式和性能等具体要求。

产品开发的前期工作，是分析各方面的影响因素，明确产品开发的目的和工作方向。否则，不经过周密调查研究与论证，盲目草率上马，轻则会造成产品先天不足，投产后问题成堆；重则造成产品不符合需求，在市场上滞销，带来重大损失。在产品开发的前期，企业进行了各种研究与探讨。

概念设计和概念车在近年来逐渐兴起。概念设计，是对下一代车型或未来汽车的总概念进行概括描述，确定汽车的基本参数、基本结构和基本性能的设计。概念设计同样需要研究产品的开发目的、技术水平、企业条件、目标成本、竞争能力等。概念设计可能只停留在图纸上和文件上的描述，称为"虚拟的"概念车；也可能制造出实体的样车供试验和研究。概念设计可能只是一种参考方案或技术储备，也有可能纳入正式的产品开发规划。所以概念设计只供产品开发参考，但也有可能成为正式产品开发规划的组成部分，成为新一代车型的初步设计。

2. 汽车初步设计

汽车初步设计的主要任务是构造汽车的形状设计，主要包括如下内容：

（1）总体方案设计

其任务是根据领导决策所选定的目标，及对开发目标制订的工作方针、设计原则等主导思想提出整车设想，因此又被称概念设计或构思设计图。

（2）汽车总布置设计

总布置设计又称初步造型，是将汽车各个总成及其所装载的人员或货物安排在恰当的位置，以保证各总成运转相互协调、乘坐舒适和装卸方便。保证汽车各部分合理的相互关系，需要定出许多重要的控制尺寸，确定汽车的主要尺寸和基本形状。

（3）绘制效果图

效果图是表现汽车造型效果的图画。造型设计师根据总布置设计所定出的汽车尺寸和基本形状，就可勾画出汽车的具体形象。效果图又分为构思草图和彩色效果图两种。

构思草图（图5-2）是记录造型设计师灵感的速写画。

彩色效果图（图5-3）是在构思草图的基础上绘制的较正规的绘画，需要正确的比例、透视关系和表达质感。彩色效果图包括外形效果图、室内效果图（图5-4）和局部效果图（图5-5），其作用是供选型讨论和审查。效果图的表现技法多种多样：可采用铅笔、钢笔，也可采用毛笔（水彩画或水粉画）等，而目前较流行的是混合技法——同时采用麦克笔描画、喷笔喷染以及涂抹、遮挡等表现技法。

图5-2 设计师构思草图

图5-3 荣威彩色效果图

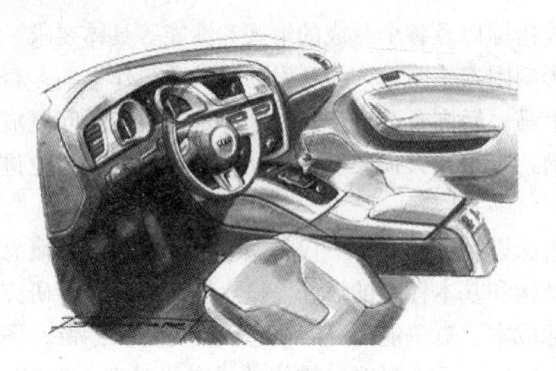

图 5-4　室内效果图　　　　　　　　　图 5-5　局部效果图

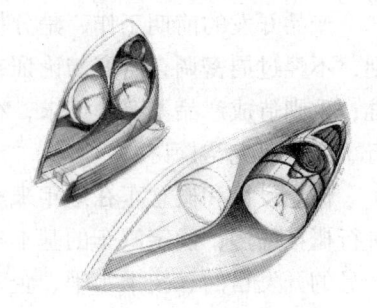

（4）制作缩小比例模型

缩小比例模型是在构架上涂敷造型泥雕塑而成。轿车缩小模型常用 1∶5 的比例，亦即是真车尺寸的 1/5。英、美等国采用英制尺寸，模型的比例是 3/8。造型泥是一种油性混合物，又称油泥，在常温下有一定硬度，涂敷前须经烘烤。缩小比例模型是在彩色效果图的基础上更进一步表达造型构思，具有立体形象，比效果图更有真实感，要求比例严格、曲线流畅、曲面光顺。精工细雕、反复推敲，从各个角度审视，雕塑一个缩小比例汽车模型，如图 5-6。

图 5-6　制作油泥模型

（5）召开选型讨论会

经过初步设计，绘制出一批彩色效果图和塑制出几个缩小比例模型，就可以召开选型讨论会。会议的目的是从若干个造型方案中选择出一个合适的车型方案，以便作为技术设计的依据。选型讨论会主要讨论审美问题，但也涉及结构、工艺等方面，故通常由负责人召集造型设计师、结构设计师和工艺师等参加会议。选型讨论会结束，说明选定车型的造型构思基本成熟，汽车的初步设计亦结束。

3. 技术设计

技术设计包括确定汽车造型和确定汽车结构两个方面。

（1）确定汽车造型

1）绘制胶带图

胶带图是用细窄的彩色不干胶纸带粘贴成的 1∶1（全尺寸）汽车整车图样，可表达零部件形状及外形曲线。胶带图的外形曲线数据取自选定的缩小比例模型，可用来审查整车外形曲线的全貌。

2）绘制1:1整车外形效果图

单纯由缩小比例的绘画表达汽车的外形效果尚嫌不够，还需要绘制等大尺度（全尺寸）的彩色效果图。现代造型设计非常重视等大的尺度感。缩小比例图样和全尺寸图样的真实感是截然不同的。打个比方，雏鸡看上去很小巧可爱，若放大5倍就显得太胖太臃肿。汽车也是一样，缩小比例模型上某些圆角或曲线看上去很小巧雅致，放大5倍后就显得笨拙臃肿。因此，汽车形状的最后确定，不能从缩小比例的图样或模型直接放大，而应经过1:1效果图和1:1模型的修正，以符合等大的尺度感和审美要求。

3）制作1:1外部模型

1:1外部模型是汽车外形定型的首要依据。根据缩小比例模型的放大数据，结合胶带图和1:1效果图的修订情况，就可以制造1:1外部模型。这个模型是在一个带有车轮的构架上涂敷造型泥而雕塑成的。由于要用数以吨计的造型泥，并雕塑得细致、平整、光顺，所以制造一个1:1外部模型的时间很长，通常需要几个星期。

4）制作1:1内部模型

1:1内部模型用以审视汽车内部造型效果和检验汽车内部尺寸。1:1内部模型与1:1外部模型同时制作，其设计和尺寸相互配合。1:1内部模型的形状、色彩、覆盖饰物的质感和纹理都应制造得十分逼真，使人具有置身于真车室内的感觉。

5）造型的审批

1:1外部模型、内部模型、效果图完成后，需要交付企业最高领导审批，使汽车最终定型。汽车造型设计是促进汽车销路的重要竞争手段，大公司为了击败对手会采用频繁更换车型的手段，对汽车造型设计的需求就十分迫切。汽车造型设计在整个汽车设计过程中占有愈来愈重要的地位。

(2) 确定汽车结构

汽车造型审定后，就可以着手进行汽车结构设计。

汽车的结构设计，是确定汽车整车、部件（总成）和零件的结构。也就是说，设计师需要考虑由哪些部件组合成整车，又由哪些零件组合成部件。零件是构成产品的最基本的、不可再分解的单元。毫无疑问，零件设计是产品设计的根基。零件设计时，首先要考虑这个零件在整个部件中的作用和要求；其次，为了满足这个要求，零件应选用什么材料和设计成什么形状；最后，零件如何与部件中其他零件相互配合和安装。零件所使用的材料可分为金属材料和非金属材料两大类。

确定汽车零件的形状，也要花费设计师许多心血。例如，发动机气缸体的形状就非常复杂，需要设计气缸和水套，考虑与气缸盖、油底壳的接合，安装曲轴、进气管、排气管和各种各样的附属设备，乃至气缸体内部细长的润滑油通道，所有这些因素都应考虑周全，每个细节均不能遗漏。汽车车身零件的形状就更特别，既不是常见的平面或圆柱体，也不是简单的双曲面或抛物面，而是造型师根据审美要求而塑造的。在确定零件的形状时，还需要考虑零件的制造方法，例如零件在机床上怎样装夹定位，刀具怎样加工，半成品怎样传送、堆叠等。

设计师必须把所设计的汽车结构用图纸表达出来。图纸是设计师与企业中的工艺师、技工和其他人员交流的"工程语言"。我国颁布了十多项机械制图的国家标准，规定了绘制机械产品图纸的方法。在工科院校还设置专门的课程，训练学生掌握这种标准的工程语言。图纸绘制的方法，是按照投影原理并借助于几个视图、剖面域局部放大等，把产品的立体形状和内部结构详细而清晰地表达出来。图纸应按指定的比例绘制并且写出对产品的技术要求。零件图需要详细地标注出各部分的尺寸。总成图应清楚地表达零件相互装配的关系并标注出相关的装配尺寸。设计一辆汽车，需要绘制数以千计的图纸。一些复杂的图纸，图面的长度竟达 3~5 m。

5.2　汽车制造

5.2.1　汽车制造材料

1. 汽车制造材料的特点

由于汽车生产是大规模工业生产，汽车材料必须具有严格的质量均一性，材料的化学成分、力学性能、热处理淬透性以及材料尺寸等的波动应当尽可能小，而材料的价格应低廉，来源充足。

2. 对汽车制造材料的高质量要求

用于制造汽车的材料应该是优质材料，材料在力学性能、可加工性能、可锻性、热处理性能等方面都要能保证产品的质量。

以切削加工为主的材料，要求有较高的切削系数，就是要容易被切削加工。为此，各国历来使用加硫或加铅的钢，以改善其可加工性能。使用易切削材料可以缩短加工时间、延长刀具寿命、保证加工精度和表面粗糙度要求。

在汽车零件中，有不少是不进行全部表面加工而局部保留锻造或铸造黑皮的。因此，锻造用的原材料型钢的表面不容许有缺陷，钢厂不能忽略对钢锭表面去除氧化皮和钢板的酸洗作业。汽车零部件的损坏，有很大部分是因为材料缺陷造成的，因此要特别注意选用合格的材料。

热处理性能也很重要。在同样条件下用流水作业方式逐次加工出来的零件，经过同样的热处理工艺，应具有相同的硬度和金相组织。对于表面渗碳用的钢，则应选择不产生淬火软点的材料。

汽车制造用材除了要确保质量之外，还要注意降低成本，要在保证质量的情况下尽量避免采用合金钢，多用符合上述加工条件的优质碳素钢。

3. 汽车材料的选用

上述对汽车材料的要求只是一般的要求，在设计时，对于不同零件还有许多不同的要求。如有些零件要求材料在高温下不变形，有的零件要求耐磨性好，有的要求抗疲劳强度大，有的要求焊接性好，有的要求在燃烧或腐蚀性环境中不被烧损或侵蚀等等。设计人员应该熟悉材料知识，明确零件的工作条件及其对材料的要求，根据这些要求和零部件的负荷计算来选用材料。为了确切了解零部件的工作条件，必须对零部件进行静态和动态试验。在设计和选材时，还应该考虑应力集中的问题，考虑由于表面脱碳、表面状况不良等造成的强度下降,为此必须掌握实际试验资料。

产品的成本不仅包括材料费用,而且包括一切加工费用,如机械加工、锻造、铸造、热处理、焊接、电镀、涂装等费用。在考虑成本时必须全面考虑,选用最合适的材料,同时要考虑采取费用最低的加工工艺。

4. 材料标准、检验与采购

由于汽车用材的特点,对材料的要求较高,一般工业标准已不能满足要求,应使用汽车工业特有的标准。

对汽车用材料的检验就是检验它是否符合汽车工业特有的标准。为了保证产品的质量,汽车生产企业必须对材料进行严格的检验,把好材料质量关。检验方式有对全部材料进行检验和抽样检验两种。为了将材料按其符合标准的程度分等级加以使用,就必须对材料全部进行检验。对于没有必要进行全部检验的材料,应该进行抽样检验。汽车生产企业需要积累有关材料检验的数据,如平均值 X、范围 R、不合格率等质量管理参数的统计资料图表,以保证全部产品质量的稳定性。此外,制订严格合理而简明的检验规程,对降低汽车造价、提高产品质量有重要意义。

设计、试验研究和采购部门之间的关系和职责要明确。试验研究部门要根据从实测或资料获得的有关材料的全部数据,对不同规格的材料加以编号并制成文件;设计部门应把关于材料性质的要求告知试验研究部门,并征询其对材料规格和牌号的意见;采购部门根据确定了的规格牌号等向供应厂家采购;检验部门则负责检验所采购的材料是否合乎要求。

如果充分掌握了材料质量管理的资料,就可根据数据和图表挑选材料供应厂家,并可免去检验手续,这是最理想的采购办法。汽车制造厂在选定了质量信得过的材料来源之后,不宜经常变更材料供应厂家,以保证材料性能的稳定可靠。

5. 汽车制造材料的发展

汽车最初采用铁木结构,以后便主要采用钢铁。近年来,新材料在汽车上的应用层出不穷,但对大部分汽车而言,钢材仍占最高比例。例如,法国雪铁龙 Ax 系列轿车,其所用钢材占车重的 64.5%,其中结构钢占 10%,弹簧钢 1.5%,钢板(主要是各种镀层板)占 53%。铸铁比例则不断下降,其主要原因是为了使汽车轻量化,许多铸铁件向铝件和工程塑料件转化。例如变速箱壳体、气缸盖甚至气缸体往往采用铸铝件,进气歧管开始采用铝或聚乙烯、强化玻璃纤维树脂等工程塑料。另外,铸件材料本身性能的提高使铸件的重量减轻。为了适应高生产率,原有的铸铁件向型材、冲压、烧结、压铸件等转化,这也使铸铁用料的比例下降。

铝合金由于具有密度小、比强度较高、熔点较低、易于大批量生产和再生利用等特点而被越来越多地在汽车上应用。目前,国际上轿车材料的用铝量,一般占车重 5% 左右,个别车型早已超过 10%,如日本本国的 Nsx 车采用全铝车身,德国波尔舍 926 型高级轿车每辆用铝量高达 236 kg。为汽车轻量化作出贡献的除铝外,树脂材料功不可没。美国通用汽车公司在其 20 世纪 90 年代推出的 Saturn 车上引人注目地使用了大量的树脂材料,如用热可塑树脂(聚苯醚、AB5 材料等)喷射成形的挡泥板、车门外板、小柜板、后围、仪表板等,用聚丙烯发泡工艺生产的前保险杠,用蜂窝结构聚乙烯材料制成的后保险杠,用高密度聚乙烯材料经氟树脂处理后制成的燃油箱等。日产公司在 Neox 车上采用有三层树脂结构的传动轴,丰田公司在 4500GT 车上采用树脂复合材料的扭力杆、离合器踏板和进气歧管。

陶瓷材料由于其优良的耐热、耐磨和轻质等特点而受到重视。目前，研究人员正在研究用 Si_3N_4 做气门、增压器转子的材料等。

汽车上还大量使用橡胶、玻璃等材料。汽车应用的橡胶品种有天然橡胶（NR）、三元乙丙橡胶（EPDM）、丁腈橡胶（NBR）、丙烯酸酯橡胶（ACM）和硅橡胶等。橡胶材料也存在轻量化和废物再生利用的要求，为此，正在研究低密度、不加硫、省能源并有优良物化性能的新型材料——聚酯系热塑弹性体。

汽车上玻璃品种较多，都属于安全玻璃，如钢化玻璃、层压玻璃。为了减轻车重提高安全性和降低生产成本，目前光学塑料正在取代汽车用玻璃，所用的材料主要是聚丙烯和聚碳酸酯。

一些高性能复合材料也正在获得应用，如在铝合金中加入大量的超细粉末陶瓷，复合成兼具铝的轻量化与钢的强度的新材料，用它制成发动机连杆，重量比钢制的轻30%，这对降低发动机燃油消耗率、改善振动和噪声有明显效果。

除结构性材料外，各种新型的功能性材料在汽车上有广泛的应用前景，如光纤材料、传感材料、催化剂金属、形状记忆合金、导电玻璃、光致变色材料等。

5.2.2　汽车制造方法

1. 铸造

铸造是将熔化的金属浇灌入铸型空腔中冷却凝固后而获得产品的生产方法。铸造而成的零件称为铸件。

用铸造方法可以制造出复杂形状的零件。用铸造制造汽车零件非常方便，但制造模型的时间长，价格高。当生产零件的数量较多时，采用铸造法是比较经济的；生产数量不大时，模型的价格在零件生产成本中所占比例大，因此降低模型的制作费用是很重要的。由于铸件在凝固过程中不均匀的收缩使得尺寸不那么准确，因此大多还需对铸件进行切削和磨削加工。

用于制造铸件的金属有铸铁、钢、铜合金、铝合金等。由于铸铁的铸造性能好而易于获得合格铸件，价廉，机械性能较好，因此铸铁应用较广泛，约占铸造金属量的80%。当铸件要求特殊性能时，采用其他的材料制造。制造铸型多采用加有黏结剂的型砂，这是由于型砂具有易于造型，耐热性强，可多次重复使用，价廉等优点。

铸件的制造过程为：①将原材料置于炉中熔化（熔化工序）；②用型砂制造铸型（造型工序）；③把熔化金属浇入铸型（浇注工序）；④浇注后待其冷却凝固得到铸件（冷却工序）；⑤从铸型中取出铸件（落砂工序）；⑥打磨铸件表面（清理工序）；⑦对铸件进行检查（检验工序）；⑧将铸件送往机械加工车间。

熔化金属、浇铸、制成铸件需要专门的场地，进行这些作业的车间称为铸工车间或铸造车间。在铸造车间中设置有熔化设备、造型设备、运输设备、落砂装置、清理装置等。

为了制造出高质量的铸件，必须综合考虑各项技术措施，即选择原材料和型砂，选择正确的熔化和造型技术。铸件设计应易于铸造，选定无缺陷的铸造方案（浇口、冒口、浇注温度的选择）等。

在汽车制造过程中，采用铸铁制成毛坯的零件很多，约占全车重量10%左右，如气缸体、变速器箱体、转向器壳体、后桥壳体、制动鼓、各种支架等。

2. 锻造

锻造是一种利用锻压机械对金属坯料施加压力,使其产生塑性变形以获得具有一定机械性能、一定形状和尺寸锻件的加工方法,是锻压(锻造与冲压)的两大组成部分之一。通过锻造能消除金属在冶炼过程中产生的铸态疏松等缺陷,优化微观组织结构,同时由于保存了完整的金属流线,锻件的机械性能一般优于同样材料的铸件。

在汽车制造过程中,广泛地采用锻造的加工方法。锻造分为自由锻造和模型锻造。自由锻造是将金属坯料放在铁砧上承受冲击或压力而成形的加工方法(坊间称"打铁")。汽车的齿轮和轴等的毛坯就是用自由锻造的方法加工。

模型锻造是将金属坯料放在锻模的模膛内,承受冲击或压力而成形的加工方法。模型锻造类似面团在模子内被压成饼干形状的过程。与自由锻相比,模锻所制造的工件形状更复杂,尺寸更精确。汽车的模锻件的典型例子是:发动机连杆和曲轴、汽车前轴、转向节等。

锻造还可分为将金属加热到热状态加工的热锻,在常温下加工的冷锻,以及加热到某一温度的温热锻造。

热锻使坯料粗大组织细化,可使零件性能提高,广泛用于制造对强度和韧性要求高的零件。冷锻是在对坯料不加热的情况下进行加工,使坯料变形需要施加大的力,故只用于易于变形的坯料。温热锻造介于热锻和冷锻之间,进行温热锻造应注意控制温度,至今应用尚不广泛。

3. 冲压

板料冲压是利用装在压力机上的冲模,对板料加压,使其产生分离或变形,从而获得零件的加工方法。

据统计,汽车上有 60%～70%的零件是用冲压工艺生产出来的。由于冲压工艺具有生产效率高、尺寸一致性好、原材料消耗低等优点,所以汽车上的许多结构件广泛采用冲压件。

冲压产品包括:车身的内、外覆盖件和骨架件;车架的纵梁、横梁和保险杠等;车轮的轮辐和挡圈等;散热器的散热片、冷却水管和储水室等;发动机的气缸垫、油底壳和滤清器等;底盘上的制动器零件、减振器零件等;座椅的骨架、滑轨和调角器等;车厢的侧板和底板等;车锁及其他附件上的零件等。

这些零件采用冲压工艺来生产,不仅质量轻、强度和刚性好,而且工艺过程较简单、尺寸一致性好、材料消耗少。因此,冲压工艺不仅可以提高生产效率,还可以降低生产成本,使汽车工业得以迅速发展。

汽车上的冲压件,总的说来具有尺寸大、形状复杂、配合精度及互换性要求高和外观质量要求高等特点。对于不同的零件,还有不同的工艺特点,所用的设备、模具、材料都不同。例如:汽车覆盖件,多是三维非数学曲面,它不仅外观质量要求高,以满足汽车造型的要求,而且要求配合精度高、形状和尺寸的一致性好,以保证其焊接和装配的质量。因此,生产汽车覆盖件所用的设备、模具和原材料,都和一般冲压件生产所用的设备、模具和原材料有所不同。

汽车工业用的冲压设备,具有吨位大、台面尺寸大、性能要求高、生产效率高等特点。压力机吨位 160～40 000 kN。覆盖件拉伸多采用双动压力机。为了适应流水生产的要求,减少换模时间,广泛采用活动台面的压力机。为了满足大量生产的要求,还采用多工位压力机。机械化、自动化的冲压生产线被广泛采用。

冲压材料的品种和规格有很多,其中包括黑色金属、有色金属和非金属材料,厚度 $0.05 \sim 16$ mm。

对钢板(带)的性能,要求强度高、工艺性能好。例如:覆盖件和壳体件用的材料对拉伸性能要求特别高;纵梁和横梁用的材料,对弯曲性能和强度要求很高。这些汽车专用的材料,还制订了专门的技术标准。

由于汽车零件的尺寸大、形状复杂、生产批量大,因此,汽车工业的模具也具有尺寸大、形状和结构复杂的特点。例如:汽车覆盖件冲模,模具的形状复杂,需有主模型(或数据软件)作依据,在仿形铣床(或数控铣床)上加工,检测需用三坐标测量机,模具的研配需用专门的研配压床等。这些都是和一般模具制造不同的。

4. 粉末冶金

粉末冶金是将粉末压缩成所需形状,将粉末烧结成固体的方法。用粉末冶金制造的零件称为粉末冶金件。粉末以铁系与铜系金属为主,用于制造齿轮、轴承之类零件,亦可把碳化钨与钴烧结制成硬质合金刀片,将耐火材料与金属组合烧结成金属陶瓷等。

由于受成形方面的限制,粉末冶金件比铸件和锻件的强度低,但粉末冶金可制造多孔质零件和不能铸造的零件。

粉末冶金所使用的粉末采用机械粉碎、金属液粉化和其他物理、化学方法来制造。粉末有铁、铜、铝、铅、镍、钨、陶瓷和其他各种化合物,将以上粉末单独或混合加入金属模内成形。为了减少粉末与金属模之间的摩擦或粉末相互间的摩擦,往往要添加润滑剂。

用粉末冶金的方法制造汽车零件,由于制作粉末的价格高,故只在特别的场合下使用。但粉末冶金能制造出用其他方法难于制造的零件(如多孔体零件),粉末冶金件的需要量正逐年增加。

利用粉末冶金的特点制成的汽车零件有用铁系和铜系粉末制成的衬套、垫圈、齿轮等。

5. 焊接

焊接是将两片金属局部加热或同时加热、加压而接合在一起的加工方法。焊接可将板料连接成各种各样的形状,应用非常方便。用焊接方法来制造零件,可节约材料,且能制造大型物体。焊接用于汽车车身、车轮轮毂等。

最常见的焊接方法为手工电弧焊,这种焊接方法是利用电弧放电产生的高温熔化焊条和焊件,使之接合。手工电弧焊在汽车制造中应用得不多。

在汽车车身制造中应用最广的是点焊。点焊适于焊接薄钢板,操作时,2个电极向2块钢板加压力使之贴合并同时使贴合点(直径为 $5 \sim 6$ mm 的圆形)通电流加热熔化从而牢固接合。2块车身零件焊接时,其边缘每隔 $50 \sim 100$ mm 焊接一个点,使2零件形成不连续的多点连接。焊好整个轿车车身,通常需要上千个焊点。焊点的强度要求很高,每个焊点可承受 5 kN 的拉力,甚至将钢板撕裂,仍不能将焊点部位分离。

在修理车间常见的气焊,是用乙炔燃烧并用氧气助燃而产生高温火焰,使焊条和焊件熔化并接合的方法。还可以采用这种高温火焰将金属割开,称为气割。气焊和气割应用较灵活,但气焊的热影响区较大,使焊件产生变形和金相组织变化,性能下降。因此,气焊在汽车制造中应用极少。

此外，还有对母材的连接部位既加热又加压的焊接方法，这时不用焊条。还有母材不熔化，而将熔化的低熔点金属流入到母材的连接部位，使之实现连接的方法（钎焊）。

6. 金属切削加工

汽车上有相对运动（旋转、滑动）的部位，零件之间的接合面等部位要求表面粗糙度小、尺寸精度高，这些部位大多数需要采用切削的加工方法加工。

金属切削加工是用刀具将金属毛坯逐层切削，使工件得到所需要的形状、尺寸和表面粗糙度的加工方法。金属切削加工包括钳工和机械加工两种方法：钳工是工人用手工工具进行切削的加工方法，操作灵活方便，在装配和修理中广泛应用；机械加工是借助于机床来完成切削的，包括车、刨、铣、钻和磨等方法。

(1) 车削

车削是在车床上用车刀加工工件的工艺过程。车床适于切削各种旋转表面，如内、外圆柱或圆锥面，还可以车削端面。汽车的许多轴类零件以及齿轮毛坯都是在车床上加工的。

(2) 刨削

刨削是在刨床用刨刀加工工件的工艺过程。刨床适于加工水平面、垂直面、斜面和沟槽等。汽车上的气缸体和气缸盖平面、变速器箱体和盖的配合平面等都是用刨床加工的。

(3) 铣削

铣削是在铣床上用铣刀加工工件的工艺过程。铣床可以加工斜面、沟槽，甚至可加工齿轮和曲面等。铣削广泛地应用于加工各种汽车零件。汽车车身冷冲压的模具都是用铣削加工的。计算机操纵的数控铣床可以加工形状很复杂的工件，是现代化机械加工的主要机床。

(4) 钻削及镗削

钻削和镗削是加工孔的主要切削方法。

(5) 磨削

磨削是在磨床上用砂轮加工工件的工艺过程。磨削是一种精加工方法，可以获得高精度和粗糙度小的工件，而且可以磨削硬度很高的工件。一些经过热处理后的汽车零件，均用磨床进行精加工。

7. 钣金加工

钣金加工是将板料按所需的形状进行切割、弯曲、拉延成形的加工方法。钣金是针对金属薄板（通常在 6 mm 以下）的一种综合冷加工工艺，包括剪、冲切复合、折、焊接、铆接、拼接、成型（如汽车车身）等。

切割板料时用刀具进行切断，保持切断面的光洁是很重要的。弯曲时用工具将工件弯曲到必要的角度，由于工件弯曲后要产生回弹变形，在选择弯曲角度时必须考虑这一点。拉延是用冲模制造无接缝的带底容器的成形加工方法。由于一次拉延的变形不能太大，因此用平板制造较深的容器时，必须进行几次拉延。像汽车车身那样的拉延件，其前后左右的曲率不相同，即要防止产生皱纹，又要保证形状完整，因此在拉延时需特别下功夫。

一般来说，钣金的基本设备包括剪板机（Shear Machine）、数控冲床（CNC Punching Machine）、激光、等离子、水射流切割机（Laser, Plasma, Water jet Cutting Machine）、复合机（Combination Machine）、折弯机（Bending Machine），以及各种辅助设备，如开卷机、校平机、去毛刺机等。

8. 特种加工与热处理

特种加工用于对硬度高、难切削加工材料进行加工的特殊方法。特种加工的方法有：电火花加工、电子束加工、激光加工、等离子弧加工、电解加工等。特种加工的加工能量非常集中，用于对材料进行切削、打孔、切槽等加工。

热处理是将固态的钢重新加热、保温或冷却而改变其组织结构，以满足零件的使用要求或工艺要求的方法。加热温度的高低、保温时间的长短、冷却速度的快慢，可使钢产生不同的组织变化。铁匠将加热的钢件浸入水中快速冷却（行家称为淬火），可提高钢件的硬度，这是热处理的实例。热处理工艺包括退火、正火、淬火和回火等。退火是将钢件加热，保温一定时间，随后连同炉子一起缓慢冷却，以获得较细而均匀的组织，降低硬度，以利于切削加工。正火是将钢件加热，保温后从炉中取出，随后在空气中冷却，适于对低碳钢进行细化处理。淬火是将钢件加热，保温后在水中或在油中快速冷却，以提高硬度。回火通常是淬火的后续工序，将淬火后的钢件重新加热，保温后冷却，使组织稳定，消除脆性。汽车制造中常利用这种性能的变化，来改善汽车零件的性能。例如使齿轮的齿面变硬而耐磨，使加工硬化的材料变软而改善其加工性。有不少汽车零件，既要保留心部的韧性，又要改变表面的组织以提高硬度，就需要采用表面高频淬火或渗碳、氰化等热处理工艺。

综上所述可知，热处理是汽车制造中重要的处理方法之一。

9. 装配

装配是按一定的要求，用连接零件（螺栓、螺母、销或卡扣等）把各种零件相互连接和组合成部件，再把各种部件相互连接和组合成整车。无论是把零件组合成部件，或是把部件组合成整车，都必须满足设计图纸规定的相互配合关系，以使部件或整车达到预定的性能。例如，将变速器装配到离合器壳上时，必须使变速器输入轴的中心线与发动机曲轴的中心线对准。这种对中的方式不是在装配时由装配工人（钳工）来调节，而是由设计和加工制造来保证。在汽车总装配线上，每隔几分钟就驶下一辆汽车。以我国一汽的解放牌货车总装配线为例，这条装配线是一条 165 m 长的传送链，部件随着传送链移动至各个工位并逐步装成汽车，四周还有输送悬链把发动机总成、驾驶室总成、车轮总成等源源不断地从各个车间输送到总装配线上的相应工位。在传送链的起始位置首先放上车架（底朝天），然后将后桥总成（包括钢板弹簧和轮毂）和前桥总成（包括钢板弹簧、转向节和轮毂）安装到车架上，继而将车架翻过来以便安装转向器、贮气筒和制动管路、油箱及油管、电线以及车轮等，最后安装发动机总成（包括离合器、变速器和中央制动器），接上传动轴，再安装驾驶室和车前板制件等。至此，汽车就可以驶下装配线。

5.2.3 现代汽车制造技术

1. 汽车制造技术的发展过程

汽车制造业以机械制造业为主。机械制造业是一个古老的产业，它自 18 世纪初工业革命形成以来，经历了一个漫长的发展过程。然而，随着现代科学技术的进步，特别是微电子技术和计算机技术的发展，使机械制造这个传统工业焕发了新的活力，增加了新的内涵。30 多年来，一个个新概念不断提出，一批批新技术被突破，一个个新成果被引用，计算机辅助设计（CAD）、计算机辅助制造（CAM）、成组技术（GT）、计算机数字控制（CNC）、计算机直接控制和分布控制（DNC）、柔性制造系统（FMC）、工业机器人（ROBOT）、计算机集成制造系统（CIMS）等新技术已广泛地被人们了解和熟悉。这些新技术的引进和使用，使汽车制造业无论在加工自动化方面，还是在生产组织、制造精度、制造工艺方法方面都发生了令人瞩目的变化。

汽车加工自动化始于 20 世纪初工业化形成的初期。在这一历史时期，产品品种单一，生产周期长，市场对产品有充分的需求，各类产品的开发、生产和销售主要由少数企业控制。这种市场环境促使了制造企业将产品部件化、部件标准化，采用自动机或自动生产线提高生产效率，满足市场的需求。这类刚性自动线的出现，大幅度降低了生产成本，极大地提高劳动生产率。例如福特汽车制造公司用大规模刚性生产线代替手工作业，使汽车的价格在几年内降低到原价格的 1/8，促使了汽车进入家庭，奠定了美国经济发展的基础。然而，这类自动机和刚性自动线生产工序和作业周期固定不变，仅仅适用于单一品种的大批量生产的自动化。

进入 20 世纪 50 年代，特别是 70 年代以来，随着科学技术的迅猛发展和社会需求日益多样化，世界市场发生了很大的变化，许多产品的需求呈现饱和趋势。在这种饱和的市场形势下，制造企业面临着激烈的竞争。为了赢得竞争的胜利，制造企业必须不断开发出符合用户不同要求的新产品。为此，社会产品品种日益增多，产品周期明显缩短。就汽车工业而言，1970 年汽车的平均生命周期为 12 年，1980 年缩短为 4 年，到 1990 年汽车的生命周期仅为 18 个月。为了适应这种市场的变化，企业必须努力改变那种只适用于大批量生产的旧的生产方法，代之以应变能力强、能够很快适应新产品的新的生产形式。也就是说，寻求一条有效途径，解决单件小批量生产的自动化问题。

1952 年美国麻省理工学院研制成功了第一台数控（NC）机床，它只要改变数控加工程序便可自动生产出不同形状和尺寸要求的零件。数控机床很快被公认为是解决单件小批量生产自动化的有效途径。因而，数控机床的发展异常迅速，仅用 20 年时间便完成了数控系统从电子管、晶体管、小规模集成电路到大规模集成电路的四次根本性的变革。70 年代初期出现了计算机数控（CNC），而 CNC 系统的出现更有利于数控机床的发展，过去的硬件数控系统（NC）要做某些改变或增加某些功能，都要重新进行结构设计，而 CNC 系统只要对软件做一些必要的修改，就可以适应新的功能要求。

对于多品种小批量生产，由于产品品种及其工艺过程的多样性，环境条件的不确定性，以及生产计划和生产调度的动态性等因素，其生产过程既要解决加工高效自动化问题，同时还必须解决生产柔性自动化的问题。为了满足这种柔性自动化的需要，工业机器人和自动上下料机构、交换工作台、自动换刀装置有了很大的发展，于是出现了自动化程度更高、柔性度更强的具有自动换工件的柔性制造单元（FMC）。

随着计算机通信技术的发展和自动编程技术的成熟，随之出现了用一台中央计算机控制若干台 CNC 机床的计算机直接控制系统和进一步发展至分布式控制（DNC）系统。DNC 系统的出现，意味着机械加工自动化水平开始由单机自动化向系统自动化转变。20 世纪 70 年代末至 80 年代初，由于 DNC 系统、计算机控制的物料系统、刀具管理系统，以及 CAD/CAM 系统更为成熟，市场上出现了更为系统化、规模更大的柔性制造系统（FMS）。这种新型的自动化制造系统可以同时完成不同零件、不同工序的制造任务，可实现无固定节拍的高效率、高度柔性化的自动加工。FMS 的出现和使用给多品种、少批量自动化加工各种形状复杂零件开辟了广阔的前景，是目前和今后汽车制造自动化的重要基础。

近20年来，计算机应用技术发展迅速，计算机辅助设计（CAD）、计算机辅助制造（CAM）、成组技术（GT）、计算机辅助生产管理（CAPM）等计算机辅助技术在汽车制造业中的应用已逐渐成熟，并取得了可喜的成效。

计算机辅助技术在向着智能化、网络化和集成化方向发展。为了充分利用企业的软硬件资源，发挥企业的整体效益，进入20世纪80年代，人们在CAD、CAM/MIS（计算机管理信息系统）技术的基础上致力于计算机集成制造系统（CIMS）的研究和开发。CIMS的核心在于集成，它将企业中的人、生产经营系统和工程技术系统这三种有机地集成起来，使整个企业范围内的工作流程、物质流和信息流畅通无阻。CIMS技术的出现，使汽车制造自动化水平开始由系统自动化向综合自动化方向发展。

随着CIMS技术迅速向纵深发展，其内容不断扩展，其形式也出现多样化。在20世纪80年代末至90年代初，相继提出了并行工程（Concurrent Engineering）、精良生产（Lean Production）、敏捷制造（Agile Manufacturing）、虚拟公司（Virtue Cooperation）等涉及工程技术、企业管理体制的新概念和新哲理。这些新概念和新哲理是21世纪汽车制造业发展的导向性模式，展示出汽车制造业辉煌灿烂的未来。

2. 现代制造技术的特征

所谓的制造技术是按照人们所需的目的，运用知识和技能，利用客观物质工具，使原材料变成产品的技术总称。制造技术是制造业的支柱，是一个国家经济持续增长的根本动力。

现代制造技术是传统制造技术不断吸收机械、电子、信息、材料、能源及现代管理等技术成果，将其综合应用于产品设计、制造、检测、管理、售后服务等汽车制造全过程，实现优质、高效、低耗、清洁、灵活生产，取得理想技术经济效果的制造技术的总称。

现代制造技术具有下列特征：

1）计算机技术、传感技术、自动化技术、新材料技术以及管理技术诸技术的引入，与传统制造技术相结合，使制造技术成为一个能驾驭生产过程的物资流、信息流和能量流的系统工程。

2）传统制造技术一般单指加工制造过程的工艺方法，而现代制造技术则贯穿了从产品设计、加工制造到产品销售及使用维护等全过程，成为"市场—产品设计—制造—市场"的大系统。

3）传统制造技术的学科、专业单一，界线分明，而现代制造技术的各专业、学科间不断交叉、融合，其界限逐渐淡化甚至消失。

4）生产规模的扩大以及最佳技术经济效果的追求，使现代制造技术比传统技术更加重视工程技术与经营管理的结合，更加重视制造过程组织和管理体制的简化及合格化，产生一系列技术与管理相结合的新的生产方式。

5）发展现代制造技术的目的在于能够实现优质、高效、低耗、清洁、灵活生产并取得理想的技术经济效果。

3. 现代制造技术的分类

（1）现代设计技术

现代设计技术是根据产品功能要求，应用现代设计技术和科学知识，制订方案并使方案付诸实施的技术，它是一门多学科、多专业而且相互交叉的综合性很强的基础技术，它的重要性在于使汽车产品设计建立在科学的基础上，促使产品由低级向高级转化，促使产品功能不断发展，质量不断提高。现代设计技术包含如下的内容：

1）现代设计方法

现代设计方法包括产品动态分析和设计，产品摩擦学设计，产品防蚀设计，产品可靠性、可维护性及安全设计，产品优化设计，智能设计等。

2）设计自动化技术

设计自动化技术指应用计算机技术，进行产品造型和工艺设计，进行工程计算分析、模拟仿真，进行多变量动态优化，达到整体最优功能目标，实现设计自动化。

3）工业设计技术

工业设计技术指开展汽车产品色彩设计和中国民族特色与世界流派相结合的造型设计，增强产品的国际竞争力。

（2）现代制造工艺技术

现代制造工艺技术包括精密加工技术、精密成型技术以及特种加工技术等几个方面。

1）精密和超精密加工技术

精密、超精密加工技术是指对工件表面材料进行去除，使工件的尺寸、表面性能达到产品要求所采取的技术措施。根据加工的尺寸精度和表面粗糙度，可大致分为三个不同的档次：

①精密加工：精度为 3～0.3 μm，表面粗糙度值 Ra 为 0.3～0.03 μm；

②超精密加工：精度为 0.3～0.03 μm，表面粗糙度值 Ra 为 0.03～0.005 μm；或称亚微米加工；

③纳米加工：精度高于 0.03 μm，表面粗糙度值 Ra 小于 0.005 μm。

2）精密成型技术

精密成型技术是生产局部或全部无余量或少余量半成品的工艺方法的统称。包括精密凝聚成型技术、精密塑性加工技术、粉末材料构件精密成型技术、精密焊接技术及其复合成型技术等。其目的在于使成型的制品达到或接近成品形状的尺寸，并达到提高质量、缩短制造周期和降低成本的效果，其发展方向是精密化、高效化、强韧化和轻量化。

3）特种加工技术

特种加工技术是指那些不属于常规加工范畴的加工，如高能束流（电子束、离子束、激光束）加工、电加工（电解和电火花加工）、超声波加工、高压水加工以及多种能源的组织加工。特种加工技术由于其各自的独特性能，在汽车、电子、化工、轻工、航空、建筑、国防等行业以及材料、能源和信息等领域得到了广泛的应用。

4）表面改性、制膜和涂层技术

表面改性、制膜和涂层技术是采用物理、化学、金属学、高分子化学、电学、光学和机械学等技术及其组织技术对产品表面进行改性、制膜和涂层，赋予产品耐磨、耐蚀、耐（隔）热、抗疲劳、耐辐射以及耐光、磁、电等特殊功能，从而达到提高产品质量、延长使用寿命和赋予新性能的新技术统称，是表面工程的重要组成部分，是提高机械产品性能和少花钱多办事的高新技术。

（3）制造自动化技术

制造自动化是指用机电设备工具取代或放大人的体力，甚至取代和延伸人的部分智力，

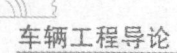

自动完成特定的作业，包括物料的存储、运输、加工、装配和检验等各个生产环节的自动化。制造自动化技术涉及数控技术、工业机器人技术和柔性制造技术，是汽车制造业最重要的基础技术之一，其目的在于减轻劳动强度、提高生产效率，减少在制品数量、节省能源消耗以及降低生产成本。

(4) 现代管理技术

现代管理技术是指企业在从事市场开发、产品设计、生产制造、质量控制到销售服务等一系列的生产经营活动中，为了使制造资源（材料、设备、能源、技术、信息及人力）得到总体配置优化和充分利用，使企业的综合效益（质量、成本、交货期）得到提高而采取的各种计划、组织、控制及协调的方法和技术的总称。它是现代制造技术体系中的重要组成部分，对企业的最终效益提高起着重要的作用。

(5) 现代生产制造系统

现代生产制造系统是面向企业生产全过程，将现代信息技术与生产技术相结合的一种新思想、新哲理，其功能覆盖企业的预测、产品设计、加工制造、信息与资源管理直至产品销售和售后服务等各项活动，是制造业的综合自动化的新的模式。它包括计算机集成制造系统（CIMS）、敏捷制造系统（AMS）、智能制造系统（IMS）以及精良生产（LP）、并行工程（CE）等先进的生产组织管理和控制方法。

5.3 汽车试验

现代的汽车无论在设计制造阶段，还是在使用过程中，都离不开试验。一方面是因为汽车设计技术尚处于半经验水平，需要借助试验来检验设计结果，同时为设计指明方向；另一方面的原因是汽车在使用过程中，其技术性能始终处于不断变化的状态之中，由于汽车与人之间十分密切的关系，需要对车辆的技术性能进行适时的检测，以确保汽车技术性能的完好和行驶过程中的安全性。

汽车试验是对设计性能、制造质量、使用可靠性等方面进行鉴定和评价，也是为车辆的研究、产品改进、工艺革新及在车辆中采用新技术、新工艺等提供依据。所以，在汽车开发和使用的全过程中，始终有试验相伴随，试验占有十分重要的地位。

5.3.1 汽车试验分类

汽车试验的种类很多，按其试验目的、试验对象以及试验方法等分类，所分类别如下：

1. 按试验目的分类

(1) 产品质量检查性试验

系对企业批量生产的车辆定期进行质量检查试验，考核产品质量的稳定性，并及时发现产品在生产中存在的质量问题，试验比较简单，每种产品有具体试验规范。

(2) 新产品定型（或鉴定）试验

系在新产品正式投产前，按照规定进行全面性能鉴定试验，并在各种不同环境条件下进行适用性、使用性、可靠性的试验，考核车辆损坏、性能恶化及维修频繁等情况。

(3) 科研性试验

为了改进现有产品，开发研制新产品，要对车辆、新部件、新结构、新材料、新工艺、新技术等进行广泛深入的研究和试验。此外，新试验方法与测试技术的探讨、试验标准的制定等都需要进行一系列的研究性试验。

2. 按试验对象分类

(1) 整车性能试验

目的是考核整车的主要技术性能，测得各项技术性能指标，如动力性、经济性、牵引性、制动性、操纵稳定性、安全性等，此外也包括基本参数的测定。

(2) 机构和总成试验

主要考核机构及总成的工作性能、耐久性、可靠性等，具体地说，即指发动机功率、变速箱效率、差速器效率、减振装置的特性、传动系效率等以及它们的结构强度、疲劳寿命和耐久性能。

(3) 零部件试验

零部件试验主要考核其设计和工艺的合理性及所选用材料的综合性能，诸如测试其刚度、强度、磨损和疲劳寿命，研究其防腐措施是否合适等。

3. 按试验方法分类

(1) 室内台架试验

可用较高精度的试验台来测试车辆及其部件。台架试验可模拟整车或零部件及总成的实际工况，不仅提高了试验精度，而且缩短了试验周期。

(2) 实际道路（或使用）试验

汽车在实际道路使用或实际作业条件下试验，可全面考核评价汽车的技术性能和使用性能，如动力性能、牵引性能、可靠性、制动性能、燃油经济性和耐久性等。

(3) 试验场试验

指在试验场内按预先制订的试验项目、规范、规定的行驶和试验条件所进行的试验。试验场可设置各种典型道路进行耐久性试验、可靠性试验，也可设置比实际道路更恶劣的行驶条件，进行强化性试验，这样可以缩短试验周期，提高试验结果的可对比性。

5.3.2 汽车整车性能试验

汽车整车性能试验是为了测定汽车的基本性能而进行的试验，主要包括以下试验项目：

1. 动力性试验

动力性能试验对常用的三个动力性能指标，即汽车的最高车速、加速性能和爬坡性能进行实际试验。

(1) 最高车速的测定

对于汽车，在水平纵向坡度小于 0.1 的良好混凝土或沥青路面上，取一段测试区，测试区长为 1 600 m，测试路段为测试区的最后 500 m。汽车在测试区内逐渐加速到最高车速（在测试路段之前应达到最高车速），然后以最高车速通过测试路段，测试其最高车速。

(2) 加速性能的测定（图 5-7）

1) 起步加速性能测定

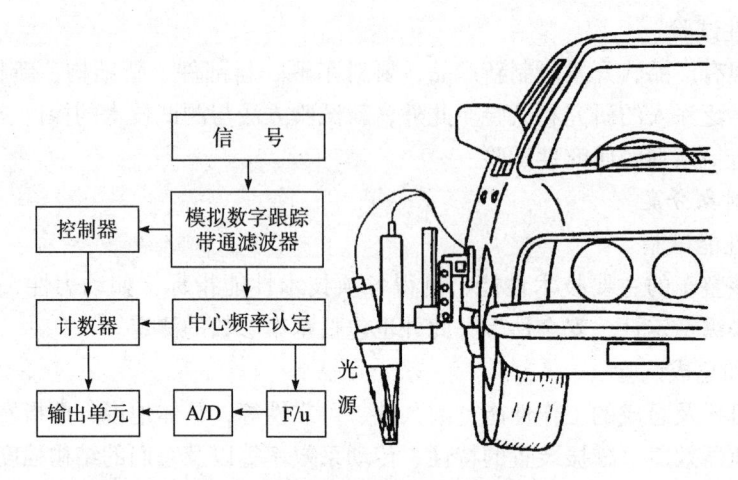

图 5 - 7　非接触式车辆性能测试仪简图

车辆以低挡起步，节气门全开，以最佳换挡顺序加速到最高挡时，测量从起步开始到达规定距离时的平均加速度。

2）超越加速性能测定

车辆用最高挡或次高挡，以规定的初速度，节气门全开，通过规定的距离，测量从起点到达规定距离的平均加速度。

(3) 爬坡性能测定

包括最大爬坡度与爬长坡试验。试验最好在坡度均匀、测量区间大于 20 m 的人造坡道上进行。若坡道的坡度对所测车辆不适宜（如坡度过大或过小），可采用增减载荷或变换挡位的办法进行试验，然后折算出最大爬坡度。一般的车辆要求能爬越 30%（16.5°）的坡度，越野车辆要求能爬越 60%（31°）的坡度。爬长坡试验主要用来检查车辆能否通过坡度为 7%～10%、长为 10 km 的连续长坡。

2. 燃油经济性试验

汽车燃料经济性试验方法可根据对各种使用因素的控制程度分为不加以控制的路上试验、控制的道路试验、道路循环试验（包括等速油耗、加速、制动油耗等）、在汽车底盘测功器（即转鼓试验台）上的循环试验，表 5 - 1 列出了影响汽车燃料经济性的使用因素。

表 5 - 1　影响汽车燃料经济性的使用因素

行驶道路	城市、市郊、一般公路、高速公路	周围环境	气温、气压、风、雨、雪等
交通情况	道路上行人、车辆构成及车辆密集程度	车辆情况	车辆质量、车辆装载及车辆维修质量
驾驶习惯	平均车速、加速度及制动减速度情况		

(1) 不控制的道路试验

对表 5 - 1 所列的各个因素都不加以控制的试验，称为"不控制的道路试验"。在试验条件中，对被试车辆的维护、调整规范及所用燃料、润滑材料的规格都有明确的规定。由于各种使用因素的随机变化，要获得分散度很小的数据较难。为此，必须用相当数量的汽车

（车队）进行长距离（10 000～16 000 km）的试验，方能获得可信度较高的统计数据。由此可见，这种试验反映了车辆类型、道路条件、交通量、装载质量以及气候等因素对汽车燃料消耗的影响。它可用于全面评价汽车使用燃料经济性，是一种非常接近实际情况的试验。但这种试验持续时间很长，试验费用巨大，一般不被采用。

过去我国汽车运输企业采用的"使用油耗试验"就是一种"不控制的道路试验"。即在某地区的某汽车运输部门中，把试验车辆投入实际使用，在运行中认真记录汽车行驶里程与油耗量，最后确定平均油耗量。这种试验结果能较好地反映车队的实际情况，但难以真正做到准确测量，同时也浪费时间。因此，它适合车型单一的运输企业使用。

（2）控制的道路试验

在道路试验中测量油耗时，若维持表 5-1 中的一个或几个因素不变，则称作"控制的道路试验"。例如，我国海南汽车试验站的汽车质量检查试验规定，应在一般路面、恶劣路面和山区公路上测量百公里油耗，并对一些试验路线作了比较明确的规定。如指定往海口市秀英港以南，海榆中线 3 km 处入口、9 km 处出口，一条通往石山乡，全长 18 km 的便道为试车的恶劣路面；海榆中线北起毛阳南至通什，总长 25 km 的山道为试车的山区公路；而对一般路面，则仅指海南岛上较好的平原公路，未明确规定路段。这就是一种"控制的道路试验"。国外是在汽车试验场的专用试验道路上进行类似的油耗试验。

（3）道路循环试验

汽车完全按规定的车速—时间规范进行的道路试验方法被称为"道路循环试验"。实验规范中规定了换挡时刻、制动时间、速度、加速度、制动减速度等数值。等速行驶油耗试验和怠速油耗试验是这类试验中两种最简单的循环试验方法。

等速油耗与实际行驶情况有很大差别，等速行驶燃料经济性不能全面考核汽车运行燃料经济性，它只能作为一种相对比较性的指标。因为等速燃料经济性试验缺乏有关动力性要求的检验指标，容易造成试验汽车的动力性要求与燃料经济性匹配不合理的现象。此外，等速行驶燃料经济性不能反映汽车实际行驶中频繁出现的加速、减速等非稳定行驶工况。现在一般都采用循环油耗来评定汽车的燃料经济性。循环油耗是指在一段指定的典型路段内汽车以设定的不同工况行驶时的油耗，起码要规定等速、加速和减速 3 种工况，复杂的还要计入冷启动和怠速停驶等多种工况，然后折算成百公里油耗。

（4）在汽车底盘测功器上的循环试验

在汽车底盘测功器上进行汽车燃油经济性测量是汽车制造商和汽车检验认证机构常用的室内试验方法。这种试验能借助底盘测功器模拟汽车行驶阻力与加速时惯性阻力等道路上的行驶工况。所以，可以按照很复杂的循环规范对汽车进行室内试验。若试验间的气温也能控制，则室内汽车测功器就能控制主要使用因素。图 5-8 为汽车底盘测功器主要组成。

用汽车底盘测功器测量油耗的优点是：室内试验可不受外界气候条件的限制；能控制试验条件，周围环境影响的修正系数可以减到最少；若能控制室温，则可对不同气温条件的汽车工况进行模拟试验；室内便于控制行驶状况，故能采用符合实际的复杂循环；可以同时进行燃料经济性与排气污染试验；能采用质量法、体积法及碳平衡法等多种油耗测量方法。

用汽车底盘测功器测量油耗的方法尚需改进。例如：不易准确模拟道路滚动阻力和空气阻力；室内冷却风扇产生的冷却气流与道路行驶的实际情况有差异；难以准确地给出惯性阻力。

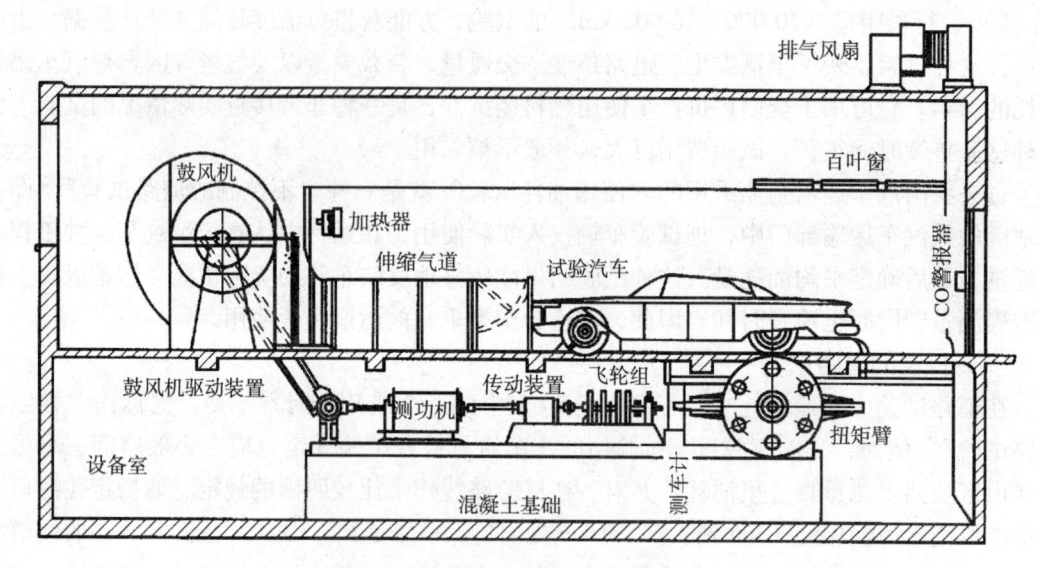

图 5-8　汽车底盘测功器主要组成

与其他方法相比，汽车底盘测功器测量油耗的重复性好，能反映实际行驶时复杂的交通情况，能采用多种测量油耗方法，还能同时测量废气污染物浓度。所以，这种方法日益受到重视。

3. 制动性能试验

汽车制动性能通过满载情况下的道路试验确定。对于装有 ABS 或轴间制动力调节器的汽车，应测试满载和空载的制动性能和空载制动方向稳定性。

对在用车辆作安全检测时，一般是在空载情况下进行，而且越来越多地采用反力式制动试验台通过各个车轮制动力矩的测定，预计它的制动性能。

汽车制动性能路试试验测定的参数为制动距离、制动协调时间和制动减速度。主要仪器为五轮仪和惯性式减速度计。所有车辆均应进行冷制动试验和热衰退性试验。

4. 操纵稳定性试验

操纵稳定性试验类型较多，如用转弯制动试验评价汽车在弯道行驶制动时的行驶方向稳定性；用转向轻便性试验评价汽车的转向力是否适度；用蛇形行驶试验来评价汽车转向时的随从性、收敛性、转向力大小、侧倾程度和避免事故的能力；用侧向风敏感性试验来考察汽车在侧向风作用下直线行驶状态的保持性；用抗侧翻试验考察汽车在为避免交通事故而急打转向盘时汽车是否有侧翻危险；用路面不平度敏感性试验来检查汽车高速行驶时承受路面干扰而保持直线行驶的能力；用汽车稳态回转试验确定汽车稳态转向特性等。图 5-9 为长城汽车试验场蛇形测试道，图 5-10 为汽车侧倾试验。

5. 平顺性试验

平顺性主要是根据乘坐者的舒适程度来评价的，所以又叫做乘坐舒适性，其评价方法通常根据人体对振动的生理感受和保持货物的完整程度来确定。汽车平顺性试验可以在汽车试验场进行（图 5-11），也可以在室内试验台上进行（图 5-12）。

典型的试验有汽车平顺性随机输入行驶试验和汽车平顺性单脉冲输入行驶试验。前者用以测定汽车在随机不平的路面上行驶时，其振动对乘员或货物的影响；后者用以评价汽车行

图 5-9　长城汽车试验场蛇形测试道

图 5-10　侧倾试验

图 5-11　平顺性卵石路测试试验

图 5-12　平顺性试验台测试试验

驶中遇到大的凸起物或凹坑冲击振动时的平顺性。

6. 通过性试验

一般在汽车试验场和专用路段上进行通过性试验。

汽车通过性试验主要体现考察以下几个方面：

1）通过耕地、沙漠、雪地、沼泽等松软地面的能力。

2）越过陡坡、台阶、垂直障碍及沟渠的能力，图 5-13 为汽车爬台阶试验。

3）爬坡及在侧坡上行驶的能力，图 5-14 为汽车爬坡试验。

图 5-13　汽车爬台阶试验

图 5-14　汽车爬坡试验

4) 通过崎岖不平地面的平均速度。
5) 操纵性能以及各方面的灵活性。
6) 通过水区障碍的能力，图 5-15 为汽车进行涉水试验。
7) 克服各种间隙失效的能力，图 5-16 为汽车间隙失效试验。

图 5-15　汽车涉水试验　　　　　图 5-16　汽车间隙失效试验

7. 安全性试验

安全性试验项目很多，而且耗资巨大，尤以汽车碰撞试验为甚。

汽车碰撞试验（crash test）以再现交通事故的方式来分析汽车在碰撞过程中车内乘员与车辆相对运动状态、乘员及车辆伤害状态等，通过分析结果可以改进车辆结构安全性设计和增设汽车乘员保护装置。

通过对试验车辆上安放假人的伤害值评价，可以得到对汽车整体安全性能的综合评价。通过进行汽车碰撞试验还可以对汽车座椅、座椅头枕、安全带、门锁和门铰链、转向系统、安全气囊、油箱、儿童约束系统等部件进行安全性能评价，对汽车车身上的安全带连接部、座椅连接部、车身结构强度与吸能能力、车内凸物等方面进行安全性能评价。

汽车碰撞试验是在试验室里完成的。通过牵引，使汽车以一定的速度撞向事先设置好的障碍物，测量并记录相关数据，然后根据各种测试数据来判断试验车的安全性。其意义在于在汽车的设计制造阶段就将汽车的安全性作为极其重要的评价指标，并通过一系列的试验获得各种关键数据以提高汽车的被动安全性，最大限度地保障人员安全。

5.3.3　汽车总成零部件试验

随着汽车工业的发展，人们越来越认识到零部件的性能和质量是决定整车性能和质量的最重要的因素之一。汽车是一个由许多种零部件组成的复杂的机械系统，对于产品开发所需的许多技术资料，目前尚不能通过理论计算得到，只能通过试验，因此有人说汽车是试验出来的。

汽车总成零部件试验是检查加工、装配质量及总成性能的必要手段，对汽车的可靠性及使用寿命具有重要意义。

汽车总成试验主要包括发动机总成试验、变速器总成试验、驱动桥总成试验、转向器试验、传动轴试验、离合器试验、减振器实验等。本节主要介绍发动机总成、变速器总成试验及汽车零部件试验等相关内容。

1. 发动机试验

发动机是汽车中最重要的总成，其性能试验主要有功率、怠速、空转特性、负荷特性、调速特性、启动、机械效率、多缸工作均匀性、排放和噪声等试验。

发动机试验一般在发动机台架试验室内进行。图 5-17 为发动机测功试验台示意图。

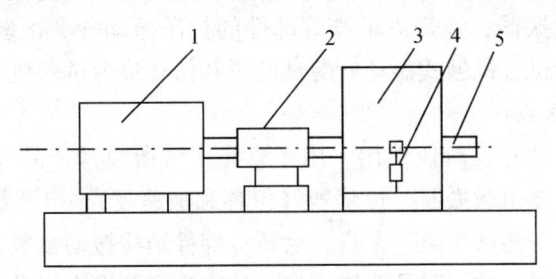

图 5-17　发动机测功试验台
1—发动机；2—扭转传感器；3—测功机；4—力传感器；5—转速传感器

2. 变速器试验

变速器作为汽车的一个重要部件，要求使用可靠、寿命长，易于操作和维修，安全、高效、质量轻、成本低。为验证是否满足以上要求，需进行的变速器试验工作是相当复杂的，其试验项目也是全方位的。

变速器试验主要包括性能、可靠性、寿命、产品质量验收考核等方面试验。

（1）变速器性能试验

主要包括整车动力性与经济性匹配试验、噪声及振动试验、换挡操作轻便性试验、同步器性能试验、脱挡试验、密封性能试验、效率试验等。

（2）变速器可靠性试验

主要包括静强度和刚度试验、冲击载荷试验、换挡拨叉超负荷试验等。

（3）变速器寿命试验

一般在试验台架上进行，试验主要包括齿轮轮齿弯曲疲劳寿命试验、齿轮轮齿接触疲劳寿命试验、轴承寿命试验、同步器寿命试验、油封寿命试验等。

（4）变速器产品质量验收考核试验

主要包括换挡力测定试验、噪声测定试验、摩擦力矩测定试验、密封性测定试验等。

3. 汽车零部件试验

为了缩短试验时间，汽车零部件试验通常强化试验条件，如在额定工况、全负荷最大扭矩工况、超负荷超转速工况下进行。耐久性试验前后要全面测量被测零件的尺寸和性能，以便评价磨损情况和动力性、经济性、排放等指标的稳定程度。

汽车零部件试验主要以结构（强度或性能）类试验为主，结构强度试验是汽车零部件试验的一大类，它可分为三类：静强度试验、振动疲劳强度试验、模态分析试验。

（1）静强度试验

1）静扭试验

主要是对传动轴、半轴、变速器以及所有需要校核扭转强度的零件进行的试验。

2）拉压试验

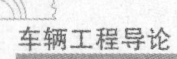

主要是对桥壳、车架、车身、前桥、传动轴等零部件的弯曲强度和刚度以及车身、弹簧等零部件进行的试验。

（2）振动疲劳强度试验

此类试验主要是针对结构件的弯曲疲劳强度、扭转疲劳强度和拉压疲劳寿命进行的，如车桥、车架、驾驶室、前轴等部件的弯曲疲劳寿命试验，半轴、传动轴、转向杆等零部件的扭转疲劳试验，以及减振器、弹簧、车身等部件的拉压振动疲劳试验。其主要的设备种类有：液压脉动疲劳试验机、机械式振动疲劳试验机和扭转疲劳试验机等。

（3）模态分析试验

此类试验主要在设计开发阶段使用，用于事先了解所设计产品性能，从而改进设计缺陷。这类试验的设备主要由激振器、传感器（位移和加速度）、电荷放大器、计算机数据记录和处理系统组成，用于测试车架、车身、后桥等部件结构振动参数，如各阶振型、固有频率、阻尼等，以便发现设计的缺陷及改进方向，这在汽车开发中也是十分重要的。

思考题

1. 简述汽车初步设计中形状设计的主要内容。
2. 简述现代制造技术的特征。
3. 简述汽车按试验对象如何分类，并叙述各类试验主要考核目标。
4. 简述汽车整车性能试验包含的内容。
5. 简述变速器性能试验包含的内容。

第6章　车辆运行材料

6.1　车用燃料

车辆常用的燃料有汽油、柴油和替代燃料等。错误的选用燃料或使用劣质燃料，会极大地影响车辆动力性、燃油经济性、排放性、可靠性和耐久性。

6.1.1　车用汽油

1. 汽油的主要性能指标

（1）汽油的抗爆性

汽油的抗爆性是指汽油在发动机气缸内燃烧时抵抗爆燃的能力，用辛烷值评定。辛烷值越高，其抗爆性就越好，汽油的牌号就是以辛烷值划分的。

（2）汽油的蒸发性

汽油的蒸发性是指汽油汽化的难易程度，它对发动机的启动、暖机、加速、气阻、燃料消耗量等有重要影响。汽油蒸发性能用其馏程与饱和蒸气压指标来评定。

1）馏程

馏程是指油品从初馏点到终馏点的温度范围。汽油的馏程能大体表示该汽油的沸点范围和蒸发性能，常用汽油的10%、50%和90%的馏出温度来评定。

①10%蒸发温度（T10）：判断汽油中低沸点组分的含量，它反映发动机燃料的启动性能和形成气阻的倾向。其值越低，则表明汽油中所含低沸点组分越多、蒸发性越强、启动性越好，在低温下也具有足够的挥发性以形成可燃混合气而易于启动。但若过低，则易于在输油管道里气化形成气泡而影响油品的正常输送，即产生气阻。

②50%蒸发温度（T50）：表示汽油的平均蒸发性能，它影响发动机启动后升温时间和加速性能。汽油的50%馏出温度低，在正常温度下便能较多地蒸发，从而能缩短汽油机的升温时间。同时，还可使发动机加速灵敏、运转柔和。如果50%蒸发温度过高，当发动机需要由低速转换为高速，供油量急剧增加时，汽油来不及完全气化，导致燃烧不完全，严重时会突然熄火。

③90%蒸发温度（T90）：和终馏点（或干点）表示汽油中重质馏分含量的多少。如该温度过高，说明汽油中含有重质馏分过多，不易保证汽油在使用条件下完全蒸发和完全燃烧。这将导致气缸积炭增多，耗油率上升；同时蒸发不完全的汽油还会沿气缸壁流入曲轴箱，使润滑油稀释而加大磨损。

2）饱和蒸气压

汽油的饱和蒸气压是用雷德蒸法测定的。它是衡量汽油在汽油机燃料供给系统中是否易于产生气阻的指标，同时还可相对地衡量汽油在储存运输中的损耗倾向。汽油的饱和蒸气压越大，蒸发性越强，发动机就容易冷启动，但蒸气压过大，将使汽油在输油管中过早气化产生气阻而不能通畅供油，蒸发损耗以及火灾危险性也越大。标准规定汽油的10%蒸发温度和饱和蒸气压，既保证了发动机的启动性，又可防止气阻的产生。

（3）汽油的氧化安定性

汽油的氧化安定性是指汽油在常温和液相条件下抵抗氧化的能力，简称安定性。

汽油在储存和使用过程中会出现颜色变深，生成黏稠状沉淀物的现象，这是汽油安定性不好的表现。安定性不好的汽油，在储存和输送过程中容易发生氧化反应，生成胶质，使汽油的颜色变深，甚至会产生沉淀。例如，在油箱、滤网、气化器中形成黏稠的胶状物，严重时会影响供油；沉积在火花塞上的胶质在高温下会形成积炭而引起短路；沉积在进、排气阀门上会结焦，导致阀门关闭不严；沉积在气缸盖和活塞上将形成积炭，造成气缸散热不良、温度升高，以致增大爆震燃烧的倾向。

汽油中的不安定组分是汽油变质的根本原因。汽油中的不安定组分主要有烯烃，特别是共轭二烯烃和带芳环的烯烃，以及元素硫、硫化氢、硫醇系化合物和苯硫酚、吡咯及其同系化合物等非烃类化合物。

不同加工工艺生产的汽油组分差异较大，其安定性也不同。直馏汽油、加氢精制汽油、重整汽油几乎不含烯烃，非烃类化合物也很少，故安定性较好。而催化裂化汽油、热裂化汽油和焦化汽油中含有较多烯烃和少量二烯烃，也含有较多非烃类化合物，故安定性较差。

烯烃和芳烃是汽油中辛烷值的主要贡献者，但是由于烯烃的化学活性高，会通过蒸发排放造成光化学污染，同时，烯烃易在发动机进气系统和燃烧室形成沉积物。芳烃也可增加发动机进气系统和燃烧室沉积物的形成，并促使CO、HC排放的增加，尤其是增加苯的排放。因此，在汽油标准中对芳烃和烯烃都有严格限值。

除不饱和烃外，汽油中的含硫化合物，特别是硫酚和硫醇，也能促进胶质的生成，含氮化合物的存在也会导致胶质的生成，使汽油与空气接触中颜色变红变深，甚至产生胶状沉淀物。

直馏汽油馏分不含不饱和烃，所以它的安定性很好；而二次加工生成的汽油馏分（如裂化汽油等）由于含有大量不饱和烃以及其他非烃化合物，其安定性就较差。

汽油的变质除与其本身的化学组成密切相关外，还和许多外界条件有关，例如温度、金属表面的作用、与空气接触面积的大小等。

1）温度

温度对汽油的氧化变质有显著的影响。在较高的温度下，汽油的氧化速度加快，诱导期缩短，生成胶质的倾向增大。实验表明，储存温度每增高10 ℃，汽油中胶质生成的速度约加快2.4～2.6倍。

2）金属表面的作用

汽油在储存、运输和使用过程中不可避免地要和不同的金属表面接触。实验证明，汽油在金属表面的作用下，不仅颜色易变深，而且胶质的增长也加快。在各种金属中，铜的影响最大，它可使该汽油试样的诱导期降低75%，其他的金属如铁、锌、铝和锡等也都能使汽油的安定性降低。

3）提高汽油安定性的措施

①采用新的炼制工艺，使易氧化活泼的烃类及非烃类尽量减少。

②在汽油中添加抗氧防胶剂以提高汽油诱导期来防止胶质生成。

③如果已经氧化形成高胶质的油品可添加油品胶质清除剂来加以脱除，然后再加入适当的抗氧防胶剂抑制胶质的生成。

2. 国产汽油的牌号

我国汽油按辛烷值高低分低辛烷值汽油（60号和70号）、普通汽油（90号）和优质汽油（93号、95号和97号）。

按汽油有无含铅又分为含铅汽油和无铅汽油。因为环保的要求，目前我国基本已经不生产含铅汽油，而且指标向欧洲靠拢。

3. 国产汽油的选用

汽车选用汽油时，主要是根据发动机压缩比。压缩比越高，爆燃倾向越大，故应选用辛烷值高的汽油；反之应选用辛烷值低的汽油。进口轿车及中外合资生产的桑塔纳、奥迪、别克、本田等轿车，发动机的压缩比一般都在8以上，故应选用高辛烷值的97号汽油。此外，高原海拔高，大气压力低，发动机吸入的空气量减少，压缩压力也相应降低，使用辛烷值略低的汽油也不会产生爆震。美国汽油标准ASTM D 439 – 71曾规定："海拔高度到600 m，可减少辛烷值0.5单位，以后每增高150 m，递减0.5单位，但总数不超过3单位。"

有三元催化转换器的汽车不能用含铅汽油，否则会使催化器内的重金属（铂、钯和铑等）因铅中毒而失效。

由于汽油容易挥发，遇到明火极易燃烧，使用时应特别注意防火。严禁在加油站等汽油集聚场所抽烟、划火。

6.1.2 车用轻柴油

轻柴油是指由石油炼制成的供高速（1 000 r/min以上）柴油机使用的燃料。轻柴油由石油直馏馏分、催化裂化馏分和精制热裂化馏分调制而成。以轻柴油作为燃料的高速柴油机热效率高、比油耗（每千瓦小时的耗油量）低，因此广泛应用于重型和部分中型载货汽车上，以及少量的轻型汽车和轿车上。铁路内燃机车、工程机械和农业机械也采用轻柴油作为燃料。轻柴油应具备良好的发火性和低温流动性，还要有适当的蒸发性、黏度和安定性。

1. 发火性

发火性是指轻柴油喷入气缸内遇到高温高压空气而自燃发火的性能，以十六烷值表示。十六烷值高，表示轻柴油的发火性好，柴油机工作平稳、柔和，低温启动性好；十六烷值太低，则发火迟缓，气缸内积累的可燃混合气多，发火后压力和温度猛烈上升，柴油机工作粗暴，运转不平稳，噪声大，并可能损伤轴瓦。如果十六烷值过高（超过65~70），则轻柴油发火过快，与空气来不及充分混合即燃烧，会造成后燃期长，燃烧不完全，油耗增多。汽车用轻柴油的十六烷值一般以40~50为宜。

2. 低温流动性

低温流动性是指柴油机的工作环境温度降低时，轻柴油具有的流动性能。良好的低温流动性可保证轻柴油在燃料供给系统中正常的过滤和输送。低温流动性可用浊点、凝点或冷滤点等指标评价。浊点是轻柴油冷却时开始析出石蜡结晶体因而呈现混浊的最高温度;凝点是轻柴油继续冷却失去流动性的最高温度;冷滤点是轻柴油析出的石蜡晶体能够堵塞规定的低温过滤装置的最高温度。大多数商品轻柴油系石蜡基原油炼制,以浊点控制其最低温度失之过严,以凝点控制则失之过宽。20 世纪 70 年代后期倾向于采用冷滤点作为低温流动性指标。中国轻柴油按凝点分为 0、-10、-20 和 -35 等四个牌号。凝点低,馏分相应较轻。汽车用轻柴油的凝点至少应比最低使用环境温度低 5 ℃。

3. 蒸发性

蒸发性是指轻柴油在一定的温度、压力下,由液态转变为气态的能力。它影响柴油机的启动性、工作可靠性、燃料经济性和机件磨损。轻柴油的蒸发性用 50%、90% 或 95% 的馏出温度控制。如果馏分太重,蒸发缓慢,则低温启动困难,后燃期长,燃烧不完全,且易引起机油稀释,加剧发动机磨损;馏分太轻(低沸点化合物多),则十六烷值低,不易发火,加以蒸发快,更容易使柴油机工作粗暴。

4. 黏度

黏度是指液体流动时,分子间产生内摩擦阻力的性质。轻柴油的黏度是保证喷油雾化、喷油距离,以及高压油泵与喷嘴柱塞副润滑要求的指标。高速柴油机用的柴油黏度是 20 ℃时 $(2.5 \sim 8.0) \times 10^{-6} \mathrm{m}^2/\mathrm{s}$。

5. 安定性

含有裂化馏分的轻柴油安定性差,在储存期易产生胶质和有机酸。胶质和有机酸易使喷嘴结焦,燃烧室内积炭增多。在轻柴油中加入适量抗氧防胶剂能提高其安定性。

此外,轻柴油含硫量也是一个重要使用性能指标,它影响气缸的磨损。许多国家规定的含硫量容许值为 0.5%,中国规定不超过 0.2%。为防止轻柴油的酸性燃烧产物的腐蚀作用,柴油机须用有碱性的润滑油润滑。

6.1.3 车用替代燃料

用来替代柴油和汽油的其他燃料,都可称为替代燃料,如醇类燃料、醚类燃料、生物燃料、天然气、氢气、蓄电池、光伏电池和燃料电池等。

1. 液体燃料

(1) 醇类燃料

醇类燃料包括:甲醇、乙醇、正丙醇、异丙醇、正丁醇、正戊醇、异戊醇、仲丁醇、叔丁醇等高碳醇,因为随着醇中碳数的增加,其挥发性和油溶性逐渐变差,因此作为发动机的代用燃料主要指甲醇和乙醇。

1) 甲醇

甲醇,分子式为 CH_3OH,又名木醇或木精,无色,略带乙醇香气的挥发性液体。常压下,甲醇沸点为 64.7 ℃,与水互溶,在汽油中有较大溶解度。它有剧毒、易燃烧,其蒸汽与空气在一定范围(6.7% ~36%)内可形成爆炸性化合物,已逐渐被禁止作为车用燃料。

使用甲醇燃料的优点:

①减少排放。含氧量大,燃烧完全。使 CH 排放减少 20% ~50%,CO 排放明显降低。

②动力性好。辛烷值高达112，可采用高压缩比。
③经济性好。与使用成品油相比，成本降低20%~50%。
④资源丰富。
使用甲醇燃料的缺点：
①毒性。我国规定工作场所甲醇的浓度应低于50 μl/l。
②腐蚀性。能腐蚀铅、铝、锰、塑料和橡胶。
③热值低。热值只有汽油的48%。
④易产生气阻。沸点65 ℃，易产生气阻使燃料供给降低或中断。
⑤低温启动困难。甲醇蒸发潜热是汽油的3倍，使其低温启动和运行性能恶化。
⑥易分层。指甲醇汽油，当水分含量高时，甲醇易从汽油中分离出来。

2）乙醇
使用乙醇燃料的优点：
①减少排放。含氧量大，燃烧完全，使CH和CO排放减少30%以上。
②动力性好。辛烷值高达111，可采用高压缩比。
③积炭性好。燃烧充分，延长部件使用寿命。
④资源丰富。
使用乙醇燃料的缺点：
①腐蚀性。燃烧过程中产生乙酸，腐蚀金属，尤其是铜。对密封橡胶和其他合成材料有轻微的腐蚀和溶胀作用。
②热值低。热值只有汽油的61%。
③易产生气阻。沸点78 ℃，易产生气阻使燃料供给降低或中断。
④低温启动困难。乙醇蒸发潜热是汽油的2倍多，使其低温启动和运行性能恶化。
⑤易分层。指乙醇汽油，当水分含量高时，乙醇易从汽油中分离出来。
⑥经济性差。乙醇的价格一般高于汽油的价格。

3）醇类燃料使用的方式
①掺烧：为主要燃烧方式，主要在汽油机上使用。
按掺入的比例可分为：
低比例掺烧：<10%；
中比例掺烧：10%~20%；
高比例掺烧：>20%。
②纯烧：需要对汽油发动机作必要的改造。

（2）醚类燃料

醚类化合物具有辛烷值高、与汽油的互溶性好、毒性低等一系列优点，因而得到了广泛的应用。特别是推广无铅汽油、使用清洁燃料以来，醚类对清洁空气作出的贡献倍受关注。美国曾经极力推崇甲基叔丁基醚（MTBE），但到1997年年底，由于MTBE本身的化学特性使得它极易穿过土壤进入地下水体，而饮用水中即使有极少量MTBE也会产生强烈的异味。据证实，人吸入少量MTBE会刺激鼻子和咽喉，引起头痛、恶心和眩晕；饮用含MTBE的水会引发肠胃炎；MTBE对肝脏和肾脏以及神经系统也有损害。因此美国加州政府于2000年年底通过了禁止在汽油中使用MTBE的法案，并且设立了一套限制饮用水中MTBE含量的标准。醚类沸点比相应的烯烃高、调入汽油可降低其蒸气压，安定性变好，溴价（或碘值）低，汽油含醚可以改善甲醇与汽油的互溶性。醚的含氧量较高，可以减少汽车尾气中的CO、HC及NO_x排放量。醚类化合物既可看作是汽油的一种高辛烷值调合组分，也可看作是汽油的一种辛烷值提高剂。

1) 二甲醚的使用和特点

醚类燃料中最具发展潜力的是二甲醚，又称甲醚。英文全称为Dimethyl Ether，简称DME。二甲醚在常温常压下是一种无色气体或压缩液体，具有轻微醚香味。相对密度0.666 g/ml (20 ℃)，熔点-141.5 ℃，沸点-24.9 ℃，室温下蒸气压约为0.5 MPa，与石油液化气（LPG）相似。溶于水及醇、乙醚、丙酮、氯仿等多种有机溶剂。易燃，在燃烧时火焰略带光亮，燃烧热（气态）为1455 kJ/mol。常温下DME具有惰性，不易自动氧化，无腐蚀、无致癌性，但在辐射或加热条件下可分解成甲烷、乙烷、甲醛等。

由于石油资源不可再生，世界范围内都在研究开发未来汽车代用燃料。未来DME应用的最大潜在市场是作为柴油代用燃料。相比而言，常规发动机代用燃料如液化石油气、天然气、甲醇等的十六烷值都小于10，只适合用于点燃式发动机。十六烷值含量是柴油燃烧性能的重要指标，二甲醚的十六烷值高于柴油，具有优良的压缩性，非常适合压燃式发动机。使用二甲醚，仅需对原柴油机的燃油系统稍作改进。在保持原柴油机效率、同样的输出功率、扭矩及燃油经济性的前提下，尾气无需催化转化处理，不用任何废气再循环系统和废气处理装置，氮氧化物就能大幅度降低，达到2.5 g/(kW·h)以下；同时，控制氮氧化物和微粒排放的矛盾不复存在，碳烟排放为零，没有任何加速烟度，微粒排放也大幅降低，氮氧化物及黑烟微粒排放就能满足燃料汽车超低排放尾气的要求，是理想的柴油发动机洁净燃料，并可降低发动机噪声。二甲醚成本虽高于柴油，但成本和污染都低于液态丙烷等低污染替代燃料。

柴油机用二甲醚作为燃料，具有以下特点：

①二甲醚的十六烷值大于55，着火温度为235 ℃，而柴油的十六烷值为45~55，着火温度为250 ℃，说明二甲醚的发火性能明显高于柴油。柴油机功率提高16%，热效率提高2~3个百分点。

②二甲醚是由两个碳原子中间夹着一个氧原子组成，不存在碳原子的直接连接，在燃烧过程中不会产生炭烟，解决了柴油机的NO_x与炭烟的折中协调难的问题。在所有运转工况中基本上做到无烟运行，即排放尾气中无可见颗粒物。

③气缸中最高压力下降7~9 MPa，从而使工作时的噪声下降10~15 dB，对气缸的强度要求也相应降低。

④二甲醚的氧含量为34.8%，易于完全燃烧，有利于减少尾气排放中的污染物含量。由于气缸中燃烧温度低，NO_x排放量不足燃用柴油的60%；HC和CO的排放也下降40%左右；在柴油机中使用二甲醚，可满足尾气排放的欧Ⅲ标准。

⑤二甲醚直接进入大气中不会发生光化学反应，不会产生二次污染，对人体无毒害。享有"21世纪的清洁能源"美称的二甲醚自从1995年作为替代燃料应用以来，以其优异的排放性能和良好的应用前景，使得传统的代用燃料压缩天然气和液化石油气黯然失色，在其后的短短四五年间赢得许多内燃机研究者的青睐。它可以替代煤气、液化石油气用于民用燃料，其储运、燃烧安全性等优于液化石油气。二甲醚充分燃烧后生成二氧化碳和水，无残留

物质，是清洁能源。

2）二甲醚的研究和生产

近年来，国内外在研究和生产二甲醚方面已经取得一定的成绩。世界二甲醚生产商主要有美国杜邦、AlledSignalInc，德国联合莱茵褐煤燃料公司和 DEA 公司，荷兰阿克苏公司，日本住友、三井东亚化学和日本制铁公司，澳大利亚 CSR 有限公司和中国台湾康盛公司等，全球二甲醚总生产能力每年约为 21 万吨。目前，我国二甲醚正处于开发应用和发展阶段，生产厂主要有年产 5000 t 的广东中山市精细化工公司、年产 1800 t 的上海石化研究院、年产 5000 t 的陕西新型燃料燃具公司和年产 5000 t 的山东鲁明化工公司等，其生产规模均小于国外各厂家。此外，宁夏银川正在筹建年产 83 万 t 二甲醚生产项目，陕西榆林地区也在筹建年产 20 万 t 的二甲醚生产项目等。目前，我国二甲醚总生产能力约 2 万 t/年。

（3）生物燃料

生物燃料是指通过生物资源生产的燃料乙醇、生物柴油和航空生物燃料，可以替代由石油制取的汽油和柴油，是可再生能源开发利用的重要方向。受世界石油资源、价格、环保和全球气候变化的影响，20 世纪 70 年代以来，许多国家日益重视生物燃料的发展，并取得了显著的成效。中国的生物燃料发展也取得了很大的成绩，特别是以粮食为原料的燃料乙醇生产，已初步形成规模。

生物燃料具有的优势：

1）生物燃料的多样性

①原料上的多样性

生物燃料可以利用作物秸秆、林业加工剩余物、畜禽粪便、食品加工业的有机废水废渣、城市垃圾，还可利用低质土地种植各种各样的能源植物。

②产品上的多样性

能源产品有液态的生物乙醇和柴油，固态的原型和成型燃料，气态的沼气等多种能源产品，既可以替代石油、煤炭和天然气，也可以供热和发电。

2）生物燃料的"物质性"

可以像石油和煤炭那样生产塑料、纤维等各种材料以及化工原料等物质性的产品，形成庞大的生物化工生产体系，这是其他可再生能源和新能源不可能做到的。

3）生物燃料的"可循环性"和"环保性"

生物燃料是在农林和城乡有机废弃物的无害化和资源化过程中生产出来的产品，生物燃料的全部生命物质均能进入地球的生物学循环，连释放的二氧化碳也会重新被植物吸收而参与地球的循环，做到零排放。物质上的永续性、资源上的可循环性是一种现代的先进生产模式。

①可循环性

生物质能的载体是有机物，所以这种能源是以实物的形式存在的，是唯一一种可储存和可运输的可再生能源，而且它分布最广，不受天气和自然条件的限制，只要有生命的地方即有生物质存在。

②环保性

从化学的角度上看，生物质的组成是 C－H 化合物，它与常规的矿物燃料，如石油、煤等是同类。由于煤和石油都是生物质经过长期转换而来的，所以生物质是矿物燃料的始祖，被称为即时利用的绿色煤炭。

4) 生物燃料具有对原油价格的"抑制性"

生物燃料将使"原油"生产国从目前的 20 个增加到 200 个，通过自主生产燃料，抑制进口石油价格，并减少进口石油花费，使更多的资金能用于改善人民生活，从根本上解决粮食危机。

5) 带动性

生物燃料可以拓展农业生产领域，带动农村经济发展，增加农民收入；还能促进制造业、建筑业、汽车等行业发展。在中国等发展生物燃料，还可推进农业工业化和中小城镇发展，缩小工农差别，具有重要的政治、经济和社会意义。

2. 气体燃料

(1) 天然气

天然气是各种替代燃料中最早被广泛使用的一种气体燃料。天然气的主要成分是甲烷(CH_4)，其体积一般占天然气的 80%～90%。另外，天然气中还含有乙烷、丙烷、丁烷、戊烷等气体化合物和氢气、氮气、二氧化碳、硫化氢等气体元素，它们在天然气中的含量一般都比较低。

1) 天然气的特点

与其他燃料相比，天然气具有如下较为突出的优缺点：

①着火极限宽。

天然气与空气的混合气具有很宽的着火极限。其过量空气系数变化范围为 0.6～1.8，可在大范围内改变混合比，提供不同成分的混合气。所以，使用天然气可以实现稀薄燃烧，能有效降低发动机在部分负荷时的能量消耗与排放污染。

②抗爆性好。

天然气应用于汽油机，可适当增大发动机压缩比和点火提前角，以提高发动机性能。

③排放污染小。

天然气汽车排放污染物少于汽油、柴油汽车的排放污染物。

④对发动机的磨损小。

天然气燃料使燃烧室积炭少，且燃烧产物中不含液体燃料成分，对润滑油破坏小。

⑤火焰传播速度低。

天然气燃烧的火焰传播速度为 33.8 cm/s，比汽油的火焰传播速度稍慢。

⑥点火能量高。

天然气着火温度为 537℃，比汽油着火温度低得多。另外，天然气燃烧的火焰传播速度比汽油低，所以，要想使天然气能及时、迅速燃烧，必须有较高的点火能量。

⑦密度小。

天然气的密度比汽油小，使吸入发动机的新鲜空气质量减少，将导致发动机的输出功率降低。

⑧动力性差。

天然气的理论空燃比（质量比和体积比）都比汽油略高，但与空气的理论混合气热值相比却比汽油略低，只有 3.39 MJ/m³，比汽油低 10% 左右，这就使得天然气发动机的功率要比燃用汽油的发动机功率低些。

⑨携带性差。

天然气在常温下是气体，只能在低温下液化，其技术要求很高，而且造价也很高。目前，多采用高压存储在气瓶内，限制了汽车的续航里程。

2）天然气的贮存

作为汽车燃料的替代品，天然气根据其存在的形式不同，分为压缩天然气和液化天然气。

①压缩天然气（CNG）。

压缩天然气是将天然气经过脱水、脱硫净化处理后，经多级压缩至 20 MPa 左右存储在气瓶中，使用时经减压器减压后供给发动机燃烧即可。

②液化天然气（LNG）。

液化天然气是将天然气经过一定工艺，使其在 -162 ℃ 左右变为液态，存储在高压气瓶中。与压缩天然气相比，液化天然气工作压力降低，储气瓶体积减小，续航里程延长。但是它对低温储存技术要求较高。

3）天然气的汽车技术

①加气站技术。

无论是压缩天然气还是液化天然气，它们在向汽车上加注时，所需加气设备都比汽油和柴油等燃料的加注设备复杂的多，所以必须保证压缩天然气的压力和液化天然气的低温，这也需要很高的技术水平。

②发动机技术。

应对天然气燃料混合、发动机燃烧室结构、点火系统等方面进行研究和开发。

③气瓶技术。

天然气必须时刻跟着汽车流动，携带天然气的气瓶如何保证储存压力和绝热能力，并尽量降低其制造成本，这都需要很高的技术水平。

（2）氢气

氢气在内燃机中燃烧，由于不含 CO、HC、碳粒等含碳化合物，也不含石油燃料中其他的金属或非金属类物质燃烧后的化合物。氢气燃烧后的产物只有 H_2O 和 NO_x。而 NO_x 排放在氢发动机中是较单一的，易控制的。而柴油、汽油发动机中 CO、HC 和 NO_x 的控制因其产生机理不同而使控制非常困难。氢发动机中由于没有产生积炭、结胶、颗粒和金属产物等，从而磨损大大减少，润滑油被污染的程度也减轻。所以，氢气被认为是内燃机最洁净燃料之一。

有许多方法可以获取氢气，如煤、石油、天然气、水等，尤其是水，在地球上储量极其丰富，并且可快速循环使用。

1）氢气的特点

与其他燃料相比，氢气具有如下较为突出的优缺点：

①着火极限宽。

氢气在空气中燃烧的界限非常宽，为 4.1%～75%，比汽油和柴油的着火极限大很多。所以，使用氢气可以实现稀薄燃烧，能有效降低发动机在部分负荷时的能量消耗与排放污染。

②点火能量低。

氢气的最小点火能量为 1.34×10^{-5} J，比一般烃类低一个数量级以上。所以，当掺入到汽油后，可降低汽油的点火能量，并改善汽油机的性能。

③排放污染小。

氢气是一种无色、无臭、无毒的干净燃料，同时也是一种无碳燃料，完全不产生汽油等烃类燃料时所排放的 CO、CO_2、HC 等化合物，燃烧后的产物只有 H_2O 和 NO_x，而 NO_x 的排放也比目前的汽油机低得多。先进的氢燃料电池和催化技术，排放中只有水，可以真正实现零排放。因此，氢气作为动力有利于环境保护。

④对发动机的磨损小。

氢气燃料的产物比较单纯，使得它对发动机润滑油的污染比较小。另外，氢气的沸点比较低，仅为 -253 ℃，在发动机上使用液态氢发生汽化时，可较好地降低发动机的机体温度，使得发动机润滑油的高温氧化程度低，这都有利于保证发动机的正常润滑，减少机械磨损。

⑤火焰传播速度高。

氢气燃烧的火焰传播速度为 291 cm/s，是汽油的 7 倍，说明氢气在汽油机中燃烧时的抗爆性能很好。

⑥自燃温度高。

氢气的自燃温度比较高，高达 580 ℃，而柴油为 350 ℃。这就决定了发动机难以压燃，比较适合点燃，故而汽油机易于改为氢气发动机。

⑦与空气的理论混合气热值低。

虽然氢气的质量热值在所有的化学燃料中是最大的，低热值为 120.1 MJ/kg，约为汽油的 3 倍。但是氢气的相对分子质量小、质量轻，使其标态体积低热值只有 10.80 MJ/m³，与其空气的理论混合气热值也只有 3.186 MJ/m³，比汽油低 15% 左右，发热量仅相当于汽油的 85%，所以使得燃氢发动机功率要比燃汽油发动机功率低 15%。

⑧发动机的热效率高。

氢气的自燃温度比较高，其辛烷值也比较高，其抗爆性高于汽油。因此，用氢气做燃料时，可以通过提高发动机压缩比来提高其热效率，并且氢气在空气中的火焰传播速度非常快，这也大大提高了发动机的热效率。

2) 氢气在发动机上的使用

①氢发动机。

氢发动机目前主要是用汽油机改装，用电火花点火。因氢的着火温度高，同时燃烧速度快，燃烧持续时间短，点火能量低。所以，发动机点火后氢气立即燃烧，氢气非常适用于高速车用发动机。

目前，供氢方式有以下几种：

a. 预燃室喷氢法；

b. 缸内直接供氢法；

c. 进气道间歇喷射——进气门座工作面吸入法；

d. 进气道间歇喷射——电磁控制法；

e. 进气管连续喷射——混合器法；

f. 进气管连续喷射——空气导流法。

②掺氢燃烧。

常见的是氢气作为汽油机的部分代用燃料掺烧,其结果是可以大大改善汽油机的性能和减少排放污染。汽油机参氢燃烧后热效率明显提高,CO 的排放量大大降低,NO_x 化合物的排放量也将大大降低。

3) 氢气的储存

氢气的储存常用金属氢化物、高压容器、液氢三种方式。

金属及合金的氢化物吸附氢就像海绵吸水一样,效率很高。但是金属氢化物储氢方式的重量大,且氢压太低,使得氢很难直接喷入气缸。

高压容器是将氢气液化后存储其中,这种储氢方式能提供较高的压力。但是,高压容器储氢方式的重量也比较大,与金属氢化物储氢方式相当。

液氢是把氢气液化后存储在绝热容器中,这种储氢方式重量轻,并且借助小型液氢泵还可获得 8~10 MPa 的高压,以满足高压喷射方式的需要。但是,这种储氢方式需要用的绝热容器,价格昂贵,并且还容易发生蒸发泄露等。

3. 电能

(1) 光伏电池

太阳能光伏电池简称光伏电池,用于把太阳的光能直接转化为电能。目前地面光伏系统大量使用的是以硅为基底的硅太阳能电池,可分为单晶硅、多晶硅、非晶硅太阳能电池。在能量转换效率和使用寿命等综合性能方面,单晶硅和多晶硅电池优于非晶硅电池;多晶硅比单晶硅转换效率低,但价格更便宜。

按照应用需求,太阳能电池经过一定的组合达到一定的额定输出功率和输出电压的一组光伏电池叫光伏组件(图 6-1)。根据光伏电站大小和规模,由光伏组件可组成各种大小不

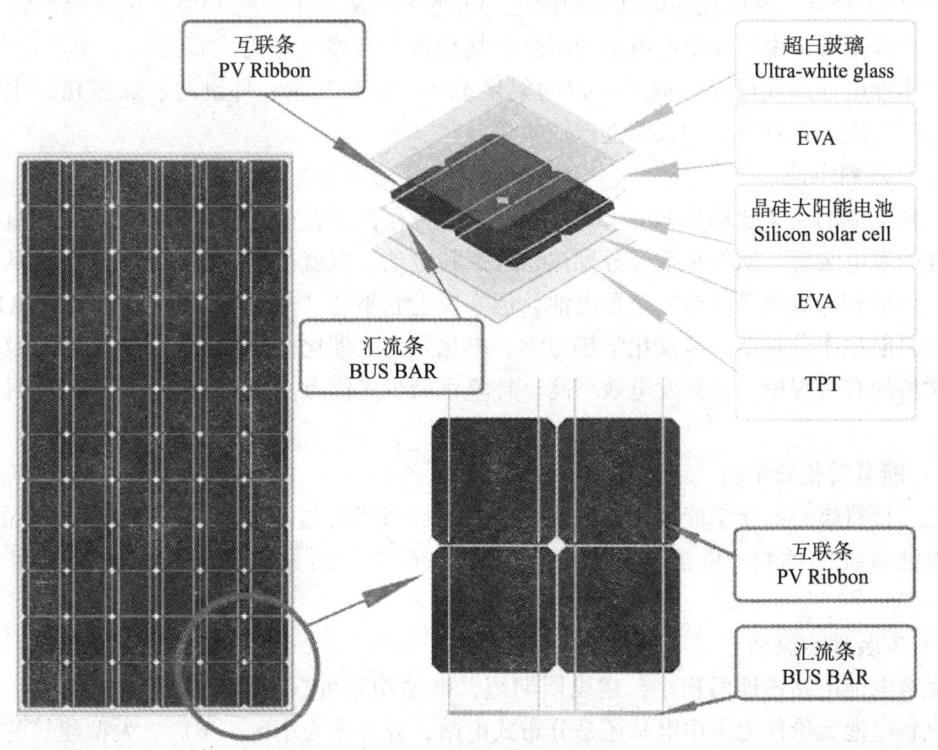

图 6-1 光伏组件

同的阵列。光伏组件采用高效率单晶硅或多晶硅光伏电池、高透光率钢化玻璃、Tedlar、抗腐蚀铝合金边框等材料，使用先进的真空层压工艺及脉冲焊接工艺制造。即使在最严酷的环境中也能保证很长的使用寿命，对每一块太阳电池组件都保证 20 年以上的使用寿命。组件的安装架设十分方便。组件的背面安装有一个防水接线盒，通过它可以十分方便地与外电路连接。

第一代晶硅太阳能电池，主流市场转换效率约为 18%。由于发展早，产业链上各企业生产技术较为成熟，占应用市场约 80% 的份额。

第二代薄膜太阳能电池，已经产业化的主要有薄膜硅电池、CIGS 电池和 CdTe 电池等，占应用市场约 19% 的份额。由于生产成本较低，预计到 2015 年市场占有率将超过 20%。

第三代太阳能电池主要包括聚光和有机太阳能电池等。聚光光伏组件最高转换效率达到 40%，但由于技术尚不成熟，目前聚光光伏电池约占 1% 的应用市场份额。

中国对太阳能电池的研究起步于 1958 年，20 世纪 80 年代末期，国内先后引进了多条太阳能电池生产线，使中国太阳能电池生产能力由原来的 3 个小厂的几百千瓦一下子提升到 4 个厂的 4.5 MW，这种产能一直持续到 2002 年，产量则只有 2 MW 左右。2002 年后，欧洲市场特别是德国市场的急剧放大和无锡尚德太阳能电力有限公司的横空出世及超常规发展，给中国光伏产业带来了前所未有的发展机遇和示范效应。

目前，中国已成为全球主要的太阳能电池生产国。2006 年全国太阳能电池的产量为 438 MW，2007 年全国太阳能电池产量为 1188 MW。中国已经成超越欧洲、日本成为世界太阳能电池生产第一大国。2008 年的产量继续提高达到了 200 万 kW。近 5 年来，中国光伏电池产量年增长速度为 1~3 倍，光伏电池产量占全球产量的比例也由 2002 年 1.07% 增长到 2008 年的近 15%。商业化晶体硅太阳能电池的效率也从 3 年前的 13%~14% 提高到 16%~17%。总体来看，中国太阳能电池的国际市场份额和技术竞争力大幅提高。在产业布局上，中国太阳能电池产业已经形成了一定的集聚态势。在长三角、环渤海、珠三角、中西部地区，已经形成了各具特色的太阳能产业集群。

(2) 燃料电池

燃料电池的英文全称是 Fuel Cell，它是一种将存在于燃料与氧化剂中的化学能直接转化为电能的发电装置。燃料和空气分别被送进燃料电池，电就被奇妙地生产出来。它从外表上看有正负极和电解质等，像一个蓄电池，但实质上它不能"储电"，而是一个"发电厂"。

燃料电池十分复杂，涉及化学热力学、电化学、电催化、材料科学、电力系统及自动控制等学科的有关理论，具有发电效率高、环境污染少等优点。总的来说，燃料电池具有以下特点：

1) 能量转化效率高

它直接将燃料的化学能转化为电能，中间不经过燃烧过程，因而不受卡诺循环的限制。燃料电池系统的燃料—电能转换效率在 45%~60%，而火力发电和核电的效率大约在 30%~40%。

2) 安装地点灵活

燃料电池电站占地面积小，建设周期短，电站功率可根据需要由电池堆组装，十分方便。燃料电池无论作为集中电站还是分布式电站，或是作为小区、工厂、大型建筑的独立电站都非常合适。

3) 负荷响应快,运行质量高

燃料电池在数秒钟内就可以从最低功率变换到额定功率。

燃料电池可分为很多种类型。按燃料的处理方式的不同,可分为直接式、间接式和再生式。

直接式燃料电池按温度的不同又可分为低温、中温和高温三种类型。把碱性燃料电池（AFC,工作温度为100 ℃)、固体高分子型质子膜燃料电池（PEMFC,也称为质子膜燃料电池,工作温度为100 ℃以内)和磷酸型燃料电池（PAFC,工作温度为200 ℃)称为低温燃料电池；把熔融碳酸盐型燃料电池（MCFC,工作温度为650 ℃)和固体氧化型燃料电池（SOFC,工作温度为1 000 ℃)称为高温燃料电池,并且高温燃料电池又被称为面向高质量排气而进行联合开发的燃料电池。

间接式的包括重整式燃料电池和生物燃料电池。

再生式燃料电池中有光、电、热、放射化学燃料电池等。按照电解质类型的不同,可分为碱型、磷酸型、聚合物型、熔融碳酸盐型、固体电解质型燃料电池。

如果按其开发早晚顺序进行分类,把磷酸型燃料电池 PAFC 称为第一代燃料电池,把熔融碳酸盐型燃料电池 MCFC 称为第二代燃料电池,把固体氧化型燃料电池 SOFC 称为第三代燃料电池。这些电池均需用可燃气体作为其发电用的燃料。

燃料电池研究与开发集中在四大技术方面：电解质膜、电极、燃料和系统结构。日、美、欧各厂家开发面向便携电子设备的燃料电池,尤其重视前三个方面的材料研究与开发。

6.1.4 军用柴油

军用柴油的英文全称是 Military Diesel Fuel。它是一种馏程为 200 ℃ ~335 ℃的无色透明液体,以环烷烃原油为原料,经蒸馏在馏程温度下切割的直馏馏分,或将此馏分脱蜡精制而得。闪点为 50 ℃ ~66 ℃,20 ℃时运动黏度为 3.0 ~3.5 mm^2/s,硫含量为 0.2%。具有优良的蒸发性和化学安定性,燃烧性能好,燃烧安全,不结焦,不积炭,燃烧后产生的硫氧化物少,对环境污染小。

军用柴油主要用作坦克、装甲车、潜艇、舰艇等高速柴油发动机的燃料。

6.2 车用润滑材料及工作液

车辆在行驶过程中,许多零部件之间将产生相对运动,再加上载荷和高温的作用,会引起零部件的磨损。为了减少零部件间的磨损,减少车辆的故障,最大限度地发挥汽车的性能,延长汽车的使用寿命,就要使用各种润滑材料。

常用的润滑材料有液体、半固体和固体的。按其组成和作用部位不同,常将车用润滑材料分为发动机润滑油、齿轮油和润滑脂等。

车辆工作液是指液力传动油、液压油、制动液及其他特种工作液等。

6.2.1 发动机润滑油

发动机润滑油也称机油,是发动机的"血液"。它是由石油中的重油经精致加工,并加入各种添加剂而制成的,主要用于发动机轴承、齿轮、气缸、活塞、连杆等部位。

1. 润滑油的主要作用

发动机润滑油的主要作用是润滑、冷却、清洁、密封和防锈。

(1) 润滑作用

将润滑油输送到发动机各相对运动的摩擦表面,形成润滑油膜,以减少零件的摩擦阻力和磨损。

(2) 冷却作用

发动机工作时,润滑油不断地从气缸、活塞、曲轴等摩擦表面吸收热量,一部分热量随着发动机润滑油的循环而消失在曲轴箱中,从而保证发动机的正常工作温度。

(3) 清洁作用

发动机燃料燃烧后会生成积炭物,发动机氧化生成的胶状物会形成积炭、漆膜、油泥等发动机沉淀物。润滑油流经摩擦表面时可把上述杂质带走,经机油滤清器后截留下来,而滤清的润滑油继续进行润滑、洗涤等作用。如此循环往复,能长久地使发动机机件表面保持清洁。

(4) 密封作用

发动机润滑油填充活塞、活塞环与气缸壁间的间隙,形成油封,提高了气缸的密封性,从而保证了发动机的输出功率。

(5) 防锈作用

进入发动机内部的空气、水分以及燃烧后产生的腐蚀性气体会对机件产生锈蚀,使零部件表面发生腐蚀磨损。而润滑油能黏附在机件的金属表面上,避免水及腐蚀介质和机件的直接接触,从而起到防止或减少它们对机件锈蚀的作用。

2. 润滑油的主要性能指标

(1) 黏度

它是指润滑油受外力作用移动时,分子间产生的内摩擦力的大小,是润滑油分级和选用的主要依据。黏度过小,在高温、高压下容易从摩擦表面流失,不能形成足够厚度的油膜;黏度过大,冷启动阻力增加,启动困难,润滑油不能及时被泵送到摩擦表面,导致启动磨损严重。

(2) 黏温性

黏温性是润滑油黏度随温度变化的特性,温度升高,黏度变小;反之,温度降低,黏度增大。发动机从启动到满负荷工作,温度变化范围大,导致润滑油温度变化大。若润滑油黏度随温度变化太大,则会使高温时黏度太低;而低温时黏度太高,则会影响正常润滑。

(3) 氧化安定性

氧化安定性是指润滑油抵抗氧化作用不使其发生永久变化的能力。润滑油工作温度高达 95 ℃,产生氧化后,颜色变暗,黏度增加,酸性增大,并产生胶状沉积物。氧化变质的润滑油将腐蚀发动机零件,甚至破坏发动机的正常工作。

(4) 防腐性

润滑油氧化过程中会产生酸性物质,如各种有机酸等,虽然其酸性较弱,但高温、高压及水汽的存在下也会对金属起腐蚀作用。因此,要求润滑油要有良好的防腐蚀性能。

(5) 清净分散性

清净分散性是指润滑油能将发动机内机件表面生成的胶状物、积炭等不溶物分散、疏松,使其悬浮在油中,不易沉积在机件表面上,同时能将已沉积在机件上的胶状物洗涤下来的性能。

(6) 抗磨性

抗磨性是指润滑油在运动部件间形成和保持油膜,防止金属之间相互接触的能力。为了保证润滑油有可靠的抗磨性,减少发动机内各运动部件之间摩擦造成的磨损和功率损失,必须在油中加入适量的各种抗磨添加剂,主要有油性添加剂、积压添加剂和减磨添加剂。

3. 润滑油的分类

我国国家标准 GB/T 7631.3—1995,参照国际通用的美国石油学会 API 使用分类法,将润滑油分以下 3 类:

(1) 汽油机油系列

SC、SD、SE、SF、SG 和 SH 六个级别。

(2) 柴油机油系列

CC、CD、CD-Ⅱ、CE 和 CF-4 五个级别。

(3) 二冲程汽油机油系列

ERA、ERB、ERC 和 ERD 四个级别。

上述系列中,级号越往后,使用性能越好,适用新机型或强化程度高的发动机。

我国国家标准 GB/T 14906—1994,参照国际通用的美国汽车工程师协会 SAE 黏度分类法,将润滑油分为冬季用油(W 级)和非冬季用油。冬季用油按低温黏度、低温泵送性划分,共有 0W、5W、10W、15W、20W 和 25W 等 6 个等级,级号越小,适应的温度越低;非冬季用油按 100 ℃时的运动黏度分级,共有 20、30、40、50、60 等 5 个等级,其级号越大,适应的温度越高。

4. 润滑油的选用及使用注意事项

(1) 润滑油的选用

润滑油对发动机的使用性能和寿命都有很大的影响,因此要严格按照厂家说明书所规定的要求进行选择和换油。如果没有说明书,可参照如下原则选用:

1) 根据发动机类型选用不同类型的润滑油。汽油机选择汽油机机油,柴油机选择柴油机机油。

2) 汽油机根据车型、工况的苛刻程度和进排气系统中的附加装置等选择不同等级机油,如表 6-1。

3) 柴油机根据其强化程度选用不同的机油等级。强化系数表示发动机的机械负荷和热负荷的总和。强化系数越高,柴油机的机械负荷和热负荷就越大,机油的工作条件就越苛刻,就要选用等级高些的润滑油。不同强化系数柴油机的机油等级选择参见表 6-2。

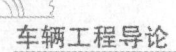

表 6-1 汽油机机油等级选择参考

机油等级	应 用 车 型
SC	国产货车、客车,如以 492QC 为动力的各类汽车
SD	货车、客车和某些轿车,如解放 CA1091、东风 EQ1091 等车型
SE	轿车和某些货车,如夏利、大发、昌河和拉达等车型
SF	轿车和某些货车,如一汽奥迪、捷达、红旗、CA6440 轻客、桑塔纳、切诺基、标致和富康等车型
SG、SH	高档轿车、新型电喷车,如红旗 CA7220AE 等

表 6-2 柴油机机油等级选择参考

机油等级	应 用 车 型
CC	玉柴、扬柴、朝柴、锡柴、大柴 6110,日野 ZM400 和五十铃等
CD	康明斯、斯太尔和依维柯等增压柴油机
CE	用于在低速高负荷和高速高负荷条件下运行的增压柴油机
CF-4	用于高速柴油机、特别适用于高速公路行驶的重负荷载货汽车

4)根据地区、季节、气温和发动机技术特性选用黏度等级。

(2)使用注意事项

1)正确选择润滑油的使用等级,这对发动机正常运行至关重要。遇到下列情况之一的,使用等级应酌情提高一个等级:如汽车长时间时停时开的使用状态;长期低温、低速行驶;长时间高温、高速行驶;在灰尘大的环境下运行;满载或拖挂车长时间行驶。

2)换油时应采用热机放油方法,即先运行车辆,然后趁热放出机油,以便使机内的油泥污物等尽可能地随机油一起排出。

3)避免不同种类、牌号的机油混用,也不能混存,以免发生化学反应。

4)定期检查清洗空气滤清器、燃油滤清器和机油滤清器,清理油底壳中的脏物及曲轴箱的通风,以减轻对机油的污染,防止机油早期变质而失去功用。

5)每天出车前检查机油油面的高度,不能过高和过低。

6)注意检查既有的颜色、气味和黏度的变化,如已变质应及时更换。

7)一般可以使用等级较高的机油代替使用等级较低的机油,但不能使用等级较低的机油代替等级较高的机油。

8)应注意用油的地区或季节的变化,及时换用适宜黏度等级的机油。使用中应尽量选用多级油。

6.2.2 车用润滑脂

1. 润滑脂的组成

润滑脂是将稠化剂分散于液体润滑剂中所形成的一种稳定的固体或半固体产品,其中可以加入旨在改善润滑脂某种特性的添加剂及填料。润滑脂在常温下能保持自己的状态,在垂直表面不流失,并能在密封不良的摩擦部位工作,因此工作范围比润滑油更广泛,在汽车和工程机械上的许多部位都使用润滑脂作为润滑材料。

润滑脂主要是由稠化剂、基础油和添加剂组成。一般润滑脂中稠化剂的质量约占10%~20%,基础油的质量约占75%~90%,添加剂及填料的质量占5%以下。

2. 润滑脂的分类

我国润滑脂的分类等效采用国际标准化组织ISO分类法,按照国家标准规定的润滑剂和有关产品(L类)中的润滑脂(X组)的分类命名方法,按照应用时操作条件(温度、水污染和负荷等)进行分类。每一种润滑脂用一组5个大写英文字母组成的代号和润滑脂的稠度等级来表示。

例如:L-XBEGB-00 表示极压型润滑脂,稠度等级为锥入度400~430。其使用条件为:最低操作温度 -20 ℃,最高操作温度 160 ℃,可以经受水洗。

3. 润滑脂的使用特点

与润滑油相比,润滑脂具有以下优点:

1) 在金属表面具有良好的黏附性,能附着在摩擦表面,不易流失或飞溅;在不易密封的部位使用,可简化润滑系统的结构。

2) 承压抗碾性强,在高负荷及冲击载荷作用下,仍能保持良好的润滑性能。

3) 润滑周期长,不需要经常补充、更换,而且对金属部件具有一定的防锈性,相对地减少了维护工作量。

4) 适用的温度范围宽,适用的工作条件也较宽。

因此,汽车上不宜使用润滑油的部位,在低速大负荷和冲击力较大的部位,工作环境差、难以密封的部位均使用润滑脂。但是,润滑脂黏滞性大,运行阻力大,流动性差,冷却和清洗作用差。另外,当固体杂质混入润滑脂中时不易清除,所以润滑脂的使用范围有一定的限制。

4. 润滑脂的选择

汽车润滑脂的选用包括润滑脂的品种和稠度级号的选用。考虑的主要因素有温度、转速、负荷和工作环境。

润滑脂的品种选择就是根据工作温度、工作环境、负荷和转速进行操作温度范围、水污染和极压性选择,也可以按照汽车使用说明书的规定,选用与用脂部位工作条件相适应的润滑脂的品种和稠度牌号。稠度牌号的选择可根据加脂方式、气温、工作温度等选择,一般多用2号润滑脂。

汽车用润滑脂品种选择如表6-3所示。

表6-3 柴油机机油等级选择参考

润 滑 脂	应 用 部 位
汽车通用锂基润滑脂(CB/T 5671—1995) 或2号通用锂基润滑脂(CB 7324—1987)	轮毂轴承、水泵轴承、起动机轴承、发电机轴承、离合器分离轴承和底盘用脂润滑部位
石墨钙基润滑脂(SH/T 0369—1992)	钢板弹簧
工业凡士林(SH 0039—1990)	蓄电池接线柱

5. 汽车常用润滑脂

汽车常用润滑脂的品种有钙基润滑脂、钠基润滑脂和汽车通用锂基润滑脂。

（1）钙基润滑脂

钙基润滑脂俗称"黄油"，是由动植物脂肪酸钙皂稠化矿物润滑油，以水作为胶溶剂而制成的，是目前我国使用较多的一个品种。它可以用于汽车、拖拉机、中小型电动机等机械设备，使用温度范围为 -10 ℃ ~60 ℃。其优点是抗水性好，遇水不易乳化，容易黏附在金属表面，胶体安定性好。但其耐热性差，有最高使用温度低和使用寿命短等缺点。钙基润滑脂长期被用于汽车的轮毂轴承、转向拉杆球节、水泵轴承和分电器凸轮等部位。

（2）钠基润滑脂

钠基润滑脂是由动植物脂肪酸钠皂稠化矿物润滑油制成的。钠基润滑脂耐热性好，可在 -10 ℃ ~110 ℃ 的宽温度范围内使用，并有较好的承压抗磨性能，可适应较大的负荷，可用于汽车、拖拉机轮毂轴承润滑。但是钠基润滑脂遇水易乳化变质，耐水性差，不能用于潮湿环境和与水接触的机械部件上。

（3）汽车通用锂基润滑脂

汽车通用锂基润滑脂由天然脂肪酸锂皂稠化低凝点润滑油，并加抗氧化剂、防锈剂制成，具有良好的机械安定性和氧化安定性，可在 -30 ℃ ~120 ℃ 的宽温度范围内使用，具有良好的抗水性和防锈性，可在潮湿和与水接触的机械部件上使用。广泛应用于汽车轮毂轴承、底盘、水泵和发电机等摩擦副处。

此外，还有极压锂基润滑脂和石墨钙基润滑脂等。极压锂基润滑脂适用于高负荷齿轮和轴承的润滑，高性能的进口轿车推荐使用这种润滑脂；而石墨钙基润滑脂具有良好的抗水性和抗压性，适用于汽车钢板弹簧、压延机人字齿轮、吊车、起重机齿轮盘、矿山机械、绞车齿轮、钢丝绳索、升降机的滑板及其他粗糙、重负荷的摩擦部位。

6.2.3 车用齿轮油

车用齿轮油俗称"黄油"，是指用于汽车、拖拉机等车辆的手动变速器、驱动桥齿轮传动机构和转向机构等部位的润滑油。它的主要作用是减少齿轮及轴承之间的摩擦及磨损，增强摩擦表面的散热作用，防止机件发生腐蚀和锈蚀。

1. 齿轮油的性能及组成

（1）抗磨性

抗磨性是指齿轮油在运动件间抵抗摩擦保持油膜的能力，它主要取决于油性和极压性。油性是指齿轮油能吸附在零件的摩擦表面上形成油膜，以减少摩擦磨损的性能。齿轮油的油性越好，其吸附油膜的能力就越强，就越能提高抗磨性。极压性是指在摩擦表面接触压力非常高，油膜容易产生破裂下的极高压力润滑条件，防止对摩擦表面产生烧结、胶合等损伤的性能，也称承载能力。

（2）黏度和黏温性

齿轮油和发动机润滑油一样，必须有适宜的黏度和良好的黏温性。一般来说，使用高黏度齿轮油对防止机件损伤、减少噪声有利，而传动效率、冷却作用及油的传递性等方面，却是低黏度齿轮油较好。对于黏温性能，齿轮油虽无发动机润滑油那样大的温度变化范围，但是由于其齿轮压力很大，同样要求有良好的黏温性能，特别是汽车在寒冷地区使用时，要求有更好的黏温性，否则会造成磨损加剧，燃油消耗增大。

（3）热氧化安定性

齿轮油抵抗热和氧化作用的能力。热氧化安定性好的齿轮油，使用周期就长。因此，通常在齿轮油中加有抗氧剂，以改善其氧化安定性。

（4）抗泡沫性

指迅速消除齿轮油泡沫的能力，因为齿轮油转动时会产生泡沫，影响油膜生成，加速齿轮磨损，必须迅速予以消除。为了减少和消除油中的泡沫，常在齿轮油中加入适量的抗泡沫剂。

（5）防锈性和防腐性

防锈性是指齿轮油防止金属产生锈蚀的性能，而防腐性是指齿轮油防止对金属腐蚀的性能。通常用防锈添加剂和防腐添加剂来改善其性能，这些添加剂能在金属表面形成保护膜，以防止锈蚀和腐蚀。

2. 齿轮油的分类及选用

我国齿轮油分普通车用齿轮油、中负荷车用齿轮油和重负荷车用齿轮油，每类又有若干牌号，其选用按各种汽车使用说明书要求进行。若无使用说明书，也可以参照表6-4选用。

表6-4 齿轮油的分类、牌号及选用

牌号	分类	适用范围	备注
80w/90 85w/90 90	普通车用齿轮油 （L-CLC）	适用于中等速度和负荷比较苛刻的齿轮的变速器和螺旋锥齿轮驱动桥	80w/90等齿轮油为多黏度等级齿轮油，带"w"为冬季低温用油，无"w"为夏季用油。 冬季气温不低于-10℃地区，可全年选用90号齿轮油；气温不低于-12℃地区还可以全年使用80w/90号齿轮油；气温不低于-26℃地区可全年选用80w/90号齿轮油；冬季气温＜-26℃以下的严寒地区冬季选用75w号齿轮油
75w 80w/90 85w/90 90 85w/140	中负荷车用齿轮油 （L-CLD）	适用于低速高转矩和高速低转矩的各种齿轮变速器和螺旋锥齿轮，使用条件不太苛刻的双曲线齿轮驱动桥	
75w 80w/90 85w/90 90 85w/140	重负荷车用齿轮油 （L-CLE）	适用于高速冲击载荷、高速低转矩和低速高转矩的各种齿轮，工作条件苛刻的双曲线齿轮传动	

6.2.4 车用液力传动油

车用液力传动油又称自动变速器油（ATF），被用于液力耦合器、液力变矩器或行星齿轮变速器，作为液力传动介质以传递能量和转矩，并进行润滑和散热，它直接影响到液力传动系统的功率和效率。

车用液力传动油的主要性能指标有黏度、黏温性、抗泡沫性、抗氧化安定性和抗磨性等，其含义与其他润滑剂相似。

国外车用液力传动油的分类按照美国材料试验学会 ASTM 和美国石油学会 API 的分类方案，将液力传动油分为 PTF-1、PTF-2、PTF-3 等 3 类。我国车用液力传动油按 100 ℃ 时的运动粘度分为 6 号和 8 号两个牌号。6 号传动油主要用于内燃机车、载重汽车及工程机械；8 号传动油主要用于轿车和轻型货车。进口轿车最好采用其要求的牌号，如无进口油，也可用 8 号油代替。不同国家的传动油不可混用。

车用液力传动油在使用中应注意以下事项：

1）经常检查油位。将车停放在水平路面上，发动机怠速运转，油温在正常范围内（80 ℃ ~ 85 ℃），此时油位应在自动变速器油标尺上的热态油位。自动变速器油位不能过高或过低，否则自动变速器会出现故障。

2）注意保持油温正常。长时间重载低速行驶，将使油温上升，加速油的氧化变质，将形成沉淀物和积炭，阻塞细小的通孔和油液循环管路，这使自动变速器进一步过热，导致自动变速器过热损坏。

3）应按照车辆使用说明书的规定期限，及时更换液力传动油和过滤器或清洗滤网，同时拆洗自动变速器油底壳，并更换密封垫。如无使用说明书，通常车辆每行驶 3×10^4 km 换一次液力传动油。

4）不同牌号、不同品种的液力传动油不能混用，同牌号不同厂家生产的液力传动油也不宜混用。

6.2.5 车用液压油

随着车辆技术的发展，现代车辆上的许多机构广泛采用液压（液力）传动，除液压制动系统、液压减振器、自动变速器外，离合器液压操纵系统、液力转向系统、自动倾卸机构等均采用了液压系统。液压油就是液压传动系统中的工作介质。

为了保证液压系统正常工作，对液压油的使用性能有两个最基本的要求：工作中的不可压缩性和良好的流动性。其品质是由它所包含的基础油、稠化剂、添加剂等决定的。通常提到的空气释放性、起泡性、黏温性和抗剪切性能等，都是为了保证上述两个基本要求。

1. 液压油的主要性能

对液压油的主要性能要求有：

1）适宜的黏度和良好的黏温性能。
2）良好的润滑性。
3）良好的抗磨性和极压性。
4）成分要纯净，材料相容性要好。
5）良好的化学稳定性、抗氧化性。
6）良好的抗泡沫性和抗乳化性。
7）凝点低，指油液不能流动时的最高温度要低。
8）闪点高，指油样液面以上的蒸气被点燃的最低温度高。

2. 液压油的分类

按国家标准 GB 7631.2—1987 规定，润滑油属于 L 类（润滑剂和有关产品）中 H 组（液压系统）分类命名方法。车辆及其维修时，液压系统常用的液压油品种有 L-HH、L-HL、

L-HM、L-HV、L-HR、L-HS、L-HG 等。

(1) L-HH 液压油

L-HH 液压油为无或含少量抗氧剂的精制矿物油。适用于对润滑油无特殊要求的一般循环润滑系统，也适用于其他轻负荷传动机械、滑动轴承和滚动轴承等油浴式非循环润滑系统。无本产品时可用 L-HL 液压油替换。

(2) L-HL 液压油

L-HL 液压油又称普通液压油，其中 L 代表防锈、抗氧化性。它是一种精制矿物油，是能改善其防锈和抗氧化性的润滑油。它常用于低压液压系统和传动装置，在 0 ℃以下环境下使用。

(3) L-HM 液压油

L-HM 液压油为抗磨型液压油，其中 M 代表抗磨，是在 L-HL 液压油的基础上改善其抗磨性能的润滑油。它适用于低、中、高液压系统，也可用于其他中等负荷机械润滑部位，适用的环境温度为 $-5\ ℃\sim 60\ ℃$。

(4) L-HV 液压油

L-HV 液压油为低温抗磨型液压油，是在 L-HM 液压油的基础上改善其黏温性能的润滑油。它适用于环境温度变化较大和工作条件恶劣的低、中、高液压系统和其他中等负荷机械润滑部位，比如野外作业的工程车辆、大型拖拉机等。

(5) L-HR 液压油

L-HR 液压油为一种低温液压油，是在 L-HL 液压油的基础上改善其黏温性能的润滑油。它适用于环境温度变化较大和工作条件恶劣的低压系统和其他轻负荷机械润滑部位。

(6) L-HS 液压油

L-HS 液压油为无特定难燃性的合成液，是以合成烃油或与精制矿物油混调的半合成油为基础，再调入各种抗磨剂和黏度指数改进而成，在低温性能上优于 L-HV 液压油，适合在严寒地区，环境温度在 $-40\ ℃$ 以上野外作业的工程机械上使用。

(7) L-HG 液压油

L-HG 液压油是在 L-HM 液压油的基础上改善其黏温性能的润滑油，可以用于液压系统和导轨润滑系统合用的机床，使导轨在低速下的振动和间歇滑动减至最小。

按照国际标准 ISO 的分类，以 40 ℃运动黏度的中间点黏度划分黏度等级作为油液的牌号，共分为 10、15、22、32、46、68、100、150 等 8 个等级。

3. 液压油的选用和使用注意事项

(1) 液压油的选用原则

1) 根据液压设备的工作环境和运转工况选择液压油。

2) 根据液压泵的类型、压力和工作温度选择液压油。

(2) 液压油的使用注意事项

1) 需特别注意保持液压油的清洁，严防沙尘等杂质污染物侵入，否则将显著缩短液压系统的寿命。

2) 应按照使用说明书上规定的换油指标及时换油。一般条件下，汽车和工程机械在高级维护时更换液压油。

3) 液压系统的工作压力高，要选择黏度较大的液压油。

4) 工作环境温度高，要选择黏度较大的液压油。

5) 运动速度高，要选择黏度较大的液压油。

6) 不同品质、不同牌号的液压油不得混用。新油在加入前和使用后，均应进行取样化验，以确保油液质量。

7) 各类装卸机械和工程机械液压油的选用和使用，应按使用说明书的规定进行。

6.2.6 车用制动液

车用制动液是车辆液压制动系统中所采用的传递压力的工作介质。

1. 制动液的主要使用性能

（1）运动黏度

制动液应在使用温度范围内有很好的流动性，使系统内压力能随制动踏板的动作迅速上升和下降，橡胶皮碗能在制动缸中顺利地滑动。因此，要求制动液在很宽的温度范围内保持适当的黏度。

（2）高温抗气阻性

车辆在平坦的道路上行驶时，制动液的温度一般在 100 ℃ ~ 130 ℃，最高可达 150 ℃。如果使用沸点低的制动液，在高温时制动液会蒸发产生气阻，即使踩下制动踏板也不能使液压上升，导致制动失灵。为了保证汽车安全行驶，要求制动液具有良好的高温抗气阻，即具有高沸点、低挥发性，夏天不易产生气阻。

（3）金属腐蚀性

车辆制动液的缸体、活塞、导管、回位弹簧和阀门等主要采用铸铁、铜、铝及其他合金制成，要求制动液不会引起金属腐蚀，以防产生制动失灵。此外，当制动液渗进橡胶分子的间隙中，会从橡胶中抽出一部分，这些抽出物对金属的腐蚀作用也要限制。

（4）与橡胶良好的配伍性

车辆液压制动系统有橡胶皮碗等橡胶件，要求制动液对橡胶件不造成显著的溶胀、软化或硬化等不良影响。

（5）溶水性

要求制动液吸水后能与水相溶，不产生分离和沉淀。

（6）稳定性

车辆制动液要求其具有优异的高温稳定性和化学稳定性，即制动液在高温和与相溶液体混合后平衡回流沸点的变化要小，保证制动液在储存和使用过程中不应有分层、变质等现象，不形成沉淀物，并且不引起制动系统金属件的生锈、腐蚀等。

（7）抗氧化性

制动系统零件腐蚀一般是制动液氧化而引起的。为防止零件腐蚀，要求制动液在高温条件下具有良好的抗氧化性。

（8）耐寒性

制动液的耐寒性是指制动液低温流动性和外观变化，通过低温流动性和外观试验评定。

2. 车用制动液的分类与选用

我国制动液按国家标准《汽车制动液使用条件》（GB 10831—1989）进行分类。该标准参照国际通行的美国汽车工程师协会 SAE、美国联邦运输部和国际标准化组织 ISO 分类规格,根据制动液高温抗气阻性的不同,从低到高,分为 JG 0、JG 1、JG 2、JG 3、JG 4 和 JG 5 等 6 级,并明确规定了各级制动液应达到的规格要求和使用范围。序号越大,沸点越高,高温抗气阻性越好,行车制动安全性越好。2004 年 1 月,我国实施与国际通用标准接轨的国家强制产品标准 GB 12981—2003《机动车辆制动液》,原来的的 JG 标准不再采用。按照 GB 12981—2003《机动车辆制动液》将制动液分为 HZY 3、HZY 4、HZY 5,分别对应国际上的 DOT 3、DOT 4、DOT 5。各级制动液的主要特性和推荐使用范围见表 6-5。

表 6-5 各级制动液的主要特性和推荐使用范围

级别	代号	主要特性	推荐使用范围
JG_0	2 SM-41、80 11B、YRG-115、SRJ-803-1	具有优异的低温性能,其高温抗气阻性能差	严寒地区冬季使用,如最低温度在 -20 ℃ 以下的黑龙江、内蒙古、新疆等类似地区
JG_1	719、4603、8601、8013 B、YRC 200、SRJ-803-2、SH-3201	具有较好的高温抗气阻性能	高温抗气阻性能已达 SAEJ 1703 水平,我国一般地区均可使用
JG_2	2 SM-2073、8015、SRJ-803-3、4603-4	具有良好的高温抗气阻性能和低温性能	相当于 SAEJ 1703 水平,我国广大地区均可使用
JG_3	4604、2 SM-207、BPE 8017	具有良好的高温抗气阻性能和优良的低温性能	相当于 DOT 3 水平,我国广大地区均可使用
JG_4	BPE 8019	具有优良的高温抗气阻性能和良好的低温性能	相当于 DOT 4 水平,我国广大地区均可使用
JG_5		具有优异的高温抗气阻性能和低温性能	相当于 DOT 5 水平,我国广大地区均可使用

3. 制动液的使用注意事项

①定期更换制动液。制动液的更换以车辆行驶里程或使用时间确定。
②防止水分或矿物油混入。
③不同规格的制动液不能混用。
④制动缸橡皮碗不可敞开放置。
⑤车辆制动液多以有机溶剂制成,易挥发、易燃,因此,管理和使用中要注意防火。

6.2.7 车辆特种工作液

除了上述所介绍的燃料、润滑油、润滑脂、传动油、制动液和液压油等主要液态运行材料外,车辆上还用到其他一些材料,比如发动机冷却液、车用空调制冷剂和风窗玻璃清洗液等。

1. 发动机冷却液

汽车发动机工作时,气缸内部产生高温、高压气体。为了保证发动机正常工作,需要对其冷却;同时为防止发动机在严寒季节不发生缸体、散热器和冷却系管道的冻裂,发动机冷却系统还需要防冻；另外，还要求冷却系统能够防腐蚀、防水垢等。所以冷却液要具有冷却、防腐、防冻和防垢作用。

（1）冷却液的使用性能

1）低温黏度小，流动性好

汽车发动机冷却液的低温黏度越小，越有利于冷却液在冷却系统中流动，冷却系统的散热效果越好。

2）冰点低

冰点就是在没有过冷情况下冷却液开始结晶时的温度，或者在有过冷情况下结晶开始，短时间内停留不变的最高温度。若车辆在低温条件下停放时间过长，而发动机冷却液的冰点达不到应有温度时，则冷却液会结冰，体积膨胀变大，冷却系统就会被冻裂。因此，要求发动机冷却液的冰点要低。

3）沸点高

沸点就是发动机冷却系统的压力与外界大气压力相平衡的条件下，冷却液开始沸腾时的温度。发动机冷却液在较高温度下不沸腾，可保证车辆在满载、高负荷、高速或在山区、热带夏季正常运行；同时，沸点高，蒸发损失少。因此，要求发动机冷却液的沸点要高。

4）防腐性好

发动机冷却液需要接触多种金属材料。如果它对金属有腐蚀性，就会影响发动机的正常工作，甚至造成事故。为使发动机冷却液具有良好的防腐性，要保持冷却液呈碱性，pH值在7.5~11.0之间，超出范围将会对金属材料产生不利影响。

5）不易产生水垢、抗泡性好

水垢能磨损水泵密封件并且覆盖在气缸体水套内壁，使金属的导热性能下降，在结垢严重时甚至会使钢盖高温区温度剧增而引起缸盖开裂。因此要求冷却液具有减少水垢生成作用。

冷却液在工作时由于是在水泵的高速推动下强制循环，通常会产生泡沫。如果发动机冷却液产生泡沫过多，不仅会降低传热系数，加剧气蚀，同时还会使冷却液溢流。因此，要求发动机冷却液的抗泡性要好。

除了上述性能外，还要求汽车发动机冷却液具有热效果好、热容量大、蒸发损失少、热化学安定性好、不损坏橡胶制品等性能。

（2）乙二醇型发动机冷却液

发动机冷却系最早使用水作为冷却液，水来源广泛、经济，比热容大，流动性好，冷却效果好。但是水中含有大量的盐类，会对发动机冷却系统的金属产生腐蚀；同时温度升高时，水中的盐因溶解度下降而析出，容易形成水垢。更严重的是由于水的冰点较高，结冰时体积膨胀，使发动机冷却系部件冻裂。因此要求使用冰点低的冷却液。常用的降低水冰点的物质主要有酒精、甘油和乙二醇等。

乙二醇型发动机冷却液因具有冰点低、沸点高、高闪点、不起泡、很好的流动性和化学稳定性，并且在腐蚀抑制剂存在下能长期防腐、防垢，其性能远优于水，所以被广泛使用。

乙二醇俗称甘醇，是一种无色黏稠液体，能与水以一定比例混合，沸点197.4 ℃，相对密度为1.1131，冰点为 -11.5 ℃。但是与水混合后，其冰点可显著降低，最低可达 -68 ℃。

现代乙二醇型发动机冷却液是由基础液、防腐蚀添加剂、抗泡沫添加剂、燃料及水等组成。冷却液浓缩液的基本组分是 92%～95% 的乙二醇，3%～5% 的防腐剂，5% 以下的水及燃料等。

(3) 发动机冷却液的选择

发动机冷却液的选择主要包括发动机冷却液防冻性的选择和产品质量的选择。

发动机冷却液的选择原则是发动机冷却液的冰点要比车辆运行地区的最低气温低 10 ℃ 左右，以确保在特殊情况下冷却液不冻结。

不同的发动机其技术特性、热负荷情况、冷却系材料等均有不同，因此对冷却液产品质量的要求也有所不同。目前国内外的发动机冷却液的产品配方很多，所以选择发动机冷却液要根据发动机的类型、性能的强化程度和冷却系材料的种类，除了要保证发动机冷却液能降温、防冻外，还要考虑防沸、防腐蚀和防水垢等问题。对冷却液产品选择时，应以车辆制造厂家的规定或推荐为准。

(4) 发动机冷却液的使用注意事项

发动机冷却液在使用过程中应注意以下事项：

1) 注意检查冷却液液面高度，视情况正确补充。
2) 加注冷却液之前应对发动机冷却系统进行清洗。
3) 稀释浓缩时要使用蒸馏水或去离子水。
4) 冷却液使用一段时间后应及时更换，一般规定 1～2 年更换一次。
5) 不同厂家、不同牌号的发动机冷却液不能混用。
6) 使用乙二醇冷却液时，应注意乙二醇有毒，切勿用口吸。

2. 车用空调制冷剂

现代车辆上广泛配有空调系统，制冷剂就是用于空调系统中的工作介质。制冷剂又称制冷工质，在南方一些地区俗称"雪种"。液体制冷剂在蒸发器中低温下吸取被冷却对象的热量而汽化，使被冷却对象降温。然后，又在高温下把热量传递给周围介质而冷凝液体。如此反复不断循环，借助于制冷剂的状态变化，达到制冷目的。

(1) 种类

空调系统最早广泛使用的是 R12，即二氟二氯甲烷（CF_2CL_2）。由于其分子中含有氯原子，当其排放到大气中并到大气同温层后，在太阳光的强烈照射下会分离出氯离子，从而导致大气臭氧层的破坏，减少了大气对地球的保护作用，会导致太阳紫外线大量辐射到地面，使人患皮肤癌、白内障和呼吸道疾病的机会大大增加。紫外线大量辐射到地面，还会产生温室效应，使地球变暖，对人类和生物的生存环境带来很大的变化。同时对地球上生物的影响和危害也很大，会打乱地球整个生态系统中复杂的食物链和食物网，因此，它已被禁止使用。

为了适应环保的要求，特别是为了适应保护臭氧层的需要，科研部门研发了不破坏臭氧层的制冷剂 R134a，其温室效应影响小，热力性质稳定性与 R12 相近。它具有以下特性：

1) 无色、无臭，不燃烧、不爆炸，基本无毒性，化学性质稳定。
2) 不破坏大气臭氧层，在大气层停留寿命短，温室效应影响也很小。
3) 黏度较低，流动阻力小。
4) 分子直径比 R12 略小，易通过橡胶向外泄露，也较易被分子筛吸收。

5）与矿物油不相容，与氟橡胶不相容。

6）吸水性和水溶解性比 R12 高。

7）汽化潜热高，定压比热大，具有较好的制冷能力，但质量流量小，所以制冷系数与 R12 相当或略小。

（2）性能要求

1）具有优良的热力学特性，以便能在给定的温度区域内运行时有较高的循环效率。也就是要求临界温度高于冷凝温度、与冷凝温度对应的饱和压力不要太高、标准沸点较低、流体比热容小、绝热指数低、单位容积制热量较大等。

2）具有优良的热物理性能，即较高的热传递系数、较低的黏度及较小的密度。

3）具有良好的化学稳定性，要求制冷剂在高温下具有良好的化学稳定性，保证在最高工作温度下不发生分解。

4）与润滑油有良好的互溶性。

5）安全性。制冷剂无毒、无刺激性、无燃烧性及爆炸性。

6）有良好的电气绝缘性。

7）经济性。要求制冷剂价格低廉，容易获取。

8）环保性。要求制冷剂的臭氧消耗潜能值 ODP 与全球变暖潜能值 GWP 尽可能小，以减少对大气臭氧层的破坏及引起全球气候变暖。

（3）使用注意事项

1）要避热。制冷剂极易蒸发，在保管时应避免日光直接照射，添加时应在低温下进行。

2）不能与明火接触。R12 和明火接触，当温度大于 400 ℃ 时，即和空气中氧和水蒸气发生化学反应，生成有毒的"光气"。

3）要避免接触人的任何部位，特别是眼睛，否则会引起冻伤。接触制冷剂时，应带上护目镜和手套。假如被制冷剂溅伤，应立即用大量的水冲洗，并马上涂敷凡士林。

4）要注意通风。制冷剂排到大气中会造成氧气浓度急剧下降，严重时会使人窒息，因此，在检查和填充时，要在通风良好处进行。

3. 风窗玻璃清洗液

车辆在行驶过程中，自身或其他车辆溅起的泥土，废气中含有的未完全燃烧的油气和道路沥青与水的混合物，抛光剂的蜡与雨水的混合物等，会附着在汽车的风窗玻璃上，这些物质的存在严重影响了驾驶员的视野。风窗玻璃清洗液就是用来清洗这些妨碍视野、危害行车安全的物质。

（1）性能要求

风窗玻璃清洗液要求对附着在风窗上的各种物质具有浸透、乳化分散、可溶解等性能，以便将其清洗干净。其主要性能要求有：

1）风窗玻璃清洗液对水刮器的材料，如铝、锌、橡胶、塑料和油漆等不应产生腐蚀或其他影响。

2）在冬季使用的风窗玻璃清洗液应有较低的凝点，以防在低温时结冰而不可使用。一般要求风窗玻璃清洗液的凝点为 -20 ℃，对于特别严寒的地区可特殊配置。

3）要求风窗玻璃清洗液在低温和高温交变时应没有分离和沉淀。风窗玻璃清洗液多用于雨天，平时存放于发动机舱内，时而加热，时而冷却，如果易发生分离、沉淀，则容易造成机构内部堵塞，影响正常喷射。

4）对人的皮肤和嗅觉无刺激。

（2）风窗玻璃清洗液的配方

为了满足风窗玻璃清洗液的性能要求，在风窗玻璃清洗液中常常添加表面活性剂、防雾剂、阻凝剂、无机助洗剂、有机助洗剂等。风窗玻璃清洗液的配方如表 6-6。

表 6-6 风窗玻璃清洗液的组成　　　　　　　　　　　　　　　%

组　　成	配方 1　/%	配方 2
表面活性剂	4.0	5.0
防雾剂	1.0	—
阻凝剂	3.5	—
无机助洗剂	6.0	—
有机助洗剂	1.5	22.0
水分	余量	余量

（3）风窗玻璃清洗液的技术要求

风窗玻璃清洗液的技术要求如表 6-7 所示。

表 6-7 风窗玻璃清洗液的技术要求

项　目		规　　定	条　件
凝固温度/℃		4.0	
pH		6.5~10.0	
清洁性	洗净性 分散性	透过风窗玻璃应可看见前方视野，可容易地对油污成分乳化分散	
金属腐蚀性	铝板 不锈钢板 黄铜 铬酸盐镀锌板	应无明显的点状腐蚀和粗糙表面	50 ℃ ±2 ℃ 48 h
对橡胶影响	天然橡胶 三元乙丙橡胶 氯丁橡胶	应无表面的粘接、炭黑脱落以及龟裂等异常现象	50 ℃ ±2 ℃ 120 h ±2 h
对塑料影响	聚乙烯树脂 聚丙烯树脂	无明显变形和色变现象	50 ℃ ±2 ℃ 120 h ±2 h
对涂层影响	丙烯树脂磁漆 氨基醇酸树脂漆	应无涂层软化和膨胀现象，试验前后的光泽和颜色应无变化	50 ℃ ±2 ℃ 6 h
稳定性	加热稳定性		50 ℃ ±2 ℃ 8 h 后 20 ℃ ±15 ℃
	低温稳定性	允许有棉毛状沉淀但不应有结晶粒子	-50 ℃ ±2 ℃ 8 h 后 20 ℃ ±15 ℃ 16 h

6.3 汽车轮胎

6.3.1 轮胎的作用与构造

1. 轮胎的作用

现代汽车几乎都采用充气轮胎，一般轮胎由橡胶制成，安装在轮辋上。汽车行驶的舒适性能与轮胎直接有关。其主要作用有：

1）支撑车辆重量。
2）通过轮胎和路面间良好的附着性能，提高汽车的动力性、通过性和操控性。
3）协助悬架系统吸收路面的冲击和振动，以提高驾驶舒适性。
4）改变方向。汽车无论是转向还是掉头都需要由轮胎来完成，它根据驾驶人的意愿来改变汽车行驶的方向。

可见，轮胎对汽车的使用性能有很大的影响，车轮的合理使用关系到汽车的安全行驶、能源的节约和汽车运输成本的降低。

2. 轮胎的结构

轮胎的种类不同，其构造也略有差别。充气轮胎根据组成结构分为有内胎轮胎和无内胎轮胎。本章以有内胎轮胎为例，介绍轮胎的结构。

有内胎轮胎一般由外胎、内胎和垫带等部分组成。但是，在深槽轮辋上使用的有内胎轮胎没有垫带，无内胎轮胎既无内胎、也无垫带。

（1）外胎

外胎用以保护内胎不受外来损伤和充入压缩空气后不致过分膨胀的外壳，是轮胎的主体，具有承担车重和变形、缓和汽车振动和冲击的作用，要有一定的强度和弹性。轮胎的外胎的基本组成部分有胎面、胎侧、胎体和胎圈等。

1）胎面

胎面包括胎冠和胎肩两部分。

胎冠是轮胎与路面直接接触的部分，上面刻有各种沟纹和窄槽，称为轮胎花纹。胎冠具有极高的抗磨损性和抗撕裂性。

胎肩是较厚的胎冠和较薄的胎侧间的过渡部分，一般也有花纹，以提高该部分的散热和防滑能力。在车轮转向时，胎肩提供了与路面连续的接触面。

2）胎侧

胎侧是在胎体帘布层侧壁的薄橡胶层，其作用是保护轮胎侧面帘布层免受外部损坏。胎侧在汽车行驶过程中不断地在载荷作用下弯曲变形，所以要求其具有很好的耐疲劳性能。胎侧上标有厂家名称、轮胎尺寸及其他资料。

3）胎体

胎体位于外胎的内侧，是外胎的骨架，由帘布层和缓冲层组成，其作用是承受负荷、保持轮胎外缘尺寸和形状。

帘布层是由若干层帘线用橡胶贴合而成的，一般有多层。帘线的材料有棉线、钢丝、人造丝线和尼龙丝等。帘布层结构有斜交帘布层、带束斜交帘布层和子午线帘布层。

缓冲层也叫带束层，位于帘布层和胎冠之间，用胶片和多层挂胶稀帘布制成，故该部分弹力较大。缓冲层用于普通斜交轮胎，用来分散和降低胎冠部的工作应力；缓冲层用于子午线轮胎，可以用来约束轮胎的变形，提高胎面强度，减小轮胎滚动时的内部蠕动损失。

4）胎圈

胎圈使外胎牢固地安装在轮辋上，有很大的刚度和强度，由钢丝圈、帘布层包边和胎圈包边组成。钢丝圈用于限制胎圈的膨胀，以确保对气体密封。

（2）内胎

内胎是一个环形橡胶管，上面装有气门嘴，以便充入和排出空气。橡胶管内充满压缩空气，装入外胎后，使轮胎可保持一定内压，从而获得缓冲性能和承载能力。为使内胎在充气状态下不产生褶皱，其尺寸应稍小于外胎的内壁尺寸。

（3）垫带

垫带是个环形的橡胶带，它垫在内胎与轮辋之间。其边缘较薄，表面光滑，具有耐热性，上有供内胎气门嘴通过的圆孔。它能保护内胎不被轮辋和胎圈磨伤。

6.3.2 轮胎规格与表示方法

1. 轮胎的主要尺寸

轮胎的主要尺寸包括轮胎断面宽度 B、轮胎断面高度 H、轮胎外径 D、轮辋名义直径 d、自由半径、静力半径和滚动半径等，如图 6-2 所示。

（1）轮胎断面宽度 B

轮胎断面宽度是指轮胎按规定气压充气后，轮胎外侧面间的距离。

（2）轮胎断面高度 H

轮胎断面高度是指轮胎按规定气压充气后，轮胎外直径与轮辋名义直径之差的一半。

（3）轮胎外径 D

轮胎外径是指轮胎按规定气压充气后，在无负荷状态下胎面最外表面的直径。

（4）轮辋名义直径 d

轮辋名义直径是指轮辋规格中直径大小的代号，与轮胎规格中相对应的直径一致。

（5）自由半径

车轮的自由半径是指车轮处于无载时的半径。

（6）静力半径

车轮的静力半径是指汽车静止时，车轮中心至轮胎与道路接触面间的距离。

（7）滚动半径

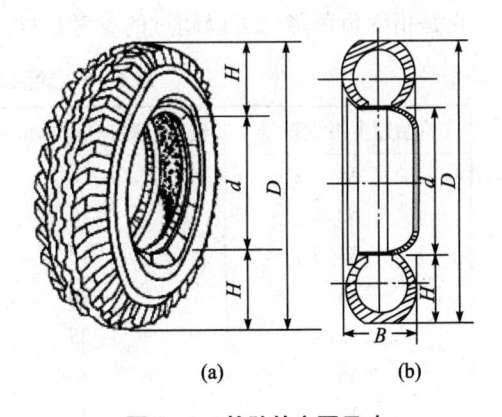

图 6-2 轮胎的主要尺寸
（a）轮胎外形；（b）剖视图

车轮的滚动半径是以车轮转动的圈数与实际车轮滚动距离之间的关系来换算求得。按下列公式计算：

$$r = \frac{S}{2\pi n_w}$$

式中，n_w 为车轮转动的圈数；S 为在转动 n_w 圈时车轮滚动的距离。

2. 轮胎的高宽比

轮胎的高宽比也称扁平率，是指轮胎断面高度 H 与轮胎断面宽度 B 的百分比，表示为 $\frac{H}{B} \times 100\%$。轮胎通常是根据高宽比的名义值大小划分系列的。目前汽车轮胎的高宽比为 80%、75%、70%、65%、60%、55%、50%、45% 等，相对应的轮胎系列分别为 80 系列、75 系列、70 系列、65 系列、60 系列、55 系列、50 系列、45 系列等。

3. 轮胎的层级

轮胎的层级是表示轮胎承载能力的相对指数，主要用于区别尺寸相同但结构和承载能力不同的轮胎。轮胎的层级与轮胎帘布层数没有直接关系。轮胎层级常用 PR（PLY RATING）表示。

4. 轮胎的最高车速和速度级别符号

轮胎的最高车速是指在规定的路面级别、轮辋名义直径等条件下，在规定持续行驶时间内，所允许使用的最高车速。

将轮胎最高速度分为若干级，用字母表示，称为速度等级符号。表 6-8 是轮胎速度级别符号和允许的最高行驶速度。表中规定的速度级别符号既适用于轿车轮胎，也适用于货车轮胎，但它们的含义不同。对于轿车轮胎，它是指不允许超过的最高速度；对于货车轮胎，它是指随负荷降低可以超过的参考速度。

表 6-8 轮胎速度级别符号和最高行驶速度

轮胎速度级别符号	最高行驶速度/(km·h^{-1})	轮胎速度级别符号	最高行驶速度/(km·h^{-1})
A1	5	K	110
A2	10	L	120
A3	15	M	130
A4	20	N	140
A5	25	P	150
A6	30	Q	160
A7	35	R	170
A8	40	S	180
B	50	T	190
C	60	U	200
D	65	H	210
E	70	V	240
F	80	W	270
G	90	Y	300
J	100		

对于轿车轮胎来说，在限定最高行驶速度的前提下，如果选用不同名义直径的轮辋，则轮胎速度级别符号所表示的最高行驶速度也不同，如表6-9所示。

表6-9 轮胎速度级别符号在不同轮辋名义直径时表示的轿车轮胎最高行驶速度（摘录）

轮胎速度级别符号	轮胎最高行驶速度/(km·h^{-1})		
	轮辋名义直径 10 in	轮辋名义直径 12 in	轮辋名义直径 ≥13 in（7.6 cm）
Q	135	145	160
S	150	165	180
T	165	175	190
H		195	210

5. 轮胎的负荷指数和负荷能力

轮胎负荷指数是指在规定的轮胎最高速度、最大充气压力等规定使用条件下负荷能力的参数。轮胎负荷指数用LI来表示，轮胎负荷能力用TLCC来表示。轮胎负荷指数目前有0～279共280个，表6-10是部分轮胎负荷指数与轮胎负荷能力对应关系的数据。

表6-10 轮胎负荷指数与轮胎负荷能力对应关系（摘录）

轮胎负荷指数（LI）	轮胎负荷能力（TLCC）/N	轮胎负荷指数（LI）	轮胎负荷能力（TLCC）/N
79	4 370	84	5 000
80	4 500	85	5 150
81	4 620	86	5 300
82	4 750	87	5 450
83	4 870	88	5 600

6. 轮胎的规格表示方法

目前，我国轮胎执行的标准为 GB 9743—1997《轿车轮胎》、GB/T 2978—1997《轿车轮胎系列》、GB 9744—1997《载重汽车轮胎》及 GB/T 2977—1997《载重汽车轮胎系列》等。标准规定轮胎规格、基本参数、主要尺寸、气压负荷对应关系等。现将我国轮胎规格表示方法分述如下。

（1）轿车轮胎规格表示方法

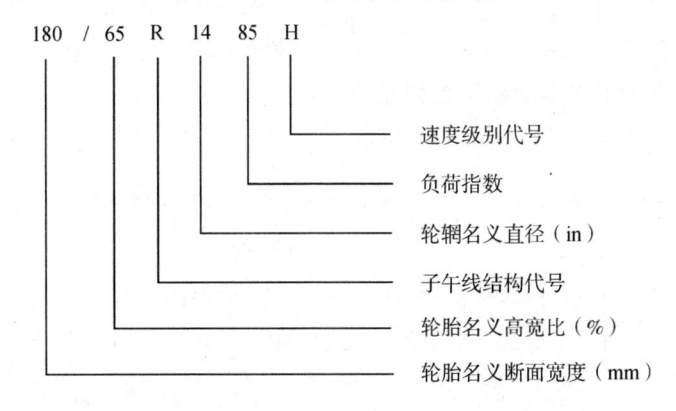

```
180 / 65 R 14 85 H
              │  │  │  │  │  └─ 速度级别代号
              │  │  │  │  └──── 负荷指数
              │  │  │  └─────── 轮辋名义直径（in）
              │  │  └────────── 子午线结构代号
              │  └───────────── 轮胎名义高宽比（%）
              └──────────────── 轮胎名义断面宽度（mm）
```

（2）载货汽车轮胎规格表示方法

1）微型载货汽车普通断面斜交轮胎

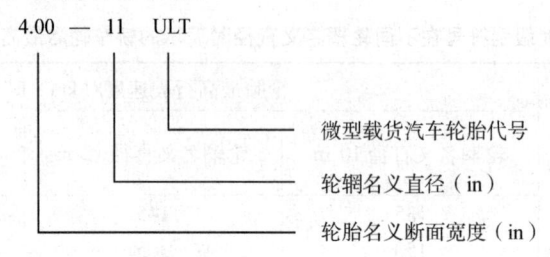

```
        4.00 — 11  ULT
         │    │    │
         │    │    └── 微型载货汽车轮胎代号
         │    └─────── 轮辋名义直径（in）
         └──────────── 轮胎名义断面宽度（in）
```

2）轻型载货汽车普通断面斜交轮胎

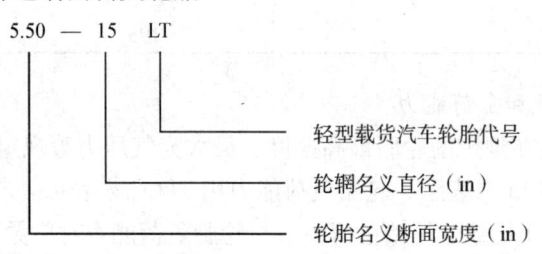

```
        5.50 — 15  LT
         │    │    │
         │    │    └── 轻型载货汽车轮胎代号
         │    └─────── 轮辋名义直径（in）
         └──────────── 轮胎名义断面宽度（in）
```

3）轻型载货汽车普通断面子午线轮胎

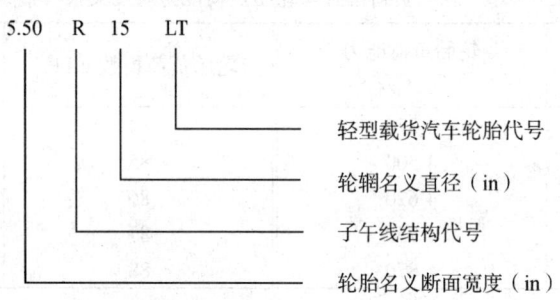

```
        5.50  R  15  LT
         │    │   │   │
         │    │   │   └── 轻型载货汽车轮胎代号
         │    │   └────── 轮辋名义直径（in）
         │    └────────── 子午线结构代号
         └─────────────── 轮胎名义断面宽度（in）
```

4）轻型载货汽车斜交米制单位系列轮胎

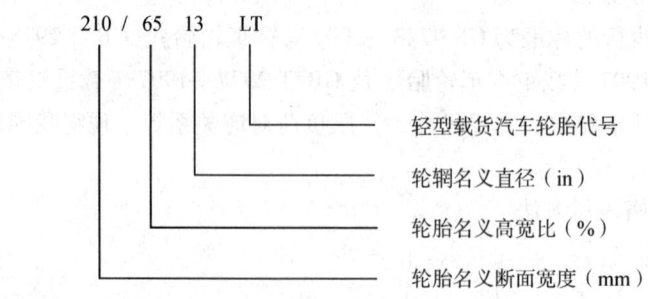

```
       210 / 65  13  LT
        │    │   │   │
        │    │   │   └── 轻型载货汽车轮胎代号
        │    │   └────── 轮辋名义直径（in）
        │    └────────── 轮胎名义高宽比（%）
        └─────────────── 轮胎名义断面宽度（mm）
```

5）轻型载货汽车子午米制单位系列轮胎

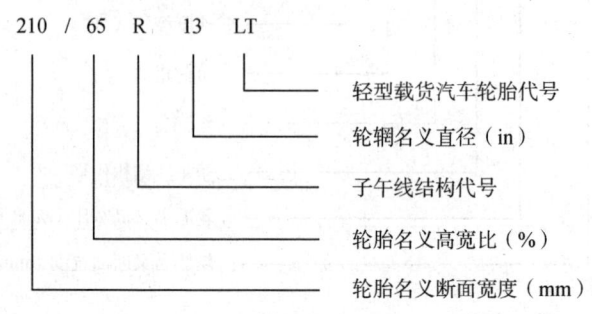

```
       210 / 65  R  13  LT
        │    │   │   │   │
        │    │   │   │   └── 轻型载货汽车轮胎代号
        │    │   │   └────── 轮辋名义直径（in）
        │    │   └────────── 子午线结构代号
        │    └────────────── 轮胎名义高宽比（%）
        └─────────────────── 轮胎名义断面宽度（mm）
```

6) 中、重型载货汽车普通断面斜交轮胎

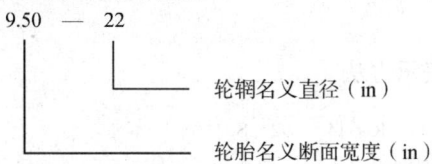

　　9.50 — 22
　　　　　└─ 轮辋名义直径（in）
　　└──── 轮胎名义断面宽度（in）

7) 中、重型载货汽车普通断面子午线轮胎

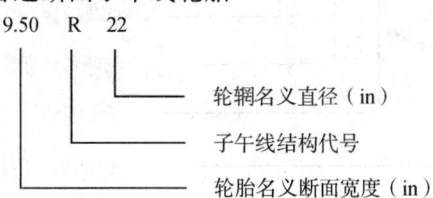

　　9.50 R 22
　　　　　　└─ 轮辋名义直径（in）
　　　　└─── 子午线结构代号
　　└────── 轮胎名义断面宽度（in）

8) 中型载货汽车普通断面子午线无内胎轮胎

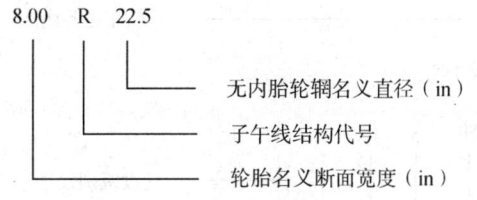

　　8.00 R 22.5
　　　　　　└─ 无内胎轮辋名义直径（in）
　　　　└─── 子午线结构代号
　　└────── 轮胎名义断面宽度（in）

9) 中型载货汽车斜交无内胎米制单位系列轮胎

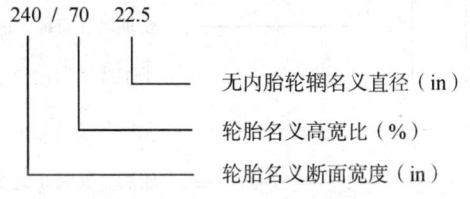

　　240 / 70 22.5
　　　　　　　└─ 无内胎轮辋名义直径（in）
　　　　　└─── 轮胎名义高宽比（%）
　　└─────── 轮胎名义断面宽度（in）

10) 中、重型载货汽车子午无内胎米制单位系列轮胎

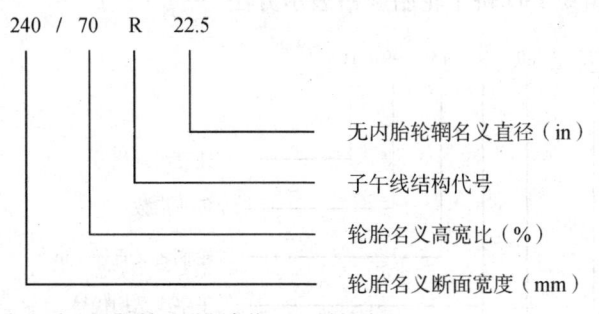

　　240 / 70 R 22.5
　　　　　　　　└─ 无内胎轮辋名义直径（in）
　　　　　　└─── 子午线结构代号
　　　　└───── 轮胎名义高宽比（%）
　　└─────── 轮胎名义断面宽度（mm）

11) 中型载货汽车子午无内胎米制单位系列轮胎

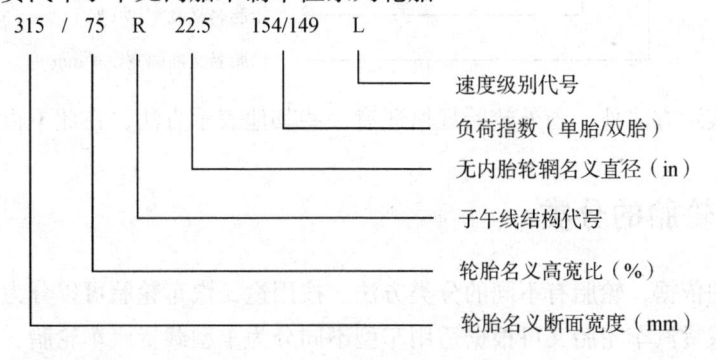

　　315 / 75 R 22.5 154/149 L
　　　　　　　　　　　　　　└─ 速度级别代号
　　　　　　　　　　　└──── 负荷指数（单胎/双胎）
　　　　　　　　└────── 无内胎轮辋名义直径（in）
　　　　　　└──────── 子午线结构代号
　　　　└────────── 轮胎名义高宽比（%）
　　└──────────── 轮胎名义断面宽度（mm）

321

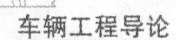

国外对轮胎规格的表示方法较多，其中以美国、欧洲、国际标准化组织 ISO 的影响最大，下面列举几例。

1）美国轿车轮胎规格表示方法

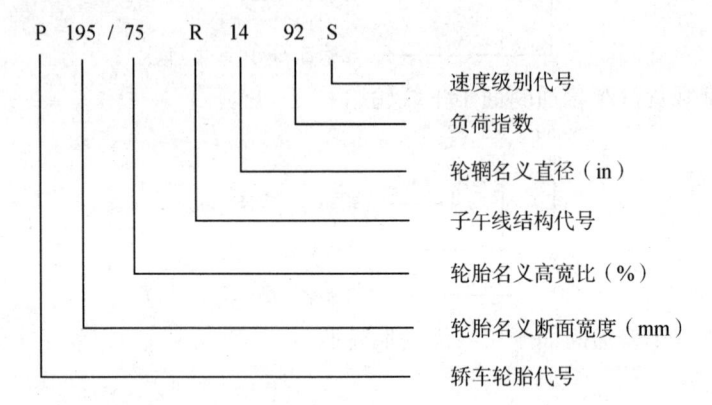

```
P 195 / 75  R  14 92 S
│  │    │   │  │  │  └─ 速度级别代号
│  │    │   │  │  └──── 负荷指数
│  │    │   │  └─────── 轮辋名义直径（in）
│  │    │   └────────── 子午线结构代号
│  │    └────────────── 轮胎名义高宽比（%）
│  └─────────────────── 轮胎名义断面宽度（mm）
└────────────────────── 轿车轮胎代号
```

2）欧洲轿车轮胎表示方法

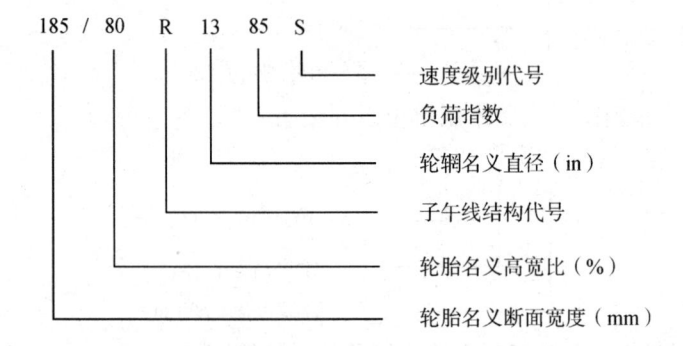

```
185 / 80  R  13 85 S
 │    │   │  │  │  └─ 速度级别代号
 │    │   │  │  └──── 负荷指数
 │    │   │  └─────── 轮辋名义直径（in）
 │    │   └────────── 子午线结构代号
 │    └────────────── 轮胎名义高宽比（%）
 └─────────────────── 轮胎名义断面宽度（mm）
```

3）国际标准化组织 ISO 轿车轮胎规格表示方法

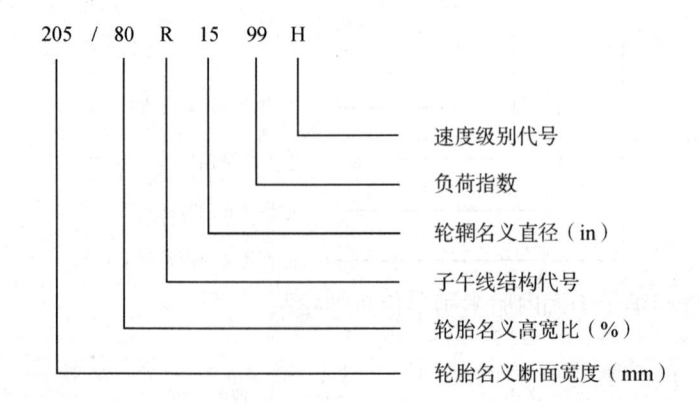

```
205 / 80  R  15 99 H
 │    │   │  │  │  └─ 速度级别代号
 │    │   │  │  └──── 负荷指数
 │    │   │  └─────── 轮辋名义直径（in）
 │    │   └────────── 子午线结构代号
 │    └────────────── 轮胎名义高宽比（%）
 └─────────────────── 轮胎名义断面宽度（mm）
```

除了上述表示方法外，国外轮胎规格还有一些其他表示方法，在此不再赘述。

6.3.3 轮胎的分类

根据不同的依据，轮胎有不同的分类方法。按用途，汽车轮胎可以分为载货汽车轮胎和轿车轮胎，而载货汽车轮胎又可根据适用车型不同分为重型载货汽车轮胎、中型载货汽车轮胎、轻型载货汽车轮胎等。按胎体可分为实心轮胎和充气轮胎,而现代汽车绝大多数为充气轮胎。

充气轮胎根据不同的分类依据有多种分类方法。

1)按轮胎充气压力不同,可分为高压轮胎、低压轮胎、超低压轮胎和调压轮胎。充气压力为 0.5~0.7 MPa 的轮胎为高压轮胎;充气压力为 0.15~0.45 MPa 的轮胎为低压轮胎;充气压力低于 0.15 MPa 的轮胎为超低压轮胎;充气压力可根据路面条件不同进行调节的轮胎为调压轮胎。

2)充气轮胎按轮胎胎面花纹不同可分为普通花纹轮胎、越野花纹轮胎和混合花纹轮胎。

3)充气轮胎按轮胎组成结构不同可分为有内胎轮胎和无内胎轮胎。

4)充气轮胎按胎体帘线排列方向不同可分为普通斜交轮胎和子午线轮胎。

5)充气轮胎按轮胎体帘线材料可分为棉帘线轮胎、人造丝轮胎、尼龙轮胎和钢丝轮胎。

6.3.4 轮胎系列

汽车轮胎系列可分为轿车轮胎系列和载货汽车轮胎系列。

1. 轿车轮胎系列

目前,我国轿车轮胎系列执行 GB/T 2978—1997《轿车轮胎系列》,它包括的项目如表 6-11 所示。

表 6-11 轿车轮胎系列包括项目举例

轮胎规格	负荷指数(标准)[①]	基本参数		主要尺寸/mm					负荷能力(标准)/N
				新胎充气后				轮胎最大使用尺寸		
		标准轮辋	允许使用轮辋	断面宽度	外直径	负荷下静半径	滚动半径	断面宽度	外直径	
165/70 R14	81	5 J	5.50 B、51/2J	170	588	268	285	177	602	4620
185/70 R13	86	5.50 B	6.00 B、51/2J	189	590	266	286	197	609	5300

① 在完全的轿车轮胎系列规格中,包括标准和增强两种。

2. 载货汽车轮胎系列

目前,我国载货汽车轮胎系列执行 GB/T 2977—1997《载重汽车轮胎系列》,它包括的项目如表 6-12 所示。

表 6-12 载货汽车轮胎系列包括项目举例

轮胎规格	基本参数 层级	主要尺寸/mm 标准轮辋	新胎充气后 断面花纹	外直径 公路花纹	外直径 越野花纹	负荷下静半径	轮胎最大使用尺寸 断面宽度	轮胎最大使用尺寸 外直径	双胎最小中心距/mm	允许使用轮辋
6.5-15 LT①	6.8	4.50 E	180	730		348	194	759	207	4 1/2 K、5 K、5.50 F、5 1/2 K
6.5R15 LT①	8.10	5.50 F	180	730	740	340	195	744	212	6.00G
9.00-20②	10、12、14	7.0	259	1018	1038	485	280	1059 公路花纹③	298	7.00 T、7.05T5°、7.5、7.50V、6.5
9.00 R 20①	10、12、14	7.0	259	1018	1030	476	277	1043 公路花纹	306	7.00T、7.05T5°、7.5、7.50V、

① 5°轮辋。
② 15°轮辋。
③ 在完全的载货汽车轮胎系列规格中,包括公路花纹和越野花纹两种。

6.3.5 轮胎的选择、使用与维护

1. 轮胎的选择

轮胎的选择不能取决于单一因素,要针对具体汽车的性能要求和使用特点综合考虑。可参考以下几个方面:

(1) 轮胎类别

轮胎类别主要有乘用轮胎、商用轮胎、非公路用轮胎、特种轮胎等。乘用轮胎主要适用于轿车及各类轻型客、货车使用;商用轮胎主要适用于货车、大客车等车辆使用;非公路用轮胎主要适用于松软路面上行驶的越野车等使用;特种轮胎仅适用于特种车辆或特殊环境使用。

(2) 轮胎胎面花纹

轮胎胎面花纹对轮胎的滚动阻力、附着阻力、耐磨能力及行驶噪声等都有显著的影响。轮胎花纹的形式、品种比较多,选择时应根据轮胎类型和车辆长期使用路况,根据天气、季节适时调整或换用。

(3) 胎体结构

轮胎的胎体结构决定了基本性能。子午线结构比普通斜交结构具有较多的优良特

性，受到普遍推荐。子午线结构具有低断面化和无内胎化特点，对于高速、优质的汽车都推荐使用这种结构轮胎。而斜交结构由于技术成熟、造价低廉，在商务车中应用较广泛。

（4）轮胎材质

轮胎材质包括橡胶材质和帘线材料。橡胶材质因生产厂家设备水平和技术力量不同而有差异。帘线材料中钢丝帘线强度大，但是生产技术难度大、成本高。尼龙、人造丝等材料因来源充足、使用广泛因而选择较多。

（5）轮胎规格与使用气压

轮胎规格与使用气压体现轮胎的承载能力。轮胎规格大，使用气压高，则承载能力强。但是，大规格的轮胎会增加成本，高的使用气压会降低汽车的附着能力和缓冲性能。因此，选择轮胎时，在满足轴荷要求的前提下，轮胎规格应小型化、轻量化；在满足承载要求的情况下，轮胎使用气压宜低不宜高。

（6）轮胎的速度特性

所有轮胎都有适应的速度范围，选择时应注意。子午线轮胎、无内胎轮胎、扁平化轮胎由于具有发热少、散热快等特点，在速度特性方面有优势，是理想的选择对象。高速度级别的轮胎用于低速汽车上也无明显的好处，而且价格昂贵。因此，轮胎速度能力选择应与设计车速相适应。

（7）轮胎的均匀特性

轮胎的均匀特性体现在轮胎尺寸、材质和结构的规范程度，综合体现轮胎的制造水平。均匀性不好的轮胎，装车后操纵稳定性差，影响汽车高速行驶时的安全性和舒适性。

2. 轮胎的合理使用

轮胎的合理使用包括轮胎行驶里程定额和轮胎翻新率。轮胎行驶里程定额是指轮胎从开始装用，经翻新到报废总行驶里程的限额。轮胎翻新率是指在统计期内，经过翻新的报废轮胎数与全部报废轮胎的百分比。

轮胎合理使用的目的是降低轮胎的磨损速度，防止出现早期不正常损坏，以延长轮胎的使用寿命，从而保证行驶安全和节约费用。

（1）保持轮胎标准气压

轮胎气压是根据轮胎负荷条件规定的，轮胎气压应符合该轮胎受负荷时规定的压力。轮胎的充气压力直接影响轮胎的使用寿命和汽车的行驶安全性。

轮胎气压低于规定值，胎体变形会增大，胎侧容易出现裂口，同时产生挠曲运动，导致过度生热，促使橡胶老化，帘布层也因疲劳而易折断，当遇有障碍受到冲击时，极易爆破。气压过低，还会加大轮胎接地面积，加速胎肩磨损；轮胎的滚动阻力也会加大，增大燃油消耗。

轮胎气压高于规定值，轮胎接地面积减少，进而加速胎冠中部磨损，并使胎冠耐扎性能下降。气压过高，还会使轮胎帘线受到过度的伸张变形，胎体弹性下降，使汽车在行驶中受到的负荷增大，如遇冲击会产生内裂和爆破。

因此，轮胎气压过低或过高，都将加速轮胎的损坏，轮胎使用中应保持正常的气压。正常的轮胎气压与其使用条件有关，使用中应根据轮胎所受的负荷、轮胎的安装位置和轮胎的类型来确定正常的气压。

（2）防止轮胎超载

轮胎的负荷不应超过轮胎的额定负荷。不仅要求汽车在设计时，确定汽车总质量就应该考虑所选轮胎的额定负荷，而且在汽车使用过程中不得超载，装载要分布均匀，不可重心偏移，保持货物均匀分布。轮胎超载时的损坏和胎压过低时损坏相似，只是超载时轮胎损坏更严重。

（3）控制车速

汽车行驶速度与轮胎生热密切相关。车速越高，挠曲变形速度越快，轮胎生热量就越大。轮胎胎体温度上升100 ℃以上后，轮胎会出现分层、脱空、爆胎等问题。

（4）合理搭配轮胎

不同的车型要求选择不同的轮胎。在同一辆车上应该选用规格、结构、层级和花纹等完全相同的轮胎，至少在同一根轴上，必须使用规格、结构、层级和花纹等完全相同的轮胎。否则，工作不协调、相互影响，会加速轮胎磨损，缩短使用寿命。

（5）精心驾驶汽车

汽车精心驾驶包括合理运用驾驶技术和选择良好的道路行驶。

在驾驶技术方面，为减少轮胎磨损，应掌握起步平稳、加速均匀、中速行驶、直线前进、减速转向、少用制动等操作要领。

选择良好的道路行驶。要求驾驶员用心观察，尽量躲避路面上可能扎破和划伤轮胎的锋利石头、玻璃、金属和可能腐蚀轮胎的化学遗落物、油渍等。尽量不靠近道路边基石和人行道边行驶，以免刮伤胎侧。行驶在拱度较大的路面时，要尽量居中行驶，减少一侧轮胎负荷增大而使轮胎磨损不均。

3. 轮胎的维护

轮胎的维护分为日常维护、一级维护和二级维护，维护周期按汽车规定的维护周期执行。

轮胎的日常维护主要是检查轮胎气压是否符合规定，检查轮胎螺母有无松动，清理轮胎夹石和花纹中的石子、杂物等。

轮胎的一级维护除日常维护作业外，以检查和紧固为主。检查轮胎螺母是否缺少和松紧程度，检查胎面磨损情况。必要时应进行一次轮胎换位，以保持胎面花纹磨损均匀。

轮胎的二级维护除一级维护作业外，还包括拆检轮胎，进行轮胎换位。检查外胎有无内伤、脱落、起鼓，检查内胎有无老化、脱胶现象，检查垫带有无开裂等现象。

由于负荷、驱动形式和道路的影响，汽车各轮胎磨损部位和磨损程度不同，为使全车轮胎磨损均匀，一般按规定的周期进行换位，如图6-3所示。

进行轮胎换位时应注意：

①轮胎能够进行换位的条件是全车轮胎具有相同的规格、结构和花纹。

②轮胎换位方法选定后，不要再变动。

③对有方向性花纹的轮胎，换位后不能改变旋转方向。

④轮胎换位后，应按规定重新调整轮胎气压。

⑤轮胎换位过程中子午线轮胎的旋转方向始终不变。

⑥换位时间一般在二级维护中进行。如发现有明显的偏磨，可提前进行。

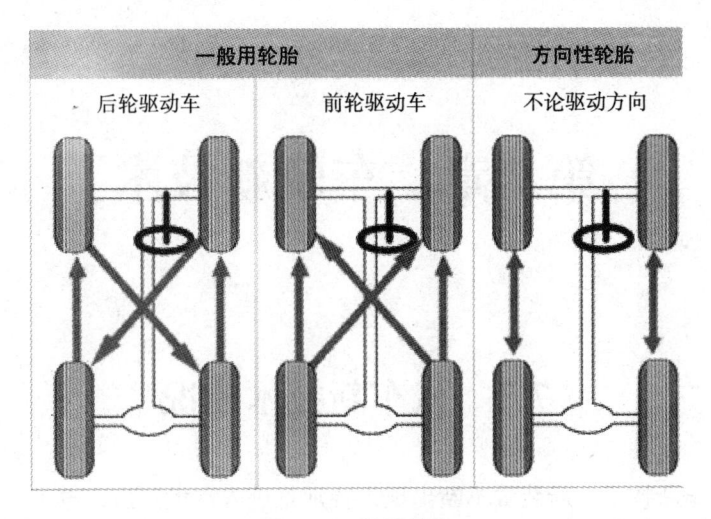

图 6-3　轮胎换位

思考题

1. 汽油的主要性能指标有哪些？
2. 柴油的主要性能指标有哪些？
3. 醇类燃料有哪些？甲醇燃料有哪些优缺点？乙醇燃料有哪些优缺点？
4. 二甲醚作为燃料有哪些特点？
5. 生物燃料具有哪些优势？
6. 天然气作为燃料有哪些优缺点？
7. 氢气作为燃料有哪些优缺点？
8. 发动机润滑油有哪些作用？使用时应注意哪些事项？
9. 润滑脂有哪些优点？汽车常用润滑脂的品种有哪些？
10. 车用齿轮油的主要性能有哪些？
11. 使用汽车液力传动油时应注意哪些事项？
12. 制动液如何分类？使用时应注意哪些事项？
13. 使用发动机冷却液时应注意哪些事项？
14. 使用车辆空调制冷剂时应注意哪些事项？
15. 风窗玻璃清洗液的主要性能要求有哪些？
16. 轮胎的作用是什么？由哪几部分组成？
17. 轮胎如何分类？
18. 如何合理使用轮胎？如何进行维护？轮胎换位时应注意哪些事项？

第 7 章　车辆新技术

7.1　汽车新技术概况

近年来，汽车新技术、新装置不断出现，特别是进入本世纪后，电子化、集成化、模块化和智能化已成为汽车发展的主要趋势。围绕汽车节约能源、环保和安全的需要，世界各国都在大力开发新型汽车和技术，相继开发了电动汽车、燃气汽车、太阳能汽车等新型汽车，以及直喷汽油机和大批新技术。

7.1.1　汽车技术发展概况

自 1886 年 1 月 29 日德国工程师卡尔·本茨发明第一辆汽车以来，汽车新技术就没有停下过它的脚步，以前所未有的速度向前发展。

1908 年，福特汽车公司生产出世界上第一辆属于普通百姓的汽车——T 型车，世界汽车工业革命就此开始，汽车开始量产化。

1934 年，法国人安德鲁·雪铁龙所设计的雪铁龙 7CV 轿车是世界上第一台采用前置前驱的轿车，这款汽车连续生产了 23 年，保持原样不变，畅销不衰，直到 1956 年被 S–19 型所替换。7CV 创立了目前仍在广泛使用的前置前驱的驱动形式，可以说是前置前驱轿车的鼻祖。

1950 年，世界上第一台防抱死制动系统 ABS 问世，首先被应用在航空领域的飞机上，1968 年开始研究在汽车上应用。20 世纪 70 年代，由于欧美七国生产的新型轿车的前轮或前后轮都开始采用盘式制动器，促使了 ABS 在汽车上的应用。1980 年以后，电脑控制的 ABS 逐渐在欧洲、美国及日本的汽车上迅速扩大使用范围。

1953 年，美国人约翰赫特里特发明的汽车安全气囊取得了专利，但在应用推广中经历了几番波折，足足走过了三十多年的漫长路途。直至 1984 年，汽车碰撞安全标准 FMVSS 208 在美国经多次被废除后又重新被认可并开始实施。其中规定，1995 年 9 月 1 日以后制造的轿车前排座前均应装备安全气囊，同时还要求 1998 年以后的新轿车都装备驾驶者和乘客用的安全气囊，自此才确定了安全气囊的作用。

1959 年，世界上第一辆装备三点式安全带的汽车——沃尔沃 PV544 交付使用。沃尔沃也是世界上第一个把三点式安全带纳入标准配置的汽车制造商。沃尔沃无私地将这项技术无偿开放，任何汽车制造商都可以免费采用这项设计。直至今天，三点式安全带仍然是汽车中最重要的独立安全装置。在一百二十多年的汽车发展史上，三点式安全带是应用最为广泛、最有深远意义的安全创新技术。

1967年，由德国保时捷公司研制的电喷发动机问世。电喷发动机是采用电子控制装置，取代传统的机械系统（如化油器）来控制发动机的供油过程。20世纪80年代，电喷发动机开始普及。

1983年，德国保时捷（Bosch）公司为汽车应用而开发出CAN-BUS，就是控制器局域网（controller area network，简称CAN），这种能有效支持分布式控制和实时控制的串行通信网络，属于现场总线（Field Bus）的范畴。

1996年，日本三菱汽车公司创制了直喷式汽油发动机，这种称为1.8 L顶置双凸轮轴16气门4G93型发动机最早安装在三菱HSR-V型概念车上，并在1996年6月北京国际车展上广泛做了宣传，但当时许多人认为这种发动机只是一种"概念"而已，没有引起足够的重视。随着这几年美日欧等国大汽车厂商如丰田、本田、奔驰、通用等都对这种汽油发动机产生了兴趣，纷纷修改了原来的方案研究起缸内喷注式汽油发动机。现在三菱的GDI发动机已经得到了长足的发展，无论是先进性还是实用性都满足了市场的需要。

2000年，概念车（Concept Car）开始流行（图7-1）。1938年，由美国通用汽车艺术和色彩部首任主任、美国汽车造型之父——哈利杰·厄尔（Harley Earl）发明的别克YJob是汽车工业界公认的世界第一辆概念车。概念车是时代的最新汽车科技成果，代表着未来汽车的发展方向，因此它展示着巨大的作用和意义，能够给人以启发并促进相互借鉴学习。因为概念车有超前的构思，体现了独特的创意，并应用了最新科技成果，所以它的鉴赏价值极高。随着时代的进步，概念车已经从高科技、强动力走向零消耗、零污染。

图7-1 叶子概念车

2009年，宝马汽车公司、德尔福、通用汽车、英特尔、标致雪铁龙、伟世通和风河系统等公司通力合作，利用英特尔Atom高性能处理器，创造一个车载信息系统的开放式共享平台，车载信息娱乐系统开始在汽车上应用起来。

7.1.2 汽车新技术的发展趋势

1. 车辆动力学控制系统

车辆动力学控制的英文全称是Vehicle Dynamics Cotrol，简称VDC。该系统的作用是保持汽车在行驶（包括制动和驱动）时的稳定性。

传统的防抱死制动系统ABS和牵引控制系统TCS主要是对车轮上的制动力和驱动力进

行控制，防止车轮出现过大的纵向滑移率，以获得最大的附着力，既可产生最大的减（加）速度，又可防止出现侧滑。

车辆动力学控制系统虽然也是控制车轮的制动力与驱动力，但它们与 ABS、TCS 有很大的不同，其主要表现是可实现左右纵向力的差动控制，以直接对汽车提供横摆力矩，抵消汽车的不稳定运动（如在滑路上甩尾时的矫正作用）。该系统通过在汽车上安装的各种传感器，检测到汽车的速度、角速度、转向盘转角以及其他的汽车运动姿态，根据需要主动地对某侧车轮进行制动，来改变汽车的运动状态，使汽车达到最佳的行驶状态和操纵性能，增加了车轮的附着性和汽车的操纵性和稳定性。

2. 智能速度控制系统

智能速度控制系统的功用是在某些特殊路段或特殊行驶条件下对车速进行强制限制。智能速度控制系统主要由电子控制单元和执行器组成。该控制系统工作时，需首先设定限制速度。例如某区域的限速为 80 km/h，我们可以将该速度设定为限速值。当车速未达到 80 km/h 时，智能速度控制系统不起作用。当车速接近 80 km/h 时，电子控制单元启动执行器，限制加速踏板的行程，使汽车不能继续加速。当车速低于 80 km/h 时，电子控制单元解除对执行器的控制，驾驶员又可以自由地踏下加速踏板使汽车加速。

智能速度控制系统限速值的设定，可以用选择开关设定，也可以通过接受无线信号设定（即接收道路速度无线信号切换或电子地图信号切换）。可以只设定一个值，也可以根据不同的路况，有多个挡位供设定。

智能速度控制系统为智能化交通奠定了基础。例如在高速公路上设置限速无线信号发射系统，交通管理部门就可以根据气候条件和路面情况及时调整限制车速，让道路更加安全畅通。

3. 智能轮胎

汽车智能轮胎的功能是在汽车正常行驶时，当温度过高或轮胎气压太低时，及时向驾驶员发出警报，以防止发生事故；或使轮胎在不同行驶条件下保持最佳运行状况，提高安全系数。

智能轮胎一般都是通过在外胎内嵌入特殊的带有计算机芯片的传感器而获得智能的。传感器由车内的收发器控制，收发器利用无线电天线将无线电讯号发射至传感器芯片，传感器芯片再将承载着温度和压力数据的电子信号发射至车内的收发器，收发器接收到该信号后便可取得温度和压力等数据，若出现异常情况能及时报警。

更为先进的智能轮胎还能感知光滑的冰面，探测出结冰路面后而使轮胎自动变软，增大轮胎与路面的附着力；在探测出路面潮湿后，甚至还能自动改变轮胎的花纹，以防打滑。

4. 智能玻璃

智能化汽车玻璃有许多种类：包括防光防雨玻璃、电热融雪玻璃、影像显示玻璃、防碎裂安全玻璃、调光玻璃，以及光电遮阳顶篷玻璃等。

防光防雨玻璃采用新材料及新表面处理方法制造，雨水落到玻璃上会很快流走且不留水珠，无需刮水器刮水。玻璃内表面反射性低，仪表板及其他饰物不会反射到挡风玻璃上，驾驶员视线不受干扰。

具有影像显示功能的玻璃，是在挡风玻璃上的某一部分涂上透明反射膜，在膜片上可根据需要显示从投影仪传来的仪表板上的图像和数据，便于驾驶员观察，驾驶员在行车时无需低头察看仪表。如果影像显示智能玻璃与红外线影像显示系统配合，可使驾驶员在雾天看清前方 2 km 左右的物体。

光电遮阳顶篷玻璃则是在轿车行驶或停车时，能自动吸收、积聚、利用太阳能来驱动车内风扇，还可对车辆蓄电池进行连续补充充电。

5. 智能安全气囊

智能安全气囊是在普通安全气囊的基础上增加某些传感器，并改进安全气囊电子控制单元的程序实现。增加的乘员质量传感器能感知座位上的乘员是大人还是儿童；红外线传感器能探测出座椅上是人还是物体；超声波传感器能探明乘员的存在和位置等。安全气囊电子控制单元则能根据乘员的身高、体重、所处的位置、是否系安全带以及汽车碰撞速度及碰撞程度等，及时调整气囊的膨胀时机、膨胀方向、膨胀速度及膨胀程度，以便安全气囊对乘客提供最合理和最有效的保护。

6. 音控技术

可以让驾驶员对汽车发出语音指令，控制车内的收音机、电话和车内温度。声控技术将成为接入网络和其他各种自动服务的关键。

7. 卫星电话系统

驾驶员按一个按钮，就可以同他人通话。这一系统主要用于紧急救援服务。它与现在的导航系统的差别是，可以通过一个车内手机连接到全天候 24h 服务中心，由于有全球定位系统的辅助，接线员知道你目前所处的确切位置。据预计，该系统将成为汽车的标准设备。

8. 自动车门

如果你丢了钥匙，没关系，钥匙也许很快就会过时。梅塞德斯公司正在开发一种电子开锁系统，能够在车主靠近车门的时候，自动辨认对方。车主只要随身携带一个电子装置，将这一系统激活即可，当车主接触把手时，门可以自动开锁。

9. 绿色能源汽车

未来的智能汽车将启用绿色能源。其中，电动汽车将被消费者广泛接受。通用、福特、大众、戴姆勒—克莱斯勒、丰田、本田等汽车制造商都在积极研制可以利用无线电技术充电的小型电动汽车。电能将被转化成特殊的激光束或微波束，通过天线接收，人们不必停车补充能源即可开车环游世界。

7.2 新能源汽车技术

汽车的发展方向是节能、环保和安全，世界各国都在大力发展新型汽车和新技术。我国也在积极开展电动汽车、车用动力电池等新型汽车和动力的研究和产业化，重点发展混合动力汽车和轿车柴油发动机技术，支持研究开发天然气、醇类、氢燃料和混合燃料等新型车用燃料。

7.2.1 电动汽车

电动汽车是依靠电能驱动的汽车（图 7-2）。

图 7-2 雷诺 zoze 电动汽车

1. 电动汽车的优缺点

电动汽车具有以下优点：
1）能广泛利用各种能源，例如油、电、煤、太阳能和水力能。
2）能量的利用率高。
3）零排放。
4）制动能量再生回收。
5）结构简单。
6）维修使用方便。

电动汽车具有以下缺点：
1）动力电池寿命短，一次充电后的有效行程短。
2）价格较贵。

2. 电动汽车的分类

根据所使用的动力能源不同，电动汽车可分为以下三类：

（1）蓄电池电动汽车

它的英文全称是 Electric Vehicle，简称 EV。它是指利用蓄电池作为动力，用电动机驱动的汽车。但它不包括无轨电车、电动叉车和电瓶车。

（2）混合动力电动汽车

它的英文全称是 Hybrid Electric Vehicle，简称 HEV。它是指介于内燃机汽车与电动汽车之间的一种车型。它拥有两种不同动力源，在汽车不同的行驶状态（如起步、低中速、匀速、加速、高速、减速或者刹车等）下分别工作，或者一起工作，通过这种组合达到最少的燃油消耗和尾气排放，从而实现省油和环保的目的。

（3）燃料电池汽车

它的英文全称是 Fuel Cell Electric Vehicle，简称 FCEV。它是指利用燃料电池作为动力，用电动机驱动的汽车。燃料电池是指通过电化学反应将燃烧的化学能转变为电能的高效率发电装置，且反应过程不会产生有害物质。

7.2.2 替代燃料汽车

1. 燃气汽车

燃气汽车（图 7-3）是以燃气为燃料的汽车。主要有液化石油气汽车和压缩天然气汽车。顾名思义，液化石油气汽车是以液化石油气为燃料的汽车，简称 LPG 汽车或 LPGV；压缩天然气汽车是以压缩天然气为燃料的汽车，简称 CNG 汽车或 CNGV。液化石油气是指常压下、温度为 -162 ℃ 的液体天然气，储存于车载绝热气瓶中。压缩天然气是指压缩到 20.7~24.8 MPa 的天然气，储存在车载高压气瓶中。

压缩天然气、液化石油气是两种极有前途的车用代用燃料。目前，CNG 及 LPG 汽车从燃烧方式上分以下几种：

图 7-3　燃气汽车

（1）纯 CNG 或 LPG 汽车

单独燃烧压缩天然气或液化石油气。

（2）两用燃料汽车

汽油与 LPG 或 CNG 之间互相转换，互不影响。

（3）双燃料汽车

柴油与 CNG 或 LPG 可以掺混燃烧，也可单独燃用柴油。

2. 醇类燃料汽车

醇类燃料是指甲醇（CH_3OH）和乙醇（C_2H_5OH），也包括丙醇、丁醇及其异构物等，都属于含氧燃料。以甲醇为燃料的汽车称为甲醇汽车，以乙醇为燃料的汽车称为乙醇汽车。醇类燃料可以与汽油或柴油按一定比例配制成混合燃料，亦可以直接采用醇类燃料作为发动机的燃料。与汽油相比，醇类燃料具有较高的输出效率，能耗量折合油耗量较低，由于燃烧充分，有害气体排放较少，属于清洁能源。

甲醇主要从煤和石油中提炼，若形成规模生产，成本不高于汽油；乙醇一般利用谷物和野生植物生产，成本较低。目前西方一些国家使用醇类燃料与汽油掺混使用，醇类燃料掺混比例在 5%~15% 以下时可不更改发动机结构，已经正式投放市场。更大比例掺混燃料处于研究试验阶段。作为醇类燃料的推广，主要困难是：甲醇产量较低，成本稍高；甲醇有毒，公众不易接受；冷启动困难，具有较强腐蚀性等。随着技术的进步，醇类燃料将有很大的发展使用空间。

甲醇汽车有奥托型和狄塞尔型两种。奥托型是指在汽油机基础上改用醇类燃料的发动机；狄塞尔型是指在柴油机基础上改用醇类燃料的发动机。奥托型甲醇汽车技术成熟，排放气体和汽油机相当；狄塞尔型甲醇汽车和柴油车相比 NO_x 排放少、黑烟小，但冷启动性能差，可以添加甲醛以改善。

汽油机使用醇类燃料时可以使用化油器或其他装置，使醇类与空气形成混合气。现代汽油车改用醇类燃料时（图 7-4），大部分是用喷油器向进气道或气缸内喷入醇类燃料；柴油机还是用高压油泵及喷油泵向缸内供给醇类燃料。

3. 氢燃料汽车

氢燃料汽车是以氢为燃料的汽车。氢可以是液态或气态。

（1）气态氢燃料汽车

图 7-4 醇类燃料汽车

1) 缸内混合

通过喷氢器将气态氢在压缩行程进气门关闭以后喷入缸内。由于压缩行程开始后，气缸内压力逐步上升，在压缩行程初期、中期或末期喷入缸内，氢气压力也必须是不同的，压力高低需要与缸内气体相适应。

2) 缸外混合

气态氢与空气在气缸外的混合器中形成可燃混合气，然后在进气行程送入气缸，由火花塞或电热塞引燃。由于氢的相对分子质量小，体积大，因此缸外混合的容积效率低，功率只有原来石油燃料发动机的 80% 左右，而且容易在进气管中产生回火现象，汽车的综合性能难以达到较高水平。

(2) 液态氢燃料汽车（图 7-5）

使用液态氢作为燃料可以减少体积和重量，提高安全性。该车通过喷氢器将氢喷入缸内。

图 7-5 奔驰氢燃料汽车

4. 二甲醚汽车

二甲醚又称甲醚，简称 DME，它是由 H_2 和 CO 通过化学反应合成的，可用煤、天然气、生物物质或石油等作为原料生产，也可以在汽车上安装车载催化甲醇器，由甲醇制取二甲醚。

二甲醚燃料一般在柴油机汽车上使用，是柴油发动机的理想燃料，与甲醇燃料汽车相比，不存在汽车冷启动问题。二甲醚汽车（图 7-6）燃烧时排气烟度和微粒很低，并可以使用 EGR 降低 NO_x，使用氧化催化剂时，CO 及 HC 也很低，比较容易达到超低排放标准。

图 7-6 二甲醚公交汽车

5. 灵活燃料汽车

灵活燃料汽车（图 7-7）英文全称是 Flexible Fuel Vehicle，简称 FFV，也称变燃料汽车（Variable Fuel Vehicle，简称 VFV）。它主要是指能使用纯汽油、纯醇燃料以及不同比例的汽油和醇燃料混合的燃料汽车。灵活燃料汽车具有可以因地制宜，灵活使用多种燃料的优点。试验表明，含有 85% 甲醛或乙醇及 15% 汽油的混合燃料的综合性能最好。

图 7-7 本田灵活燃料汽车

7.2.3 太阳能汽车

太阳能汽车（图 7-8）是依靠太阳能来驱动的汽车。太阳能是取之不尽、零污染的能源，缺点是要依赖天气，且能量转换率低，造价高。

太阳能汽车主要由太阳能电池组、自动阳光跟踪器、驱动系统和控制器等组成。

太阳能电池组是太阳能汽车的核心，由一定数量的单体电池串联或并联组成电池方阵。

自动阳光跟踪器就是保持太阳能电池组正对着太阳，最大限度地提高太阳能电池组接受太阳辐射的能力。

太阳能汽车采用的驱动电机主要有交流异步电动机、永磁电动机和直流电动机。其驱动系统与 EV 基本相同。

控制器主要实现对太阳能电池组进行管理和对电动机进行控制，其作用与 EV 控制系统

图7-8　太阳能汽车

相同。

太阳能汽车由太阳能电池组在自动阳光跟踪器的控制下始终对着太阳，接受太阳光，并转换成电能，向电动机供电，再由电动机驱动汽车行驶，它实际上是一种电动汽车，其工作原理与串联式混合动力汽车基本相同。

由于太阳能电池组的能量小，而且受天气的影响，在阴天、下雨时，太阳能电池的转换效率降低或停止，所以太阳能汽车往往与蓄电池组共同组成太阳能混合动力汽车。当太阳强烈，转换为电能充足时，通过充电器向动力电池组充电，也可由太阳能电池组直接提供电能，通过电流变换器将电流输送到驱动电机，驱动汽车行驶。其驱动模式相当于串联式混合动力电动汽车。一般采用智能控制系统来控制其运行。当太阳较弱或阴天时，则靠蓄电池组对外供电。

7.3　车用发动机新技术

7.3.1　汽油机新技术

1. 可变机构

（1）可变气门正时系统

发动机可变气门正时技术的英文全称为 Variable Valve Timing，简称 VVT，它是近些年来被逐渐应用于现代轿车上的一种新技术。发动机采用可变气门正时技术可以提高进气充量，使充量系数增加，发动机的扭矩和功率可以得到进一步的提高。可变气门正时系统按具体功能不同分为以下4种。

1）单凸轮可变气门正时控制系统

英文全称为 Continue Variable Valve Timing，简称 CVVT（图7-9）。通过控制进气凸轮轴的转角，增大高速时进气迟闭角，提高充填效率。大众帕萨特 B5、奥迪 A6 和马自达6等车型发动机配备了该系统。

2）双凸轮可变气门正时控制系统

英文全称为 Double camshaft-Variable timing control，简称 D-VTC（图 7 – 10）。通过控制进、排气凸轮轴的转角，在发动机高速时增大点火提前角，同时提前开启排气门和进气门，使排气更彻底，进气更充分。通用公司和丰田公司的中档车型发动机配备了该系统。

图 7 – 9 单凸轮可变气门正时控制系统（CVVT）

图 7 – 10 双凸轮可变气门正时控制系统（D-VTC）

3）可变气门相位及升程控制系统

英文全称为 Variable Valve Timing and Lift Electronic Control，简称 VTEC。发动机控制单元根据曲轴位置传感器、节气门位置传感器、冷却液温度传感器和车速传感器信号，控制机油控制阀的位置，使进、排气门产生提前和滞后，并在大负荷时控制气门升程动作。气门升程直接决定了发动机的进气速度，在发动机高转速时配合较大的气门升程能大幅提升发动机的最大功率；在发动机低转速时，发动机的单位时间进气量本来就小，也就不需要很高的进气速度，此时，减小发动机气门升程有助于形成涡流，提高充填效率。三菱公司和本田公司的汽车发动机一般都配备了该系统。

在 VTEC 系统中，其进气凸轮轴上分别有三个凸轮面，分别顶动摇臂轴上的三个摇臂，当发动机处于低转速或者低负荷时，三个摇臂之间无任何连接，左边和右边的摇臂分别顶动两个进气门，使两者具有不同的正时及升程，以形成挤气作用效果。此时中间的高速摇臂不顶动气门，只是在摇臂轴上做无效的运动。当转速在不断提高时，发动机的各传感器将监测到的负荷、转速、车速以及水温等参数送到电脑中，电脑对这些信息进行分析处理，当达到需要变换为高速模式时，电脑就发出一个信号打开 VTEC 电磁阀，使压力机油进入摇臂轴内顶动活塞，使三只摇臂连接成一体，使两只气门都按高速模式工作。当发动机转速降低达到气门正时需要再次变换时，电脑再次发出信号，打开 VTEC 电磁阀压力开关，使压力机油泄出，气门再次回到低速工作模式。

但是 VTEC 系统对于配气相位的改变仍然是阶段性的，也就是说其改变配气相位只是在某一转速下的跳跃，而不是在一段转速范围内连续可变。为了改善 VTEC 系统的性能，本田不断进行创新，推出了 i-VTEC 系统（图 7 – 11）。

简单地说，i-VTEC 系统是在 VTEC 系统的基础上，增加了一个可变正时控制（Variable timing control，简称 VTC）的装置，一组进气门凸轮轴正时可变控制机构，即 i-VTEC = VTEC + VTC。此时，排气阀门的正时与开启的重叠时间是可变的，由 VTC 控制，VTC 机构的导入使发动机在大范围转速内都能有合适的配气相位，这在很大程度上提高了发动机的

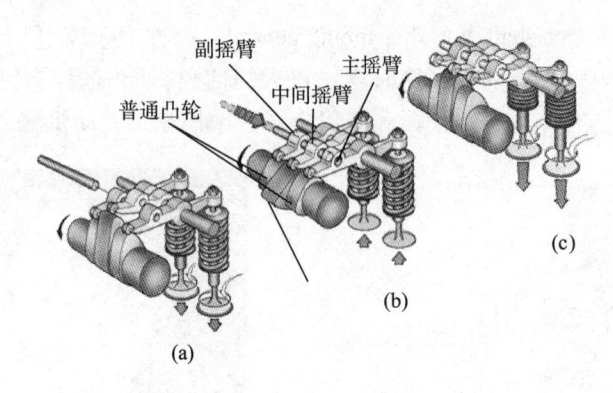

图 7-11 本田 i-VTEC 系统工作原理

(a) 中低转速时应用普通凸轮实现更好的燃油经济性；(b) 高角度凸轮；
(c) 中高转速时切换到高角度凸轮增强发动机动力性能。

典型的 VTC 系统由 VTC 作动器、VTC 油压控制阀、各种传感器以及 ECU 组成。VTC 作动器、VTC 油压控制阀可根据 ECU 的信号产生动作，使进气凸轮轴的相位连续变化。VTC 令气门重叠时间更加精确，保证进、排气门最佳重叠时间，可将发动机功率提高 20%。

进气凸轮轴采用电子控制，排气凸轮轴采取液压控制的双凸轮轴可变气门正时系统（VANOS）。VANOS 系统（图 7-12）属于连续可变气门正时系统。VANOS 系统基于一个能够调整进气凸轮轴与曲轴相对位置的调整机构。双 VANOS 则增加了对进排气凸轮轴的调整机构。VANOS 系统根据发动机转速和加速踏板位置来操作进气凸轮轴。在发动机转速达到最低时，进气门将稍后开启以改善怠速质量及平稳度。发动机处于中等转速时，进气门提前开启以增大扭矩并允许废气在燃烧室中进行再循环，

图 7-12 VANOS 控制系统

从而减少耗油量和废气的排放。最后，当发动机转速很高时，进气门开启将再次延迟，从而发挥出最大功率。VANOS 系统极大增强了尾气排放管理能力，增加了输出功率和扭矩，提供了更好的怠速质量和燃油经济性。该技术于 1992 年被首次应用于宝马 5 系车型的 M50 发动机上，2006 年用于新款雷克萨斯 LS460 的 V 形 8 缸发动机上。

(2) 可变进气歧管（在本书 2.3.2 中已述及）。

(3) 可变气缸

可变气缸技术一般适用于多气缸大排量车型，如 V6、V8、V12 发动机，因为日常行驶的大多数情况下并不需要大功率的输出，所以大排量多气缸就显得有点浪费，于是可变气缸技术应运而生，它可以在不需要大功率的输出时，控制关闭一部分气缸，以减少燃油的消耗。

1) VCM

VCM 的全称为 Variable Cylinder Management，是本田公司研发的一种可变气缸管理技

术,它可通过关闭个别气缸的方法,使得3.5 L V6引擎可在3、4、6缸之间变化,使得引擎排量也能在1.75~3.5 L之间变化,从而大大节省燃油。

车辆起步、加速或爬坡等任何需要大功率输出的情况下,该发动机将会把全部6个气缸投入工作。在中速巡航和低发动机负荷工况下,系统仅运转一个气缸组,即三个气缸。在中等加速、高速巡航和缓坡行驶时,发动机将会用4个气缸来运转。

借助三种工作模式,VCM系统能够细致地确定发动机的工作排量,使其随时与行车要求保持一致。由于系统会自动关闭非工作缸的进气门和排气门,所以可避免与进、排气相关的吸排损失,并进一步提高了燃油经济性。VCM系统综合实现了最高的性能和最高的燃油经济性,这两种特性在常规发动机上通常无法共存。

VCM通过VTEC系统关闭进、排气门,以中止特定气缸的工作,与此同时,由动力传动系控制模块切断这些气缸的燃油供给。在3缸工作模式下,后排气缸组被停止工作。在四缸工作模式下,前排气缸组的左侧和中间气缸正常工作,后排气缸组的右侧和中间气缸正常工作。

非工作缸的火花塞会继续点火,以尽量降低火花塞的温度损失,防止气缸重新投入工作时因不完全燃烧造成火花塞油污。该系统采用电子控制,并采用专用的一体式滑阀,这些滑阀与缸盖内的摇臂轴支架一样起着双重作用。根据系统电子控制装置发出的指令,滑阀会有选择地将油压导向特定气缸的摇臂。然后,该油压会推动同步活塞,实现摇臂的连接和断开。

VCM系统对节气门开度、车速、发动机转速、自动变速箱挡位选择及其他因素进行监测,以针对各种工作状态确定适宜的气缸启用方案。此外,该系统还会确定发动机机油压力是否适合VCM进行工作模式的切换,以及催化转化器的温度是否仍会保持在适当范围内。为了使气缸启用或停用时的过渡能够平稳进行,系统会调整点火正时、线控节气门的开度,并相应地启用或解除变矩器锁定。最终,3缸、4缸和6缸工作模式间的过渡,会在驾驶员觉察不到的状态下完成。

2) MDS

MDS全称为Multi-Displacement System。它是为克莱斯勒的HEMI发动机量身打造的多级可变排量控制系统。所谓的MDS,实质上与其他的可变排量技术一样,都是依靠关闭相应的气缸来达到节省能耗的目的。由于HEMI发动机采用的是顶置气门、侧置凸轮轴(OHV)的结构,凸轮轴上布满了凸轮,无法像本田的VCM发动机那样设计比较复杂的副摇臂和液压控制的连接机构,所以只能在原先的结构上想办法。

HEMI发动机的气门是由凸轮轴—挺柱—推杆—气门摇臂这些机构的串联动作来驱动的,任何一个环节如果能够中断便能够实现关闭气门的设想,但是由于发动机的工况需求,要求气门的开启和关闭控制都要足够迅速,这样才能够保证平顺性和较快的响应速度,为达到这一目标,HEMI发动机的挺柱(图7-13)设计了独特的滑块结构,滑块与气门推杆相连,滑块下方有一个可以定位的卡销,卡销可以使滑块与挺柱成为一体,推动气门推杆,或者使滑块活动,使挺柱无法推动气门推杆。发动机中的卡销被设计了独特的油道,依靠润滑系统中的润滑油提供液压推动卡销(电磁阀控制),卡销本身带有回位弹簧,当液压消失时便能够自动回位。在发动机正常运转时,卡销将卡住滑块使之不能上下自由移动,挺柱直接推动推杆驱动气门摇臂。而当发动机需要关闭气缸时,卡销松开,滑块便能够上下滑动,挺柱上下移动时滑块与挺柱发生相对运动，不再推动推杆，这样气门被关闭，同时 ECU 停止向该气缸喷油，便达到了"关闭气缸"的效果，实现了"排量可变"。

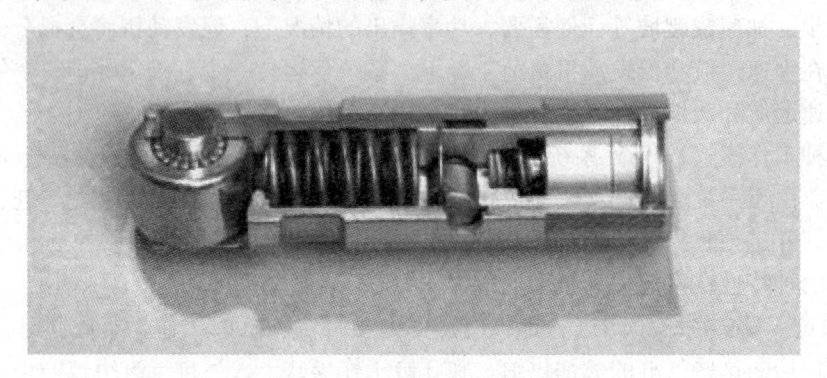

图 7-13 HEMI 发动机的独特挺柱

搭载 MDS 系统的 HEMI 发动机最早于 2005 年服役，当时搭载在克莱斯勒的 300C、Jeep 的大切诺基和道奇 Charger 等车型上。而后，其品牌下的皮卡和大排量轿车也陆续装备该发动机。

2. 多气门技术

传统的发动机多是每缸一个进气门和一个排气门，这种二气门配气机构相对比较简单，制造成本也低，对于输出功率要求不太高的普通发动机来说，能获得较为满意的发动机输出功率与扭矩性能。然而，排量较大、功率较大的发动机需要采用多气门技术。

最简单的多气门技术是三气门结构，即在一进一排的二气门结构基础上再加上一个进气门。近年来，世界各大汽车公司新开发的轿车大多采用四气门结构，四气门配气机构中，每个气缸各有两个进气门和两个排气门。四气门结构能大幅度提高发动机的吸气、排气效率，新款轿车大都采用四气门技术。图 7-14 为三进二排五气门发动机。

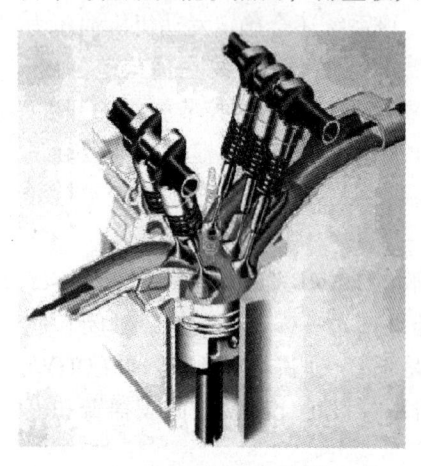

图 7-14 三进二排五气门发动机

多气门技术具有以下优点：
1) 充分利用气缸顶面积。
2) 进排气阻力小，利于提高充气系数。
3) 气门尺寸小、质量轻，适合于高速运转。
4) 小排气门热负荷小，工作可靠性容易保证。

3. 废气再循环

废气再循环的英文全称是 Exhaust Gas Recirculation，简称 EGR。发动机控制电脑即 ECU 根据发动机的转速、负荷（节气门开度）、温度、进气流量、排气温度适时地打开，进气管真空度经电磁阀进入 EGR 阀真空膜室，膜片拉杆将 EGR 阀门打开，排气中的少部分废气经 EGR 阀进入进气系统，与混合气混合后进入气缸参与燃烧。少部分废气进入气缸参与混合气的燃烧，降低了燃烧时气缸中的温度，因 NO_x 是在高温富氧的条件下生成的，故抑制了 NO_x 的生成，从而降低了废气中的 NO_x 的含量。但是，过多的废气参与再循环，将会影响混合气的着火性能，从而影响发动机的动力性，特别是在发动机怠速、低速、小负荷及冷机时，再循环的废气会明显地影响发动机性能。所以，当发动机在怠速、低速、小负荷及冷机时，ECU 控制废气不参与再循环，避免发动机性能受到影响；当发动机超过一定的转速、负荷及达到一定的温度时，ECU 控制少部分废气参与再循环，而且，参与再循环的废气量根据发动机转速、负荷、温度及废气温度的不同而不同，以达到废气中的 NO_x 最低。其中图 7-15 为废气再循环原理图。

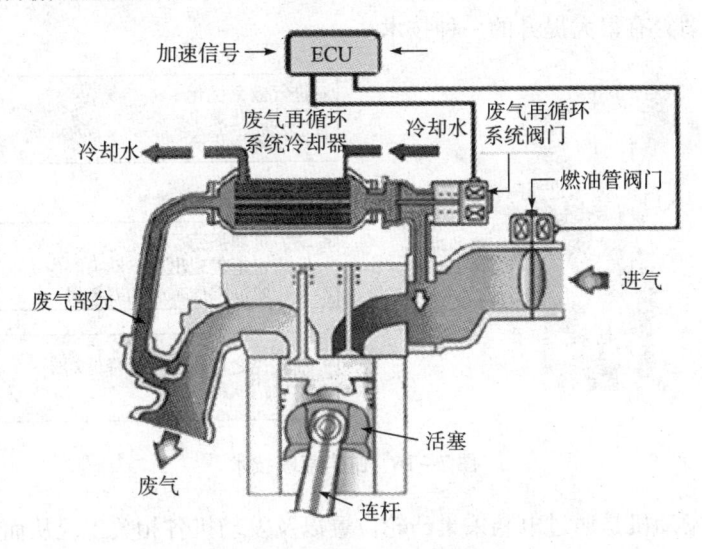

图 7-15 废气再循环原理图

4. 稀薄燃烧

稀薄燃烧是发动机混合气中的汽油含量低，汽油与空气之比可达 1∶25 以上。

稀薄燃烧技术的最大特点就是燃烧效率高、经济、环保，同时还可以提升发动机的功率输出。因为在稀薄燃烧的条件下，由于混合气点火比理论空燃比条件下困难，爆燃也就更不容易发生，因此可以采用较高的压缩比以提高热能转换效率，再加上汽油能在过量的空气里充分燃烧，所以在这些条件的支持下能榨取每滴汽油的所有能量。

汽油发动机实现稀燃的关键技术有以下三个主要方面：

（1）提高压缩比

采用紧凑型燃烧室，通过进气口位置改进使缸内形成较强的空气运动旋流，提高气流速度；将火花塞置于燃烧室中央，缩短点火距离；提高压缩比至 13∶1 左右，促使燃烧速度加快。

（2）分层燃烧

如果稀燃技术的混合比达到 25∶1 以上，按照常规是无法点燃的，因此必须采用由浓至稀的分层燃烧方式。通过缸内空气的运动在火花塞周围形成易于点火的浓混合气，混合比达到 12∶1 左右，外层逐渐稀薄。浓混合气点燃后，燃烧迅速波及外层。为了提高燃烧的稳定性，降低氮氧化物，现在采用燃油喷射定时与分段喷射技术，即将喷油分成两个阶段：进气初期喷油，燃油首先进入缸内下部随后在缸内均匀分布；进气后期喷油，浓混合气在缸内上部聚集在火花塞四周被点燃，实现分层燃烧。

（3）高能点火

高能点火和宽间隙火花塞有利于火核形成，火焰传播距离缩短，燃烧速度增快，稀燃极限大。有些稀燃发动机采用双火花塞或者多极火花塞装置来达到上述目的。

5. 缸内直喷技术

缸内直喷的英文全称是 Fuel Stratified Injection，简称 FSI。缸内直喷技术（图 7-16）即燃料分层喷射技术，是指将喷油嘴设置在进、排气门之间，高压燃油直接注入燃烧室平顺高效燃烧。缸内直喷所提倡的是通过均匀燃烧和分层燃烧实现高负荷，尤其是低负荷下的燃油消耗降低，是使动力有很大提升的一种技术。

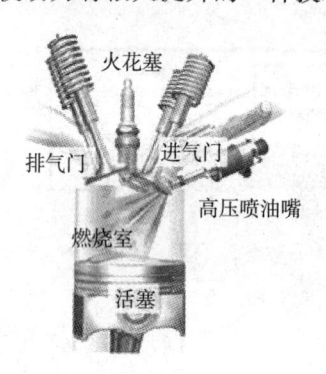

图 7-16 缸内直喷技术

传统的汽油发动机是通过电脑采集凸轮位置以及发动机各相关工况从而控制喷油嘴将汽油喷入进气歧管。但由于喷油嘴离燃烧室有一定的距离，汽油同空气的混合情况受进气气流和气门开关的影响较大，并且微小的油颗粒会吸附在管道壁上，所以希望喷油嘴能够直接将燃油喷入气缸。缸内直喷技术代表着传统汽油引擎的一个发展方向，在近年来各汽车厂商采用的发动机科技中，最炙手可热的技术非缸内直喷莫属。这套由柴油发动机衍生而来的科技目前已经大量使用在包含大众、宝马、梅赛德斯—奔驰、通用以及丰田车系上。各厂商缸内直喷技术英文缩写不太一样：大众——TSI、奥迪——TFSI、梅赛德斯—奔驰——CGI、宝马——GDI、通用——SIDI、福特——GDI、比亚迪——TI。

缸内直喷技术采用了两种不同的注油模式，即分层注油和均匀注油模式。

发动机低速或中速运转时采用分层注油模式，此时节气门为半开状态。空气由进气管进入气缸撞在活塞顶部，由于活塞顶部制作成特殊的形状从而在火花塞附近形成期望中的涡流。当压缩过程接近尾声时，少量的燃油由喷射器喷出，形成可燃气体。这种分层注油方式可充分提高发动机的燃油经济性，因为在转速较低、负荷较小时除了火花塞周围需要形成浓度较高的油气混合物外，燃烧室的其他地方只需空气含量较高的混合气即可，而缸内直喷技术使其与理想状态非常接近。当节气门完全开启，发动机高速运转时，大量空气高速进入气缸形成较强涡流并与汽油均匀混合，从而促进燃油充分燃烧，提高发动机的动力输出。电脑不断根据发动机的工作状况改变注油模式，始终保持最适宜的供油方式。燃油的充分利用不仅提高了燃油的利用效率和发动机的输出，而且改善了排放。

7.3.2 柴油机新技术

笨重、噪声大、喷黑烟，令许多人对柴油机的直观印象不佳，经过多年的研究和新技术应用，现代柴油机的现状已与往日大不相同。现代柴油机一般采用电控喷射、共轨、涡轮增压中冷等技术，在减轻重量、消减噪声和烟度方面已取得重大突破，达到了汽油机的水平。目前国外轻型汽车用柴油机日益普遍，奔驰、大众、宝马、雷诺、沃尔沃等欧洲名牌车都有采用柴油发动机的车型。

1. 电控技术

在电控喷射方面，柴油机与汽油机的主要差别是，汽油机的电控喷射系统只是控制空燃比（汽油与空气的比例），而柴油机的电控喷射系统则是通过控制喷油时间来调节负荷的大小。柴油机电控喷射系统由传感器、控制单元（ECU）和执行机构三部分组成。其任务是对喷油系统进行电子控制，实现对喷油量以及喷油定时随运行工况的实时控制。采用转速、温度、压力等传感器，将实时检测的参数同步输入计算机，与ECU已储存的参数值进行比较，经过处理计算按照最佳值对执行机构进行控制，驱动喷油系统，使柴油机运作状态达到最佳。图7-17为柴油机电控系统简图。

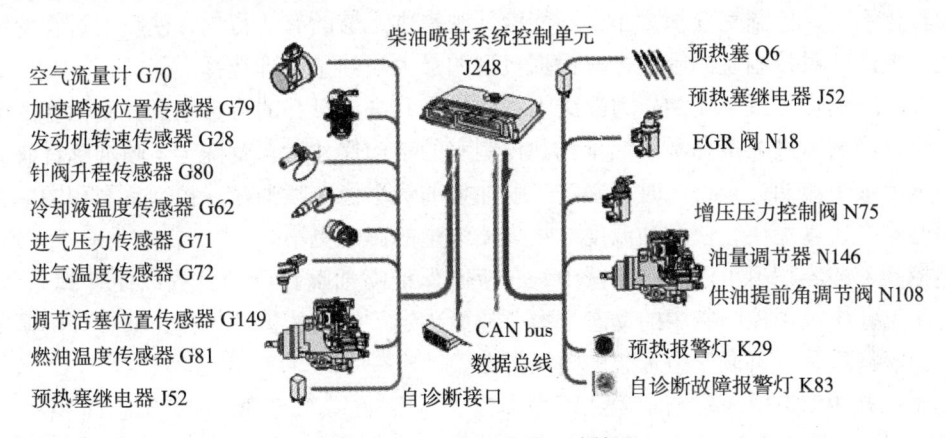

图 7-17　柴油机电控系统简图

2. 高压共轨技术

为了使负荷调节更加精确，产生了共轨技术。共轨技术是指高压油泵、压力传感器和ECU组成的闭环系统。高压油泵把高压燃油输送到公共供油管，通过对公共供油管内的油压实现精确控制，可以大幅度减小柴油机供油压力随发动机转速变化的程度。

高压共轨系统由五个部分组成，即高压油泵、共轨腔及高压油管、喷油器、电控单元、各类传感器和执行器。供油泵从油箱将燃油泵入高压油泵的进油口，由发动机驱动的高压油泵将燃油增压后送入共轨腔内，再由电磁阀控制各缸喷油器在相应时刻喷油。

（1）高压油泵

高压油泵供油量的设计准则是必须保证任何柴油发动机喷射量和控制的情况下高压油的供应以及启动和加速时的油量变化的需求。由于共轨系统中喷油压力的产生与燃油喷射过程无关，且喷油正时也不由高压油泵的凸轮来保证，因此高压油泵的压油凸轮可以按照峰值扭矩最低、接触应力最小和最耐磨的设计原则来设计凸轮。

（2）高压油轨（共轨管）

共轨管将供油泵提供的高压燃油分配到各喷油器中，起蓄压器的作用。它的容积应削减高压油泵的供油压力波动和每个喷油器由喷油过程引起的压力震荡，使高压油轨中的压力波

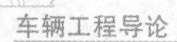

动控制在 5 MPa 之下。但其容积又不能太大，以保证共轨有足够的压力响应速度以快速跟踪柴油机工况的变化。

高压共轨管上还安装了压力传感器、液流缓冲器（限流器）和压力限制器。压力传感器向 ECU 提供高压油轨的压力信号；液流缓冲器（限流器）保证在喷油器出现燃油漏泄故障时切断向喷油器的供油，并可减小共轨和高压油管中的压力波动；压力限制器保证高压油轨在出现压力异常时，迅速将高压油轨中的压力进行放泄。

（3）电控喷油器

电控喷油器是共轨式燃油系统中最关键和最复杂的部件，它的作用是根据 ECU 发出的控制信号，通过控制电磁阀的开启和关闭，将高压油轨中的燃油以最佳的喷油定时、喷油量和喷油率喷入柴油机的燃烧室。

为了实现预定的喷油形状，需对喷油器进行合理的优化设计。控制室容积的大小决定了针阀开启时的灵敏度。控制室的容积太大，针阀在喷油结束时不能实现快速的断油，使后期的燃油雾化不良；控制室容积太小，不能给针阀提供足够的有效行程，使喷射过程的流动阻力加大。因此，对控制室的容积也应根据机型的最大喷油量合理选择。

此外，喷油嘴的最小喷油压力取决于回油量孔和进油量孔的流量率及控制活塞的端面面积。这样在确定了进油量孔、回油量孔和控制室的结构尺寸后，就确定了喷油嘴针阀完全开启的稳定、最短喷油过程，同时就确定了喷油嘴的最小稳定喷油量。控制室容积的减少可以使针阀的响应速度更快，使燃油温度对喷嘴喷油量的影响更小。

但控制室的容积不可能无限制减少，它应能保证喷油嘴针阀的升程以使针阀完全开启。两个控制量孔决定了控制室中的动态压力，从而决定了针阀的运动规律，通过仔细调节这两个量孔的流量系数，可以产生理想的喷油规律。

由于高压共轨喷射系统的喷射压力非常高，因此其喷油嘴的喷孔截面积很小，如 BOSCH 公司的喷油嘴的喷孔直径为 0.169 mm×6，在如此小的喷孔直径和如此高的喷射压力下，燃油流动处于极端不稳定状态。油束的喷雾锥角变大，燃油雾化更好，但贯穿距离变小，因此，应改变原柴油机进气的涡流强度、燃烧室结构形状以确保最佳的燃烧过程。

对于喷油器电磁阀，由于共轨系统要求它有足够的开启速度，考虑到预喷射是改善柴油机性能的重要喷射方式，控制电磁阀的响应时间更应缩短。

（4）高压油管

高压油管是连接共轨管和电控喷油器的通道，它应有足够的燃油流量减小燃油流动时的压降，并使高压管路系统中的压力波动较小，能承受高压燃油的冲击作用，且启动时共轨中的压力能很快建立。各缸高压油管的长度应尽量相等，使柴油机每一个喷油器有相同的喷油压力，从而减少发动机各缸之间喷油量的偏差。各高压油管应尽可能短，使从共轨到喷油嘴的压力损失最小。BOSCH 公司的高压油管的外径为 6 mm，内径为 2.4 mm，日本电装公司的高压油管的外径为 8 mm，内径为 3 mm。图 7-18 为高压共轨系统简图。

3. 增压中冷技术

增压中冷技术（图 7-19）就是用涡轮增压器将新鲜空气压缩，经中段冷却器冷却，然后经进气歧管、进气门流至燃烧室。有效的中冷技术可使增压温度下降到 50 ℃以下，有助于减少废气的排放和提高燃油经济性。

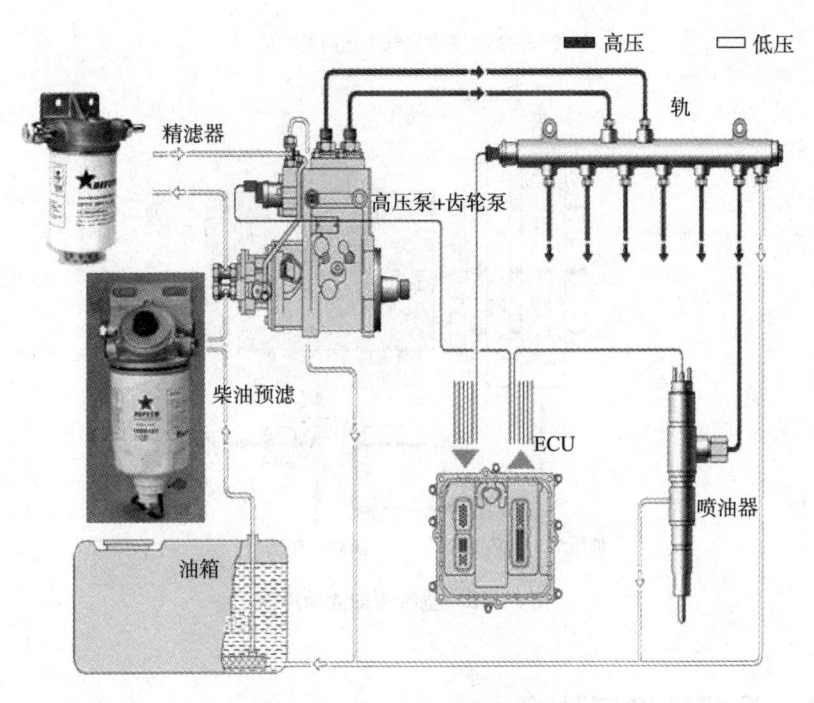

图 7-18　高压共轨系统简图

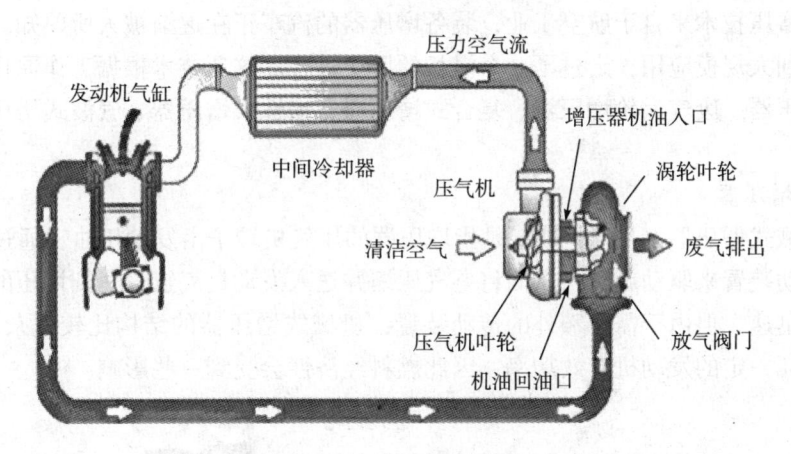

图 7-19　增压中冷技术

柴油机中间冷却技术的类型分为两种，一种是利用柴油机的循环冷却水对中冷器进行冷却，另一种是利用散热器冷却，也就是用外界空气冷却。当利用冷却水冷却时，需要添置一个独立循环水的辅助系统才能达到较好的冷却效果，这种方式成本较高而且机构复杂。因此，汽车柴油机大都采用空气冷却式中冷器。空气冷却式中冷器利用管道将压缩空气通到每个散热器中，利用风扇提供的冷却空气强行冷却。空气冷却式中冷器（图 7-20）可以安装在发动机水箱的前面、旁边或者另外安装在一个独立的位置上，它的波形铝制散热片和管道与发动机水箱结构相似，热传导效率高，可将增压空气的温度冷却到 50 ℃ ~ 60 ℃。

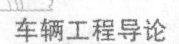

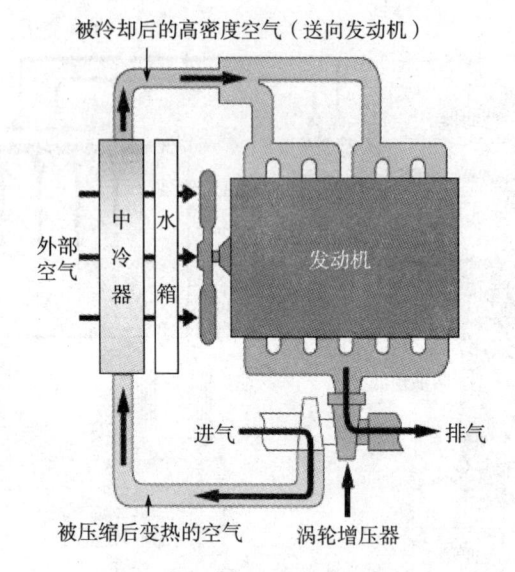

图 7-20 空气冷却式中冷器

7.3.3 发动机增压技术

发动机增压技术来自于航空工业，装备增压器的汽车正在逐渐被人所熟知。发动机增压技术从研发到大规模应用，走过了一个漫长的历史过程。这项技术根据工作原理的不同可以分为机械增压器、废气涡轮增压器、复合式增压器、惯性式增压器、气波式增压器和冲压式增压器。

1. 机械增压器

所谓机械式增压器（图 7-21）是指增压器的压气机转子由发动机曲轴通过齿轮、皮带或链条等传动装置来驱动旋转，从而将空气压缩并送入发动机气缸，达到增压的目的。这种增压器响应迅速，但由于需要额外的传动装置，机械式增压器的结构比较复杂，体积较大，同时还要消耗一定的发动机有效功率，因此燃料经济性会受到一些影响。

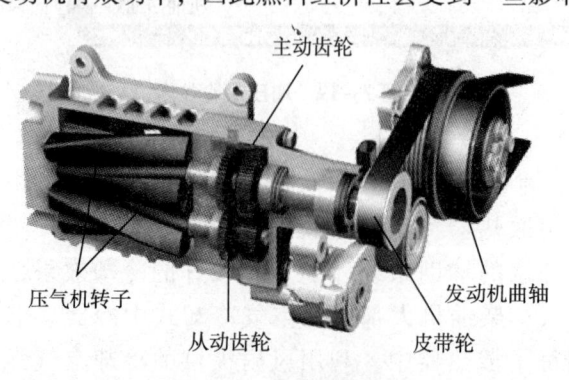

图 7-21 机械式增压器

2. 废气涡轮增压器

废气涡轮增压器（图 7-22）则是利用发动机排出的废气能量来驱动增压器的涡轮，并带动同轴上的压气机叶轮旋转，将空气压缩并送入发动机气缸。由于废气涡轮增压器利用排气能量驱动，与发动机之间没有任何机械传动连接，使得它的机械效率更好。同时，它不需要复杂的传动机构，而通过不断的技术积累，传统废气涡轮增压器的涡轮迟滞现象也得到了很好的控制，因此，它成为目前应用最为广泛的发动机增压装置。

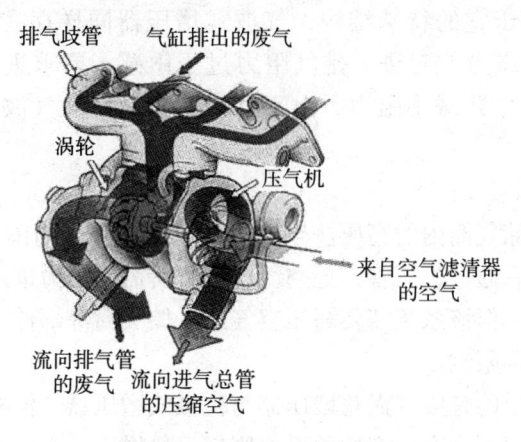

图 7-22 废气涡轮增压器

3. 复合式增压器

复合式增压器（图 7-23）也就是把机械增压器与废气涡轮增压器联合起来工作的增压装置，主要用于某些二冲程发动机上，借以保证发动机启动和低速负荷时有必要的扫气压力。复合式增压器还适合于排气背压较高的场合（如水下），但它的结构过于复杂，体积过大，多用于固定式机器，并不适合小型乘用车辆。

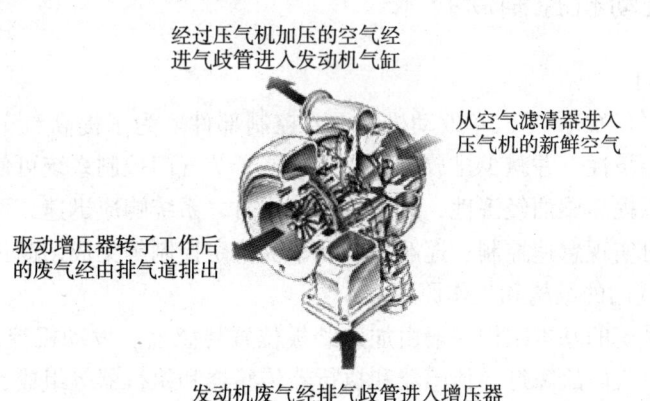

图 7-23 复合式增压器

4. 惯性式增压器

惯性增压器是利用空气在进气歧管中的惯性效应、脉冲波动效应及其综合效应来提高发动机气缸充气效率的方法。惯性增压器通过特殊几何形状的凸轮轴控制气门的开启角度及时间。气缸在前半个进气行程中，进气门只开启很小的通过截面，使气缸中形成一定的负压；当活塞走过半个进气行程后，进气门迅速开启，很快达到最大通过截面，此时空气以很高的速度冲入气缸。从某种意义上来说，惯性增压器在很大程度上推动了发动机技术的发展，目前的可变进气歧管长度技术及可变气门控制系统（如丰田的 VVT-i 技术）均得益于这一原理。

5. 气波式增压器

气波式增压器通过特殊的转子使废气与空气接触，利用高压废气对低压空气产生的压力波，迫使空气压缩，从而提高进气压力。气波式增压器具有充气效率高、低速扭矩大、加速性好等优点。但由于它的特殊结构，气波式增压器同样存在体积大、重量大、噪声大等缺点。另外，空气压力波对进、排气阻力过于敏感，要求进气滤清器及排气消声器和管道尽可能地加大尺寸并减小阻力。由于存在许多问题，气波式增压器目前仍处于研究试验阶段。

6. 冲压式增压器

冲压式增压器利用储气筒内的高压诱导空气，通过喷管将周围的空气引射入喷射器中，并在喷射器内混合，然后通过扩压管，把空气压缩到所需的压力进入气缸。虽然冲压式增压器结构简单，工作可靠，但该系统需要高压空气泵、储气筒等部件，由于其连续工作时间较短，因此在应用方面受到限制。

目前，应用最为广泛的是废气涡轮增压器与机械式增压器。但机械式增压器只有小规模的应用，这与其机械效率不高有一定的关系。废气涡轮增压技术已经非常成熟，但从使用维护成本出发，除非特殊需要，自然吸气发动机仍旧是最好的选择。从理论上来讲，气波式增压的工作效率大大高于其他几种增压方式，但在解决一些实际的技术问题之前，它离实际应用还有一段距离。技术总在不断地进步，也许气波式增压器能够成为下一个能够得到广泛应用的增压技术。

7.3.4 发动机控制新技术

1. 电子节气门

电子节气门（ETCS）是汽车发动机的重要控制部件。为了提高汽车行驶的安全性、动力性、平稳性及经济性，并减少排放污染，采用电子节气门控制系统可使节气门开度得到精确控制，不但可以提高燃油经济性，减少排放，同时，系统响应迅速，可获得满意的操控性能；另一方面，可实现怠速控制、巡航控制和车辆稳定控制等集成，简化了控制系统结构。

（1）电子节气门的结构和工作原理

电子节气门系统的基本结构一般由加速踏板位置传感器、发动机控制单元（ECU）、节气门控制单元、节气门故障灯、传感器和执行器传感器和执行器等组成。

驾驶员操纵加速踏板，加速踏板位置传感器产生相应的电压信号输入节气门控制单元，控制单元首先对输入的信号进行滤波，以消除环境噪声的影响，然后根据当前的工作模式、踏板移动量和变化率解析驾驶员意图，计算出对发动机扭矩的基本需求，得到相应的节气门转角的基本期望值。然后再经过 CAN 总线和整车控制单元进行通信，获取其他工况信息以及各种传感器信号，如发动机转速、挡位、节气门位置、空调能耗等等，由此计算出整车所需求的全部扭矩，通过对节气门转角期望值进行补偿，得到节气门的最佳开度，并把相应的电压信号发送到驱动电路模块，驱动控制电机使节气门达到最佳的开度位置。节气门位置传感器则把节气门的开度信号反馈给节气门控制单元，形成闭环的位置控制。

节气门驱动电机一般为步进电机或直流电机，两者的控制方式也有所不同。驱动步进电机常采用 H 桥电路结构，控制单元通过发出的脉冲个数、频率和方向控制电平对步进电机进行控制。电平的高低控制步进电机转动的方向；脉冲个数控制电机转动的角度，即发出一个脉冲信号，步进电机就转动一个步进角；脉冲频率控制电机转速，转速与脉冲频率成正比。因此，通过对上述三个参数的调节可以实现电机精确定位与调速。

控制直流电机采用脉冲宽度调制（PWM）技术，其特点是频率高、效率高、功率密度高、可靠性高。控制单元通过调节脉宽调制信号的占空比来控制直流电机转角的大小，电机方向则是由和节气门相连的复位弹簧控制的。电机输出转矩和脉宽调制信号的占空比成正比。当占空比一定，电机输出转矩与回位弹簧阻力矩保持平衡时，节气门开度不变；当占空比增大时，电机驱动力矩克服回位弹簧阻力矩，节气门开度增大；反之，当占空比减小时，电机输出转矩和节气门开度也随之减小。

ECU 对系统的功能进行监控，如果发现故障，将点亮系统故障指示灯，提示驾驶员系统有故障。同时电磁离合器被分离，节气门不再受电机控制。节气门在回位弹簧的作用下返回到一个小开度的位置，使车辆慢速开到维修地点。

（2）电子节气门种类

电子节气门系统常分为以下几个种类：

1）电液式节气门

电液式节气门，大多数应用在有液压系统的工程机械中。它具有结构简单、成本低、驱动力大、功耗低等特点，其电液控制的转换主要通过高速开关数字阀实现，控制精度高，对液压油没有太高的要求。但是由于液压系统存在供油压力波动，液压执行机构之间的摩擦力以及阀所具有的启闭特性等方面的影响，致使其位置响应不精确，速度响应慢，因此，电液式节气门很少应用在汽车上。

2）线性电磁铁式节气门

电磁铁式节气门用比例电磁铁作为控制器。它用电磁力作为驱动力，其中控制信号为电流信号，具有结构简单、体积小、控制方便、响应速度快、稳态精度好等优点，但它的最大作用力受到线圈匝数和最大工作电流的限制，而且在一定的工作负荷下所需的电功耗相对较大，因此，线性电磁式节气门很少在汽车上应用。

3）步进电机式节气门

步进电机式节气门通过步进电机直接驱动节气门轴实现油门的开度控制。驱动步进电机通常采用桥式电路结构，控制单元通过发出的脉冲个数、频率和方向控制电平对步进电机进行控制。步进电机具有结构简单、可靠性高和成本低的优点，但它的控制精度不高，因此，步进电机式节气门也较少在汽车上应用。

4）直流伺服电机式节气门

直流伺服电机采用脉冲宽度调制（PWM）技术，其特点是频率高、效率高、功率密度高、可靠性高。控制单元通过调节脉宽调制信号的占空比来控制直流电机转角的大小。此外，电机输出转矩和脉宽调制信号的占空比成正比。由于以上的优点，直流伺服电机广泛应用于汽车电子节气门的控制。

（3）电子节气门系统的优缺点

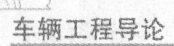

1）实现最佳扭矩的输出

可以实现发动机全范围的最佳扭矩的输出。

2）精确控制节气门开度

首先由ECU对各种工况信息和传感器信号做出判断并处理，接着计算出最佳的节气门开度，再由驱动电机控制节气门达到相应的油门开启角度。

3）改善了发动机的排放性能

电子节气门系统在各种情况下对空燃比进行精确控制，使燃烧更加充分，同时也降低了废气的产生；在怠速状态下，节气门保持在一个极小开启角度来稳定燃烧，提高了燃油经济性，排放也得到进一步控制。

4）具有更高的车辆行驶可靠性

电子节气门控制系统采用传感器冗余设计。从控制角度讲，使用一个传感器就可使系统正常运转，但冗余设计可使两个传感器相互检测，当一个传感器发生故障时能及时被识别，在很大程度上增加了系统的可靠性，保证了行车的安全性。

5）可选择不同的工作模式

驾驶员可根据不同的行车需要，通过模式开关选择不同的工作模式，通常有正常模式、动力模式和雪地模式三种，区别在于节气门对加速踏板的响应速度不同。

6）可获得海拔高度补偿

在海拔较高的地区，大气压下降，空气稀薄，氧气含量下降，导致发动机输出动力下降。此时，电子节气门控制系统可按照大气压强和海拔高度的函数关系对节气门开度进行补偿，保证发动机输出动力和油门踏板位置的关系保持稳定。

7）汽车在起步时会产生油门迟滞

汽车起步时需要提供浓混合气，而ECU会根据当前的车速、节气门开度等进行分析，从燃油经济性和排放合理的角度考虑，限制节气门的打开幅度，同时限制喷油系统进行浓混合气供油。

8）非线性影响

系统存在各种非线性影响，除了弹簧非线性、黏滑摩擦及齿隙非线性等影响外，同时受到进气流产生的非线性阻尼以及进气气流的不稳定扰流阻矩的影响，导致常规PID控制不能精确地设定反馈的增益，影响控制的精确性。

9）成本高

系统采用了智能型传感器、快速响应的执行器、高性能控制单元及冗余设计，使成本大幅度上升。

2. 通过火花塞直接监控点火提前角

宝马汽车工程师在发动机管理系统上使用了称为"ion flow"的离子流技术。火花塞在点火引爆时，"ion flow"通过火花塞直接侦测气缸内的爆燃情况，同时也能监控火花塞的点火时机是否正常。

3. 排放控制技术

（1）催化氧化

催化氧化是指在一定压力和温度条件下，以金属材料为催化剂，如在Pt、Pd、Ni和Cu等存在情况下，与以空气、氧气、臭氧等为氧化剂进行的氧化反应，包括"加氧""去氢"

两方面催化氧化。例如：

1）乙醇 CH_3CH_2OH 变成 CH_3CHO，属于去氢氧化，碳氧单键变成双键。化学方程式：$2C_2H_5OH + O_2 \rightarrow 2CH_3CHO + 2H_2O$；发生化学反应的条件：铜或银作催化剂并加热。

2）CH_3CHO 变成 CH_3COOH，则是多了一个氧原子。

3）乙醇还可以与酸性高锰酸钾溶液或酸性重铬酸钾溶液反应，被直接氧化成乙酸。

4）氨的催化氧化。化学方程式：$4NH_3 + 5O_2 \rightarrow 4NO + 6H_2O$；发生化学反应的条件：催化剂并加热。

（2）颗粒捕集器

柴油车颗粒捕集器属于一种分离技术。它包括颗粒捕集器、滤芯和再生控制装置。滤芯为陶瓷纤维纱线缠绕滤芯。颗粒捕集器的结构是：捕集器壳体内的前部设有一个支盖将壳体分为前后两腔，滤芯和加热电阻丝设在后腔内，支盖的下部开一孔与进气管相对，上部开一孔与旁路管连通，挡板两端的轴转动支撑在上、下孔之间的支盖上的轴座孔内，伸在壳体外的挡板轴上的齿轮与气动阀的阀杆上的齿条相啮合。颗粒捕集器主要用于柴油车尾气治理和颗粒捕集器的再生，具有工艺成本低、再生效果好、寿命长等优点。图7-24为柴油机颗粒捕集器原理图。

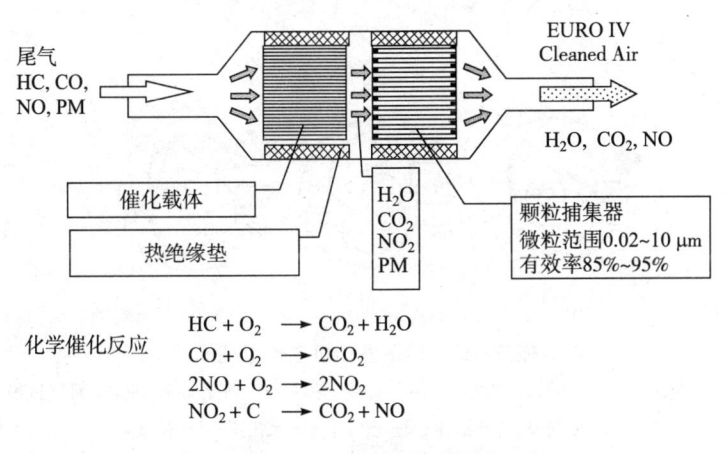

图7-24 柴油车颗粒捕集器原理图

（3）低温等离子体辅助催化

低温等离子体技术的英文全称是 non-thermal plasma，简称 NTP。低温等离子体辅助催化技术的英文全称是 non-thermal plasma assisted catalyst，简称 NPAC。

对于柴油机而言，单纯依靠机内净化措施并不能满足未来的排放标准。因而对尚未排出的废气进行有效处理，采取机外后处理技术显得很有必要。近年来，低温等离子体技术在柴油机排气后处理领域得到了广泛的研究，该技术具有操作方便、转化效率高、无二次污染等优点。研究发现，将 NTP 技术与催化技术相结合，不仅可以提高催化剂对转化 NO_x 的化学反应活性，而且可以降低低温等离子体的能耗，实现对柴油机污染物排放的有效控制。其中，影响 NPAC 技术的重要因素是催化剂的活性，选用具有较高活性的催化剂可以提高 NO_x 的转化效率。

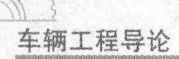

7.3.5 新型发动机

1. 转子发动机

1954年4月13日，转子发动机由德国人菲加士·汪克尔发明。转子发动机与传统往复式发动机相比较，两者都依靠空燃混合气燃烧产生的膨胀压力以获得转动力。两种发动机的机构差异在于使用膨胀压力的方式。在往复式发动机中，产生在活塞顶部表面的膨胀压力向下推动活塞，机械力被传给连杆，带动曲轴转动。对于转子发动机，膨胀压力作用在转子的侧面，从而将三角形转子的三个面之一推向偏心轴的中心。这一运动在两个分力的作用下进行：一个是指向输出轴中心的向心力，另一个是使输出轴转动的切线力。转子发动机的工作原理如图7-25所示。

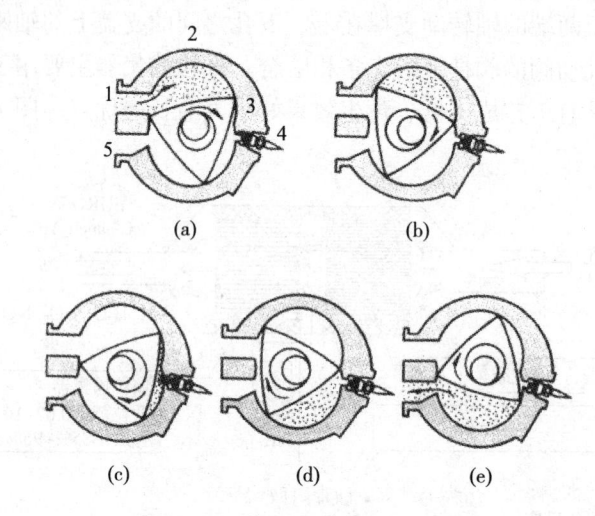

图7-25 转子发动机工作原理图
(a) 吸气过程；(b) 压缩过程；(c) 加热过程；(d) 工作过程；(e) 排气过程
1—进气口；2—缸体；3—转子；4—火花塞；5—排气口

（1）转子发动机的优点

转子发动机的转子每旋转一圈就做功三次，与一般的四冲程发动机每旋转两圈才做功一次相比，具有高马力容积比，即具有引擎容积较小就能输出较多动力的优点。另外，由于转子发动机的轴向运转特性，它不需要精密的曲轴平衡就能达到较高的运转转速。整个发动机只有两个转动部件，与一般的四冲程发动机具有进、排气门等二十多个活动部件相比结构大大简化，发生故障的可能性也大大减小。除了以上的优点外，转子发动机还有体积较小、重量轻、低重心等优点。

（2）转子发动机的缺点

1) 油耗高，污染重

由于没有往复式发动机的高压缩比，使得燃烧不能够很充分。虽然马自达公司曾经给转子发动机增加了单涡轮增压和双涡轮增压等部件，但只是提高了输出马力，并适度的减少了尾气排放，但还是与往复式发动机有着很大的差距。

2) 磨损严重，零部件寿命短

由于三角转子发动机的相邻容腔间只有一个径向密封片，径向密封片与缸体始终是线接触,并且径向密封片上与缸体接触的位置始终在变化,因此,三个燃烧室非完全隔离(密封),径向密封片磨损快。发动机使用一段时间之后容易因为油封材料磨损而造成漏气,大幅增加油耗与污染。其独特的机械结构也造成这类发动机较难维修。

3) 部分标准欠缺

虽然转子发动机具有以小排气量、利用高转速而产生高输出的特性,但由于运转特性与往复式发动机不同,世界各国在制订与发动机排气量相关的税则时,皆是以转子发动机的实际排气量乘以二来作为与往复式发动机之间的比较基准。举例来说,日本马自达(Mazda)旗下搭载了转子发动机的 RX-8 跑车,其实际排气量虽然只有 1308 cm^3,但在日本国内却是以 2616 cm^3 的排气量来作为税级计算的基准。

2. 气体燃料发动机

(1) 单燃料发动机

单燃料发动机是指仅用压缩天然气(CNG)或液化气(LPG)中的一种作为发动机燃料的发动机。图 7-26 为单燃料发动机原理图。

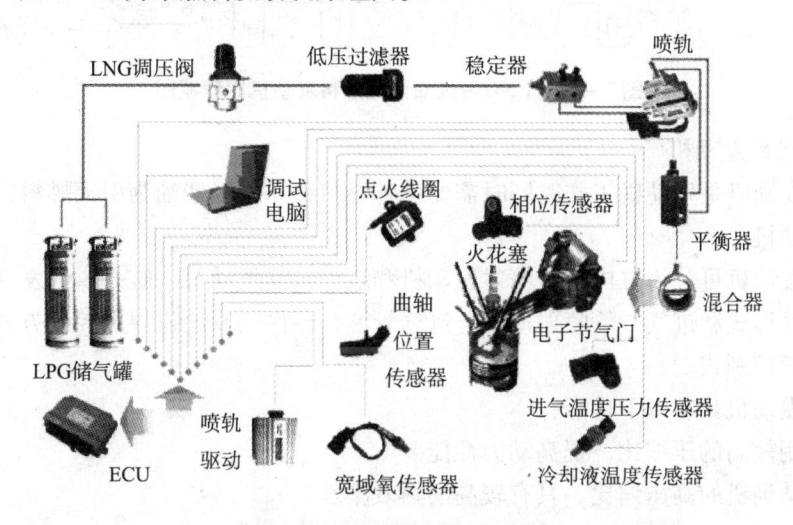

图 7-26 单燃料发动机原理图

1) 压缩天然气发动机

压缩天然气发动机的压缩天然气装置有天然气储气系统和天然气供给系统。

天然气储气系统主要有充气阀、高压截止阀、天然气储气瓶、高压管线、高压接头、传感器、气量显示器等组成。

天然气供给系统主要有滤清器、减压阀和混合器等组成。

2) 液化气燃料发动机

液化气燃料发动机的液化气燃料供给装置主要有气瓶、蒸发器、减压器和混合器等组成。

气瓶中的工作压力一般为 1.6 MPa。蒸发器要保证发动机稳定连续的得到混合气的供给,进入气缸前先对液化气 LPG 进行蒸发气化,混合器是用来控制空燃比的。

(2) 两用燃料发动机

两用燃料发动机是指在原有汽油机基础上,再添加一套气体燃料供给系统。这套气体燃料供给系统可分为缸外供气和缸内供气形式。缸外供气形式有进气道混合器预混合供气和进气阀外喷射供气；缸内供气形式有缸内高压喷射供气和低压喷射供气。

两用燃料发动机主要有CNG—汽油两用燃料发动机（图7-27）和LPG—汽油两用燃料发动机。

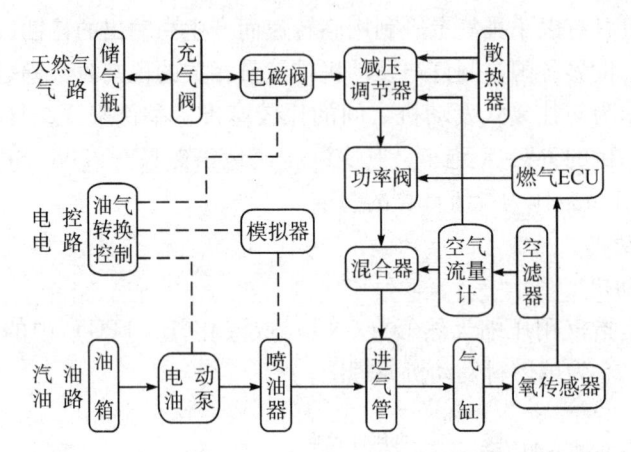

图 7-27　CNG-汽油两用燃料发动机原理框图

（3）双燃料发动机

双燃料发动机是发动机工作时同时需要两种燃料，一般以柴油为引火燃料，可燃气体为主燃料的发动机。

双燃料发动机可分为缸内直接喷射发动机和缸外供气发动机。缸外供气发动机分为进气管混合器供气形式和进气歧管喷射形式。进气管混合器供气发动机根据控制方式又分为机械控制式和电子控制式。

双燃料发动机具有以下优点：
①可采用较高的压缩比，提高动力性能。
②保持柴油机的高压缩比，具有较高的热效率。
③柴油引燃，点火能量高。
④点火能量高，有利于稀薄燃烧。
⑤可有效降低柴油机的排放烟度。

双燃料发动机具有以下缺点：
①低负荷时，燃料燃烧不完全，经济性能差，排放性能差。
②高负荷时，可能出现工作粗暴或敲缸现象。

7.4　车辆底盘新技术

7.4.1　四轮驱动技术

四轮驱动技术的英文全称是 4 Wheel Drive，简称 4WD。

四轮驱动技术就是四个车轮都能得到驱动力，发动机的动力分配给四个车轮，在复杂的道路条件下，汽车的通过能力得到极大提高，在无路或越野条件下行驶时，能发挥出极强的越野能力。

该技术分为分时、适时和全时四轮驱动系统。

分时四驱系统，也称短时四驱系统，是一种可以手动选择的四轮驱动系统，由驾驶员根据道路情况，通过接通或切断分动器来改变两轮驱动或四轮驱动模式。其最大的特点就是可根据实际情况手动选择驱动模式。

适时四驱系统是由车载电脑控制两轮驱动与四轮驱动模式的切换，在一般的道路条件下，车辆以两轮驱动的模式行驶。在特殊路段时，电脑就会自动检测各个车轮的行驶状态，并随时将两轮驱动切换到四轮驱动状态。适时四驱最大的优势就是操作简单，但操作程序的优劣会影响到驱动模式切换的智能化。

全时四驱系统的前后车轮永远维持四轮驱动模式，行驶时发动机输出的动力被传递到四个车轮上。全时驱动系统具有良好的驾驶操控性和行驶循迹性，但其燃油经济性相对较差。

7.4.2　无级变速器

无级变速技术的英文全称是 Continuously Variable Transmission，简称 CVT。

无级变速技术就是采用传动带和工作直径可变的主、从动轮相配合来传递动力，可以实现传动比的连续改变，从而得到传动系与发动机工况的最佳匹配。常见的无级变速器有液力机械式无级变速器和金属带式无级变速器（VDT-CVT）。目前国内市场上，采用 CVT 的车型已经越来越多。

自动变速器是为了简便操作、降低驾驶疲劳而生的，按齿轮变速系统的控制方式，它可以分为液控液压自动变速器和电控液压自动变速器；按传动比的变化方式又可分为有级式自动变速器和无级式自动变速器。因此，无级变速器实际上是自动变速器的一种，但它比常见的自动变速器要复杂得多，技术上也更为先进。

无级变速器与常见的液压自动变速器最大的不同是在结构上，后者是由液压控制的齿轮变速系统构成，还是有挡位的，它所能实现的是在不同挡位之间的有级变速；而无级变速器则是两组变速轮盘和一条传动带组成的，比传统自动变速器结构简单，体积更小。另外，它可以自由改变传动比，从而实现全程无级变速，使车速变化更为平稳，没有传统变速器换挡时那种"顿"的感觉。

为实现无级变速，传动方式可采用液体传动、电力传动和机械传动三种方式。

1. 液体传动

液体传动分为两类：

（1）液压式

它主要是由泵和发动机组成或者由阀和泵组成的变速传动装置，适用于中小功率传动。

（2）液力式

它采用液力耦合器或液力矩进行变速传动，适用于大功率（几百至几千千瓦）传动。

液体传动的主要特点是：调速范围大，可吸收冲击和防止过载，传动效率较高，寿命长，易于实现自动化；制造精度要求高，价格较贵；输出特性为恒转矩，滑动率较大，运转时容易发生漏油。

2. 电力传动

电力传动基本上分为三类：

（1）电磁滑动式

它是在异步电动机中安装一电磁滑差离合器，通过改变其励磁电流来调速，这属于一种较为落后的调速方式。其特点是结构简单，成本低，操作维护方便；滑动率大，效率低，发热严重，不适合长期负载运转，故一般只用于小功率传动。

（2）直流电动机式

它是通过改变磁通或改变电枢电压实现调速。其特点是调速范围大，精度也较高，但设备复杂，成本高，维护困难，无级变速器一般用于中等功率范围（几十至几百千瓦），现已逐步被交流电动机式替代。

（3）交流电动机式

它是通过变极、调压和变频进行调速。实际应用最多者为变频调速，即采用一变幅器获得变幅电源，然后驱动电动机变速。其特点是调速性能好、范围大、效率较高，可自动控制，体积小，适用功率范围宽；机械特性在降速段为恒转矩，低速时效率低且运转不够平稳；价格较高，维修需专业人员。

近年来，变频器作为一种先进、优良的变速装置迅速发展，对机械无级变速器产生了一定的冲击。

3. 机械传动

机械传动的特点主要是：转速稳定，滑动率小，工作可靠，具有恒功率机械特性，传动效率较高，而且结构简单，维修方便，价格相对便宜；但零部件加工及润滑要求较高，承载能力较低，抗过载及耐冲击性较差，故一般适合于中、小功率传动。

7.4.3 悬架系统新技术

与传统悬架不同，电控悬架的控制环节中安装了能够变换悬架高度和弹性强度的装置，采用一种以力抑力的方式来抑制路面对车身的冲击力和车身的倾斜力。由于这种悬架能够自行产生作用力，因此也称为主动悬架，主要有电控空气悬架、电控液压悬架和电控电磁悬架。

1. 电控空气悬架

电控空气悬架多为铝合金壳体，内侧装有氮气，用空气压缩机形成压缩空气，并将压缩空气送给弹簧和减振器组成的空气室中，以此来改变车辆的高度。其在前轮和后轮附近设有车身高度、硬度传感器，根据车身高度传感器的输出信号，控制单元判断出车辆高度，再控制压缩机和排气阀，使弹簧压缩或伸长，从而控制车辆高度。相对液压悬架，空气弹簧缓冲和减振均好于液压式减振器，且压缩行程较大。

而在日常调节中，空气悬架会有几个状态：

（1）保持状态

当车辆被举升器举起，离开地面时，空气悬架系统将关闭相关的电磁阀，同时电脑记忆车身高度，使车辆落地后保持原来高度。

（2）正常状态

即发动机运转状态。行车过程中，若车身高度变化超过一定范围，空气悬架系统将每隔一段时间调整车身高度。

（3）唤醒状态

当空气悬架系统被遥控钥匙、车门开关或行李厢盖开关唤醒后，系统将通过车身水平传感器检查车身高度。如果车身高度低于正常高度一定程度，储气罐将提供压力使车身升至正常高度。同时，空气悬架可以调节减振器软硬度，包括软态、正常及硬态3个状态，也有标注成舒适、普通、运动三个模式等，驾驶者可以通过车内的控制钮进行控制。

2. 电控液压悬架

电控液压悬架一般具备三个方面的条件：具有能够产生作用力的动力源执行元件；能够传递这种作用力并能连续工作；具有多种传感器，并将有关数据集中到控制单元运算并决定控制方式。其中内置式电子液压集成模块是系统的枢纽部分，它根据车速、减振器伸缩频率和伸缩程度的数据信息，通过增减液压油的方式实现车身高度的升降，即根据车速和路况自动调整离地间隙。

电子液压悬架能根据悬架的质量和加速度等，利用液压部件主动控制汽车的振动。在汽车重心附近安装有纵向、横向加速度和横向偏摆率传感器，用来采集车身振动、车轮跳动、车身高度和倾斜状态信号，这些信号被输入到控制单元，控制单元根据输入信号和预先设定的程序发出控制指令，控制伺服电动机并操纵前后四个执行液压缸工作。

3. 电磁悬架

电磁悬架也常称为磁流变液减振器悬架。

磁流变液（Magnetorheological Fluid，简称 MR Fluid）是一种新型智能材料。它可用于智能阻尼器（即磁流变液减振器），制成阻尼力连续顺逆可调的新一代高性能、智能化减振装置。该装置结构简洁，功耗极低，控制应力范围大并可实现对阻尼力的瞬间精确控制，且对杂质不敏感。工作温度范围宽，可在 -50 ℃ ~140 ℃ 内工作。磁流变液减振器可以直接通过普通低伏电源（一般的蓄电池）供电，避免高伏电压带来的危险和不便。与传统的汽车减振器相比，其运动部件大为减少，几乎无碰撞，故噪声低。图7-28为电磁式减振器的作

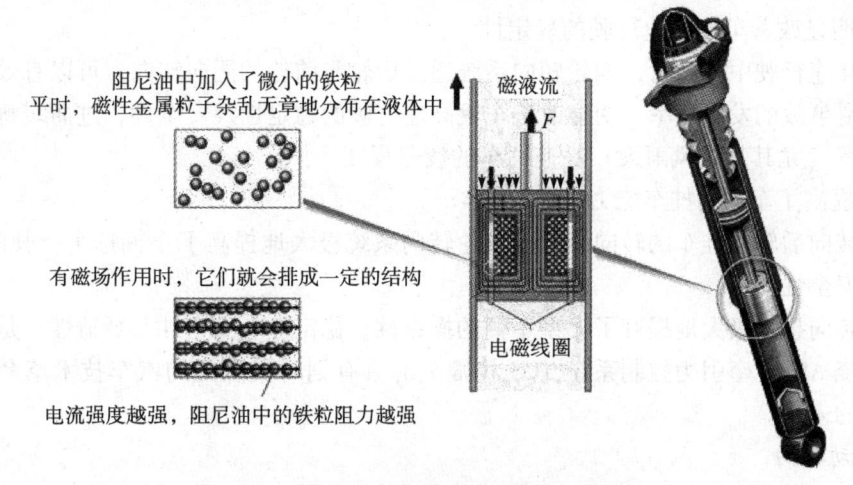

图7-28 电磁式减振器的作用示意图

用示意图。

20世纪90年代，各大汽车公司开始研究电磁悬架。但由于技术困难和资金缺乏，直到目前为止，只有美国德尔福这一家公司研发出了可以商用的电磁悬架，其他汽车公司生产的带有电磁悬架的汽车都是采购于德尔福公司。最早采用这一悬架的是2001年的凯迪拉克SRX，现在采用的有凯迪拉克SLS和CTS、奥迪TT跑车、法拉利599GTB。通用公司宣称装有磁流变液减振器悬架的汽车，即使在最崎岖的路面上，也可以增加轮胎与地面的接触，减少轮胎反弹，控制车辆的重心转移和前倾后仰程度，来维护车辆的稳定，还可以在车辆急转弯或做出闪躲动作时很好地控制车身摇摆。

电磁悬架系统一般由加速度传感器、圆筒形线性电动机、油压减振器和弹簧组成。由于使用了液压减振器和线性电动机，与单用液压减振器的系统相比，这种结构提高了响应速度，也提高了舒适性。为了检测路面的状态，系统采用了上下方向的速度传感器和悬架行程传感器，控制装在悬架上的线性电动机，以减轻汽车上下的振动。

与原来的液压式有源悬架相比，该系统完成作用力检测之后能更快地减轻振动。另外，由于它利用线性电动机进行控制，因此不需要使用液压泵。

7.4.4　转向系统新技术

1. 四轮转向

四轮转向的英文全称是4 Wheel Steering，简称4WS。除了传统的以前轮作为转向轮，后两轮也是转向轮，即四轮转向。在20世纪80年代中期开始发展，其主要目的是提高汽车在高速行驶或在侧向风力作用时的操纵稳定性，改善在低速下的操纵轻便性，以及减小在停车场时的转弯半径。四轮转向主要有两种方式：一是同向位转向，即后轮转向与前轮转向方向相同；二是逆向位转向，即后轮转向与前轮转向方向相反。

四轮转向的优点主要有以下三点：

（1）缩小车辆低速转向时的转弯半径

在低速转向时，车辆因前后轮的反向转向能够缩小转弯半径达20%。四轮转向技术使大型车辆具有如同小型车般的操纵及泊车敏捷性。

（2）明显改善车辆高速行驶的稳定性

当在高速行驶中转向时，四轮转向系统通过后轮与前轮的同向转向，可以有效降低、消除车辆侧滑事故的发生概率，明显改善车辆高速行驶的稳定性及安全性，进而缓解驾驶者在各种路况下（尤其是在风雨天）高速驾车的疲劳程度。

（3）提高了车辆的挂车能力

通过转向后轴对挂车的转向牵引，四轮转向系统极大地提高了车辆挂车行驶的操纵性、稳定性及安全性。

四轮转向技术极大地提升了大型车辆的操纵性、稳定性、安全性及舒适性，是一项与防抱制动系统ABS、牵引力控制系统TCS相媲美的具有划时代意义的汽车技术革命，改变了大型车辆的未来。

2. 电动转向

电动转向的英文全称是Electric Power Steering，简称EPS。电动转向是用电动机直接提供助力，助力大小由电控单元（ECU）控制的动力转向系统。扭矩传感器与转向轴连接在一起，当转向轴转动时，传感器工作，将信号传给 ECU，ECU 根据车速决定电动机的助力效果，以保证汽车在低速时驾驶轻便，高速时稳定可靠。电动转向系统省去了液压动力转向系统所必需的动力转向油泵、软管、液压油、传送带和装于发动机上的皮带轮，既节省能量，又保护了环境。另外，还具有调整简单、装配灵活以及在多种状况下都能提供转向助力的特点。

3. 线控转向系统

线控转向系统的英文全称是 Steering-By-Wire System，简称 SBW。

（1）线控转向系统的组成

汽车线控转向系统由方向盘总成、转向执行总成和主控制器（ECU）三个主要部分以及自动防故障系统、电源等辅助系统组成。

1）方向盘总成

方向盘总成包括方向盘、方向盘转角传感器、力矩传感器、方向盘回正力矩电机。方向盘总成的主要功能是将驾驶员的转向意图（通过测量方向盘转角）转换成数字信号，并传递给主控制器；同时接受主控制器送来的力矩信号，产生方向盘回正力矩，以提供给驾驶员相应的路感信息。

2）转向执行总成

转向执行总成包括前轮转角传感器、转向执行电机、转向电机控制器和前轮转向组件等组成。转向执行总成的功能是接受主控制器的命令，通过转向电机控制器控制转向车轮转动，实现驾驶员的转向意图。

3）主控制器

主控制器对采集的信号进行分析处理，判别汽车的运动状态，向方向盘回正力矩电机和转向电机发送指令，控制两个电机的工作，保证各种工况下都具有理想的车辆响应，以减少驾驶员对汽车转向特性随车速变化的补偿任务，减轻驾驶员负担。同时控制器还可以对驾驶员的操作指令进行识别，判定在当前状态下驾驶员的转向操作是否合理。当汽车处于非稳定状态或驾驶员发出错误指令时，线控转向系统会将驾驶员错误的转向操作屏蔽，而自动进行稳定控制，使汽车尽快地恢复到稳定状态。

4）自动防故障系统

自动防故障系统是线控转向系的重要模块，它包括一系列的监控和实施算法，针对不同的故障形式和故障等级做出相应的处理，以求最大限度地保持汽车的正常行驶。作为应用最广泛的交通工具之一，汽车的安全性是必须首先考虑的因素，是一切研究的基础，因而故障的自动检测和自动处理是线控转向系统最重要的组成系统之一。它采用严密的故障检测和处理逻辑，以更大地提高汽车安全性能。

5）电源系统

电源系统承担着控制器、两个执行发动机以及其他车用电器的供电任务，其中仅前轮转角执行发动机的最大功率就有 500~800 W，加上汽车上的其他电子设备，电源的负担已经相当沉重。所以要保证电网在大负荷下稳定工作，电源的性能就显得十分重要。

（2）线控转向系统的优点

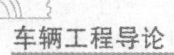

1) 提高汽车安全性能

去除了转向柱等机械连接，完全避免了撞车事故中转向柱对驾驶员的伤害；智能化的 ECU 根据汽车的行驶状态判断驾驶员的操作是否合理，并做出相应的调整；当汽车处于极限工况时，能够自动对汽车进行稳定控制。

2) 改善驾驶特性，增强操纵性

基于车速、牵引力控制以及其他相关参数基础上的转向比率（转向盘转角和车轮转角的比值）不断变化，低速行驶时，转向比率低，可以减少转弯或停车时转向盘转动的角度；高速行驶时，转向比率变大，可获得更好的直线行驶条件。

3) 改善驾驶员的"路感"

由于转向盘和转向车轮之间无机械连接，驾驶员"路感"通过模拟生成。可以从信号中提出最能够反映汽车实际行驶状态和路面状况的信息，作为转向盘回正力矩的控制变量，使转向盘仅向驾驶员提供有用信息，从而为驾驶员提供更为真实的"路感"。

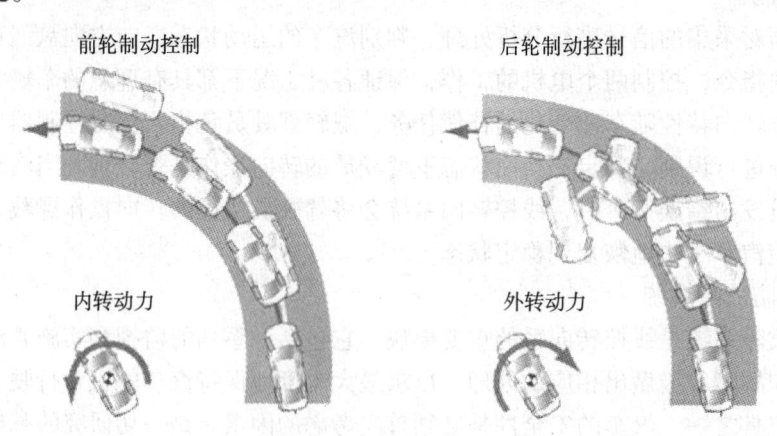

7.4.5 横摆稳定性控制系统

横摆稳定性控制系统的英文全称是 Vehicle Stability Control，简称 VSC，是丰田汽车公司开发的一种横摆稳定性控制系统（图 7 - 29）。VSC 系统也属于汽车主动安全系统。系统功能与宝马的 DSC 动态稳定控制、大众的 ESP 电子稳定程序系统相近，能够极大提高车辆操控安全系数和驾驶便利性。当出现紧急转弯、紧急加速和紧急制动等突发情况时，车辆可以迅速感知并采取相应的制动措施，如对每个轮胎进行单独控制，同时降低发动机的输出，维持车身的稳定。

图 7 - 29 横摆稳定性控制系统

稳定控制系统是从其他技术上发展起来的，例如 ABS 和牵引力控制技术，这些系统工作时，都必须检测车轮是否将要抱死并能单独调整车轮的制动力。稳定性控制系统利用了这项技术以及所用的传感器和计算控制单元。控制单元不断地监测并处理从转向系统、车轮和车身上的传感器传来的信号，确定车辆转弯时是否正在打滑。如果发现打滑，控制单元对需要制动的车轮进行微量制动以帮助稳定车辆的行驶状态。

有些系统还可以进一步的调整发动机的输出功率，从而可以在不需要驾驶员干涉的情况下帮助其控制。从车辆本身来说，有一些车辆本身就具有很好的操控性，几乎不需要稳定控制系统的修正；而另外一些则需要系统较强的参与控制。

VSC 系统拥有以下三大特点：

1. 实时监控

VSC 系统能够实时监控驾驶者的操控动作（如转向、制动和油门等）、路面信息、汽车运动状态，并不断向发动机和制动系统发出指令。

2. 主动干预

ABS 等安全技术主要是对驾驶者的动作起干预作用，但不能调控发动机。VSC 系统则可以通过主动调控发动机节气门以调整发动机的转速，并调整每个轮子的驱动力和制动力，来修正汽车的过度转向和不足转向。

3. 事先提醒

当驾驶者操作不当或路面异常时，VSC 系统会用警告灯警示驾驶者。

7.5 车辆安全与智能化新技术

随着社会的发展，交通安全问题越来越凸显，传统的车辆安全理念也在逐渐发生变化，传统的安全理念很被动，比如安全带、安全气囊、保险杠等许多被动的方法并不能有效减少交通事故的发生。随着科技的进步，汽车的安全被细化，目前车辆安全分为主动安全和被动安全。

7.5.1 主动安全技术

为预防汽车发生事故，避免人员受到伤害而采取的安全设计，称为主动安全设计，如 ABS、EBD、TCS、LDWS 等都是主动安全设计。它们的特点是提高汽车的行驶稳定性，尽力防止车祸发生。其他像高位刹车灯、前后雾灯、后窗除雾等也是主动安全设计。目前安全技术逐渐在完善，有更多的安全技术将被开发并得到应用。

1. 电子制动力分配系统

电子制动力分配系统的英文全称是 Electric Brakeforce Distribution，简称 EBD。EBD 的功能就是在汽车制动的瞬间，高速计算出四个轮胎由于附着不同而导致的摩擦力数值不同，然后调整制动装置，使其按照设定的程序在运动中高速调整，达到制动力与摩擦力（牵引力）的匹配，以保证车辆的平稳和安全。

电子制动力分配系统实际上是 ABS 的辅助功能，它可以改善并提高 ABS 的功效，所以在安全指标上，汽车的性能又多了"ABS + EBD"。当紧急刹车的情况下，传统的刹车系统会将刹车总泵的力量平均分配至四个车轮，而电子制动力分配系统会自动侦测各个车轮与地面间的抓地力状况，将刹车系统所产生的力量，适当地分配至四个车轮，在 ABS 动作之前就已经平衡了每一个轮的有效地面抓地力，可以缩短汽车制动距离，并防止出现甩尾和侧移现象，从而保持车辆的平稳性，提高行车的安全性。电子制动力分配系统在弯道之中进行刹车的操作亦具有维持车辆稳定的功能，增加了弯道行驶的安全。

2. 电子稳定系统

电子稳定系统的英文全称是 Electronic Stability Program，简称 ESP。电子稳定系统实际是一种牵引力控制系统，与其他牵引力控制系统比较，ESP 不但控制驱动轮，而且可控制从动轮。如后轮驱动汽车常出现的转向过多情况，此时后轮失控而甩尾，ESP 便会刹慢外侧的前轮来稳定车子；在转向不足时，为了校正循迹方向，ESP 则会刹慢内后轮，从而校正行驶方向。图 7-30 为 ESP 系统对汽车转向的影响示意图。

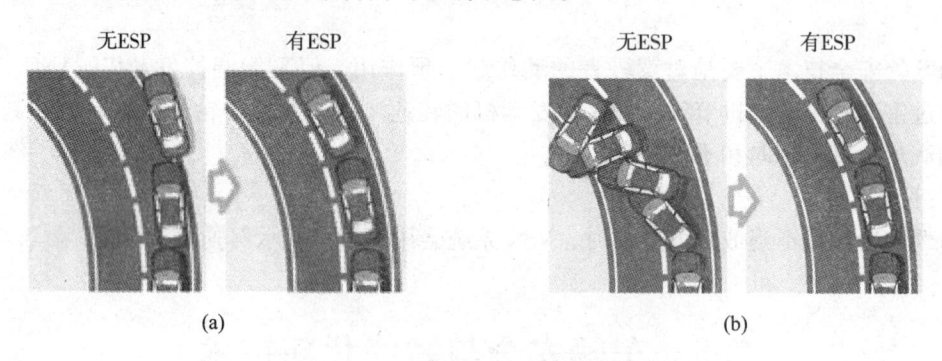

图 7-30 ESP 系统对汽车转向的影响
(a) 转向不足的情况；(b) 转向过度的情况

电子稳定系统包含防抱死刹车系统 ABS 及驱动防滑转系统，是这两种系统功能上的延伸。因此，ESP 称得上是当前汽车防滑装置的最高级形式。ESP 系统由控制单元及转向传感器（监测方向盘的转向角度）、车轮传感器（监测各个车轮的转动速度）、侧滑传感器（监测车体绕垂直轴线转动的状态）、横向加速度传感器（监测汽车转弯时的离心力）等组成。控制单元通过这些传感器的信号对车辆的运行状态进行判断，进而发出控制指令。与只有 ABS 及 ASR 的汽车相比，它们之间的差别在于 ABS 及 ASR 只能被动地作出反应，而 ESP 则能够探测和分析车况并纠正驾驶的错误，防患于未然。ESP 对过度转向或不足转向特别敏感，例如汽车在路滑时左拐过度转向（转弯太急）时会产生向右侧甩尾，传感器感觉到滑动就会迅速制动右前轮使其恢复附着力，产生一种相反的转矩而使汽车保持在原来的车道上。当然，任何事物都有一个度的范围，如果驾车者盲目开快车，现在的任何安全装置都难以保全。

3. 牵引力控制系统

牵引力控制系统又称循迹控制系统，它的英文全称是 Traction Control System，简称 TCS。

牵引力控制系统是根据驱动轮的转数及从动轮的转数来判定驱动轮是否发生打滑现象，当前者大于后者时，进而抑制驱动轮转速的一种防滑控制系统。它与 ABS 作用模式十分相似，两者都使用感测器及刹车调节器。

TCS 主要是使用发动机点火的时间、变速箱挡位和供油系统来控制驱动轮打滑的情形。当 TCS 感应到车轮打滑的时候，首先会经过发动机控制电脑改变发动机点火的时间，减低发动机扭力输出或是在该轮上施加刹车以防该轮打滑；如果在打滑很严重的情况下，就再控制发动机供油系统。TCS 在运用的时候，变速箱会维持较高的挡位，在油门加重的时候，会避免突然下挡，以免打滑得更厉害。TCS 最大的特点是使用现有 ABS 系统的电脑、轮速传感器和控制发动机与变速箱电脑，即使换上了备胎，TCS 也可以准确地应用。

TCS 与 ABS 的区别在于，ABS 是利用感测器来检测轮胎何时要被抱死，再减少该轮的刹车力以防被抱死，它会快速改变刹车力，以保持该轮在即将被抱死的边缘；而 TCS 主要是使用发动机点火的时间、变速箱挡位和供油系统来控制驱动轮打滑。

4. 车道偏离预警系统

车道偏离预警系统的英文全称是 Lane Departure Warning System，简称 LDWS。

根据有关资料指出，当汽车发生意外事故而造成伤亡与财产损失，有超过 4 成的意外事故是因为汽车在移动状态下偏离了正常道路，归咎其主要原因在于驾驶员注意力不集中或者长时间疲劳驾驶，使得车辆在驾驶员没有意识状态下而偏离。许多学术单位、研究机构，以及有关车厂研究车道偏离警示系统。该系统在 CCD 或 CMOS 侦测到影像之后，再传至车用计算机进行影像的辨识处理，在驾驶员未打转向灯的无意识下偏离原车道时，能在偏离车道 0.5 秒之前发出警报（或灯光、振动），为驾驶员提供更多的反应时间，大大减少了因车道偏离引发的碰撞事故。而运用于车道偏离预警系统中的车道辨识技术，未来更有机会发展成为"车辆自动驾驶"和"无人驾驶系统"。

5. 紧急制动辅助系统

紧急制动辅助系统的英文全称是 Electronic Brake Assist，简称 EBA。

在正常情况下，大多数驾驶员开始制动时只施加很小的力，然后根据情况增加或调整对制动踏板施加制动力。如果必须突然施加大得多的制动力，或驾驶员反应过慢，这种方法会阻碍他们及时施加最大的制动力。许多驾驶员对需要施加比较大的制动力没有准备，或者他们反应得太晚，造成制动距离过长，导致追尾等交通事故。

EBA 通过驾驶员踩踏制动踏板的速率来理解他的制动行为，如果察觉到制动踏板的制动压力恐慌性增加，EBA 会在几毫秒内启动全部制动力，其速度要比大多数驾驶员移动脚的速度快得多。EBA 可显著缩短紧急制动距离并有助于防止在停停走走的交通中发生追尾事故。EBA 系统靠即时监控制动踏板的运动，一旦监测到踩踏制动踏板的速度陡增，而且驾驶员继续大力踩踏制动踏板，它就会释放出储存的 18 kPa 的液压来施加最大的制动力。驾驶员一旦释放制动踏板，EBA 系统就转入待机模式。由于更早地施加了最大的制动力，紧急制动辅助装置可显著缩短制动距离。

EBA 一般由传感器、执行器和控制器组成。核心的执行器是车内的电子真空助力器（Electronic Vacuum Booster，EVB）。其作用原理是在制动主泵上安装一个压力传感器，通过压力传感器感知驾驶员是否进行紧急制动行为。如果是紧急制动，车载控制电脑会启动电子真空助力器内部的电磁机构，全速将制动压力提升至助力器的最大伺服点。双膜片的电子助力器在 0.4 s 的反应时间内达到助力器的最大伺服压力。

EBA 的本质是实现车辆的线控制动功能。当 EBA 配合有长程雷达、激光雷达或其他视觉系统，可以实现车辆的自适应巡航系统功能、车辆主动避撞功能等。

6. 胎压监测系统

胎压监测系统的英文全称是 Tire Pressure Monitoring System，简称 TPMS。胎压监测系统可以通过记录轮胎转速或安装在轮胎中的电子传感器，对轮胎的各种状况进行实时自动监测，能够为行驶提供有效的安全保障。

胎压监测系统可分为三种：

1）间接式胎压监测系统，简称为 WSBTPMS，需要通过汽车的 ABS 防抱死系统的轮速传感器来比较轮胎之间的转速差别，以达到监测胎压的目的。ABS 通过轮速传感器来确定车轮是否抱死，从而决定是否启动防抱死系统。当轮胎压力降低时，车辆的重量会使轮胎直径变小，车速就会产生变化。车速变化就会触发 WSBTPMS 的报警系统，从而提醒车主注意轮胎胎压不足。因此，间接式的 TPMS 属于被动型 TPMS。

间接式系统造价相对较低，已经装备了 4 轮 ABS（每个轮胎装备 1 个轮速传感器）的汽车只需对软件进行升级。但是，间接式系统没有直接式系统准确率高，它根本不能确定故障轮胎，而且系统校准极其复杂，在某些情况下该系统会无法正常工作，例如同一车轴的 2 个轮胎气压都低时。

2）直接式轮胎压力监测系统，又称为 PSBTPMS，PSBTPMS 是利用安装在轮胎上的压力传感器来测量轮胎的气压和温度，利用无线发射器将压力信息从轮胎内部发送到中央接收器模块上的系统，然后对轮胎气压数据进行显示。当轮胎出现高压、低压、高温时，系统就会报警提示车主。车主可以根据车型、用车习惯、地理位置自行设定胎压报警值范围和温度报警值。因此，直接式的 TPMS 属于主动型 TPMS，世界上最主流的胎压监测系统为英国 SCHRADER TPMS，因性能稳定、精确度高、灵敏度强而深受车主青睐。直接式系统可以提供更高级的功能，随时测定每个轮胎内部的实际瞬压，很容易确定故障轮胎。

3）复合式 TPMS，它兼有上述两个系统的优点，它在两个互相成对角的轮胎内装备直接传感器，并装备一个 4 轮直接式系统。与全部使用直接式系统相比，这种复合式系统可以降低成本，克服间接式系统不能检测出多个轮胎同时出现气压过低的缺点。但是，它仍然不能像直接式系统那样提供所有 4 个轮胎内实际压力的实时数据。

7. 前碰撞预警系统

前碰撞预警系统的英文全称是 Forward Colision Warning System，简称 FCWS。前碰撞预警系统能够通过雷达系统来时刻监测前方车辆，判断本车与前车之间的距离、方位及相对速度，当存在潜在碰撞危险时对驾驶者进行警告。前碰撞预警系统本身不会采取任何制动措施去避免碰撞或控制车辆。

8. 抬头显示系统

抬头显示系统的英文全称是 Head Up Display，简称 HUD。抬头显示系统，意为"抬头显示"，也可称"平视显示器"。它可以把重要的信息，映射在风窗玻璃上的全息半镜上，使驾驶员不必低头，就能看清重要的信息。抬头显示系统最初的应用是在战斗机上，最早装备抬头显示系统的飞机是法国的幻影 50 战斗机。

抬头显示系统的优点：

1）驾驶员不必低头，就可以看到信息，从而避免分散对前方道路的注意力。

2）驾驶员不必在观察远方的道路和近处的仪表之间调节眼睛，可避免眼睛的疲劳。这种显示系统旨为提高汽车的安全性，让驾驶者注意力都集中在路面上，减少事故的发生率。

9. 夜视系统

夜视系统是一种车辆驾驶辅助系统。在这个辅助系统的帮助下，驾驶者在夜间或弱光线的驾驶过程中将获得更高的预见能力，它能够针对潜在危险向驾驶者提供更加全面准确的信息或发出早期警告。夜视系统不能替代车灯，它只是一种辅助装置。由于夜视系统价格昂贵，在美国也只是作为豪华车的选装件出售。

配备了夜视辅助系统的车辆装有两个额外的红外线前照灯，能使驾驶员辨别出距离

210 m 左右路旁身着浅色衣服的试验假人，比氙气大灯提早 41 m 左右。而在行人身着黑色衣服时，可提早 92 m 左右。这意味着采用夜视辅助系统可以将夜间行车安全性提高 125% 以上。同时，对于潜在危险信息的充分掌握也能够使驾驶者在夜间驾驶过程中的心理压力大为缓解，进而使驾驶过程更加舒适放松。

夜视系统在夜间可以将车灯照射范围以外的潜在危险情况显示在挡风玻璃上，从而开阔驾车者的视野，避免交通事故的发生。夜视系统也可以帮助驾驶者在夜间会车出现眩光时看清前方情况。

这项新的研发成果能提供更大的视野范围，而且不会让逆向行驶的车辆感到晃眼。由于采用了夜视辅助系统，可以提前看清近光灯照不到的黑暗中的交通标牌、弯道、行人、汽车、丢失的货物或者道路上其他可以造成危险的事物。这样，驾驶者可以及时采取制动或者避让措施。此外，这个系统能减轻驾驶者在夜间开车的紧张和劳累，保持精神饱满的状态，从而能够在紧要关头迅速而正确地做出反应。

由于夜视辅助系统的前照灯在可见光波长范围之外进行工作，因此，不会对人类的视线产生影响。在挡风玻璃内侧，一个小型红外线摄像机可以记录车辆前方的环境，并将其显示在驾驶舱仪表板的显示屏上。

当车速超过每小时 15 km 时，驾驶者就可以启动夜视辅助系统。将前照灯打开，然后只需按下仪表板上的一个按钮，显示器就被切换为摄像机图像的状态，汽车前方的道路情况以一个清楚的灰度级图像出现在人们眼前。

10. 自适应巡航系统

自适应巡航系统的英文全称是 Adaptive Cruise Control System，简称 ACCS。自适应巡航也可称为主动巡航，是一种智能化的自动控制系统，系统包括雷达传感器、数字信号处理器和控制模块。驾驶员设定所希望的车速，系统利用低功率雷达或红外线光束探测前方 200 m 左右的距离，得到前车的确切位置，如果发现前车减速或监测到新目标，系统就会发送执行信号给发动机或制动系统来降低车速使车辆和前车保持一个安全的行驶距离。当前方道路没车时又会加速恢复到设定的车速，雷达系统会自动监测下一个目标。

主动巡航控制系统代替驾驶员控制车速，避免了频繁的取消和设定巡航控制，使巡航系统适合于更多的路况，而驾驶员完全可以将脚从踏板上移开，只要关注于方向盘即可，能大幅降低长途驾驶所带来的疲劳，为驾驶员提供了一种更轻松的驾驶方式。目前出现在国内的自适应系统只能"自适应刹车"，还有很大的发展空间。

11. 盲点监测系统

盲点监测系统是一种在拥堵的交通情况下让人放心的系统。它利用装在门镜中的后向数字式红外线摄像机监测汽车两侧的车流情况。当有汽车进入后视镜盲区时，系统会通过 A 柱内侧的一个警示灯向驾驶员发出警示。这一系统与后视镜一起可使驾驶员快速评估变线的可行性。如果该系统在车速超过每小时 10 km 时激活，可对摩托车以上的任何类型的车辆做出反应，白天与黑夜工作得同样出色。

例如，在第七代凯美瑞轿车上配备了这个系统，可以防止在转弯时与盲点的车辆或行人相撞。

7.5.2 被动安全技术

被动安全是指车辆在发生事故以后对车内乘员的保护,如今这一保护的概念已经延伸到车内外所有的人甚至物体。由于国际汽车界对于被动安全已经有了非常详细的测试细节的规定,所以在某种程度上,被动安全是可以量化的。但在被动安全方面,不同的公司有不同的强调重点。

1. 碰撞安全技术

碰撞安全技术主要包含有吸能车身设计、安全带、安全气囊、头枕、安全玻璃以及儿童安全装置等技术,其中安全带、安全气囊、头枕和安全玻璃在本书 3.5.3 中已经述及,此处不再赘述。

(1) 吸能车身

当车辆受到撞击时,车身在吸收一定撞击能量的同时减缓车内乘员的移动程度,这对于保证乘员有足够的生存空间非常重要。在驾驶室中,驾驶员部位最容易受到伤害,因此将转向柱设计为可缩进式,碰撞时能折叠一定的距离,为驾驶员留下生存空间。要求前、后保险杠能吸收动能;车门要求有一定的刚度,受撞击后车门要易于打开;车顶要有一定的刚度,保证翻车后不能被压扁等。

(2) 儿童安全装置

儿童安全装置主要指儿童安全带和儿童安全座椅。必须对儿童安全带和儿童安全座椅进行特殊设计,以保证儿童的安全。在我国随处可见儿童不加限制地坐在成人座位上,这在发生碰撞时是相当危险的。试验结果显示,在发生撞击时,一个体重 20 kg 的儿童其质量可达 2 t,大人是根本抱不住的。据研究,正确使用儿童安全带和儿童座椅可使 0~1 岁的幼儿在事故中的死亡率减少 69%,1~4 岁的儿童死亡率减少 47%,5 岁以上儿童死亡率减少 45%,减少中到重伤 50%。

2. 碰撞后伤害减轻与防护技术

(1) 紧急门锁释放机构

当车辆发生碰撞后,为使乘员容易从被撞车辆中出来,车门应容易打开。紧急门锁释放机构的特点是:当碰撞传感器确认已发生碰撞,系统会立即自动地释放门锁。

(2) 事故自动报警系统

事故自动报警系统将是今后汽车必备的安全系统,它是在汽车后视镜内安装了一个与移动电话和撞车传感器相连的微型摄像机,与智能汽车交通系统和全球卫星自动定位系统相配合,一旦汽车发生事故,将自动向有关安全管理部门和医疗急救部门报警,提供汽车所在位置、事故严重程度、车载人员数、系安全带人数和人员受伤的大致程度等信息,并保持联络,使事故车中的人员得到及时救护。

(3) 车辆黑匣子

车辆黑匣子是利用 GPS 先进技术,依据地理信息管理系统(GIS)及计算机数据库系统形成一套现代化的监控体系。该产品实质上是机动车综合记录仪,它不但具有像飞机黑匣子一样记录事故发生前后的详细数据,帮助有关部门迅速准确地分析事故发生原因的功能,而且还能帮助车辆管理人员和驾驶员实时监控和分析车辆的运行情况,从而加强对车辆的管理，最大限度地减少事故的发生。实践证明，车辆黑匣子的使用，使交通事故率降低了37%~52%，大大减少了人员伤亡和财产损失，产生了显著的社会效益。

（4）行人安全保护装置

1）发动机盖弹升技术

发动机盖弹升技术能够使发动机在汽车发生碰撞时瞬间鼓起，使得人体不是碰撞在坚硬车壳上，而是碰撞在柔性、圆滑的表面上。汽车在与行人发生碰撞时，如果速度很快，行人腿部就会被撞起，然后头部撞在发动机盖或前挡风玻璃上。发动机盖下面就是坚硬的发动机，如果直接相撞的话，必定会对行人造成非常严重的伤害。因此，要想保护好行人的头部，发动机盖与发动机之间就必须有足够的缓冲距离。如果这个距离很长，无疑会增加发动机舱的高度，影响整车的风阻系数。日产汽车公司推出的发动机盖弹升技术，其原理是在前保险杠内安装碰撞传感器，如果检测到碰撞到行人，车辆就会自动启动发动机盖弹升控制模块，车内配备的弹射装置便可瞬间将发动机罩提高，以减小碰撞时对行人造成的伤害。发动机盖弹升试验如图7-31所示。

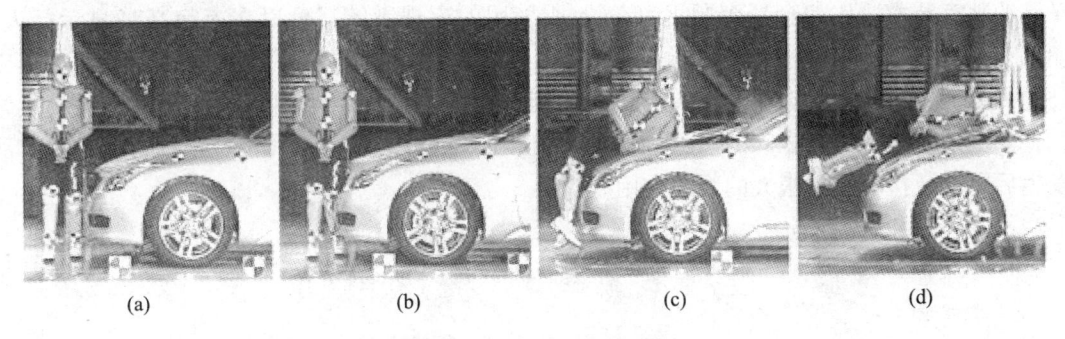

图7-31 发动机盖弹升试验

2）行人安全气囊系统

行人安全气囊系统（图7-32）则以气囊为碰撞缓冲装置。为避免人体撞击汽车的前挡风玻璃，在发动机盖以及前挡风玻璃附近设置安全气囊，两者配合使用。发动机盖气囊在保险杠上方紧靠保险杠处开始展开。碰撞前由一个碰撞预警传感器激发，50至75微秒内完成充气。充气后的安全气囊在两个前大灯之间的部位展开，由保险杠顶面向上伸展到发动机盖表面以上，保证了儿童头部和成人腿部的安全。前挡风玻璃附近的气囊系统的作用则提供二

图7-32 行人安全气囊系统

次碰撞保护，防止行人被甩到发动机罩上，然后被前车窗底部碰伤。该系统包括两个气囊，各由前挡风玻璃向一侧的 A 立柱延伸，气囊由传感器探测到行人与保险杠发生初始碰撞后触发。目前只有在一些高档车上才能看到这样的配置。

3) 车辆智能安全保障系统

车辆智能安全保障系统能对行人采取主动保护，在事故发生以前就及时通知驾驶员，避免车祸的发生，将事故的损伤降到最低程度。车辆智能安全保障系统是先进的车辆控制系统的一部分，它包括安全系统、危险预警系统、防撞系统等，涉及传感器技术、通信技术、信息显示技术、驾驶状态监控技术等。这些车载设备包括安装在车身各个部位的传感器、激光雷达、红外线、超声波传感器、盲点探测器等，具有事故监测功能，能随时通过声音、图像等方式向驾驶员提供车辆周围及车辆本身的必要信息，并可以自动或半自动地进行车辆控制，从而有效地防止事故的发生。在雷克萨斯的高端车型上，就有类似配置。雷克萨斯还在前方雷达探头使用双感应探头：一个探头探测前方坚硬物体用来预防车内碰撞的；一个探头探测前方软性物体，如行人和动物等，用来启动对车外的行人保护措施。奔驰在这方面也有自己的独有技术，比如全新奔驰 E 级车上所采用的夜视系统，可以在夜晚高亮显示行人。如果有行人出现，夜视系统会在第一时间让驾驶者注意到，可避免危险发生。除此之外，宝马的 Assist 系统、通用的 Onstar 系统和其他制造商的支援网络呼叫系统都能为救援提供帮助，如图 7 – 33。凯美瑞 240V 也拥有精确定位和人机对话的 G-BOOK 技术，这些都对事故发生后争取救援时间有很大的帮助作用。

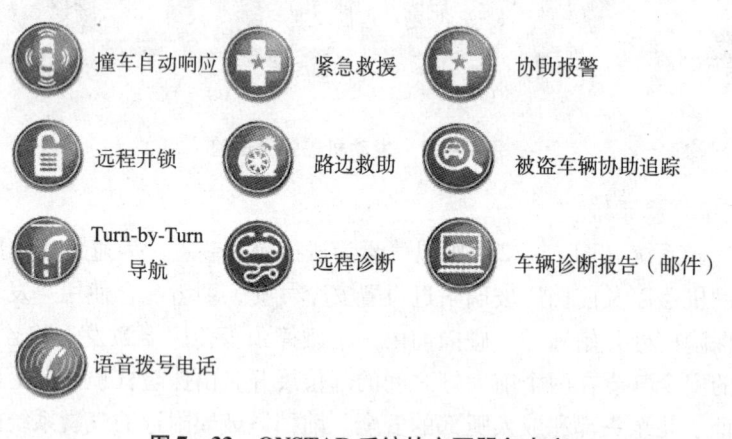

- 撞车自动响应
- 紧急救援
- 协助报警
- 远程开锁
- 路边救助
- 被盗车辆协助追踪
- Turn-by-Turn 导航
- 远程诊断
- 车辆诊断报告（邮件）
- 语音拨号电话

图 7 – 33 ONSTAR 系统的主要服务内容

4) 保险杠改进措施

保险杠改进措施是对保险杠外形进行优化设计，或在保险杠的适当地方放置高密度泡沫材料，使碰撞的伤害减轻。在汽车撞上行人时，保险杠会对行人的小腿造成很大伤害。采用吸能较好的材料是减轻伤害的有效方法。美国拜耳材料公司开发出一套利用聚氨酯泡沫制造的保险杠吸能系统。这种材料的保险杠会在撞击时破碎，是一种质量轻、吸能好的保险杠，目前已在凯迪拉克 STS 上投入使用。该系统在美国国家公路安全局 NHSTA 和高速公路安全保险协会 IIHS 的测试中，取得了不错的行人保护成绩。除采用新材料外，改进保险杠的外形设计也可以提高行人保护能力，即将保险杠的碰撞点抬高，并尽可能不出现尖锐的突起，使整个前脸呈圆润的造型，从而降低碰撞时对行人的伤害（图 7 – 34）。

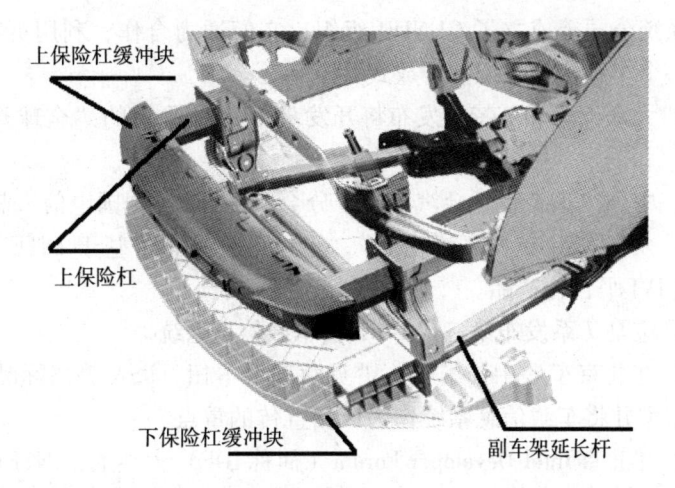

图 7-34 保险杠内置的缓冲模块可以减少撞击时对行人腿部的伤害

7.5.3 智能驾驶系统

现代社会中,移动通信和移动互联网发展非常迅速,把娱乐和信息引入汽车生活是一个趋势,这促进了汽车电子的进一步发展。但是,又大大分散了驾驶员的注意力,会产生很多安全问题。比如说有些驾车者是球迷,开着车看世界杯,可能就撞到前面的车了。提出智能驾驶,一是为了把人从繁琐的驾驶活动中解放出来,另外也是为了顺应信息社会汽车发展的新趋势。现代先进的汽车电子技术,传感器、自动化和人工智能技术已经可以让交通实现零碰撞、零死亡,这些都为智能驾驶提供了现实基础。

智能驾驶本质上涉及注意力吸引和注意力分散的认知工程学,主要包括网络导航、自主驾驶和人工干预三个环节。智能驾驶的前提条件是:选用的车辆满足行车的动力学要求;车上的传感器能获得相关视听信号和信息,并通过认知计算控制相应的随动系统。智能驾驶的网络导航,解决我们在哪里、到哪里、走哪条道路中的哪条车道等问题;自主驾驶是在智能系统控制下,完成车道保持、超车并道、红灯停绿灯行、灯语笛语交互等驾驶行为;人工干预,就是说驾驶员在智能系统的一系列提示下,对实际的道路情况做出相应的反应。

7.5.4 车载信息娱乐系统

1. 车载信息娱乐系统

车载信息娱乐系统的英文全称为 In-Vehicle Infotainment,简称 IVI。车载信息娱乐系统采用车载专用中央处理器,基于车身总线系统和互联网服务而形成的车载综合信息处理系统。车载信息娱乐系统能够实现车辆信息、车身控制、三维导航、实时路况、交互式网络电视(IPTV)、辅助驾驶、故障检测、移动办公、无线通信、基于在线的娱乐功能及 TSP 服务等一系列应用,极大地提升了车辆电子化、网络化和智能化水平。

2. 发展历程

2009 年 3 月,宝马汽车公司、德尔福、通用汽车公司、英特尔、标致雪铁龙集团、伟

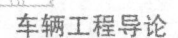

世通公司和风河系统公司等成立了 GENIVI 组织，它们通力合作，利用英特尔 Atom 高性能处理器，创造了一个车载信息系统的开放式共享平台。

2009 年 5 月，大众汽车和英特尔发布将开发基于 Intel 平台的"全球开发研究信息娱乐架构"。

2009 年 8 月，中国汽车工程学会汽车电子分会、INTEL、中国电信、蓝星科技在武汉中国光谷成功召开了"IVI&3G 首届高峰论坛"，蓝星科技发布了基于 INTEL ATOM 平台和电信 3G 网络的车载 IVI 平台化产品。

2010 年 1 月，宝马 7 系发布第三代 i-driver 车载信息系统。

2010 年 4 月，在北京车展中，丰田、雷克萨斯、本田、PSA 等国际品牌争相发布包含车载信息系统的车型并将车载信息系统作为产品宣传的重点。

2010 年 4 月，在北京 Intel Developer Forum（简称 IDF）大会上，INTEL 全球副总裁道格拉斯—戴维斯与华泰副总裁王殿明共同发布由蓝星提供的全球首款基于 INTEL 平台的 IVI 汽车。

2010 年 4 月，在北京车展上，国内以一汽、上汽、华泰为代表的创新汽车企业发布了基于车载信息系统的实车，而长安、奇瑞、吉列等厂商也纷纷推出具备 IVI 功能的概念车。

2010 年 4 月，华泰、INTEL、蓝星携手发布全球第一款 INTEL 平台的 IVI 汽车——华泰元田 B11，华泰的这套系统起名为 TIVI，如图 7-35。

2010 年 12 月，在广州车展上，吉利也发布自己的 IVI 系统——G-NetLink。吉利汽车车载信息娱乐系统 G-NetLink 如图 7-36 所示。

图 7-35 华泰 3G 实时车载智能决策系统 TIVI 　　　图 7-36 吉利 G-NetLink 车载信息系统

2012 年 4 月 26 日，在北京汽车展期间，国内知名的汽车电子厂商德赛西威牵手全球手机创新与设计的领导者 HTC，在北京与其签订战略合作协议。同年 9 月 12 日，德赛西威在广州召开发布会，宣布全新一代与手机同步显示的车载信息娱乐系统 SiVi LINK 正式上市，如图 7-37。资料显示，SiVi LINK 在产品形态方面具备终端设备大屏直接呈现、双向互动无障碍操作、音视频同步输出体验的特点；产品性能方面拥有专属 Car mode 展示，应用程序 USB2.0 传输协议进行优化，每秒 20 帧以上图像高速传输，适用于大多数智能手机，能将手机中的智能导航、网络收音机、音乐、视频、游戏、即时资讯等海量应用一键同步至汽车上，营造个性化的汽车娱乐系统环境，让车主轻松享受快乐"云"驾驭；支持蓝牙输出音频信号，设备即插即拔，同时方便携带。目前 SiVi LINK 产品销售搭配主机有大众系列 NAV 271 H、丰田 RAV 4 的 NAV 151、丰田新锐志的 NAV152、2013 款大众甲壳虫 NAV 298、

斯柯达 NAV 290、新途锐 NAV 280、全球鹰 GX 7 NAV 623A、奔驰 NAV 902S；支持手机有 HTC ONE X、ONE S、ONE V、新渴望 VT 328 W 系列。

图 7-37 德赛西威 SiVi LINK 车载娱乐系统

7.5.5 车载网络系统

早期的汽车内部传感器、控制和执行器之间的通信用点对点的连线方式连成复杂的网状结构。随着电控系统的日益复杂以及对汽车内部控制功能电控单元相互之间通信能力要求的日益增长，采用点对点的链接会使得车内线束增多。这样在考虑内部通讯的可靠性安全性以及重量方面都给汽车设计和制造带来了很大的困扰。因此，为了减少车内连线实现数据的共享和快速交换，以及提高可靠性，在快速发展的计算机网络上，实现配有控制器局域网络（Controller Area Network，CAN）、局域网（Local Area Network，LAN）、串行通信网络（Local Interconnect Network，LIN）、多媒体定向系统传输（Media Oriented System Transport，MOST）等汽车电子网络系统，即车载网络系统。

车载网络系统中常见的有 CAN 总线，而 CAN 总线也会分不同速率的 CAN 总线，比如，动力系统的发动机控制和变速箱控制会采用高速 500 K CAN 总线控制；舒适系统（比如门、灯、窗的控制）会采用低速的 125 K 的 CAN 总线控制。

现在的汽车特别是轿车，车载网络系统设计都比较成熟，车辆的动力系统、传动系统、制动系统、安全系统、舒适系统、导航定位系统、防盗系统、影音娱乐系统以及自我诊断系统等电气装置越来越多，导致线路纷繁复杂，采用网络设计可以大幅简化线路布置，同时还能加快各个系统间信息传递，增加共享，使汽车的操控越来越灵活快捷，乘坐越来越舒适惬意。

思考题

1. 汽车新技术有哪些发展趋势？
2. 新能源汽车有哪些新技术？
3. 汽油机新技术有哪些？
4. 柴油机新技术有哪些？
5. 汽车发动机增压技术有哪几类？
6. 电子节气门系统有何优缺点？

7. 什么是四轮驱动技术？主要有哪几类？
8. 什么是无级变速技术？主要分为哪几类？
9. 什么是四轮转向？主要有哪些优点？
10. 线控转向系统有哪几部分组成？主要有哪些优点？
11. 车身稳定控制系统主要有哪些特点？
12. 什么是主动安全技术？主要有哪些新技术？
13. 什么是被动安全技术？主要有哪些新技术？

参考文献

[1] 戴汝泉. 汽车运行材料 [M]. 北京：机械工业出版社，2012.

[2] 程叶军. 汽车材料与金属加工 [M]. 北京：中国劳动社会保障出版社，2007.

[3] 李明惠. 汽车材料 [M]. 北京：机械工业出版社，2011.

[4] 陆叶强. 汽车材料 [M]. 北京：人民交通出版社，2002.

[5] 孙维连，魏凤兰. 工程材料 [M]. 北京：中国农业大学出版社，2006.

[6] 张蕾. 汽车材料 [M]. 北京：科学出版社，2009.

[7] 苏铁熊，吕彩琴. 车辆工程材料 [M]. 北京：国防工业出版社，2011.

[8] 吕坚，林峦. 汽车底盘构造与检修 [M]. 上海：同济大学出版社，2010.

[9] 嵇伟，柜江一. 汽车新技术新配置 [M]. 北京：机械工业出版社，2012.

[10] 蔡兴旺. 汽车概论 [M]. 北京：机械工业出版社，2011.

[11] 陈家瑞. 汽车构造（上、下册）[M]. 北京：机械工业出版社，2011.

[12] 朗全栋，董元虎. 汽车运行材料 [M]. 北京：人民交通出版社，2002.

[13] 孙凤英. 汽车运行材料 [M]. 北京：人民交通出版社，2007.

[14] 陈文风. 机械工程材料 [M]. 北京：北京理工大学出版社，2006.

[15] 庄继德. 汽车系统工程 [M]. 北京：机械工业出版社，1997.

[16] 李鹏. 汽车概论 [M]. 上海：同济大学出版社，2008.

[17] 邓书涛. 汽车概论 [M]. 西安：西安电子科技大学出版社，2006.

[18] 任恒山. 现代汽车概论 [M]. 北京：人民交通出版社，2009.

[19] 宋景芬. 汽车文化 [M]. 北京：人民交通出版社，2006.

[20] 张彦如. 汽车材料 [M]. 合肥：合肥工业大学出版社，2006.

[21] 王利贤. 汽车材料 [M]. 北京：电子工业出版社，2011.

[22] 邵毅明. 汽车新能源与节能技术构造 [M]. 北京：人民交通出版社，2008.

[23] 简晓春，杜仕武. 现代汽车技术与应用 [M]. 北京：人民交通出版社，2004.

[24] 陆刚，刘道春. 现代汽车运行材料及其应用 [M]. 北京：国防工业出版社，2005.

[25] 冯渊. 汽车电子控制技术 [M]. 北京：机械工业出版社，2005.

[26] http://www.baidu.com/.

[27] 新浪汽车原创稿件.

[28] 王海林，迟瑞娟. 汽车运用技术 [M]. 北京：北京理工大学出版社，2007.

[29] 冯宝山. 汽车运用基础 [M]. 北京：人民交通出版社，2004.

[30] 姜立标，张黎骅. 汽车运用工程基础 [M]. 北京：北京大学出版社，2008.

[31] 代汝泉. 汽车运行性能 [M]. 北京：国防工业出版社，2003.

[32] 许洪国. 汽车运用工程 [M]. 北京：人民交通出版社，2009.
[33] 王中亭. 汽车概论 [M]. 北京：机械工业出版社，2006.
[34] 张之强. 汽车诊断与维修 [M]. 北京：人民交通出版社，2003.
[35] 刘晓岩. 汽车电子控制技术 [M]. 北京：化学工业出版社，2009.
[36] 刘修骥. 车辆传动系统分析 [M]. 北京：国防工业出版社，1998.
[37] 鲁植雄. 农用汽车与拖拉机构造原理 [M]. 北京：北京理工大学出版社，2000.
[38] 王志中. 车辆工程概论 [M]. 长春：吉林大学出版社，2012.
[39] 赵长利，吴娜. 汽车概论 [M]. 北京：中国水利水电出版社，2010.
[40] 王震坡. 现代汽车艺术鉴赏 [M]. 北京：北京理工大学出版社，2008.
[41] 成伟华. 汽车概论 [M]. 重庆：重庆大学出版社，2010.
[42] 凌永成，崔永刚. 汽车工程概论 [M]. 北京：清华大学出版社，2012.
[43] 张世荣. 汽车概论 [M]. 北京：清华大学出版社，2010.